（原书第9版）

信息时代的 管理信息系统

[美] 斯蒂芬·哈格（Stephen Haag）
丹佛大学
梅芙·卡明斯（Maeve Cummings）
匹兹堡州立大学
著

颜志军 贾琳 尹秋菊 高慧颖 译

Management Information Systems for the Information Age, (9th Edition)

机械工业出版社
CHINA MACHINE PRESS

图书在版编目（CIP）数据

信息时代的管理信息系统（原书第 9 版）/（美）斯蒂芬·哈格（Stephen Haag），（美）梅芙·卡明斯（Maeve Cummings）著；颜志军等译 . —北京：机械工业出版社，2016.12（2023.4 重印）

（MBA 教材精品译丛）

书名原文：Management Information Systems for the Information Age

ISBN 978-7-111-55438-7

I. 信…　II. ①斯…　②梅…　③颜…　III. 管理信息系统 – 研究生 – 教材　IV. C931.6

中国版本图书馆 CIP 数据核字（2016）第 273431 号

北京市版权局著作权合同登记　图字：01-2016-7527 号。

本书包括 9 章和 13 个扩展学习模块，其中 9 章核心内容涵盖了众多商业和管理主题，从战略性和竞争性的技术机会，到使用数据库和数据仓库对信息进行组织与管理；13 个扩展学习模块提供了当今信息技术领域的概览，内容从建立网站，到计算机犯罪和数字取证，以及如何使用微软 Access 数据库。流畅的文字、生动的讲解、翔实的案例和透彻的分析，将读者带入一个变幻莫测的信息世界。

本书既可作为 MBA 及相关专业学生的教科书，也可作为中高层管理人员提高技能及自身知识素养的参考读物。

出版发行：机械工业出版社（北京市西城区百万庄大街 22 号　邮政编码：100037）

责任编辑：董凤凤　　　　　　　　　　　责任校对：董纪丽

印　刷：北京捷迅佳彩印刷有限公司　　版　　次：2023 年 4 月第 1 版第 11 次印刷

开　本：185mm×260mm　1/16　　　　印　张：32

书　号：ISBN 978-7-111-55438-7　　　定　价：69.00 元

客服电话：（010）88361066　68326294

斯蒂芬·哈格（Stephen Haag）

丹佛大学丹尼尔商学院商业信息和分析专业的教授。斯蒂芬曾任信息技术和电子商务系主任、信息技术硕士项目主任、MBA 项目主任以及学院主管研究生项目的副院长。斯蒂芬在西得克萨斯州立大学获得学士和硕士学位，在得州大学阿灵顿分校获得博士学位。

斯蒂芬作为作者或共同作者出版了众多书籍，包括 *Computing Concepts in Action*（12 年级教科书）、与父母共同撰写的 *Interactions: Teaching English as a Second Language*、与 Peter Keen 编写的 *Information Technology: Tomorrow's Advantage Today*、*Excelling in Finance*、*Business Driven Technology* 以及 40 多本信息系列书籍。他还在 *Communications of the ACM*、*Socio-Economic Planning Sciences*、*The International Journal of Systems Science*、*Managerial and Decision Economics*、*Applied Economics* 和 *The Australian Journal of Management* 等期刊发表大量文章。斯蒂芬同家人住在科罗拉多的高原牧场。

梅芙·卡明斯（Maeve Cummings）

匹兹堡州立大学信息系统专业的教授。她在匹兹堡州立大学获得数学和计算机科学的学士学位及 MBA 学位，并在得州大学阿灵顿分校获得博士学位。她在 *Journal of Global Information Management* 和 *The Journal of Computer Information Systems* 期刊发表了多篇论文。她是多个期刊的编委，还是 *Case Studies in Information Technology* 以及"信息技术"丛书 *Computing Concepts and Information Systems Essentials*（目前最新版本是第 2 版）的共同作者。梅芙已经从教 25 年，目前生活在堪萨斯的匹兹堡。

市面上数量众多的管理信息系统教材各有特色，由丹佛大学斯蒂芬·哈格教授和匹兹堡州立大学梅芙·卡明斯教授所著的《信息时代的管理信息系统》因为其结构清晰、内容丰富、案例生动、分析透彻、实用性强等特点而成为最受欢迎的著作之一。

本书的第一个主要特色是案例丰富。它给出了多种不同形式的教学案例，包括开篇案例、综合案例、行业视角、全球视角以及电子商务项目和小组项目等。其中开篇案例通过一个引人入胜的故事引出本章的核心知识点，综合案例侧重于锻炼读者综合运用本章知识解决问题的能力，行业视角和全球视角通过简短的故事对课程知识点进行诠释，电子商务项目和小组项目则供读者巩固章节知识。所有案例都是以真实的故事为背景，覆盖了个人、组织和社会层面的不同问题。丰富的案例运用使教材理论知识的阐释和分析更为透彻，也同时激发读者的学习兴趣和学习热情，培养读者理解问题、分析问题与解决问题的能力。

本书的第二个主要特色是紧密结合管理实践。它面向管理学院的各层次学生，侧重于从提升组织管理水平的视角来阐述各个知识点，帮助读者了解主要的信息技术，培养读者应用技术提升组织管理水平的能力。首先，本书用很大的篇幅来探讨信息时代下的管理信息系统对企业商业环境和战略的影响，分析了如何利用信息技术来创造组织竞争优势，使组织能够在全新的商业环境下应对技术挑战、实现创新发展。同时，本书虽然涉及数据库、决策和智能技术、系统分析和设计方法、前沿技术发展等多个偏技术的主题，但都是从如何应用这些技术手段来提升管理水平的视角介绍这些技术的，为读者了解和掌握前沿技术、应用技术提升管理实践提供了支持。

本书的第三个主要特色是知识体系结构清晰、分析深入浅出。它的知识覆盖面非常广，涉及的内容从商业环境变化到组织战略、电子商务、信息隐私、系统开发、技术基础等多个不同方面。但它的知识体系结构非常清晰，从商业环境的变化入手介绍信息技术对社会的冲击，并依次介绍组织战略、分析驱动、决策支持、电子商务、系统开发、体系架构、信息安全等知识点，最后以对前沿信息技术的展望和分析作为结束。同时，为了便于授课教师根据授课对象的不同组织和选择授课内容，本书还包括了若干个与信息技术相关的扩展模块，内容涉及计算机硬件和软件、互联网、数据库设计与实现、网页开发等不同内容，使授课教师有更大的课程组织灵活性和自主性。此外，本书结合各种教学案例，语言简明扼要，内容图文并茂，实现了以简明、清晰的方式阐述和介绍各个知识点，使读者更容易理解与掌握相关知识。

我们希望我们的翻译工作能够体现本书的特点和优点，帮助广大读者更好地理解和掌握管理信息系统的相关知识及其管理应用。在此，首先要感谢机械工业出版社的编辑对我们的信任和支持！也感谢他们对我们在翻译时间安排上的理解和宽容！本书的第 1、2 章由高慧颖老师负责翻译，第 3、4 章由颜志军老师负责翻译，第 5、6 章由尹秋菊老师负责翻译，第 7、8、9 章由贾琳老师负责翻译。扩展模块 A 和 B 由高慧颖老师负责翻译，扩展模块 C、D 由颜志军老师负责翻译，扩展模块 E、H 由尹秋菊老师负责翻译，扩展模块 J 由颜志军老师负责翻译，全书由颜志军和贾琳老师负责审校。北京理工大学管理与经济学院的部分学生也参与了该书的翻译工作，在此对参与翻译的团队成员表示衷心的感谢！

尽管我们在翻译过程中尽了最大努力，希望能够给读者呈现一本原汁原味的教材，但由于水平和能力有限，还存在许多的不足之处。恳请各位阅读本教材的读者见谅，并希望大家能够把发现的错误和改进建议及时反馈给出版社或者我们，我们争取在后续工作中不断改进和完善。

颜志军　贾琳　尹秋菊　高慧颖
北京理工大学管理与经济学院

《信息时代的管理信息系统》（原书第 9 版）为读者提供了很大的灵活性，读者可以根据管理信息系统或信息技术课程的需要对内容进行调整。全书包括 9 章和 13 个扩展学习模块，读者可以按照书中章节的顺序进行学习，也可以根据自身需求任意选择技术主题和管理主题来对内容进行组合。

本书的核心内容有 9 章，涵盖了众多商业和管理主题，从战略性和竞争性的技术机会，到使用数据库和数据仓库对信息进行组织与管理。有些读者可能偏重于从商业和管理的视角来学习管理信息系统，他们可以不阅读扩展学习模块，只需关注正文章节即可。

本书的 13 个扩展学习模块提供了当今信息技术领域的概览，内容从建立网站，到计算机犯罪和数字取证，以及如何使用微软 Access 数据库。如果读者偏重于从技术视角来学习信息技术，他们可以跳过正文章节的内容，只阅读扩展学习模块。

教师可以根据自己设计的主题来选择授课模式。比如，如果教师决定不讲网络技术的内容，而是要求学生建立一个小型的数据库应用，那么可以直接跳过扩展学习模块 E，然后花更多的时间讲授扩展学习模块 C 和扩展学习模块 J。

我们在后面提供了章节内容和对应的扩展学习模块的详细列表。当教师选择需要讲授的章节与扩展学习模块内容的时候，可以参考以下几种方式：

- 根据授课目的选择部分或所有章节的内容。
- 根据授课目的选择部分或所有扩展学习模块的内容。
- 当你选择讲授某章内容的时候，你不一定需要讲授所有相应的扩展学习模块。
- 当你选择讲授某个扩展学习模块的时候，你不一定需要讲授对应的章节。
- 你可以按照自己想要的顺序来讲授各个扩展学习模块。

特别需要提醒的是，学生可以从本书网站：www.mhhe.com/haag 上下载扩展学习模块 F、G、I、K、L 和 M 的内容。同时，为了更好地服务广大读者，我们提供了两种版本的扩展学习模块 D 和扩展学习模块 J。在本书中，这两个模块使用 Office 2010 的 Excel 和 Access 来实现。但是如果你使用旧版本的微软 Office 软件，你可以使用网站上提供的扩展学习模块 D 和 J 来讲授 Excel 和 Access 的相关内容，它们使用 Office 2007 的 Excel 和 Access 来实现。

本书组织内容的方式很独特，为教师设计课程提供了很大的灵活性。

- 偏重管理：如果关注教材各章节内容的讲授，可以从管理视角出发来学习管理信息系统。
- 偏重技术：如果关注动手能力，则技术技能更为重要，那么课程的重点应该是讲授扩展学习模块。

章节内容	扩展学习模块
第1章 我们生存的信息时代：面临商业环境的变化	扩展学习模块 A：计算机硬件和软件
第2章 主要的商业策略：应用信息技术获得竞争优势	扩展学习模块 B：万维网和互联网
第3章 数据库和数据仓库：支持分析驱动的组织	扩展学习模块 C：设计数据库和实体关系图
第4章 分析学、决策支持和人工智能：企业智囊团	扩展学习模块 D：利用电子表格软件进行决策分析
第5章 电子商务：新经济战略	扩展学习模块 E：网络基础知识
第6章 系统开发：阶段、工具及技术	扩展学习模块 F①：使用 HTML 创建 Web 页面
第7章 企业架构、云计算、衡量指标和业务可持续计划：构建并维持一家有活力的企业	扩展学习模块 G①：面向对象技术
第8章 人与信息的保护：威胁与安全措施	扩展学习模块 H：计算机犯罪和数字取证
第9章 新兴技术及其发展趋势：未来的商业、人和技术	扩展学习模块 I①：创建电子简历
	扩展学习模块 J：运用 Microsoft Access 创建一个数据库
	扩展学习模块 K①：企业中的职业岗位
	扩展学习模块 L①：利用 Frontpage 建立网站
	扩展学习模块 M①：运用 VBA 在 Excel 中编程

① 扩展学习模块 F、G、I、K、L 和 M 的完整内容请见本书网站：www.mhhe.com/haag。（网站也提供使用 Office 2007 的扩展学习模块 D 和 J。）

本书内容的组织方式：哈格教材的优势

区分本书的正文章节内容和扩展学习模块非常简单，概括来讲：

- 正文章节内容是关于"想要学生知道什么"。
- 扩展学习模块是关于"想要学生做什么"。

两者共同构建了一个均衡的知识库，目的是为了培养同时具备基础知识和应用经验的专业商业人士，使他们为当今激烈竞争的职场做好准备。

全书各章和各扩展学习模块都包含了一系列教学方法的指导：

- 学习目标
- 本章小结
- 问题思考
- 作业训练
- 问题讨论

本书的章节关注管理信息系统和信息技术在商业与管理领域的应用。

本书的扩展学习模块致力于为学生提供实践知识，让他们为今后的生活和职业生涯做好准备。

学生的参与度和教材的丰富性：哈格教材的优势

本书为学生提供了三种不同的学习方式：

- 听觉的（听）

- 视觉的（阅读）

- 触觉的（动手和实践）

为了更好地进行课堂教学，你需要教材能够在学生参与度和内容丰富性方面提供支持，进而通过三种不同的方式提高学生学习的积极性。《信息时代的管理信息系统》（原书第 9 版）为每种学习方式提供了相关支持，这些支持包括：

- 高质量的、与教学内容紧密相关的视频资料。

- 可以下载到手持电子设备的学习材料。

- 各章开篇的引导案例（配有问题）以及各章章末的两个综合案例。

- 24 个电子商务项目。

- 22 个团队项目，需要学生使用技术来解决问题或抓住机会。

- 超过 175 个任务、练习、作业和课堂活动。你可以在本书的教师手册中找到相关的内容。

使用高质量的视频让学生定义信息技术和管理信息系统在现实生活中起到的作用，这些视频涵盖 Hurricane Katrina、Motley Fool、Spawn.com 和 Digital Domain 等主题。

使用每章给出的超过 175 个任务、练习、作业和课堂活动来鼓励学生积极参与课堂讨论。有些可以在课堂上使用，有些需要在课后完成。

案例学习

- 令人惊叹的产业变革

每章开头都有一个令人惊叹的产业变革案例，并配有图片来解释技术如何彻底改变在线产业。

- 综合案例

每章章末都有两个综合案例来帮助学生应用所学的知识。每个案例后面都有若干问题可用于课程讨论。

交互式教学方法

每章和每个扩展学习模块都以学习目标开始。我们通过回顾每章的学习目标来总结学习的内容，"告诉读者我们要讲什么内容，然后展示给他们，最后再告诉他们讲过什么内容"。

每章和每个扩展学习模块都有完整的教学方法指导，主要体现为以下几种形式：

- 本章小结

- 综合案例和问题讨论（只在章末）

- 作业训练

电子商务项目要求学生通过网络探索来开展学习。小组项目要求学生使用技术来解决问题或把握机会。

电子商务项目在本书中的位置位于第 9 章后面。每个项目都有一个主题，而且能用于多个章节和扩展学习模块。教师手册也识别了每个扩展学习模块适用的电子商务项目。下表可供参考。

	章								
	1	2	3	4	5	6	7	8	9
1. 计算机统计数据和资源网站			X	X		X	X		
2. 消费者信息网站		X	X	X					
3. 面试和谈判技巧	X								X
4. 元数据		X			X	X	X		
5. 美国劳工部		X	X	X					
6. 人口统计信息		X	X	X					
7. 免费的租赁存储空间					X				X
8. 获得竞争情报		X			X				
9. 计算机伦理指南	X							X	
10. 浏览谷歌地球			X	X	X			X	
11. 经济援助资源	X		X						X
12. 查找主机服务					X	X	X		
13. 全球统计和资源	X	X	X		X				X
14. 黄金、白银、利率和现金		X		X	X				
15. 隐私法律和规定								X	
16. 保护你的电脑	X							X	
17. 学习投资				X	X				
18. 找到实习									
19. 小企业管理局		X			X				
20. 股票行情				X					
21. 店面软件研究					X	X			
22. 搜索共享软件和免费软件						X	X	X	
23. 搜索招聘数据库	X		X						X
24. 搜索 MBA 项目									X

本书共有 22 个小组项目，要求学生使用技术来解决问题或把握机会。但请注意：有些项目需要整个周末才能完成，一次不能布置太多。这些项目可以用到不同的章节和扩展学习模块。下表可供参考。

	章 / 模块										
	1	2	3	4	5	6	7	8	9	D	C/J
1. 评估客户关系管理的价值	X			X				X		X	
2. 分析信息的价值	X							X		X	
3. 主管信息系统报告		X		X		X				X	
4. 构建价值链			X		X						X
5. 使用关系数据库技术跟踪项目			X							X	X
6. 建立决策支持系统				X						X	

（续）

章 / 模块									
7. 使用横幅广告进行宣传			X	X				X	
8. 评估信息技术外包的价值			X		X	X		X	
9. 演示如何创建网站									
10. 运用演示文稿软件	X								
11. 创建网络数据库系统		X		X					X
12. 创建决策支持系统			X		X	X		X	
13. 开发企业资源计划系统		X	X			X	X	X	X
14. 评价无线技术的未来				X				X	
15. 评估下一代技术		X		X				X	
16. 分析战略及竞争优势	X		X					X	
17. 创建决策支持系统			X					X	
18. 进行财务分析			X					X	
19. 开发调度决策支持系统		X	X					X	
20. 开发数据库管理系统		X							X
21. 评估信息安全状况						X	X		
22. 评估供应链管理的价值		X	X		X			X	

支持材料

一本完整的教科书离不开丰富的、有附加价值的支持材料。我们的教学支持材料致力于减轻教师的教学负担，这些支持材料包括提供大量有用信息的网站、拥有超过 2 000 个题目的题库以及容易使用的出题软件、一本能够带领你浏览所有章节和扩展学习模块并提供教学讲义与建议的教师手册，以及课堂用到的幻灯片。

在线学习中心（www.mhhe.com/haag）

像以前各版本一样，本书第 9 版的网站为教师和学生提供了大量有用的信息和补充材料。

教师手册

教师手册能够帮助教师准备课堂使用的幻灯片。在最新版本的教师手册中，每张幻灯片旁边都有一个单独的文本框，对幻灯片内容进行了总结并指出需要重点讲解的内容。这种展示方式让教师可以仅凭教师手册来备课，因为他们仍能看到幻灯片的内容。教师手册的文档中还包括一些内置的链接来连接到书中与教学方法有关的内容。

- 全球视角和行业视角：如何引入主题、需要讲解的关键内容、可以讨论的问题等。

在教师手册中每个文档的开头，你还可以找到其他有用的信息。比如，如果你有问题或建议应当联系谁、本章可以使用的小组项目以及与本文档相关的数据文件。

我们提供 Word 格式的教师手册，并在本书网站提供下载。

题库

我们为每章和每个扩展学习模块准备了大约 125 个问题来测试学生对内容的把握程度，这些题目包括单选题、对错题和填空题。McGraw-Hill 的 EZ Test 软件灵活易用。该软件允许教师针对本书的内容出题，并有多种题目类型。教师还可以自己添加题目。该软件可以创建多种版本的测验题，每次测验都能导入 WebCT、BlackBoard 以及 PageOut 等课程管理系统。该软件适用的系统环境包括Windows 和 Macintosh。

幻灯片演示文稿

我们为教师提供了幻灯片演示文稿。备课时，你可以参考教师手册上的内容概述和要点介绍。我们还为你提供书中用到的图片和照片，以方便你能编辑演示文稿的部分内容。你可以登录本书网站www.mhhe.com/haag 下载。

视频

教师可以使用电脑登录网站下载本书第 9 版的视频。如果需要，我们还可以提供本书其他版本的视频。

MBA管理信息系统案例

洛约拉马利蒙特大学的理查德·珀尔为本书提供了 14 个综合案例。你可以使用这些案例进行MBA 课程的案例分析。本书网站还提供了案例的范例。

在线学习中心

访问 www.mhhe.com/haag 来获得更多的教师和学生学习资源。

在线课程

本书第 9 版提供 WebCT、Blackboard 和 PageOut 三种格式的内容，几乎兼容所有的在线平台。

使用我们的EZ在线测试软件并使用APPLE IPOD® IQUIZ功能来辅助学生的学习

教师可以使用 EZ 在线测试软件出题，学生可以使用苹果公司的 iPod® 来做题。

学生只需要支付 99 美分就可以从苹果应用商店购买 iQuiz 游戏应用并使用它的功能，该应用需要第 5 版或更高版本的 iPod。

教师只需要使用 EZ 在线测试软件就可以设计在 iQuiz 上使用的内容。教师将设计好的试卷和小测验导出到一个文件中，并把该文件发给学生，学生就可以在 iPod 上做题，就这么简单。

致　谢　｜ Acknowledgements

如今本书第 9 版已问世，我们还记得开始写书时的场景以及在本书撰写过程中帮助过我们的人。1995 年，Web 尚处于起步阶段，人们只有在紧急情况下才会使用手机，网络钓鱼和域欺骗等术语还没有被提出。很快 17 年过去了，我们需要感谢很多人。

McGraw-Hill 的管理团队首屈一指。我们衷心感谢 Brian Kibby 和 Doug Hughes 对本书的出版所付出的努力，他们的指导意见非常宝贵。

EDP 团队的成员致力于把我们的想法通过有趣的、迷人的书本形式展现给读者。EDP 团队的成员非常出色，他们包括本书的项目经理 Mary Conzachi、审稿编辑 Peter de Lissovoy、图片编辑 Jeremy Cheshareck（以及负责封面和内部版式设计的 Cara Hawthorne）。

编辑委员会成员决定出版哪些书籍，他们凭借对市场的了解一步步地指导本书的出版。总编辑 Brent Gordon 是编辑委员会的总负责人，其他成员包括编辑主任 Paul Ducham、策划编辑 Anke Weekes、开发编辑 Trina Hauger 和编辑统筹 Jonathan Thornton。他们的帮助对本书的出版至关重要。

我们还要感谢 McGraw-Hill 出版社的 Alpana Jolly（媒体项目经理）和 Amee Mosley（市场经理）。如果没有 Alpana Jolly，本书就没有辅助资料和支持网站。如果没有 Amee Mosley，你也许不会知道我们写了本书。

我们还要感谢整个撰稿团队，他们的表现也非常出色。团队成员包括 Dan Connolly、David Cox、Jeff Engelstad、Syl Houston 和 Keith Neufeld。本书的成功离不开他们独特的才能和知识。

最后但是同样重要的，我们要感谢本书的审稿人，他们的审稿工作费时费力，获得的报酬并未全部体现他们的真实贡献。我们有最出色的审稿团队，他们包括：

Anil Aggarwal
University of Baltimore
John Aje
University of Maryland University College
Ihssan Alkadi
University of Louisiana at Lafayette
Dennis M. Anderson
Bentley University
Stephen Anderson
CUNY - Baruch College
Noushin Ashrafi
University of Massachusetts–Boston
Jack D. Becker
University of North Texas
Ashley Bush
Florida State University
Jerry Carvalho
University of Utah
Teuta Cata
Northern Kentucky University
Casey Cegielski
Auburn University
Syama Chaudhuri
University of Maryland University College

Michael Chuang
Towson University
David J. Cohen
University of Maryland University College
Purdue University-Krannert School of Management
Frederick Fisher
Florida State University
Mark E. Goudreau
Johnson & Wales University-College of Business
Richard Harris
Columbia College
Shaoyi He
California State University-San Marcos
Fred Hughes
Faulkner University
Wade M. Jackson
Fogelman College
Ted Janicki
Mount Olive College
Bomi Kang
Coastal Carolina University
Howard Kanter
DePaul University
Jack T. Marchewka
Northern Illinois University
Ali Mir
William Paterson University
Ram Misra
Montclair State University
Lawrence S. Orilia
Nassau Community College
Leslie Pang
University of Maryland University College
Craig A. Piercy
University of Georgia
Leonard Presby
William Paterson University
Sachidanandam Sakthivel
Bowling Green State University
Aaron Schorr
Fashion Institute of Technology
Keng Siau
University of Nebraska–Lincoln
Andrew Targowski
Western Michigan University
Jyhhorng Michael Tarn
Haworth College of Business, Western Villanova University
Gloria Phillips-Wren
Loyola College
Sharma Pillutla

Vance Cooney
Eastern Washington University
Mohammad Dadashzadeh
Oakland University
Roy Dejoie
Michigan University
Sameer Verma
San Francisco State University
Haibo Wang
Texas A&M International University
Robert Wurm
Nassau Community College
James E. Yao
Montclair State University
Bee Yew
Fayetteville State University
David Bahn
Metropolitan State University
Raquel Benbunan-Fich
Baruch College
Richard Christensen
Metropolitan State University
David DuBay
Metropolitan State University
James Elwood
Utah State University
Roger Finnegan
Metropolitan State University
David Gadish
California State University–Los Angeles
Frederick Gallegos
California State Polytechnic -University
Yujong Hwang
DePaul University
Curtis Izen
Baruch College
Jeffrey Johnson
Utah State University
Brian Kovar
Kansas State University
Subodha Kumar
University of Washington
Al Lederer
University of Kentucky
Ron Lemos
California State University–Los Angeles
Jay Lightfoot
University of Northern Colorado
Wenhong Luo
Towson University
Alexander Pons
University of Miami
Daniel Rice

Loyola College
Sherri Shade
Kennesaw State University
Richard Turley
University of Northern Colorado
Craig Tyran
Western Washington University

William Wagner
Villanova University
Bee Yew
Fayetteville State University
Enrique Zapatero
Norfolk State University

来自斯蒂芬·哈格

请允许我向作者团队包括合著者和贡献者为本书付出的努力表示感谢。同时，我也十分感谢在我写作过程中提供帮助的人，包括 Peter Keen、L. L. Schkade 博士、JD Ice、Rick Williamson 和 McGraw-Hill 的一些工作人员。

丹佛大学丹尼尔商学院的同事也给我提供了很多帮助。因为篇幅有限，在此不一一列举。在此向学院的名誉院长 James Griesemer 以及高级副院长 Christine Riuplan 和 Glyn Hanbery 表示感谢。

如果没有我家人的支持，本书也不能呈现于读者面前，我的生活也不能如此精彩。我的父母住在离我几分钟路程的地方，他们为我提供了无尽的帮助。我的两个儿子 Darian 和 Trevor 总能在我整夜工作之后让我喜笑颜开。我牙牙学语的儿子 Zippy，他其实不在乎我在写什么，但是无条件地爱我。我还有两个漂亮的来自乌克兰的女儿，分别是我们在 2007 年夏天收养的 Alexis 以及在 2009 年冬天收养的 Katrina。她们给我们的生活带来了难以言说的幸福。我们的家庭还有一个新成员，就是另外一个小女儿 Princess。她时时刻刻提醒我们，幸福才是生活的关键。

来自梅芙·卡明斯

我真心感谢在本书第 9 版和其他版本的写作过程中直接或间接提供帮助的人。谢谢斯蒂芬，他不仅是一名出色的首席作者，还是一位完美的朋友。非常感谢 McGraw-Hill 的工作人员，他们在本书的出版过程中投入了大量的时间和精力。

特别需要感谢的是 Don Viney 为本书道德伦理部分提供的帮助。Keith Neufeld 是网络领域的专家，他慷慨地与我们分享他的知识。Lanny Morrow 帮助我了解计算机取证方面的最新动态。再次感谢你们。

感谢圣灵和洛雷托修女早期对我的教诲，为我之后的发展打下了坚实的基础。他们无私奉献，教给我的不仅是基础的读写和算术。匹兹堡州立大学的教员十分有才华，而且很有耐心，他们让我从一个身无分文的外国人变成一个对社会有用的人，我今天取得的成绩离不开他们的培养。

此外，我还想感谢我伟大的家人：我的父母（Dolores 和 Steve）、姐姐（rainne、Fiona 和 Clodagh）、兄弟（Colin）以及他们的家人对我的支持和关爱。最后感谢 Slim 对我的信任，尽管有时候我并没有他认为的那么优秀。

Contents | 目　录

我们生存的信息时代：面临商业环境的变化

1. 定义管理信息系统，并描述相关的三种重要组织资源：人、信息和信息技术。
2. 描述如何使用盈亏平衡分析评估信息技术的财务影响。
3. 描述如何用波特的"五力模型"评价一个行业的相对吸引力和竞争压力。
4. 比较分析两种业务战略开发方法：波特的三个一般战略和运作—成长—变革框架。

🌐 |令|人|惊|叹|的|产|业|变|革|

手机使酒店的客房电话收入骤减

想想这个案例的标题，它不是你所期待的在教科书中出现的典型开篇案例研究吧。它是关于由信息技术引起的"惊人"转变。报纸的订阅量在迅速减少，正如杂志上的印刷广告收入正在锐减；人们建造没有埋地电话线的房屋；影片租赁主要是在网上进行，而不是在当地的音像店。技术的影响已相当深远，它正在改变整个行业。

看一下依靠多种渠道赚钱的酒店，其收入来源包括房间租金（占最大比例）、餐厅消费、宴会厅和会议设施使用费、停车场收费，还有客房电话使用费。然而客房电话使用费很快就要消失了。随着个人手机的普及，越来越少的客人使用酒店客房电话拨打本地电话和长途电话。

如下图所示，2000年，一家标准的酒店每年每间客房的电话费收入为1 274美元。因此，对于一家拥有500间客房的酒店来说，每年的客房电话费总收入约为63.7万美元。然而这种辉煌一去不复返了。2009年，每年每间客房电话费收入已下降到178美元，下降了近86%。对于一家拥有500间客房的酒店，客房话费年收入已经从63.7万美元急剧下降到8.9万美元。

（单位：美元）

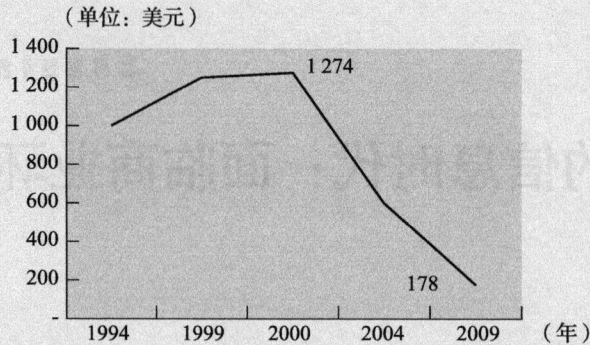

这的确证明了技术具有"惊人"的和革命性的一面。这在大多数行业都时有发生——旅游、报纸杂志、音乐、电影、地方新闻、教育、金融服务，还可以不断列出更多的例子。

作为未来的商业领导者，你不需要专注于手机如何工作，相反，你需要关注人们如何使用和为什么使用手机。新技术同样如此。你并不真的需要"弹出引擎盖"，学习所有的技术引擎，而是需要把重点放在个人和商业对技术的使用上。这才是你结合技术有效地建立企业战略所需要的知识。这就是我们写作本书的原因。欢迎来到奇妙的和惊人的技术世界。[1, 2]

问题

1. 你最近一次使用公用电话是什么时候？去年你多长时间使用一次公用电话？
2. 如果你需要使用公用电话，你能立即知道去哪里找吗？
3. 你最近一次使用手机是什么时候？昨天你多长时间用一次手机？

1.1 引言

正如你在开篇案例中所读到的，人们通过使用技术能够（事实上是彻底地）改变商业的竞争格局。酒店已习惯依赖每间客房所带来的大约每年 1 200 美元的话费收入。现在由于人们使用自己的手机而不是客房的收费电话，使得酒店每间客房每年的话费收入不到 200 美元，而且可能很快就会完全消失。在某种程度上，这是技术所造成的意想不到的结果。没有人以帮助人们降低酒店客房的话费支出为目的而发明手机。甚至，最初的手机设计者从来没有料想到：因为提供如此多的功能，手机（现在更恰当地应称为智能手机）已经成为我们生活中不可缺少的一部分。

我们生活在一个信息时代。无论是生活、工作、学习、娱乐，还是驾车、上网、吃饭和购物都发生在这个信息世界里。信息技术的影响无处不在。平均每个美国人每天的生活至少依赖 250 台电脑。我们生活的每一部分都依赖信息技术，电视、Kindle Fire、iPod、iPad、DVD、汽车还有手机都依赖信息技术，更确切地说，没有信息技术，它们就不能使用了。信息技术在我们的生活中已无处不在，以至于它常被认为具有很强的扩散性。据 2005 年

《时代周刊》曾做的一份世界范围的调查统计，14% 的手机用户会因为接听手机而停止做一些重要的事情。[3]

你们这一代，特别是出生在 20 世纪 80 年代中后期和 90 年代初的一代人，更是出生在信息时代。社会把你们称作"数字原生代"，而更早出生的我们被称作"数字移民"。20 世纪 90 年代初，很少有人听说过互联网，冲浪仅被认为是一项水上运动，微软也不是在文字处理、电子表格、演示或数据库管理系统应用方面占主导地位的软件供应商。那时病毒（viruses）只在显微镜下可见，蠕虫（worms）用于钓鱼，垃圾邮件（spam）也仅是一种罐头猪肉。那时候，语法与拼读老师一定会纠正你对"unfriend"（现特指在社交网络上与某人解除好友关系）一词的不正当使用与拼写错误，但所有这些都在你们这一代人出生的头几年里发生了改变。

在你们的少年时期，电子商务呈爆炸式发展，然后又快速呈泡沫破裂，一夜间许多互联网百万富翁变成穷人。你们可能对那些独特、有趣的 IT 术语更加熟悉，像播客（podcasting）、维基百科（wiki）、阿凡达（avatars）、表情符号（emoticons）、电子欺骗（spoofing）、橡果国际（acorns）、推特（twittering）、色情短信（sexting）和网络钓鱼（phishing，现在是一个完全不同的诱饵）。信息技术已成为你生活中如此重要的一部分，以至于你更多地将其视为一种必需品，而不仅仅是为了方便。你能够想象没有手机的生活吗？一个星期没有短信，你会做什么？如果 Facebook 的网站宕机了，你会怎么做？你会多久检查一次它是否已经启动或恢复运行了？

不仅如此，信息技术的革新速度（或者说改变我们生活和商务方式的速度）比以前的任何科技革新、任何时代都要快。看一下下面这些技术拥有 5 000 万用户所用的时间：

- 收音机：38 年
- 电视机：12 年
- 互联网：4 年
- iPod：3 年
- Facebook：2 年 [4]

这是否很有趣？本书和这门课程的主题是关于信息技术和人们如何使用信息技术，无论是在个人生活中使用，还是在组织的职业生涯中使用，抑或只是为了使世界变得更加美好而使用。具体地说，这是一本关于管理信息系统的书。我们正式地给出管理信息系统的定义如下：

- **管理信息系统**（management information systems，MIS）处理信息技术工具的规划、开发、管理和使用，以帮助人们执行与信息处理和信息管理相关的一切任务。

因此，管理信息系统涉及三种非常重要的组织资源——信息、人与信息技术的协同和使用。换句话说，人使用信息技术处理信息，整体上统称为管理信息系统。

试着用你学习其他商务课程的方式来考虑管理信息系统课。你修一门财务领域的课程，或许叫财务管理，这门课程的重点并不是金钱本身（它看起来像什么，它的颜色是怎样的等），而是关于组织如何把钱作为一种资源进行使用。这同样适用于供应链管理课程，你不会花整个课程学习火车、飞机和卡车，而是将学习如何定义和建立有效的供应链管理系统，包括火车、飞机和卡车在内，以满足组织的配送、运输和仓储需求。

管理信息系统课程同样如此。当我们探讨诸如数据库和人工智能等许多不同的技术时，我们真正关注的实际上是人们如何使用这些技术来处理信息以帮助一个组织实现其目标。因此，管理信息系统的三种资源——人、信息、信息技术之间存在协同（见图1-1）。

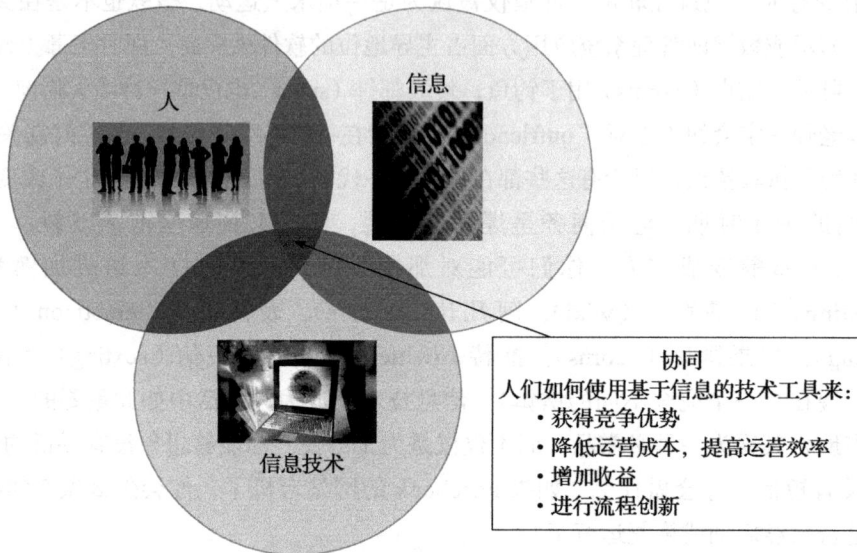

图1-1　管理信息系统三种重要资源之间的协同

1.2　信息是一种重要资源

虽然我们称之为数字时代，但是我们同样也处于"信息时代"，这意味着知识就是力量。根据语境的不同，信息可以有多种形式。为了弄清楚"信息"这一难懂的术语，让我们首先来定义数据和信息，并简要看看商务智能。

数据（data）是描述一种特定现象的、未经加工的事实。例如，当前的温度、影碟出租的价格以及你的年龄，这些都是数据。

信息（information）是指在特定背景下具有特定含义的数据。比如，假设你要决定穿什么衣服，那么当前的温度就是信息，因为它正好与你即将做出的决定（穿什么）相关；在这里，影碟的出租价格就不是相关信息。

图1-2中的左半图是包含单个数据"21"的Excel表，我们假定那是你的年龄。它仅是一个数据、一种描述你的出生时间的事实。图1-2中的右半图是一家企业的顾客年龄列表，这就是潜在的信息，因为企业可能用到它。通过这组年龄列表，你可以得到这组顾客年龄的平均值、最小值、最大值以及各年龄段的频率分布图。

而在图1-3中，Excel表单包含每个顾客的多个方面的信息，从这些客户信息中我们可以获得商务智能。

在 Excel 表中，我们能存储单个数据字段。如下表中输入的数字"21"，假定那是你的年龄

当数据具有一定含义时就是信息。此处，信息就是所有顾客的年龄列表，它可以帮助我们了解客户

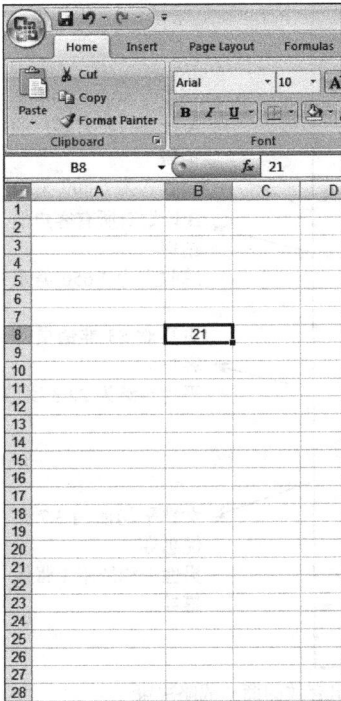

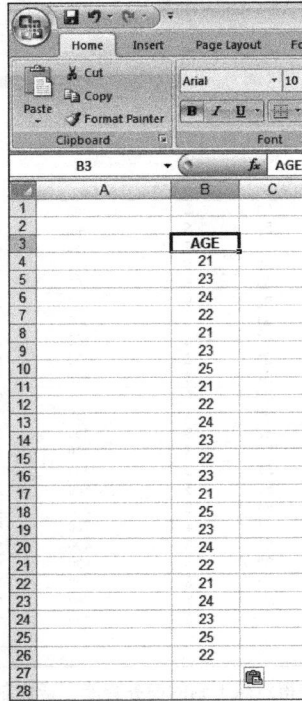

平均年龄：22.8

最小年龄：21

最大年龄：25

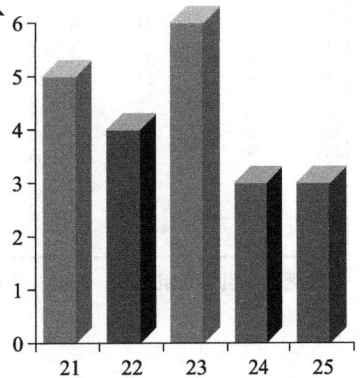

数据在特定条件下可转化为信息

我们可以利用信息来创建有意义的知识资产

图 1-2　数据与信息

商务智能（business intelligence，BI）是关于客户、竞争对手、商业合作伙伴、竞争环境以及企业内部运作的聚合信息。它使企业能够做出有效的、重大的，通常也是战略上的商业决策。让我们来探讨一些商务智能的例子。

仔细观察不同性别的优惠券使用情况，显然，女性比男性使用更多的优惠券。这种商务智能引起了一些有趣的思考。我们可以通过提供更多的优惠券来鼓励女性购买更多的商品吗？我们继续给男性顾客提供优惠券还有意义吗？看看不同的销售计划的总销售额，显然，A 计划产生的收入（6 600 美元）比 B 计划（2 650 美元）更大。这引发我们思考更多的问题。企业的成长机会是扩大 B 计划的客户数量吗？还是为了获得更多的客户，即使要花更多的钱，也应该将营销方面的投入专注于更受欢迎的 A 计划上？

数据、信息和商务智能是相互联系的。信息是一幅由多个数据点组成的更完整的画面，如上例，一个年龄是单独的一个数据，而信息是所有顾客的年龄集；商务智能则将顾客年龄

信息扩展到包括不同性别人群的行为、赠券使用量、顾客偏爱的收银员以及总购买额。

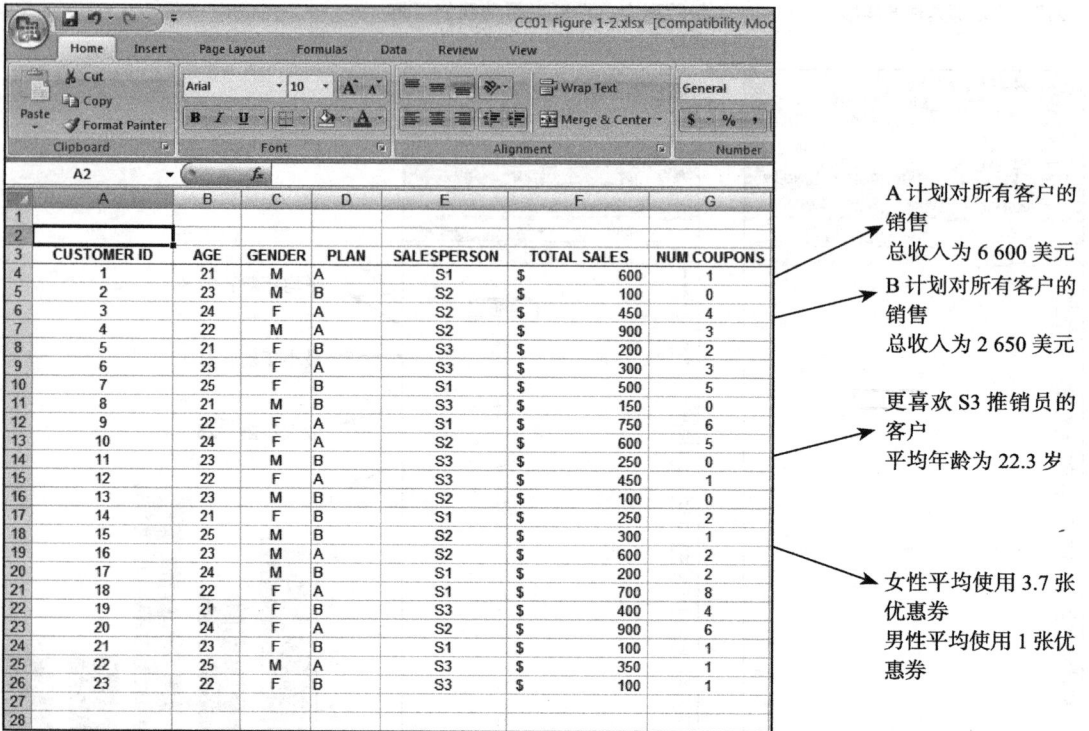

当你把若干组信息组合到一起时，你就能获得意想不到的商务智能，帮你制定出有效的商务战略决策

图 1-3　商务智能

质量是数据、信息和商务智能的一个关键特性。"质量"是另外一个难懂的术语，不同的上下文可能意味着不同的含义。（在下面我们对质量的讨论中，我们将使用通用术语"信息"指代所有包括数据、信息和商务智能的知识资产。我们并不想让你忽略这些概念之间的区别，但由于无论是商业人士还是学者都采用了这种时髦快捷的方式，故而我们使用"信息"这一术语来涵盖所有级别的知识资产，所以希望你能理解。）

1.2.1　定义信息质量

只有与你相关且对你有用时，信息才具有较高的质量。不幸的是，在当今的信息时代，并不是所有的信息都是非常珍贵的，我们每天充斥于各类信息中，然而其中的大部分信息对我们来说并不重要。以下是一些信息属性，它们有助于你定义信息的质量。

- **时效性**——包括两个方面：①需要时能否及时获得信息。比如你正准备进行股票交易，你需要获得当前的股票价格信息。②是不是你需要的时期或时间段的信息。今天某一时点的销售量或许是你需要的。而对于一些重要的决定，你可能还需要其他相关信息，比如昨天的销售额、最近几周的销售额、上周同一天的销售额、去年同一天的销售额等。

- **空间性**——如果需要时不能获得信息，它对你没有任何价值。在理想状态下，你所处的位置或信息的位置并不重要。IT 技术可以帮你提升信息质量，比如支持远程办公、虚拟工作室、移动电话会议等技术，这样你就能在任何地方即时获取所需信息。
- **形式**——包括两个方面：①信息是否以最适当的形式展现，比如声音、文本、录像、仿真、图像或其他。不同情况下，信息的质量高低取决于信息的格式和你能否方便地使用它。②信息是否准确。把信息看作你的一个实物产品。如果是一个次品，它的质量就低，而你根本不能用它，信息也一样。这就是无用输入 / 无用输出（garbage-in garbage-out，GIGO）。如果在你做决策时获取的信息是错误的形式（无用输入），那么你更可能做出一个糟糕的决定（无用输出）。
- **有效性**——有效性与上面所谈及的信息形式的第二个方面非常相似。有效性强调信息的可靠性。信息遍布于互联网上，但它是来自可靠的信息源吗？网络上的信息大多没有经过质量控制或者核实就发布了，因此你有必要质疑它的有效性。

1.2.2　从组织的角度思考信息

组织必须视信息为一种资源或资产。它必须是可组织的、可管理的、可有效传播的。组织内部，信息一般沿着四个方向流动，如图 1-4 所示。

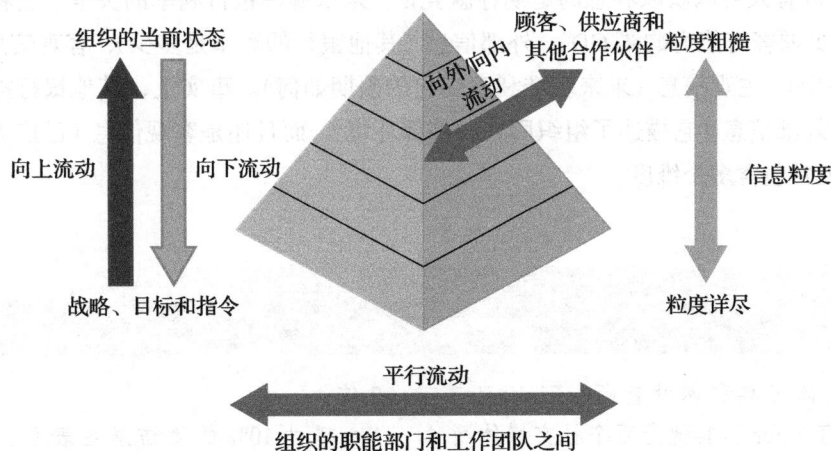

图 1-4　组织、信息流与信息粒度

（1）**向上流动**（upward）。向上的信息流基于日常事务处理情况描述组织的当前状态。例如，当一项销售活动发生时，信息来源于组织最底层，然后，通过各个不同的管理层次向上流动。信息传递过程中表现出信息粒度逐渐凝练。

信息粒度（information granularity）指信息的详尽程度。信息在组织的较低层表现为细粒度，因为员工需要详细、具体的信息才能开展工作。而在组织较高层，信息表现为粗粒度，以某种方式逐渐变得更凝练、更概括。比如战略制定者需要的是年销售额数据而不是每一笔销售的详细信息。

（2）**向下流动**（downward）。源自较高管理层的战略、目标和指令等信息向较低层次的流动。组织的上层制定组织发展战略；中层根据战略制定运行策略；底层负责具体运作。

（3）**平行流动**（horizontal）。信息在各职能业务部门和工作团队之间平行流动。信息平行流动的目的就是消除"右手不知道左手在干什么"的尴尬。组织中各部门间应相互了解彼此相关的各部门的工作运营情况。一般地，公司的每个人需要知道与其工作相关的一切（私人的、敏感的信息除外）。

（4）**向外/向内流动**（outward/inward）。向外/向内流动的信息包括与顾客、供应商、配送商和其他商业伙伴交流的信息。这些信息才是电子商务的实质。当今，所有组织都不是孤立的，信息顺畅地向外/向内流动可以创造竞争优势。

信息的另一个组织维度是关于信息描述的内容。信息可能是内部的或是外部的，客观的或是主观的，也可能是兼而有之的。

- **内部信息**：主要描述组织内特定的业务内容。
- **外部信息**：描述组织所处的环境。
- **客观信息**：定量描述那些已知的事物。
- **主观信息**：试图描述那些还不为人所知的事物。

设想一家银行正面临着对定期存单（certificate of deposite，CD，指银行发行的具有可转让性质、持有人可以获取利息的定期存款凭证）采取哪种银行利率的决策。它将运用内部信息（有多少顾客有能力购买 CD）、外部信息（其他银行的利率是多少）、客观信息（当前基准利率是多少）、主观信息（未来基准利率变化的预期如何）。事实上，其他银行提供的利率不仅是一种外部信息（它描述了组织所处的外部环境），而且还是客观信息（已广为人知的信息）。信息经常包含多个维度。

| 行业视角 | 招聘信息社会化 |

社交媒体工具和网站盛行。LinkedIn、Facebook、Twitter 和其他上百个社交媒体网站每天有数百万个访客，许多人花好几个小时访问这些网站，看视频，与朋友联系和创建关系。

现在，社交媒体正迅速成为雇主和求职者偏爱的场所。2009 年，UPS 公司使用最新的和最棒的 Web 2.0 技术雇用了 29 名员工，例如，给那些通过智能手机寻找和申请工作机会的求职者提供视频和便于移动设备浏览的网页内容。一年后，UPS 公司使用相同的技术雇用了 955 名员工，增长了 32 倍。

超过 40% 的受访雇主表示，他们将使用不同的招聘策略来吸引最好的"Y一代"求职者。超过 60% 的雇主把社交媒体网站作为找到"Y一代"求职者的首选地点。

UPS 公司人才招聘总经理麦特·拉威利说："我们使用社交媒体是因为我们认为候选人在那里。"他是对的，几乎 28% 的受访大学生计划使用 LinkedIn（www.linkedin.com）找工作，比前一年增长了 5%。LinkedIn 类似于 Facebook 的专业版，在 LinkedIn，你为业务而建立"关系"。只有 7% 的大学毕业生计划使用 Facebook 来找工作。

精明的应届毕业生正在使用社交媒体网站收集有关潜在雇主的有价值信息。他们浏览 Facebook 和 Twitter 上那些有潜力的公司的最新信息，阅读那些公司当前和以前的员工发表的评论。

当你通过研究这些资料准备进入就业市场时，你需要建立一个社交媒体策略，确切地说是两个策略：第一个是使用如 LinkedIn 的社交媒体来了解潜在的雇主并进行联系。你有 LinkedIn 账户吗？第二个是互联网上有什么关于你的信息。你想让潜在的雇主看到你留在 Facebook 上的一切吗？这是一个值得好好思考的问题。[5]

1.3　人是一种重要资源

任何组织中最重要的资源都是人。人设定目标，执行任务，制定决策，服务顾客，特别是 IT 专家，他们还为组织提供了一个稳定可靠的技术环境，使组织能够平稳运行并在市场中获得竞争优势。因此我们在本节重点讨论的就是"人"。

在企业中，最有价值的财产不是技术，而是人的头脑。IT 是一种能帮助人们加工处理信息的工具，但它只能在大脑的支配下工作。例如，电子表格软件能帮助人们快速生成一张高质量的图表，但它既无法告诉操作者该建立条形图还是饼状图，也不能帮助人们决定是按照区域还是按照销售员来展示销售情况，这些都是需要人来完成的任务。这也正是我们的商业管理课程中包括人力资源管理、会计学、金融学、市场营销学以及生产运作管理的原因。

尽管如此，技术对我们来说还是一种相当重要的工具。技术能提高人的工作效率，帮助人们更好地剖析和理解问题与机会。因此，学习如何运用技术对我们而言十分重要。同样，理解技术工具所处理的信息也同样重要。

1.3.1　精通技术

一个**精通技术的知识工作者**（technology-literate knowledge worker）懂得如何运用技术以及何时运用技术。"如何"包括懂得应该购买什么技术，如何利用应用软件的优点，以及需要怎样的技术架构把各个商业活动整合起来等。从个人角度来说，我们还提供许多扩展学习模块来帮助你成为一名精通技术的知识工作者。

建议你阅读本书所有的扩展学习模块，特别是扩展学习模块 K（企业中的职位），这一模块包括覆盖各类商业领域的职业机会，如财务、市场营销、会计、管理和许多其他的职业，对模块 K 的阅读将有助于你的职业选择，并且该模块还包括针对每种职业需要什么样的关键技术的讨论，这将有助于你获得成功。

一个精通技术的知识工作者还应懂得何时应该运用技术。不幸的是，在许多案例中，都有一些个人和组织在解决企业问题时因盲目运用技术而导致失败。我们应当明白，技术不是万能药。我们不能只是简单地将技术运用于生产过程，然后期待它立即变得更加快速、有效。如果我们将技术运用于一个错误运转的生产过程，那么我们得到的将是更快地完成错误的事情。成为一名精通技术的知识工作者将帮助你决定何时应该运用技术，何时不该运用技术。

1.3.2　精通信息

一个精通信息的知识工作者（information-literate knowledge worker）应当做到：

- 能够确定信息需求。
- 知道如何获得信息以及在哪里获得信息。
- 理解信息的含义（例如，能将信息转变为商务智能）。
- 能够基于信息采取适当的行动，以帮助组织获取最大的优势。

我们先来看一位精通信息的知识工作者的典型案例。几年前，东海岸一家零售商店的经理获得一些有趣的信息：周五晚上的尿布销量在一周尿布销售总量中占很大的比例。在这种情况下，大多数人都会立即决定要确保尿布在周五有充足的库存，或特价促销。但该商店经理并没有这样做，她首先观察信息，并确认这些信息还不足以创建商务智能，也就是说，在她采取行动之前还需要更多的信息。她确定她所需要的商务智能是为什么在那段时间会出现尿布销量的突然上升，以及都是哪些人在购买它们。系统中并没有存储商务智能，于是她安排一个雇员周五晚上专门在卖尿布的通道上记录与该情况相关的信息（她知道如何获得和在哪里获得信息）。商店经理了解到，周五晚上大多数尿布都是被一些年轻的男性顾客买走了。很明显，他们是被指派在下班回家的路上购买周末要用的尿布。这时经理的反应是在尿布旁边摆放优质的国产和进口啤酒。从此，每个周五晚上不仅是尿布销售的高峰时间，同时也成为优质国产和进口啤酒的销售高峰时间。

从这则故事中，我们能学到一些重要的启示。首先，正如我们前面所讨论的，技术并不是万能药。尽管计算机系统在周五晚上就会生成有关尿布销售情况的初始报表，零售商店经理却没有进一步地使用技术来设计和实现她那创新而高效的解决方案。其次，这则故事帮助我们理解信息和商务智能的区别。在这个案例中，周五晚上的尿布销售量是信息，而商务智能包括：

- 谁在周五晚上购买尿布？
- 为什么这些人在周五晚上购买尿布？
- 这些人还想要或需要哪些互补产品？

一个较好的经验法则，是当你收到信息并要利用这些信息做决策时，首先问自己以下问题：谁，什么，何时，为什么，哪里，怎样。对这些问题的回答将有助于你获得商务智能并做出更好的决策。

1.3.3　人的社会责任感

作为一名精通技术与信息的知识工作者，我们不仅要学会如何运用技术和信息来为组织获得竞争优势，同时我们还必须认识到自己的社会责任，这就是道德的重要性所在。**伦理**

道德（ethics）是指导人的行为、行动和选择的一系列准则和规范。伦理道德同法律的影响一样，但伦理道德又不同于法律。法律也明确规定了行为规范，但伦理道德更加主观，更具有个人或文化特质。因此，伦理道德决策是比较复杂的。根据不同的人的伦理道德标准，某些情况下的决策或行动的结果或期望结果可能是正确的，也可能是错误的。比如下面的例子：

（1）拷贝你购买的软件，为你的朋友制作一份备份，并收取费用。

（2）为你的软件制作一份额外的备份，以防你正在使用的原件和备份件由于某种原因出问题。

（3）未经你的朋友和家人同意将其电话号码给电信提供商，从而使自己得到一定折扣。

上述每一种行为都是违背伦理道德（对于你或一些人来说）或法律（对于政府）的。在第 2 个例子中，可能在制作一份额外备份上我们遵循了道德规范（因为未与别人分享），但根据多数软件的规定，用户依法只能制作不多于一份的备份。那么，你怎么看待第 1 个和第 3 个例子，是违法的还是违背道德的？或者两者都是？

为了帮助读者更好地理解伦理道德与法律之间的关系，请参考图 1-5。图 1-5 由四个象限组成，对于某项行为，在伦理道德方面决策的难度位于第 Ⅲ 象限（合法但违背伦理道德）。上述 3 个例子都位于第 Ⅲ 象限吗？你也许会想到其他一些行为，它们尽管是合法的却是违背伦理道德的（如流言）。我们希望我们的行为总能处于第 Ⅰ 象限，如果我们的所有行为都保持在该象限，那么就说明我们既遵守了法律又是合乎伦理道德的，是一种对社会负责的方式。由于人们可以更加方便、快捷地获取、发送和使用信息，因此技术增加了社会中伦理道德判断的复杂度。

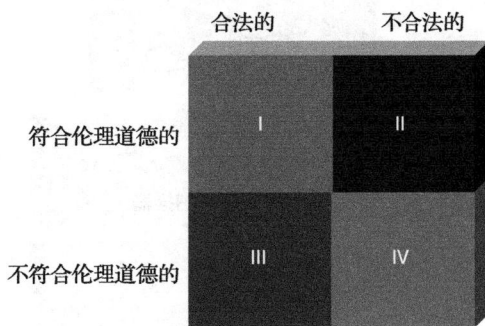

图 1-5　遵循伦理道德与法律 [6]

在信息时代，作为一个负有社会责任感和伦理道德责任感的人，我们不仅要约束好自己的行为，还要在他人的攻击面前保护好自己和我们的组织，也就是保护好自己和我们的组织免遭计算机犯罪的侵害。有许多形式的计算机犯罪，比如病毒、木马、身份盗用、网络破坏等，这些类似于黑帽黑客和网络恐怖分子的黑客所为，你的责任就是预防他们。如果不这样做的话，可能会被视为道德上的过失。对于保护个人和组织的网络资源的重要性，我们强调得还不够。在后面的章节，我们还会讨论这些问题，我们会在第 8 章（保护你和你的信息）和扩展学习模块 H（计算机犯罪与调查）中探讨一些具体问题。

1.4　信息技术是一种重要资源

信息技术（information technology，IT）是管理信息系统中的第三种重要资源。正如我们前面所定义的，信息技术是指各种以计算机为基础的工具，人们用它来加工信息，并支持组织的信息需求和信息处理任务。因此，信息技术包括用来获取股票价格的移动电话或平板电脑、用来写学期论文的家用计算机、组织间互相沟通的大型网络，以及世界上大约 1/6 的人都在使用的互联网。

信息技术分类

一种简单而有效的分类方式是将信息技术分为硬件和软件（见图 1-6）。**硬件**（hardware）是指组成计算机的物理设备；**软件**（software）就是计算机硬件执行的、用来完成某个特定任务的一系列指令。例如，黑莓手机是硬件设备，它包含一些软件，可以用来安排日程、更新地址簿、查收邮件、看视频、查看股票信息等。

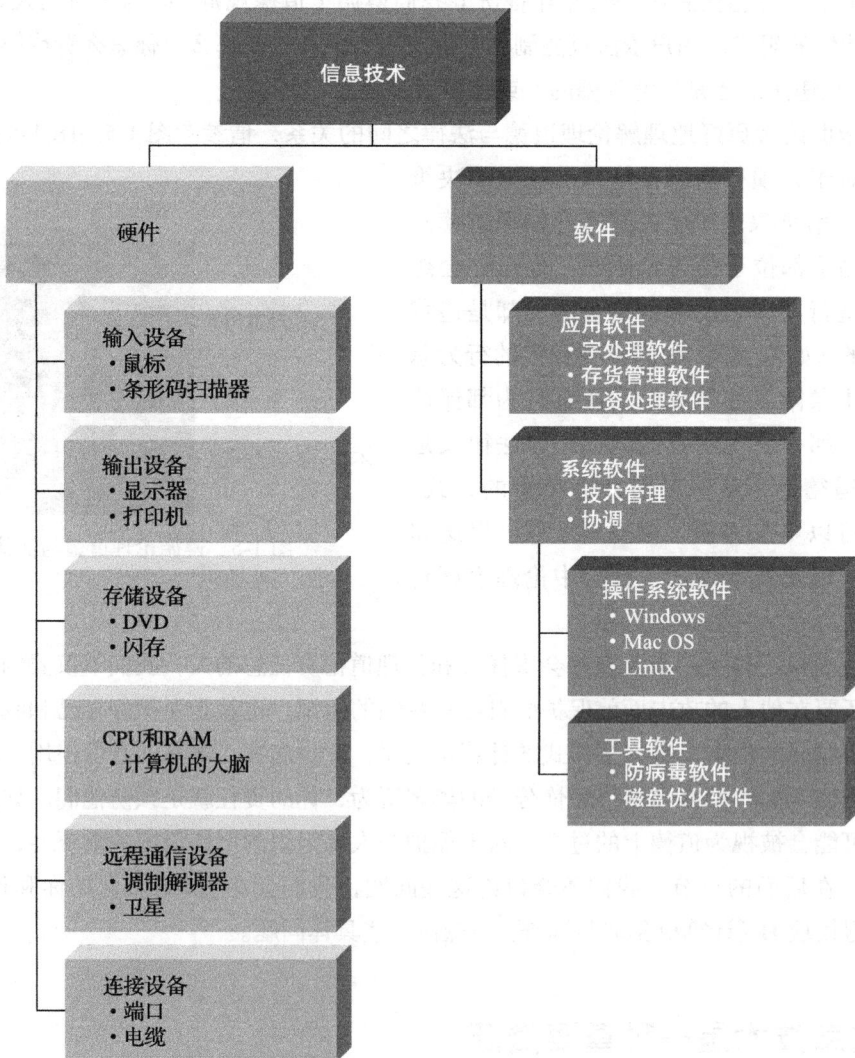

图 1-6　信息技术硬件与软件

硬件可分为以下六类：

（1）**输入设备**（input device）：用于输入信息和指令的工具。输入设备包括键盘、鼠标、触摸屏、游戏控制器、条形码扫描器。

（2）**输出设备**（output device）：帮助用户看到、听到或理解所请求的信息处理结果的工具。输出设备包括打印机、显示器和扬声器等。

（3）**存储设备**（storage device）：用于储存信息的设备。存储设备包括硬盘、闪存设备和DVD（数字化视频光盘）等。

（4）**中央处理器**（central processing unit，CPU）：解释并执行软件指令、协调其他硬件设备共同工作的硬件。随机存储器（RAM）是临时保存正在处理的信息和CPU当前需要的系统及应用软件指令的存储器。

（5）**远程通信设备**（telecommunications device）：用于与网络中的其他人或计算机进行信息传输的工具。例如，如果使用调制解调器上网，调制解调器就是一种远程通信设备。

（6）**连接设备**（connecting devices）：包括连接打印机的并行端口、打印机与并行端口之间的连接线和内部连接设备等。

软件主要分为以下两大类：应用软件和系统软件。**应用软件**（application software）是帮助用户解决特定问题或完成特定任务的软件。例如Microsoft Word，能帮助我们写论文，因此它是一种应用软件。从组织的角度来看，工资管理软件、协作软件和库存管理软件都是应用软件。

系统软件（system software）负责处理技术管理任务并协调所有技术设备之间的交互。系统软件包括网络操作系统软件、打印机和扫描仪的驱动程序、操作系统软件（包括Windows XP和Mac OS等）及工具软件（包括防病毒软件、卸载软件和文件保护软件等）。

如果这是你第一次接触硬件和软件，我们建议你进一步阅读扩展学习模块A（计算机硬件与软件）。

综上所述，管理信息系统由三大关键组织资源组成：人、信息和信息技术。管理信息系统就是要在恰当的时间，将恰当的技术、准确的信息送到正确的人员手中。

1.5　信息技术的财务影响：盈亏平衡分析

在考虑使用组织的任何资源时，你必须思考诸如以下问题，"这对组织将有什么样的财务影响？我们的投资回报率（ROI）是多少？这将有助于降低成本或增加收入吗，或者两者兼而有之？"所有这些问题都涉及资源的财务影响。技术也不例外，你必须能够从财务上证实技术的使用价值。

要评估某种资源的财务影响，一个简单易用而又十分强大的工具便是"盈亏平衡分析"，在使用盈亏平衡分析时，我们会考虑以下财务信息并绘制图表（见图1-7）：

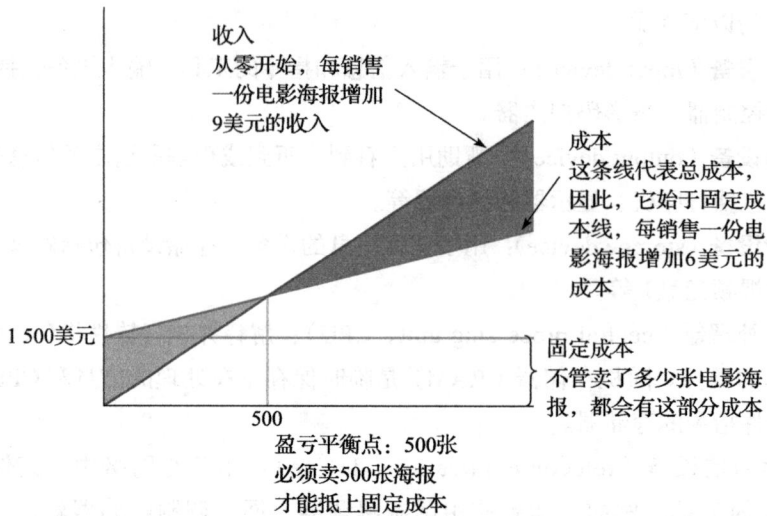

图 1-7　盈亏平衡分析

- **固定成本**：就是不管你是否卖出东西都会产生的所有成本。例如，办公楼或零售店的租金是固定成本，即使你不卖出任何东西，你仍然要付房租。其他固定成本包括公用设施、保险、员工工资等。
- **变动成本**：就是获得/生产最终卖给客户的单位产品的成本。
- **收入**：单位产品的销售所得。

假设你已经和各大电影工作室就出售电影海报达成交易。你可以以每张 4 美元的价格购买电影海报，然后在你的网上商店以每张 9 美元的价格出售。将每张电影海报快递给客户需要花费 2 美元。你的网上商店、产品目录、信用卡处理、域名注册、搜索引擎都由 GoDaddy（www.godaddy.com）公司提供，每年需要花费 1 500 美元的成本。相关的财务信息如下：

- **固定成本**：每年 1 500 美元，用于支付 GoDaddy 公司的服务。无论你有没有卖出海报，这个费用是固定的。
- **变动成本**：6 美元，即你花 4 美元从工作室购买一张电影海报，并花 2 美元把它配送给你的客户。
- **收入**：9 美元，也就是一张电影海报的售价。

使用盈亏平衡分析，需要回答一个重要的问题，"你要卖多少张电影海报才能保本？"如图 1-7 所示，逻辑很简单：每卖一张海报你挣到 3 美元的净利润（9 美元的销售价格减去 6 美元的变动成本）。要抵上 1 500 美元的固定成本，你必须出售 500 张海报（1 500 美元除以 3 美元）。如果你一年里卖不上 500 张海报会发生什么？对的，你会亏钱。所以，500 便是盈亏平衡点。如果你在一年内卖出 700 张海报，你的净利润是多少？答案是 600 美元，用你每张海报的净利润（3 美元）乘以 200。我们用销售总量 700 减去盈亏平衡点的 500 得到 200。

从技术的角度来看为什么这显得如此重要？因为技术可以帮助我们和组织实现以下三种可能中的任一种或任意组合：减少固定成本、降低变动成本、增加收入。

1.5.1 减少固定成本

任何组织的财务和经营目标之一都是使固定成本为零。也就是说，在商业世界中，你应该努力在产生收入的时候才有成本。为什么呢？因为当你没有固定成本时，你的盈亏平衡点是零（见图1-8），因此，你实际上在出售第一个产品时就开始有利润了，因为你仅有的成本是变动成本。

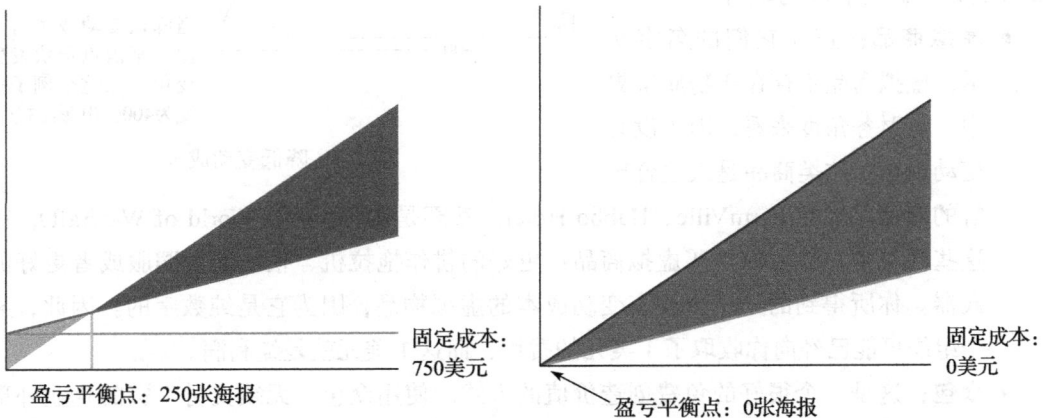

固定成本：
750美元

盈亏平衡点：250张海报

固定成本：
0美元

盈亏平衡点：0张海报

图1-8 使固定成本为零

注：在图1-7中，固定成本是1500美元，盈亏平衡点是500张电影海报。在图1-8a中，将固定成本减少50%，变为750美元，盈亏平衡点则变为250张电影海报。在图1-8b中，将固定成本降为0元，盈亏平衡点则变为0张电影海报。在后一种情形中，卖第一张海报时便开始盈利了。

技术有助于降低固定成本。我们来看下面的一些例子。

- **数字店面**：只出现在虚拟网络世界中的公司，如亚马逊（Amazon）和eBay。在零售空间方面，与那些需要为零售空间付费的公司（如你能在商场找到的零售商店）相比，它们显著地降低了固定成本。
- **远程办公**：这是大多数行业的流行趋势。如果你能创建一种技术基础设施环境，让你的员工在家工作（或任何地方，只要不是在办公室），你便可以减少相关的办公空间的支出，包括公用设施、保险、停车等。
- **VoIP或IP语音**：这是另一种受欢迎的举措。网络电话允许你利用互联网进行语音通信，从而避免向电信公司缴纳电话费。一种流行的VoIP工具是Skype。（传统的电话业务也确实因为此类技术而备受打击，正如开篇案例"令人惊叹的产业变革"。）
- **云计算**：当前商业世界中最热门的话题之一，我们将在第7章中详细探讨。有了云计算，你不用购买软硬件基础设施，如服务器或软件许可证，相反，你根据需要从"云"基地租用它们。

所以，我们希望你能留意信息技术在降低固定成本方面所带来的机会。

1.5.2　降低变动成本

变动成本定义了利润率。也就是说，变动成本越小，利润率越高（反之亦然）。当通过降低变动成本增加利润率时，盈亏平衡点更小（向左移动，见图 1-9）。以下列出几个有关 IT 使得变动成本得以削减的有趣的举措。

当降低变动成本时，盈亏平衡点很快发生变化，在这个例子中变为 400 张电影海报

图 1-9　降低变动成本

- **虚拟商品**：正如它们的名字所示，虚拟商品不存在于物质世界中。从财务角度来看，因为没有变动成本，这类商品是最适合出售的商品。想想 FarmVille、Habbo Hotel，甚至是魔兽世界（World of Warcraft），在这些环境中，你可以购买虚拟商品：更好的耕作拖拉机、很酷的舞蹈服或者更好的武器。你所得到的是一个没有变动成本的虚拟物品，因为它是纯数字的。因此，某个组织可能已经向你收取了 1 美元的费用，而这 1 美元就是纯利润。

- **众包**：这是一个很好的免费创造价值的方式。使用众包，无须支付工资的企业外部人员（non-paid non-employees）将帮助你完成工作。想想 eBay，它未雇用任何人在其市场上进行买卖交易。相反，许多人（他们并没有出现在工资单上）主动完成所有的工作，如列出物品清单、拍照、投标甚至送货。同样，YouTube 也没有雇用人来发布视频。相反，我们以免费的方式获取和上传视频。

虚拟商品及众包是常见的两种用信息技术降低变动成本的方法。我们将在本书中谈论更多的相关内容。

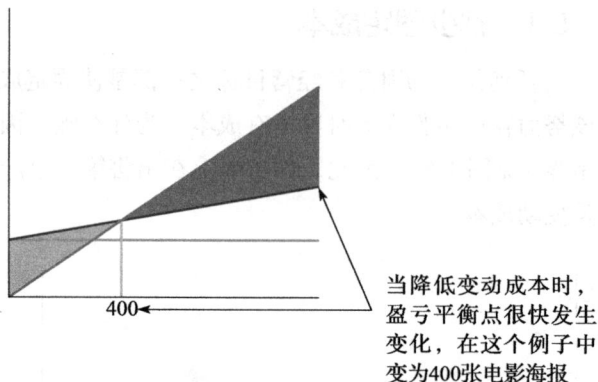

|行业视角|　　　　　　　　　　　　花钱留住客户

有些时候，花钱并不一定是要赚钱。很可能是花钱来留住客户，以避免他们在市场竞争中流失。当 Netflix 公司以其让客户根据需要保留影碟而不需要缴纳滞纳金的模式引爆视频租赁市场时，Blockbuster 公司不情愿地取消滞纳金以做回应。不幸的是，Blockbuster 公司等待了太久而不能主动创新，为之付出了昂贵的代价。

HBO 希望避免如 Blockbuster 公司一样的滑坡。和 Blockbuster 一样，HBO 感受到来自 Netflix 公司的竞争压力。使用 Netflix 公司当前的模式，每月只需要花费 8 美元，你就能把电视连到互联网上下载和观看 Netflix 公司提供的内容。许多人正在利用这个优势，有些人甚至退订了他们的 HBO 频道，更有甚者甚至完全取消了他们的有线

电视节目。

　　作为回应，HBO 于 2011 年中期，推出了 HBO Go。HBO Go 是一个对 HBO 订阅者完全免费的服务，客户可以通过智能手机收看 HBO 节目和电影，其中包括超过 1 400 部电影。在消息发布的第一周，HBO Go 应用程序（适用于苹果的 iPhone 和谷歌的 Android）的下载量达到 100 多万次。这

很可能恰好是那 100 万不愿放弃 HBO 而选用 Netflix 的客户。

　　还有另外一个 HBO 转而提供移动传媒业务的原因。只有 HBO 的传统有线或卫星电视节目用户才能使用 HBO Go，非 HBO 的用户不能使用。HBO 希望更多的人会订阅 HBO，这样他们就可以使用 HBO Go 了。[7]

1.5.3　增加收入

　　最后，我们可以通过增加收入来影响盈亏平衡点。也就是说，当增加收入或单位产品的价格时，盈亏平衡点会更早实现。在我们的电影海报的例子中，如果你的每张海报的价格从 9 美元增加到 11 美元，你的盈亏平衡点会是 300 张。当然，如果你的价格太高，你的竞争优势也会被削弱，那时就真的麻烦了。

　　可以肯定的是，技术有助于增加收入，下面是这样几种方式。

- **推荐引擎**：这些引擎根据你的喜好和过去的购买历史，向你做出推荐。你很习惯这些了，苹果的天才工具 iTunes 基于你购买的音乐向你推荐其他的音乐选择。亚马逊使用推荐引擎根据你正在考虑购买的图书为你提供更多的图书。
- **长尾理论**：长尾指的是销售曲线的尾部，这一概念最早由《连线》杂志主编克里斯·安德森提出，并用来解释电子商务的赢利能力。技术可以帮助你的组织克服 80/20 规则，基本上来说，只有 20% 的商品值得销售。这些都是每个人想要的热门商品，是所有的实体零售店都有的。但利基产品也能赚钱，这就是为什么 iTunes 提供数以百万计的歌曲（与只拥有有限库存的实体音像店进行比较），这也是亚马逊拥有 100 多万种图书而大多数实体商店拥有 2.5 万 ~ 5 万种图书的原因。

1.6　信息技术的行业影响：波特的五力模型

　　简单讲，企业战略驱动技术决策，而不应该是相反的。在个人生活中，你可以选择购买最新的技术，因为它很酷。在商业世界中却不是这样。商家仔细检查他们的技术采购，寻求和证明它能带来的竞争优势。**竞争优势**（competitive advantage）是指相对于竞争对手以一种为客户创造更高价值的方式提供产品或服务。

　　为了评估技术和它能产生的竞争优势，许多人选择使用迈克尔·波特的**五力模型**（Five Forces Model）。[8] 五力模型从以下五个方面帮助企业了解一个行业的相对吸引力和行业的竞争压力（见图 1-10）。

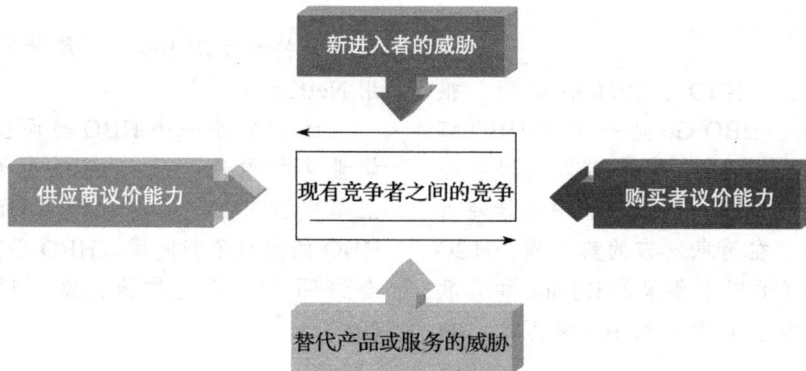

图 1-10　迈克尔·波特的五力模型

（1）购买者议价能力。

（2）供应商议价能力。

（3）替代产品或服务的威胁。

（4）新进入者的威胁。

（5）现有竞争者之间的竞争。

1.6.1　购买者议价能力

在五力模型中，当购买者可选择的购买渠道很多时，**购买者议价能力**（buyer power）则较强，反之则较弱。在每一个行业中，产品和服务的提供者都希望能削弱购买者议价能力。他们通过构建竞争优势，以吸引顾客从他们那里购买产品或服务而不是从其竞争对手那里购买。下面是一些公司使用信息技术来削弱购买者议价能力的例子。

- Netflix：建立电影列表。当顾客看完一场电影后，Netflix 公司会帮助顾客更新电影列表。你也可以通过邮件租视频，把它们下载到你的电脑或电视里。
- 美国联合航空公司（United Airlines）：推出里程积分计划。只要乘坐联合航空公司的航班（或用联合信用卡购买）就可以累计积分以享受免费乘坐航班、舱位升级以及免费住宿等优惠。像这样由某个组织以顾客消费量为基础回馈给顾客优惠的计划称为忠诚计划。
- 苹果 iTunes：创建一个 iTunes 账户，便可以购买和下载任何你想要的音乐。然后，你可以自己组织和管理音乐，可以把它们存到苹果音乐播放器 iPod 或是刻盘里。你还能把你的音乐（以及照片和其他的更多内容）存到苹果云中。
- 戴尔电脑：定制你的电脑，电脑会在几个工作日之内送货上门。

这些例子的有趣之处在于（以及你能想到的其他所有例子）行业里的竞争者会创建相似的战略来响应。这意味着没有什么竞争优势是持久的。Netflix 公司是第一家以互联网作为基础平台提供电影租赁业务的公司，因此，它拥有**先行者优势**（first-mover advantage），成为第一个在市场中具有竞争优势的企业，这对于赢得市场份额十分重要。

大部分航空公司都有与美国联合航空公司相似的忠诚计划，互联网上有许多能够购买和下载音乐的网站，几乎每一家电脑企业都可以为你提供电脑定制业务。这告诫我们所有带来竞争优势的战略都只具有暂时的优势，组织必须不断地创新才能拥有新的竞争优势。

1.6.2　供应商议价能力

在五力模型中，当购买者可选择的购买渠道很少时，**供应商议价能力**（supplier power）就强，反之则弱。购买者议价能力和供应商议价能力是相反的：在市场中，作为供应商，你希望购买者的议价能力弱，而你的供应商议价能力强。

在一个传统的供应链中（见图 1-11），你的企业可能既是一个供应商（对客户而言），又是一个客户（对其他供应商而言）。作为其他供应商的客户，你希望能够增加自己的购买者议价能力。而作为其他企业的供应商，你又希望增加自己的供应商议价能力，从而削弱你的客户的议价能力。

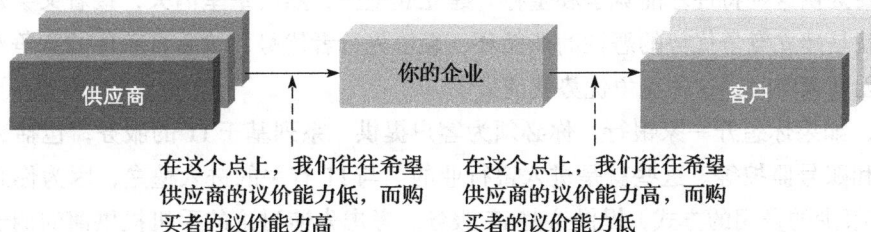

图 1-11　衡量企业里购买者与供应商的竞价能力

为了增加供应商议价能力，组织可以使用多种工具，而不仅仅是使用信息技术。公司通过专利、商标可以保护所提供的产品或服务不被仿制或效仿。De Beers Group 多年来通过激烈的竞争严格控制钻石的供应和销售。OPEC（石油输出国组织）组织了 11 个产油国来更好地控制世界上使用最为广泛的能源的分布（据称是为了确保石油价格的稳定）。

1.6.3　替代产品或服务的威胁

在五力模型中，当一个产品或服务有许多其他可替代产品或服务时，**替代产品或服务的威胁**（threat of substitute products or services）大，反之则小。在理想状态下，对于你提供的产品和服务，市场中存在少量的替代品时，你的企业会很愿意成为一个供应商。当然，这种情况在当今的市场中很少见，但是你仍然可以通过增加转换成本来创建一种竞争优势。**转换成本**（switching cost）是指当消费者转换为使用另一种产品或服务时需要支付的成本。你应该意识到，转换成本并不一定是真实的货币成本。

例如，当你在亚马逊网站购买产品时，亚马逊网站会通过协同过滤等技术建立一个有关你购物习惯的特定档案。当你登录亚马逊网站时，在你的档案中已经有基于你的购物历史而为你专门推荐的商品，这需要运用复杂的技术才能实现。如果你选择去别的地方购物，由于你所登录的新网站没有关于你的档案或你过去的购买记录，此时就产生了转换成本。（这是顾客忠诚计划的有效方案。）因此，在一个有许多替代品的市场中，亚马逊网站通过为你推荐定制商品，增加你转向其他在线零售商的转换成本，从而减少了替代产品或服务的威胁。

转换成本当然也可能是真实的货币成本。当你与手机提供商签约时，就可能产生转换成本。所有的选项和计划听上去真的很完美。但是存在着很高的转换成本，因为大多数手机提供商要求你签署一份长期的合同（大约 2 年），只有这样你才能免费接听电话或在晚间和周末无限制地通话。可行的替代方案便是购买预付费手机（disposable cell phones），这种手机已经包含一定的通话时间，不需要客户与移动通信公司签订长期协议。

1.6.4　新进入者的威胁

在五力模型中，当新的竞争者很容易进入市场时，**新进入者的威胁**（threat of new entrants）就大，而当市场的进入壁垒很高时，进入威胁就小。**进入壁垒**（entry barrier）是指在某一特定行业内，客户期望组织的产品或服务所应具有的特性，因此一个新进入市场的组织也必须要提供这种特性才能竞争和生存。建立起壁垒，然后壁垒消失，接着又会建立新的壁垒。这就是建立竞争优势的恶性商业循环，赢得先行者优势，然后看着你的竞争对手开发出类似的创新策略时，这种竞争优势就消失了。

例如，如果你想开一家银行，你必须为客户提供一系列基于 IT 的服务，包括 ATM 机、在线支付和账号监控等。这些就是进入银行业的、与 IT 有关的进入壁垒，因为你必须免费（或以收取很少的费用的方式）提供这些 IT 服务。考虑先前讨论的手机提供商的例子，在过去，这个行业有一个与电话号码相关的进入壁垒。先前，如果你想更换手机提供商，你不能继续拥有你原有的电话号码（也就是说你不得不换一个新号码）。这样就建立起很高的进入壁垒，因为新的手机提供商在进入这个行业时被限定于主要服务于目前还没有手机的新客户。电话携号转网制度却改变了这一切，让你在换手机时可以保留原来的号码。

2011 年情人节人均消费为 116 美元，总消费额超过 150 亿美元。

为了挣到这些钱中的一部分，也许甚至为了比以往挣得更多，许多公司在 2011 年把情人节商店、信息、鲜花甚至是食物（虽然食物是真的）虚拟化了。

玩具巨人公司 Mattel 发起一项活动，询问大家芭比（Barbie）是否应当和肯（Ken）复合（肯和芭比在 2004 年的情人节决裂）。Mattel 公司通过 Facebook 和 Twitter 让肯表达他对芭比的爱，目的是为了引起社会的公开议论，从而使肯和芭比的爱好者登录 BarbieandKen.com 网站投票。当然，该网站包含一个链接到芭比的 Facebook 页面，在那里人们可以购买有关芭比和肯的商品。

Victoria's Secret 公司创建了可以通过社交网络发送的性感电子情人卡片。这家公司在网上张贴出照片和信息，人们可以选择不同的照片和信息来定制卡片。女士甚至可以把她们想从 Victoria's Secret 得到的礼物照片放到卡片里。

相当流行的"愤怒的小鸟"游戏开发商 Rovio Mobile 有限公司，开发了这个游戏的情人节版本。当然，你不得不花费 99 美分来下载这个版本，但是 99 美分对于"愤怒的小鸟"的上百万狂热的粉丝而言根本不算什么。

英国的服装生产商 Mulberry 开发了可以通过电子邮件发送的花卉种子，当接收人点击种子时，情人节的鲜花立即在他们眼前绽放。

连 Lenny's Sub Shop 都卷入情人节的社交媒体游戏，在它的 Facebook 页面发放会员券（你必须把它们作为给某人的情人节的礼物）。它的首席执行官乔治·沃德说："赢得某人芳心的最好的方式便是通过他们的胃。"

我们能得到的启示是：上面的每一种做法都能给公司带来竞争优势，即使只有一天。[9]

1.6.5　现有竞争者之间的竞争

在五力模型中，当市场中的竞争很激烈时，**现有竞争者之间的竞争**（rivalry among existing competitors）就强，反之则弱。简单地说，尽管几乎所有行业的竞争都趋于加剧，但某些行业的竞争强度还是高于其他行业的。你很少能识别出一个行业是否达到饱和竞争。（殡葬与葬礼服务便是如此。仅是因为这个行业所提供的服务的特殊性，你不会看到殡葬业者与葬礼服务从业者在电视上积极地做广告或提供折扣等。）

零售业中存在激烈的竞争。尽管美国的塔吉特（Target）和沃尔玛（Walmart）公司通过许多不同的方式竞争，但是本质上它们都试着通过价格竞争来击败或赶上竞争对手。由于零售行业的边际利润非常低，零售商就通过与供应商开展基于 IT 的信息合作来建立高效的供应链，通过远程通信网络进行信息交流，而不是使用基于纸张的系统，使得采购过程更快、更便宜，而且也更精确。这相当于为客户提供了较低的价格，从而加剧了现有竞争者之间的竞争。

如你所见，波特的五力模型是非常有用的，能够帮助你更好地理解组织在行业中的定位，更好地理解影响组织的竞争力。有了这方面的知识，你的组织现在需要制定具体的业务策略，以保持竞争力和盈利。

1.7　信息技术的战略影响：波特的三种一般战略与 RGT 框架

企业战略是一门宽广的学科。目前商业战略的开发有着数以百计的方法和途径。关于企业战略的书甚至更多（如金和莫博涅所著的独特的创新方法《蓝海战略》）。一定要把它列在你想读的商业书籍清单上，这里，我们将重点放在迈克尔·波特的三种一般战略和另外一种方法上。迈克尔·波特制定了三种方法或策略，以保证企业在行业中保持竞争力（见图 1-12）。它们是：

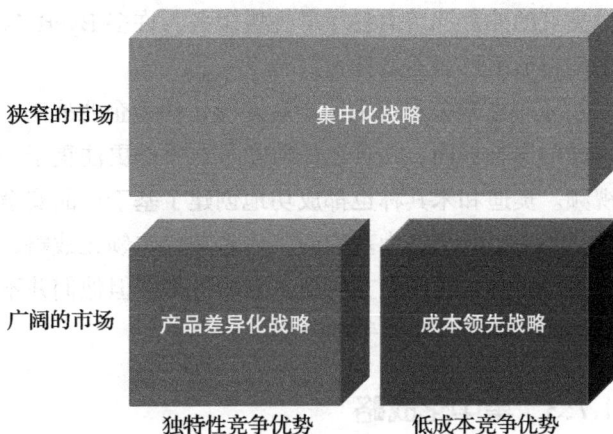

图 1-12　迈克尔·波特的三种一般战略

（1）成本领先战略。

（2）产品差异化战略。

（3）集中化战略。

1.7.1　成本领先战略

成本领先战略（Overall cost leadership），即以低于其他竞争者的价格来提供同等质量甚至质量更好的产品或服务。通过成本领先战略获取竞争优势的企业案例不胜枚举，几乎每天都在更新。最闻名的当属沃尔玛。沃尔玛的口号"天天低价"和"每天低价"深刻地阐释了成本领先战略的实质。无论是女式内衣还是汽车电池，沃尔玛致力于提供与竞争对手同价甚至是更低价格的商品。沃尔玛通过 IT 驱动的供应链管理系统在它的产品采购、配送到仓储的每一个环节中尽可能地节约每一分钱。它使用高级的商务智能系统来分析、预测顾客想要买什么，什么时候需要买。

戴尔电脑的运作模式也与此类似。它著名的客户定制化电脑直销模式引起整个行业的羡慕。汽车制造商现代和起亚也采用相似的战略向广大的客户群销售低价可靠的汽车，而悍马和梅赛德斯–奔驰则不同，它们没有采用成本领先战略。

如果企业选择成本领先战略，IT 是一个非常有效的工具。IT 进一步加强了供应链系统，有助于企业快速获取和分析顾客信息以理解顾客的购买行为，从而更好地预测产品所需库存和货架摆放的位置，也方便顾客通过网络化的电子商务系统订购产品。

1.7.2　产品差异化战略

差异化（differentiation），即提供在市场中被认为是独一无二的产品或服务。悍马是一个典型的例子，它的差异化战略是 H1、H2 和 H3 系列车型的独特设计和漂亮外观。即使是它的口号——"与众不同"也充分彰显了其尽力使得悍马汽车有别于其他汽车。另一个例子是食品杂货销售行业的 Lunds&Byerly（经常简称为 Byerly's）。尽管其他的竞争对手主要在价格上展开竞争，然而 Byerly's 则更注重顾客的购物体验——差异化。所有的 Byerly's 店都提供烹饪的熟食和店内餐厅早晚餐服务。许多 Byerly's 店铺的是地毯而不是地板砖，一些店还采用枝形吊灯而不是日光灯。

苹果电脑公司也采用产品差异化作为企业战略。苹果电脑不仅外观与众不同，还有着不一样的屏幕界面，并且比任何竞争对手都更注重于一些非文本信息的处理，如照片、音乐和视频。奥迪和米其林也都成功地创建了基于产品安全性的差异化战略。更准确地说，产品差异化不是以低价格为基础的，后者是成本领先战略，但两者是相互关联的。虽然许多顾客愿意为 Byerly's 的产品支付高一点的价格，但他们并不愿意支付太多。选择产品差异化战略也必须时刻关注竞争对手的价格。

1.7.3　集中化战略

集中化（focus）作为一种战略，关注提供具有下列特点的产品和服务：①针对一个特定的市场或购买者群体；②针对产品线的某一部分；③针对某个特定地域的市场。集中化与提供所有的东西给所有的人恰恰相反。许多餐馆仅提供某一类食物，比如意大利菜、墨西哥菜、中国菜等。像 Vitamin Cottage Natural Foods Market 仅销售天然有机食品或营养品（集中在产品线中的某些产品的形式）给一个特定的购买群体（集中在特定的细分市场的形式）。许多医生则擅长提供某一特定的医疗帮助，比如肿瘤、儿科等；类似地，许多律师事务所则专门从事某一类法律服务，比如女性职工的补偿、信托、知识产权和商标保护等。

和波特的其他一般战略一样，集中化战略并不是孤立存在的。如果你的企业选择了某一个特定消费群体，我们敢打赌其他的竞争者也会如此，因此你将不得不在价格或者差异化上与竞争对手展开竞争。

|行业视角|　　　　　　　　创新还是回家

技术的发展经历了四个主要周期，当前的社会正好处在第四个周期。第一次发生在20世纪五六十年代，随着商业技术的诞生，使得日常工作自动化，如工资单和基本库存管理。第二次发生在20世纪80年代初，随着个人电脑的出现，将计算能力放置于台式机上。第三次发生在90年代末，随着互联网的爆炸式增长，网络将所有的人连接到一起。

第四次是什么？我们正身处其中，移动的时代。无论身处何方，使用强大的却并不昂贵的设备，如智能手机和平板电脑，我们可以随时与互联网相连。这意味着公司是时候使用技术进行创新了。来看看以下这些例子。

汽车保险——随着无线通信传感器的大量生产，汽车保险将实时采集驾驶信息并且可以实时调整保险费率。像 Allstate 和 Progressive 保险公司已经实施了新的保险计划。这些计划旨在奖励那些同意安装驾驶监控器的安全驾驶员，为他们提供更便宜的保险费率。一些保险公司正考虑当孩子开车太

快或在一个不安全的区域时，及时给他们的爸爸妈妈发送短信。

零售商店——红色激光和其他条码读取应用程序使价格变得透明。过去是这样的，如果你通过报纸、杂志、电视等广告来让顾客进入你的商店，你便可以很放心地销售。今天却不是这样的，精明的购物者正使用智能手机和条形码读取应用程序来比较产品的价格。许多人因为更便宜的价格选择去另一家商店，还有一些人找商店的雇员询价，要求一个适当的价格（否则他们将去其他商店）。甚至会有那么一天，当购物者在沃尔玛购物时浏览亚马逊的网站，亚马逊会向其提供95折的优惠。

公共事业设备——住宅里正在安装"智能"电表。这些电表可以根据峰值期的使用情况实时调整价格。电表甚至会通知业主，让他们选择关掉电器，以避免更高的价格。

聪明的公司不断创新，其他的公司，你懂的。[10]

1.7.4　运作—成长—变革框架

运作—成长—变革框架（run-grow-transform framework，RGT）是一个有利于从宏观角度考察企业并制定 IT 技术应用决策的概念框架，它能够帮助我们确定 IT 投资在不同的企业

战略中的分配比例。例如，如果企业仅希望正常运转，希望比竞争对手更快、成本更低，那么企业一般会投入更多的 IT 资金于运作战略。如果企业想在某种程度上变革，则会投入一定比例的 IT 资金于变革战略。RGT 框架如下所示：

- 运作（run）：优化现有的活动和流程。通过比竞争对手更快、成本更低的方式提供产品和服务来寻求企业的发展。
- 成长（grow）：新市场开发、提供产品和服务、扩大市场占有率等。通过竞争获取市场份额促进企业成长（或者说获取更大的市场份额）。
- 变革（transform）：流程创新、产品和服务创新、进入看似不同的市场等。通过新的或不同的方式推动企业的成长。

RGT 战略框架在某些地方也与波特的三种一般战略相似：

- 运作 = 成本领先战略。
- 成长 = 集中化战略和差异化战略。
- 变革 = 差异化战略（当是创新型时）。

RGT 战略框架几乎可以用于所有的企业。如图 1-13 所示，你能看到高德纳集团在长达 7 年的时间里收集到的数据。注意查看总体的趋势，更多的 IT 资金投入到企业的运作，而更少的 IT 资金投入到企业的变革。这是好是坏呢？很难绝对地说是好是坏，但这不是一种有利的趋势。所有企业都应当从某种程度上关注组织的变革。在商业世界，正如人们常说的，不进则退。一个简单的事实是，你的竞争对手总是试图比你做得更好。因此，组织必须不断地寻求发展，在大多数情况下，寻求自身的变革。

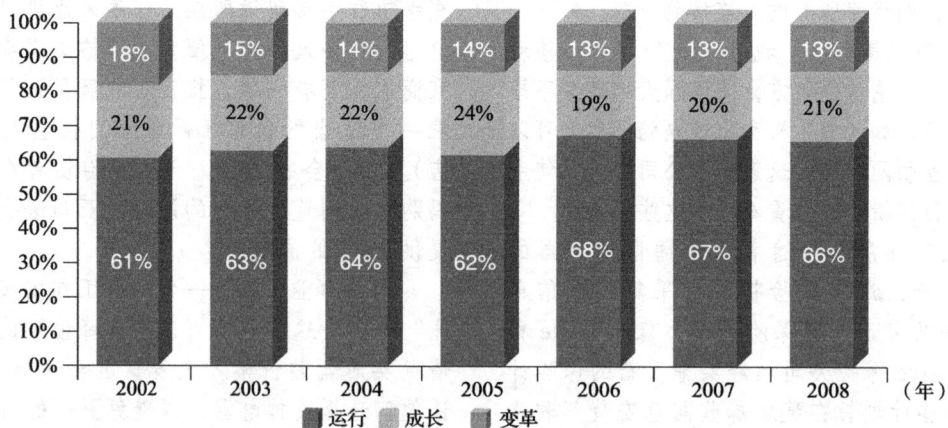

图 1-13　企业历年在运作、成长、变革（RGT）方面的投入 [11]

很多时候，组织能够采取积极的方法来利用技术改造自己。苹果可能是在持续变革方面被讨论得最多的组织。作为一家个人电脑公司，苹果早在 2001 年通过 iTunes 的推出开始进入音乐市场，之后，苹果在它的 iTunes 产品里增加了游戏、书、音乐食品和电影。由于苹果公司持续不断地关注变革，它在音乐市场成功地保持了先行者优势。

本章小结

1. 定义管理信息系统并描述了其中三种重要的组织资源——人、信息、信息技术。管理信息系统涉及系统的规划、开发、管理和信息技术工具的运用，其目的是帮助人们完成与信息处理和信息管理相关的一切任务。作为管理信息系统中的组织资源，人是三种资源中最重要的。要想成功地运用技术，必须要做到精通信息和技术。各种形式的信息通过数据、商务智能和知识的方式传递。信息与信息技术都是知识资产但略有些差异。信息是在特定背景下具有特定含义的数据。信息技术（IT）是各种以计算机为基础的工具，人们用它来加工信息，并支持组织对信息和信息处理的需求。

2. 描述如何运用盈亏平衡分析法评估信息技术的财务影响。在盈亏平衡分析中，考虑以下财务信息并绘制图表：固定成本、变动成本和收入。可以使用盈亏平衡分析来确定信息技术的财务影响，并评估：①技术如何有助于降低固定成本；②技术如何有助于降低变动成本；③技术如何有助于增加收入。每一种方式最终的关注点都是如何使用技术来影响盈亏平衡点，在盈亏平衡点上组织收入已经抵上其固定成本，并开始获利。

3. 描述如何利用波特的五力模型来分析一个行业的相对吸引力和竞争压力。波特五力模型从以下五个方面进行行业分析：①购买者议价能力——当购买者有很多选择时高，反之低；②供应商议价能力——当购买者几乎没有选择时高，反之低；③替代产品和服务的威胁——当有很多替代产品或服务时，威胁高，反之低；④新进入者的威胁——当很容易进入市场时威胁高，反之低；⑤现有竞争者之间的竞争——当竞争很激烈时，竞争压力高，反之低。

4. 分析和对比波特的三个一般战略、运作——成长——变革框架等商业战略方法。波特的三个一般战略是：①成本领先战略——以比竞争对手更低的价格提供同质或更优质的产品服务；②产品差异化战略——被感知是独一无二的产品或服务；③集中化战略——针对一个特定的客户群，聚焦于产业链的一个环节或一个特定的区域市场提供产品或服务。运作——成长——变革战略则要求企业根据侧重点不同决定在企业运作、成长和变革三个不同方面的 IT 投资比例。

综合案例 1-1

社交媒体传声筒：透明生活加剧

　　这是一个从前讲过的故事。25 岁的斯奈德·斯泰西在米勒斯威尔大学教育学院参加她最后一个学期的教师培训。在她的 MySpace 网页上，她张贴了一张自己戴着海盗帽、手里拿着杯子的聚会照片，标题为"醉酒海盗"。她的学校认为这张照片会引起她在 Conestoga Valley 高中的未成年学生效仿饮酒，于是拒绝给她颁发学位。她根据第一修正案的权利进行诉讼，联邦法院的法官以她是一名公职人员，因此她的公开言论（即"醉酒海盗"）不受保护为由驳回了她的诉讼。

　　你可能认为斯泰西的故事是不幸的，但互联网，尤其是社交媒体工具和网站，已经很容易分享各类信息。如果你不小心，你对社交媒体的使用，可能以最透明的方式将你的生活暴露在成千上万人面前。据一项调查显示，美国 75% 的招聘人员和人力资源专业人士表示，他们的组织要求他们在网上研究申请者。一些最常见的访问地点包括搜索引擎、社交网站、照片和视频分享网站、个人网站、博客、Twitter 和游戏网站。在同一项调查中，超过 70% 的招聘人员表示，他们根据网上查到的信息拒绝过申请者。

当然，互联网上所有的生活透明的例子不一定都是"坏的"，一些有好的结局，而另外一些则很有趣。

葬礼网播

据全美殡葬协会前任主席约翰·里德和两个弗吉尼亚殡仪馆的拥有人说，美国现在百分之二三十的殡仪馆提供葬礼网播服务。"我可以诚实地说，在过去的三年里，我们已经从绝对零葬礼网播做到现在有 50% 的葬礼网播。"里德说。对于克利弗·里迪，他的儿子在一次车祸中不幸去世，网络直播服务对其所有的朋友和家人而言是必不可少的。他儿子的葬礼在美国和 10 个国家进行了网络直播。这项网络直播葬礼被观看了 700 多次。

视频播出后，军人托运行李免费

因为航空公司对军人收取行李费，陆军参谋士官罗伯特·奥黑尔和弗莱德·希利克从阿富汗返回时备感沮丧。于是他俩制作了一个视频，诉说了来自俄克拉何马州的 36 名军人被收取超过 2 800 美元的超额行李费。这两位士官把视频发到 YouTube 上，引来很多人发表评论表达愤慨。来自艾奥瓦州的国会议员布鲁斯·巴利甚至要求航空公司向士兵返还费用。现在，所有的航空公司都允许军人托运更多的免费行李。

通过在 Twitter 上发布照片找回被盗的笔记本电脑

考夫曼·约书亚的笔记本电脑在他的公寓被盗。幸运的是，他启动了防盗追踪软件，当他的笔记本电脑被使用时，网络摄像头便拍下使用人的照片和工作截屏，定期地将这些照片以邮件的方式发送给考夫曼。他把照片通过 Twitter 发布，照片瞬间被转发，他开始收到照片嫌疑人的线索。其中一个屏幕截图含有嫌疑人的工作单位。几天之内，警方逮捕了嫌疑人，并还回了考夫曼的笔记本电脑。

发布关于奥萨马·本·拉登的 Twitter，拉希德·门登霍尔被解约

拉希德·门登霍尔跑回来后，与冠军队匹兹堡钢人签订了一个利润丰厚的代言合约。但冠军队由于他在 Twitter 上发表关于奥萨马·本·拉登死亡言论而与之解约。在他的 Twitter 上，拉希德质疑为什么人们会庆祝本·拉登的死亡。在别的 Twitter 上，拉希德也质疑了"9·11"袭击。他发表 Twitter 信息说，他"很难相信一架飞机能把一座摩天大楼毁掉"。

在 Facebook 上直播与警方的对峙

杰森·巴尔德斯在汽车旅馆劫持一名女人质与特警对峙了 16 个小时。在严峻的考验中，他不断更新自己的 Facebook 页面，让朋友和家人知道他的状况。巴尔德斯甚至贴出自己与

人质的两张照片，并配以标题，"得到一个可爱的'人质'，呵呵"。家人和朋友评论他的
Facebook 页面超过 100 次。一个朋友甚至发了一条关于特警人员位置的评论，声称"枪手藏
在灌木丛中"。巴尔德斯对他的信息表示感谢。[12, 13, 14, 15, 16, 17]

问题

1. 你如何看待斯奈德·斯泰西的故事？她应该因公开行为可能导致的未成年学生效仿
饮酒而被取消学位吗？你认为潜在的雇主应该在多大程度上利用社交网站来验证潜在员工的
"好"？你的 Facebook 网页上有什么内容可能使潜在的雇主对你失去兴趣吗？如果有的话，
你会采取什么行动？

2. 葬礼网播有趣地诠释了"世界是平的"。这侵犯隐私吗？亲属有权做出这样的决定
吗？一个人的一生中还有其他什么重大的事件可能适合在网络中播出？找出至少三个这样的
事件，然后做一些研究，以确定那些事件是否已经网播过。

3. 奥萨马·本·拉登对大多数美国人来说是一个非常恐怖的形象。他参与策划"9·11"
袭击，人们将他永远定格为邪恶的标志。人们应该像拉希德那样，由于对本·拉登那样的恐
怖分子做出积极的或者即便是中性的评论而被解约代言吗？做出这样的评论能被认为是终止
雇用关系的理由吗？你的学校可能会因此开除学生吗？

4. 极少数人会质疑军人对我们的国家的服务和义务。两名士官创建了 YouTube 视频公
开批判达美航空公司收取军人的行李费。这种对企业或企业的行为进行公开批判的做法可取
吗？它将会帮助企业更多地考虑到客户吗？

5. 使用 Facebook（或任何其他社交网站）真的能够使一个人的生活变得透明，让全世界
可见。应该有法律来规范如何在互联网上公开我们的生活吗？在没有立法的情况下，我们可
以期待社会将以某种方式来规范它吗？

综合案例 1-2

谷歌和苹果公司也许知道你在哪里

2011 年 4 月，一些有趣的发现是关于苹果 iPhone、iPad 和谷歌安卓智能手机的跟踪定
位功能的。英国研究人员彼得·沃登和阿拉斯代尔·艾伦发现艾伦的苹果手机上的一个文件
提供了艾伦在美国和英国访问期间为期 300 天的详细位置列表。该文件包括每个位置的时
间戳。

类似地，杜克大学和宾州州立大学的学生研究人员，在英特尔的帮助下，发现了在 30
个受欢迎的安卓应用程序中有 15 个应用系统地将位置信息传给各大广告网络。这些研究人
员发现，一些应用程序只在显示特定的广告时发送位置数据，而其他的一些应用，即使在应
用程序没有运行时也发送。在一些安卓智能手机上，位置数据每 30 秒被传送一次。

嗯，你可以想象，公众一片哗然。谷歌和苹果公司（如果你使用某款它们的智能手机）
跟踪我的每一个举止？那些组织确切地知道我在哪里，以及我什么时候在那儿。人们强烈抗
议，认为这令人难以置信。

苹果和谷歌公司就这一话题沉默了好几天，既不回电话或电子邮件，也没有在它们的网
站或博客上发布任何消息。

来自明尼苏达州的参议员阿尔·弗兰肯，很快就在 2011 年 5 月 10 日安排了一场关于隐私权的司法听证会。弗兰肯说："人们有权知道谁正在获取他们的信息和正在如何共享及使用他们的信息。联邦法律在保护这些信息方面做得远远不够……没有人想阻止苹果或谷歌生产自己的产品，但国会必须在从设备获得的极大利益和公众的隐私权之间寻求一种平衡。"当从苹果或谷歌公司很少能或几乎没有得到响应时，弗兰肯接着说，"我严重怀疑这些权利在法律和实践中得到了尊重。"

当时，苹果公司的首席执行官史蒂夫·乔布斯，正因接受治疗而离开，他从治疗中返回职场以捍卫苹果的定位跟踪技术。据乔布斯的得力助手苹果执行副总裁盖伊·特里布尔所说，苹果软件技术、苹果 iPhone 和 iPad 仅收集周边基站和 Wi-Fi 热点的位置数据。他解释说："苹果公司在没有客户明确同意的情况下，不与第三方共享个人的可识别的信息来达到他们的营销目的……并且苹果公司不跟踪用户的位置。苹果从来没有这么做，也永远不会有这样的计划。"苹果打算继续发送附近的基站和 Wi-Fi 热点的位置数据，但这些数据将仅保留 7 天。

过了很长一段时间后，谷歌给出了相似的解释。谷歌承认安卓设备的确为营销活动的目的获取位置数据。但谷歌表示位置跟踪信息是不会追溯到个人用户的。谷歌接着为它的做法辩护，声明称谷歌会询问安卓设备的用户是否想关闭位置跟踪功能。谷歌公司负责美洲地区的公共政策总监艾伦·戴维森说道："如果他们选择打开该项功能，所有的数据都会进行匿名处理。" [18, 19, 20]

问题

1. 基于位置的跟踪是所有智能手机的常见功能，也许好，也许坏。流行的基于位置的服务公司 Foursquare 有一个应用程序，你可以在不同的地点签到以接受折扣，成为市长，看看其他什么人可能在那儿。Dealleak 与 Groupon 和 Living Social 服务整合在一起，需要你的位置信息来为你提供产品和服务的本地折扣。你的智能手机里有多少基于位置服务的应用程序？你经常使用它们吗？为什么？

2. 苹果和谷歌对它们的流程进行辩护，指出它们的隐私政策很清楚地说明了哪些信息将被收集，如何使用这些信息，以及如何与谁共享信息。你最后一次读到某个技术工具的隐私政策是什么时候？是网页浏览器还是应用程序？你觉得有很多人会真的读它吗？在这些隐私政策中的免责声明给这些组织提供了任意使用你的信息的权力了吗？

3. 汽车系统中的基于位置的跟踪服务（如通用汽车的 OnStar 等）怎么样？这些系统清楚汽车的位置，给你指明驾驶方向，也许可以帮你识别当地餐馆或其他场地。对于这些你感觉自在吗？上次你买纸质地图是什么时候？你有多依赖你汽车上的全球定位系统？

4. 对于那些想知道他们的孩子在哪里和去过哪里的父母来说，智能手机的追踪功能怎么样？18 岁以下的未成年人很少有隐私权，特别是当涉及父母知道他们在哪里时。父母在想知道他们的孩子在哪里的问题上是否做得过分了？这样的系统对父母有什么好处？对孩子呢？"直升机式父母"这个词指的是什么？

问题思考

1. 管理信息系统与信息技术的区别有哪些？

2. 数据、信息、商务智能和知识之间有何联系？
3. 信息粒度在信息从组织底层向高层传递的过程中是怎样变化的？
4. 精通信息的知识工作者和精通技术的知识工作者之间有哪些不同？
5. 伦理道德与法律有什么区别？
6. 盈亏平衡分析有哪三个财务元素？
7. 五力模型在决策支持中扮演什么角色？
8. 为什么竞争优势不是永久的？
9. 波特的三个一般战略是什么？
10. 波特的三个一般战略和运作—成长—变革框架之间有哪些相似之处？

作业训练

1. 用波特模型分析电影租赁行业。电影租赁行业是一个竞争非常激烈的行业。你可以选择从当地影像租赁店租借光盘，也可以舒服地躺在家里按次付费享受电影，还可以通过网站如 Netflix 公司租借光盘。利用波特五力模型，分析、评价进入电影租赁行业的风险机遇。购买者议价能力是高还是低？供应商议价能力是高还是低？替代性产品或服务的威胁多大？新进入者进入行业是否容易？进入的障碍有什么？现有竞争者之间的竞争情况如何？你对电影租赁行业整体如何看待？进入这个行业的利弊如何？

2. 调查前 100 家最适合工作的企业。《财富》杂志每年都会发布年度最适合工作的 100 家企业名单。找到《财富》杂志最新发布的一期名单。首先，按照所属行业类别定量分析这 100 家企业。哪一个行业最多？选择一个主要行业（可能是你最想工作的）并选择一家企业。准备一个简短的课堂演示，说明为什么这家企业是最适合工作的 100 家企业之一。

3. 盈亏平衡点分析。请对以下场景进行盈亏平衡点分析。假设要卖一种小工具，固定成本是 12 000 美元，生产和运输每个小装置的成本是 7 美元，每个小装置售价 22 美元，请问盈亏平衡点是多少？为了实现 15 000 美元的净利润，需要卖多少个小装置？

4. 进入手机服务行业的企业战略。假设你刚成立一家公司并决定进入手机服务行业。三个一般战略（成本领先战略、产品差异化战略、集中化战略）中你会选择哪个作为你的主要战略？通过分析在竞争中吸引顾客的产品或服务特性来解释你的选择。

5. 职业发展与信息技术。为了能在商业环境中定位好职业并取得成功，你需要现在就研究你的职业发展。在这里，我们希望你能够分析你的职业所需要的 IT 技能。首先，考虑你想要从事什么样的职业。其次，登录 Monster.com (www.monster.com) 搜索与你的职业相关的工作。看一些相关工作的招聘要求，看看你需要掌握哪些 IT 技能。

问题讨论

1. 管理信息系统的三种重要资源是信息、人和信息技术。这三种资源中哪一个最重要？为什么？哪一个最不重要？为什么？

2. 我们经常说硬件是一个技术系统的物理接口，软件是智能接口。你的计算机中的硬件和软件怎么样？你是否看到技术正在向不再区别软硬件的方向发展，而我们也因此不再察觉物理接口与智能接口的不同?

3. 三四位同学组成一个小组,用波特五力模型分析 eBay 公司。eBay 是如何减少新进入者的威胁的? 如果有必要,你可以登录 eBay 的网站(www.ebay.com),研究它的买方和卖方评级系统的作用、它与 PayPal 支付系统的集成,分析它是如何帮助买方和卖方解决纠纷的。

4. 在本章中,我们讨论了旅游行业为减少购买者的议价能力而推出的忠诚方案。你知道还有其他行业也用忠诚方案降低购买者的议价能力吗? 那个行业是如何运用忠诚方案的?

5. 作为一个在一家进口食品和香料的当地配送企业工作的精通信息的知识员工,现在要求你准备一份客户邮件清单,这份清单将卖给当地的国际餐馆。如果你这样做了,你的行为合乎伦理道德吗? 假设你认为这样做不合乎道德,如果你的老板威胁你说如果你不准备这份清单就会解雇你,你会怎么办? 如果你没有准备这份清单,随后被解雇了,你认为你会行使法律诉讼权吗?

本章项目

小组项目

- 评估客户关系管理的价值: 特雷福汽车维修公司
- 分析信息的价值: Affordable 房地产经纪公司
- 运用演示文稿软件: 信息技术伦理道德
- 分析战略及竞争优势: 确定经营杠杆

电子商务项目

- 面试和谈判技巧
- 计算机伦理指南
- 经济援助资源
- 全球统计和资源
- 保护你的电脑
- 搜索招聘数据库

主要的商业策略：应用信息技术获得竞争优势

学习目标

1. 定义供应链管理（SCM）系统，并描述其战略和竞争机会。
2. 定义客户关系管理（CRM）系统，并描述其战略和竞争机会。
3. 解释企业资源计划（ERP）软件作为各种功能软件的集成工具的重要性。
4. 定义社交媒体，并描述它在商业世界里的一些重要特征。

令人惊叹的产业变革

旅行社的衰亡

在第 1 章中，我们探讨了手机正在改变（或者说彻底摧毁）酒店客房电话收入。酒店通常被认为与旅游和休闲行业相关，接下来我们将继续探讨技术在这个行业中带来的另一个转变。

直到 20 世纪 90 年代中期，机票预订系统还是防守严密的行业进入壁垒。如果你想要预订机票，有以下两种选择：①直接打电话给航空公司；②打电话给旅行社或直接去旅行社。那时候的旅行社正值蓬勃发展期。通过提供酒店预订、租车预订、邮轮预订和更多的服务，当地旅行社成为能满足许多人度假需求的、友好的一站式服务点。

你知道接下来发生的事情。（事实上，在没有任何进一步阅读的情况下，你都可以讲这个故事。）随着万维网的出现，自 1996 年开始，像 Priceline、Travelocity 和 Expedia 这样的网站随之出现。下面的图形显示了这种转变。在 1999 年的高峰时期，美国有 17.16 万家旅行社。到 2004 年，已降至 11.5 万家。到 2009 年 8 月，只有 9.5 万家旅行社仍然存活，几乎只有 1999 年峰值的一半。

今天，许多人（但不是绝大多数）在网上预订他们的旅游需求。看看这些在线预订的比例：

- 57% 的汽车租赁
- 43% 的航空公司预订

- 28% 的酒店预订
- 8% 的邮轮

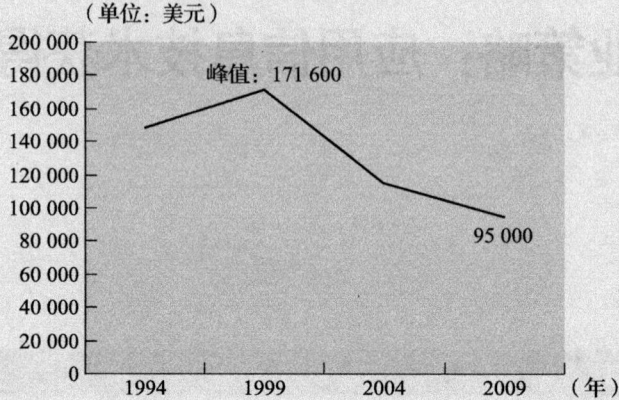

（单位：美元）

峰值：171 600

95 000

1994　1999　2004　2009　（年）

还会需要旅行社吗？答案是确定的。有些旅行社通过专注于客户联络存活下来，甚至生意兴隆，这被称为客户体验管理。另外一些也会通过专注于特定的利基市场而存活下来，例如去北极和南极的远足（这是一种集中化战略，如第1章中波特的三种一般策略所描述的）。这更像是酒店失去客房电话收入，它们在别处找到如何弥补收入损失的方法。

技术确实是一个游戏规则的改变者。一些企业会赢，另外一些企业则会输。成功的企业围绕技术的使用正努力打造战略和主要的商业策略。这便是我们在本章所关注的内容。[1]

问题

1. 你上一次乘坐飞机时，是通过旅行社还是直接在网上预订的机票？
2. 你的首选旅游网站是什么？你最喜欢它的哪些特性？
3. 为什么航空公司完全支持将预订系统移到网上，让消费者可以免费预订？

2.1　引言

最近的研究表明，随着某个行业竞争的加剧，公司必须开发创新性产品、服务和业务流程才能得以生存和发展。此外，大多数研究也指出信息技术是帮助企业实现差异化并产生竞争优势的强有力工具。在第1章中，我们探讨了公司如何运用波特五力模型、波特的三种一般战略和运作—成长—变革框架来制定商业战略以应对日益加剧的竞争环境。在本章，我们关注的是四个最重要的业务流程的IT实现，可用于支持公司商务战略：

- 供应链管理
- 客户关系管理
- 企业资源计划
- 社交媒体

2.2　供应链管理

戴尔的供应商管理系统令同行嫉妒。当其他竞争者还在采用传统的销售模式通过零售商进行销售时，戴尔的直销模式就给公司带来了巨大的优势。传统的计算机制造商组装出计算机并将其运送给批发商、分销商或直接给零售商。在卖出去之前，计算机一直被存放在仓库里或零售商的货架上。如果你观察一下传统的分销链，就会发现有太多的计算机处于存货状态。简单地说，**分销链**（distribution chain）指的是产品或服务从生产者到达最终消费者的渠道。在分销链中，持有存货会浪费资金，因为任何持有存货的人在等待存货售出的过程中，必须支付仓库和商店的运营费用。在计算机的销售过程中，不仅持有额外存货会浪费资金，而且计算机本身也会过时，那么，在新型号产品到达之前，零售商就需要对旧型号的产品进行降价处理。

戴尔的模式就不同了。它直接在其网站上销售计算机，因此在其分销链中不存在存货。同时，戴尔也强化了它的供应链。它使用 i2 供应链管理软件，每隔两个小时就向它的供应商发送零部件订单。这样，即使在供应链中只有少量库存或没有库存的情况下，戴尔的产品生产和运输也能恰好满足顾客的需要。[2] 戴尔的"销售、生产和运输"模式与传统的"购买、持有和销售"模式的不同之处如图 2-1 所示。

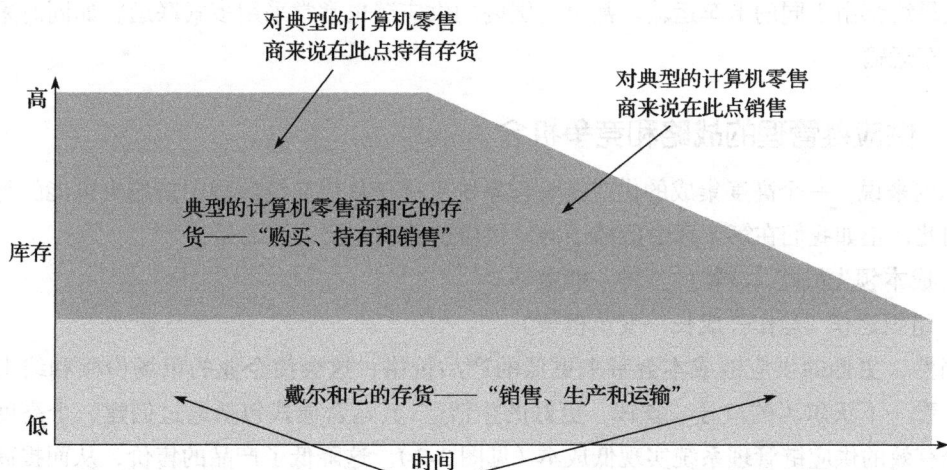

图 2-1　购买、持有和销售与销售、生产和运输的对比

对于福特汽车这样规模的公司来说，其业务遍及世界各地，同时拥有成千上万个供应商，它的供应链管理及基于 IT 的供应链管理系统对于确保零部件顺利到达福特工厂来说是必不可少的。**供应链管理**（supply chain management，SCM）就是跟踪企业业务流程和企业间的库存及信息。**供应链管理系统**（supply chain management system）是一种支持供应链管理的 IT 系统，能够实现对业务流程以及不同公司的库存和信息的自动跟踪。

许多大规模的制造型企业使用了准时制生产过程，从而确保了产品到达装配线时，正好获得恰当数量的零部件。**准时制**（just-in-time，JIT）是指在客户需要的时刻生产或提供产品或服务的生产模式。对于塔吉特这样的零售商来说，准时制意味着当客户从货架旁走过时，货架上正好有客户想要购买的产品。供应链管理系统也关注获得适当数量的零部件或产品，而不是太多或太少。手头持有太多的产品意味着大量资金被库存占用，同时，也增加了产品由于过时而被淘汰的风险。而手头持有太少的产品也不是一件好事儿，因为这样可能会引起装配线出现停工，或者当客户想要购买时，零售商由于没有相应的存货而出现脱销。

看一下 11 月前后吹雪机在密歇根州的销售情况吧。像家得宝这样的一家商店，储存过多的吹雪机，则有可能在大部分顾客需要它的雪季到来时无法将它们完全卖掉。吹雪机一般又大又笨重，并且价格昂贵。对于家得宝来说，持有过多的吹雪机，无疑会大大增加成本。同样，如果家得宝持有的吹雪机数量过少，每年在雪季到来时早早就销售一空，那么还需要买吹雪机的顾客不会等着家得宝补充库存，相反，顾客将会流失到其他商店。

供应商来源于世界各地的公司通常采用多式联运。**多式联运**（inter-modal transportation）指使用多渠道的运输方式（铁路、公路、船舶等）将产品从原产地运输到目的地。这进一步增加了供应链中物流的复杂性，因为在不同运输方式的转换中，公司必须计划、监控和跟踪零部件及物资。考虑如下的情况：某列火车可能挂有 50 节或更多节的车厢，而每一节车厢的物质最终都由不同的卡车运输。甚至纯国内的供应链也常常采用多式联运，如同时采用铁路和卡车运输。

2.2.1 供应链管理的战略和竞争机会

总的来说，一个高度集成的供应链管理系统专注于从供应链流程中挤压出可能的每一分钱。因此，正如我们在第 1 章中所描述的，供应链管理主要关注的是：

- 成本领先战略（波特的三种一般策略）
- 组织运作（运作—成长—变革框架）

当然，更低的供应链成本会带来更低的产品价格，这会使企业的市场份额和线上收入增加。看一下沃尔玛的口号"省钱，更好的生活。"其运营模式包括通过创建一个高度集成而十分有效的供应链管理系统实现低成本（见图 2-2）。这降低了产品的售价，从而提高了销量，很好地展示了成本领先战略的特点。沃尔玛将低成本采购所节省的部分让利给消费者，从而鼓励更多的消费者在沃尔玛购买更多的商品。

设计优良的供应链管理系统可以帮助企业优化以下几个特定的供应链活动：

- 订单履行：确保恰当数量的、用于生产的零部件和用于销售的产品在恰当的时间到达。
- 物流：在保证安全性和可靠性的前提下，使运输物品的成本尽可能保持最低。
- 生产：由于高质量的零部件在需要时可获得，从而保证生产线流转畅通。
- 收入和利润：确保不会因为缺货而带来损失。
- 成本和价格：使购买零部件的成本和购买产品的价格保持在可接受的水平。

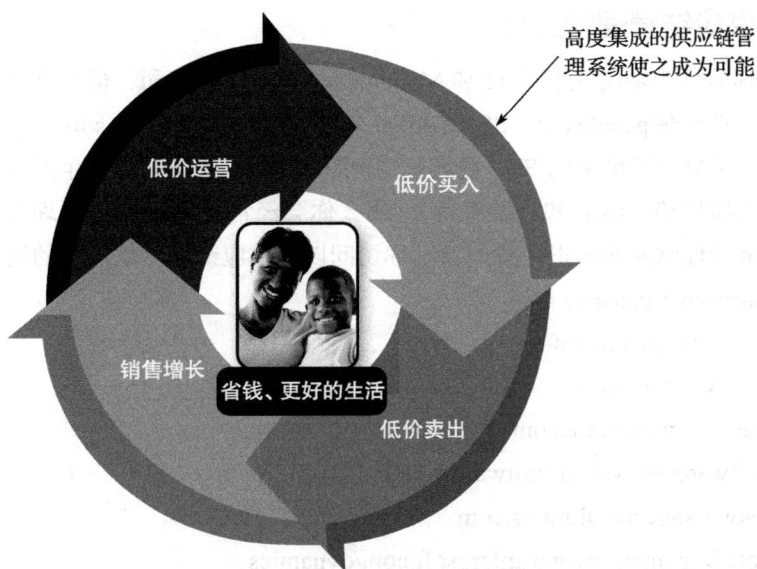

图 2-2　沃尔玛低价买入、低价卖出、销售增长、低价运营的做法

　　供应链中的伙伴为了共赢而合作是现代供应链管理系统的另一个特点。例如，许多制造商早在产品开发过程中就与供应商共享产品概念。这使得供应商能够对如何以较低成本生产高质量的零部件献计献策。这种解决方案通过 IT 技术得以实现，通常被称作信息合作关系。**信息合作关系**（information partnership），是指两家或两家以上的企业通过整合它们的 IT 系统进行协作，从而为顾客提供最优质的服务和产品。

| 行业视角 |　　　　　油炸玉米饼是绿色供应链管理的创新

　　Frito Lay Canada（FLC）公司是加拿大最大的休闲食品制造商。其庞大的供应链网络每日将上百万袋的零食运往全国各地的零售商。

　　过去 10 年来，FLC 公司已经深入关注其供应链管理系统的优化以削减它在各处的成本。但更重要的是，FLC 已经在重点考虑它的绿色供应链管理网络。绿色项目关注环境，如降低污染，减少碳排放，最大化轮胎在更换之前可以使用的英里数，减少燃料消耗等。对其现有的卡车，FLC 公司通过以下途径创建了"绿色效率"：

● 改善反空转机制。

● 创建更有效的货仓加热系统。

● 在拖车里安装天窗以减少人工照明的需求。

　　由于卡车需要更换，FLC 引进了轻量级和更高效的疾速号卡车，也着手优化驾驶路线以减少公里数。尽管总收入和交付产品数量从 2005 年到目前为止有所增加，FLC 却能够缩减其车队规模（减少了 55 辆车）。

　　FLC 在 2010 年宣布了其最新的使用全电动车的绿色供应链计划。这些零排放的新卡车，日行大约 60 公里，这是一辆典型的卡车绝大多数情况下从配送中心出发的路径范围。[3]

2.2.2　IT对供应链管理的支持

供应链管理软件市场的先驱是 i2 和 Manugistics 等专业化公司，但现在在市场中占主导地位的是 SAP、Oracle/peoplesoft、SSA Global 公司以及微软（Microsoft）等 ERP 软件提供商（在本章的后面会介绍更多的 ERP 内容）。如果你的职业选择是产品生产或分销行业以及产品应用行业（如招待、酒店和旅游管理），那么你会经常使用供应链管理软件。为了学到更多有关供应链管理软件的知识，我们鼓励你访问以下供应链软件供应商的网站资源：

- Consona—www.consona.com
- Epicor—www.epicor.com
- IQMS—www.iqms.com
- NetSuite—www.netsuite.com
- CDC Software—www.cdcsoftware.com
- Sage—www.sageerpsolutions.com
- Microsoft Dynamics—www.microsoft.com/dynamics
- Oracle—www.oracle.com
- Solarsoft—www.solarsoft.com
- SAP—www.sap.com/usa
- HighJump Software—www.highjump.com
- TECSYS—www.tecsys.com
- JDA—www.jda.com
- Manhattan Associates—www.manh.com
- Intelex—www.intelex.com

2.3　客户关系管理

美国富国银行（Wells Fargo）的客户关系管理系统能够跟踪并分析它的 1 000 万散户在其分支机构、ATM 机以及网络在线银行系统中所发生的每笔交易。这个系统在预测客户行为方面如此优秀，以至于它甚至比客户更早意识到他们需要什么。富国银行的客户关系管理系统收集每个客户的交易信息并将其与客户提供的个人信息结合起来。这个系统能够在适当的时间为特定的客户量身定制他们所需要的产品（如一种省钱的二次抵押贷款）。因此，富国卖给客户的银行产品或服务数量比行业平均水平 2.2 要多 4 倍。[4]

吸引并留住客户是任何企业最根本的目标，因此，客户关系管理系统已成为当今最炙手可热的 IT 系统之一。**客户关系管理系统**（customer relationship management (CRM) system）就是从客户信息中深入分析客户的需求、想法及消费行为，以便更好地为他们服务。客户通过多种方式与公司发生联系，并且每一种联系都是简单、愉快、无差错的。**多渠道服务提供**（multi-channel service delivery) 是指公司提供多种方式与顾客进行互动。电子邮件、传真、电话和网页成为大多数公司与客户交互的方式。客户关系管理系统的一个基本目标就是能够管理和跟踪这些交互。为此，公司必须组织多种渠道的交流并认真记录每个客户的交流信息。如果不这样做的话，客户体验就不会太理想，进而可能选择其他公司，甚至退货。客户由于有过不好的客户体验而转向其他公司的情况屡见不鲜。因此，客户关系管理的主要目标就是最大程度减少这种负面影响，并为客户提供正向体验（令人愉快的体验）。

通常客户关系管理系统具有以下功能（见图 2-3）：

- 销售自动化
- 客户服务与支持
- 市场营销活动管理及分析

要特别注意的是，客户关系管理并不仅是软件。它的整个商业目标包含许多不同的方面，涉及软件、硬件、服务支持和战略性商业目标。客户关系管理系统应该支持以上所有功能，同时它应设计成能为组织提供有关客户详细信息的系统。

在许多案例中，企业都从销售自动化应用开始，然后继续开展其他的功能应用。**销售自动化系统**（sales force automation，SFA）是一个自动跟踪销售过程的所有步骤的系统，包括接触管理（contact management）、销售预测和订单管

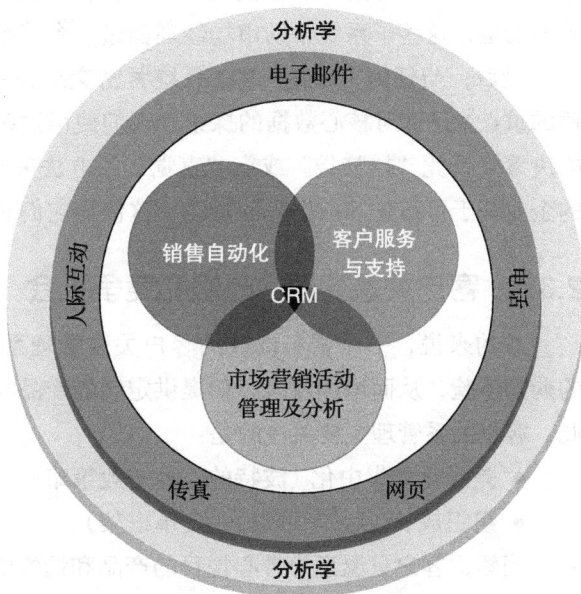

图 2-3　客户关系管理系统

理以及产品知识。销售自动化系统使销售代表能够获取有关客户购买模式和需求方面的信息和商务智能。它能帮助组织的各级人员预测未来的销售。这些信息之后进入供应链管理系统，以确保恰当数量的产品可以在恰当的时间、恰当的地点交付。一些功能更加强大的 CRM 系统和方法，如通用汽车所使用的系统，专注于开发"回头客"（见图 2-4）。企业获得新客户所付出的成本比留住已有客户昂贵得多，特别是在汽车零售行业。

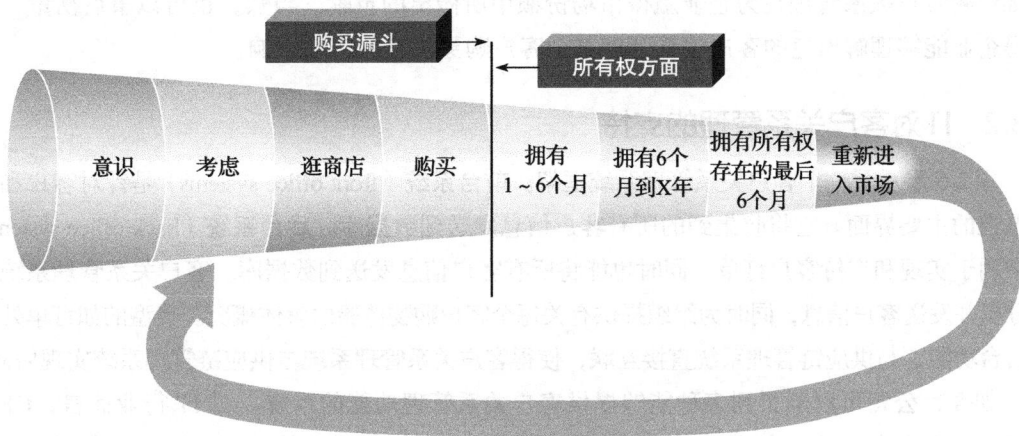

图 2-4　通用汽车购买漏斗 [5]

客户服务和支持功能是 CRM 的售后服务部分。这些至关重要的 CRM 子系统使企业能够提供迅速、有效的客户服务和准确、及时的产品支持。客户的服务和支持功能一定是多渠道的，要努力通过电话、电子邮件、网络、短信、Facebook 等多种方式满足客户的服务需求。

营销活动管理围绕营销活动的生命周期为组织提供帮助。因此，这些子系统帮助人们设计活动、识别目标受众和他们偏爱的媒体，进行活动预算，并配置营销活动的相关资源。最重要的是，这些子系统帮助市场经理衡量一个营销活动在多大程度上是成功的。

最后，与任何有效的 CRM 系统紧密交织在一起的便是分析功能。分析（第 3 章和第 4 章的重点）是针对核心数据的探索，人们使用这些核心数据来分析运营和流程从而做出更好的决策。只凭"拍脑袋"或靠"直觉"的方法来开发 CRM 的活动和过程根本行不通。今天的企业基于可量化的数据采取行动，这使得它们对自身方案的成败具有独特的洞察力。

2.3.1　客户关系管理的战略和竞争机会

总的来说，一个精心设计的客户关系管理系统主要专注于通过多种途径带给客户愉快的购物体验，从而增加收入，如提供定制的产品与服务、准确无误的交互、产品知识等。因此，客户关系管理主要关注的是：

- 差异化和集中化（波特的三种一般策略）。
- 组织成长（运作—成长—变革框架）。

当然，客户只愿意为赏心悦目的产品和愉悦的购物体验付钱，所以你的组织必须有个高度集成的供应链管理系统，从而确保产品价格合理。

作为回馈，客户关系管理通过性能优越的系统功能带来竞争优势，特别是：

- 基于更加精确的客户需求知识，设计出更加有效的市场营销计划。
- 确保销售过程的有效管理。
- 提供优质的售后服务和支持，例如建立运行良好的呼叫中心。

客户关系管理典型目标的实现，如更好地服务客户、理解他们的需求、提供定制产品或服务以适应他们的需求，都可能使得购买者选择你的而不是竞争对手的产品和服务，然而却很难预测客户关系管理在为企业赢得市场份额中所做出的贡献。当然，也可以事后衡量，这使得企业能够理解出色的客户关系管理对于客户购买决策的实际影响。

2.3.2　IT对客户关系管理的支持

图 2-5 展示了一个客户关系管理系统框架。**前台系统**（front office systems）是针对客户和销售渠道的主要界面。它将收集到的所有客户信息发送到数据库。**后台系统**（back office systems）通常用于实现和支持客户订单，同时也能将所有客户信息发送到数据库。客户关系管理系统能够分析并发送客户信息，同时为组织提供有关每个客户购物体验的整体概况。典型的如订单处理等后台功能，与供应链管理系统直接互联，使得客户关系管理系统与供应链管理系统实现协同。

如今，公司可以购买到多种能够提供客户关系管理功能的系统。对 IT 行业而言，CRM 实际上是众多产业转型中的一个方面。起初，组织买了 CRM 软件系统，把它们带到组织的内部，为此建立了软件系统得以运行的硬件基础设施，安装了相关软件，并提供技术支持。今天的情况不一样了，大多数 CRM 系统由软件供应商主管。这就是所谓的 SaaS 或软件即服务。**软件即服务**（software-as-a-service，SaaS）是一种新的软件交付模式，你可以按使用次数支付应用软件的费用，而不必完全买下软件。

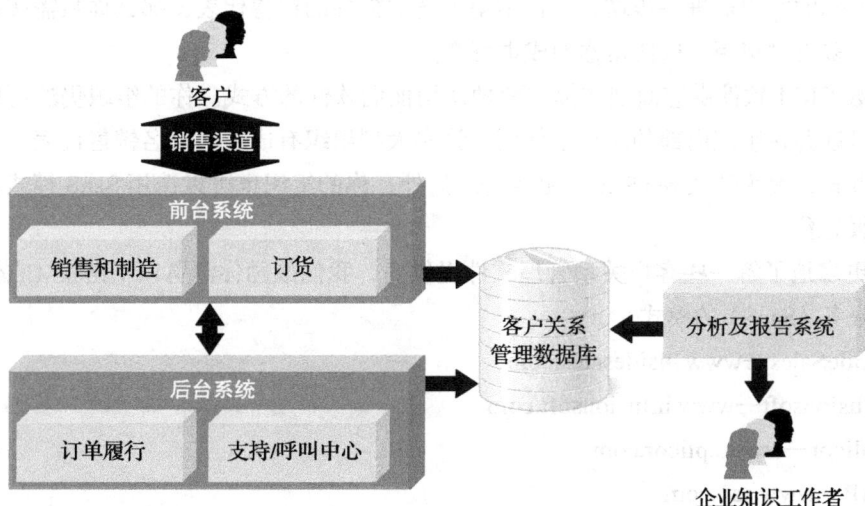

图 2-5　CRM 系统框架

使用 SaaS，你的组织不必购买网站许可证，这常与我们在第 1 章中介绍的云计算联系在一起，我们将在第 7 章对云计算做进一步探讨；相反，你通常按月按用户支付软件使用费用。Salesforce.com(www.salesforce.com) 是第一个为 CRM 软件提供这种使用模式的公司，就像 NetSuite(www.netsuite.com) 那样。Salesforce.com 的 CRM 企业版软件费用是 125 美元每月每用户（见图 2-6）。

图 2-6　Salesforce.com 公司的主机托管、软件即服务 CRM 软件模式

为什么组织选择使用托管或 SaaS 软件模式？答案在于第 1 章所学的盈亏平衡分析技术。所有在组织内部持有和使用软件的相关费用，包括硬件基础设施、培训、维护、安全、技术支持等，都代表了固定成本。无论你有 1 个还是 1 万个客户，这些成本保持不变。使用 SaaS 模式，你可以根据你的销售代表的多少来支付费用，这在很大程度上取决于你有多少客户。如果你的客户群进一步增长，你不得不增加额外的销售代表，那么你只需按月为这些新增的用户多支付费用，这使得你的成本可变。

大多数 CRM 软件供应商现在提供两种使用他们软件的方式。你的组织仍然可以直接购买软件许可证并在组织内部的主机上使用。许多大型组织有成千上万名销售代表，它们可以选择这种方式，因为这比 SaaS 模式更经济。另外，你的组织也可以选用 SaaS 模式，注册并支付软件服务费。

为了更多地了解一些客户关系管理软件提供商，我们鼓励你浏览以下链接（它们全都提供软件即服务（SaaS）的模式）：

- InsideSales—www.insidesales.com
- Infusionsoft—www.infusionsoft.com
- Aplicor—www.aplicor.com
- SAP—www.sap.com
- CDC Software—www.cdcsoftware.com
- NetSuite—www.netsuite.com
- Zoho—www.zoho.com
- Microsoft Dynamics—www.microsoft.com/dynamics
- SugarCRM—www.sugarcrm.com
- Salesforce.com—www.salesforce.com
- SalesBoom—www.salesboom.com
- Sage Software—www.sagecrm.com
- RightNow Technologies—www.rightnow.com
- Oracle—www.oracle.com

|全球视角|　　　　　　美国红十字会和 CRM

美国红十字会（通常称为红十字会）确实有客户，也许它不像传统的商业那样，销售产品和服务给客户，而是服务于那些在需要帮助和灾难时求助于红十字会的人。

最近，红十字会选择 Salesforce.com 公司的托管 CRM 解决方案来管理相关分会、外部合作伙伴和援助诉求。该软件的首要功能便是允许红十字会跟踪和管理其来自世界各地的数以千计的志愿者的相关信息。其次，该软件帮助红十字会管理和组织每年成千上万的求助与相关咨询。即使在海地地震之后，Salesforce.com 的 CRM 系统也能够处理大量的激增请求而服务过程没有发生任何中断。

该软件在美国的 35 个分会机构进行部

署，帮助机构组织和管理与其志愿者、志愿者培训活动、所有的后台功能相关的信息。每一分会的软件和信息逐一地汇总到红十字会总部的主系统，计划人员可以在国内和国际范围内不断地评估和确定具有超额能力的分支机构。

无论对于大型还是小型组织，无论对于试图赚钱或者只是为拯救世界的组织，托管软件解决方案通常是必经之路。托管解决方案为很多组织缓解基础设施和技术负担。对红十字会而言，可以把更多的钱花在灾难援助，因为它用来维护内部软件的花费更少。[6]

2.4　企业资源计划：将 IT 进行集成

到目前为止，我们已经分别考虑了主要的商业策略，如供应链管理、客户关系管理，重点关注了它们各自的优势。但在商业世界中，你将要面对如何整合它们并使它们协同工作的问题。考虑一下供应链管理和客户关系管理，它们必须一起工作，分享信息。为了构造一个高度集成的供应链，以能够在恰当的时间提供恰当的产品与服务，你必须知道客户需要什么和在什么时候需要（客户关系管理的职责）。这些诉求将我们引向了企业资源计划系统，也被称为企业级软件。**企业资源计划系统**（enterprise resource planning（ERP）system）是企业管理软件系统，其所支持的领域有：计划、制造、销售、市场营销、配送、会计、财务、人力资源管理、项目管理、库存管理、服务和维护、运输以及电子商务。这份清单听起来很长，但 ERP 系统背后的核心概念是它包括了组织里的所有技术系统和软件。

企业资源计划系统是一个大系统。在 IT 系统中花费最多的就是企业资源计划系统。例如，在 2009 财政年度，美国联邦政府在企业资源计划产品和服务上花费了 77 亿美元，比 2004 年 56 亿美元的开支增长了 37%。《财富》1 000 强中 60% 以上的企业已安装了或正在实施企业资源计划系统，以支持其业务活动。《财富》1 000 强公司运行的这些软件的支出远远超过大多数中小企业的 IT 预算，企业资源计划软件商都瞄准了中小企业这个尚未开发的市场，它们为小企业提供在预算和时间允许范围内的简单、廉价的预配置解决方案。例如，微软公司现在针对中小企业提供 ERP 解决方案（称为 Microsoft Great Plains）。[7, 8]

占主导地位的企业资源计划软件商有 SAP、Oracle/PeopleSoft、Infor 公司和微软（见图 2-7）。它们控制了 70% 以上的数十亿美元的全球市场。由于历史原因，每个软件供应商在某个特定专业领域各有专长，如 SAP 的优势在物流方面，Oracle/PeopleSoft 的优势在财务上，Infor 软件公司的优势在零售制造业上，微软的优势在零售管理上。

供应商/网址	ERP特性/特征	目标市场
SAP www.sap.com	客户关系管理、财务管理、人力资源管理、供应链管理	大型企业
Oracle/PeopleSoft www.oracle.com	财务管理、人力资源管理、供应链管理	大型企业
Infor www.infor.com	客户关系管理、财务管理、人力资源管理、供应链管理	大型企业
微软（Great Plains）www.microsoft.com	财务管理、配送、制造、项目会计、人力资源管理、业务分析	中小型企业

图 2-7　ERP 软件提供商

此外，还有约 50 家已成立的和一些新成立的中小型 ERP 软件供应商，包括第三方开发商，在利润丰厚的企业资源计划市场展开竞争。由于激烈的竞争和难以区分的产品重叠，这些厂商不断更新产品，增加技术亮点。长远的眼光、致力于服务和支持、专业特长、经验，以及研究和开发的财力大小成为客户选择产品和实施中衡量软件提供商的质量标准。

与大多数预测一致，企业资源计划市场一直以每年 30% 以上的速率增长。商业和技术因素推动了企业资源计划市场的增长。先说商业，最常见的因素是全球化，全球化促进了企业兼并，推动了具有高信息需求大企业的建立，而之前的独立信息系统无法满足这种需求。另一个因素是发达国家的市场整体成熟度，它促进了各公司之间的竞争，增强了消费者的买方议价能力，从而迫使企业提高其业务流程的效率。最后，由于信息和通信技术的进步，集中数据库能够与分布式的企业资源计划环境整合，进而使企业资源计划系统的开发成为可能。

2.4.1 企业资源计划系统的演进

企业资源计划系统通过单一的套装软件解决了信息与过程孤岛问题，它集成了所有传统的企业管理功能，包括财务、人力资源、制造与物流等。了解企业资源计划的历史和演化对于理解它目前的应用和未来的发展是非常重要的。为了有助于你有一个更好的角度，让我们来回顾一下企业资源计划系统的演化（见图 2-8）。

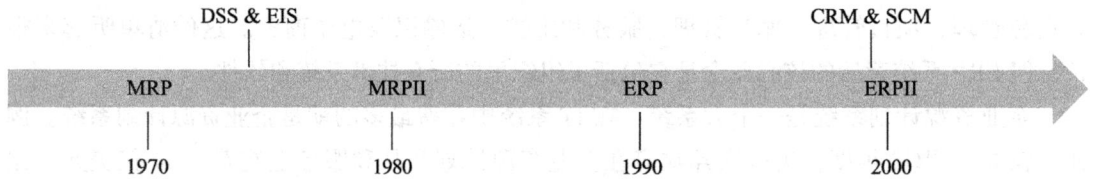

图 2-8 企业资源计划系统的演化

企业资源计划最早的阶段是在 20 世纪 70 年代，当时出现了一个叫作物料需求计划（materials requirement planning，MRP）的系统。物料需求计划软件的焦点集中在企业内部生产计划、计算部件的时间需求、采购和物料计划上。物料需求计划软件没有关注任何类型的服务导向，但已经能够在恰当的时间提供恰当的物料。

物料需求计划，或者称为"小 MRP"，象征着在计划进程上向前迈进了一大步。首次实现了根据产品生产计划，列出最终所需物料的清单。计算机能够计算出总的需求量，并与现有量或即将到货量做对照。这种对照将提出后续活动的建议：下订单、取消订单或者简单地改动这些已存在的订单的时间。物料需求计划的真正意义在于，它第一次回答了管理中关于"什么时候"的问题。

下一代系统是在 20 世纪 80 年代前期出现的，叫作制造资源计划（manufacturing resources planning）或 MRP Ⅱ。制造资源计划并不是说第一代的物料需求计划是错误的，它是一次显著的改进。制造资源计划通过会计和财务管理系统形成了闭环。制造资源计划系统越过了产品的功能性边界，开始服务于决策支持系统（DSS）和经理信息系统（EIS）（在现代社会，许多人将这些系统的实施称为数字仪表盘）。

　　企业第一次能够拥有一套集成的业务系统，可以支持物料和容量需求的可视化。好的信息产生好的决策，因此这些集成的 IT 系统提供了竞争优势。

　　当一家企业的各个功能模块都开发了自己的软件程序的时候，把它们紧密集成起来就变得很必要。再一次的更新换代是在 20 世纪 80 年代末 90 年代初，这时产品上市时间正在变得越来越短。市场期望的前置时间越来越短，客户对几年前还认为是一流的服务水平不再满意。

　　开发集成系统的需求已经成为 IT 专家的当务之急，集成系统会使用存储在公共数据库里的数据，系统还将在整个企业的范围内被使用。人们不能再忍受向 IT 部门提交一份请求要等好几个月才能获得关键信息。这种出现在 20 世纪 90 年代初期、建立在公共数据库基础上的企业级集成系统称作企业资源计划。

　　企业资源计划包含了企业所有的资源规划，有产品设计、仓库储存、物料计划、容量计划和通信系统。通过集成各部门的最基础事务，企业资源计划系统帮助公司变得更精简、更敏捷，使人们可以快速获取实时信息。

2.4.2　ERP功能

　　就像你在图 2-9 中看到的一样，ERP 系统允许功能的透明集成，通过一贯可视的方式为企业内部各个领域提供信息流。ERP 系统使得企业能够实施一套单一集成的系统来代替它们的传统信息系统。**传统信息系统**（legacy information system，LIS）象征着大规模、长期的商业投资；这种系统往往具有脆弱、运行速度慢以及不可扩展等特性。ERP 系统是可配置的信息系统程序包，将公司中各个功能领域（财务、会计、人力资源、供应链和客户信息）的信息过程无缝地集成起来，实现了：①全局集成信息（数据、信息和商业智能）；②一套应用程序；③贯穿于整个企业的统一界面。一个 ERP 系统需要具有以下几个特征：

- 模块化设计，包含多种不同的业务功能，比如财务、生产、配送等
- 一个集中化的数据库用以组织和管理信息
- 集成功能以支持信息无缝衔接
- 最佳实践的柔性化
- 实时功能
- 互联网驱动[9]

　　不同的 ERP 供应商提供的 ERP 系统具有一些差异化的特点，但是它们的核心功能都是相似的。成功的 ERP 系统具有以下一些核心功能：

- 会计管理
- 财务管理
- 制造管理
- 生产管理
- 运输管理
- 销售和配送管理

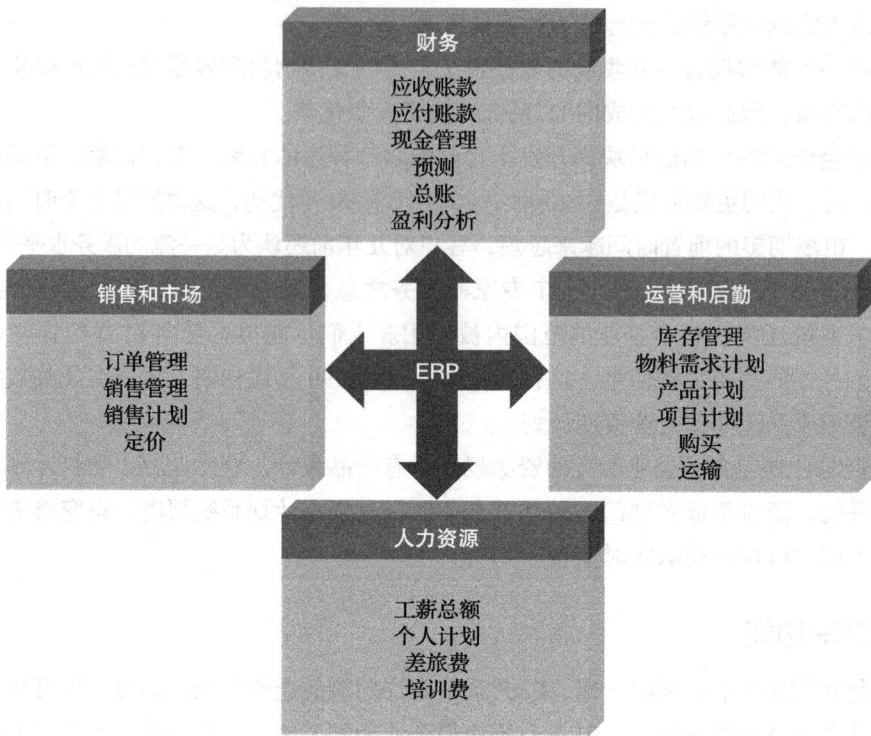

图 2-9　ERP 系统概览

- 人力资源管理
- 供应链管理
- 客户关系管理
- 电子商务

你必须意识到，ERP 系统不可能在一夜之间提高组织的运作绩效。是否能够达到节约成本（线下创新）和改善服务（带来线上收入增加）的高期望还要依赖于以下两个方面：一是选择的 ERP 系统适应组织功能的好坏；二是裁剪和配置系统的过程与企业文化、战略和组织结构的契合程度。总之，我们期望一套 ERP 系统能够同时改进后台功能和前台功能。组织因不同的利益和理由而选择和配置 ERP 系统，在很多情况下我们用投资回报率来衡量各种预期的好处。

由于缺少直接使用 ERP 系统的经验，完全理解、接受 ERP 系统的概念对于你来说可能是一个挑战。但是以你所在的学校为例，在某种程度上都或多或少地使用了某种形式的 ERP 系统。例如，当你报到注册时，由于有未缴费的违规停车罚单、逾期未还的图书馆书籍、未付清的学费或其他各种原因，你可能无法注册；如果你报到注册了，在收到学费账单时，你会发现里面包含了政府贷款的津贴、奖学金等信息。这些之所以成为可能，是因为虽然学校的各个 IT 系统处理不同的功能，比如注册、停车、学费、贷款和奖学金，但它们以 ERP 系统的形式集成起来了。私营企业（和一些国有企业）试图在更大的范围内做同样的事情（见

图 2-10）。这些组织将客户需求预测（客户关系管理）整合到 ERP 系统中来驱动其他功能，比如财务、制造、库存、运输和供货（后四项是构成供应链管理必不可少的部分）。一些组织甚至试图在所预测的客户需求基础上，依据现有人力资源的损耗和人力资源增长的需求来预测所需的人力资源。

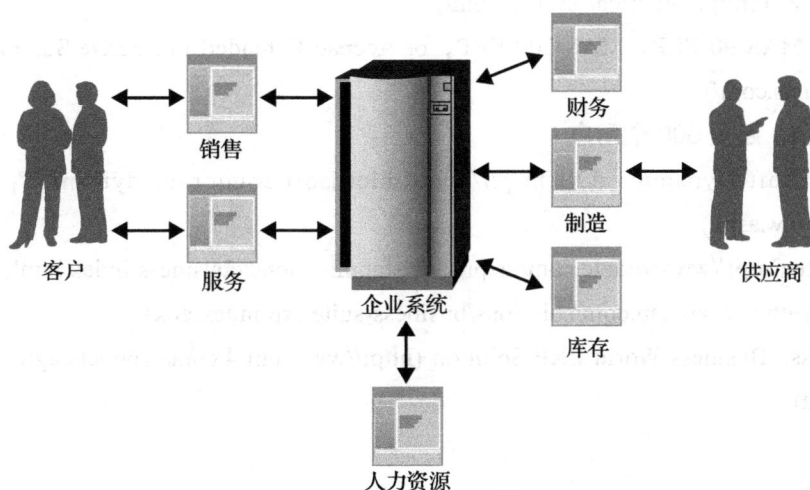

图 2-10　ERP 系统集成

2.4.3　ERP软件市场规模

ERP 软件是"大"的软件，我们的意思是，对它的获取、安装和操作能够花上数百万美元，但这并不意味着小企业不能利用 ERP 软件的优势。根据许可人数或企业将要使用 ERP 软件的用户数量，很多 ERP 供应商选择这个利基市场，下面是根据许可人数给出的 ERP 软件列表。

小型企业：不到 100 个用户

- Microsoft Dynamics SL (http://www.microsoft.com/en-us/dynamics/products/sl-overview.aspx)
- SAP Business One (http://www.sap.com/sme/solutions/businessmanagement/businessone/index.epx)
- Sage ERP X3 (http://www.sageerpx3.com/)
- Exact Software EXACT ONLINE Solution (www.exact.com)
- Intuit QuickBooks Enterprise (http://enterprisesuite.intuit.com/)

中型企业：100 ~ 500 个用户

- Microsoft Dynamics GP or NAV (http://www.microsoft.com/en-us/dynamics/products/gp-overview.aspx)
- SAP Business All-In-One (http://www.sap.com/sme/solutions/businessmanagement/

businessallinone/index.epx)

- Infor ERP Solution (http://www.infor.com/solutions/erp/)
- Epicor ERP Solution for Mid-Sized Businesses (http://www.epicor.com/pages/default.aspx)
- SYSPRO (http://americas.syspro.com/)
- Sage MAS 90 ERP，MAS 200 ERP，or Accpac Extended Enterprise Suite (http://www.sagemas.com/)

大型企业：超过 500 个用户

- Microsoft Dynamics AX (http://www.microsoft.com/en-us/dynamics/products/ax-overview.aspx)
- Oracle (http://www.oracle.com/us/products/applications/ebusiness/index.html)
- SAP (http://www.sap.com/solutions/business-suite/erp/index.epx)
- Agresso Business World ERP Solution (http://www.unit4.com/products/agresso-business-world)

|行业视角|　　　　　eBay 为网络零售商提供端到端解决方案

许多大型的、小型的企业都需要端到端的互联网零售解决方案。它们只是想简单地连接一个能够提供成熟的 ERP 系统的互联网巨头，从而使它们可以运行基于 Web 的部分业务。亚马逊一直是那样的巨头，但 eBay 也正快速成长。

eBay 的首席执行官约翰·多纳霍（John Donahoe）说："大大小小的零售商来找我们说他们面临着如何处理移动商务，也面临着如何处理社交商务，同样面临着如何做全球商务的问题，这些引起了我们的强烈关注。"作为回应，eBay 近期以 24 亿美元的价格收购了 GSI Commerce。

GSI 打造了一个专门为在线商务而设计的 ERP 软件。它协助了 180 多个像 Aeropostale、Timberland、Mattel、Zales 和 Major League Baseball 那样的顶级品牌商与零售商。GSI 的服务包括订单管理、履行和运输。

电子商务正在迅速增长。2010 年仅在美国，人们预测电子商务的交易额将超过 1 760 亿美元，2015 年将达到 2 790 亿美元。但是 eBay 的拍卖业务收入增长缓慢，2010 年只增长了 4.9%。约翰意识到 eBay 的增长对整体电子商务增长水平而言是不可持续的。所以，eBay 以每股 29.25 美元的价格收购 GSI，溢价超过 50%，并期望这样能在和 Amazon 的竞争中获得有利地位。[10]

2.5　社交媒体

没有人能逃避现实或者炒作。社交媒体正风靡一时，这种现象可能会持续好几年。基于技术的个人生活很可能是把很多时间花在了社交媒体上。大多数你这个年龄的人一天多次访问 Facebook，看 YouTube 视频，发文本消息和微博。这些都是社会媒体的例子。

社交媒体（social media）集网络和移动技术为一体，建立用户之间的交互，通常允许用户作为内容的创作者和消费者。社交媒体由 Web 2.0 技术推动。Web 2.0 是所谓的第二代网络，关注在线协作，用户既是内容的创造者又是内容的修改者，它能够提供动态和定制信息以及许多其他的基于网络的服务。在图 2-11 中，你可以看到网络的发展，包括使用推式和拉式技术、静态和动态信息。早期的网络，有些人称之为 Web 1.0，以拉式、静态信息为主要特点。也就是说，使用 Web 浏览器搜索你想要的信息（即拉式服务）。大部分信息被创建在你访问的 Web 页面上，并以静态信息的方式展示。

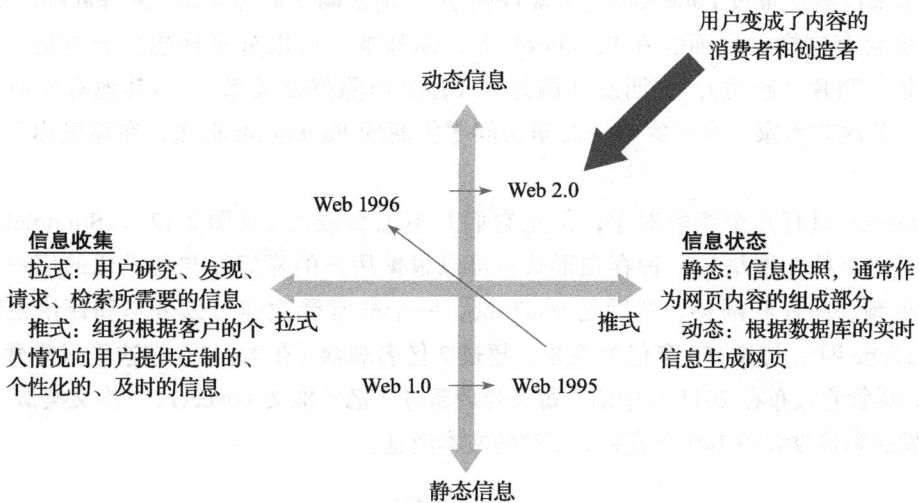

图 2-11　Web 的演化

然后，网络迅速发展为提供推式静态信息，但这种现象并没有持续很久。这创造了一个低俗的、含有 4 个字母的网络术语——垃圾邮件（spam）。那时，人们的电子邮箱堆满了垃圾邮件或者广告宣传邮件，从假彩票获奖信息、性功能增强药物到尿布、宠物食品。发送方并不知道你是否需要这些，但是你的电子邮件地址被列入清单并永久出现在那里。

此后不久，网络进入左上角的象限（可能是 20 世纪 90 年代中期到后期），以动态拉式信息为主要特征。这推动了类似于 E*TRADE 和 Scottrade 之类的股票交易网站、Expedia 和 Travelocity 之类的旅游网站的爆炸式增长。然后，你可以搜索（即拉式服务）实时的航班信息和股票报价。这是真正的网上电子商务的诞生。

今天，我们处于消费者积极参与的 Web 2.0 时代。这也是企业越来越擅长向你推送动态信息的时代，它们可以根据你的需求定制信息。这些包括简单信息聚合（really simple syndication，RSS）订阅，亚马逊、iTunes 的推荐引擎，甚至 Facebook 也会将你可能想要结交的朋友告诉你。

本书不可能涵盖每一种社交媒体以及全世界是如何使用它的方方面面。已经出版了数以百计、有关这个主题的书籍。今年在美国也会召开数以千计的专门聚焦于社交媒体主题的会议。让我们简要地探讨有关社交媒体的某些方面。

2.5.1　社交网络

像 Facebook 这样的社交网站就是你的世界。从广义上讲，社交网站是一个可以在上面发布自己的信息、创建朋友网络、了解他人、分享照片和视频等内容、与人交流的网站。据 Facebook 的统计，Facebook 有超过 7.5 亿名用户。其中，50% 的用户一天至少上一次 Facebook。Facebook 用户平均有 130 个朋友。总体而言，用户花在 Facebook 上的时间每月超过 7 000 亿分钟。在一天内的任一分钟，有 1 600 多万人在 Facebook 上。[11]如果你从来没有登录过 Facebook（可能性很小），请求同学向你展示他的 Facebook 页面，很可能他会有这样的页面。在 Facebook 上，你基本上可以分享你想要分享的一切（故事、视频、照片、感想），交朋友和删好友（称为解除好友关系），与其他有相似兴趣的人联系，关注艺术家、音乐家等，甚至访问零售商的 Facebook 页面，在那里你可以购买商品。

Facebook 只有几个竞争对手，但是它们并不怎么强大（见图 2-12）。StumbleUpon 与之最接近，是社交网络的一种存在形式，可以根据用户的喜好和与他类似的用户的喜好来推荐视频、照片和网页。然后是 YouTube，一个非常受欢迎可以分享和评论视频的网站。YouTube 网站上有 150 多亿个视频，超过 2 亿名观众（在美国）。在这里只略微提一下 Twitter，尽管它宣布在 2011 年中期，每天处理超过 2 亿条推文（tweet）。[12]推文类似于微博，允许你发送和接收大约 140 个或更少字符的文本消息。

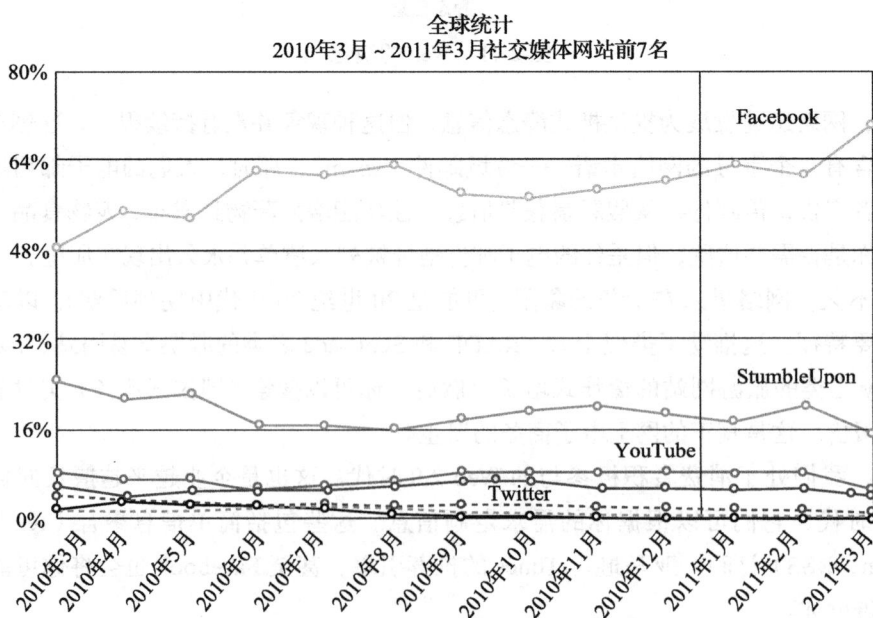

图 2-12　社交社会化的竞争空间 [13]

2011 年中期，谷歌宣布以 Google + 与其竞争对手 Facebook 开展竞争。虽然仍处于测试阶段，但在我们写这段文字时，谷歌已宣布了一些重要的特性。Google + 将会有一些新的创意，其推荐系统旨在根据你的兴趣为你提供高度定制的内容。它还将包括一个称为视频群聊的功能，它可以让你与你的圈子（你选定的一群人）通过视频聊天。最后，它会形成群，这种群消息服务允许你和多个朋友在手机上交谈。让我们拭目以待，看看谷歌是否能够战胜 Facebook。

Facebook 唯一的真正竞争对手是 LinkedIn。LinkedIn 与 Facebook 旗鼓相当。当你使用 Facebook 分享你的个人生活，你将使用 LinkedIn 分享你的职业生活，包括接触潜在的就业机会，加入类似于国际金融的兴趣小组，为了销售目的与其他公司联系等。2011 年年初，LinkedIn 宣布其用户已超过 1 亿。[14]

2.5.2 社交购物

对于很多人来说，购物一直是一种社交体验——看看别人购买的物品和穿戴的衣服，试图找到相同的款式，也许还包括告诉其他人哪里有最好的优惠。在社交媒体上，这些仍然是相同的，只是被其他活动极大地放大和增强了。现在几乎所有的零售商都在 Facebook 上销售他们的产品和服务。在用户的 Facebook 页面上，他可以谈论购物体验甚至向朋友进行推荐。这些都是典型的购物活动，但是现在可能有成百上千的朋友关注你的一举一动。

百事可乐已经提供了一个独特的、使用社交自动售货机的购物体验。[15] 使用这些机器，你可以输入另一个人的信息——手机号码、姓名和可选的留言消息，然后给他们买饮料。对方通过短信接收代码，他可以使用百事可乐的社交自动售货机取出饮料。发送方的饮料礼物甚至可以参与百事的"随机善举"活动。在这项活动中，发送方会把饮料发送给一个不认识的人，比如遭受极端天气的某个区域中的人。

Webtab 的倡议者 Bartab，为在酒吧或餐厅给其他人买酒水饮料提供类似服务。作为饮料礼物的发送方，你需要支付 1 美元并提供对方的个人信息。礼物接收者通过电子邮件或 Facebook 收到优惠券，并可以在酒吧或者餐馆将相关信息出示给服务员从而获得饮料。饮料礼物的接收者必须支付 1 美元费用来使用这张优惠券。

还有像 Groupon 这样的社交购物服务。Groupon 和许多其他的社交购物服务网站，为短时间内形成的产品和服务购买业务提供 50% ~ 90% 的折扣，其目标是形成成百上千人的交易量。Groupon 会从中提成，商家则在 Groupon 的会员中获得极大的销售额，从而促成消费者对商家的大量访问（虚拟的或物理的）。

2.5.3 社交游戏

在社交媒体玩游戏已经流行好几年了，毫无疑问，游戏机制和概念将会进入一些传统的非游戏行业，如教育业。我们将这些游戏系统称为 MMORPG（massively multiplayer online role-playing games），即大型多人在线角色扮演游戏。在游戏里，上千或上百万人在虚拟世界中玩和互动。《魔兽世界》和 Second Life 便是两个著名的例子（见图 2-13）。

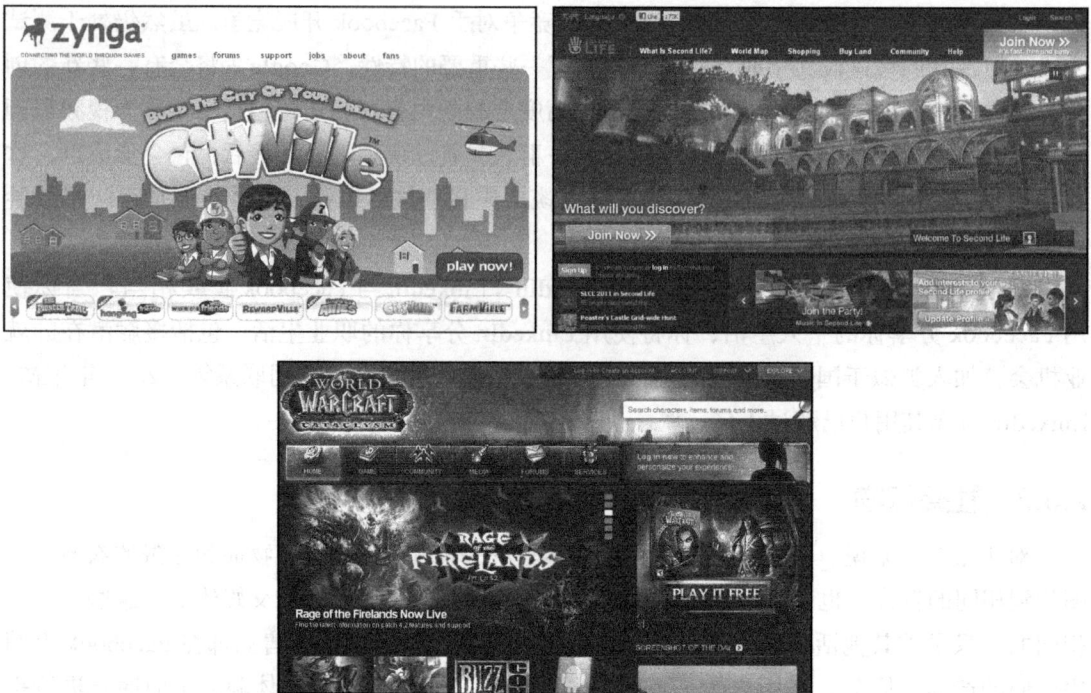

图 2-13 社交虚拟游戏

《魔兽世界》拥有超过 1 100 万名用户，是最大的 MMORPG。每个玩家控制一个在幻想世界中的角色，如科幻类型的怪物、超级勇士和其他类型的神秘生物。[16] 每个玩家完成任务中的探索和一系列步骤。真正让这些游戏"社交化"的是，它不仅仅是一个游戏。小组用户可以聚会和见面；在游戏中赢得的珠宝可以进行交易；他们可以花真金白银购买魔兽世界的金币，然后使用金币在游戏中购买更好的装备。这真的是一个强大的虚拟世界，具有自由经济的特点。

Second Life 在许多方面是相似的。Second Life 不是游戏，而是一个你可以过虚拟生活的虚拟世界。你拥有一个角色，可以购买和出售资产、住宅和商业。你可以开展产品和服务的销售业务。像魔兽世界的金币一样，Second Life 里的金币叫作 Linden 元。你可以在游戏中使用这些，也可以将其转换为真正的现金。

最后，还要提一下社交网络游戏开发商 Zynga。它开发的流行的社交网络游戏包括：

- Cityville
- Empires & Allies
- Farmville
- Frontierville
- Mafia Wars
- Zynga Poker
- Words with Friends

像《魔兽世界》、Second Life 和大多数其他社交游戏环境一样，Zynga 的每款游戏提供了一个虚拟世界，可以完成虚拟物品的购买、销售和交易。Zynga 总共有 58 款不同的游戏，许多只能通过 Facebook 玩。截至 2011 年 6 月，超过 2.7 亿人通过 Facebook 玩 Zynga 游戏。[17]

2.5.4　社会化"拯救世界"

可持续性和三重底线（指经济底线、环境底线和社会底线，即企业必须履行最基本的经济责任、环境责任和社会责任）在今天的商业环境里都很重要。就像你先前读到 Frito Lay Canada 想要在供应链管理中建设更环保的卡车车队，所有的组织都在设法建立可持续的实践和流程，这就要解决三个 P 的问题：人（people）、植物（plant）和利润（profit）。（这些是三重底线中的"三重"，也被认为是可持续发展的三大支柱。）

为了达到这个目的，新兴的社交网络鼓励人们产生可持续方面的想法。许多组织已经把这些变成了游戏，设立奖金以奖励最棒的创新者。一些比较流行的做法是：

- 百事"焕新项目"：在教育、艺术和音乐、通信领域开展竞赛。百事可乐为获奖者提供资助来实现他们的想法。
- 丰田"改良想法"：比赛要求参赛者将现有丰田技术应用于其他领域（非汽车）以使人们更好地生活，或使我们居住的星球更加美好。例如，一个大赛冠军将丰田的碰撞测试技术应用到同样可能发生头部损伤的橄榄球领域，以设计更好的头盔和垫肩。
- 大众"有趣的方法"：比赛要求为使社会更加美好而改变人的行为（见图 2-14）。一个参赛者在楼梯上设置了对应的钢琴键盘，人们每踩一个台阶就弹响一个音符，这鼓励人们走楼梯而不是乘附近的自动扶梯。
- 汤姆斯"一对一"：每买一双鞋子，汤姆斯将给需要的人赠送一双鞋。如果同时买一副太阳镜，汤姆斯将为第三世界国家的一个人支付手术费使其重见光明。
- Epic"赢"：简·麦戈尼格尔提议，世界上所有的问题都应该转化为社交媒体类型的游戏。玩家通过比赛解决问题，就像他们在魔兽世界的竞争，比如要完成一项任务。

图 2-14　帮助挽救星球，大众汽车的有趣理论

2.5.5　社交位置服务

社交位置服务是一个有趣的现象，也称为**基于位置的服务**（location-based services）。**社交位置服务**（social locationing）是使用移动设备和卫星定位系统来获取相关服务的位置信息，如商务和娱乐设施、查询朋友及其位置，接收与位置相关的特价商品信息。流行的社交位置服务系统包括 Geoloqi、FacebookPlaces、SCVNGR、Google Latitude、Foursquare 和 Gowalla。

Foursquare 是最受欢迎的，使用它，你可以用智能手机在一个位置（商业、学校等）上签到。如果你在此处比其他人更加频繁地签到，你就成为市长，这可能会给你有关折扣和其他特价交易的优惠。你可以创建一个朋友圈，让你的朋友看到你总是在哪里。

大多数社交位置服务系统允许你去探索你周围的区域。你可以查找不同类型的餐馆，阅览其他人对娱乐事件的评论，并通过你的智能手机探索你周围的物质世界的方方面面。

这些类型的系统因提供大量信息量而受到密切关注。当你在一个位置签到的时候，其他人立即可以看到。好吧，如果你在那里，你就不在家里。据报道，有犯罪分子使用位置服务系统确定房子里是不是有人（通过知道你在别的地方签到）。你可以很容易地想象出接下来的场景。还有一些人担心像 Foursquare 这样的公司正在收集太多个人信息，即他们的位置习惯。可以肯定的是，我们可能会看到越来越多的立法，以限制这些系统获取和分享私人信息的数量。

再强调一次，这些仅仅是社交媒体和社交网络的某些方面。毫无疑问，你可能使用了我们没有提及的社交媒体网络的其他方面的应用。你可能会访问像 shopkick、IMVU、Café World、Mall World 和 Yelp 等他社交媒体网站。几乎每一个电视上的商业广告都上传到了 YouTube 以获得更多的浏览。许多公司现在在电视广告和其他媒体上宣传它们的 Facebook 页面，而不是它们自己的网站。你可能已经使用社交媒体来收集期望的大学或学院的信息。商业世界正在疯狂地进入社交媒体空间以避免"因害怕而错过"（the fear of missing out，FOMO）。

|行业视角|　　　　我在 Facebook 上，请在那里出售你的产品

超过 7.5 亿人有 Facebook 页面，许多人认为离开他们的 Facebook 世界而去零售商的网站购物很不方便。很多社交媒体专家认为在零售商网站购物很快就会成为过去。社交媒体教练珍妮特·福茨（Janet Fouts）说："希望人们来到你的网站是期待他们做出额外的努力，因为他们已经在 Facebook 上了。"福茨继续解释道："像 Facebook 这样的社交网络才是人们生活的中心。他们的朋友在那里，他们在那里玩游戏。它也将逐渐成为人们购物的地方。"

零售商没有忽视这种趋势。他们正在陆续地为他们的 Facebook 页面充实更多的内容，他们正在 Facebook 上构建整个商店。服装连锁店 Express 便是一个很好的例子。它在 Facebook 页面上出售其所有产品，计算机持续计算最新的库存动态并通知客户脱销和缺货的情况。

对于黏在移动设备和 Facebook 页面上的一代，他们认为在 Facebook 上销售产品才能提供终极方便。古老的谚语"位置，位置，位置"仍然适用而略有不同。现在，零

售商在客户密集处开店，Facebook 便是很好的选择。在现实世界，大型零售商场往往位于人口密集地区，那么，Facebook 有 7.5 亿人，在那里开店是有意义的。[18]

本章小结

1. 定义供应链管理系统并描述它们的战略和竞争机会以及 IT 的支持作用。供应链管理系统是在公司内部业务流程以及不同公司的业务流程之间自动跟踪库存和信息的 IT 系统。供应链管理系统的战略和竞争机会包括：
   - 成本领先（波特）、组织运作（RGT 框架）。
   - 订单履行（确保恰当的时间、恰当的数量）。
   - 物流（使运输物品的成本尽可能保持最低）。
   - 生产（保证生产线流转畅通）。
   - 收入和利润（确保销售量不会下降）。
   - 成本和价格（使购买零部件的成本和购买产品的价格保持在可接受的水平）。

2. 定义客户关系管理系统并描述它们的战略和竞争机会以及 IT 的支持作用。客户关系管理系统就是从客户信息中深入分析客户的需求、想法及消费行为，以便更好地为他们服务。客户关系管理系统的战略和竞争机会包括：
   - 差异化和集中化（波特）、组织成长（RGT 框架）。
   - 设计更有效的市场营销活动。
   - 确保销售过程的有效管理。
   - 提供优质的售后服务和支持。

3. 解释企业资源计划软件作为各种软件系统的集成工具的重要性。企业资源计划系统是各种业务功能软件的集合，涵盖业务管理、会计、财务、项目管理、供应链管理、电子协调和许多其他的商业功能。ERP 系统的基本目标是提供：①集成的信息（数据、信息和商业智能）；②一套应用程序；③一个贯穿于整个企业的统一界面。企业资源计划系统取代传统系统并无缝地集成组织内所有的功能软件系统。

4. 定义社交媒体并描述一些它在商业世界的重要维度。社交媒体集网络技术和移动技术为一体，建立了用户之间的交互，通常允许用户作为内容的创作者和消费者。包括以下几个维度：
   - 社交网络：与朋友和家人聚在 Facebook 之类的社交网站上，分享生活的各个方面。
   - 社交购物：技术使能的购物，如通过 Groupon 等团购网站购物，通过 Bartab 和百事可乐等社交自动售货机接收别人的礼物。
   - 社交游戏：参与大型多用户游戏，这些游戏提供了通过各种商务活动实现的稳健经济体系。
   - 社会化"拯救世界"：通过竞赛来解决有关环境和改善人们行为的重要问题。
   - 社交位置服务、基于位置的服务：利用移动设备及其位置（由 GPS 确定）信息查找企业和娱乐场所等的位置，找到朋友及其位置，获得奖励以及基于位置的"特价"。

综合案例 2-1

可口可乐应有尽有：供应链管理、客户关系管理、企业资源计划、社交媒体

如果告诉你可口可乐公司在全球 50 个国家均有运营机构，你可能不会感到吃惊。如果

告诉你可口可乐公司已经有 125 年的历史，你可能也不会感到吃惊。那么，请告诉我们可口可乐公司生产多少种饮料？100 种？500 种？2 000 种？你对此感到吃惊吗？事实上，可口可乐公司在世界范围内总计生产 2 800 种不同的饮料。

当一个组织达到如此庞大的规模，成为一家全球性的企业，拥有最著名的品牌，我们可以肯定其背后一定有着大量的 IT 系统在频繁交互、持续运行，从而在保证组织平稳运营之外，还使之在竞争中遥遥领先。

为了支持内部协作，可口可乐公司创建了"通用创新框架"系统，这个基于 Web 的系统将项目管理能力与商务智能结合在一起。通过使用创新框架，世界范围内的每个运营机构的每个员工都可以搜索、查找、使用组织中已在别处应用过的各种想法、策略、成功实例和营销方法。例如，当在澳大利亚推广 Georgia 茶时，当地的可口可乐员工可以研究哪种营销策略已经在类似的市场中（如新西兰）取得成效。可口可乐的首席信息官琼·米歇尔·阿雷斯（Jean-Michel Ares）解释道："当你已经整合了创新途径，你的目标就变为评估并确定组织内资源的最优分配顺序。"

除内部员工使用外，可口可乐公司正开展富有创新性的信息化工作。最近，可口可乐公司为它的灌瓶公司大家族提供了一系列基于上百个业务流程的、新的软件服务。这些软件服务由 IBM 托管的可口可乐数据中心提供，每一个软件服务都执行特定的公共业务功能，并集成在 SAP 的 ERP 软件中运行。其目标是建立跨越全部可口可乐灌瓶公司的标准化业务和技术平台，这些灌瓶公司大多拥有独立的特许经营权。如果可口可乐公司和它所有的灌瓶公司采用同种语言并使用同种技术，那么供应链管理的应用将会更加流畅有效。这样一来，标准化就等同于通过减少与供应链活动有关的开销来为企业节省资金。

甚至除了灌瓶公司大家族外，可口可乐也正在使用技术来吸引客户和增加客户忠诚度。它的兑奖网站 My Coke Rewards（www.mycokerewards.com）是第二大最受欢迎的零售包装产品网站，仅次于 www.kraftfoods.com。My Coke Rewards 每天吸引着大约 30 万名访客。通过提供从杂志订阅到电子奖品（只要看一下瓶盖里面）的各种东西，My Coke Rewards 再次将可口可乐与忠诚客户联系起来。同时网站紧随流行文化，如美国偶像、橄榄球和汽车拉力赛，从而吸引更多的客户。你甚至可以在 iTunes 上找到可口可乐冠名的歌曲。[19] 超过 3 200 万名用户为可口可乐的 Facebook 页面点"赞"。

问题

1. 为什么标准化在供应链管理中如此重要？可口可乐公司正在开发自己的一套软件服务并提供给灌瓶公司使用。你认为可口可乐公司是否应该向灌瓶公司收费？为什么？

2. My Coke Rewards 如何成为一个转换成本的例子？转换成本如何才能不与罚金相关联？

3. 可口可乐能够利用 My Coke Rewards 网站实现怎样的商务智能？它该如何利用这些信息开展客户关系管理活动？

4. 访问可口可乐的 Facebook 页面，你可以在这个页面买可口可乐的产品吗？它现在提供了哪些社交媒体工具使你可以与可口可乐公司交流？

5. 访问百事可乐的 Facebook 页面，将它与可口可乐的 Facebook 页面进行比较，哪一个更引人注目？哪一个看起来有更高的活跃度？

综合案例 2-2

社交媒体和提高投资回报率

社交媒体对企业意味着什么？企业如何利用社交媒体？企业如何度量其社交媒体策略的益处，如何量化它的投资回报率？这些都是企业非常重视的问题。社交媒体作为一种商业工具仍然处于起步阶段。说来也怪，一些企业甚至还没有进入社交媒体。然而，电子市场营销人员预测，到 2012 年，88% 的企业至少有 100 名员工将在他们的营销策略中使用社交媒体。

让我们首先看看如何衡量一项社交媒体策略的投资回报率。投资回报率是一个值得学习的金融工具，它仅比较成本与收益。社交媒体策略一定涉及成本。成本包括如下某几项：雇人在 Facebook 页面及时更新内容；雇人在公司的博客上提供实时回复；雇用一个 Twitter 骑手（专注于使用 Twitter 与客户、赞助商、业务合作伙伴等进行沟通的人）发布公司特价和新产品 / 服务等消息。下面是一些衡量社交媒体策略收益的方法。

1. 收入底线：一个重要指标。实现一项社交媒体策略后，你能保持这个策略带来的收益持续增加吗？如果你创建了一个 Facebook 页面销售你的产品 / 服务，你现在通过 Facebook 页面带来了什么收入？其他渠道的收入（网站和实体店）保持不变还是随着 Facebook 页面带来的收益而下降？

2. 更多的分析：社交媒体代表另一个客户接触点。在每一个接触点，你可以收集宝贵的信息来做出更好的决策。在访问了公司的博客后，客户去了什么网站？客户花多少时间看你的 Facebook 页面但从不购买你的产品？对于那些在 Facebook 上加你为好友的客户，随后又有多少人购买？回头客有多少？有多少人写微博吐槽你的公司？更多的人还是更少的人？

3. 增加访问量：社交媒体的一个重要目标是带动组织的访问量。全面开展 Twitter 活动后（利用包括网址或 Facebook 地址的推文），你现在看到多少的客户访问流量？在创建一个 Facebook 页面后，有多少人从你的 Facebook 页面转到你的网站购买商品？

4. 更多更好的关系：商业的本质就是建立一张关系网。你的社交媒体策略使组织建立了与新客户、供应商和业务伙伴的关系了吗？你多长时间会使用社交媒体工具与相关人交流？（这是关系质量的一种替代衡量办法。你跟某人聊得越多，关系就越好。）

5. 增强品牌意识：品牌意识增长可以成为社交媒体工作的一个重点。创建一个社交媒体渠道后你获得了多少新客户？有多少人通过 Twitter 谈论你的组织？有多少人观看你在 YouTube 上的商业信息广告？

为了让你在社交媒体方面获得成功，你必须慎重决定你的社交媒体策略。现在，每个组织的策略都会有所不同，但我们在下面列出的成功使用社交媒体的步骤的确是任何组织都可以效仿的。

1. **目标清晰**：显然，这适用于任何商业计划。约吉·贝拉（Yogi Berra）曾经说过："如果你不知道要去哪里，你可能在别的地方终止。"明确你的目标，不要说"增加销售"，而要说"销量额增长 10%。"

2. **质量为上，而不是数量**：同样，这对于任何商业计划而言都是不言而明的真理。质量会让客户及业务合作伙伴间产生深远而有意义的关系，进一步将转化为长期、可持续的利润。

3. **建立引人注目的社交媒体**：以吸引眼球和引人注目的方式展现重要信息。使用图片来讲故事。如果没有新意，不要写博客或微博，找到有新意的东西，用引人注目的方式将消息呈现给你的受众。

  4. 使用社交媒体作为市场研究工具： 使用诸多 Web 2.0 技术收集用户的反馈信息。如果你是唯一一个发言的人，沟通便是单向的。让你的客户讨论并分享他们的经验，无论喜欢还是不喜欢。

  5. 利用分析的优势： 在每一次社交媒体沟通中收集数据。即使你的组织目前不使用这些数据，也存储起来，以供将来使用。数据为王，永远不要把它扔掉。[20, 21]

  问题

  1. 假设你目前的年销售额是 100 万美元。你正实施一项社交媒体策略，准备通过你的 Facebook 页面产生 20 万美元的收入。到了年底，你的销售额仍是 100 万美元。你的社会媒体策略成功了吗？为什么？

  2. 每一个社交媒体策略都需要投入成本来实现，我们在这个案例中列出了一些成本。创建一个更全面的社交媒体策略的成本列表。简要描述每项成本并确定是固定成本还是变动成本。

  3. 假设你有一个适销对路的产品，商业上很成功。有一天出现了问题，你运送了 10 万件有缺陷的产品，几乎所有的客户群都表示不满。你会使用什么样的社交媒体策略来帮助解决这一问题？为什么？你会只是"等待它平息"甚至"故作不知"吗？

  4. 在本案例中，我们列出了成功使用社交媒体的五个步骤。请再找出两个，并简要描述它们。

问题思考

1. 为什么传统的"购买—持有—销售"库存模型的开销和潜在风险都很大？
2. 供应链管理系统扮演了什么样的角色？
3. 供应链管理是如何适应波特的三种一般策略的？
4. 客户关系管理系统的典型功能是什么？
5. 客户关系管理是如何适应 RGT 框架的？
6. 前台系统和后台系统的区别是什么？
7. 什么是企业资源计划（ERP）系统？
8. 什么是软件即服务？它的优点有哪些？
9. 社交媒体与 Web2.0 有什么样的关系？
10. 大型多人在线角色扮演游戏（MMORPG）是什么？
11. 什么是流行的社交位置服务系统？

作业训练

1. 沃尔玛的供应链管理系统。众所周知，沃尔玛的商品有着低廉的价格，你可能曾经体验过这种低价。至少，你可能看到过它的标语"天天低价"。沃尔玛的价格几乎能够低于任何一个商家的最大原因是它的供应链十分高效。它的基于 IT 的供应链管理系统令同行嫉妒，因为此系统能将额外的时间和不必要的成本从供应链中剔除。因此，沃尔玛能够低价卖出是因为它能够低价买进。实际上，如果你的公司希望为沃尔玛提供产品，并使这些产品在沃尔玛的店中销售，你必须通过网络和它开展业务。如果你的公司做不到，沃尔玛不会从你那里购买任何东西。登录沃尔玛的网站（www.walmart.com），查找供应商信息，同时查找沃尔玛的需求信息，即沃尔玛希望和供应商通过网络开展业务的信息。对其需求做一个简单的总结并准备在课堂上汇报。

2. 真实世界的应用。在本章中，我们曾提到，一方面许多客户关系管理的应用都未获得成功，另一方面又有许多使用者对客户关系管理的应用感到满意。登录互联网，至少找出 3 家从客户关系管理系统中得到实际商业利润的公司。准备一个报告说明这些公司的成果以及如何获得这些成果的。你可以先在 www.searchcrm.com 上搜索。另一个方式是在客户关系管理应用软件提供商 Siebel 和 Salesforce.com（www.siebel.com 和 www.salesforce.com）的网站上搜索。至少有一家公司的例子要来源于网站。

3. 小型企业的 ERP 系统。过去主要的 ERP 供应商多数专注于向大型组织销售他们的软件，以收取数百万美元的安装费。但是现在情况有些改变，ERP 供应商意识到中小型企业中也存在着广阔的市场空间。在网上查找那些专注于中小型企业的 ERP 供应商和开源 ERP 软件。做一个简单的总结并在课堂上汇报，需要包含你所找到的 ERP 供应商及其网站。

4. 建立一个博客。在任何一个提供博客服务的网站创建一个博客。内容是什么并不重要，简单地通过几个步骤创建一个博客。你会选择和使用哪家博客网站？为什么？注册流程是什么？你怎样向其他人宣传你的博客？为什么博客必须不断更新内容？

5. 用 FOURSQUARE 定位。在 FOURSQUARE 注册社交定位服务。（完成这个任务后，可以立即删除你的账户。）试着用一下以了解系统的特性，在一些地方签到，并四处走走（现实中）。你找到你的位置附近的什么特价或交易信息了吗？市长的概念是什么？市长有什么特权？你怎么才能加朋友？你有上传照片吗？你的全景视图是什么？社交位置服务是好还是坏？

问题讨论

1. 你认为学校安装客户关系管理系统会受益吗？作为一个学生，你会得到什么益处？它是如何使学校受益的？

2. 在运作—成长—变革框架中，第三个组成部分是变革，或者说它使你的组织以全新的方式运作。在本章所讨论的这三种重要的 IT 应用（供应链管理、客户关系管理、社交媒体）当中，你认为哪一个对组织的变革来说是最重要的？请证实你的答案。

3. 我们注意到在实施和使用客户关系管理系统前很难衡量其是否会成功。你认为为什么会这样呢？组织该如何在实施客户关系管理系统前，衡量其是否会成功？

4. 10 年后，Facebook 还会如此受欢迎吗？什么样的竞争对手可能会超越它？像 Facebook 这样的社交网站的替代产品是什么？

5. 你认为 ERP 软件可以采用软件即服务（SaaS）模式吗？做一些研究，你找到答案了吗？你的研究结果是什么？如果 ERP 可以通过 SaaS 的方式提供，主要供应商是谁？谁从 SaaS 方式提供的 ERP 受益更多，小型企业还是大型企业？请证实你的答案。

本章项目

小组项目

- 主管信息系统报告：竞选资金
- 开发企业资源计划系统：计划、报表及数据处理
- 评估下一代技术：DOT-COM 应用服务提供商（ASP）
- 开发调度决策支持系统：空乘人员调度
- 评估供应链管理的价值：运输优化

电子商务项目

- 消费者信息网站
- 元数据
- 人口统计信息
- 美国劳工部
- 获得竞争情报
- 黄金、白银、利率和现金
- 全球统计和资源
- 小企业管理局

数据库和数据仓库：支持分析驱动的组织

|学|习|目|标|

1. 列出并描述关系数据库的主要特征。
2. 定义数据库管理系统的五个软件组件。
3. 列出并描述数据仓库的主要特征。
4. 定义数据仓库环境下的五种主要数据挖掘工具。
5. 列出组织内的信息所有权的主要考虑因素。

|令|人|惊|叹|的|产|业|变|革|

你知道 CD 来源于恐龙吗

这种惊人的产业变革是显然的。2001 年，苹果公司推出了 iTunes 从而彻底改变了音乐零售行业。下图很好地说明了这一点。两年内，实体渠道和电子渠道销售的音乐数量的比例从 4 : 1 变成了 2 : 1。最近，美国唱片业协会（Recording Industry Association of America，RIAA）提出到 2010 年年底，这个比例将变为 1 : 1。从现在开始，基于物理媒介（如 CD 等）的音乐销售量不可能会超过数字音乐的下载量。

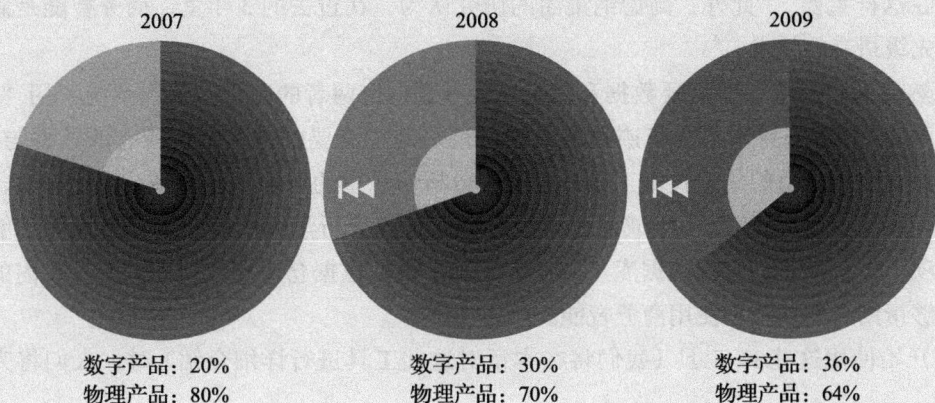

2007	2008	2009
数字产品：20%	数字产品：30%	数字产品：36%
物理产品：80%	物理产品：70%	物理产品：64%

音乐是一个有趣的东西，它与时代信息相关，也是大多数文化中不可或缺的组成部分。历史上，音乐曾经是人们聚集在一起反对暴政和不公正的战斗武器。但对于计算机而言，音乐仅仅是数据。计算机将每首歌中的每个声音的每个部分都看成数据的一部分，人们能够很容易地修改、扩展（比如提高音量）这些数据，并能够把这些数据与其他相似数据结合在一起形成新的数据。

正如我们所看到的结果，音乐及其分销工作非常适于使用计算机来完成。当技术发生改变，人们开始购买基于新的物理媒介（如磁带或 CD）的音乐时，音乐仍是音乐，只是音乐的存储媒介发生了变化。这种现象今天仍然存在。音乐本身并没有发生改变，但是我们把音乐看成字节的集合来传输、存储和倾听。所有其他面向数据的产品（包括书、报纸和视频等）都有类似的现象。[1, 2]

问题：

1. 你使用了多少种不同的数字音乐服务？

2. 你从零售店中购买了多少音乐 CD？

3. 你最近一次购买基于物理媒介（如 CD）的音乐是什么时候？

3.1 引言

在前两章中，我们接触到一些重要概念，如商务智能和分析。我们给出如下定义：

- **商务智能**：关于客户、竞争者、商业伙伴、竞争环境和企业内部运营的集合信息，这些信息帮助你制定有效、重要并经常是战略性的业务决策。

- **分析学**：一门基于事实来制定决策的科学。作为一个新兴领域，分析学给学习、研究和职业机会等方面带来了很多机遇。它聚焦于综合利用技术工具和统计方法来实现实时、高质量、基于事实的商务智能，从而支持决策的制定。

因此，商务智能是分析学整体框架中的一种资源或组件。

分析学是并仍将是商业领域的焦点。根据《商业周刊》研究服务部门 2009 年 4 月的调查，83% 的 C 级别管理人员（一般指战略层面的高层管理人员）认为利用信息来运营企业从未像现在这样重要。[3] 此外，高德纳集团的研究认为，在过去的 3 年里，商务智能是商业领域中优先级最高的技术。[4]

当然，创建商务智能需要数据和信息（请不要忘记两者的区别，但本章统一用"信息"来指代两者）。商务智能不会奇迹般地突然出现。首先需要收集和组织所有的数据与信息。然后，需要使用合适的信息技术工具来定义和分析信息中的各种不同关系。简单来说，知识工作者使用 IT 工具从信息中生成商务智能。这也正是分析学的内容。技术自身并不能主动完成这项工作。但是，包括数据库、数据库管理系统、数据仓库和数据挖掘工具在内的各种技术能够帮助人们创建和使用商务智能。

当开始使用这些 IT 工具（我们将在本章对这些工具进行详细介绍）时，人们将完成两类信息处理任务：联机事务处理和联机分析处理。联机事务处理（OLTP）负责对输入信息的收集和处理，以及利用输入信息来更新已有的信息。数据库和数据库管理系统是直接支持 OLTP 的技术工具。支持 OLTP 的数据库往往称为业务数据库。这些业务数据库中存储了大量有价值的信息，而这些信息就是商务智能的基础。

如图 3-1 所示，通过查询业务数据库可以获得商务智能的基本形式，比如上个月有多少件产品的销量超过 10 000 美元，上个月在广播广告上投入了多少资金。尽管这些查询的结果可能会有帮助，但你也需要综合产品和广告信息（以及包括客户个人信息在内的其他类型的信息）来完成联机分析处理。

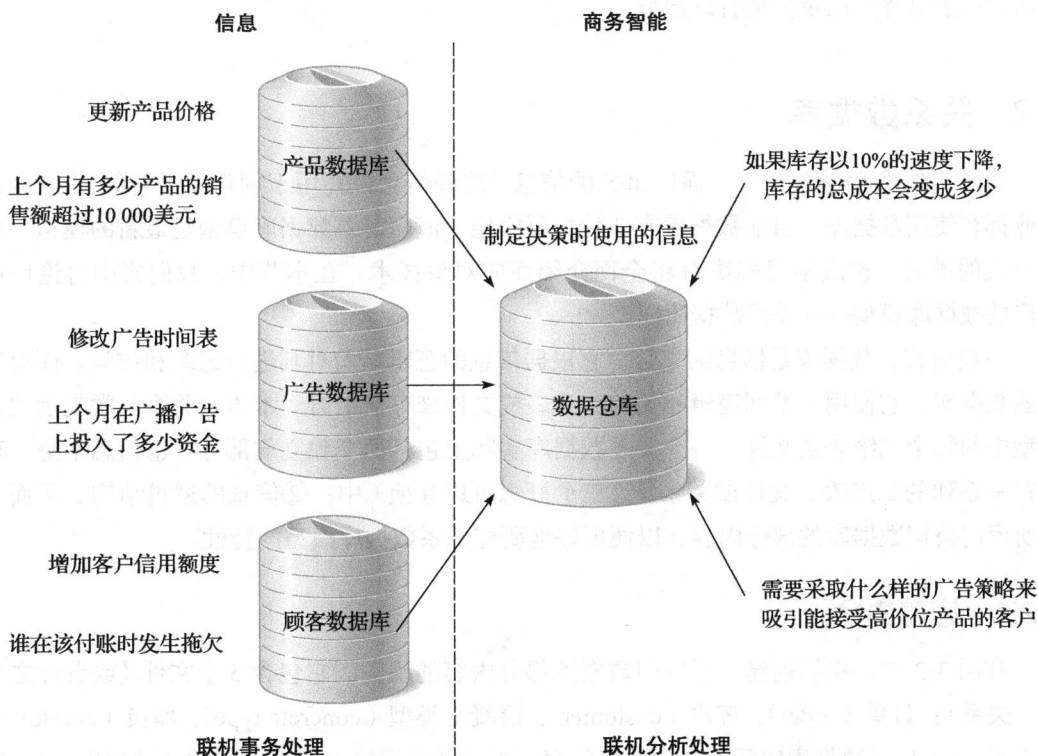

图 3-1　创建商务智能

联机分析处理（OLAP）是对信息进行处理以支持决策制定。对于澳大利亚的 P&C 公司而言，基于数据仓库的 OLAP 是一种必备工具。P&C 创建了数据仓库以支持其客户关系管理活动、交叉销售策略和市场营销活动。通过创建包含客户信息（包括人口调查数据和生活方式等）、保险和金融产品数据、营销活动信息的数据仓库，P&C 代理商能够查看某个特定客户所购买的全部产品，并更好地确定交叉销售机会，以及哪些市场营销活动是客户更乐于接受的。[5]

事实上，数据仓库是一种特殊的数据库，它包含从业务数据库中提取的、用于支持决策制定任务的各种信息。当创建数据仓库并使用数据挖掘工具来处理数据仓库中的信息时，你正在主动参与分析。如图 3-1 所示，与单个数据库相比，基于数据仓库创建的商务智能能执行更多、更深层次的查询。例如，针对"需要采取什么样的广告策略来吸引能接受高价位产品的客户"这样的查询就需要从多个数据库获得信息。与数据库相比，数据仓库能够更好地支持商务智能的创建。

本章首先讨论数据库和数据库管理系统，我们将考察所罗门（Solomon）公司如何利用它们来支持客户关系管理和订单处理。所罗门公司专门为大芝加哥地区的商业建筑商和家庭用户提供混凝土。所罗门公司记录了有关混凝土类型、客户、原材料、原材料供应商、卡车以及雇员的详细信息。它利用数据库组织与管理所有这些信息。在讨论所罗门公司和它的数据库时，我们侧重于客户关系管理和订单处理。在扩展学习模块 C 中，我们将论述如何设计所罗门数据库中的供应链管理部分。

3.2 关系数据库

为了组织和存储基本的、面向事务的信息（这些信息最终用于创建商务智能），当今的企业都在使用数据库。目前数据库有四种主要模型。面向对象数据库模型是最新的模型，并有巨大的潜力，扩展学习模块 G 将全面介绍面向对象技术。在本节中，我们集中讨论应用最广的数据库模型——关系数据库模型。

一般而言，数据库是信息的集合，它根据信息的逻辑结构对其进行组织和访问。而对于关系数据库，它使用一系列逻辑相关的二维表或文件来存储信息。术语"关系"常表示关系模型中的每个二维表或文件。一个关系数据库实际上包括两个独立的部分：①信息本身，存储在一系列的二维表、文件或关系（这三个概念可以互换）中；②信息的逻辑结构。下面来看所罗门公司数据库的部分内容，以便更好地研究关系数据库模型的特性。

3.2.1 信息集合

在图 3-2 中，我们创建了所罗门数据库部分内容的视图。它包含 5 个文件（或者称之为表、关系）：订单（order）、客户（customer）、混凝土类型（concrete type）、雇员（employee）和卡车（truck）（数据库实际上包含更多的表，扩展学习模块 C 将开发完整的数据库表）。这些表因为多种原因而关联在一起，比如客户生成订单，雇员开卡车送货，每笔订单有一个混凝土类型等。你需要利用这些表来管理客户关系和处理订单。

在每个文件中能够查看特定的数据项（或者称之为属性、字段）。例如，订单文件包含订单号（order number）、订单日期（order date）、客户号（customer number）、送货地址（delivery address）、混凝土类型（concrete type）、数量（amount，以立方码⊖为单位）、卡车号（truck number）、司机编号（driver ID）。在客户文件中，可以看到的信息包括客户号（customer number）、客户名称（customer name）、客户电话（customer phone）、客户主要联系人（customer primary contact）。这些都是所罗门数据库应该包含的重要信息。此外，所罗门也需要这些信息（或者更多信息）来更有效地处理订单和管理客户关系。

⊖ 1 立方码 = 0.764 6 立方米。——译者注

订单文件

订单号	订单日期	客户号	送货地址	混凝土类型	数量	卡车号	司机编号
100000	9/1/2004	1234	55 Smith Lane	1	8	111	123456789
100001	9/1/2004	3456	2122 E. Biscayne	1	3	222	785934444
100002	9/2/2004	1234	55 Smith Lane	5	6	222	435296657
100003	9/3/2004	4567	1333 Burr Ridge	2	4	333	435296657
100004	9/4/2004	4567	1333 Burr Ridge	2	8	222	785934444
100005	9/4/2004	5678	1222 Westminster	1	4	222	785934444
100006	9/5/2004	1234	222 East Hampton	1	4	111	123456789
100007	9/6/2004	2345	9 W. Palm Beach	2	5	333	785934444
100008	9/6/2004	6789	4532 Lane Circle	1	8	222	785934444
100009	9/7/2004	1234	987 Furlong	3	8	111	123456789
100010	9/9/2004	6789	4532 Lance Circle	2	7	222	435296657
100011	9/9/2004	4567	3500 Tomahawk	5	6	222	785934444

客户文件

客户号	客户名称	客户电话	客户主要联系人
1234	Smelding Homes	3333333333	Bill Johnson
2345	Home Builders Superior	3334444444	Marcus Connolly
3456	Mark Akey	3335555555	Mark Akey
4567	Triple A Homes	3336666666	Janielle Smith
5678	Sheryl Williamson	3337777777	Sheryl Williamson
6789	Home Makers	3338888888	John Yu

混凝土类型文件

混凝土类型	类型描述
1	私人住宅地基和通道
2	商业建筑物地基和底层建筑
3	优质斑点（与砂石一起使用）
4	优质大理石（与大理石一起使用）
5	优质贝壳（与贝壳一起使用）

雇员文件

雇员号	雇员姓	雇员名	雇用日期
123456789	Johnson	Emilio	2/1/1985
435296657	Evaraz	Antonio	3/3/1992
785934444	Robertson	John	6/1/1999
984568756	Smithson	Allison	4/1/1997

卡车文件

卡车号	卡车类型	购买日期
111	Ford	6/17/1999
222	Ford	12/24/2001
333	Chevy	1/1/2002

图 3-2　所罗门公司有关客户关系管理和订单处理的数据库的部分内容

3.2.2　创建逻辑结构

利用关系数据模型，我们根据信息的逻辑结构而非物理位置来组织和访问信息。因此，我们不用关心"埃里森·史密森"（Allison Smithson）出现在雇员文件的哪一行。只要知道她的雇员号（Employee ID）是"984568756"，或者她的姓名是"埃里森·史密森"（Allison Smithson）就可以了。在关系数据库模型中，**数据字典**（data dictionary）包含了信息的逻辑结构。建立数据库时，首先要建立数据字典。数据字典中包含关于数据的重要信息（或逻辑属性）。例如，数据字典要求客户文件中的客户联系电话为10位数字，而要求雇员文件中的雇用日期包括年、月、日。

这是一种完全有别于其他方式的信息组织方法。例如，在大多数电子表格软件中，如果想访问某一单元格中的信息，就必须知道该信息的物理存放位置，即行号与列号。然而，在关系数据库中，只要知道信息所在列的字段名称（如数量）及其逻辑行的位置，而不必关心信息所在的物理行。因此，在所罗门公司的数据库中，很容易修改某个订单的订货数量，而无须知道这一信息的物理存放位置。

在使用电子表格软件时，你可以直接输入信息，建立列标题，设置格式。但这不是数据库的工作方式。在数据库中，必须通过建立数据字典来清晰地定义每个字段的特征。因此，在向数据库中添加信息之前，必须认真设计数据库的结构。

3.2.3　信息内部的逻辑联系

在关系数据库中，为了描述多个文件如何联系在一起，必须建立信息之间的联系。在建立这些相关文件之间的联系之前，首先要确定每个文件的主关键字。**主关键字**（primary key，或简称为主键）是文件中的一个字段（有时也可能是一组字段），它能唯一地标识每条记录。在上面的所罗门数据库中，订单号就是订单文件的主关键字，客户号是客户文件的主关键字。这就意味着，订单文件中的每笔订单都必须拥有唯一的订单号，客户文件中的每位客户也必须拥有唯一的客户号。

当指定某个字段为文件的主关键字时，该字段不能取空值。也就是说，向雇员文件中输入一个新的雇员信息时，不允许雇员号字段为空。否则，两个雇员可能会同时拥有同样的主关键字（空值），这在数据库环境中是不允许的。

这一点有别于一般的电子表格软件。使用电子表格时，几乎不可能确保在给定的列中每个字段值都是唯一的。这里强调的是，电子表格根据物理位置处理信息，而数据库则是根据信息的逻辑位置进行处理。

观察图3-2可以看出，客户号（customer number）字段同时出现在客户文件和订单文件中。这样，通过该共有的字段就能够建立两个文件之间的逻辑联系，这是外部关键字的一个例子。当一个文件的主关键字出现在另一个文件时称为**外部关键字**（foreign key，简称为外键）。图3-3给出了5个文件之间的逻辑联系。例如，卡车文件中的卡车号是该文件的主关键字，它同时还出现在订单文件中，它使所罗门公司能够追踪到订单都是由哪些卡车运送的。因此，卡车号字段是卡车文件的主关键字，同时也是订单文件的外部关键字。在图3-3

中还有很多类似的例子。

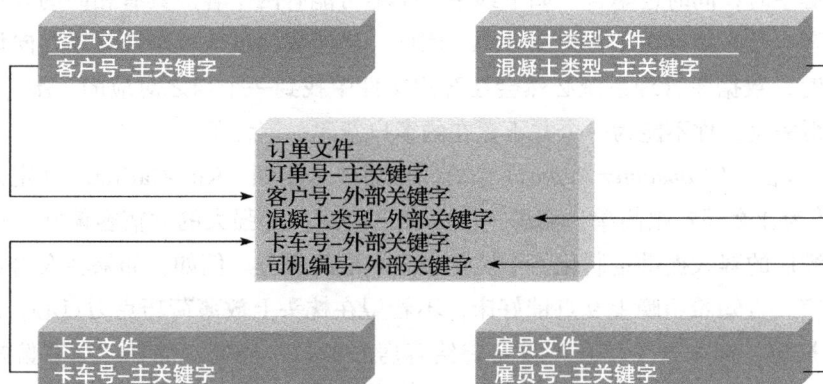

图 3-3 利用主键和外键建立逻辑联系

外部关键字在关系数据库模型中是必不可少的。没有外部关键字就不可能在不同文件之间建立逻辑联系。正如读者想到的，我们正是利用这些关系建立商务智能的，因为它们使我们能够追踪各种信息之间的逻辑联系。

| 全球视角 | 分析学的价值？更有效的供应链管理和客户关系管理

商业世界越来越清楚地知道需要基于大量数据、信息、商务智能（不管你怎么称呼它们）来进行决策。竞争如此激烈和残酷，竞争者之间的差异如此之小使得企业无法承担因为基于不良数据的决策所带来的后果。

安利（中国）是一个很好的例子，它们利用数据分析所得到的结果说明了分析学是多么的重要。安利（中国）通过广州的 229 家商店、29 个家庭递送中心、22 个仓库和一个大型物流中心运送 1 000 多种商品。

- 需求预测：分析系统利用时间序列模型分析过去三年的 700 万订单数据。系统还能够考虑产品需求的地区性差异。

- 补给频率：利用与多种交通模式相关的数据，比如车辆类型、运输成本、容量、速度、预计的维护和停机时间，系统能够精确安排何时将何种产品从一个地点运输到另一个地点，从而满足最低库存水平。

- 基本报表：系统的报表功能能够为每个员工生成合适的个性化分析报表，包括每日库存管理、采购建议分析、库存缺货报警、运输空载费用。

安利（中国）的分析系统有什么直接收益吗？首先，它显著减少了与库存相关的成本，要知道，这是所有供应链管理的主要目标。其次，客户满意度提高到 97%。[6]

3.2.4 内在的完整性约束

在定义关系数据库信息的逻辑结构的同时，还要定义完整性约束（integrity constraint），这些约束有利于保证信息的质量。例如，当定义客户号字段是客户文件的主关键字和订单文件的外部关键字时，同时也隐含了如下约束：①不可能有两个客户具有相同的客户号；②订单文件中的客户号必然存在于客户文件中。因此，当所罗门创建一个新订单并向订单文件中输入客户号时，数据库管理系统必然会在客户文件中找到一个与之对应的、唯一的客户号。这使事情变得完美，你不能为一个并不存在的客户新建一笔订单。

《消费者报告》（*Consumer Report*）杂志将丽思·卡尔顿（Ritz-Carlton）评定为豪华酒店的第一名。[7] 为什么呢？很简单，丽思·卡尔顿已经建立起强大的"宿客偏好"数据库，以便为该集团酒店的客人提供定制化、个性化和高水准的服务。例如，如果客人给丽思·卡尔顿的前台留言，告知希望晚上9点铺好床，不希望在枕头上放薄荷巧克力点心，准备早上7点参加健身操班，那么这个信息不仅会转给客房服务员，还要存储在"宿客偏好"数据库中。该数据库系统为每位客人分配一个唯一的顾客号，用以保存该顾客的各种偏好，并把这些个人信息传送到丽思·卡尔顿集团下属的各个酒店。下次客人再次入住丽思·卡尔顿的酒店时，例如Palm Beach酒店，客人的个人信息已经存在，工作人员立即就可以知道客人的习惯是什么。

对于丽思·卡尔顿集团的管理来说，培养顾客忠诚度首先是从了解每位顾客开始（这是客户关系管理的概念）的，这包括顾客的运动习惯，顾客在客房餐吧的主要消费品，一天习惯使用几条毛巾，是否喜欢在枕头上放巧克力。丽思·卡尔顿集团利用关系数据库来存储和管理这些信息，它们的员工则运用它来满足顾客的各种需要（或幻想）。

3.3 数据库管理系统工具

人们用字处理软件可以创建并编辑文档，用电子表格软件可以创建并编辑工作簿，数据库环境也与之类似。一个数据库相当于一个文档或一个工作簿，因为它们都包含信息。字处理软件和电子表格软件是处理文档与工作簿的软件工具，而数据库管理系统软件是处理数据库的工具。**数据库管理系统**（database management system，DBMS）可以帮助你定义数据库的逻辑组织结构，并对数据库中的信息进行访问和使用。DBMS有五个重要的组成部分（见图3-4）：

- DBMS引擎
- 数据定义子系统
- 数据操作子系统
- 应用程序生成子系统
- 数据管理子系统

DBMS引擎可以说是DBMS中最重要的部分，然而人们很少意识到这一点。**DBMS引擎**（DBMS engine）接收来自其他各个DBMS子系统的逻辑查询请求，将逻辑查询请求转换成其对应的物理形式，并访问存储设备上的数据库和数据字典。在此强调，区分数据库环境中的逻辑视图和物理视图是十分重要的。信息的**物理视图**（physical view）解决的是信息在硬盘之类的存储设备上怎样进行物理组织、存储和读取，而信息的**逻辑视图**（logical view）则是关注知识工作者要如何组织和访问信息，以满足其特定的业务需求。

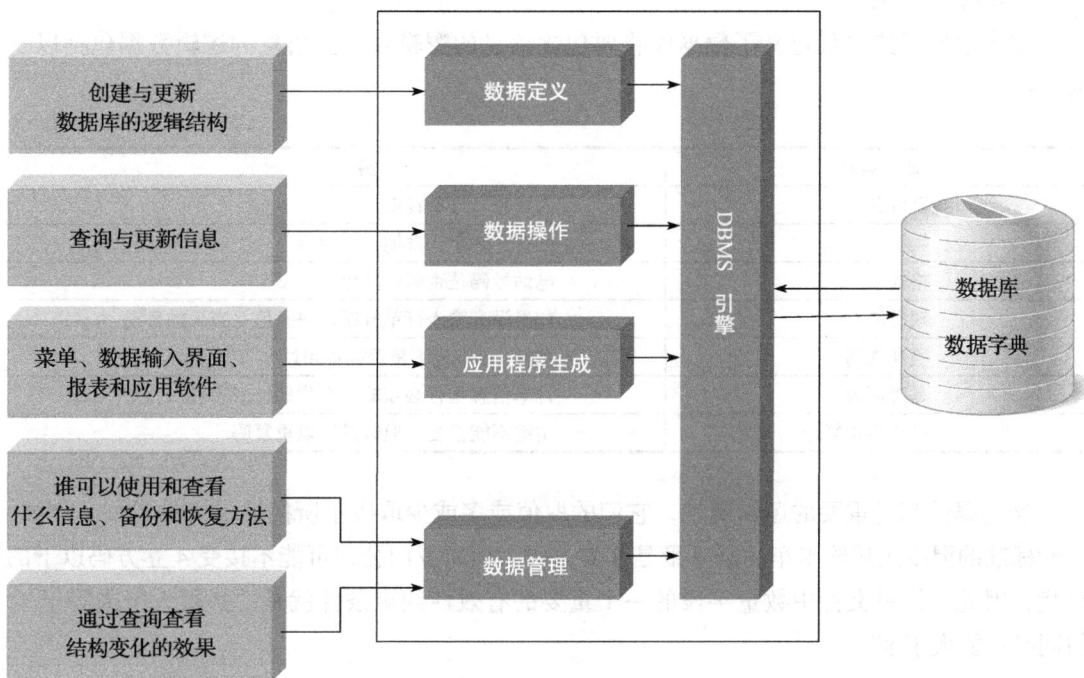

图 3-4 数据库管理系统的软件子系统

数据库和 DBMS 将信息的物理视图与逻辑视图相分离，具有两大优越性。首先，DBMS 引擎负责所有的物理操作。因此，数据库用户的精力可以只集中在信息的逻辑需求上。其次，虽然数据库中的信息仅有一种物理视图，但众多的知识工作者有不同的信息逻辑视图。这是因为根据业务任务的不同，不同的知识工作者会以不同的逻辑视图来处理数据库中的信息。DBMS 引擎能够处理任何一种形式的信息逻辑视图，并将其转换成与之对应的物理视图。

3.3.1 数据定义子系统

DBMS 的**数据定义子系统**（data definition subsystem）帮助人们在数据库中建立并维护数据字典，以及定义数据库中的文件结构。

创建数据库时，首先要利用数据定义子系统建立数据字典并定义文件的结构。这一点与类似电子表格的一些软件有很大的区别。运用电子表格软件创建工作簿时，一开始就可以填入信息，定义公式和函数，但在数据库中不能这样做。在数据库环境中，开始输入信息之前必须要先定义数据的逻辑结构，输入信息相对而言是比较轻松的事情，而定义数据的逻辑结构则比较麻烦。在扩展学习模块 C 中，我们将介绍所罗门公司数据库中供应链管理部分的数据逻辑结构定义过程。我们建议读者阅读这部分内容，从而知道如何定义数据库的正确结构，这也是潜在的职业机会。

当我们发现某一文件需要补充新的信息时，就必须运用数据定义子系统在数据字典中添加新字段。同样，如果我们想在一个文件中删除所有记录的某个字段，也必须用数据定义子系统完成这件事情。

创建数据字典也就定义了数据库将要包含信息的逻辑属性。信息的逻辑数据包括以下内容：

逻辑属性	例　子
字段名	用户号、订单日期
类型	字符、数字、日期、时间等
格式	电话号码是否需要区号
缺省值	如果没有输入订单日期，缺省值是当天的日期
验证规则	数量（amount）是否能够超过 8
是否可为空	订单信息是否必须输入交货地址或者可以为空
是否能重复	主键不能重复，但数量可以重复吗

这些属性都是重要的逻辑属性，它们的取值或多或少取决于所描述信息的类型。例如，一辆标准的混凝土运输卡车的载重量是 8 立方码。而所罗门公司可能不接受 4 立方码以下的订货，因此，订单文件中数量字段的一个重要的有效性约束条件就是"必须大于或等于 4，但同时不能大于 8"。

3.3.2　数据操作子系统

DBMS 中的**数据操作子系统**（data manipulation subsystem）帮助用户对数据库中的信息进行增加、修改、删除和查询。数据操作子系统中的软件工具通常是数据库用户与数据库信息之间最主要的交互界面。因此，当 DBMS 引擎从物理视图层面处理用户的逻辑信息请求时，允许用户指定逻辑信息请求的就是 DBMS 的数据操作工具。DBMS 引擎根据这些逻辑信息请求从物理视图中访问用户需要的信息。

在大多数 DBMS 中，用户都将发现它们包含各种各样的数据操作工具，包括视图、报表生成器、实例查询工具以及结构化查询语言。

1. 视图

视图（view）允许用户查看数据库文件的内容，对其进行必要的修改，完成简单的分类，并通过查询获得具体信息的位置。实质上，视图采用类似于电子表格工作簿的方式来处理每个文件。图 3-5 中给出了运用 Microsoft Access 工具显示所罗门数据库中订单文件的视图。在这里，用户可以单击任意一个字段并修改它的内容，用户还可以选择一条完整的记录，并单击"剪切"图标来删除记录。如果用户想增加一条记录，只需单击第一条空白记录的订单号字段，然后输入内容即可。用户还可执行多种操作，如排序、查找、拼写检查、隐藏列等。

使用这些按钮排序　　　　　　　　　　　　　　　　　　使用"查找"(双简望远镜
图标) 功能查找信息

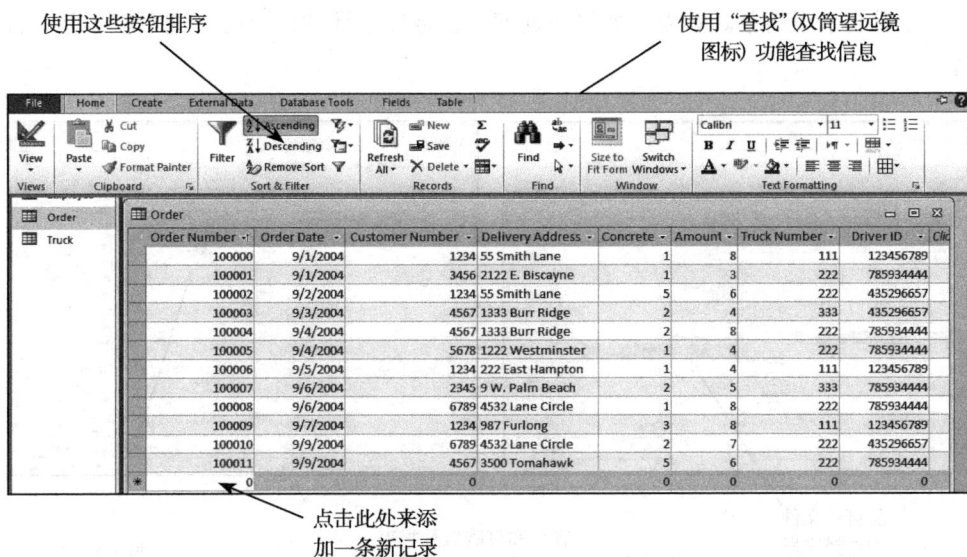

点击此处来添
加一条新记录

图 3-5　Microsoft Access 的视图窗口

2. 报表生成器

报表生成器（report generator）能帮助人们快速地定义报表的格式，确定报表中想要查阅的信息。定义报表后，用户能直接在屏幕上查看报表或把报表打印出来。图 3-6 显示了 Microsoft Access 软件的两个界面。第一个界面允许用户选定在报表中将要出现的字段，界面中显示已经选定了订单文件中的客户号、订单号、订单日期和数量字段。第二个界面允许用户从事先设计好的报表格式中选定所需的报表格式。通过一系列简单易用的界面（包含图 3-6 中的两个界面），用户最终可以指定报表按客户号排序，报表名称为"客户和订购数量报告"。图 3-6 也包含了完整的报表。要注意的是，报表中只显示了我们需要的字段，各行按客户号排序，报表的标题是"客户和订购数量报告"。

报表生成器的一个优点是用户能存储常用的报表格式。例如，如果经常要使用图 3-6 中的报表，只需指定一个唯一的报表名称来保存它就可以了。报表保存后，当需要创建该报表时，DBMS 将根据数据库的最新信息来生成该报表。你还可以从各种各样的报表格式中选择合适的样式（为了便于解释，我们选择了一个比较简单的报表格式）。你也可以选择报表格式来生成小计和合计，包括计数、求和、求平均值等。

3. 实例查询工具

实例查询工具（query-by-example，QBE）能帮助用户以图表的方式设计问题的答案。例如，在所罗门数据库中，来自 Triple A Homes（客户号为 4567）的珍妮勒·史密斯（Janielle Smith）订购了混凝土，她记不住卡车司机的名字了，但是她想让那个经常给 Triple A Homes 送混凝土的司机给她送货。那么，所罗门就要从客户关系管理的视角出发，检查全部的订单并确定经常给 Triple A Homes 送混凝土的司机。如果所罗门的数据库中只有少量的订单，那么这个问题看起来很简单。然而，如果数据库涉及数以千计的订单时，这可就不是一件轻松的事情了。

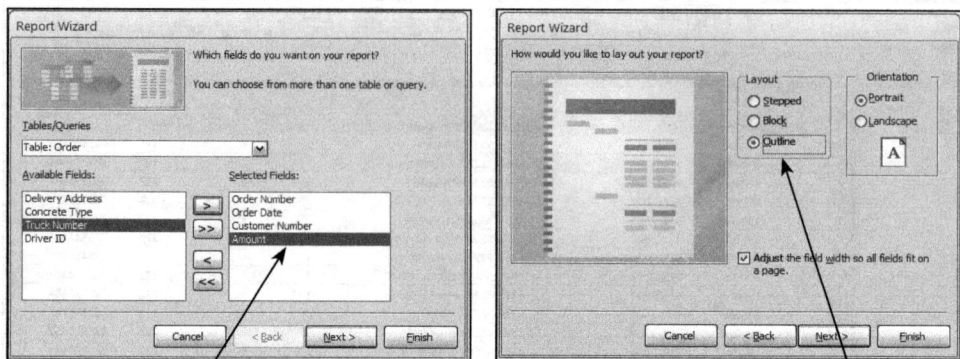

从订单文件
中选择字段　　　　　　　　客户和订购数量报表　　　　　　　　报表格式

客户号	订单号	订单日期	数量
1234	100000	9/1/2004	8
1234	100002	9/2/2004	6
1234	100006	9/5/2004	4
1234	100009	9/7/2004	8
1234	100015	9/12/2004	8
2345	100007	9/6/2004	5
2345	100012	9/9/2004	8
3456	100001	9/1/2004	3
4567	100003	9/3/2004	4
4567	100004	9/4/2004	8
4567	100011	9/9/2004	6
4567	100013	9/10/2004	4
5678	100005	9/4/2004	4
6789	100008	9/6/2004	8
6789	100010	9/9/2004	7
6789	100014	9/10/2004	6

图 3-6　使用报表生成器

　　幸运的是，像 QBE 这样的工具能帮助我们快速解决这类问题或完成类似的查询任务。在图 3-7 中，我们可以看到一个 QBE 界面，它以格式化方式回答了问题。在使用 QBE 时，①首先要找出包含该信息的文件；②然后从找出的文件中将所需字段拖曳到 QBE 网格中；③指定选择标准。

　　为了找出那些曾经给 Triple A Homes 运送混凝土的司机的姓名，首先要确定两个文件：订单文件和雇员文件。然后，将订单文件中的客户号字段、雇员文件中的雇员姓和雇员名字段拖到 QBE 网格里。最后，在条件（criteria）框内定义仅需要查询客户号为 4567（4567 是客户 Triple A Homes 的编号）的订单。Access 的查询结果如图 3-7 所示。

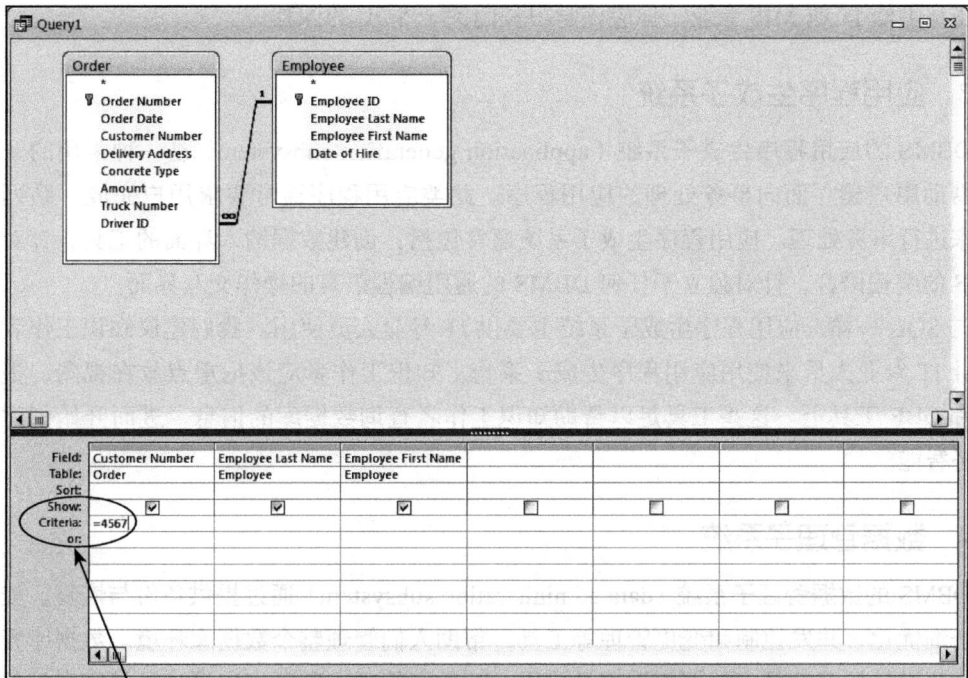

图 3-7　利用实例查询工具查询信息

QBE 依赖于数据库中的逻辑关系来实现查询操作。例如，订单 100004 的客户号是 4567（Triple A Homes），这样 QBE 就从订单文件中获得与之对应的司机编号，并在雇员文件中寻找与之相匹配的雇员信息。当找到匹配信息时，QBE 就会收集这些记录的雇员姓和雇员名，例如约翰·罗伯逊（John Robertson）。如果没有预先定义正确的逻辑关系，就不可能实现 QBE 查询功能。

4. 结构化查询语言

结构化查询语言（structured query language，SQL）是大多数数据库环境下使用的标准的第四代查询语言。SQL 与 QBE 具有相同的作用，但 SQL 通过输入语句实现查询功能，而不是依靠鼠标的移动、单击和双击实现的。一个 SQL 语句的基本形式是：

SELECT…FROM…WHERE…

在"SELECT"之后要列出待查询信息的字段名称，"FROM"之后要指明使用哪些逻辑关系（文件），"WHERE"后面要说明查询条件。详细介绍 SQL 语句语法规则的内容不在本书讨论的范围之内，稍加介绍几乎就需要 100 页的篇幅，但读者应该知道 SQL 的存在。

如果正在主修 IT 或 MIS 专业，你应该学习一门关于 SQL 的课程。

3.3.3 应用程序生成子系统

DBMS 的**应用程序生成子系统**（application generation subsystem）是一种常用的开发工具，帮助用户建立面向事务处理的应用程序。此类应用程序通常要求用户完成一系列具体任务来进行事务处理。应用程序生成子系统通常包括：创建数据输入界面的工具，针对特定 DBMS 的编程语言，针对独立于任何 DBMS 的通用编程语言的操作交互界面。

与 SQL 一样，应用程序生成子系统主要供 IT 专业人员使用。我们建议知识工作者尽可能地让 IT 专业人员来使用应用程序生成子系统。知识工作者应该把重点放在视图、报表生成器和 QBE 工具上。这些工具足以帮助知识工作者查询数据库的信息，进而开始创建并使用商务智能。

3.3.4 数据管理子系统

DBMS 的**数据管理子系统**（data administration subsystem）通过提供备份与恢复、安全管理、查询优化、并发控制和变更管理等工具，帮助人们管理整个数据库环境。数据库管理子系统主要供数据管理员或数据库管理员使用，而数据管理员和数据库管理员的职责是保证数据库（与数据仓库）能够满足企业的全部信息需求。

- 备份与恢复功能：为用户提供如下功能：①定期备份数据库信息；②在出现故障时，恢复数据库和其中的信息。备份（backup）就是复制计算机中储存的信息。恢复（recovery）是在信息丢失时，重新安装备份信息的过程。在第 7 章中，我们还将讨论针对可能发生的某些故障，如何制定应对方案和策略，我们称之为业务可持续计划或灾难恢复计划。

- 安全管理功能：安全管理功能允许我们控制哪些人有权访问不同的信息，以及这些人有什么样的访问权限。记住 CRUD，即创建（create）、读取（read）、更新（update）、删除（delete）。确定哪些人能够针对不同的数据库信息执行这些操作是至关重要的。

- 查询优化功能：针对用户的查询（以 SQL 语句或 QBE 方式表示）进行重新组织，从而降低查询的响应时间。这些功能往往能够找到你需要信息的"最短路径"。

- 重组功能：持续性地对 DBMS 引擎如何完成信息的物理存取过程进行统计分析，并对信息的物理存储方式进行重组。例如，若用户经常按指定的顺序对某一文件进行访问，重组功能便会在该文件中创建保持这种排序方式的索引，进而通过索引中的预定义顺序来维护该文件。

- 并发控制功能：当多个用户对同一信息进行访问或修改时，并发控制功能可保证数据库修改的有效性。以学校的在线注册系统为例，如果你和另一位同学在同一时间试图注册只剩一个名额的课程，那么谁能注册上这门课程？对那位没有注册上自己所期望课程的人，会发生什么事情呢？

- 变更管理功能：变更管理功能可评估结构修改对数据库的影响。例如，如果打算在数值型的"卡车号"字段增加一个字符的长度，那么就可以使用该功能查看将有多少个文件受到影响。

上述的备份与恢复、安全管理、查询优化、重组功能、并发控制和变更管理等功能，在任何 DBMS 和数据库环境中都是必备的重要工具。作为一个用户和知识工作者，你可能涉及不到这些工具，特别是这些工具的配置与维护。但它们的配置和维护方式将影响到用户所能做的事情，因此，知道它们的存在、理解它们的主要作用是非常重要的。

|行业视角|　　　　通过让用户参与 App 开发，促进城市旅游发展

许多城市通过使用社交媒体来推动城市经济增长，并为度假者提供更多的方便。纽约市就是这样一个例子。它最近对 App 开发社区开放了 350 个公共数据集，并举办了一个竞赛来评选最有用的 App。

这个竞赛有两个目的。第一是让公众更容易访问纽约市政府管理部门的各种数据，包括犯罪报告、建设投诉、交通统计和公共健康等。这些数据一直对公众开放，但是要真正获得这些数据还很不方便。在大多数情况下，如果你需要某种数据，你需要到市政厅填写相关的申请表格，交付一定的费用，然后在几周后才能收到邮递过来的数据报告。而这些新开发的 App 却使你可以通过智能手机访问这些数据。

第二是把纽约变得更加充满生机，成为旅客更愿意参观的地方。这一点看起来会有些难以理解，但请看看参加竞赛的一些 App：

Sportaneous：在你的周围寻找非正式的赛事活动，如棒球比赛。

DontEat.at：当你准备去一家因为卫生问题可能被关闭的餐厅时，这个 App 会给你发送一条短消息。

Roadify：这个 App 能够给人们发送一些关于驾驶、公交车和地铁状况的提示信息。

这些应用对纽约的游客和居民都有帮助。

组织竞赛的成本如何？实际上并不是太多。获奖的 App 得到了 1 万美元的奖金，但总共有 50 个参与者，所有纽约市政府购买每个 App 平均只花了 200 美元。[8]

3.4　数据仓库和数据挖掘

假设 Victoria's Secret 公司的管理者想了解上个月皮鞋销售的总收入，则只需一个简单的查询操作即可，通过使用 SQL 或 QBE 工具便能轻而易举地实现。但如果想要进一步了解"针对实际销售额与计划销售额，与过去 5 年的同期销售状况进行比较，该公司上个月在东南和西南地区销售的黑色 8 号皮鞋的情况如何"的话，即使采用先进的技术，这项任务看起来几乎也是不可能的。若真要为此建立一个 QBE 查询的话，公司的业务数据库非得瘫掉不可。

这个例子告诉我们之所以那么多企业都选择构建数据仓库的两个主要原因。首先，虽然业务数据库可能包含需要的信息，但这些信息并没有以有助于创建商务智能，或运用各种数据操

作工具进行处理的方式进行组织。其次，业务数据库很可能正在进行每秒数百次的事务处理请求，若要建立该类查询，在单击"开始"按钮完成此类查询时，数据库会遇到严重的性能问题。

为了创建商务智能，支持如此有趣的、必要而复杂的查询，许多企业都在建立数据仓库，同时提供数据挖掘工具。简单地说，数据仓库是创建商务智能过程中，继数据库之后的下一个步骤。同时，数据挖掘工具是人们用于挖掘数据仓库和推断商务智能的工具，而商务智能是制定决策、解决问题、发现机会从而创造竞争优势所必需的。

3.4.1 什么是数据仓库

数据仓库（data warehouse）是信息的逻辑集合，这些信息来自许多不同的业务数据库，并用于创建商务智能，以便支持企业的分析活动和决策任务。这表面上听起来很简单，但数据仓库代表了一种截然不同的组织和管理信息的思维方法。后面章节将详细介绍数据仓库的关键特征。

数据仓库具有多维性。在关系数据库模型中，信息是用一系列二维文件或表来表示的。而数据仓库不是这样，大多数数据仓库具有多维性，即它们包含若干层的行和列。正因为如此，大多数数据仓库实际上是一个多维数据库。数据仓库中的层根据不同的维度来表达信息，这种信息的多维度表达方式被称为超立方体结构。

在图 3-8 中，我们可以看到一个表达产品信息的超立方体结构，它用产品种类和区域（行和列）、年份（第一层）、客户群（第二层）、广告媒体的时机（第三层）来表示产品信息。利用这个超立方体结构，人们很容易地了解到"在广播广告播出之后，产品种类 1 在西南地区的销售额占总销售额的百分之多少？"通过查询得到的这类信息就构成了商务智能。

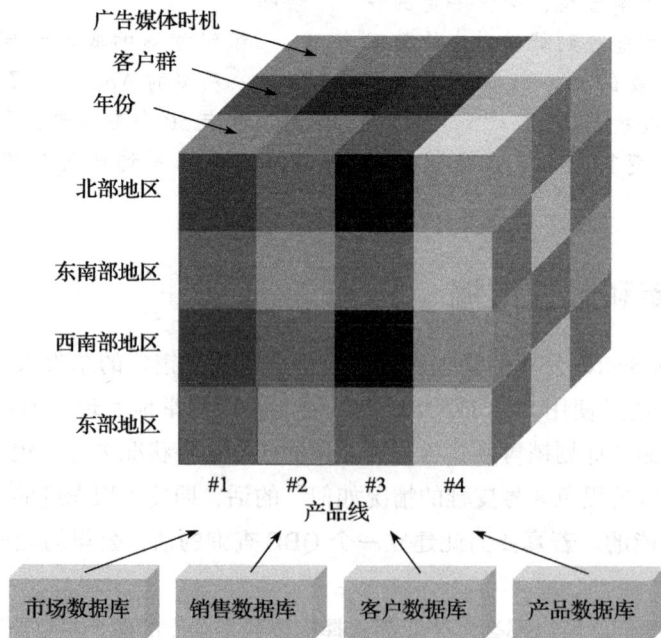

图 3-8 来自多个业务数据库的多维数据仓库

在较大型的超立方体结构中的任一特定部分的子立方体都包含取自各业务数据库的综合信息。例如，最前面一层的顶部左侧的子立方体就包含北部地区、年份、产品种类 1 的相关信息。因此，这些信息可能包括总销售额、平均销售额、销售数量、分销，并对这些信息进行概括。当然，它包含哪些内容取决于人们的需要。

数据仓库支持决策制定而非事务处理。在企业中，大多数数据库是面向业务的。也就是说，大多数数据库都支持联机事务处理（OLTP）。因此我们可以说，这类数据库是业务数据库。而数据仓库不是面向业务的，它们是用来支持企业的各种决策活动的。因此，数据仓库仅支持联机分析处理（OLAP）。

如上所述，数据仓库中的子立方体包含的是综合信息。因此，当数据仓库可能包含不同产品某年份的总销售额时，就不必再包含每个客户每个产品的每笔销售清单了。显而易见，数据仓库是不能用于事务处理的。相反，应该利用业务数据库完成事务处理，然后再利用业务数据库中的信息构建数据仓库的综合信息。

3.4.2　专业分析人员工具集

数据挖掘工具（data-mining tool）是用户对数据仓库进行信息查询的软件工具。数据挖掘工具支持 OLAP 的概念，即通过对信息的处理来支持决策任务。数据挖掘工具包括查询与报表工具、人工智能、多维分析工具、数字仪表盘和统计工具（见图 3-9）。一般而言，数据挖掘工具由数据仓库用户使用，就像数据操作子系统工具由数据库用户使用一样。

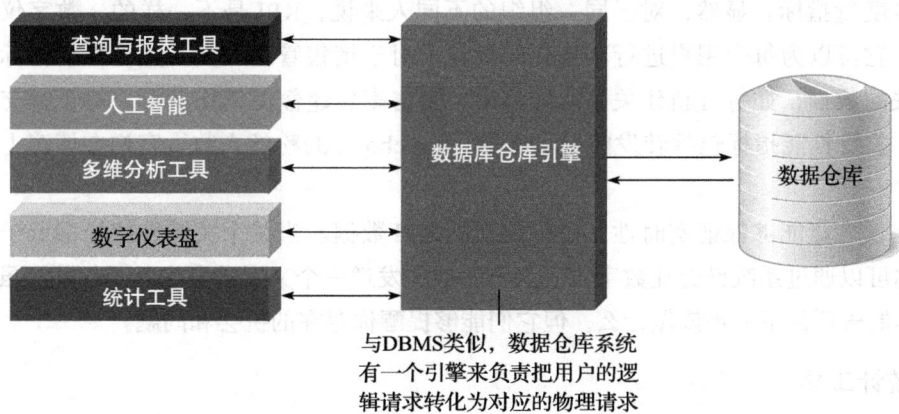

与DBMS类似，数据仓库系统
有一个引擎来负责把用户的逻
辑请求转化为对应的物理请求

图 3-9　专业分析人士工具集

1. 查询与报表工具

查询与报表工具（query-and-reporting tool）与数据库环境中的 QBE 工具、SQL 和报表生成器类似。实际上，大部分数据仓库环境都支持诸如 QBE、SQL 和报表生成器之类的简单易用的数据操作子系统工具。数据仓库用户经常使用这类工具进行简单查询并生成报表。

2. 人工智能

人工智能包括诸如神经网络和模糊逻辑之类的工具，它们形成了"信息发现"的基础，进而创建 OLAP 中的商务智能。例如，华尔街分析师默里·瑞杰罗（Murray Riggiero）利用一种叫作 Data/Logic 的 OLAP 软件（该软件集成了神经网络）来生成股票和债券交易系统的规则，这个系统取得了巨大的成功。[9] 其他 OLAP 软件，如 Data Engine，则集成了模糊逻辑来分析实时的技术过程。

3. 多维分析工具

多维分析工具（multidimensional analysis tool）是一种进行切片 / 切块的技术，它允许人们从不同的角度观察多维信息。例如，若读者完成了第 1 章中推荐的任一小组项目，就用电子表格软件将给定信息分割成了多个不同的层次。在数据仓库的讨论中，我们这个过程比喻为旋转立方体。也就是说，你实际上是通过旋转立方体来从不同的视角观察信息。

这种旋转立方体的方法使用户能快速地从不同的子立方体中掌握信息。如果查阅图 3-8 的数据仓库，你就会发现与顾客群和广告媒介时机有关的信息已经被隐含起来。利用 MDA 工具就可以轻松地展示这些信息供用户浏览。实际上，你所做的就是对立方体进行垂直切割，并将背后一层的信息展示在前面。当你进行这些处理时，信息的价值并不会受到影响。

4. 数字仪表盘

数字仪表盘（digital dashboard）在屏幕上显示来源于多个数据源的关键信息，信息的显示格式可以根据知识工作者的需求进行定制（见图 3-10）。关键信息常被称为**关键性能指标**（key performance indicators，KPI），它们是用于监控业务活动成功情况、最重要和最基本的可度量指标。显然，对于同一组织的不同人来说，KPI 是不一样的。数字仪表盘的优点在于它可以为每个用户进行个性化的设计。对于销售管理人员，关键性能指标包括与销售相关的数据，如每月新建关系、转化率、销售率、超额促销比例等。对于社交媒体管理人员，关键性能指标包括转发的平均次数、Facebook 的粉丝人数、客户在博客上的抱怨次数等。

数字仪表盘能够保证实时性，提供最新的 KPI 数据。当某个关键性能指标低于某一标准时，你可以通过系统设置让数字仪表盘及时给你发送一个文字消息或电子邮件。虽然数字仪表盘不能告诉你下一步该做什么，但它们能够提醒你存在的机会和问题。

5. 统计工具

统计工具帮助人们利用各种数学模型分析存储在数据仓库中的信息，进而挖掘出新的信息。例如，可以通过时间序列分析来预测未来趋势，也可以通过回归分析确定一个变量对另一个变量的影响。

美国的世嘉（Sega）公司是最大的视频游戏出版商之一，它采用数据仓库和统计工具有效地对每年超过 5 000 万美元的广告预算进行规划。[12, 13] 基于数据仓库技术，世嘉的产品专家和营销策略专家深入钻研了每家零售连锁店的趋势。他们的目标就是要发现购买趋势，以便确定哪种广告策略效果最好（以及在一年当中的哪一时间段最好），并决定怎样按照媒介、地区和时间的不同重新分配广告资源。世嘉的确从其数据仓库中获益。其他一些如此做的零售商，像玩具反斗城、沃尔玛和西尔斯公司，都是通过技术实现顾客关系管理的典范。

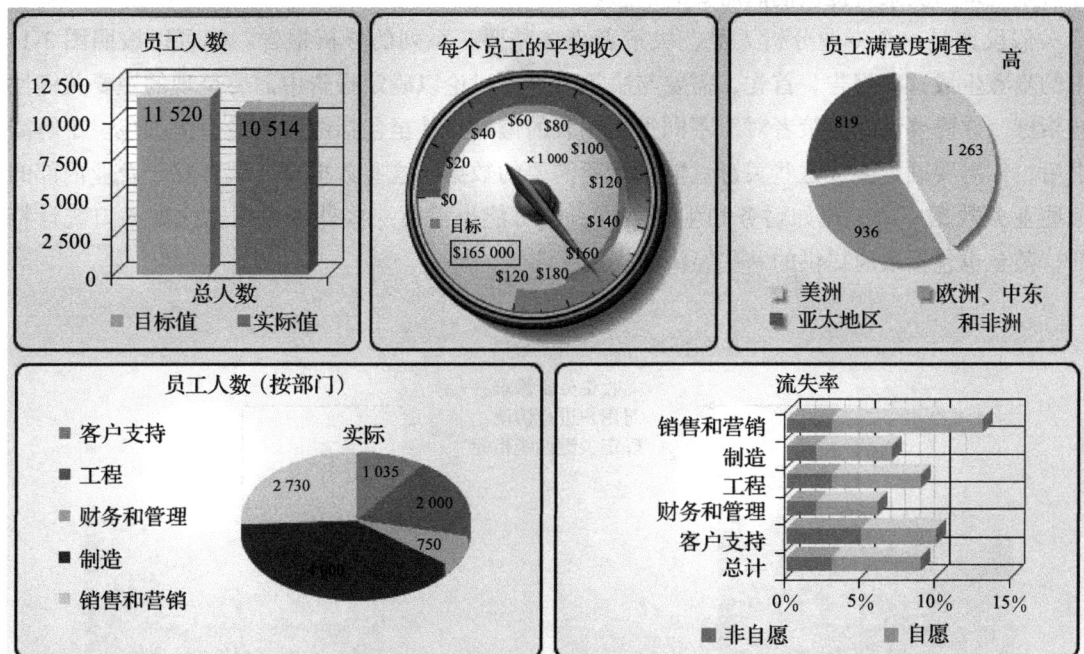

图 3-10 数字仪表盘例子 [11]

| 行业视角 | 加拿大 Laurentian 银行使用 SAS 进行信用评分

数据挖掘有无数的应用，这些应用帮助各类组织做出更好的决策。在金融服务领域，加拿大的 Laurentian 银行使用 SAS（www.sas.com，统计工具的领先供应商）来创建信用评分模型，以便对雪地机动车、全地形车（all-terrain vehicle，ATV）、船、房车（recreational vehicles，RV）、摩托车的购买贷款进行审批。

Laurentian 银行零售风险管理部门的高级经理西尔万·福捷（Sylvain Fortier）介绍

"我们的目标是提高对数据开发和分析工具的使用，这些技术工具是我们在开发内部评分卡时必须使用的。我们希望开发一个柔性系统，它能够帮助我们通过贷款流程来了解我们的客户和业务"。这个系统被称为 SAS 信用评分系统，它基于包括社会经济数据在内的各种信息为每个贷款申请人制定了一个信用风险评分卡，并根据得分确定每个申请者的风险级别。[10]

3.4.3 分析学生命周期

在组织内部形成分析的文化并不是一夜之间突然发生的事情。决策者必须认识到他们需要核心数据来做出正确的决策，但这并不是全部。现在，专业分析人员必须设计和实施一个分析系统来为决策者提供他们需要的信息。

假设你是一个专业分析人员，决策者现在需要一系列的分析报告。你可以按照图 3-11 中的步骤生成这些报告。首先，需要与决策者进行讨论以确定报告中需要呈现的主要关键性能指标。你需要询问决策者对于不同类型图表的偏好，甚至包括图表的最合适颜色。了解需求后，你需要确定生成这些关键性能指标所需要的数据，这些数据可能就存在于企业内部的一些业务数据库中，比如财务和生产数据。你可能也需要一些外部数据，比如人口统计特征，甚至也包括政府提供的一些经济数据。

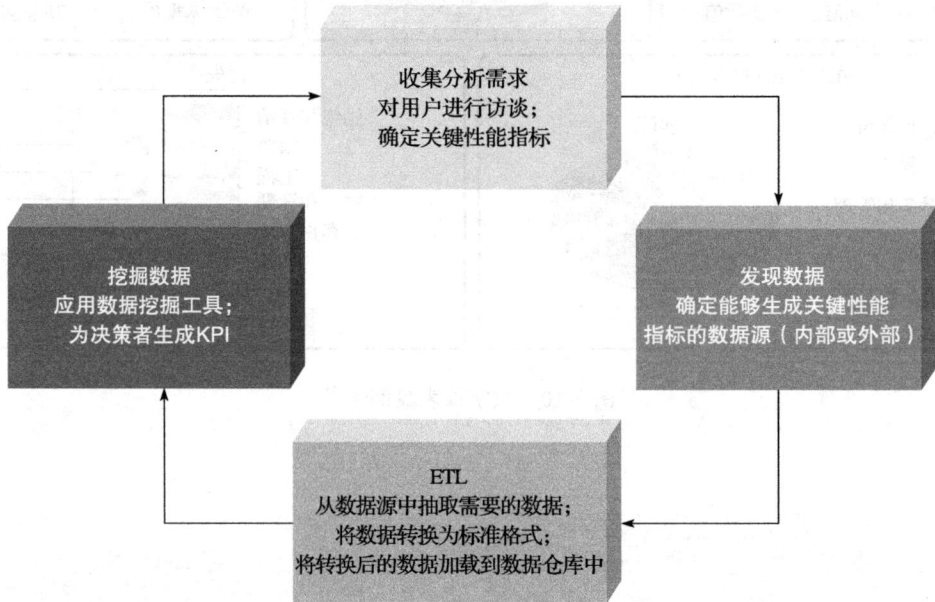

图 3-11 分析学生命周期

其次，执行 ETL 过程。ETL（抽取、转换和加载）包括如下三个步骤：

- 从数据源中抽取需要的数据。
- 将数据转换为标准格式。
- 将转换后的数据加载到数据仓库中。

最后，应用数据挖掘工具来生成分析报告。你需要编写一些软件来生成分析报告，决策者可以在任何时候运行这些软件，并获得包含最新 KPI 数据的报告。

3.4.4 数据集市：小型数据仓库

通常，数据仓库被视为涉及整个组织范围，包括组织记录的所有信息的综合。然而，有些人并不需要数据仓库中的全部信息，而仅需要其中的部分信息。在这种情况下，企业可能就要建立一个或多个数据集市。**数据集市**（data mart）是数据仓库的子集，它仅包括数据仓库的部分信息（见图 3-12）。

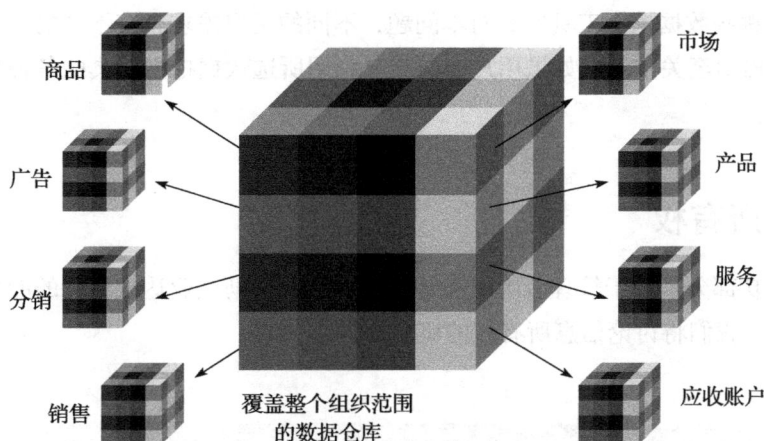

图 3-12 数据集市是数据仓库的子集

Lands' End 公司首先建立了一个涵盖整个组织的数据仓库供全体员工使用。不久它就发现，"好事太多了"。[14] 实际上，许多 Lands' End 公司的员工都不使用数据仓库，因为对他们而言，数据仓库太大、太复杂，而且包括了许多他们根本不需要的信息。于是，Lands' End 公司就建立了几个小型的数据集市。例如，Lands' End 公司为商品部建立了一个数据集市，该数据集市仅包含与商品相关的信息，而不含其他任何信息（比如财务部门的独有信息）。

因为采用较小的、更易于管理的数据集市，Lands' End 公司的知识工作者能够更加充分地发挥信息的作用。如果企业中的部分员工不需要访问涉及整个组织的数据仓库信息，便可以考虑构建一个适合他们特殊需求的小型数据集市。

为企业员工创建了小型数据集市后，仍可以继续使用数据挖掘工具。也就是说，数据集市支持查询和报表工具、人工智能、多维数据分析工具、数字仪表盘和统计工具的使用。培训对提升企业运作效率有重要作用，一旦企业员工接受培训能灵活运用任何一种或所有的数据挖掘工具后，他们就可以将这一技能用于涉及整个组织的数据仓库或小型数据集市之中。

3.4.5 使用数据仓库时需重点考虑的问题

与所有技术相似，不能仅仅因为数据仓库和数据挖掘工具是热门技术而使用它们，也不能期望一旦使用它们就能自动增加组织的效率和效益。永远应该根据业务需求来决定企业应该采用什么样的技术。你必须使用某一技术，同时该技术能够满足你的需要。对于数据仓库和数据挖掘工具，考虑如下问题：

（1）需要数据仓库吗？虽然数据仓库是很棒的工具，但它们并不是适合所有企业的最佳技术，其原因在于：①它们很贵；②可能并不是必需的，因为有些企业很容易从数据库中获得商务智能；③它们的技术支持更为全面和昂贵。

（2）所有员工都需要一个完整的数据仓库吗？如果不是，请考虑创建数据集市。

（3）信息的更新频率如何？创建数据仓库时，需要从数据库获得信息的快照并加载到数据仓库中。如果关键信息的更新非常频繁，可能就不适合创建数据仓库。

（4）需要哪些数据挖掘工具？针对本问题，不同的用户需求会有不同的答案。不管你的选择是什么，培训至关重要。如果用户能够充分利用所选数据挖掘工具的各种功能，整个组织将从中获益。

3.5　信息所有权

企业的成功部分依赖于管理者组织和管理信息从而帮助企业达成目标的能力。在本章的最后一个部分，我们将讨论信息所有权的概念和含义。

|行业视角|　　　Dr Pepper Snapple 集团利用信息分析提高竞争力

在竞争激烈的饮料产业，你难以承担任何一个错误的决策，比如没有以最高效率运营，或者哪怕只以 1% 的差距没有能够成为该类产品的领头羊。Dr Pepper Snapple 集团非常清楚这一点，但每天都面临着这样的挑战。公司生产和销售超过 50 种品牌的商品，包括软饮料、果汁、茶、混合饮料和其他饮料。公司雇用了大约 2 万名员工，分布在北美的 24 个生产中心和 200 个分销中心，年收入超过 60 亿美元。

为了组织信息并在整个公司的决策过程中创建和使用商务智能，Dr Pepper Snapple 使用了 IBM 公司的 Cognos 软件，这是目前市场上最好的分析软件。利用这个软件，Dr Pepper Snapple 能够完成以下功能：

- 更好地了解产品和运营
- 方便信息访问
- 识别生产的无效率状况
- 生成商务智能以支持决策活动
- 对投资进行优先级排序
- 培育持续改进的文化

基于随时可访问的信息和商务智能，工厂经理能够监控产量和无效率状态，并以最快的速度做出正确的决策。Dr Pepper Snapple 供应链商务智能经理克雷格·辛多夫（Craig Sindorf）介绍"只要一生产，就会产生成本。对于我们来说，主要目标是降低每件产品的成本。所以，需要确定产品成本的每一个组成部分，然后才能够确定那些带来不必要损失的环节，这些环节也是无效的"[15]。

3.5.1　战略管理支持

技术和信息是组织有价值的资源，就像组织中的其他资源一样。与组织设置首席财务官（chief financial officer，CFO）来管理整个组织的财务状况一样，组织还有许多与技术和信息相关的 C 级别岗位，包括：

- CIO（chief information officer，首席信息官）：其职责是管理整个组织的信息资源。
- CTO（chief technology officer，首席技术官）：其职责是管理组织内的 IT 架构以及面向用户的技术（如客户关系管理系统）。

- CSO（chief security officer，首席安全官）：其职责是从技术角度负责企业信息的安全，比如建设和使用防火墙、内联网、外联网和反病毒软件。
- CPO（chief privacy officer，首席隐私官）：其职责是保证人们以符合道德标准的方式使用信息，以及只有有权限的人才能访问特定的信息，如财务记录、账单、医疗信息等。

所有这些 C 级别的岗位都是战略层级的岗位。在操作层，另外两个与技术和信息相关的重要岗位是数据管理和数据库管理。

数据管理（data administration）是企业的职能之一，负责信息资源的规划、开发和监管。数据管理必须与企业战略目标完全一致，从而确保所有信息需求能够得以满足。**数据库管理**（database administration）也是组织的一种职能，其职责是对组织中的信息库（包括数据库、数据仓库和数据集市）进行技术和操作层面的管理。数据库管理职能包括对数据库结构和内容进行定义和组织，完善安全管理体系（与 CSO 对应），批准并监督数据库和数据库应用的开发。

在大型组织中，这些管理职能往往由指导委员会（而非某一个人）来负责。指导委员会承担相应的责任并向 CIO 汇报。

3.5.2　信息的共享和责任

组织中的信息共享就意味着任何人，不管拥有什么头衔，在哪个部门工作，都可以访问并使用他需要的任何信息。但是，信息共享也会引发一个重要的问题：组织中的哪个人拥有信息？换句话说，如果每个人都共享信息，那么谁最终负责提供信息并保证信息的质量呢？在当今以信息为基础的商业界，信息所有权是一个值得深思的问题。必须有人负责提供特定的信息，并保证这些信息的质量。如果你发现错误信息被存入企业的数据仓库，你必须能够确定问题的根源及责任人。

3.5.3　信息的清洁度

信息的"清洁度"（属于信息所有权的一个方面）在今天以及随后的很多年里都是一个重要的话题。你是否在一天的时间里多次收到来自同一家公司的相同内容的广告信件（本处指通过普通邮政寄出的信件）？恐怕很多人都收到过，这就是一个"不清洁"信息的例子。其原因可能是你的姓名在数据库中出现了两次，一次没包括中间名的第一个大写字母，而另一次包括了。还可能是由于姓氏拼写的不同导致你的姓名在数据库中出现了两次。

所有流行的、面向商务的数据库管理系统（比如 Oracle）都提供了帮助用户"清洁"信息的功能。在上述将你的信息在同一个数据库中存储了两次的例子中（假设是由于姓氏拼写的不同造成的），"清洁"功能有可能判断出这两条记录是属于同一个人的，因为这两条记录对应的其他相关信息（如地址和电话号码等）都是一样的。别忘了 GIGO——无用输入和无用输出（第 1 章提到的），如果错误信息（如同一客户的重复信息）进入决策过程，那么决策结果肯定不是最优的。

本章小结

1. 列出并描述关系数据库的主要特征。关系数据库模型利用一些逻辑关联的二维表或文件以数据库的格式存储信息，主要特征包括：

- 信息的集合：由多个文件或表组成，每个文件或表所保存的信息都是相互关联的。

- 包含逻辑结构：用户只需关注逻辑信息，不用了解信息的物理存储方式以及具体的物理存储位置。

- 信息之间存在逻辑关联：数据库中的所有文件都拥有主关键字，而这些主关键字又作为外部关键字出现在其他文件中，所有文件均以这种方式建立联系。

- 具有内部完整性约束：当为数据库建立数据字典时，用户可以指定规则以保证信息的输入符合要求（如不能取空值等）。

2. 定义数据库管理系统（DBMS）的 5 个软件组件。数据库管理系统的 5 个软件组件包括：

- DBMS 引擎：接收来自其他各 DBMS 子系统的逻辑请求，将它们转换成与之对应的物理形式，进而对存储设备上的数据库和数据字典进行访问。

- 数据定义子系统：帮助用户在数据库中建立并维护数据字典，以及定义数据库中的文件结构。

- 数据操作子系统：帮助用户增加、修改及删除数据库中的信息，并帮助用户在数据库中查询有价值的信息。

- 应用程序生成子系统：包含了可帮助用户开发面向事务处理的应用程序的工具。

- 数据管理子系统：通过提供备份与恢复、安全管理、查询优化、并发控制和更新管理工具，帮助用户管理整个数据库环境。

3. 列出并描述数据库仓库的主要特征。数据库仓库的主要特征包括：

- 多维性：数据库使用二维表来存储信息，数据仓库按照不同的维度使用若干"层"来表示信息。

- 支持决策活动：由于保存了综合性的信息，数据仓库支持商业活动和决策任务，而不是事务处理。

4. 定义数据仓库环境中的 5 种典型数据挖掘工具。数据仓库环境中的 5 种典型数据挖掘工具包括：

- 查询与报表工具：类似典型数据库环境中的 QBE 工具、SQL 和报表生成器。

- 人工智能：类似于神经网络、模糊逻辑的工具，并成为"信息发现"和在 OLAP 中创建商务智能的基础。

- 多维数据分析工具：是一种进行切片/切块的技术，它允许人们从不同的角度观察多维信息。

- 数字仪表盘：在屏幕上显示来源于多个数据源的关键信息。

- 统计工具：帮助人们利用各种数学模型分析存储在数据仓库中的信息，进而挖掘出新的信息。

5. 指出企业在信息所有权方面应考虑的主要问题。企业在信息所有权方面应考虑的主要问题包括：

- 战略管理的支持。
- 信息的共享与责任。
- 信息的清洁度。

综合案例 3-1

什么时候让一个公共信息数据库对公众开放是不好的

可以找到这样的 App，它包括你希望了解的所有信息。它们中的大多数聚焦于为道路上的驾驶员提供方向、本地娱乐场所的评论等信息。但在 2011 年年初，一些试图帮助驾驶员避开执法点的应用出现了，它们可以在 iPhone、Blackberry 和 Android 等平台上运行。这些应用有的免费，有的需要花费 99 美分，而少数应用则需要花费 100 美元来购买终身使用权。下面给出部分较为流行的应用：

- Cobra 公司的 iRadar：与 iPhone 连接。
- Trapster：依赖于其他驾驶员提供的信息。
- Fuzz Alert：可以在 iPhone 和 iPad 上工作。
- Phantom Alert：一个供驾驶员下载到 GPS 设备和智能手机上的在线数据库。

人们关心的是大多数应用包括了 DUI 监测点的信息。当靠近数据库中记录的 DUI 监测点时，设备（智能手机、GPS 设备或 iPad）将发出提示声，这样驾驶员就能够找其他道路绕行。Montgomery 县警察部门的保罗·斯塔克斯队长说："如果人们使用这些应用，他们的其他目的是什么呢？便于酒后驾车吗？他们只考虑了一个结果，就是不会被逮捕。他们没有考虑可能会伤害其他驾驶员、路人、车上的其他乘客或者他们自己。"

许多参与国家法律制定的人士举行了一些针对这类 App 的反对活动。在一封给 Apple、Research In Motion 和谷歌的信中，参议员哈利·瑞德、查尔斯·舒默、弗兰克·劳滕伯格和汤姆·乌德尔这样写道："我们知道贵公司与我们具有同样的愿望：避免酒后驾车行为所造成的伤害，因此我们希望你们能够从应用商城中删除这些应用，或者删除这些应用的 DUI/DWI 监测点提醒功能。"参议员解释道："一个应用包含了实时的 DUI 监测点数据库，另一个拥有超过上百万用户的应用就可以使用户能够实时提醒其他人关于 DUI 监测点的信息。我们必须感谢技术带来的便利性，它使上百万美国人能够方便地获得信息，然而，为酒后驾车者提供一种免费工具来躲过监测点、将家庭和孩子置于危险境地则是一个公众关心的问题了。"

这些监测点应用基于海量数据（由用户和执法机构提供）提醒驾驶员，告诉他们关于 DUI 监测点、超速监视器、闯红灯拍照的有关信息。大多数人认为 DUI 监测点提醒功能应该被屏蔽掉，但是对于超速监视器和闯红灯拍照的看法就会有些矛盾。负责弗吉尼亚海滩闯红灯拍照程序的布莱恩·沃尔特斯说道："我会支持他们，一些 GPS 公司请求我帮助确认闯红灯拍照摄像头的位置，我给他们提供了帮助。如果这能够提醒人们不要闯红灯，这样做就是值得的。"

在 2011 年夏天的早些时候，Research In Motion 决定不再为黑莓（Blackberry）智能手机提供监测点应用，但苹果和谷歌没有这么做。苹果公司发布了一个新的政策："如果一个包括 DUI 监测点信息的应用不是由执法部门发布，或者将会鼓励并使酒后驾车成为可能，那么它将不能发布到应用商城。"然而，这个政策仅限制未来要发布的应用，那些已经在应用商城中的监测点应用仍被保留了下来。作为回应，参议员查尔斯·舒默说道："这场胜利只是一半的胜利，除非现有的相关应用全部从应用商城中下架。" [16, 17, 18]

问题

1. 这里有两个问题。第一，执法部门经常性地发布关于闯红灯拍照摄像头和超速监视器的位置信息。是否应该通过一个应用使驾驶者了解这些信息以避免罚单？为什么？

2. 第二，考虑 DUI 监测点的位置信息。如果执法部门发布了这些信息，是否可以为驾驶员提供一个了解这些信息的应用？为什么？如果执法部门没有发布这些信息，是否可以为驾驶员提供一个应用来提醒这些监测点的位置？为什么？

3. 许多人认为驾驶员开车时根本就不应该使用智能手机，包括打电话。这些行为会带来什么样的潜在危险？你常开车并使用手机吗？你使用手机的目的是什么？

4. 这种信息（如 DUI 监测点的位置）的分享是不是宪法保护的言论自由？政府能够制定法律来禁止这种行为吗？另外，驾驶员分享这类信息后，醉酒司机可能就会逃避惩罚，这种分享行为是否符合道德标准？

综合案例 3-2

何时将存储私有信息和公司战略信息的数据库向公众开放是合适的

在之前的案例中，我们讨论了公共信息的发布和它给社会可能带来的"不良"影响。现在来讨论与其正好相反的一面，即一个组织将存储其战略性敏感信息和知识产权的数据库对外开放，以及如何给社会带来好的影响。

在业务数据库和其他数据存储库中，组织会认真保护其最敏感和战略性的信息。许多组织甚至不希望其他组织能够看到存储在销售数据库中的事务的详细清单。在其他的数据存储库中，组织保存了各种智力资本，比如最佳实践、专利和商标，这些显然也是专有的。例如，在制药领域，"知识"是与化学成分相关的，如何进行组合、组合的互动效应将为制药公司带来数十亿美元的利润。

制药公司往往需要花费数年来找到正确的化学成分以治疗某一种疾病。另外，制药公司还需要在食品药品监督管理局（Food and Drug Administration，FDA）允许这种药品上市之前花费数年来测试这种化学成分。不幸的是，有些疾病的药物是没有利润的，比如疟疾。疟疾也被称为被忽视的疾病，因为它主要存在于第三世界国家，这些国家的人民没有足够的钱来购买药物并使制药公司的投资能够获得回报。所以，制药公司更愿意将精力集中在其他疾病上，而疟疾这样的疾病就被忽视了。

Glaxo Smith Kline 知道疟疾药物不会为投资带来数十亿美元的回报，但是，它相信有关疟疾的药物一定被深藏在大量的知识产权中，只是没有足够的人力资源来测试所有的化学成分，使用反复试验的过程来找到最佳结果，并花费数年来通过最终测试。

因此，Glaxo Smith Kline 决定将 13 500 个化合物的相关资料向公众开放，这些化合物有可能会抑制将引发疟疾的寄生虫。全世界的研究者都可以使用 Glaxo Smith Kline 的知识产权来跳过冗长的反复试验过程，以便更快地研制治疗疟疾的药物。Glaxo Smith Kline 还为研究者提供了上传和分享他们自己的化合物信息的渠道。此外，Glaxo Smith Kline 表示不会寻求可能形成药品的化合物的任何专利权。

这就是前面章节提到的众包。Glaxo Smith Kline 认识到，成千上万的志愿者利用其数据开展研究，将有可能在企业内部的研究人员之前发现治疗药物。Glaxo Smith Kline 在西班牙的医药开发部门负责人尼克·坎马克（Nick Cammack）认为："其他研究人员能够从一个完全不同的角度来看待这些化合物的结构，并发现一些我们没有发现的东西。"Glaxo Smith Kline 需要对股东负责，它不能在明知药物无法为投资提供有效回报的时候，仍然花费数百万美元来研究这种药物，但是开放内部数据库则满足了企业社会责任的要求。[19]

问题

1. 你对 Glaxo Smith Kline 研制疟疾药物方法的第一印象是什么？这是一种合适的对策还是一种让公众认为其关注第三世界的被忽视疾病的营销策略？

2. Facebook 这样的社交媒体在支持这种对策中能否发挥作用？Galxo Smith Kline 和志愿研究人员能够在 Facebook 分享什么样的信息以便加速疟疾药物的研发过程？

3. 搜索网络，找到至少两个网站使你能够通过众包的方式参与到"拯救世界"（saving the world）的活动中去。你找到什么网站？谁资助了这些网站？"拯救世界"关注哪些内容？

4. 分析学在推动这种类型的研究中能够发挥什么作用？对于捕获和分享来说，什么"智能"是重要的？与 13 500 种化合物相关的哪类信息可以展示在数字仪表盘上？

问题思考

1. 什么是商务智能？为什么它能提供更多的信息？
2. 什么是联机事务处理（OLTP）？
3. 什么是联机分析处理（OLAP）？
4. 最通用的数据库模型是哪种？
5. 主键与外键有哪些区别？
6. 数据库管理系统的 5 个重要软件组件是什么？
7. QBE 工具与 SQL 有何相似之处？它们有何不同？
8. 什么是数据仓库？它与数据库有何区别？
9. 5 种典型的数据挖掘工具是什么？
10. 什么是数据集市？它与数据仓库有何相似之处？

作业训练

1. 查询"被黑的"数据库："快乐黑客"（www.happyhacker.org/news/newsfeed.shtml）是一个致力于"黑客"行业（即闯入计算机系统）的网站。当人们闯入一个系统时，黑客通常会在数据库中追踪信息，在那里他们能找到信用卡和其他一些私有的、敏感的信息。有时，他们甚至能找到尚未公开的产品设计信息和其他的公司战略信息。访问"快乐黑客"网站，寻找一篇谈论某个"被黑"数据库的文章，并为班里的详细讨论准备一份简报。

2. 为影碟租赁店定义一个查询：考虑本地的影碟租赁店，它肯定拥有一个业务数据库来支持自己的联机事务处理（OLTP）需求。此业务数据库能支持如下的业务处理需求，如新顾客的添加、影碟的租赁（这是显而易见的）、影碟预订和其他业务要求。现在，假设影碟租赁店还需使用同一数据库来实现联机分析处理，并以查询方式来获取有价值的信息。如果你是这家影碟租赁店的经理，你有什么查询要求？你希望找到什么答案？

3. 建立查询：在本书的配套网站（www.mhhe.com/haag，选择第 3 章及其中的所罗门公司数据库）上，我们提供了本章介绍的数据库（Micorsoft Access 格式）。访问该网站并下载此数据库。现在利用 QBE 建立三个查询：第一，仅从一个文件中提取信息（任选一个文件）；第二，从至少两个文件中提取信息；第三，提取信息时包含一些查询条件。完成这三个查询有多容易或有多困难？你认为使用 DBMS 与使用字处理或电子表格软件一样简单吗？为什么？（顺便说一下，扩展学习模块 J 介绍了利用 Access 建立查询的具体过程。）

4. 你的专业蕴藏着职业良机：商业社会中的知识工作者正在创建自己的桌面型数据库（通常称为最终用户数据库或知识工作者数据库）。为了做这些事情，他们不仅必须要了解如何设计数据库，而且还要掌握如何使用像 Microsoft Access 或 File Maker 之类的桌面型 DBMS 系统。设计数据库和使用桌面型 DBMS 系统的技能为你提供了巨大的职业良机。查询工作岗位需求情况（网站是最好的入手点），以便更好地了解你选择的专业。有多少种工作岗位要求你具有一定的数据库知识？它们会列出专门的 DBMS 软件名称吗？当你提供材料表明你所接受的教育程度及所学的数据库与 DBMS 知识后，你得到了什么？为什么？

5. 数据库管理员的薪水：数据库管理员（DBA）是信息技术领域收入最高的职位，许多人要工作 10～20 年才能提升到 DBA。访问 Monster.com (www.monster.com) 网站或其他招聘数据库，查找 DBA 的空缺职位。查找时，要选择全部的工作地点和职位种类，然后以"DBA"作为关键词进行查询。你发现了多少 DBA 职位？哪些行业有 DBA 职位的空缺？阅读一些查询到的招聘信息。这些职位的薪水范围是多少（若有的话）？对应聘者有什么样的资质和技能要求？

6. 数据仓库的信息有什么样的时效性要求？在数据仓库中，数据的时效性是必须要保证的。过时的信息会导致错误的决策。以下给出了不同商业环境中人们做出决策的过程。针对每一项，指明数据仓库中的信息是否应该每月、每周、每天甚至每分钟被更新？并阐述其理由。

a. 大学进行课程注册时，确定班级的人数。

b. 警告人们天气条件的变化。

c. 预测职业足球比赛的得分。

d. 根据听众的变化情况调整电台广告。

e. 在服装零售行业监控新产品线的成功情况。

f. 调整自助餐厅的食品供应量。

g. 在网络上的多台打印机间分配打印任务。

h. 调整银行的定期存单（certificate of deposit，CD）利率。

i. 调整汽车配件零售店中轮胎的预测需求量。

问题讨论

1. 显然，数据库与数据仓库能为人们存取各种各样的信息提供很大的方便，这将在隐私领域引起巨大的争议。企业应该将自己所有的信息提供给警察吗？或者，政府应该强行立法保护隐私权吗？考虑以下方面回答此问题：①在企业间共享客户信息；②在企业内部共享员工信息；③客户可以访问企业信息。

2. 商务智能听起来好像是暗藏了许多竞争优势的虚幻术语，你所在的学校需要什么类型的商务智能？特别是学校在预测下一年度招生数量时将需要什么样的商务智能？学校在确定所开设的全部课程时需要什么样的商务智能？你认为学校收集并使用了这类商务智能吗？为什么？

3. 考虑学校的注册数据库，该数据库制定了如下的完整性约束：学生注册某一门课程的先决条件是该学生必须已经注册或者正在注册这门课程的所有先导课程。实际上，你所在学校的注册系统就有这样的完整性约束。如果你还没有进行注册或尚未完成这些先导课程的注册，你如何避开这些完整性规则而注册成功？这是能够无视完整性约束的一个实例吗？允许这样做的负面影响是什么？

4. 在本章中，我们列出了 DBMS 的 5 个重要软件组件：DBMS 引擎、数据定义、数据操作、应用程序生成与数据管理子系统。对于数据库用户而言，哪一部分是最重要和最不重要的？对于开发数据应用的技术专家而言，哪一部分是最重要和最不重要的？对于一名首席信息官而言，哪一部分是最重要和最不重要的？为每一个答案给出合理的解释。

5. 有些人坚信很快数据仓库将在联机事务处理和联机分析处理两个领域取代数据库。当然，这是错误的。为什么数据仓库不能替代数据库并成为"业务数据仓库"？数据仓库（及数据挖掘工具）成为各种数据库的替代品需要怎样的根本性改变？那么它们将变为仅支持 OLAP 的数据库吗？为什么？

6. 如果你在本地某企业的人力资源部门工作，而且你的许多朋友也在这里工作。尽管不是你单独一人编制全部工资单，但你还是有机会了解每个职员的报酬。你是否会查看朋友的工资单以确认他们是否挣得比你多？就这一点而言，你是仅仅因为好奇心才查看他们的工资单，而且不会对信息做任何处理也不会分享给其他人吗？为什么？在美国国税局（Internal Revenue Service，IRS）工作的人因好奇查看电影明星和其他一些经常曝光的公众人物的收入报告而被抓，这是可以接受的吗？为什么？

7. 不顾对"清洁"信息的需要。很多组织的数据库中存储着你的重复记录，你可能已经感受到这种现象带来的后果，比如收到过同一家公司寄来的两份一样的"垃圾邮件"。你在数据库中的一条记录可能是包括你的中间名的第一个大写字母，另一条记录可能不包括，或者是存在其他的一些细小差异。为什么有些组织不主动清洁它们的数据库信息呢？

本章项目

小组项目
- 构建价值链：帮助客户定义价值
- 使用关系数据库技术跟踪项目：山麓建筑公司
- 创建网络数据库系统：基于网络的分类系统
- 开发数据库管理系统：山地自行车租赁

电子商务项目
- 搜索招聘数据库
- 浏览谷歌地球
- 经济援助资源
- 消费者信息网站
- 人口统计信息
- 美国劳工部
- 计算机统计数据和资源网站
- 全球统计和资源

分析学、决策支持和人工智能：企业智囊团

1. 比较决策支持系统和地理信息系统。
2. 描述专项分析（如预测分析、文本分析）的决策支持作用。
3. 描述分析学中的专家系统的作用和功能。
4. 解释为什么神经网络是有效的决策支持工具。
5. 定义遗传算法和它们帮助解决的问题类型。
6. 描述智能代理和基于代理技术的子集：数据挖掘代理和多代理系统。

🌍 |令|人|惊|叹|的|产|业|变|革|

在线教育

你可能已经参与到惊人的产业变革中。这正发生在教育行业，特别是高等教育中。这个行业之前已经出现了一些变革，比如数字化的教材，但这里我们主要关注在线学习。

人们用许多不同的词汇来表示这种变革：远程学习、在线学习、虚拟学习等。如果课程部分是面对面讲授，部分是在线学习，那么可以称其为混合式学习。无论如何，每年越来越多的学生开始选择在线学习。请查看下面的图形，你可能会注意到在线课程的总注册人数每年增加 1.2% ~ 2%。

在线课程的注册人数每年以极快的速度增长，大约在 10%（2005 ~ 2006 年）到 37%（2004 ~ 2005 年）之间。线下却没有这样的情况，它只在 2003 ~ 2004 年有微弱的增长（0.01%），其他时间都在下滑，最大幅度的下滑出现在 2004 ~ 2005 年（4.25%）。

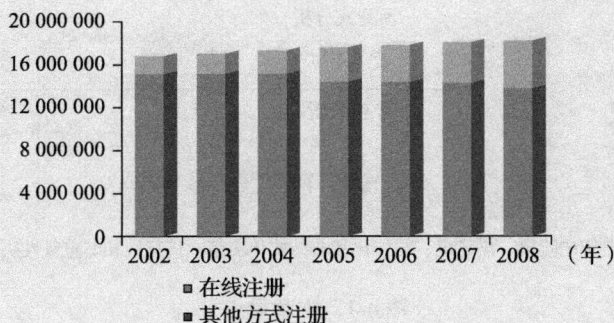

对于传统的高等教育机构，这意味着什么呢？我们可以有很多新的思考。首先，许多传统机构开始提供在线课程，可能不包括全部课程，但一些课程会全部使用在线方式，部分课程使用混合式学习的方式。其次，在物理建筑空间方面，高等教育机构在基础设施（教室）上有很大的投入。随着更多的学生选择在线课程，这些昂贵的物理空间会怎样呢？是否需要更多的物理空间？大学将会如何利用这些基础设施来从事盈利性活动以弥补其成本？对教室需求的减少是否会鼓励更多的竞争者进入在线教育市场？[1]

问题

1. 你是否正在参加或曾经参加在线课程的学习？是全部在线学习还是混合式学习？
2. 学生选择在线课程的主要原因是什么？
3. 你认为这种变革会发生在中小学教育吗？

4.1 引言

决策制定对组织来说是非常重要的。决策者利用各种智力资产（原始数据、信息、商务智能、知识等）做出一些"不成则败"的决定。有些决定是对客户情况变化的响应（客户关系管理）；有些决定是决策者在低成本供应商与高成本供应商间的权衡，后者能够在较快的时间里提供有较少缺陷的产品（供应链管理）；还有一些决定是试图用来确定组织的最佳总体战略。组织的定位是成本领先、差异性，还是集中性？企业应该怎样做才能与网上提供相同产品和服务的大量电子商务企业相对抗（即买方力量）？决策的制定是无止境的。《管理评论》中写到，在今后的商业竞争中，最大的赢家将是那些规模较小却能够高瞻远瞩的企业。[2]

这就是为什么分析学在商业界变得如此重要。第 3 章帮助我们建立了对数据库和组织如何管理信息资产的理解，了解了数据仓库和数据挖掘工具，介绍了分析学的基本情况。分析学有很多值得学习的内容，但我们不可能在一章里介绍所有的内容，所以，本章在第 3 章的基础上讨论最为重要的一些分析工具（见图 4-1）。

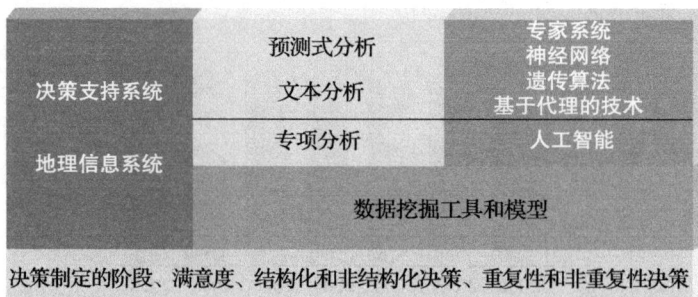

图 4-1   本章重点

4.2   决策和决策支持

为了更好地理解分析学的作用，首先需要理解人们如何制定决策。

4.2.1   决策

赫伯特·西蒙提出，组织中的决策制定包括以下四个不同的阶段（见图 4-2）：[3]

（1）**情报分析**（intelligence）阶段（发现问题所在）：发现或识别问题、需求或机会（该阶段也称为决策的诊断阶段）。情报分析阶段包括发现和解释各种征兆，这些征兆往往代表了一些需要决策者关注的情况。这些征兆可能以各种形态出现，如顾客不断提出的新产品特性需求、新竞争对手带来的威胁、销售滑坡、成本猛涨、其他组织对自己分销商需求的满足等。"发现和解释征兆"主要通过使用各种分析工具来完成，分析工具能够收集各类信息，并通过整合多种信息或基于数据仓库进行数据切片来实现商务智能。

（2）**设计**（design）阶段（找出可行方案）：考虑各种能够解决问题、满足需求或抓住机遇的方案。该阶段要找出所有可能的解决方案，并利用分析工具建立各种解决方案

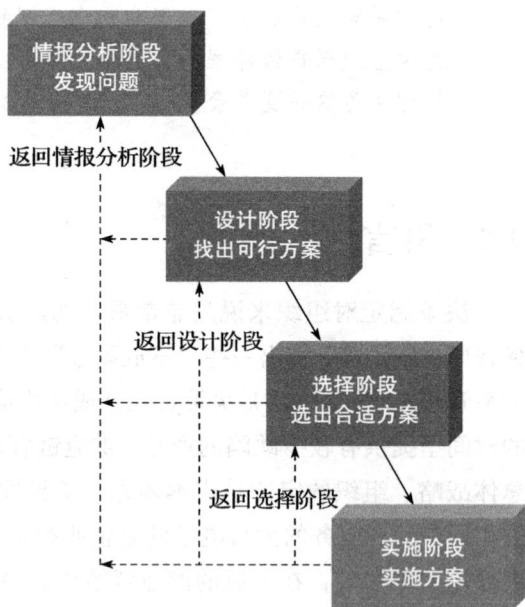

图 4-2   决策制定的四个阶段

的模型。这些模型类似于第 1 章提到的盈亏平衡，它们能够"在纸上"创造许多解决方案。通过这种方式，你可以在具体执行这些方案前分析它们能产生的结果。

（3）**选择**（choice）阶段（选择一个最适合的方案）：评估每个方案的利弊，预测每个方案的实施结果，并从中选择出一个最优方案（也可能不做任何事情）。"最优"方案可能取决于多种因素，比如成本、实施的难易程度、对员工的要求以及方案实施的时间安排等。这是

决策的指令阶段，一系列行动策略都将在该阶段做出。分析学仍将在该阶段发挥作用，它允许你建立包括每个方案结果的工作表，你可以根据制定的标准来对这些方案进行排序。

（4）**实施**（implementation）**阶段**（方案实施）：执行选中的方案，监测实施的结果，并根据需要做出调整。简单地实施选中的方案显然是不够的，选中的方案永远需要进一步细化，特别是面对一些复杂问题和变化的环境时更是如此。分析学在此起到质量控制的作用，它通过收集方案实施的各种信息来确保目标的实现。

这四个阶段并不一定完全是按顺序执行的，在决策的某一阶段常常需要返回到前面的阶段。例如，在"选择阶段"选定了一个方案后，可能发现在"设计阶段"遗漏了另一个可选方案，于是需要返回到"设计阶段"，将这个新发现的方案加入其中，然后再回到"选择阶段"，比较这个新方案和其他方案的优劣。

第二种决策模型也是由西蒙提出的，叫满意度模型，它与四阶段决策模型不同。**满意度**（satisficing）是指从满足你需求的方案中进行选择，而选中的方案不一定是最佳的那一个。私营和公共部门的组织在设置诸如"公平价格""合理利润"等目标时总是采用"满意度"方式。将目标设置为"高增长"与将目标设置为"最大化增长"存在本质的差别。"最大化增长"是最优战略，而"高增长"是满意度战略。通常，"高增长"这些术语是明确定义好的，从 3% 到 30% 不等，只要达到该水平，就可以宣告大功告成。

在商业活动和个人生活中，人们都要面对由四种主要决策类型组合而成的一些决策（见图 4-3）。第一种决策是**结构化决策**（structured decision），这种决策采用专门的方法处理确定的信息，所以总能得到准确的答案，没有必要靠"感觉"或"直觉"。这是一类可编程的决策。也就是说，如果你输入相关的信息，并用准确的方法处理这些输入信息，就能得到正确的结果。计算小时工一周的总工资就是一个这样的例子。利用信息技术能够很容易地自动完成这类结构化决策。

另外，**非结构化决策**（nonstructured decision）可能存在若干"正确"的解决方案，但没有一种精确的方法能够找到最优方案，也没有一组规则或标准能够保证得到最佳的解决方案。是否引进一条新的生产线、是否发动一场广告宣传战、是否改变公司的形象等，都是非结构化决策的

图 4-3　按决策类型分类

例子。实际上，大多数决策介于结构化决策和非结构化决策之间。例如，选择工作时，既需要考虑工资、签约奖金等结构化因素，又需要考虑发展潜力等非结构化因素。不管当前的决策情况如何，分析学对于具有非结构化因素的决策是非常有效的。好的分析工具能够通过调整非结构化因素来模拟不同的场景，这使决策者能够更好地做出正确的决策。

另外一种分类标准是按照决策发生的频繁程度来划分的。**重复性决策**（recurring decision）是指重复发生的决策，经常带有周期性，周期可能是每周、每月、每季或每年。确定库存数量和库存销售的价格就是重复性决策。而**非重复性决策**（nonrecurring decision）或**临时决策**

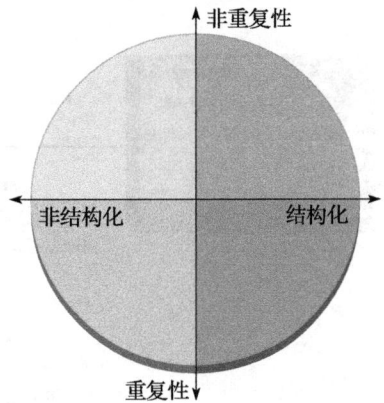

（ad hoc decision）是人们不经常做出的决策（或许只有一次），而且每次确定最佳解决方案时也可能有不同的标准。决定在哪里建分销中心以及公司的兼并都是这样的例子，虽然公司兼并的现象较以前变得频繁了一些，但毕竟不是经常发生。

4.2.2 决策支持系统

事实上，所有能够帮助决策者进行决策的技术工具都可以认为是决策支持系统，即使仅是一个能够提醒缺货状态的库存报告，但 IT 领域一直以来都有对决策支持系统应该包括什么的定义。**决策支持系统**（decision support system，DSS）是一种高度灵活且具有良好交互性的信息技术系统，可用于辅助非结构化问题的决策。因此，DSS 是专业分析工具集的一部分。DSS 的主要目标包括提供如下功能：

- 一个简单易用的图形用户界面（GUI）。
- 访问海量信息。
- 各种模型和工具（统计和分析），使用户能够处理信息。

因此，DSS 一般包括三个组件，每个组件对应上述的一个目标（见图 4-4）。让我们考虑一下 Excel，它是一个典型的决策支持系统，也可能是你使用的最强大和简单的分析工具。

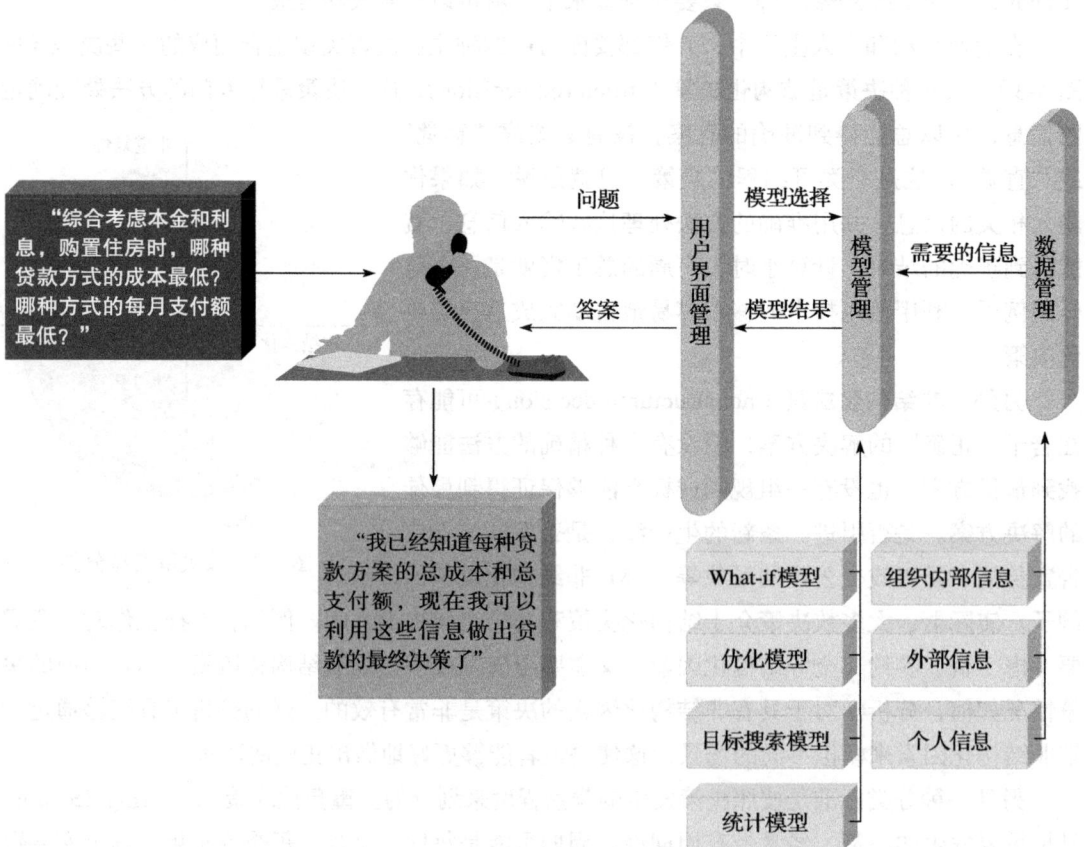

图 4-4 决策支持系统组件

1. 用户界面管理组件

用户界面管理（user interface management）组件负责用户与决策支持系统之间的沟通。用户界面是用户所看到的系统的一部分，用户通过它能够输入信息，下达指令和建模。对于Excel 而言，用户界面管理组件包括按钮、菜单选项、方程和公式等，用户可以在单元格中输入信息，也可以操作图形或表格，调整行和列的方向。在另一类决策支持系统——数字仪表盘中，用户可以点击年销售情况的图形，从而查阅每月详细销售情况的图形。无论在哪种情况下，DSS 的用户交互组件一定是直观明了、简单易用。

2. 数据管理组件

数据管理（data management）组件的功能是存储并维护信息，使用户能够访问 DSS 需要使用的信息。考虑 Excel，用户可以创建、存储和检索工作簿文件，每个工作簿文件包括多个工作表。同时，与你在网络上发现的一样，可以从不同的来源导入数据，包括某个数据库、以 XML 格式保存的外部信息等。信息是分析学的关键，也是创建商务智能的基础。DSS 中使用的信息主要来源于如下三个渠道：

（1）组织内部信息：我们可以将决策支持系统设计成能直接访问公司内部的数据库、数据仓库和某些专业系统（如 CRM 和 SCM）的主机。

（2）外部信息：有些决策需要输入来自组织外部的信息，比如联邦政府各部门的信息、来自道琼斯以及 Internet 上的信息等。这些数据来源都能为决策支持系统提供所需的附加信息。

（3）个人信息：可以将决策者的经验和洞察力等个人信息结合到决策支持系统中。

3. 模型管理组件

模型管理（model management）组件由各种各样的统计分析工具、方法和模型构成。根据决策任务的不同，用户选择的工具、方法和模型将会有很大的不同。考虑 Excel，它包括基本的描述性统计工具、目标搜索、问题解答、金融函数、数学和三角函数，以及众多其他功能。用户甚至还可以编写 Visual Basic 宏来创建自己的模型。在下一节关于数据挖掘工具和模型的介绍中，我们将深入研究许多工具和模型，包括一些高度专业化和功能强大的分析工具。

4.3　地理信息系统

2003 年 2 月 1 日，在开展了 16 天的绕地飞行和研究后，太空飞船哥伦比亚号启程返回，但是返程中出现了问题，太空船在东得克萨斯发生了爆炸。为了找到原因，必须找到太空船碎片从而重现导致灾难的一系列事件。碎片残骸的具体位置成为了关键，因为科学家和研究人员要追溯这些碎片来确定太空船如何爆炸以及为什么爆炸。人们使用全球定位系统（global positioning system，GPS）来标识每个碎片残骸的具体位置，所有这些信息都被输入到地理信息系统中，它能够以直观、形象的方式表示下坠的残骸及其逆向轨迹，以帮助研究人员更好地了解当时的情况。[4]

地理信息系统（geographic information system，GIS）是专门用于分析空间信息的决策支持系统。空间信息是能够以地图形式描述的任何信息，比如道路、秃鹰种群分布、下水道系统、飓风移动路径，甚至包括从起始位置到目的地的最短驾驶路径。

GIS 是分析工具集的一种重要补充。当企业应用 GIS 软件生成感兴趣的信息的地图时，我们称其为商业地理。商业地理包括许多维度或层，这些维度或层也称为主题。通过主题，用户可以根据当前决策来查看不同层的任何组合。例如，美国人口普查局有一个巨大的 GIS 数据库，包括了大量的人口信息，劳动统计局有工作信息，你可以以数字格式使用或以图形方式查看这些信息。

在图 4-5 中，你能够看到一个熟悉的 GIS，显示了埃菲尔铁塔的谷歌地球。在左下角，你能够看到不同的选项（比如 Places），它们代表了主题。通过选择不同的选项，屏幕上的信息将会随之变化。

可以开启和关闭的层（或主题）

图 4-5　谷歌地球和埃菲尔铁塔

企业界对 GIS 信息充满兴趣，特别是主要客户群是如你和我这样的个人客户的公司。我们在第 2 章中曾经讨论了社交位置服务（基于位置的服务），实际上，社交位置服务系统就是使用 GPS 技术来收集人们的位置信息的 GIS 系统。之所以知道你在什么位置，是因为你注册了类似于 Foursquare 的服务，这些服务能够为你提供周边地区的折扣和优惠信息。Foursquare 这类服务越来越流行，我们可以肯定，这些公司使用了复杂的分析方法来预测用户的移动轨迹、确定新商店的最佳位置以及开展其他各种与 GIS 相关的活动。

地理信息系统在众多行业和个人生活中得到了广泛的应用。你可以利用 GIS/GPS 系统，如 Garmin 或嵌入式汽车系统，把你从一个地方导航到另一个地方。你能够利用类似于 Google Places 这样的工具在周边发现商业企业。

另一个你可能感兴趣的个人应用是 Historypin（www.historypin.com），你可以免费使用它们提供的服务。在 Historypin，你可以把照片"固定"在世界地图的任何位置。当确定了照片的位置后，你还可以提供一个日期和短的说明，比如 1906 年的旧金山地震。位置、日期和说明（属于 Historypin 中的 "Collections"）就构成了地图上的主题或层。因此，当你在地图上查看旧金山地区时，你可以确定一个时间范围，比如 1900 ~ 1910 年，Historypin 将只会显示 1900 ~ 1910 年旧金山地区的照片。你也可以搜索 Collections，选择我们之前提到的 1906 年旧金山地震。此时，Historypin 只会显示与这件事情相关的照片。时间特性为特定的地点提供另一个有趣的时间轴视角。当你变更时间，Historypin 将显示不同的照片，使你能够查看一个位置随着时间的变化情况。

你还可以加入社区，比如学校和项目的社区。如果你加入一个有关造桥的项目社区中，可以利用时间轴属性来查看桥在整个建设周期的变化过程。

4.4　数据挖掘工具和模型

第 3 章简要介绍了与数据仓库相关的几种数据挖掘工具。就像数据库工具常与数据库管理系统一起使用一样，这些数据挖掘工具常与数据仓库工具一起使用。但是，系列齐全、用途广泛的数据挖掘工具和模型并不是仅能够应用于数据仓库环境。为了更好地对数据挖掘工具和模型进行分类，首先给出如下几种类型：

（1）数据库和数据库管理系统：每个组织和每种分析功能的核心。它们帮助收集、存储、组织信息，可以在这些信息的基础上形成商务智能。

（2）查询和报表工具：类似于典型数据库环境下的 QBE 工具、SQL 和报表生成器（第 3 章）。

（3）多维分析工具：一种切片技术，使你能够从不同视角分析多维信息（第 3 章）。

（4）数据仪表盘：在计算机屏幕上显示从不同来源获得的关键信息，显示的方式可以根据每个知识工作者的需求进行个性化定制（第 3 章）。

（5）统计工具：帮助你应用不同的数学模型来发现新信息。

（6）地理信息系统：用于分析空间信息的决策支持系统。

（7）类似于预测式分析和文本分析的专项分析方法——这些在所有产业和商业领域有广泛的应用。

（8）人工智能：使机器能够模拟人类思维和行为的科学。

我们在第 3 章中已经讨论过前五项，你应该已经熟悉它们。同时，你可能也学习了一门或多门的统计课程，其内容应该包括描述性统计、概率、假设检验、ANOVA（方差分析）、回归、卡方检验。另外，我们还在前面的小节中介绍了地理信息系统和它们在分析中的作用。

本节的剩下内容将讨论在商业领域得到广泛应用的两个专项分析工具——预测式分析和文本分析。紧接的后两节将讨论一些人工智能模型及它们在分析学中的应用。

上述提到的所有数据挖掘工具和模型都被用于辅助解决一些充满挑战的任务，比如：

（1）相关或因果建模：例如，杂货店可能会发现顾客总是同时买某两个产品（比如花生酱和果冻）。可以想象得到这类商务智能在提供优惠券和创造交叉销售机会时是多么重要，更不用说对推荐引擎效率的影响了。

（2）聚类：不需要使用任何先验和已知的结构，就可以发现在某个方面"相似"的一组实体（如客户）。图书《魔鬼经济学》（Freakonomics）非常擅长这一点，常常问"学校老师和相扑选手有什么相同之处？"这类的问题（你应该阅读《魔鬼经济学》，它是一个不断使用分析学方法但从不提及分析学这种说法的最好的例子）。

（3）分类：也被称为预测（虽然两者并不一样）。它帮助我们评估历史已知的数据以生成相关结构和推断，这些结构和推断可以应用于新收集的数据或未来的数据。

（4）回归：虽然这是一个统计术语，但它不仅仅通过回归分析来完成，其目标是在数据中发现关联关系和因果关系。

（5）汇总：这是最基本但也最重要的数据挖掘功能。求总和、平均、标准差、柱状图、频率分布以及其他各种形式的描述性统计往往能够发现数据背后隐藏的信息，也避免了使用更复杂的数据挖掘功能。

4.4.1 预测式分析

预测式分析是一种涉及高强度计算的数据挖掘技术，针对一个给定的商业应用，它可以使用信息和商务智能建立预测模型。实际上，预测式分析就是使用历史信息来预测未来可能发生的事件和带来的结果。预测式分析可以应用到许多行业，包括保险、零售、健康、旅游和金融服务。这些行业的具体商业应用有显著差别，但是都包括类似于客户关系管理、供应链管理和信用评分（一种在金融服务领域非常流行的预测式分析应用，它能够判断一个信用卡申请者未来会还款的可能性）这样的应用。

预测式分析包括一个预测目标和许多预测指标。预测目标是你希望通过预测式分析模型解决的问题。预测目标可能包括：

- 哪些供应商会在未来的 6 个月里以高于 0.001% 的缺陷率提供原材料？
- 什么样的客户可能受到 30 天内的社交媒体活动影响，从而至少采购广告产品系列中的两个产品？

定义正确的预测目标是非常关键的。如果给预测式分析模型定义了一个错误的预测目标，后续所有活动的结果同样也会是错误的。

预测指标是基于实体属性定义的具体可测量的值。理解预测目标和预测指标的最好方式是通过例子进行解释，让我们回到上面提到的第二个预测目标。这是一个 CRM 应用，它可以使用客户简介、客户历史信息和销售活动历史信息来进行分析（见图 4-6）。预测式分析引擎将会使用这些信息来建立一系列的预测指标，进而形成最好的模型来预测客户行为。

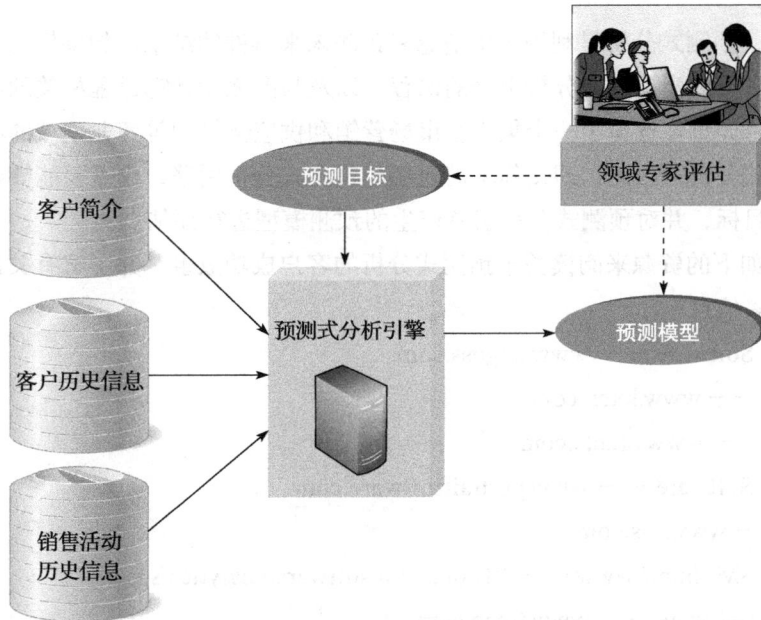

图 4-6　客户预测的分析过程 [5]

最后，预测式分析引擎会建立一个预测模型，这个模型会针对每个客户给出一个预测值，从而可以按照从最有可能到最没有可能的顺序列出受到 30 天内的社交媒体活动的影响、至少采购广告产品系列中两个产品的客户。

正如我们之前所说，预测指标是基于实体属性定义的可测量的值。针对实体"客户"来说，预测式分析引擎可能会认为下述属性对于做出正确的预测是非常重要的：

- 采购频率。
- 最近一次采购的时间（称为"新鲜度"）。
- 是否使用 Facebook（是 =1；否 =0）。
- 是否使用 Twitter（是 =1；否 =0）。
- 采购多个产品的次数。

然后，预测式分析引擎会给每个预测指标指定一个权重，用于表示每个指标相对于其他指标的重要性。这是预测式分析的"高强度计算"部分，超出了本文的范围。预测式分析引擎使用的计算模型和算法包括线性规划、回归、关联规则、购物篮分析、聚类分析等。预测模型的最终形式可能类似于：

客户得分 =（过去 30 天的采购频率）×0.2 +（新鲜度）×0.1 +（是否使用 Facebook）
×0.3+（是否使用 Twitter）×0.1 +（采购多个产品的次数）×0.3

正如你看到的，预测式分析引擎认为"是否使用 Facebook"和"多产品采购次数"最重要，两者的权重均是 0.3（所有指标的权重之和为 1）。

当将公式应用到所有客户，每个客户将得到一个综合的预测指标得分，并能够基于该得分对客户进行排序。然后，决策者就可以定义选择标准，并决定将针对哪部分客户开展社交媒体营销活动。

简而言之，预测式分析是利用历史信息来预测未来事件的结果。如果你选择数据分析为职业，你将要学习创建预测式分析引擎的课程，以及与高强度计算过程相关的内容，比如回归和聚类分析。如果你选择了一个集中在市场营销和供应链管理等商业领域的职业，你很可能会使用预测式分析。因此，即使你不需要创建预测式分析引擎，也需要能够建立高度相关的高质量预测目标，并对预测式分析引擎产生的预测模型进行评估。

可以访问如下的资源来阅读关于预测式分析的客户成功故事，并了解有关预测式分析工具提供商的更多信息：

- Angoss Software —— www.angoss.com
- KXEN —— www.kxen.com
- Oracle —— www.oracle.com
- Portrait Software —— www.portraitsoftware.com
- SAS —— www.sas.com
- SPSS (IBM) http://www —— 01.ibm.com/software/analytics/spss/
- TIBCO Software —— www.tibco.com

| 行业视角 | 使用预测式分析来减少贷款违约率

Dealer Service 是一家全国性的公司，主要业务是借钱给想获得二手车的代理商。Dealer Service 成立于 2005 年，其成长速度非常快，在 6 个月内提前完成了收入、贷款数量和用户数量的 3 年期目标。然而，艰难的时刻到了，经济下滑，全国进入衰退期。当经济形势不错时，公司可以准确预测好的和坏的贷款。在许多经销商不仅难以支付贷款利息，甚至经常违约时，Dealer Service 需要预测式分析来更好地了解其数据并做出正确的决策。

Dealer Service 的信息主管克里斯·布雷迪（Chris Brady）说："来自经销商的一些基础数据预示着潜在的可能风险。这些数据中包括经销商之前获得贷款的地方，如果一个经销商因为失去了银行的信用而申请成为 Dealer Service 的客户，这本身就是一个风险信号。"

因此，布雷迪让 Dealer Services 购买了 Information Builders 的预测式分析工具（http://www.informationbuilders.com/），这些工具能够帮助管理者实时分析信息并生成商务智能。例如，Dealer Services 注意到即使经济形势恶化，一些经销商并没有减慢购买二手车的步伐。但是它也注意到这些车的销售在变慢，这预示着更有可能出现贷款违约。布雷迪认为："贷款数量大可能是好事，也可能是坏事，如果你不清楚两者的区别，你将陷入麻烦中。"[6]

4.4.2 文本分析

文本分析（test analytics）是利用统计、人工智能和语言学技术将文本形式的信息内容（类似于问卷、电子邮件、博客和社交媒体）转化为结构化信息。文本分析属于分析学的一种，同时，也可以把文本分析看成决策支持系统的一种，因为它主要处理非结构化因素（即自然语言）。下面通过一个例子来看看文本分析如何发挥作用的。

Gaylord 酒店利用文本分析方法来更好地研究每天收到的成千上万的顾客满意度问卷。[7]这些问卷被数字化并输入到文本分析引擎（类似之前讨论的预测式分析引擎）中。文本分析引擎能够识别负面和正面评论，这些评论又被关联到相应的结构化信息，比如具体的酒店、设施、礼仪服务、房间和员工轮班。通过这种关联，Gaylord 酒店的员工能够以电话或信件的形式联系顾客，为存在的问题道歉，以及为顾客的再次入住提供折扣。利用文本分析创建的商务智能使 Gaylord 酒店发现，嘈杂的房间并不是顾客最常反馈的问题，却是最严重的问题，因为它们往往与问卷中的"不会再次入住"或"不会推荐"相关。

文本分析甚至比预测式分析更为复杂和技术化。预测式分析主要依赖于统计模型来建立预测模型，文本分析同时使用统计模型和语言学模型，包括：

- 词法分析：研究词频分布。
- 命名实体识别：识别人、地方和事物的名称。
- 消除歧义：确定命名实体的具体含义。例如，"Ford"可能是以前的美国总统、Ford 汽车公司，也可能是一个知名人物，比如哈里森·福特。
- 共指：代表同一对象的不同名词词组的处理。
- 情感分析：辨别主观感情的商务智能，比如情绪、观点和情感。

上面的这些内容都属于语言学处理的范畴，也称为自然语言处理。自然语言处理领域的专家往往精通语言学和计算机科学（两个完全独立学科的有趣结合）。

文本分析领域很小但是增长速度很快。有一项研究认为，2010 年，文本分析的收益接近 10 亿美元。[8]根据高德纳集团公司的预测，整个分析学在 2010 年的收入略高于 100 亿美元。因此，文本分析的收益占比接近 10%。然而，公司越来越愿意通过社交媒体来吸引客户，而社交媒体数据大部分是非结构的文本数据，因此，它们将投入更多的精力和预算来利用文本分析方法。

4.4.3 无止境的分析

除了类似于预测式分析和文本分析的专项分析之外，你可能还会接触许多专注于某些特定领域的应用分析工具。虽然它们可能使用复杂的数据挖掘和统计工具，但因为它们聚焦于基于事实的决策制定，所以它们往往被划入分析学的领域。它们包括：

- Web 分析：对互联网相关数据的分析，往往聚焦于优化 Web 页面的使用。Web 分析的一个重要工具是**搜索引擎优化**（search engine optimization，SEO），通过使用搜索引擎对搜索结果进行排序用到的标记和关键词来增加一个网站的知名度。

- 人力资源分析：对人力资源或人才管理数据的分析，其目的是劳动力规划、训练和开发，业绩评估。
- 市场营销分析：对市场营销数据进行分析，提高市场营销策略的效果和效率，包括产品布局、销售组合、客户识别和分类。
- 客户关系管理分析：对 CRM 数据进行分析，提高销售自动化程度、客户服务和支持水平（阅读第 2 章以对 CRM 及其功能和分析方法有更多的了解）。
- 社交媒体分析：分析客户和竞争者的社交媒体使用数据，帮助组织更好地理解其与客户之间的动态交互，也帮助组织利用社交媒体来提高竞争力。
- 移动分析：分析客户和员工的移动设备的使用数据。移动计算和移动电子商务正在呈爆炸式增长，可以在第 5 章中了解更多相关信息。

毫无疑问，现在有许多分析应用工具。在第 7 章中，我们将再次讨论部分应用工具以及衡量它们是否成功的特定指标。

4.5 人工智能

IT 能够扩展企业智慧，并运用**人工智能**（artificial intelligence，AI）等方法进行分析。人工智能是让机器模拟人类思考和行为的科学。金融分析师利用许多人工智能系统来帮助管理资产、证券市场的投资以及其他金融操作。医院也在多个方面使用人工智能技术，包括人员调度、病床安排、疾病诊断和治疗。许多政府部门，包括美国国税局和军队，也在使用人工智能技术。信用卡公司使用人工智能技术检测信用卡欺诈，保险公司使用人工智能技术识别欺诈性索赔。人工智能技术能够满足从航空公司机票定价、食物调制、石油勘探到儿童保护等多种任务的需求，并被广泛应用于保险、气象、工程和航空航天行业。不管是什么情况，人工智能都是分析学领域的重要工具。人工智能系统可以是独立的决策系统，也可以嵌入到更大的分析系统中，仅负责一些特定的功能。商业界使用的人工智能系统可以分成如下几类：

- 专家系统
- 神经网络和模糊逻辑
- 遗传算法
- 基于代理的技术

4.5.1 专家系统

专家系统（expert system）也称为**基于知识的系统**（knowledge-based system），是一种运用推理能力得出结论的人工智能系统。它非常适用于诊断性问题和指令性问题。诊断性问题是指那些需要回答"发生了什么"的问题，相当于决策的情报分析阶段，而指令性问题则是指那些需要回答"该做什么"的问题，相当于决策的选择阶段。

通常，专家系统是为特定的应用领域而建立的。这些应用领域包括：会计——用于税务计划、审计等方面；医药——开出抗生素处方和诊断疾病；人力资源管理——判断公司是否符合美国联邦就业法的规定；林业管理——帮助在林区合理地砍伐树木。

图 4-7 给出了一个非常简单的专家系统实例，它可以告知司机在接近红绿灯时应该做什么。处理红绿灯问题是专家系统最适用的问题类型之一。这是一个反复发生的问题，人们应当遵循一系列既定的步骤去解决它。你或许已经经历了多次内心的"问题—回答"过程，只是没有意识到这一点。如果在接近十字路口时绿灯亮了，你可以直接通过；如果红灯亮了，就应该停车；如果红灯时不停车，并且通行方向有车经过，你将遇到麻烦。若黄灯亮了，你可以在交通灯变成红灯之前通过路口，否则，你就可能面临通行方向有车辆经过引发的问题。你必须做出决定。

规则	现象或事实	是	否	解释
1	绿灯吗	通过十字路口	转到规则2	如果是绿灯则通过路口是安全的，否则需要更多的信息
2	红灯吗	转到规则4	转到规则3	必须停下来
3	你走到马路中间时是否会变成红灯	转到规则4	通过路口	只有黄灯时才面临这种决策，你有两种选择
4	是否能在进入路口前停下来	停止	转到规则5	必须停下来，但可能因为某种原因你没法停下来
5	是否有通行方向的车向你驶来	做好被撞的准备	通过路口	除非路口没车，否则你要被撞了

```
绿灯亮了吗（是/否）？否
红灯亮了吗（是/否）？否
在你到达十字路口时，红灯可能要亮
吗（是/否）？为什么
黄灯亮时，你将有两种选择（通过或
停车）
在你到达十字路口时，红灯可能要亮
吗（是/否）？否
结论：通过十字路口
```

图 4-7 交通信号灯专家系统规则

如你所知，专家系统利用各种规则来支持决策，这与我们之前讨论的关联规则或依赖建模概念相似。例如，如果杂货店的一个顾客总是一起购买花生酱和果冻，那就没有必要给这位顾客提供一起购买两者的优惠券。在这种情况下，"规则"是提供花生酱或者果冻的优惠券，而不是同时购买两者的优惠券，这样能够鼓励顾客同时购买这两件商品。因此，专家系统可以是一个独立的系统，类似于用于辅助诊断疾病的应用。同时，它也可以嵌入到分析系统中，帮助确定应该为顾客提供什么样的优惠券。

4.5.2 神经网络和模糊逻辑

如果你看到一条从未见过的某个品种的狗，你能知道它是一条狗吗？或者只能识别出它是一种动物？这两种判断都有可能。因为你能够通过例子进行学习，你是可以分辨它们的。你见过许多动物，已经学会了对它们进行分类，因此当你看到一条狗时，你能够辨认出来。神经网络模拟人类分辨事物的这种能力，不需要预先规定得出结论的步骤。**神经网络**（neural network），经常称为**人工神经网络**（artificial neural network，ANN），是可以发现和辨别模式的人工智能系统。人类需要综合考虑许多因素来辨识和分辨不同的事物，这也是神经网络的工作方式。神经网络可以从例子中学习，并且可以用于新的概念和知识。神经网络被广泛地用于图像模式和语音识别系统中。如果你使用过可以识别手写文字的平板电脑，它很可能就是利用神经网络来分析你手写的文字的。[9]

神经网络有多种用途。例如，美国许多机场的炸弹检测系统使用神经网络来检测空气中的微量元素，进而判断是否存在爆炸物。芝加哥警察局利用神经网络确定警察的营私舞弊行为。在医药方面，神经网络每年都要检查 5 000 多万例心电图，分析药物间的相互作用，以及从组织切片样本中发现可能罹患癌症或其他疾病的异常现象等。神经网络可以检测心脏病的发作，甚至可以分辨出男女病人症状之间的细微差别。[10, 11, 12] 在商业方面，神经网络在证券交易、诈骗行为检测、房地产评估、贷款申请评估、目标市场分析等方面的应用也非常普遍。神经网络还应用在机械控制、温度调节和机器故障识别等方面。

当有大量信息可用时，神经网络非常适合于识别、分类和预测。通过检验成百上千的实例，神经网络可以发现信息中的重要联系和模式。例如，将许多信用卡交易信息提供给神经网络，并告知哪些是欺诈性的交易，则它最终将学会识别可疑的交易。

因为神经网络非常适合于识别、分类和预测，所以它们经常被用于预测式分析系统中。之前提到的确定最有可能受社交媒体广告影响并购买广告产品线上多个产品的客户就是一个好的例子。在这个例子中，神经网络帮助确定了供预测式分析引擎使用的关键预测指标。

模糊逻辑（fuzzy logic）是一种处理不精确或主观信息的数学方法。其基本方法是给不精确或主观的信息分配一个 0 到 1 之间的值。程度越高，就越接近 1。例如，可以将数值 0.8 分配给"热"这个词，然后就可以创建一系列规则和过程来描述变量之间的互相依赖性，这些规则和过程称为算法。一个模糊逻辑算法是一组步骤，这组步骤把代表不精确信息或个体感知的各个变量联系起来。

模糊逻辑是许多文本分析系统的一个重要组成部分。如前所述，文本分析将文本信息转化为结构化信息。在此过程中，人们常使用模糊逻辑方法给问卷中的文字数据分配一个具体的数值。同时，模糊逻辑也适于消除歧义，能够根据周边文本识别命名实体。

|全球视角| 艺术专家人工神经网络

文森特·梵高的每幅画作大约都价值 1 亿美元。他的大部分作品直到今天仍然没有被发现。在他死后，他母亲把他的很多作品拿到当地的跳蚤市场去卖，而且有许多作品是没有署名的。在他短暂的 7 年创作生活中，他绘制了多种不同风格的作品，包括荷兰时期的、法国时期的、印象派时期的、阿尔时期的、圣雷米时期和奥弗时期的作品。他还临摹其他艺术家的部分作品，例如毕沙罗和塞拉特风格的作品以及米勒和杜米埃的画作。梵高的创作有这么多变化，使得很难鉴别他的作品的真伪。

荷兰马斯特里赫特大学的研究人员设计了一个可以完成上述任务的神经网络。他们开发了一个计算机系统用于测定一幅画是否为梵高的真迹，这是一个突破性的进展。

这个系统通过对画布、笔触和色彩的检查，全面地分析一幅画的风格，以此确定这幅画是否为梵高的真迹。通过将 145 幅画做数字化和像素检查，系统具备了能够识别该画家模式的能力。

该系统被称为"Authentic"（可靠的）。

在早期的测试中，让 15 位专家组成的团队中的每位成员鉴定一小部分画作，系统的表现与该专家团队一样出色。

研究人员使用大脑处理图像的方法去发现和记录模式，并且将这些模式与其他绘画样品进行比较。他们设计的软件使用 X 光对画作拍照以获得其高分辨率透视图，从而"学习"和识别该画家的风格。每个画家都有自己独特的笔触、技术和颜色组合，即每个画家有一个潜在的签名。该软件分析的画家特点包括笔触的曲率、角度以及笔触的分离、厚度和重复情况。软件以这种方式确定样品为赝品的可能性。

"Authentic"软件不仅可以识别梵高的作品，甚至可以指出这幅画是在他艺术生涯的哪个时期创作的。[13, 14, 15]

4.5.3　遗传算法

今天，由于对人工智能研究的不断深入，已经通过反复试验创造出呈现较好结果的软件，这种软件被称为**遗传算法**（genetic algorithm）。遗传算法是一种人工智能系统，它通过模仿进化过程中适者生存规律从而产生一个问题的逐步改进的解决方案。换句话说，遗传算法是一种优化系统，它能发现形成最优输出的输入组合。这里有一些例子：

- Staple 利用遗传算法来评价客户对 2.2 万个包裹设计的反馈意见，从而发现包裹设计特征的最优组合。[16]
- 波音公司在设计飞机部件（如 777 的风扇叶片）时使用遗传算法。劳斯莱斯和本田在设计过程中也使用遗传算法。[17]
- 零售商，如拥有 320 家连锁店的英国 Marks and Spencer 公司，使用遗传算法技术来更好地管理它们的库存，并优化它们的展示区。[18]

假设试图确定选择哪些股票作为投资组合。可供选择的股票有无数种，但只有有限的资金用于投资。假设决定开始先买 20 只股票，对这种投资组合所期望的增长率为 7.5%。

你可能首先要研究股票的历史信息，选取某些股票并对它们进行组合。一次选 20 只，并考察每种组合的结果。如果是从 30 只股票中选 20 只，你必须检查 30 045 015 种不同的组合。若从 40 只股票中选择，则组合数目会增加到 137 846 500 000。检查这么多种组合并评价每种组合的总盈利在时间上是不可能的，更不用说其工作本身就让人极度厌烦了。然而，这种重复性的数字运算任务正是计算机和遗传算法所擅长的。

这种特定的决策任务可以使用聚类方法来优化分析，从而尝试找到具有相似特征的股票组合。这使得遗传算法成为专业分析人员的常用工具集中的重要一员。同时，因为遗传算法适合于具有无数可能结果的问题，它们使得对许多可能结果的评估变得更有效、更快。

4.6 基于代理的技术

基于代理的技术，或者称软件代理，是执行指定任务的一个小型软件。本质上，基于代理的技术是一个"代理"，类似于代表影星或运动员的经纪人，他们负责指定的工作包括讨论合同条款、启动高密度的媒体宣传活动。

基于代理的技术包括如下的五种主要类型（见图4-8）：

（1）自治代理：能够根据指定任务需要调节工作方式的软件代理。

（2）分布式代理：在多个不同计算机系统上运行的软件代理。

（3）移动代理：能够在不同计算机系统上迁移的软件代理。

（4）智能代理：集成了人工智能技术（如学习和推理）的软件代理。

（5）多代理系统：一组智能代理，它们能够独立工作但是需要互相协作以完成指定的任务。

本章聚焦于最后两种代理，即智能代理和多代理系统，它们都集成了一些人工智能技术。

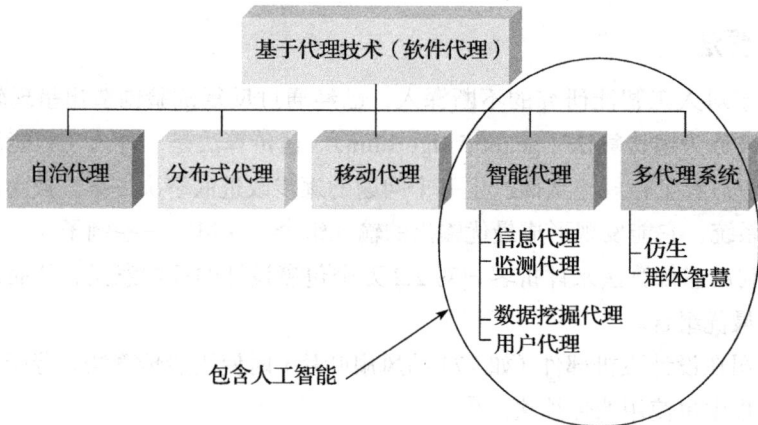

图4-8 基于代理技术的分类

4.6.1 智能代理

智能代理集成了人工智能技术（如推理和学习）来执行一些重复性的、与计算机相关的任务。如图4-8所示，有四种类型的智能代理，本节我们只聚焦于数据挖掘代理，因为它们在分析学领域的应用非常广泛。但是，我们也简要介绍一下其他三种类型以便读者了解它们。

- 信息代理：搜索特定类型信息并返回结果的智能代理。最知名的信息代理是**采购者代理**（buyer agent，也称为购物代理），这是位于网站上的智能代理，可以帮助顾客找到所需的产品或服务。

- 监测代理：对感兴趣的事物、网络或生产设备进行持续观测和报告的智能代理。
- 用户代理（个人代理）：代表用户采取行动的智能代理，如根据优先级对电子邮件进行排序，删除垃圾邮件目录下的无用垃圾邮件，作为用户的对手参与计算机游戏。

数据挖掘代理

数据挖掘代理（data-mining agent）在数据仓库上运行以发现信息。正如你在第 3 章中所学到的，数据库查询可以回答"今年 3 月的运输费是多少"之类的问题。多维数据分析可以回答更为复杂的问题，例如，"东南部地区在过去 5 年中的 3 月的运输费是多少"，数据挖掘则更进一步，可以回答用户以前从未提过的问题，如第 1 章中提到的零售管理员想到的问题："年轻人在每周五下午来买尿布的同时还买什么别的商品"。[19]

数据挖掘最常用的形式之一是分类，即找出信息中的模式并把每个项目都分到这些类中。你可能想到这正是神经网络最擅长的工作。因此，不必诧异于神经网络是许多数据挖掘工具的组成部分。因为数据挖掘代理是从数据仓库中搜索信息，所以，数据挖掘代理是数据挖掘工具的另一个重要组成部分。

数据挖掘代理可以探测某种趋势或某个关键指标的主要变化，也可以检测新出现的信息并通知用户。大众公司利用一种智能代理系统来担当市场状况的预警系统。如果公司战略所依赖的市场状况假设发生改变，则智能代理就通知管理者。[20] 例如，智能代理可能发现某些区域出现了某个问题，这个问题会降低用户付款的速度，管理者在事态初期了解到这一信息后，就可以为公司制定防范措施。

4.6.2   多代理系统

货物运输系统、图书分销中心、视频游戏市场、一次流感的流行以及一个蚂蚁群有什么共同之处吗？它们都是复杂的适应系统，因而拥有一些共同的特征。通过观察生态系统的一部分，比如蚂蚁或蜜蜂种群，人工智能科学家使用硬件与集成了昆虫特性和行为的软件模型能够做到：①学习以人类为主导的系统是如何运行的；②预测在给定的一系列环境下，它们将如何行动；③改进人类系统，使其效果更大、效率更高。学习生态系统并将它们的特性用于人和组织，这一概念称为**仿生**（biomimicry）。

最近几年，借助多代理系统，人工智能在对复杂组织进行整体建模方面取得了很大的进展。在多代理系统（multi-agent system）中，一组智能代理能够独立地工作，但必须通过相互协作来完成指定的任务。考虑蚂蚁种群，每只蚂蚁都有特定的任务，并在没有任何管理和监督的情况下整天致力于完成该任务。但是任何一只蚂蚁都不能独立地建立蚂蚁聚集地、蚁丘结构以及类似的东西，这些需要所有蚂蚁一起完成。

多代理系统正在一些领域大显身手：模拟股票市场的波动，预测人们在失火建筑物中的逃生路线，估计利率对有不同类型负债的客户的影响，估计哪些环境变化将影响供应链，等等。查看图 4-9，了解一些使用多代理系统来获得竞争优势的公司的例子。

- 西南航空公司：优化货物运输路线

- Procter & Gamble：彻底检查该公司对由遍布140个国家的50亿名客户组成的"供应网"的管理能力

- 美国空气液化公司：降低液化工业煤气的生产和流通成本

- Merck & Co.：寻找在非洲分销抗爱滋病药物的更有效的途径

- 福特汽车公司：建立一个客户偏好模型，并在生产成本和客户需求之间寻求最佳平衡点

- Edison Chouest Offshore LLC：寻找在墨西哥湾开展服务和提供船只的最好方法

图 4-9　使用多代理系统的公司 [21]

1. 群体智慧

最广泛采用的模拟类型之一是蚂蚁的生态系统。如果你曾经尝试过从家中赶走蚂蚁，你就会知道蚂蚁群是多么坚韧和高效。每一个个体蚂蚁都是独立自主的，它独立地行动和做出反应。（如果在一群蚂蚁的中间撒点面包屑，它们会沿着不同的方向散开。）不过，蚂蚁是不寻常的昆虫，因为它具有社会性。（只有不到 2% 的昆虫具有社会性，除了某些种类的蜜蜂和黄蜂外，白蚁是唯一完全社会化的昆虫。）"社会性"一词意味着一个群体中的所有成员共同工作来创建和维持一个有效、稳定的全局系统。因此，尽管蚂蚁是独立自主的，但每一只蚂蚁都为系统做出贡献。蚂蚁已经在地球上生存了 4 000 万年，与之相比，人类只有短短的 10 万年，蚂蚁在进化中取得的非凡成功得益于集体性行为，即所谓的群体智慧。

群体智慧（swarm/collective intelligence）是一组简单代理的群体性行为，这些简单代理在问题产生时能够想出办法解决问题，并最终产生条理分明的全局性模式。[22] 那么，蚂蚁种群的工作模式是如何与现代商业中的信息技术关联在一起的呢？群体智慧提供一种分析群体系统的方式，在群体系统中，个体组成的群体有确定的目标，能解决问题，并在没有中央控制或统一计划时做出决策。

通过比较工蚁的行为和西南航空公司搬运货物的机械臂的行为，可以看出生态系统和人类组织的相似性。其中的一些离奇的相似之处会让西南航空公司的管理层感到惊奇。首先，让我们来仔细观察蚂蚁。

工蚁的唯一职责是为蚁群提供食物。它们没有委员会，不讨论战略，也不指望某个中央权威机构的领导。它们仅仅是找到食物，然后把食物带回巢，并且在这一过程中遵循着一个简单的步骤。

假定两只蚂蚁 A 和 B 从同一个点出发去寻找食物。蚂蚁 A 首先发现了食物，而蚂蚁 B 则需要绕过几块石头后才能找到食物（即 A 发现了找到食物的较短路线）。确定食物位置后，蚂蚁 A 沿原路返回蚁巢，并在身后留下一条信息素的痕迹（像面包屑一样的生物学痕迹），这样蚂蚁 A 和其他蚂蚁就能知道走哪条路可以找到食物了。最先返回的蚂蚁 A 首先"铺设痕迹"指引其他蚂蚁，然后其他的蚂蚁在它们的返回途中会通过留下自己的信息素来强化这

条痕迹。

　　与此同时，蚂蚁 B 在较短路径已经被建立的情况下返回蚁巢。其他已经在搬运食物的蚂蚁不会改变它们的路线。另外，未被选择的路径上的信息素痕迹（蚂蚁 B 留下的）经过一段时间后会蒸发掉，这样它就被系统有效地删除，不再作为通向食物的恰当路径了。蚂蚁的方法直接而有效，可以被归纳为下述规则：

- 规则 1：如果已经存在一条痕迹，则沿着痕迹走，否则，创建一条新痕迹。
- 规则 2：发现食物。
- 规则 3：返回巢中，并在返回途中留下一条信息素痕迹。

　　如果情况发生变化（例如食物被移动了），蚂蚁就会停止回到食物曾经放置的地方，痕迹也就消失了。然后，前述的过程重新开始，并持续不断地进行下去，直到工蚁发现新的食物并留下指路的信息素痕迹。

　　蚂蚁刚才解决的问题只是人类（以及蚂蚁）面临的最古老的问题之一，它被称为"最短路径问题"或"旅行推销员问题"。某些工作中存在着相同类型的问题，例如为卡车设定取货、卸货路线，为工厂的生产车间安排任务，甚至是给地图涂色以确保相邻的两个区域颜色不同。从事这些工作的人员不得不寻找解决这类问题的方法。

　　根据从自然界中得到的启迪，人工智能研究人员构造了小型机器人，并集成了能够使机器人遵循一定的规则并像蚂蚁一样交互的软件。他们还创造了没有实物形态、由小的自治程序代码块组成的虚拟蚂蚁，我们称之为智能代理。每一个代码块都能遵循特定的规则、进行交互并适应环境。这些虚拟蚂蚁被集成到多代理系统中，进而形成基于代理的模型。

　　让我们观察一下西南航空公司这个例子。尽管货物运输只是西南航空公司业务中很小的一部分，它却让管理层头疼并成为繁忙机场的瓶颈。西南航空公司咨询了群体智慧专家，专家使用一个工蚁的虚拟模型来模拟货物的搬运过程。公司的管理者惊奇地发现，真的存在一种比把货物放在正确航线的第一架航班上更好的运输货物的方法。令人惊奇的地方在于，计算机群体智慧模型显示，将货物放在错误航线的飞机上很有可能是一个更好的办法。例如，从芝加哥运往波士顿的货物最好先装载在一架由芝加哥飞往亚特兰大的飞机上，然后再转运到一架飞往波士顿的飞机上，这样卸载和再装载的工作会更少。根据蚂蚁模型的结果，西南航空公司的货物转载率下降了 80%，货物处理人员的工作量减轻了 20%，以前总是装得满满的飞机上也能找到空闲的空间了，这使得公司能接更多的业务。西南航空公司的总利润每年增加 1 000 万美元。[24]

　　将来我们还会看到智能代理更广泛的应用。可以有把握地说，众多的应用都将包含群体智慧和基于代理的建模。目前，群体智慧已广泛应用于计划、资源分配和路线制定。处于初始阶段的一些应用还包括含有自组织部件的网络和能进行自我装配的机器人。一定还有很多我们还没有想象到的应用。有人相信未来智能代理将取代众多其他类型的模拟方式，因为群体智慧支持个性化、柔性和实体，而这些特征能够快速、有效地适应迅速变化的商业环境。

|行业视角|　　　　不告诉圣诞老人，告诉谷歌

有时，人们并不需要复杂的数据或数据挖掘技术，也不总是需要人工智能或者将文本数据转为结构化数据的文本分析引擎。通常，人们需要的东西就是别人经常搜索的东西，而谷歌能够与你分享这些。Google Insights for Search 是一款免费的分析工具（http://www.google.com/insights/search/），人们可以根据日期、国家、主要类型（比如：大约 30 岁等）进行搜索。或者，只是提出一个简单需求：查看最近 30 天最流行的搜索词。当我们写本节时（2011 年 7 月），我们就这样做了，得到的最流行搜索词包括：Amy Winehouse、Tour de France、Casey Anthony、Harry Potter 和 Google。

2010 年 10 月，根据在谷歌上的流行度搜索结果，CNN Money 提出了即将到来的

2010 年假期的最流行玩具报告。报告中包括以下产品：

- Hasbro 公司的 Nerf Stampede
- Mattle 公司的 Sing-a-Ma-Jigs
- 傻蛋橡皮圈
- 日本 Iwako 橡皮擦

猜猜发生了什么？每个产品在当年都有惊人的销售额。是因为这个报告吗？可能不是。如果一个词位居谷歌搜索词清单的前列，这是因为成千上万的人对它非常感兴趣。

因此，如果你是一个零售商，对于圣诞节期间该把什么商品放在货架上没有主意，我们推荐你使用 Google Insights for Search。当然，如果你真的一点主意也没有，那可能是因为你的心思并没有在商业上。[23]

本章小结

1. 比较决策支持系统与地理信息系统。决策支持系统是一种高度灵活且具有良好交互性的 IT 系统，可用于支持非结构化问题的决策制定。地理信息系统是一种专门用于分析空间信息的决策支持系统。因此，两者都可为决策的制定提供支持。但是，传统的决策支持系统主要使用文本和数字数据，而地理信息系统则使用空间或地图形式的信息。

2. 阐述专项分析（如预测式分析和文本分析）的决策支持作用。预测式分析是一种涉及高强度计算的数据挖掘技术，使用信息和商务智能来针对给定的商业问题创建预测模型。预测式分析聚焦于利用历史数据来预测未来的事件和结果。文本分析则利用统计、人工智能和语言学工具将文本

格式的信息内容（如调查、电子邮件、博客和社交媒体）转换为结构化信息。文本分析聚焦于自然语言处理，即理解大家说（或写）的内容，并将其转化为计算机能够处理的结构化数据格式。

3. 阐述专家系统的作用和功能。专家系统，也称为基于知识的系统，是一种运用推理能力来得出结论的人工智能系统。专家系统适于解决诊断性问题（发生了什么问题）和指令性问题（该做什么）。因此，它们可以帮助决策者在决策制定的情报分析阶段确定问题和机会，同时在决策制定的选择阶段选择合适的方法。

4. 说明为什么神经网络是有效的决策支持工具。神经网络也称为人工神经网络，是一种可以发现和辨别模式的人工智能系统。

神经网络擅长于在信息量很大时进行识别、分类和预测。它们常与预测式分析应用一起使用，以确定重要的预测指标。

5. 定义遗传算法及其能解决的问题类型。遗传算法是一种人工智能系统，它通过模仿进化过程中适者生存规律从而产生一个问题的逐步改进的解决方案。这类系统适合于解决这样的一些问题，它们往往具有几百或几千个可能的解决方案，但用户只需要一个最优解决方案。

6. 描述数据挖掘代理和多代理系统（这两者是智能代理和基于代理技术的子集）。数据挖掘代理在数据仓库上运行，用于发现新信息。数据挖掘代理集成了多种人工智能技术，因此是一个智能代理。多代理系统是一组智能代理，它们能够独立工作但需要通过协作来完成指定的任务。它们也集成了多种人工智能技术。

综合案例 4-1

水晶球、千里眼、占卜……预测式分析能否预测未来

在汤姆·克鲁斯主演的电影《少数派报告》（*Minority Report*）中，警察能够准确地预测犯罪的发生、犯罪地点、罪犯，并在事件发生之前及时派出警察，从而防止案件的发生。这仅是在科幻小说中发生的吗？事实上，通过预测式分析，这可能会变成现实。

正如本章所讨论的，预测式分析（或者分析学）使用多种多样的决策工具和技术对当前及历史数据进行分析，从而预测未来事件发生的可能性。依照《少数派报告》，弗吉尼亚州里士满的警察正在使用预测式分析来确定特定的犯罪类型、在特定时间发生在特定区域的可能性。

利用该系统，由30名警员组成的流动工作队被部署到犯罪发生可能性最大的地区。据里士满警察局长罗德尼穆尔说："基于预测模型，我们每三四个小时便会将流动工作队重新部署一次。"根据系统预测的下一次犯罪发生的时间和地点，有16名逃犯被逮捕。此外，在2006年5月的第一周，没有凶杀案发生，而在2005年的同一个星期共发生了3次凶杀案。

该预测式分析系统使用一个大型的数据库，这个数据库中存储着大量的信息，包括以往的报警电话、逮捕数据、犯罪记录、当前的气象数据、当地的节日、体育活动及其他事件。从IT的角度来看，该系统是软件（SPSS的Clementine预测分析软件、Information Builder的可视化和报表工具）与决策支持和预测模型（由RTI International开发）的组合。

里士满警察局的应用只是使用预测式分析的众多例子之一。其他例子还有：

- 田纳西州蓝十字蓝盾。使用神经网络预测模型来预测哪些医疗资源将被那些术后几个月甚至几年的患者使用。蓝十字蓝盾研究和开发经理索亚尔·穆明（Soyal Momin）说："如果我们获悉某个模式可以预测心脏衰竭、肾脏衰竭或糖尿病，我们想尽可能快地了解它。"
- 联邦快递。使用一种预测式分析系统，该系统提供真实准确结果的概率为65%~90%。它可以预测客户对新服务项目和价格变化的反应，还可以预测哪些客户会由于价格上涨的原因不再使用联邦快递，以及推荐的投件箱位置可以给公司带来多少额外收入。
- 美国犹他大学。使用一种预测式分析系统来增加校友捐赠。该系统能确定该校的30万校友中哪些人最有可能对每年的捐赠呼吁做出回应。这对于大部分高等教育机构有着特别的吸引力，因为它们只能将有限的资源投入到筹款捐赠活动中的最重要的

任务上。因为使用该系统，美国犹他大学大卫·埃克尔斯商学院的捐赠数额在 2005 年增加了 73%。

预测式分析的前景是非常光明的。企业开始在主流业务应用中构建预测式分析，如客户关系管理、供应链管理、库存管理，这将进一步增加预测式分析的使用。据 Overstock.com 的市场分析高级统计师、技术主管斯科特·伯克（Scott Burk）说："预测式分析将变得更加具有操作性。我们做事情比 6 个月前精明得多。"Overstock.com 使用其预测式分析系统来预测不同价位产品的需求水平。[25]

问题

1. 许多预测式分析模型都是基于神经网络技术的。神经网络在预测式分析中的作用是什么？神经网络如何帮助预测未来事件发生的可能性？在回答这些问题时，可以参考田纳西州蓝十字蓝盾的例子。

2. 如果里士满警方开始向其分析预测系统中增加人口统计数据，并试图确定哪类人（按人口统计数据分类）更有可能犯罪。通过人口统计数据（种族、性别、收入水平等）来预测哪类人容易犯罪，是否可取？

3. 在电影《千钧一发》中，预测式分析被用来确定一个人最成功的职业。基于 DNA 信息，该系统用于预测一个人是否可以通过教育成为一名工程师，或者只需要通过较低水平的教育成为一名门卫。政府会根据系统的建议采取措施，将人们分配到不同的职业轨道。这项技术的使用是好是坏？这与能够判定你的职业天赋的人格测试有何差异？

4. 在预测式分析中，地理信息系统发挥着什么作用？当你回答这个问题时，可以参考联邦快递使用预测式分析系统达到的效果：①确定哪些客户将会对价格上调做出消极反应；②预测推荐的投件箱位置能够给公司带来多少额外收入。

5. 美国国防部和太平洋西北国家实验室正在将预测式分析与可视化技术相结合，用来预测恐怖袭击发生的可能性。例如，安全摄像机捕捉到恐怖分子嫌疑人在一个固定区域游荡过久，这可能意味着他们试图进行恐怖袭击。如何将这类预测分析技术应用到机场？这项技术还可能用在哪些地方？

综合案例 4-2

决策支持有益于你的健康

纽约市健康和医院公司（New York City Health and Hospitals Corporation，HHC）已证实，有可能利用信息技术为那些大多没有保险的低收入患者提供高品质的医疗服务。

该公司为 130 万人口服务，其中约 60% 的人加入了 Medicaid 医疗补助计划，而约 45 万人没有保险。HHC 拥有雇员 3.9 万人，下属 4 个长期健康中心、6 个诊断及治疗中心、11 家急症护理医院和 80 个社区诊所。HHC 是该国最大的市政医院集团，在纽约市治疗大约 1/5 的普通住院患者，拥有超过 1/3 的急症室，接待超过 1/3 的基于医院的就诊。

该公司自诩为医疗创新者，因为它为所有的医疗设施投资购买先进的集成技术。HHC 拥有很高的水准。基于被广泛接受的业绩衡量标准，如医院获得性感染率和死亡率，HHC 常常作为优秀的医院护理模式而被表彰。HHC 成功的重要因素之一是在信息技术基础设施方面投资了 1 亿美元。其主要特色是称为 Isabel 的诊断决策支持系统。

Isabel 拥有一个包含成千上万种疾病和药物的数据库，而且不需要键盘，就可以直接使用自然语言访问这个数据库。该数据库中也包含源于医学教科书、期刊及其他来源的信息。

Isabel 的工作过程为：医疗保健专业人士输入患者的症状，系统立即返回可能的疾病清单。对于每种可能的诊断都有一个化验列表和治疗方案的选择。Isabel 还可以提供以往的病例信息和疾病治疗的最新进展。Isabel 决策支持系统具有医嘱录入功能，以及药物管理功能和患者数字图像功能。

在提供卫生保健方面存在的部分问题是信息的支离破碎。一位患者可能会出现在不同的诊室诊治不同的疾病。HHC 使用跨部门整合的电子病历，因此，对每位患者的诊治都有一个清晰、全面的了解。

在 HHC 中，Isabel 并不是专业人员使用的唯一的决策工具。在其家庭健康护理部，HHC 使用远程监护技术，从而使专业人员能够跟踪慢性病患者（如糖尿病患者）的治疗情况。在 HHC 中大约有 5 万名糖尿病患者，他们需要仔细的监测。不仅如此，在应对自身疾病方面，患者需要帮助和支持，而远程监护能够提供帮助。

使用远程监护，医疗保健专业人士可以监测病人的血糖水平、血压以及其他健康指标。当患者待在家中时，远程监护是一种帮助追踪他们生命体征的方法。可以定期（也可能是每天）通过语音的方式告诉病人测量血压、脉搏、含氧水平等指标。该系统还会询问有关肿胀、出血或伤口状况等问题。病人使用手机触摸屏来回答问题。当出现问题，并在进入急诊室或问题变得更糟之前，远程监护是提供指导的经济有效的途径。当收集好数据，并与所有相关信息结合后，医疗保健专业人士能够对患者有一个清晰的了解，进而给出各种治疗方案。

HHC 系统改善了一个令人担忧的医疗问题——误诊。我们都听过一些恐怖的故事，一个人在手术后醒来时，才发现需要截肢的腿还在，或者是一个健康的肾被摘除，而有病的肾还在。这种情况是非常罕见的，但这是重大误诊事故中最突出的例子。耗资数百万对医疗事故进行诉讼，这是增加保险金的原因之一，也增加了整体的医疗成本。

据 2008 年 5 月出版的《美国医学杂志》报道，有 10% ~ 30% 的病人被误诊。除了人体承受的痛苦和磨难外，财务费用是惊人的。2000 ~ 2004 年，Kaiser Permanente 医疗中心因误诊而支出的医疗和法律费用约为 3.8 亿美元。

这怎么可能？一项有关价值分析的研究显示，65% 的系统相关因素会导致诊断错误。这些系统因素包括协议、策略和程序、低效的过程以及沟通问题。74% 的误诊病例涉及过早下结论，也就是说，在获得初步诊断结论后，没有继续考虑其他的可能性。

医生的头脑中有非常大的数据集。医疗行业是一个真正的知识密集型行业。对于如此庞大规模的疾病数量，一个人不可能掌握所有疾病的症状、治疗方法、相关研究以及病例，这就是决策支持系统的宝贵之处。[26, 27]

问题

1. 本案例讨论的系统是一个决策支持系统。然而，医疗领域也使用其他类型的计算机辅助支持系统。你能否想到医学界使用人工智能系统的其他方式？例如，模式识别怎么样？模式识别可以帮助诊断疾病吗？

2. 在跨科室以及跨医疗机构整理和聚集医疗信息时，一个最大的担忧是使用的个人医疗信息越多，暴露的个人资料就越多。1996 年签署的《健康保险可移植性和责任法案》(Health Insurance Portability and Accountability Act，HIPAA)，保证了你的健康资料的安全性和隐私性。这个法案的颁布就是设法使以电子方式存储和传输的医疗记录受到保护。总体来说，你认为让医疗行业各部门（医生、治疗师、保险公司、医院结算等）使用你的医疗记录是好还是坏？为什么？你能想到一些由于医疗信息披露而使病人遇到困扰的例子吗？

3. 预测式分析可以成为 HHC 决策支持系统的一部分吗？如果可以，它可以分析哪些数据？它可以告诉医务人员什么？它只对病人有益？抑或是它还可以帮助健康的人？如何帮助？

4. 临床研究表明远程监控（本案例做了简要讨论）可以帮助降低医疗费用。事实上，住院治疗的监护患者约占患相同疾病而未被监护患者的一半。急诊患者约为未监护患者的 5 倍多。什么类型的疾病可以用这种方式监护（考虑高血压这样的慢性疾病）？使用这种系统作为后续护理有意义吗？怎样利用这些数据帮助那些将来可能成为患者的人？这些数据适合于 Isabel 的哪一部分？

5. 自动诊断系统是否可以取代真正的医生？为什么？你相信有经验的医生，胜过相信自己能查询的数据库吗？为什么？

问题思考

1. 决策包括哪四个阶段？
2. 本章讨论的决策包括哪四种类型？
3. 决策支持系统的三个组件是什么？
4. 地理信息系统主要使用什么类型的信息？
5. 数据挖掘功能和模型能够处理哪五种与智能相关的任务？
6. 什么是预测式分析？
7. 预测式分析中的预测目标和指标有什么作用？
8. 什么是文本分析？
9. 专家系统主要用于解决什么类型的问题？
10. 神经网络用于解决什么类型的问题？
11. 为什么模糊逻辑对于文本分析很重要？
12. 什么是基于代理的技术？
13. 仿生和群体智慧有什么关系？

作业训练

1. 建立地理信息系统。利用幻灯片建立一个地理信息系统模型。在第一张幻灯片上绘制一张校园地图，可以利用软件或标签笔来绘制地图。然后，在第二张幻灯片上标明你在哪些建筑物里上什么课，并将其铺在第一张幻灯片上。在第三张幻灯片上标明你上课的教室类型（即礼堂、实验室、小型、中型或大型房间）。在第四张幻灯片上标明特殊设施，如计算机实验室或生物实验室，等等。在设计地理信息系统时，你遇到了哪些问题？这些手工制作的地理信息系统对新生有帮助吗？其中的哪些幻灯片你会保存下来继续使用？哪些幻灯片在你结束大学生活后还具有纪念意义？

2. 选择资金方案。利用电子表格软件（如 Excel）评价购买价格为 1.2 万美元的汽车时的可选方案。就下列 4 种方案比较购买汽车的支付金额（利用 Excel 中的 pmt 函数）、利息总额以及总费用：

a. 3 年，利率为 0

b. 2 年，年度利率（APR）为 1.99%

c. 4 年，年度利率为 5%

d. 6 年，年度利率为 6%

　　你在买新车时，还要考虑什么其他因素？除了利息和其他一些可计算的因素外，是否存在别的因素需要考虑？这些因素是什么？购车与购置其他物品，如激光唱片、电视机、电脑，有何不同？

3. 你使用哪种软件？根据下表所列的每种情况，你将使用哪些类型的计算机辅助决策支持软件？注意解释为什么你的选择是合适的。决策支持的可选软件有：

- 决策支持系统
- 地理信息系统
- 专家系统
- 神经网络
- 遗传算法
- 智能代理

问题	决策支持软件
你和不同大洲上的另一个销售主管想开发新的产品价格结构	
你想预测什么时候客户打算与其他供应商合作	
你想填写报税单	
你想确定在一个城市的 23 个不同地址投递包裹的最快路径	
你想确定在哪方面投入广告资金（电视、广播、报纸、直邮、电子邮件）	
你想跟踪竞争对手提供的类似产品和服务的价格	

4. 确定预测指标。考虑你的学校及其预测式分析模型的建立。你认为判断被录取的学生是否真正能够到学校报到的十个最重要的预测指标是什么？考虑潜在学生在做出决策时会考虑的所有因素。

问题讨论

1. 一些专家认为，如果一家企业的决策中有 52% 是令人满意的，那么它的经营就会取得成功。利用决策支持系统能保证决策结果更好吗？为什么？决策的质量依靠什么？你认为在这 52% 的决策中包含哪些类型的决策是否很重要？例如，使用合适的回形针和决定企业的厂址这两项决策的影响力相同吗？你能想到回形针类型的决策起着重要作用的情况吗？

2. 考虑第 3 章中讨论的数据仓库专题。未来，人工智能系统将越来越多地应用于数据仓库的处理中，你认为哪种人工智能系统会有帮助？它们应用于哪种任务或情况的效果最佳？你认为人工智能系统是否会在数据库和数据仓库的设计中起重要作用？为什么？

3. 考虑本章中讨论的四种人工智能技术的异同。给出一些能够被多种人工智能技术解决的问题。假设你在自己的网站上出售棒球，你可以使用何种类型的人工智能系统产生关于确定公司将来发展方向的有用信息？如果你在出售棒球方面经营得相当成功，你是否期望得到诸如沃尔玛的顾客信息？为什么？

4. 人工智能系统是解决商业问题的一种新方法。使用新兴的信息技术通常会有什么困难？对于我们讨论的每种系统，指出人工智能系统相对于传统的企业业务流程有哪些优势和劣势。假设你专门从事茶叶销售业务，既有实体商店，又有网络商店。在每种商店中，你是否使用同样的人工智能系统？你以何种方式使用它们？或者为什么不使用它们？是否有适合小型专业企业使用的决策支持和人工智能技术？决策支持技术通过什么方式来增加价值？你是否想过决策支持系统或人工智能系统的价值可能会递减？经营大型企业和小型专业企业的主要区别是什么？

5. 神经网络可以对模式进行识别和分类。假如某人拥有的神经网络可以搜集到有关你的生活方面的许多信息，那么该神经网络是从何处得到你的信息呢？考虑私人的（如医生办公室）和公开的（如机动车管理部门）信息。

6. 你的学校可以使用哪种类型的人工智能系统用于辅助注册？智能代理可以快速找到大量信息，神经网络可以对模式进行实时分类，学校的管理部门可以利用这些（或其他某些）人工智能系统以及所有的学生数据产生哪类信息？

7. 你可以使用基于代理的建模技术来模拟学校生活中发生的哪些行为？试描述三种情景。

本章项目

小组项目
- 评估客户关系管理的价值：特雷福汽车维修公司
- 分析信息的价值：Affordable 房地产经纪公司
- 主管信息系统报告：竞选资金
- 建立决策支持系统：创建投资组合
- 创建决策支持系统：买还是租
- 创建决策支持系统：盈亏平衡分析
- 开发调度决策支持系统：空乘人员调度

电子商务项目
- 计算机统计数据和资源网站
- 消费者信息网站
- 元数据
- 美国劳工部
- 人口统计信息
- 浏览谷歌地球
- 黄金、白银、利率和现金
- 学习投资
- 股票行情

电子商务：新经济战略

1. 定义并描述九种主要的电子商务模型。

2. 分析在 B2B 和 B2C 电子商务模式下，客户及他们对产品和服务的感知价值的区别与相同之处。

3. 比较在 B2B 和 B2C 电子商务模式下，产品营销组合的不同方式。

4. 总结在电子商务环境下转账的多种方式及相关问题。

5. 讨论影响电子商务世界和社会的主要发展趋势。

令人惊叹的产业变革

广告资金涌向信息获取的新渠道——互联网

在目前已经很大程度上成为电子商务的商务世界里，你需要明智地决定在哪里投放广告。这意味着需要开发有效的营销活动，创建令人难忘的广告内容，使用适当的媒介组合，并在"眼睛"关注的地方投放广告。这个案例中的"眼睛"是指人们关注的信息获取渠道，人们通过这个渠道看到你的广告。

在过去，大多数的广告资金花费在纸质媒介，比如报纸、杂志以及电视和广播广告上（见下图）。现在人们把大部分时间都花在哪里了？没错，是在互联网上。成人在互联网上花费了他们 29% 的时间。如果再加上年轻人和青少年，则这个数字将提高到 38%。

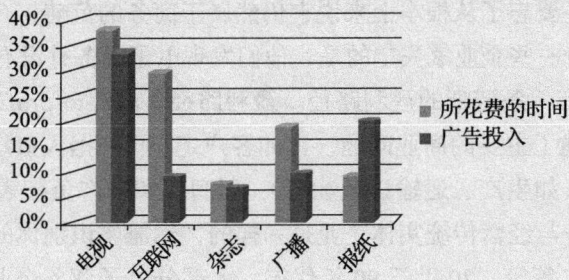

那么，现在广告商在哪里投放广告资金呢？令人感兴趣的是，这些资金并不总是投放到人们花费大部分时间的地方。成人在电视上花费他们 37% 的时间。而接近 1/3（32%）的广告资金被用在了电视上，因此这个关联性还是很好的。但是再看看报纸，成人只在报纸上花费了他们 8% 的时间，广告商却在报纸上投放了 20% 的广告资金。你不得不质疑这个决策的有效性。

成人花费了 29% 的时间在互联网上，广告商却仅在此投放了 8% 的广告资金。因此，互联网的广告资金 / 浏览量的比值非常大。电视的广告资金 / 浏览量比值接近 1 : 1（即 1% 的浏览量获得了 1% 的广告资金）。另外，针对互联网，这个比值是 3.5 : 1。也就是说，3.5% 的浏览量仅获得了 1% 的广告资金。

因此，你认为这种令人吃惊的行业变革将去向何方？在广告行业中，我们可以期望看到广告资金从电视和报纸转向互联网的一个日益增长的趋势。这一点是毋庸置疑的。如果人们正在互联网上花费更多的时间，那么企业也会将它们的广告资金更多地投向那里。[1]

问题

1. 在普通的一周中，你用于看电视的时间与你花在互联网上的时间的比率是多少？

2. 在看电视时，有广告出现时你做什么？你会换台吗？是否会站起来吃点或喝点什么？或者做其他的事情？

5.1　引言

在过去的 15 年里，由万维网开始的新经济引起了人们的兴趣，出现了世界上从未出现过的创业狂潮。财富的获得和丧失瞬息万变。毫不夸张地讲，互联网公司的百万富翁和亿万富翁一夜之间就可以诞生。许多人也可以一夜之间就变成乞丐。

是什么导致了这场狂潮，并在今天依旧如此？它是由信息技术赋能的电子商务。**电子商务**（electronic commerce）是商务，但它是由信息技术，特别是互联网技术推动和提升的商务。电子商务使得客户、消费者和公司之间形成了强有力的新型关系，这在没有信息技术的情况下是不可能实现的。电子商务打破了诸如时间、地理、语言、货币和文化等企业障碍。在短短的几个小时内，你可以在互联网上创建店铺，并能立即被全世界成千上万的消费者所访问到。

电子商务存在什么限制吗？答案是：既不存在，又存在。说"不存在"是因为不用太费劲你就可以建立自己的电子商务网站。说"存在"是因为要想成功仍必须遵循一定的商业基本原理和法则。我们不要忘了从根本上来说它仍然属于商务的范畴，企业和人们通过它进行产品与服务的买卖。令一些企业家失望的是，他们发现电子商务并没有什么"高招儿"。

简言之，你必须有一条清晰的盈利路径。**盈利路径**（path-to-profitability，P2P）是一份正式的商业计划，概述了主要的商业问题，比如客户定位（根据人口统计学特征、行业等）、营销策略、运营策略（如生产、运输以及物流）、利润表和资产负债表中的估计目标值。也就是说，经营电子商务与经营传统实体企业是一样的，你需要识别你的客户，确定如何吸引他们来采购你的产品，等等。20 世纪 90 年代末，大部分电子商务企业（当然它们现在已经不复存在了）犯的主要错误，就是它们没有一个清晰的盈利路径。

5.2　电子商务业务模式

　　如图 5-1 所示，有九种主要的电子商务业务模式。我们将从较为不常见的电子商务模式开始介绍，然后再介绍那些主流的电子商务模式。

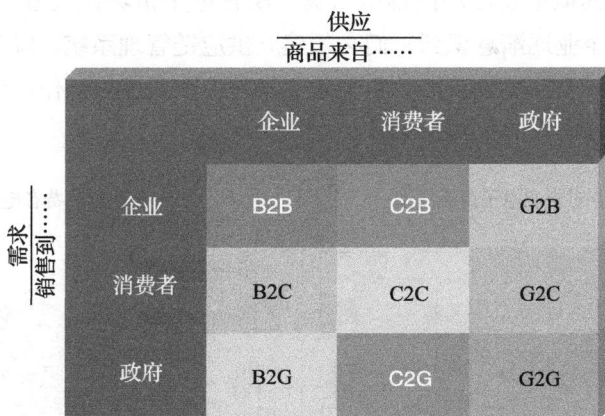

		供应 商品来自……	
	企业	消费者	政府
企业	B2B	C2B	G2B
消费者	B2C	C2C	G2C
政府	B2G	C2G	G2G

图 5-1　9 种主要的电子商务业务模型

- 企业对政府（B2G）的电子商务。它是指企业向政府销售产品和服务。例如 Lockheed Martin 航空公司，它 80% 的利润来自向美国国防部出售产品和服务。[2]
- 消费者对政府（C2G）的电子商务。它是指个人向政府销售产品和服务。假如你要向政府出售产品和服务，你必须注册为一家正式企业。这样一来，你就不再是作为消费者个人从事商务活动了，而更像是一个作为组织或企业的个人。
- 政府对企业（G2B）的电子商务。它是指政府向企业销售产品或服务。例如中小企业管理局提供诸如贷款、证人担保、灾难援助以及申述等方面的服务。
- 政府对消费者（G2C）的电子商务。它是指政府和居民 / 消费者之间的商务活动，包括缴税、交通工具登记、提供信息和服务等。
- 政府对政府（G2G）的电子商务。它是指一个国家的政府部门之间，或者是两个或多个国家的政府之间进行的电子商务活动，包括提供国际援助以及分担边境巡逻任务。

5.2.1　企业对企业（B2B）的电子商务

　　企业对企业（B2B）的电子商务是指企业向客户销售产品和服务，而这里的客户主要是其他企业。例如，当 Gates Rubber 公司销售软带、软管以及其他合成橡胶制品给通用汽车或者其他需要这类零件的制造商时，这就是 B2B 电子商务。目前，电子商务的所有资金几乎都集中在 B2B 电子商务上。不同于我们日常所看到的 eBay 或者 Myspace 等面向消费者的快捷业务，B2B 企业将通过一系列的后台交互活动支持最终客户的消费行为，例如 Gates

Rubber 公司卖给通用汽车一个软管用来生产汽车，而最终你购买了这辆汽车。另一个例子是 First Data 公司。这家公司是许多公司使用的一家支付服务提供商，当你在一些大型商场使用信用卡进行购物时，First Data 公司将负责信用卡的授权和验证工作。你也许没有听说过这家公司，它却是美国最大的 250 家公司之一。

正如你在图 5-2 中看到的那样，企业通过创建和使用 B2B 电子市场充分发挥了电子商务的优势。B2B 电子市场是一种企业之间进行商品买卖、共享信息（与第 2 章中的信息伙伴关系相同）以及进行其他重要活动的虚拟市场。B2B 电子市场代表着 B2B 电子商务模式的一种快速发展趋势。企业逐渐意识到它们必须建立供应链管理系统，降低成本，与其他企业建立信息伙伴关系，甚至在提供新产品和服务上与其他企业进行合作。B2B 电子市场能够让企业以极高的效率实施所有的这些任务。

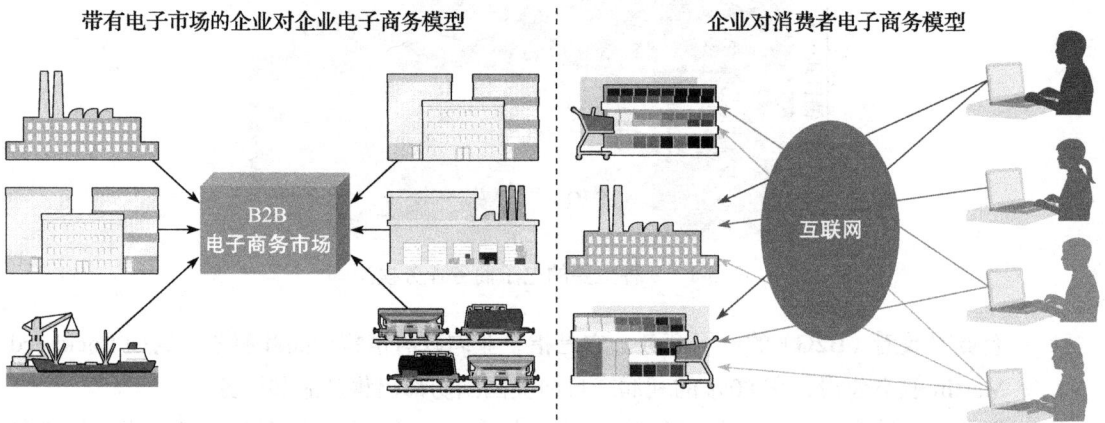

图 5-2　企业对企业及企业对消费者电子商务业务模型

5.2.2　企业对消费者（B2C）的电子商务

企业对消费者（B2C）的电子商务是指企业向客户销售产品和服务，这里的客户主要是个人。这无疑是你最熟悉的一种电子商务模式了。如果你曾在亚马逊（www.amazon.com）上购买过书，从 Circuit City Online 公司（www.circuitcity.com）购买过一张 CD，或者从 Netflix 公司（www.netflix.com）购买过一张电影光盘，那么你都算是参与过 B2C 电子商务了。

B2C 电子商务吸引了当今大众媒体的大部分注意力。它是推动 20 世纪 90 年代电子商务早期发展的业务模式。无论提供哪些产品和服务，B2C 电子商务的竞争都最为激烈。亚马逊是一家最为知名的 B2C 企业，它每天都要与成百上千的书籍、音像制品、服装、美容产品、电脑以及家居用品的网络商家进行残酷的竞争。

从图 5-2 中你可以看出，B2C 与 B2B 这两种电子商务模式间存在着巨大的差异。B2C 使消费者可以通过网络直接与企业联系。消费者在网上进行冲浪，在评估完许多独立的电子商务网站所提供的产品和服务之后才会最终选择一个网站进行购买。在 B2B 模式中，企业倾向于与其他企业保持长期的合作伙伴关系，而在 B2C 模式中，消费者的选择往往是变化无常的，他们经常从不同的网站购买同样的产品和服务。

5.2.3　消费者对企业（C2B）的电子商务

消费者对企业（C2B）**的电子商务**是指个人向企业销售产品和服务。C2B 电子商务业务模式与 B2C 电子商务业务模式是完全相反的。在 B2C 电子商务模式中，消费者产生需求，企业进行供应。而在 C2B 模式中正好相反，企业产生需求，消费者进行供应。[3] 很多人错误地把 www.priceline.com 这类网站归类于 C2B 模式。在 www.priceline.com 上，作为消费者，你虽然可以为机票或酒店设定价格，但是你仍然是需求的提出者，而航空公司或酒店仍然是产品或服务的供应者。

Fotolia 公司（www.fotolia.com）是真正的 C2B 模式的一个很好的例子。在这里，作为一个个体的你，可以将图片或视频发送到网站上，用于销售。企业将在众多的照片和制品中进行搜索，如果它们选中了你的图片或视频，将付给你一定的使用费。

联盟计划是另外一个很好的 C2B 电子商务业务模式的实例。例如，通过与亚马逊之间的一个联盟计划项目，你可以在自己的个人网站上设置与亚马逊网站的链接，并可以通过它购买亚马逊的产品和服务。如果他人通过点击你个人网站中的链接从亚马逊购买商品的话，亚马逊将付给你一定的报酬，这个报酬通常是此次销售收入的一小部分。通过这种方式，你把个人网站的空间出售给亚马逊做广告，因此说这是 C2B 电子商务业务模式的一个实例。

目前看来，C2B 电子商务业务模式仅占整个电子商务世界中的一小部分。但随着企业逐渐意识到个人不仅仅是产品和服务的消费者，预计 C2B 模式的地位将得到进一步的提升。例如，对于博客来说，如果你的目标明确的话，它将很容易变成一个 C2B 电子商务业务模式。

5.2.4　消费者对消费者（C2C）的电子商务

消费者对消费者（C2C）**的电子商务**是指个人消费者向其他个人消费者销售产品和服务。C2C 电子商务模式通常是通过一个中介机构完成的，比如 eBay。eBay 是一个 B2C 模式和 C2C 模式的综合体。说它是一个 B2C 模式的网站，因为它向你出售这样一种服务，你可以通过 eBay 的平台进行商品的拍卖活动（如果你是卖家才需要付费，买家则不需支付费用）。不过它确实也是一个中介，支持你在 C2C 电子商务业务模式的网站上进行交易。就是说，可以使用 eBay 将产品和服务销售给其他的消费者，也可以使用 eBay 从其他消费者那里购买产品和服务。

很多 C2C 网站并不真正支持任何一种电子商务模式（比如购买产品和服务的费用支付）。它只是将具有共同兴趣或想分享一些东西的人聚集到一起来。Kazaa(www.kazaa.com) 就是这样一个网站，它将喜欢分享 MP3 音乐的人们集合在一起。博客或许也可以归类为 C2C 模式，因为人们可以通过博客就共同感兴趣的话题进行交流。很多这种类型的网站都是依赖广告收入经营的，即它们通过出售广告空间获得收入，这一点类似于联盟计划的概念。

至此，九种电子商务业务模式就介绍完了。尽管从概念上讲它们各不相同，而实际上，每种模式都与另外一种或多种模式相交叉。你现在面临的问题是如何在你的业务运作中使用这些电子商务模式。我们将特别关注 B2B 和 B2C 电子商务，因为这是你最有可能用到的地方。我们将探讨以下三个电子商务的关键成功因素：①了解你的企业、产品、服务和客户；②找到客户并建立客户关系；③便捷、安全的货币支付。

5.3 了解你的企业、产品、服务和客户

任何企业要想取得竞争优势并获得成功，都必须很清楚地界定自己的产品和服务的特点，知道自己的目标客户是谁，并了解客户在他们的业务活动（B2B模式）或者个人生活中（B2C模式）是如何感知你的产品和服务的。要做出合理的商业决策，你必须了解客户如何评价你的产品和服务的价值。

有许多值得去做的业务活动，但首先必须要设定包含目标的公司使命，以及制作具有吸引力的营销手册。与此同样重要的是，能够非常深入地理解你的企业在做什么。在现实中不可能为所有的客户提供他们需要的所有东西。你必须回答以下两个问题：①谁是你的目标客户？②客户所感知的你的产品和服务的价值是什么？让我们分别进行探讨。

5.3.1 谁是你的目标客户

就像在传统"砖头＋水泥"的商业环境中一样，在电子商务世界中你必须努力地向其他企业、个人终端消费者或两者的结合体销售产品。如果你的企业就像Gates Rubber公司一样，其产品主要是橡胶合成产品，主要出售给汽车行业以及船舶、自行车等类似产品的制造商，你就应该专注于B2B电子商务模式，将其他企业作为你的目标客户。然而，如果你是为个人找工作制作个人简历或者提供就业服务，你的客户就是B2C个人终端消费者。最终，你可能成为像Monster.com (www.monster.com) 那样的企业，它提供一个电子市场，同时满足那些寻找工作的个人和招聘雇员的企业。如果你的企业像Monster公司一样，那么你的客户组合将既包括终端消费者又包括企业，而且你需要同时很仔细地考虑两组客户，包括他们的需求，以及对他们来说你销售的产品和服务的价值。

许多旅游企业，比如美国运通（American Express），既为企业服务，又为终端消费者服务。作为个人消费者，你可以在美国运通安排你的度假并付款。同时，许多企业也使用美国运通的服务去处理它们所有的商务旅游需求。

无论是哪一类企业，你都必须知道你的客户是谁。在电子商务世界里，这意味着需要清晰地了解终端消费者（B2C）和其他企业（B2B）的不同，即使你向二者都提供产品和服务。就像你将通过本章所看到的，个人终端消费者和其他企业的需求明显不同。

5.3.2 客户感知到的产品和服务价值是什么

如果一位客户订购了一件产品或一项服务，那是因为客户感知到你所提供的商品的价值——客户想要或需要你的产品或服务。当我们调查需求时，终端消费者和作为消费者的企业之间的区别就变得越发重要和明显了。让我们依次来看看不同的客户所需要的产品或服务的种类（见图5-3）。

企业对消费者（B2C）	企业对企业（B2B）
• 便利性：低价但需要经常购买	• 维护、维修、运行（MRO）物料：必需的物料，但与公司主营业务无关
• 专业性：高价、购买频率不高，经常需要定制	• 直接物料：制造商生产时使用的原材料，或零售环境中摆放在货架上直接出售的物料
• 日用品：在任何地方买都相同	
• 数字化商品：最佳商品，因为库存和运输的成本低	

图 5-3　B2C 和 B2B 产品和服务

1. B2C：便利商品与专业商品

在很多情况下，你可以通过价格和消费者购买的频率来区分便利商品和专业商品（或服务）。对于终端消费者来说，便利商品典型的特点就是价格低，消费者却经常需要它们。不易损坏的食品，比如早餐谷物食品就是一个很好的例子。从诸如 Peapod（www.peapod.com）这类公司，你可以很容易地订购食品，并要求它们在订购后 24 小时内或者在预先确定的时间间隔内送到你家，比如每周一次。消费者为了更加"便利"可能会为这些低价格的商品支付更多的钱。

专业商品是指如家庭立体音响系统、计算机、品牌衣服、家具等这类商品。对于消费者来说，这些是高价格的商品（相对于便利商品而言），专业商品的典型特点是不经常购买，而且通常需要某种定制化或特定的规格。对于专业商品，消费者将花费更多的时间去货比三家，不仅仅是为了找到最好的价格，因为这些商品的价值还体现在定制化程度、担保、服务以及其他售后品质上。

2. B2C：日用品和数字商品

在 B2C 电子商务中有一条普遍的规律，销售最好的商品可能是日用品，可能是数字商品，也可能是二者的结合。这可以使你的内部成本最小化，但也要求你在如何推出商品以及如何吸引消费者到你的网站上来这些方面有所创新。

对于消费者来说，日用品在哪里购买都无所谓，在这方面其与便利商品有些相似。图书就是一个很好的例子。无论你在哪里购买特定的一本书，都是一样的。作为一家企业，在日用品领域竞争必须以下列几项作为基础：

- 价格
- 交付快捷性
- 订购便捷性
- 退货政策

当然，日用品行业很容易进入（即进入阻力很小），因而买方议价能力比较高（根据第 1 章的波特五力模型）。在这种行业环境下，组织的目标应该包括：①对终端消费者尽量降低价格；②通过建立高度集成的供应链管理系统来尽量降低企业内部成本（根据第 2 章）。同时也需要建立一个很"黏"的网站，不仅能吸引消费者，还能促使他们一次次地光临。

在 B2C 电子商务模式中，提供数字商品同样十分重要。其目的是当一个消费者进行购买后，通过在互联网上交付数字产品来消除运输成本。音乐就是一个很好的例子。苹果公司旗下的 iTunes 网站（www.apple.com/itunes/store/）可以让你精准地挑选你所想要的歌曲，付款后就可以从互联网上下载下来。在苹果公司网站上，一首歌的价格仅仅 99 美分（根据歌曲不同，可能略多或略少些），因为它没有实物运输成本和物理库存成本。这个事例说明，数字产品也是很有优势的（同时对于企业和消费者来说），因为它们是定制化的。也就是说消费者不必买下整张音乐 CD，他们可以只选择想要的歌曲。

3. B2C：大规模定制

终端消费者通常对于购买定制商品非常感兴趣。在 B2C 电子商务模式中，这种需求导致了大规模定制概念的产生，**大规模定制**（mass customization）是指企业能够给予消费者机会，按照消费者自己的规格标准去定制产品和服务的能力。定制化对消费者来说是很适合的，它抛开其他消费者的价值感知因素，成为企业的一个关键竞争优势。例如，戴尔电脑公司在市场上的口碑相当好，尤其在它允许消费者定制自己想要购买的电脑方面表现非常优秀。像 Apple 这样的音乐网站，现在也允许你挑选想要的歌曲而不是整张 CD。服装网站可以让你在衣服的不同款式、颜色和型号之间进行选择，以符合你的需求。

在 B2C 环境下，你可能要面对成千上万不同的消费者，每个消费者都有独特的品位和需求。你必须接受并支持大规模定制的概念。

4. B2B：MRO 与直接物料

维护、维修和运营物料（Maintenance，repair，and operations，MRO），也称**间接物料**（indirect materials），是指运营一家现代化公司所必需的物料，但与公司主营业务无关。MRO 包括从圆珠笔到三环黏合剂、设备的维修部件以及润滑油等各种物质。因此，B2B 电子商务模式中的 MRO 有些类似于 B2C 电子商务模式中的便利商品和日用品。

然而，在这些物料的采购中，企业客户（B2B）与终端消费者（B2C）在很多方面都不尽相同。例如，企业由于是批量采购 MRO 物料，因此能够进行议价并要求折扣价格（而 B2C 电子商务模式中的终端消费者通常没有这个能力）。许多企业采取联合采购以形成更大的批量，这样就能够向供应商要求一个更大的折扣。这也就是我们所知道的**需求聚合**（demand aggregation），即将多个买主的购买需求综合成一个大订单，从而获得商业折扣。如果你的企业是 B2B 电子商务模式中的一家 MRO 物料的供应商，那么你将主要在价格（包括折扣）、交货和订货的便捷上进行竞争。

直接物料（direct materials）是指制造商生产时使用的原材料，或零售环境中摆放在货架上直接出售的物料。所以，与 MRO 物料正好相反，直接物料与企业的主营业务相关。企业客户是否能以令人满意的质量、数量以及交货时间收到它们所需要的直接物料十分重要。

有一些企业参加逆向拍卖（通过电子市场）以获得直接物料。**逆向拍卖**（reverse auction）是一种交易过程，买方先发布自己的产品购买需求（包括数量、质量、规格和交货时间等信息），多个卖方可以展开竞标，不断地投出更低的价格，直至只剩下一家卖方为止。逆向拍卖为买方争取了极大的"权力"，因为有很多的卖方共同竞争同一笔交易。

5. B2B：横向电子市场与纵向电子市场

作为一名供应商，你还需要了解你现在是在横向电子市场中还是纵向电子市场中进行销售（见图 5-4）。**电子市场**（electronic marketplace/e-marketplace）是指一个交互式的中立市场空间，其中有多个买方和卖方从事电子商务交易或其他电子商务活动。电子市场有多种表现形式，包括增值网提供商（在本章后面会进行讨论）、横向电子市场以及纵向电子市场。**横向电子市场**（horizontal e-marketplace）是指一个连接很多行业买方和卖方的电子化市场，主要是 MRO 物料的交易。此外，MRO 物料包括范围很广泛的产品和服务，比如办公用品、旅游、运输以及一些金融服务等。因为横向电子市场支持 MRO 物料交易，所以我们之前讨论的很多关于 MRO 物料的 B2B 电子商务在这里都是适用的。

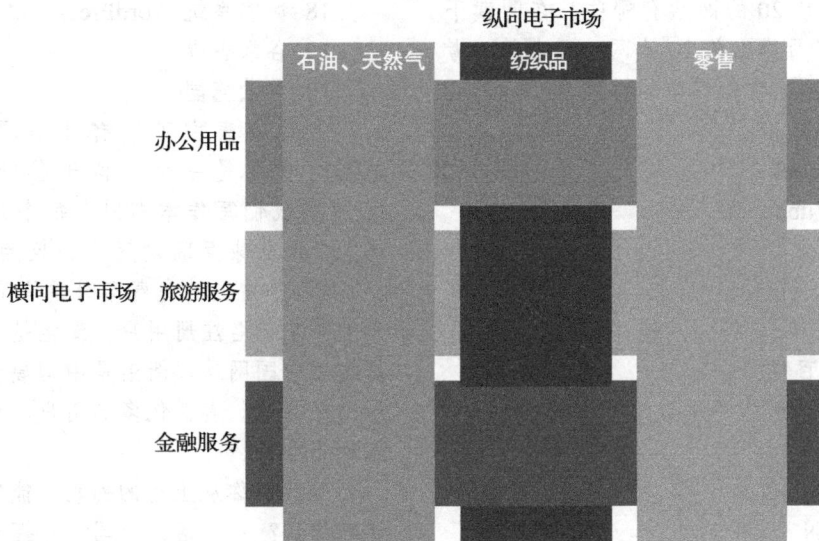

图 5-4　横向和纵向 B2B 电子市场

纵向电子市场（vertical e-marketplace）是一种连接特定行业（例如石油和天然气、纺织品以及零售业）的买方和卖方的电子市场。Covisint 公司（www.covisint.com）就是一个很好的例子。Covisint 公司提供了一个汽车行业的 B2B 电子市场，许多这个行业的买方和卖方在这里进行产品及服务的交易，共享产品和零部件开发的重要信息，在新想法的基础上进行合作，以及配置支持各自的信息技术系统之间进行无缝通信的基础设施应用。

综上所述，本书已经向你提供了一些内容，供你去思考电子商务的如下几个方面，这将帮助你了解你的企业、产品、服务和客户的性质。

- 企业对消费者电子商务
  - 客户人口统计学资料、生活方式、需求的多样化。
  - 产品和服务在便利性上和专业性上的差别。

- 电子商务最适合日用品和数字化的产品及服务。
- 大规模定制在某种情况下会增加价值。
● 企业对企业电子商务
- 维护、修理和运营（MRO）物料与直接物料的区别。
- 提高企业客户的需求聚合和谈判能力（买方议价能力）。
- 连接买方和卖方的电子市场——横向电子市场（主要是 MRO 物料）和纵向电子市场（针对既定的行业）。

|全球视角|　　你能列出排名前 20 的网站吗

这个练习很有趣。按照网页浏览数，你认为排名前 20 的网站有哪些？在阅读下面 2011 年 7 月排名前 20 的网站列表前，考虑一小会并列出你心目中的排序。

1. Google
2. Facebook
3. YouTube
4. Yahoo!
5. 博客
6. 百度
7. 维基百科
8. 微软 web 服务平台
9. Twitter
10. 腾讯 QQ
11. MSN
12. 雅虎日本
13. LinkedIn
14. 谷歌印度
15. 淘宝
16. 新浪
17. 亚马逊
18. 博客系统 WordPress
19. 谷歌香港
20. 谷歌德国

上述列表中可能有几个网站你并不熟悉。百度是一个类似于谷歌的中国网站。（当我们写作本书时，每个月估计都有 10.7% 的全球互联网用户访问百度。）腾讯 QQ 是一个中国的免费即时通信（IM）服务，大约有 7 亿名注册用户。淘宝是一个类似于易趣的中国网站。新浪是中国最大的信息娱乐门户网站，有 2 亿多名用户。剩下的你可能就熟悉了。

至此，你从上边的列表中能够得到什么样的信息？一句话，中国。它拥有世界上最大的人口数量，并且是世界上第二大经济体。

在你的学习生涯中，是否有准备到中国去做生意？下一个最大的新兴经济体是谁？你会认为是非洲吗？你是否有准备到非洲去做生意？[4]

5.4　找到客户并建立客户关系

你只有找到客户而且与客户建立了关系之后才可能进行销售，这就是市场营销。关于电子商务中的市场营销以及如何建立客户关系，需要考虑一些特殊的特性和技术，记住这些会为你创造竞争优势。

5.4.1　企业对客户电子商务

互联网用户已经远超过 10 亿，你可能认为很容易就可以找到并吸引消费者到你的 B2C 电子商务网站上来。但这是错误的，因为你所有的竞争对手也在努力做同一件事情——将消费者吸引到他们的网站并且鼓励其进行购买。

首先，你需要确定适合自己的**营销组合**（marketing mix），即公司为达到其营销目标，吸引潜在客户而使用的一系列营销工具。在 B2C 电子商务中，你的营销组合可能将包括以下的部分或全部方法：搜索引擎注册、在线广告、病毒式营销以及商业联盟（关于不可或缺的社会媒体，我们已经详细讨论过了）。

许多网上冲浪者使用搜索引擎来寻找产品和服务的信息。一些搜索引擎会免费将你的网站包括进去（比如 FreeSearch.com 公司的 www.freesearch.com），然而几乎所有流行的搜索引擎，比如雅虎和谷歌，都会要求你支付一定的费用。如果你支付一部分额外费用的话，这些网站中的大部分都会保证你的网站出现在搜索列表中靠前的部分。

在线广告（online ads），通常被称为**横幅广告**（banner ads），是出现在其他站点上的小广告（见图 5-5）。在线广告有两种其他的形式，包括弹出式广告和弹底式广告。**弹出式广告**（pop-up ad）是指当人们浏览某网页时，网页会自动弹出一个有广告的小对话框。**弹底式广告**（pop-under ad）是弹出式广告的一种形式，当你关闭正使用的浏览器窗口时才会看见它。在这里提醒一下：多数人并不介意横幅广告，因为它们是作为访问网站的一部分出现的，而多数人对弹出式广告和弹底式广告非常反感。

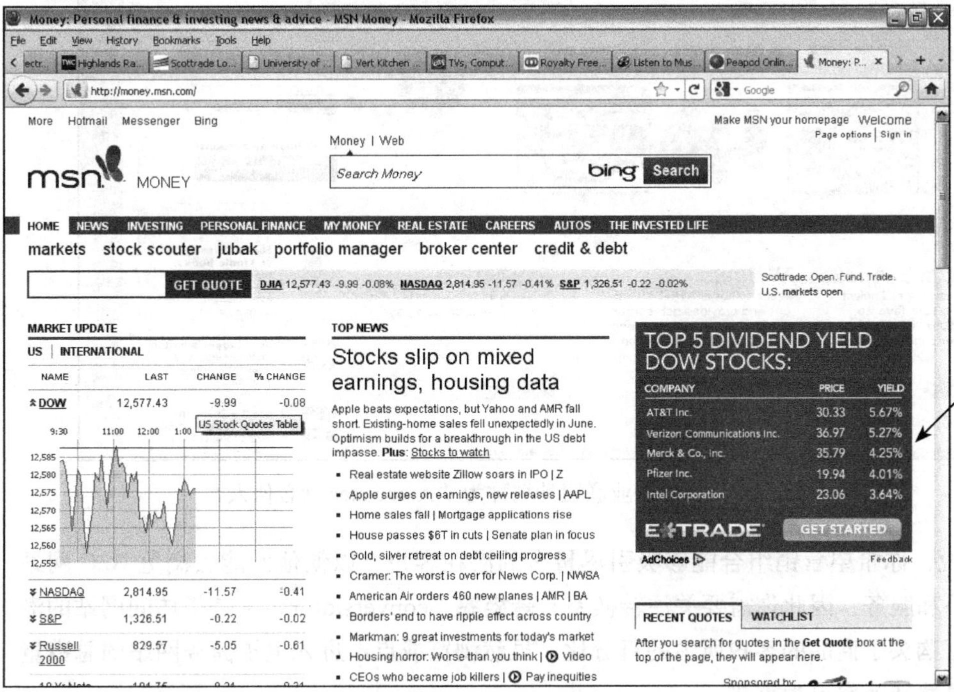

图 5-5　MSN 上的横幅广告 Money.com

　　病毒式营销（viral marketing）是指 B2C 电子商务企业鼓励消费者去怂恿他们的朋友来采购自己的产品和服务。Blue Mountain Arts 公司（www.bluemountain.com）就是一个很好的例子。当你使用 Blue Mountain Arts 发送一张电子生日贺卡（或其他类型的贺卡）时，贺卡接收者将会收到一封引导他去 Blue Mountain Arts 网站的电子邮件。当接收者看到贺卡后，Blue Mountain Arts 公司提供了一个链接以便于人们能够回寄一张贺卡。当然，Blue Mountain Arts 公司对每一次的贺卡发送都收取费用，这样它就可以赚两次钱。

　　商业联盟计划（affiliate program）是电子商务网站之间制定的协议，引导消费者从一个网站链接到另一个网站。亚马逊是商业联盟最著名的创建者。如果你成为了亚马逊的合作伙伴，你的电子商务网站可以引导浏览者去亚马逊的网站进行购买。若最终买卖成交，亚马逊将支付你一定的佣金，通常是销售额的一个百分比（见图 5-6）。同样地，你也可以支付给其他网站佣金，让它们引导客户到你的网站，这种引导可以通过在线广告来实现。在某些情况下，依托商业联盟建立的关系是按点进次数进行付费的。**点进次数**（click-through）是指访问某个网站、点击一则广告，并进入广告主网站的总人数。

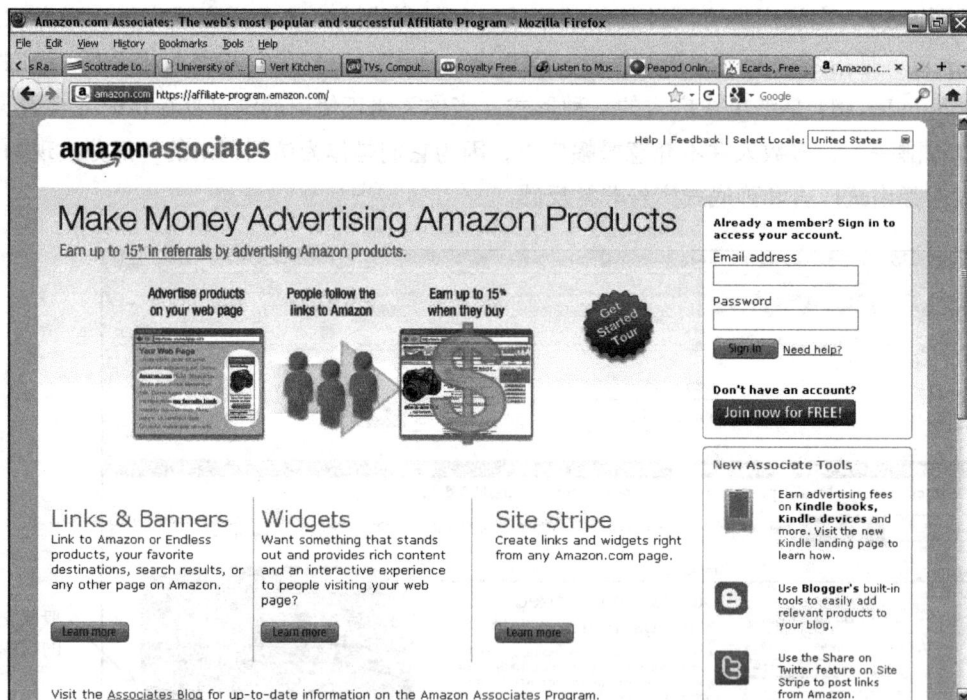

图 5-6　Amazon.com 的商业联盟计划称为 "Associates"（合伙人）

　　一般来说，你希望营销组合能够吸引尽量多的潜在客户，以便他们能去浏览 B2C 网站所提供的产品和服务，因此你需要关注转换率。**转换率**（conversion rate）是指访问网站的潜在客户中真正购买了商品的客户所占的百分比。虽然浏览或点击进入电子商务网站的总数量很重要，但显然转换率更为重要。

毫无疑问，Facebook 这个刚开始时仅用于在大学内分享信息，看起来很简单的项目，目前已经对我们的社会产生了重要的、深远的影响。只要访问 Facebook 的统计页面 http://www.facebook.com/press/info.php?statistics 看看 Facebook 所覆盖的宽度和广度，你就能马上知道 Facebook 已经怎样渗透进我们的生活了。

像任何优秀的创业公司一样，Facebook 想要的更多。它想要你在那儿花更多的时间，想要你与更多的社区相连，想要你有更多的好友。现在，它还想要你的钱。不，Facebook 并没有计划向使用者收费。它正在创建一个使用它自己货币的虚拟经济，这种货币的名字是 Facebook 信用（Facebook credits）。

Facebook 在 2009 年中期开始测试它的货币，并在 2010 年全面推出。Facebook 现在要求所有的游戏开发者都接受使用 Facebook 信用进行支付。然而，这并不是玩家唯一的支付方式，他们依旧可以使用像 Paypal 这样的方式进行支付。但是 Facebook 向那些仅接受 Facebook 信用的游戏开发者提供奖励。

Facebook 已经开始和 Groupon、Living Social 展开竞争。通过提供的每日特惠，Facebook 用户可以使用 Facebook 信用立即购买真实商品。使用者在他们接收的消息中得到每日特惠信息，并且只需几步就可以完成购物。那么，Facebook 如何赚钱呢？实际上有几种方式。第一种，在使用者买东西（每日特惠商品、游戏或者其他任何东西）时，Facebook 将扣留款项的 30%，然后把剩下的 70% 转给商户或者开发者。

第二种，Facebook 通过钱来赚钱。当你购买 Facebook 信用时，大多数情况下，这些信用将保留在你的账户里，也就是说，你总是会有一些余额。而同时，Facebook 将从银行赚取你的钱的利息。有一家名为 Social Times Pro 的研究公司，预计每 12 个月有 6 亿美元在 Facebook 的虚拟经济中流通。如果其中有 10% 保存在使用者的账户里，那么 Facebook 就可以赚取这 6 亿美元产生的利息。

Facebook 还在留意一种未来的收益渠道。由于大家越来越多地转向移动商务和移动支付，Facebook 开始把自己定位为一个移动支付提供商。因此，我们很快（或许目前已经是了）就可以在移动设备上使用 Facebook 信用进行购物了。你采购的可能是一杯星巴克咖啡、Apple Store 店里的一个应用，甚至也可能是一台戴尔电脑。[5]

5.4.2　企业对企业电子商务

在寻找并吸引客户去电子商务网站这一点上，B2B 模式与 B2C 有很大的不同。企业（也就是 B2B 模式中的客户）一般不通过网上冲浪或使用搜索引擎来寻找产品和服务。相反，企业客户更加偏好于积极地加入到电子市场中去寻找供应商。在电子市场中，企业可以参加逆向拍卖找到供应商，就像我们前面所讨论的。

不仅如此，企业还可以在电子市场中搜索合适的供应商，然后在电子市场之外进行谈判。这种情况发生在企业需要采购金额很大的存货、零件或者原材料时，以及企业只想与一家供应商建立一种长期关系时。

在 B2B 中，企业之间的关系非常重要。这些关系具有可信任和可持续的特征，并延伸到信息技术领域。在 B2B 电子商务模式中，你必须让你的 IT 系统与商业伙伴的 IT 系统有一定程度的集成。正式的企业关系一旦建立，目标就是使用信息技术优化订货与采购流程，以建立高度集成的供应链管理系统并降低成本，因此你们的 IT 系统必须能紧密地合作。

总的来说，电子商务中有关市场营销或者说找到并建立客户关系的思路有：

- 企业对客户电子商务
    - 通过设计营销组合来吸引顾客访问你的网站。
    - 在某个搜索引擎注册；利用在线广告、病毒式营销和商业联盟。
    - 用转换率衡量是否成功。
- 企业对企业电子商务
    - 企业参与到电子市场中——企业消费者不会在网上冲浪，所以你需要对电子市场时刻关注，而不是一个简单宽泛的营销组合。
    - 在相互信任和持续合作的基础上正式建立业务关系。
    - 将你与客户的信息系统进行某种程度的集成。
    - 在线协商价格、质量、规范和交货时间。

5.5　便捷、安全的货币支付

在电子商务的世界里，你必须建立能够支持客户进行便捷、安全、电子化支付的 IT 系统。显然，你还必须能够接受信用卡，就像在传统砖头 + 水泥的世界中一样，信用卡支付实际上也是一种电子化形式的支付手段。

5.5.1　企业对消费者支付系统

在企业对消费者电子商务模式中，你的大部分客户可能都经常使用信用卡、金融电子中介、电子支票、电子账单递送与支付系统（EBPP）或者智能卡来进行产品和服务的支付。

- **金融电子中介**（financial cybermediary）：是一些基于互联网的公司，这种公司使人们很容易通过互联网向另一个人或组织付费。PayPal（www.paypal.com）就是一家著名的金融电子中介企业（见图 5-7）。你可以通过登录 PayPal 公司的网站，提供个人数据、信用卡和银行账户的信息，建立个人的 PayPal 账户。当你想要汇款时，仅需要登录 PayPal 公司的网站，输入要汇款的数额并提供你想要汇款的个人或企业的信息即可。你也可以用你的 PayPal 账户接收其他人的汇款。你可以将现金转存到自己的一个银行账户，也可以把钱用做他途，或者汇给其他人，或者暂时存在 PayPal 的户头里。
- **电子支票**（electronic check）是从你的支票账户或储蓄账户上向其他人或组织转账的一种机制。电子支票有多种实现形式，最典型的一种就是在线银行。

- **电子账单递送与支付系统**（electronic bill presentment and payment，EBPP）是指一种通过互联网发送账单（通常是向终端消费者），并且如果数额正确便可提供便捷方法进行支付（比如单击一个按键）的系统。EBPP 系统可以通过当地银行或者像 Checkfree（www.checkfree.com）、Quicken（www. quicken. com/banking_and_credit/）这样的在线服务来使用。

- **智能卡**（smart card）是与信用卡大小相近的塑料卡片，卡上嵌入了一块可以存储和更新数字信息的芯片。在这里，芯片可以包含关于你还有多少钱的信息。当你刷卡进行支付时，刷卡设备将从你储存在芯片里的数额中扣除你的消费金额。一些借记卡使用了智能卡。

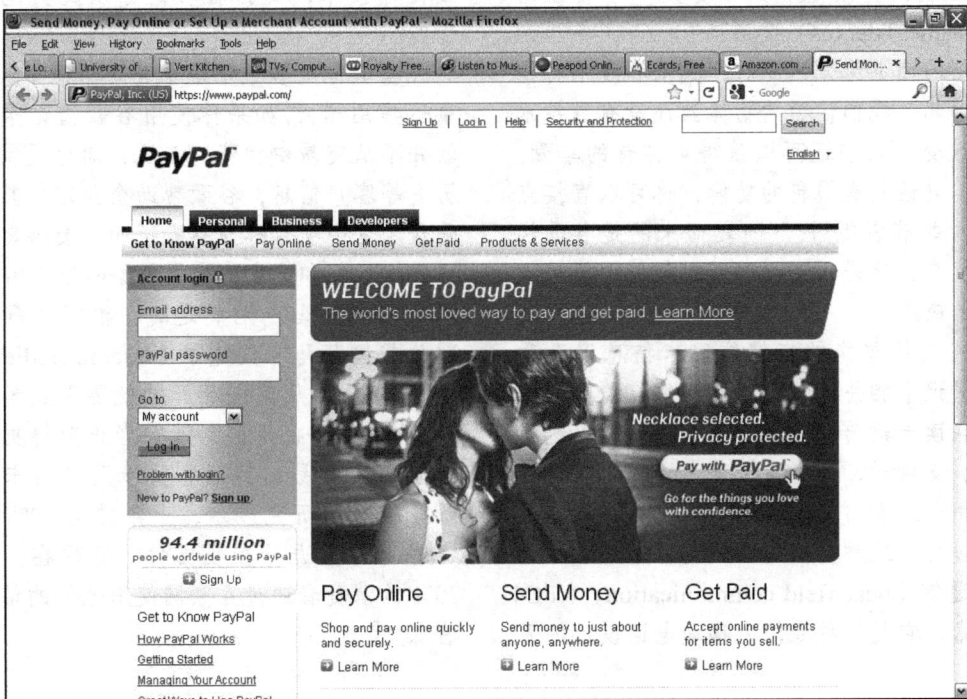

图 5-7　PayPal 是最闻名的金融电子中介

整个支付流程不仅包括接收某种形式的付款，还包括确定客户的送货地址。你可以只询问每位客户一次他的送货信息并储存下来，进而建立你的竞争优势，这样也就产生了一个转换成本。因此，当你的客户再次进行购买时，你只需要让客户简单核对送货信息而不必全部重新提供。电子钱包就是一个实际应用的例子。**电子钱包**（digital wallet）是信息和软件的集合体，软件确保事务处理的安全性，信息包括支付信息（比如信用卡号和失效日期）与交货信息。电子钱包既可以储存在客户端，又可以储存在服务器端。客户端电子钱包是创建并保存在你自己的计算机上的；你可以在多种电子商务网站中使用它。许多浏览器比如 IE 就支持创建这种电子钱包。服务器端电子钱包（有时也称为瘦钱包）是企业为客户在服务器上创建和维护的。许多信用卡发行者使用这类电子钱包来核实你的信用卡交易。

所有这些内容很重要，因为 B2C 电子商务模式中的客户在进行产品和服务的支付时，具有一些共性：

- 他们趋向于多次购买但每次购买金额很小。
- 他们的每笔交易都独立支付。
- 你必须验证每笔交易。

| 行业视角 | 谷歌在移动支付市场的赌注 |

谷歌商务副总裁斯蒂芬妮·蒂勒纽斯（Stephanie Tilenius）说道："我们即将开始一个新的商务纪元，此时，线上和线下将结合在一起。我们认为购物体验还没有被技术彻底改变，人们还可以获得更神奇的享受。现在，电话具有钱包的功能，你可以直接点击支付并节省费用。"随之而来的是谷歌钱包的发布，这是一个可以通过智能手机进行支付的应用。

谷歌钱包能够存储信用卡信息以及和谷歌借记卡相关的信息。在实体店购买商品时，在读卡器前挥一下安卓手机就可以进行支付。支付时，可以在屏幕上选择想要使用的信用卡或者借记卡，这些信息都存储在谷歌钱包里。这种功能的实现是基于一种称为近场通信（near field communication，NFC）的技术，它是一种专门为移动电话设计的无线传输技术，支持移动商务以及其他电话功能。

与其他大多数信用卡公司不同（比如万事达信用卡），如果你使用谷歌借记卡，谷歌并不从交易中扣费。相反，通过提供购买历史等客户信息，谷歌帮助企业定位其广告受众。这个项目称为谷歌折扣，使得零售商可以把折扣和优惠信息提供给特定人群。

它安全吗？无疑是的。根据谷歌支付副总裁奥萨马·贝迪尔（Osama Bedier）所说，"安全是从第一天开始就要重点考虑的事项。"谷歌也指出，消费者正变得更加习惯于数字交易，甚至那些涉及信用卡的交易。谷歌的研究显示，十年前有 70% 的消费者不愿意进行在线支付。而现在，超过 70% 的消费者通过互联网使用他们的信用卡信息。[6, 7]

5.5.2 企业对企业支付系统

一般来说，企业对企业电子商务模式中的支付与企业对消费者电子商务模式下的支付有很大的区别。在 B2B 电子商务中，你的客户趋向于进行大宗采购，并且也不会使用信用卡或者像 PayPal 那样的金融电子中介来进行支付。取而代之的是，其他企业将通过：①金融电子数据交换进行支付；②通常是一次性支付多次采购应付的巨大数额的货款。

1. 电子数据交换

在 B2B 电子商务模式中，另一家企业想要通过电子数据交换从你的企业订购产品和服务。**电子数据交换**（electronic data interchange，EDI）是指将包含在标准商务文档中（比如发票和订单）的事务处理信息以标准的格式进行计算机到计算机的直接传输。你的企业可以通过多种方式来实施支持 EDI 的交易。其中最主要的是通过增值网来支持 EDI 的 B2B 电子市场。**增值网**（value-added network，VAN）是一种 B2B 服务，能够根据信息格式和传输方式的不同，采用不同标准为多个组织提供信息共享的中介服务。例如，通过 VAN，企业可以很容易地以电子化的形式订购产品和发送发票。

2. 金融电子数据交换

在订购产品和发送发票完成后，需要进行转账。这可以通过金融电子数据交换进行。**金融电子数据交换**（financial electronic data interchange）是一种主要应用在 B2B 电子商务模式中的电子支付流程。实际资金的对账可以通过银行或者自动票据交换所（ACH）支持的网站完成，比如国家现金管理系统（www.ach-eft-ncms.com/index.asp）进行。

5.5.3 电子商务安全：普遍关注的问题

无论你的客户是其他企业还是终端消费者，他们都会非常关心交易的安全问题。这包括电子信息的所有方面，但主要集中在与支付相关的信息（如信用卡号码）以及支付本身，也就是"电子货币"。在安全方面，你需要考虑加密技术、安全套接层协议以及安全电子交易协议等问题。这些绝不是全部的内容，而只是在广泛的安全领域中与电子商务相关的代表性问题。

1. 加密

加密（encryption）是指隐藏文件的内容，如果没有正确的解密密码将无法读取。加密的方法有很多，如通过已知的方法隐藏字母，用其他字母或数字来替换字母，以及其他方法。

有一些加密技术使用多重密钥。在这种情况下，你将使用**公钥加密**（public key encryption，PKE），它是一种使用两个秘钥的加密系统：一个是任何人都知道的公钥，另一个是只有接收者才知道的私钥（见图 5-8）。当运用多重密钥实施安全措施时，企业要向自己所有的客户（最终消费者与其他企业）提供公钥。客户再使用公钥来加密他们的信息并在互联网上发送。当信息到达目的地时，企业将使用私钥来对加密信息进行解密。

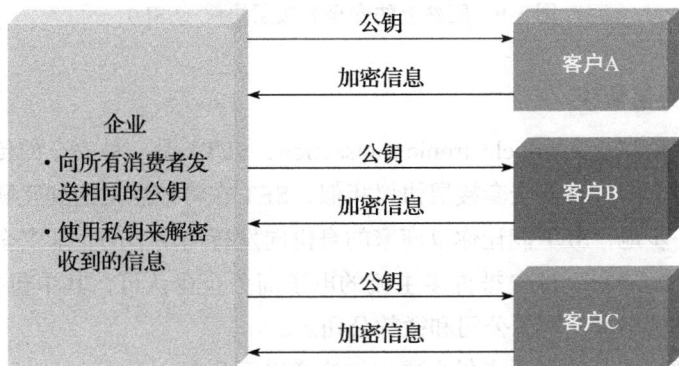

图 5-8 公钥加密（PKE）系统

2. 安全套接层协议

安全套接层协议（Secure sockets layer，SSL）是指在网络客户端和服务器之间建立一种安全的、私密性的连接，将信息加密，然后在互联网上发送信息。安全套接层协议为信息的传输提供了安全的保障，被广泛应用在 B2C 电子商务网站中。作为一个终端消费者，如果你看到有以下情况出现，就说明你的信息是通过安全套接层协议来进行传输的：①网站的网址是以"https://"开头（注意包含"s"），而不仅是"http://"；②在你的网页浏览器窗口的底部有一个小锁的符号出现（见图 5-9）。

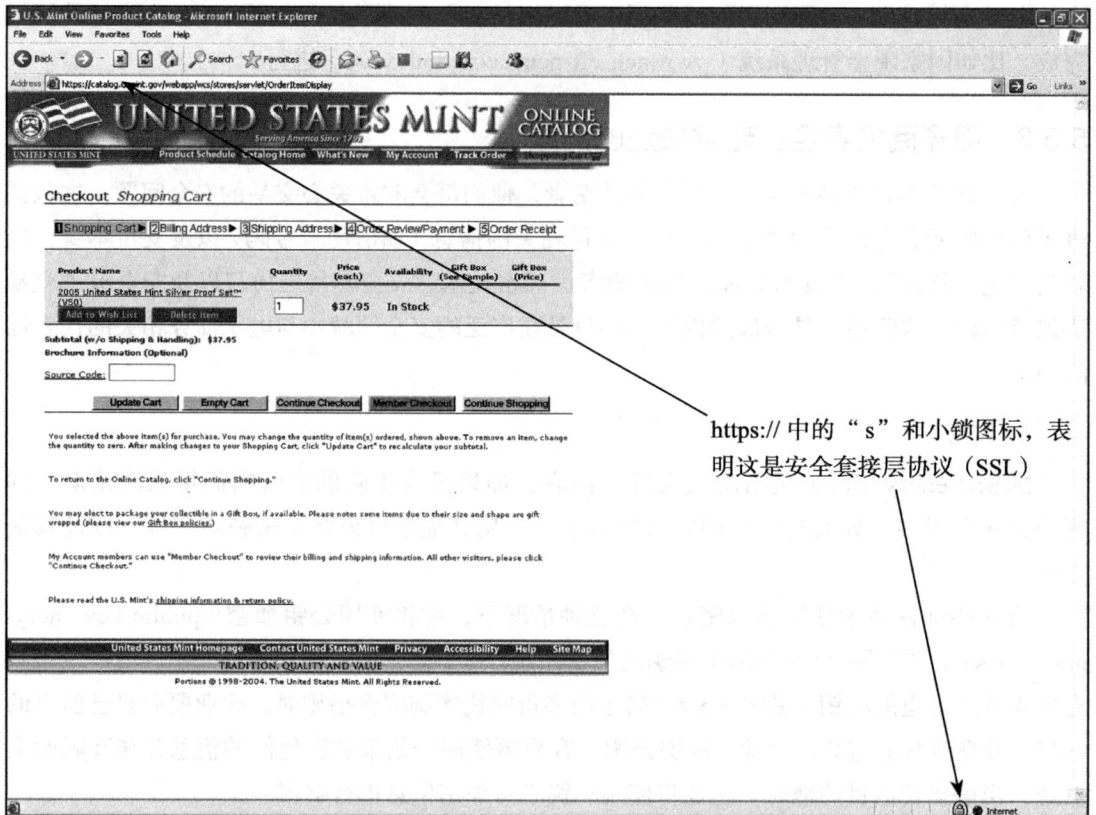

https:// 中的"s"和小锁图标，表明这是安全套接层协议（SSL）

图 5-9　网站上的安全套接层协议（SSL）

3. 安全电子交易协议

安全电子交易协议（secure electronic transaction，SET）是一种安全的传输方法，可以确保交易是合法和安全的。与安全套接层协议相似，SET 在将信息发送到互联网上之前对信息进行加密。更进一步地，SET 能让你以商家的身份向发行信用卡的企业安全地传输信用卡信息，进而检验客户的身份。SET 被许多主流的电子商务企业认可，其中包括万事达信用卡、美国运通卡、维萨信用卡、网景公司和微软公司。

综上所述，便捷安全的货币支付主要应该注意以下几点：

- 企业对消费者的电子商务
  - 方法包括：信用卡、金融电子中介、电子支票、电子账单递送与支付系统（EBPP）、智能卡以及电子钱包等。
  - 消费者一般进行多次购买，但每次购买金额很小，并且每次都必须进行验证。
- 企业对企业的电子商务
  - 电子数据交换（EDI）的使用优化了订货流程。
  - 在 EDI 与金融 EDI 中使用了增值网服务商。
  - 在购买支付环节使用金融 EDI。
- 既针对企业对消费者的电子商务，又针对企业对企业的电子商务
  - 安全是最普遍关注的问题。
  - 通过使用加密、安全套接层协议（SSL）以及安全电子交易协议（SET）来保证安全。

5.6　电子商务的发展趋势

纵观电子商务的世界，你会发现它有很多发展趋势。本书中的所有开篇案例（每章开头惊人的行业变革）正是讨论关于正在改变整个行业的电子商务趋势问题。在此，我们主要讨论注定要从根本上改变所有行业的四个趋势。

5.6.1　长尾经济

考虑一下亚马逊、Netflix 和 Rhapsody（iTunes 的一个竞争对手）这些网站。从纯商业的角度，你怎么描述它们的盈利模式？就 Rhapsody 来说，你也许会说它根本没有任何实体店，也没有任何最终将沦为损耗的未售出库存，等等。从某种程度上来讲，你说得对。你也许对亚马逊和 Netflix 有过类似的描述：没有需要管理的店铺，员工很少，等等。同样，从某种程度上来讲你是对的，但是它们成功的真正关键在于长尾。

长尾理论（long tail）指的是销售曲线的尾部，这一概念最早由《连线》杂志主编克里斯·安德森提出，并用来解释电子商务的盈利能力（见图 5-10）。[8, 9] 图 5-10 显示了在沃尔玛和 Rhapsody 网站上（www.rhapsody.com），按照受欢迎程度排序的各种音乐题目。你可以看到在一个典型的沃尔玛实体店内存储了大约有 2.5 万张唱片。由于受限于在零售环境中摆放货架的成本限制，这是沃尔玛能够承担并获利的最大容量了。然而在 Rhapsody，由于所有事情都是数字化的，省去了货架摆放成本，因此它可以有 15 亿张唱片。不仅如此，Rhapsody 40% 的收入来自销售分布曲线的长尾部分。这就是长尾概念的重要之处。

电子商务企业可以获得这些长尾部分的客户，而无须支付传统砖头＋水泥环境中的零售成本和支出（包括盈亏平衡分析中的固定成本和变动成本），这是我们前面提到过的真正的大规模定制，也可以称之为小众细播（与大众广播相对）、大众专享（大规模生产与定制生产的结合）等。在图 5-11 中，我们列出了 Rhapsody、亚马逊和 Netflix 的库存与销售数据。

请注意 Netflix 有 21% 的总销售来自长尾部分，而亚马逊有 25% 的总销售来自长尾部分。

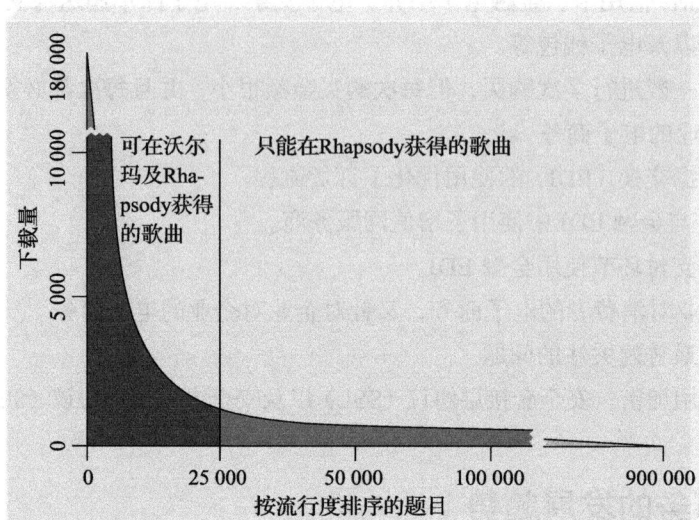

图 5-10　长尾

资料来源：Chris Anderson, *The Long Tail* (New York: Hyperion, 2006), p.25.

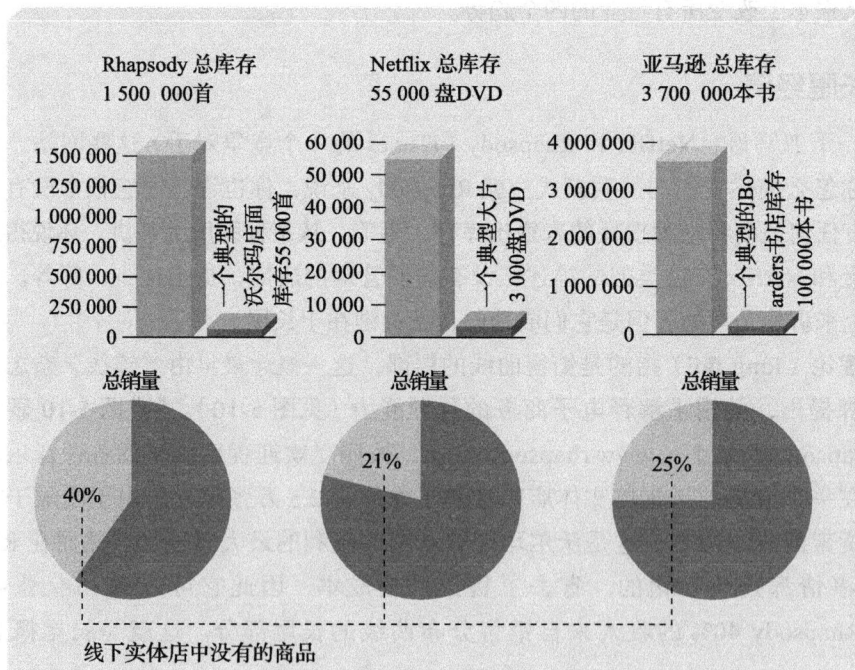

图 5-11　Rhapsody、Netflix 和亚马逊中的长尾

资料来源：Chris Anderson, *The Long Tail* (New York: Hyperion, 2006), p.23.

　　长尾现象代表了一种全新的商业模式并需要我们认真地思考。传统商业思路考虑的是销售的规模经济，通过尽量提高销售量来抵消固定成本（比如货架摆放成本等），长尾模型则完全不同。因为固定成本极小，所以即使 Rhapsody 和 iTunes 仅仅有一两首歌曲的下载量也是可以盈利的，沃尔玛则做不到这一点。实际上，沃尔玛只会卖那些预计销量至少在几千张（全球范围内）以上的音乐 CD。所以，沃尔玛无法打开小量销售的市场，而 Rhapsody、iTunes 却可以。Netflix 也是这样。一个 Blockbuster 音像租赁店中只有 3 000 张电影 DVD，而 Netflix 网站上则有超过 5.5 万张。与之类似，一个 Broaders 书店中只有 10 万册书籍，而在亚马逊的书籍目录上则有超过 370 万册书籍。

这是电子商务世界的一个重要趋势。一些传统的砖头＋水泥商业环境下的金融和库存模型不再适用。它要求一种新的思考方式，这种思考方式将由像你一样的年轻一代人开辟并将它付诸实践。

5.6.2 众包

在前 3 章中，我们列出了众包的几个例子，包括纽约市应用开发大赛，Glaxo 公司开放了它包含有可能治愈疟疾的 13 500 种成分的数据库，以及社会上的"拯救世界"大赛。**众包**（crowdsourcing）的正式定义是指企业为大众（而不是指定的付费员工）提供技术，使得其能够创造、修改和监督产品或服务的开发。现在我们看几个众包实例。

Goldcorp 是加拿大一家从事金矿采掘的公司，总部在多伦多。刚跨入 21 世纪的时候，Goldcorp 公司近乎破产。[10] 不可控的负债、工人罢工、日益增加的生产成本以及低迷的黄金市场，似乎将要宣告这家拥有 50 年历史的老牌黄金企业的毁灭。企业内部的地质学家，无法准确探测到蕴藏在 Goldcorp 公司所拥有的 5.5 万英亩⊖矿产中的金矿，没有黄金，企业面临的只有倒闭。

因此，Goldcorp 公司举办了一个众包比赛。公司在网上公布了它所辖的 5.5 万英亩矿产的全部地理信息。邀请全世界范围的人们，共同探索这些数据，并就发现黄金的最佳位置以及提炼黄金的适当方法等方面给出建议。Goldcorp 将付给提出最优方案的参与者 5.75 万美元的奖金。成千上万的人提交了大量的方案，包括地理专业的研究生、退休的政府工作人员甚至是攀岩爱好者。

这些方案有价值吗？答案是肯定的。通过使用这些来自未付费非员工的方案，公司已从 5.5 万英亩的矿产中，提炼出 800 万盎司⊜的黄金。这相当于利用 5.75 万美元的投资，获得了 30 亿美元的回报。这个案例真实地展示了众包的优势。

Netflix 公司也举办了类似的比赛，关注于能为其带来丰厚利润的推荐引擎。[11] 你一定熟悉某一种推荐引擎。基于你搜索和选择的结果，Netflix 公司向你提供你可能感兴趣的其他影片。Netflix 公司在网上发布了它的推荐引擎算法，再加上一整年的交易数据。它还向能够提高 Netflix 推荐引擎准确率至少 10% 的团队提供了 100 万美元的奖金。

来自全世界的很多团队参加了这场比赛。Netflix 要求所有团队每隔几个月就上传它们的工作成果。这样就确保了每个团队能够看到并使用迄今为止最好的算法。到最后，获胜者

⊖ 1 英亩 = 4 046.86 平方米。——译者注
⊜ 1 盎司 = 28.35 克。——译者注

将 Netflix 推荐引擎技术的准确率提高了 14%。对于一个数十亿美元的公司来讲，100 万美元的奖金与所获得的回报相比是微不足道的。

你需要认识到，众包标志着一种新的经营方式的产生。请考虑以下这些例子。这些网站都为客户提供了技术，以使客户能够创造新价值。正是因为存在价值，这些客户也成为了组织的一部分。

- eBay
- Facebook
- Twitter
- YouTube
- Flickr
- Craigslist
- Monster.com

举 eBay 的例子来说，在 eBay 上拍卖或竞拍商品是不会有报酬的。相反，eBay 只是给我们创造了一个市场，你会发现它的价值所在，可能是因为你可以买到你上学需要的书，或者是以很便宜的价格买到了一个 MP3 播放器。提供这些商品的卖家也正是因为你们这些买家的存在而发现了 eBay 的价值。

众包不只限于在互联网上。想想电视节目《美国偶像》吧。它使用了一种叫作贡献定义的众包方法，即由几百万的观众投票选出最优秀的一位歌手。仔细想想，如果几百万人投票给最受欢迎的歌手，你难道不认为这位歌手的专辑会热卖吗？当然，这正是唱片公司所希望看到的。不仅如此，它们还免费获得了销售市场的数据信息（即几百万投票）。

5.6.3 虚拟商品

从广义上讲，一件**虚拟商品**（virtual good）是指非实物的商品。在你周围有很多这样的例子，比如你 iTunes 账户里的音乐、邮箱中一点击就会开花的数字种子（当然是在情人节时发送的）、一堆玩具、武器、衣服、饰品，以及其他你买来在网上社区或像开心农场和魔兽世界这样的游戏中使用的东西。再想想你智能手机中的应用。从技术上讲，每个应用都是一件虚拟商品。

虚拟商品无疑是一种你无法忽视的电子商务新兴趋势。根据市场研究公司 In-Stat 的发现，2007 年消费者共购买了 21 亿美元的虚拟商品。In-Stat 公司预测，到 2010 年虚拟商品的购买额将上涨 245%，高达 73 亿美元，并且，市场研究公司还预测到 2014 年，将会有另一个 100% 的增长，从而达到 140 亿美元。[12]（140 亿美元比全世界大约 80 个国家的 GDP 还要多。）

在图 5-12 中，你可以看到一组不寻常的数据，它与虚拟商品密切相关。大部分虚拟商品的购买都发生在比如魔兽世界以及由 Zynga 公司提供的在线游戏中。你会从图 5-12 中发现，全世界在线游戏收入有望以每年 30 亿美元的速度增长。虚拟商品的销售也将随着在线游戏市场的增长而增长。

年份	中国	韩国	北美	欧洲	日本	发展中国家	合计
2007	2 200	1 700	1 500	1 600	700	800	8 500
2008	2 400	2 600	1 700	2 000	800	900	10 400
2009	2 900	4 000	1 800	2 000	900	1 000	12 600
2010（预计）	3 700	5 000	2 200	2 500	900	1 100	15 400
2011（预计）	4 500	6 000	2 500	2 900	1 000	1 000	18 000
2012（预计）	5 600	7 200	2 900	3 300	1 000	1 200	21 200

图 5-12　全球在线游戏市场（单位：100 万美元）[14]

　　虚拟商品果真是一个巨大的产业吗？我们不得不承认这是真的。问问乔恩·雅各布斯就知道了。乔恩是一名《安特罗皮亚世界》的长期玩家，他也是那个在线社区中非常有名的热心企业家。2005 年，他花费 10 万美元购买了《安特罗皮亚世界》的一个小行星。但是几年后，他又刷新了最高交易额，把一个密室、一个体育场和一个俱乐部卖给了约翰·福马·卡伦。交易金额高达 335 000 美元。[13]

5.6.4　移动商务

　　移动计算（mobile computing）是一个宽泛的术语，用来描述我们使用无线技术连接到位于中心位置的信息或应用软件的能力。移动计算都是使用无线连接的。想想你的智能手机在你的日常生活中有多重要，你就会快速了解到这个电子商务趋势的重要性了。

　　移动商务（mobile commerce/m-commerce/wireless e-commerce）是指通过智能手机、笔记本电脑或平板电脑等无线设备操作的电子商务。图 5-13 显示了美国的移动商务金额。移动商务收入仅在两年内就上涨了 600% 左右，从 2008 年的 3.96 亿美元到 2010 年的 24 亿美元。预计到 2015 年，世界范围内的移动商务将超过 1 190 亿美元。

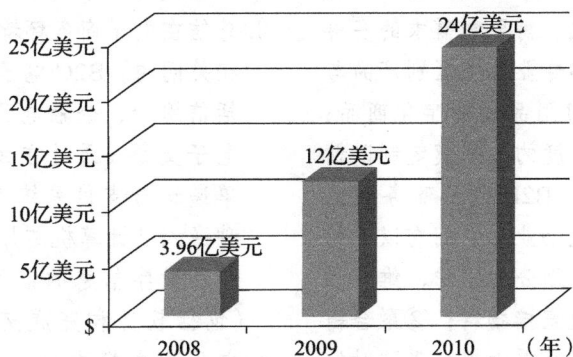

图 5-13　美国移动商务 [15]

本章小结

1. 定义并描述九种主要的电子商务商业模式。这九种主要的电子商务模式分别是：
   - 企业对企业（B2B）的电子商务：企业向其他企业销售产品和服务。
   - 企业对消费者（B2C）的电子商务：企业向个人消费者销售产品和服务。
   - 消费者对企业（C2B）的电子商务：个人向企业销售产品和服务。
   - 消费者对消费者（C2C）的电子商务：个人消费者向其他个人消费者销售产品和服服务。
   - 企业对政府（B2G）的电子商务：企业向政府销售产品和服务。
   - 消费者对政府（C2G）的电子商务：个人向政府销售产品和服务。
   - 政府对企业（G2B）的电子商务：政府向企业出售产品和服务。
   - 政府对消费者（G2C）的电子商务：政府向个人消费者销售产品和服务。
   - 政府与政府之间（G2G）的电子商务：一个国家的政府部门之间，或者是两个或多个国家的政府之间进行的电子商务活动。

2. 分析 B2B 和 B2C 电子商务模式下，客户及他们对产品和服务的感知价值的区别与相同之处。B2C 电子商务模式中的客户是最终消费者。他们有以下特点：①人口统计学资料、生活方式、需要和需求的多样化；②从便利性上和专业性上区别产品与服务；③经常购买日用品和数字化商品；④有时会要求一定程度的大规模定制以精确获得他们想要的。B2B 电子商务商业模式中的客户是其他企业。它们有以下特点：①将产品和服务划分为维护、维修和运营物料（MRO）及直接物料；②聚合需求以创造谈判机会来获得大规模采购时的

折扣；③通常在电子市场中进行电子商务活动。

3. 比较 B2B 和 B2C 电子商务模式下，产品营销组合的不同方式。营销组合是公司为达到其营销目标，吸引潜在客户而使用的一系列营销工具。在 B2B 电子商务中，营销组合通常并不包括那些吸引所有潜在客户的广泛通用的策略。相反，企业通常在电子市场中进行营销。一旦企业开始接触，后续的关系发展就会比较正式，并大多包括关于价格、质量、规范和运达时间等内容的协商。

   在 B2C 电子商务中，营销组合通常包括下列的部分或全部内容：
   - 在搜索引擎上注册网站。
   - 在线广告（是出现在其他网站上的小广告），包括弹出式广告（指当人们浏览某网页时，网页会自动弹出一个有广告的小对话框）和弹底式广告（弹出式广告的一种形式，当你关闭正使用的浏览器窗口时才会看见它）。
   - 病毒式营销是指 B2C 电子商务企业鼓励消费者怂恿他们的朋友也来参与购买。
   - 商业联盟计划是电子商务网站之间制定的协议，引导消费者从一个网站链接到另一个网站。

4. 总结在电子商务环境下转账的多种方式及相关问题。B2C 电子商务支付系统主要包括信用卡、金融电子中介（比如 PayPal）、电子支票（通过在线银行实现）、电子账单递送与支付系统（EBPP）、智能卡（一种嵌入了计算机芯片，芯片中可以存储和更新数字信息的信用卡），以及数字钱包（包括软件和完成交易的指南）。在 B2B 电子商务模式中，金融 EDI 是标准。金

融 EDI 是一种主要应用在 B2B 电子商务模式中的电子支付流程。电子转账中的安全问题受到普遍关注。加密、公钥加密（PKE）、安全套接层协议（SSL）和安全电子交易协议（SET）等技术都是用来解决安全问题的。

5. 讨论影响电子商务世界和社会的主要发展趋势，包括：

- 长尾模型：销售曲线的尾部通常是被传统业务忽略掉的部分，但电子商务可以从中收益。
- 众包：企业为大众（而不是指定的付费员工）提供技术，使得其能够创造、修改和监督产品或服务的开发。
- 虚拟商品：非实物商品。
- 移动商务：是指通过智能手机、笔记本电脑或平板电脑等无线设备操作的电子商务。

|行业视角|　众包通过集资创造"价值"

对于大多数组织来讲，众包是一个强有力的工具。你也可以考虑在个人层次上利用众包。该怎么利用呢？例如让大众来为你集资。假设你是一个企业家，有很好的想法，但现金不够，你很难找到资金来支持你创业。在资本市场上，找到 2.5 万美元和找到 250 万美元一样的困难。如果这是你第一次创业，不论金额有多小，借贷机构都不愿意把钱借给你。

因此，许多企业家求助于众筹、点对点贷款和微贷。在众筹网站上，你列出创意的全部细节。贷款人，通常是那些有小额资金的个人，查看所有创意，并把资金借给最有前景的那个（或几个）。这样，创意就将获得众多的小额资金资助，并可以开始运作。点对点贷款与此类似，只是它们关注于帮助你寻找某一个贷款人来完整地资助你的创意。最后是微贷，"微"表示金额通常是在 25 ~ 1 000 美元。贷款人的资金没有利息。通常，贷款人同意即使项目成功了，他们的资金也不需要返还。如果他们得到了返还的资金，多数情况下也会将它重新投资到另外一个创意中。

如果你对这个主题感兴趣，可以研究下述投资机会。

- Samuel Adams Brewing American Dream Project：关注于食物、饮料、与款待客人相关的投资的微贷（http://www.samueladams.com/btad/index.aspx）。
- 贷款俱乐部：连接贷款人和借款人的点对点网站（http://www.lendingclub.com/home.action）。
- Kickstarter.com：贷款人同意无须返还资金的微贷网站（http://www.kickstarter.com/）。
- Kiva.com：众筹和微贷的组合体（http://www.kiva.org/）[16]。

综合案例 5-1

当企业发展壮大后，可以建立自己的 B2B 电子市场

企业对企业（B2B）电子市场在 B2B 电子商务模型中呈增长趋势。来自各个行业和国家

的企业可以聚集在一起，进行商业活动，分享关键信息，并且配置使各企业内部系统能够连接的基础应用软件。

但是一些特别大型的公司则不必加入这种一般的 B2B 电子市场。相反，它们可以建立自己的电子市场，并要求它们的供应商加入。大众汽车就是一家这样的公司。它的 B2B 电子市场称为 VWgroupsupply.com（www.vwgroupsupply.com）。

大众汽车提供 8 种品牌的汽车，分别是大众客车、大众商务车、奥迪、宾利、布加迪、兰博基尼、西亚特和斯柯达。2003 年大众花费了大约 600 亿欧元（约 770 亿美元），用于其部件、汽车零件和 MRO 物料的生产运作。当你和你的供应商之间有如此大的采购量后，你就可以成立并运作自己的电子市场了。

VWgroupsupply.com 处理大众汽车全球交易的 90%。几乎所有的报价需求、合同谈判、目录更新和购买、采购订单管理、车辆程序管理以及付款，都是通过 VWgroupsupply.com 以电子方式在线处理的。

大众汽车在物料成本的降低、效率和生产力方面的提高上取得了巨大的成功。过去 3 年，仅生产成本就节约了超过 1 亿欧元（约 1.27 亿美元）。

大众汽车要求它的 5 500 个供应商都通过 VWgroupsupply.com 来进行交流。供应商在系统上发布产品和价格目录，对报价请求进行答复，协助大众汽车的工程师进行新产品的设计等，所有这些都是在大众汽车专有的电子市场所提供的安全环境下进行的。

通过要求供应商在电子市场中与大众汽车进行互动，采购代理商也就不用再花费宝贵的时间去寻找信息和报价了。其实，大众汽车已经建立了一个系统，用来为采购代理商提供必需的信息。VWgroupsupply.com 中的这个新系统被称为 iPAD，或内部采购代理办公平台。

在 iPAD 实施之前，为了输入某个汽车前端模块的采购订单，采购代理商必须使用多个独立的系统才能完成整个流程。他们不得不在一个供应商系统和数据库中检索信息，在大众汽车的内部组件信息系统中查询信息，从报价数据库中获得信息，向合同谈判记录系统中输入信息，同时还要与其他的系统和数据库交互。总之，采购代理商不得不登录和使用 7 个独立的系统。分析表明，大众汽车的采购代理商要花费他们 70% 的时间去寻找、检索、分析、验证和传递信息。这些工作花费了大量的宝贵时间，而这些时间本可以用来和供应商谈判从而获得更好的价格。

利用一种集成协调环境，采购代理商现在只需要进行 3 个简单的步骤。首先，iPAD 获取并发送业务需求给采购代理商，比如汽车前端模块的订单需求。其次，iPAD 将其他需要的信息附加到交流过程中，比如潜在的供应商信息、价格，以及其他形式的分析与描述性信息。最后，iPAD 以电子形式发送需要完成的相应业务流程和工作流。

它就像一个我们在第 3 章中介绍过的数字仪表盘。当采购代理商在早上登录 iPAD 的门户站点时，会打开一个特定的网页，上面有最新公告、企业通知、分析报表以及需要完成的数字化工作流。采购代理商可以立即开始完成当天的工作，而不需要花 70% 的时间去寻找、检索和分析信息。iPAD 甚至可以根据代理商的母语定制网页，对于拥有 2 000 多个来自世界各地的采购代理商的全球性汽车制造商来说，这一点是十分必要的。[17, 18]

问题

1. 大众汽车运营自己的专有 B2B 电子市场，让其供应商加入，而不使用拥有更多供应商的普通 B2B 电子市场，这样做有什么缺点？开发并使用自己的专用电子市场又有哪些优点？

2. 当大众汽车需要新设计一个部件时，它通过 VWsupplygroup.com 使得供应商在设计流程的早期阶段就能加入。这样产生了大量的组织之间的协作。这会给供应商和大众汽车带来哪些好处？

3. 你认为大众汽车的 VWgroupsupply.com 电子市场作为一个纵向 B2B 电子市场的案例怎么样？作为一个横向电子市场又如何？为什么大众汽车有必要将这两种市场合并成一个？建立两个不同的电子市场（一个用于直接物料的供应商，另一个用于 MRO 物料的供应商）会产生什么问题？

4. 为了做出高效的购买决策，大众汽车的采购代理商需要一些商务智能。iPAD 应该向采购代理商提供怎样的商务智能，以帮助他们完成工作？除本案例讨论过的，还有什么其他的商务智能是采购代理可以利用的，以做出更高效的决策？

5. iPAD 为采购代理商管理工作流。描述 iPAD 是怎样管理这些流程的，包括提供的信息、实施的步骤，以及信息的呈现。

综合案例 5-2

移动商务的爆发

这是在你身边正在发生的事情。"惊人的变革"已经发生，因为购物的便捷性和易于比较，每天越来越多的人正在使用他们的智能手机完成采购。为了给他的女朋友购买 2010 年的圣诞节礼物，唐西看中了 Garmin 全球定位系统（GPS）。他在百思买发现了他想要的这款商品，售价是 184.85 美元，但是他并没有把它放进购物车并在柜台结账，而是拿出了他的智能手机，把型号输了进去。他发现完全相同的一款 Garmin GPS 在亚马逊网站上的售价是 106.75 美元，没有运费也没有税。

有越来越多的消费者使用智能手机来寻找最佳价格，即使实体店中的产品就在手边，唐西就是其中的一员。据沃尔玛 CEO 迈克·杜克所言，基于智能手机的购物已经开启了一个完全"价格透明的新纪元"。"老式"的使用广告来吸引客户进入店铺的方法已经不再有效。在那种老式的方法中，如果一个零售商吸引客户进店了，就可以合理地假设客户一定会在那里买点什么。但事实不再如此。客户一旦在店中发现了他们想要的商品，就会转向自己的智能手机去比较价格并阅读商品评论。

据尼尔森（Nielsen）的调查报告表明，现在 38% 的美国消费者拥有智能手机。2011 年，从 3 月到 5 月的 90 天中，购买"无线"电话的客户中，有 55% 的人购买的智能手机包括可以扫描条形码并比较产品价格的应用（大多数是免费的）。

据国际数据公司（IDC）的一项研究显示，45% 的智能手机拥有者曾经在零售店铺里使用手机进行比价。正如 IDC 的格雷格·吉拉德（Greg Girard）解释的："零售商的优势已经没有了。店铺的四面墙开始漏风。"为了理解这种变革发生的速度有多快，可以参考 IBM 的发现。据 IBM 的某个分支机构 Coremetrics 的研究显示，在 2009 年的黑色星期五（感恩节的第二天），移动设备只占零售商网站所有访问者的 0.1%。而到了 2010 年的黑色星期五，这个数字已经攀升到 5.6%，有 50 倍的增长。

　　智能手机不仅被用来比价。许多智能手机拥有者还利用手机做服务。根据埃森哲 2010 年的研究，与和零售商职员对话相比较而言，有 73% 的智能手机拥有者更倾向于向智能手机寻求帮助。因此，"个性化"服务这个词的根基已经摇摇欲坠了。它曾经是传统"砖头 + 水泥"时代零售商的重要基石，这个理念宣称购物体验更有意义，因为购物者是被销售人员而并不是被技术所打动的。现在看来利用智能手机进行购物的人更倾向于技术，而不是个人接触。

　　就像本案例开头时的唐西一样，马特·宾德也希望省钱。但是与唐西省了 80 美元不同，虽然只省了几美元，马特也很乐意。他的智能手机配有亚马逊价格检查软件，马特发现一个 2G 的 USB 驱动在百思买的售价是 11.99 美元。当他用手机给这个产品照相后，价格检查软件提示他，在亚马逊上相同的 USB 驱动是 9.99 美元。马特选择了更便宜的价格。现在的 2 美元看起来并不多，但是马特并不需要去其他地方，而立即在百思买里利用手机进行更便宜的购买。正如马特所说，"我不会就为了省这 2 美元开车到其他地方。"而由于移动商务的爆发，使得他也不需要这么做。[19, 20, 21]

问题

　　1. 在你的班级进行一次调查。有多少学生有智能手机？收集一些他们如何使用智能手机进行购物的数据。他们是否利用智能手机进行比价？是否使用智能手机阅读产品评论？他们还使用智能手机进行哪些与购物有关的其他活动？

　　2. 你认为，在快速转向利用智能手机购物的世界里，像百思买和沃尔玛这样的大型传统"砖头 + 水泥"零售商应该如何进行竞争？你是否认为利用智能手机购物将极大地变革传统"砖头 + 水泥"零售业，或许将它们驱逐出去？为什么是或为什么不是？

　　3. 许多零售商为购物者开发了专有的店内应用软件。一些店内应用软件可以帮助购物者找到商品在店中的摆放位置，另一些应用可以根据商品搜索进行辅助商品的推荐。针对一个店内应用，例如百思买中的店内应用，识别并描述 3 个辅助功能，你认为购物者能够从中受益，并能够怂恿他们在店内进行购买吗？

　　4. Esurance 公司（www.esurance.com）的标语是："当你想用人的时候就用人，当你不想用人的时候就用技术。"考虑到技术在客户服务领域中日益重要，这句话寓意深远。你对此怎么看？技术是否能够（或者应该）取代组织面对客户的角色，尤其是零售店铺？像 Nordstrom 这样的店铺是否会失去他们基于完美客户服务的竞争优势？

　　5. 那些无法购买智能手机的人怎么办？他们是否会在购物时感到不便？假设手机的价格在 40 ~ 50 美元，你认为什么时候智能手机能够让所有人都买得起？

问题思考

1. 什么是电子商务？
2. 如何使用 B2B 电子市场来降低对某一特定供应商的依赖？
3. 在 B2C 电子商务模式中，便利商品与专业商品有何不同？
4. 为什么在 B2C 电子商务模式中，日用品和数字化商品的销售最成功？

5. 什么是大规模定制？

6. 逆向拍卖是如何进行的？

7. 纵向电子市场和横向电子市场的区别是什么？

8. B2C 电子商务中的营销组合都包括什么？

9. B2C 电子商务支付系统有哪几类？

10. 客户机端数字钱包和服务器端数字钱包有何不同之处？

11. 安全套接层协议（SSL）和安全电子交易协议（SET）有何不同之处？有哪些相同之处？

作业训练

1. 你所在的州和地方政府的电子商务活动。访问你所在的州和地方政府的网站。浏览其网页并列出它们所提供的服务、信息传递和事务处理，而那些事务你以前只能去实际的政府大楼才能去办理。与美国联邦政府现在所提供的电子商务活动相比较，其存在哪些相似点和不同点？

2. 处理全球数字鸿沟。数字鸿沟代表人们对世界划分的担忧，现在的世界按照是否拥有技术进行划分，也就是说，传统的"第三世界"的概念要根据国家对技术的拥有和使用情况来界定。请查找联合国针对这个问题做出了哪些努力，并说明你认为这种努力是否会成功。预测是否有像私人公司或基金会这样的组织热衷于这个问题的研究？如果有这样的组织，评估组织的工作，讨论它们的努力是否会成功？最后，寻找一个正在努力处理数字鸿沟问题的欠发达国家，如果找不到这样的国家，准备一个你所考察过的国家的清单。

3. 研究一个 B2B 电子市场。Biz2Biz（www.biz2biz.com/marketplace）是一个 B2B 电子市场，访问这个网站并浏览其网页。它通过其 Biz2Biz 通信计划提供了哪些营销服务？它提供了哪些服务来建立和维护一个电子目录？如果你拥有一家企业并希望加入，你需要经过哪些过程？你的企业加入 Biz2Biz 需要花费多少钱？Biz2Biz 向其会员提供哪些买方工具？

4. 长尾实例。你身边有许多长尾的例子，不仅仅是电子商务。考虑班级中同学和他们课堂参与情况的长尾图。一些同学经常发言，也有一些学生从不发言（后者处在尾部位置）。也可以考虑大家的姓氏。有的姓氏非常普通（长尾的粗处），有的姓氏很稀少（在尾部位置），比如 Moon 和 Dweezil，以及 Frank Zappa。再想出另外三个非商务的长尾实例，为每个实例绘制长尾图形。

5. 寻找最受欢迎的 B2C 电子商务网站。上网找到最受欢迎的 B2C 电子商务网站，受欢迎程度可按每月点击数或浏览数来衡量。这些网站有哪些？有哪些网站从某些方面支持了电子市场的概念，即终端用户可在此聚集？

问题讨论

1. 对消费者来说，通过互联网购物在哪些方面更为便利？在哪些方面不太方便？分别列出至少五种我们会毫不犹豫地在互联网上购买的商品、五种我们会经过考虑再购买的商品、五种我们永远也不会考虑通过互联网购买的商品。对每种情况说明你的理由。

2. 在你看来，根据波特五力模型的分析（参见第 1 章），随着互联网和电子商务的到来，竞争总体来讲是加剧了还是减少了？具体分析波特五力模型中的每一种力量。

3. 在什么情况下适于考虑病毒式营销？看看你是否能够想起一个组织，它可以受益于病毒式营销，但目前还没有使用这种营销策略。例如，你的学校或者你所涉及的任何组织，你会如何建议该组织着手应用病毒式营销策略，以便获得理想的结果？电子商务网站可以使用的其他营销技术有哪些？为什么考虑一个混合技术比仅仅依赖一种单一的技术更重要？

4. 在本章中，我们已经分析了终端消费者和企业消费者的区别。请回顾这些区别，写下你认为其中最重要的 3 项，并就此 3 项展开讨论。对于那些你认为不是最重要的区别，请陈述理由。

5. 在本章中，我们讨论了使用 B2B 电子市场等技术来建立高度集成的供应链管理，从而减低成本。如果回顾一下第 2 章，你就能想起另一个主要的商业策略——客户关系管理。B2C 电子商务企业如何使用互联网来进一步提高它们的客户关系管理行为？随着企业朝着更"电子化"商务的方向发展，维持客户关系是变得更为简单还是更为困难了？为什么？

本章项目

小组项目
- 构建价值链：帮助客户定义价值
- 使用横幅广告进行宣传：HighwaysAndByways.com
- 创建网络数据库系统：基于网络的分类系统
- 评估无线技术的未来：新兴趋势及技术
- 评价下一代技术：DOT-COM 应用服务提供商（ASP）

电子商务项目
- 免费的租赁存储空间
- 获得竞争情报
- 浏览谷歌地球
- 查找主机服务
- 全球统计和资源
- 黄金、白银、利率和现金
- 学习投资
- 小企业管理局
- 店面软件研究

系统开发：阶段、工具及技术

1. 定义传统的系统开发生命周期（SDLC）法并描述其中的7个主要阶段。
2. 对比各种基于组件的开发方法。
3. 描述传统系统开发生命周期法的一种替代选择——自包。
4. 讨论在任一系统开发方法中原型及原型法的重要性。
5. 描述外包环境及外包的运作过程。

🌐 令 人 惊 叹 的 产 业 变 革

相机使用胶卷？

就在10年前，无论是假期来临，背包客和鸟类观察爱好者循着通往自然景观的小径行走，还是人们出发去某处进行家庭度假之前，都会检查相机以确保里面有足够的胶卷，但现在已经完全不同了。

最开始出现的是数码相机，对大多数人来讲，它的质量"足够好"，可以存储上千张数字图像。更有意思的是，这个变革很快又被另一种变革所取代，即带有照相功能的手机。同样，这个新的手持设备在图像质量上足够好，并能存储上千张照片。既然有设备能二合一，为什么还要既带着照相机又带着数字电话呢？

因此，这种惊人的行业变革产生的影响非常深远。35mm照相机的销售急速下滑。相机胶卷行业规模最大、最著名的柯达公司，眼看着它的销售额从2004年的70亿美元降到2010年的19亿美元（见下图）。冲印业也是这样。据Stop & Shop公司发言人罗伯特·基恩（Robert Keane）所说："随着数码相机的流行，继续从事需求持续下滑的冲印业已经不可能了。"罗伯特是在Stop & Shop宣布它将停止所有300家门店的冲印服务时说这些话的。

你在第5章中已经学习了长尾经济。在长尾经济中，有一些热点产品带来了大部分收益，还有一些非热点产品（比如长尾部分）也有可能带来收益。10年前，胶片相机及相关业务就是这些能带来大部分收益的热点产品。今天，数码相机和智能手机带来的收益最多，而胶片相机则是长尾部分了。

当像这样的变革发生在某个行业时，该行业就有必要改变它的订单处理系统。照相行业曾投巨资在冲印订单处理系统的开发中，而现在，基于网络的系统使你可以上传照片、创建相册、打印你需要的照片。该领域受欢迎的网站包括 Snap Fish、Photo Bucket、Flickr，以及其他一些网站。[1, 2, 3]

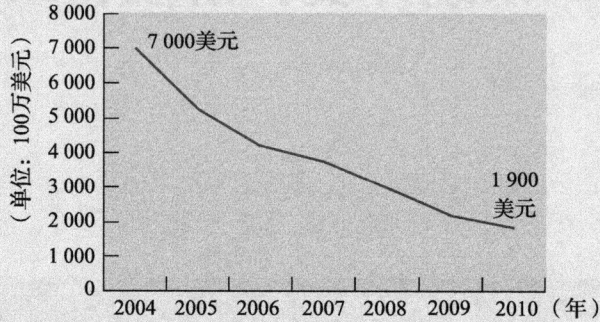

问题

1. 你是否有一部使用传统 35mm 胶卷的相机？你最后一次用 35mm 胶卷是什么时候？

2. 你是否认为含有照相功能的智能手机将最终终结数码相机？为什么是或为什么不是？

3. 你是否认为现在还有人拥有并使用 35mm 胶卷的相机？那个人为什么还使用那样的相机？

6.1　引言

每年花费在信息系统的调研、设计、开发、安装和维护上的费用高达数十亿美元。公司日益依赖于信息技术来提供服务和开发产品，管理日常活动，完成短期和长期的管理功能，这也导致公司对安全、稳固、可靠的系统解决方案的持续需求。

在系统开发过程中，系统开发者必须确保满足企业的所有需求，为系统用户建立统一的隐私保护与安全制度，并且为新系统制定适当的实施战略。本章将关注为了开发成功的信息系统必须考虑的几个方面的要素。

建立信息系统有三种主要的选择方案（见图 6-1）。第一种方案，可以选择**内包**（insourcing），即由组织内的 IT 专家来开发系统。第二种方案，可以选择**自包**（selfsourcing），也称为**最终用户开发**（end-user development），即在没有或者较少有 IT 专家的帮助下，最终用户（知识工作者）自行开发 IT 系统或支持 IT 系统的运行。第三种方案，可以选择**外包**，即将特定的工作在特定的期限、规定的成本和服务等级条件下委托给第三方完成。

在下一节向读者介绍系统开发生命周期法时，我们将主要集中讨论内包以及整个过程是如何进行的、每个阶段内的关键活动、作为最终用户和知识工作者所起的作用，以及保证系统开发获得成功所能够利用的机会。

图 6-1　内包、自包、外包

6.2　内包和系统开发生命周期法

系统开发生命周期（systems development life cycle，SDLC）**法**是一种结构化的、按部就班的信息系统开发方法。它包括七个主要阶段，每个阶段内包括多个活动（见图 6-2）。系统开发生命周期法也被称为**瀑布式开发法**（waterfall methodology），这是一种基于活动的连续过程。在瀑布式开发法中，从计划到实施的每一个环节都是紧跟着另一个环节的（见图 6-2）。

SDLC各阶段	活动
1. 计划	• 定义拟建系统 • 设定项目范围 • 制订项目计划，包括任务、资源和时间安排
2. 分析	• 为系统收集业务需求
3. 设计	• 设计所需要的技术架构，以支持拟建系统 • 设计系统模型
4. 开发	• 创建技术架构 • 建立数据库并编写程序
5. 测试	• 编写测试条件 • 进行系统测试
6. 实施	• 编写详细的用户说明书 • 为系统用户提供培训
7. 维护	• 设立帮助台以支持系统用户 • 营造支持系统变化的环境

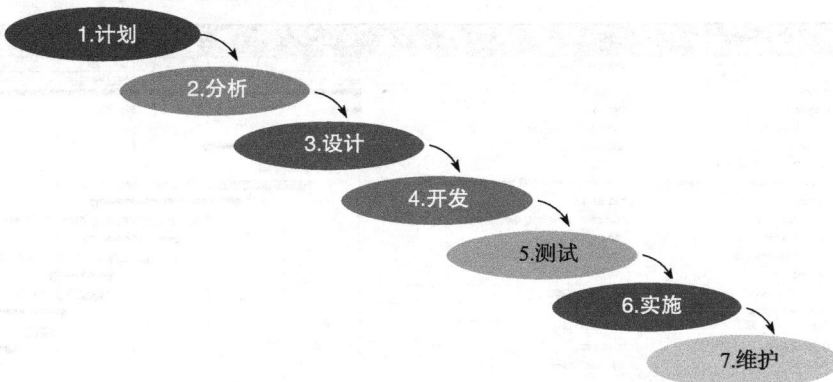

图 6-2　系统开发生命周期（SDLC）法、阶段及活动，以及瀑布式开发法

系统开发生命周期法中的每个阶段需要完成许多不同的活动。典型的活动包括：确定预

算、收集业务需求、设计模型、编写详细的用户说明书以及项目管理等。根据所要建立的系统类型和创建系统时所使用的工具的不同，系统最终用户在系统开发过程中的工作将有很大的不同。由于在这里不可能涵盖系统开发生命周期中所有的活动，所以我们仅选择几个最终用户在系统开发过程中需要完成的、比较重要的活动进行阐述。

6.2.1 阶段1：计划

在系统开发生命周期法的**计划阶段**（planning phase），首先要制订一个切实可行的信息系统开发计划。下面列出了在计划阶段所要完成的三项主要活动：

（1）定义拟建系统：首先必须识别和选择拟开发的系统，或确定支持组织战略目标所需要的系统。组织通常要分析所有的目标系统，并且根据对企业的影响或关键成功因素对目标系统进行优先排序。**关键成功因素**（critical success factor，CSF）是指对组织的成功起关键作用的因素。这个过程要求组织对开发哪些系统做出战略性的决策。

（2）设定系统范围：必须为拟开发的系统定义项目范围，并生成一份项目范围说明书。项目范围应能清晰地定义高层需求。范围经常被看作系统远达 10 000 英尺[⊖]的视野，或系统最基本的定义。**项目范围说明书**（project scope document）是项目范围的书面定义，通常只有一段话。对项目范围的研究之所以重要，有很多原因，其中最重要的就是避免项目范围蔓延和功能蔓延。**范围蔓延**（scope creep）往往出现在当项目范围超出最初的预想时。**功能蔓延**（feature creep）则往往发生于开发人员（及最终用户）增加不属于最初需求的附加功能时。

（3）制订项目计划：必须为整个系统开发工作制订一个详细的项目计划。**项目计划**（project plan）定义了系统开发所涉及的谁在什么时间做什么的问题，这些问题包括所有需要完成的活动、项目的人员组成、需要什么资源、谁去完成哪些活动以及完成每项活动所需要的时间。项目计划是确保按时提交完整的、成功的信息系统的有力指南。图 6-3 提供了一个项目计划的样本。**项目经理**（project manager）是项目计划和管理方面的专家，他们定义和开发项目计划并跟踪计划以确保所有关键里程碑按时完成。**项目里程碑**（project milestones）表示一组特定的活动必须在什么时间完成的关键日期，上面提到的两种蔓延中的任何一个都可能脱离项目计划。

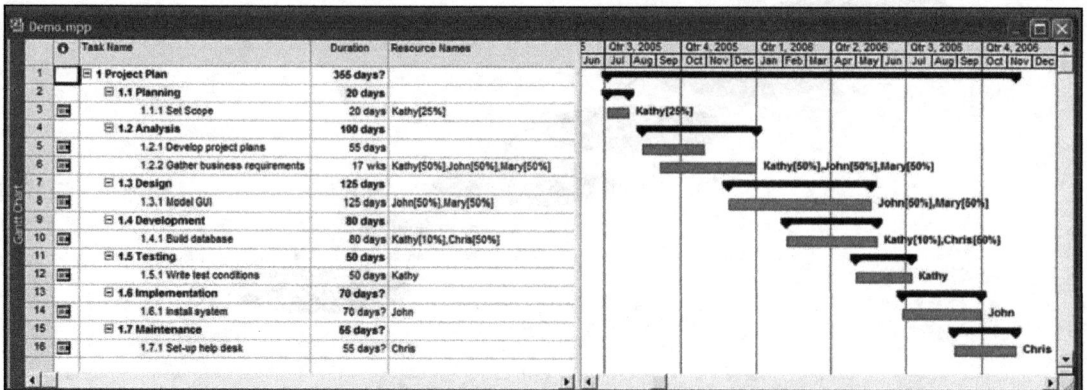

图 6-3 一个项目计划样例

⊖ 1 英尺 = 0.304 8 米。——译者注

6.2.2　阶段2：分析

一旦组织确定了拟建系统，就可以进入分析阶段了。系统开发生命周期法中的**分析阶段**（analysis phase）是指最终用户和 IT 专家共同工作，为拟建系统收集、理解和记录业务需求。下面列出了在分析阶段所要完成的两项主要活动：

（1）收集业务需求：**业务需求**（business requirement）是指一份详细的最终用户需求，系统要想成功，必须满足这些需求。业务需求引导和驱动着整个系统。举一个业务需求描述的例子，"客户关系管理（CRM）系统必须能按照产品、地区和销售代表等角度来追踪所有的客户咨询情况。"业务需求描述了从企业的角度系统必须做什么。收集业务需求有些类似于进行一项调研。你必须与每一个有权使用新系统的人进行交谈，以发现其需求。一种非常有用的收集系统需求的方法是进行一场联合应用开发会议。在**联合应用开发**（joint application development，JAD）会议期间，用户和 IT 专家在一起工作几天，定义或讨论系统的业务需求。

（2）对需求进行排序：一旦定义了全部的业务需求，就要将它们按业务的重要性进行排序，并且以正式的、可理解的文档形式确定下来，即**需求定义文档**（requirements definition document）。系统用户在需求定义文档上签字。**签字**（sign-off）就是用户的真实签名，代表他们认可了所有的业务需求。一般来说，项目计划最重要的里程碑之一就是系统用户在业务需求上签字。

在评审业务需求时需要考虑的一件重要事情是：如果业务需求不清楚或不准确，那么企业需要花费多少成本去修正这些错误。在分析阶段，发现一个错误并进行修正的代价相对而言是较小的，因为实际需要做的只是修改一些文字材料。然而如果在后续的阶段发现一个错误，修改起来的代价就会变得难以置信，因为你不得不修改实际系统。图 6-4 显示在系统开发生命周期法中修改错误的代价随着发现错误的时间推迟呈现指数的增长。

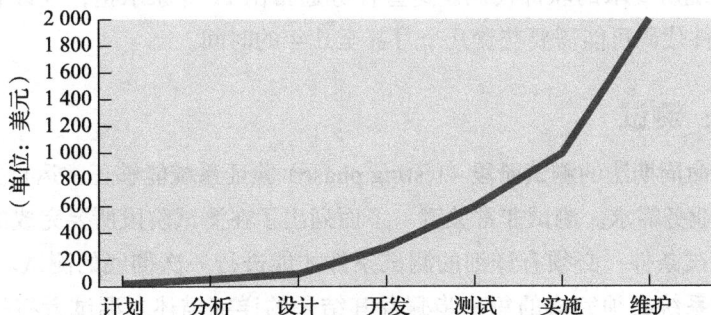

图 6-4　发现错误的代价

6.2.3　阶段3：设计

在系统开发生命周期法中，**设计阶段**（design phase）的主要目标是建立一个拟建系统如何工作的技术蓝图。在分析阶段，最终用户和 IT 专家一起从逻辑角度出发，提出了拟建系统的业务需求。也就是说，在分析阶段产生的业务需求文档并没有考虑支持系统的技术或技术架构。当进入设计阶段时，项目小组就将注意力转向了从物理角度或技术角度来考虑系统，即接受分析阶段产生的业务需求，并且在设计阶段确定系统的技术架构。下面列出了在设计阶段所要完成的主要活动：

（1）设计技术架构：**技术架构**（technical architecture）定义了系统运行所需要的硬件、软件和通信设备。大部分系统运行在计算机网络上，每个员工使用一个工作终端，应用软件在服务器上运行。通信方面，要求系统可以访问互联网，并允许最终用户远程访问服务器。在选择最终技术架构之前，通常需要针对几种不同的技术架构进行分析。

（2）设计系统模型：建模是一种以图形方式描述系统设计的活动。建模涉及拟建系统的每一部分，包括界面、报告、软件和数据库（使用扩展学习模块 C 中描述的 E-R 图）。在设计阶段有许多不同类型的建模活动，其中包括图形用户界面设计。

正是从系统开发生命周期法中的设计阶段开始，最终用户参与系统开发活动的场合越来越少，而将注意力转向"质量控制"方面。也就是说，IT 专家将会完成从设计阶段到维护阶段的大部分工作。而最终用户的责任是检查他们的工作。例如，检查设计的界面、报表、软件和数据库模型是否满足了所有的业务需求。

6.2.4　阶段4：开发

在系统开发生命周期法的**开发阶段**（development phase），我们将设计阶段所产生的详细设计文档转化为实际系统。这一阶段标志着工作从物理设计转换到物理实现。IT 专家依旧负责开发阶段的大多数活动。下面列出了在开发阶段所要完成的主要活动：

（1）创建技术架构：为了创建系统，首先必须创建运行系统的平台。在开发阶段，需要购买和安装所必需的设备，以支持在设计阶段所设计的技术架构。

（2）建立数据库并编写程序：在创建了技术架构后，就应该立即着手建立支持系统的数据库，并编写系统所要求的软件代码。这些任务通常由 IT 专家承担，设计和建立数据库以及编写所有的软件代码可能需要花费几个月甚至几年的时间。

6.2.5　阶段5：测试

系统开发生命周期法的**测试阶段**（testing phase）验证系统能够正常运行并满足系统分析阶段定义的所有业务需求。测试非常关键。下面列出了在测试阶段所要完成的主要活动：

（1）编写测试条件：必须有详细的测试条件才能进行一次彻底的测试。**测试条件**（test conditions）是对系统必须完成的每一步骤及其结果的详细描述。测试者将执行每项测试条件，将设想的结果与实际结果进行比较，以验证系统功能的正确性。当出现实际运行结果与设想的结果不同时，意味着出现了一个"漏洞"（bug），系统重新开发"修补漏洞"。一项典型的系统开发工作具有几百个或几千个测试条件，必须执行和验证所有这些测试条件，以保证整个系统功能的正确性。

（2）进行系统测试：当开始测试系统时，必须进行多种不同类型的测试。几种较为通用的测试包括：

- **单元测试**（unit testing）：测试系统的独立单元或代码段。
- **系统测试**（system testing）：检测实现某个功能的代码段在集成到整个系统时能够正

确运行。

- **集成测试**（integration testing）：检验独立的系统能否一起工作。
- **用户可接受性测试**（user acceptance testing，UAT）：确定系统是否满足业务需求并使用户能够正确开展工作。

6.2.6　阶段6：实施

在系统开发生命周期法的**实施阶段**（implementation phase），将系统分发给所有的用户，他们开始使用系统完成日常工作。下面列出了在开发阶段所要完成的两项主要活动：

（1）编写详细的用户说明书：在安装系统时，还需要向即将使用系统的用户提供一套说明如何使用系统的**用户说明书**（user documentation）。没有说明书的新系统是很难使用的。

（2）为系统用户提供培训：必须对即将使用新系统的用户提供培训。可以提供几种不同类型的培训，其中在线培训和工作坊培训是最经常使用的两种培训方式。**在线培训**（online training）是在互联网上或者通过 CD 或 DVD 进行的培训。员工可以在任何时间，以自己的进度在自己的计算机上接受培训。由于可以自己制订培训的进度计划，所以对员工来说，这种类型的培训很方便。**工作坊培训**（workshop training）是由一位教师指导、在教室中进行的培训。对于需要教师对员工进行一对一辅导的复杂系统，工作坊培训更为适合。

为了确保实施的成功，还需要选择最适合企业、项目和员工的实施方法。在实施一个新的系统时，有以下四种方法可供选择：

（1）**并行实施**（parallel implementation）：同时使用新老系统，直至确定新系统能够正确地工作。

（2）**直接实施**（plunge implementation）：完全丢弃旧系统并立即使用新系统。

（3）**试验性实施**（pilot implementation）：仅让一小组人使用新系统，直至确认它能够正常工作，然后再让其他人也使用新系统。

（4）**分段实施**（phased implementation）：分阶段实施新系统（如先是应收账款，再是应付账款）直至确定新系统能够正常工作，然后再实施新系统的剩余阶段。

6.2.7　阶段7：维护

维护系统是所有系统开发工作的最后阶段。在系统开发生命周期法的**维护阶段**（maintenance phase），需要监控和支持新系统的运行，以确保它能一直满足业务需求。一旦系统到位，它就会随着企业的变化而改变。组织需要持续地对新系统进行监控和支持，包括进行微小的变更（比如新的报告或信息查询需求），并评价系统以保证其能持续地帮助组织完成战略目标。下面列出了在维护阶段所要完成的两项主要活动：

（1）设立帮助台以支持系统用户：支持用户的一个好办法是设立帮助台。**帮助台**（help desk）是对系统用户的问题做出响应的人员。一般来说，系统用户知道帮助台的电话号码，无论什么时候有关于系统的问题，都可以打电话咨询。设立一个回答用户问题的帮助台是一种非常好的方式，可以为用户使用新系统提供全面的支持。

（2）营造支持系统变化的环境：当企业环境出现变化时，必须通过评估这些变化对系统的影响，而对其做出反应。很有可能系统必须去适应或升级，以满足企业环境不断变化的需要。如果这样，必须对系统进行修改以支持新的企业环境。

前面讨论的大部分内容主要集中在软件开发上。当然，软件开发工作占系统开发生命周期中所有工作的 80% 以上，但我们还要考虑其他的一些"开发"问题，其中之一就是建立绿色 IT 中心。

2008 年 3 月，在美国科罗拉多州朗蒙特市，一个 61 000 平方英尺⊖的本田汽车绿色 IT 中心开业。它是美国仅有的几个因其环保的房屋建筑通过了美国绿色建筑评估体系评级系统的数据中心之一。"生产和使用绿色产品"的真正意义是什么？这里有几个关于本田汽车保护环境的建筑的有趣描述。

- 地板是由回收混凝土建造的。
- 办公家具是由回收的废钢和新闻用纸建造的。

- 低流量的自动水龙头。
- 活动感应灯。
- 73% 的建筑废弃物回收。
- 保持周边空地不被开发。
- 在被施工影响的周边土地上，重新种植了本地的树木和灌木。
- 使用电视会议避免航空旅行。
- 回收使用几乎所有的东西，包括旧计算机、电池以及投影机（员工从他们原来的办公室拉来了 9 吨旧设备）。
- 消除屏幕保护程序，关闭监视器。

还有很多内容未被列入以上描述。甚至正确的打印方式也能为本田汽车节省资金。通过默认为黑白和双面打印，本田每年就可以节省几万美元。[4]

6.3　基于组件的开发方法

我们正在谈论的系统开发生命周期法是最早期的软件开发方法之一。在设计和开发阶段（在其他阶段也一样），系统开发生命周期法仅考虑单一系统的视角，也仅考虑当前系统的开发。也就是说，系统开发生命周期法并没有让开发团队去查找软件库，并考虑在其中找到新系统开发时能够重用的代码。这样就会存在极大的弊端。最为突出的问题是，对于每个应用，所有的软件代码每次都要从头编写。例如，在一个典型的组织中，可能许多应用都会有客户视图界面和更新客户信息的功能。但在传统的系统开发生命周期法中，每个应用都需要重新编写支持客户视图界面和信息更新的软件。

这就导致了基于组件的开发概念的出现。**基于组件的开发**（component-based development，CBD）是一种通用的系统开发方法，关注于集中建立小型完备的代码模块（组件），这种代码模块能够在一个组织内的许多应用中被重复使用。例如，只编写一次客户视图界面和更新软件，并将其放入一个软件组件库中，允许软件开发团队将该组件（有点像即插即用的概念）加入到任何需要开发的系统中。

⊖　1 平方英尺 = 0.092 9 平方米。——译者注

基于组件的开发方法从根本上改变了系统开发生命周期法的理念，它要求开发团队做到：①在软件库查找已经存在的可重用代码；②以组件形式构建新的软件，使其能在后续的软件开发项目中被重用。基于组件的开发方法包括很多种类型的新的系统开发方法，如快速应用开发、极限编程和敏捷开发等。

6.3.1　快速应用开发法

快速应用开发（rapid application development，RAD）法，也称为**快速原型**（rapid prototyping）法，强调用户深入地参与到一个系统工作原型的快速演化构建中，以加速系统开发过程（见图 6-5）。

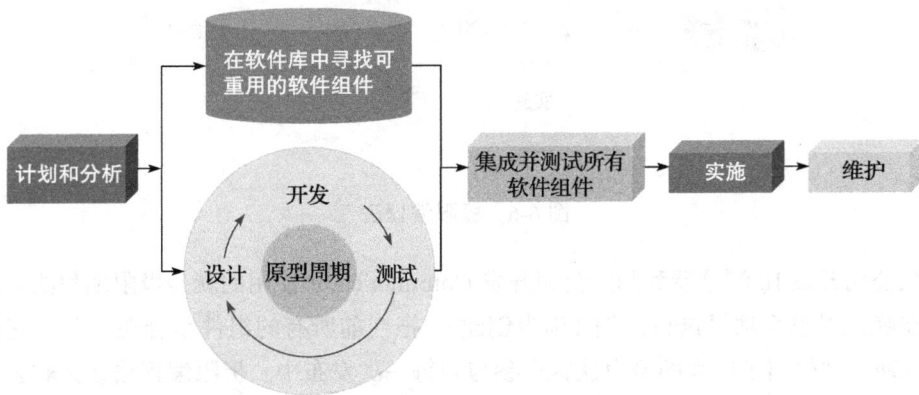

图 6-5　快速应用开发（RAD）法

RAD 的基本步骤包括：

（1）同传统的系统开发生命周期法一样，完成计划和分析阶段的活动。

（2）检查软件库，以确定是否已经存在一些组件可以应用到新系统中。

（3）构建与拟建系统的界面和功能类似的原型（即软件组件的工作模型）。设计、开发和测试原型，直至它们成为具有完整功能的软件组件。

（4）将在前两个步骤中得到的软件组件进行集成，并将其作为一个完整系统进行测试。

（5）遵循传统系统开发生命周期法中的原则，实施新系统。

（6）提供持续的支持和维护。

总而言之，我们应当使最终用户积极地参与到分析阶段，以及新系统组件的设计、开发和测试的迭代过程中。这种最终用户的参与和原型的使用，往往能极大地加速业务需求的收集和软件（即组件）开发的速度。此外，如果能在软件库中找到可重用的软件组件，那么整个过程的加速会更快。原型法是 RAD 方法中非常重要的一部分，在后面的章节中我们还会对其进行更加详尽的讨论。

6.3.2　极限编程法

极限编程法（extreme programming methodology，XP）将一个项目拆分成许多很小的阶

段，在当前阶段完成后，开发者才能继续下一个阶段。XP 很像一个拼图游戏，有很多小块（即软件组件）。独立地看，每个小块毫无意义，但当它们被组合在一起时，组织就能看到整个系统了。传统的系统开发生命周期法和 XP 之间的主要区别，就是 XP 将其各个阶段划分成迭代的过程。例如，传统的系统开发生命周期法开发整个系统，然而，XP 则以迭代的方式开发系统（见图 6-6）。尽管在图 6-6 中没有显示，但 XP 更像 RAD 法，它严重依赖现存软件库中的软件组件。

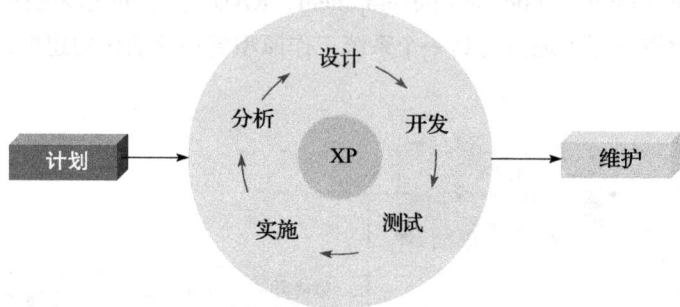

图 6-6 极限编程法

微软公司开发 IE 浏览器和网景公司开发 Communicator 使用的就是极限编程法。两家公司都是在晚上对整个项目进行汇编（称为创建），把当前所有的组件整合在一起。它们设立了发布日期，并付出了巨大的努力让客户参与到每一次发布中。极限编程法让微软公司和网景公司在技术参数随时间演变时，能够对几百万条程序代码进行管理。最重要的是，两家公司经常举办用户设计体验和战略性会议以征求和吸取用户反馈。[6]

XP 显然不同于传统的软件开发方法，很多不同行业的组织都运用它开发出了成功的软件。XP 成功的一个原因就是它强调客户的满意。即使是在系统开发生命周期法的后期，XP 使开发人员也能够对变化的客户和业务需求做出反应，而且它很强调团队合作。管理人员、客户和开发人员都是团队的一部分，致力于最终交付一款高质量的软件。XP 实施了一种简单而有效的方法来进行团队开发，能够对变化的需求和技术进行快速的反应。

全球视角 梅赛德斯 – 奔驰：来自按单生产软件的按单生产卡车

"哪种司机驾驶室和收音机可用于 24 吨重的大卡车上？"在过去，像这样的问题可能要花费梅赛德斯 – 奔驰经销商的大量时间去翻阅大部头的手册。而现在，利用由德国 CAS 软件公司开发的客户咨询系统（MBKS），梅赛德斯 – 奔驰网站提供了大量各种设备的指南。

这个在线程序被称为卡车在线配置器（TOC），它比仅能使用其他数据和图片材料显示最终的汽车与拖车的在线系统需要更长的开发时间。TOC 提供了一个全新的用户导航功能，通过以下三种方式帮助网站访问者按照不同的需求进行查询：技术指标、贸易方案以及运输任务。例如，客户能够通过输入所要求的技术细节，如驱动方式、轴距或发动机性能，来获取他们喜欢的车辆信息。客户也可以用贸易方案或运输任务来进行选择（例如，客户仅告诉 TOC 需要用于运送冷冻食品的卡车即可），系统将据此提供合适的型号列表。

从定义需求到制定技术规格，一直到软件的开发、测试和安装，CAS 只有五个月的时间来完成如此复杂和大规模的应用。这种严格的截止期限需要一种风险驱动的项目管理，这就意味着项目的个别阶段将有重叠。当几个开发人员和梅赛德斯－奔驰的项目经理正在讨论澄清个别功能的技术需求时，TOC 的其他部分已经开始实施了。

CAS 解决方案几乎是为这个项目定制的。完成的程序运行起来非常快速、稳定。这是梅赛德斯－奔驰对于 TOC 的核心技术要求，即公司需要一个具有最大有效性，但同时响应时间最短的应用。

正是因为使用了快速应用开发（RAD）过程，CAS 才能够快速建立这个高质量的应用。[5]

6.3.3　敏捷开发法

敏捷开发法（agile methodology）是 XP 的一种形式，通过及早、连续地交付有用的软件组件来达到客户满意。敏捷开发法与 XP 相似，但它较少关注团队编程，而较多地关注限定项目范围。一个敏捷开发项目设置最小数量的需求，然后将它们变成可交付的产品。敏捷开发法就像它听起来的那样：快速而有效、小巧而敏捷、较低的成本、较少的功能以及时间较短的开发项目。

敏捷联盟是一个软件开发人员组织，它把改善软件开发过程作为其使命。它的声明包括以下原则：

- 通过及早连续地交付有价值的软件来使客户满意。
- 即使是在开发的后期也欢迎需求的变化。
- 在整个项目开发过程中，企业人员和开发人员必须每天一起工作。
- 选择有积极性的人员来开发项目，为他们提供环境和必需品，并且相信他们能完成任务。
- 最好的架构、需求和设计来自自我组织的团队。
- 每隔一定的时间，团队会反思如何才能更有效，然后相应地调整团队的行为。[7]

6.3.4　面向服务架构：一种架构视图

无论组织选择了哪种基于组件的方法进行软件开发，都有可能用到一种软件架构视图，即面向服务架构。**面向服务架构**（Service-oriented architecture，SOA 或 SoA）是一种软件架构视图，关注于通过小型独立代码块（被称为服务）的开发、应用和重用来满足一个组织的全部应用软件需求。SoA 中的这些服务与任何一种基于组件的开发方法中的组件极为相似。

SoA 是一种高层次、全方位的组织方法，关注于组织如何来看待所有的软件需求并采取行动。如果采用了这种方法，从本质上讲，整个组织中的所有软件都是按照一系列的可重用服务（代码块）来进行开发和管理的。从 SoA 视图内部来看，你可以选择支持可重用服务

（即组件）概念的基于组件的开发方法来完成特定系统的开发。这些开发方法并不包括传统的系统开发生命周期法，而仅包括我们刚刚讨论过的几种方法——快速应用开发法、极限编程法和敏捷开发法。

SoA 在商务领域的重要性正在迅速扩大。我们还将在第 7 章中对这一主题进行进一步的讨论。

6.4　自包（最终用户开发）

我们现在想要研究的是，作为知识工作者和最终用户，怎样才能开发一个自己的系统，我们称之为自包或最终用户开发。**自包或最终用户开发**，就是在没有或者较少有 IT 专家的帮助下，最终用户（知识工作者）自行开发 IT 系统或支持 IT 系统的运行。最终用户就是使用系统的人员，他们在各自的专业领域中是专家，尽管他们不是 IT 或计算机专家，但是他们非常清楚自己希望从系统中获得什么，并且具备开发这种系统的能力。由最终用户开发的应用支持多种多样的决策活动，并且也为各种任务的业务流程实施提供了帮助。尽管最终用户开发的应用确实无法达到企业级的企业资源计划系统的水平，但它们也是组织中众多信息系统的一种重要来源。自包的主要开发工具是电子表格工具、数据库管理系统以及网站开发工具，将来也会是这样。

自包之所以能迅速被许多企业接纳，是因为它能有效地减轻企业的压力，而不是带来负担。IT 人员不仅不会抵制最终用户应用开发的趋势，而且应该努力促使最终用户承担系统开发工作。这样就可以释放稀缺的 IT 资源，使其用于更为复杂的、明确的基础设施管理任务。自包战略的成功依赖于以下两个关键点：①懂得哪些应用适合于自包；②为最终用户提供正确的工具。在介绍完自包流程之后，我们将再重新介绍这两个关键点。

6.4.1　自包流程

可能只需用几个小时，就能创建多个小的最终用户计算机系统，比如定制化报表、创建宏指令、构建查询，以及在字处理软件包的信件和客户数据库之间建立一个接口，以便生成一封个性化的邮件。而更为复杂的系统，比如学生注册管理系统或员工工资管理系统等，则要求在开发期间按照正式的系统开发生命周期流程进行。

在图 6-7 中，我们给出了自包的流程。自包流程与系统开发生命周期中的各阶段很相似。但应当注意到，自包流程是围绕着原型法（模型建立，从第 3 步到第 6 步）进行的，这也是我们将在下一节中讨论的内容。这一点很关键，就是说当用户为自己开发一个系统时，将更可能使用原型法，即不断地建立和精炼模型或原型，直至系统完成。当考虑图 6-8 中自包的关键任务时，需要注意以下几点。

1. 使用户的自包工作与组织目标一致

当用户开始计划一个拟建系统时，必须从组织目标的角度进行考虑。如果用户正想为自己开发一个系统，但直觉上此系统违背其组织的目标，则应当立即放弃。同样，还必须仔细考虑建立系统所需投入的时间，因为最终用户的工作会很忙且时间极其宝贵。切记，建立一个系统将占用一定的时间，这是你自己的时间。

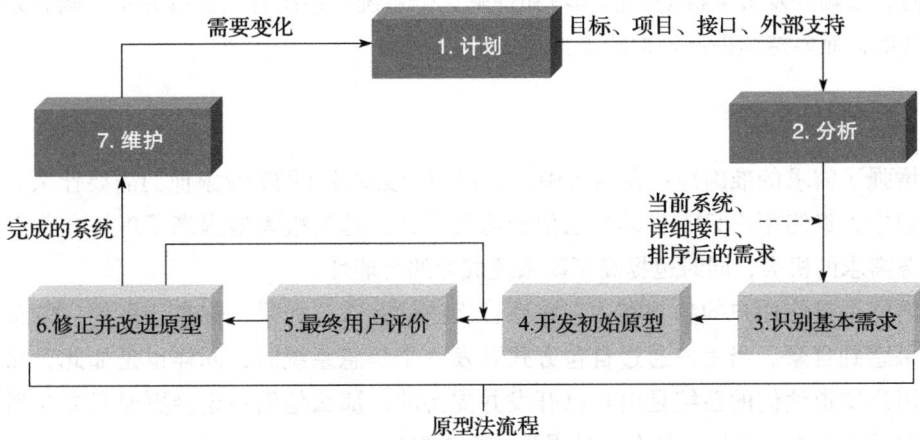

图 6-7 自包流程

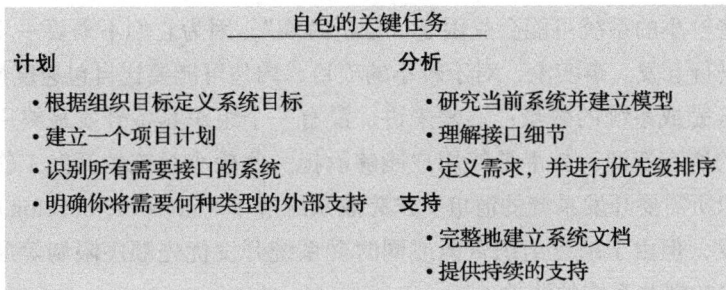

图 6-8 自包的关键任务

2. 确定系统开发所需的外部支持

有些自包项目可以得到来自组织内部 IT 专家的支持。这些专家可能来自 IT 部门，在 IT 功能较为独立的机构中大多如此（即自上而下的组织结构，或矩阵结构）。而当组织的 IT 职能跨越所有部门进行全面整合时，这些专家就可能在各职能部门内。在自包过程中，来自内部的 IT 专家是一种很有价值的资源，在计划阶段就一定要把他们拉进来。当最终用户和 IT 专家一起工作时，建立一个成功系统的机会就会极大地增加。

3. 编写系统文档直到系统开发结束

即使最终用户只为自己一个人开发一个系统，仍然需要就系统如何工作编写文档。当这个用户升迁时，其他人员会继任其后，并且可能继续使用原先开发的系统，甚至可能对系统进行一些修改。基于此，与建立一个易读的用户手册一样，开发者必须从技术角度建立文档以描述有关系统是如何工作的。

4. 提供持续的支持

当最终用户通过自包方式开发一个系统时，必须做好为系统提供支持和维护的准备。因为该用户是系统的主要拥有者和开发者，应独自地负责保证系统连续不断地正确运行，并且一直满足所有变化的业务需求。开发者也必须做好准备去支持使用其系统的其他最终用户，因为他们会依赖开发者来帮助他们学习和理解这个系统。系统开发过程并不会随着系统实施的完成结束，而要持续进行日常的支持和维护。

6.4.2 自包的优点

- 增强了需求的准确性：在内包中，最终用户必须告诉 IT 专家他们需要什么。而在自包中，最终用户只需告诉自己他们需要什么，这就极大地提高了理解和获得所有业务需求的机会，同时也提高了新系统成功的可能性。
- 增强了最终用户的参与和主人翁感：无论做什么，如果是你自己做的，你总是对结果感到自豪。当用户通过自包方式开发一个信息系统时，同样也是如此。如果最终用户知道他们的系统是由自己开发并支持的，那么他们一定会更愿意参与到系统开发活动中去，而且也会有一种强烈的主人翁感。
- 提高了系统开发的速度：许多小系统并不适合使用内包及传统的系统开发生命周期法。这些较小的系统可能会受因于"分析瘫痪"，因为它们不需要一步一步地用结构化方法进行开发。事实上，对于较小的项目，内包可能要比自包速度慢。
- 减少了未完成系统的数量：通常来讲，没有一个组织具备开发最终用户所需要的全部系统的所有资源。如果最终用户能够承担一些较小系统的开发工作，其结果就会缩短组织所需要开发系统的清单。**未完成系统清单**（invisible backlog）是指一个组织需要开发，但由于缺乏组织资源或同时受系统开发优先顺序限制等原因，不能得到及时开发的那些系统的清单。

6.4.3 自包的潜在缺陷和风险

- 最终用户专业知识不足导致系统开发不当：许多用自包方式开发的系统永远无法完成，这是由于最终用户缺乏使用 IT 工具去开发一个完整并能正常工作系统所需要的经验。这看上去可能没什么大不了，因为如果需要该系统的人从来没有完成开发，那么很可能该系统没那么重要。但事实并非如此。如果最终用户把时间投入到自包过程，而又从没有完成该系统，那么投入的时间就浪费了。
- 缺乏组织关注会产生大量"私有"的 IT 系统：许多自包项目是在一个组织的 IT 系统计划之外展开的，这就意味着可能出现许多相互没有联系、包含着不受控制和重复信息的"私有"IT 系统。这样的系统在组织中是没有意义的，并且只能导致更多的问题。
- 不充分的分析设计方案会导致 IT 系统的水平较低：有些最终用户没有对所有可选方案进行仔细分析，就对将使用的硬件和软件贸然做出决定。如果发生这样的事情，那么最终用户很可能开发出一个各组成部分效率低下的系统。
- 缺乏文档和外部支持导致系统存活期较短：当最终用户开发一个系统时，他们往往放弃编写系统如何运作的文档，并且未能意识到，他们无法得到来自 IT 专家的支持。所有的系统无论是由谁开发的，随着时间的推移一定会需要进行变更。最终用户必须意识到，预料这些变更是他们的责任，如果他们为系统编写了完善的文档，那么完成这些变更将会变得比较容易。

6.4.4 哪种IT应用不适于自包

下面的列表帮助 IT 人员确定哪些应用是 IT 人员负责的领域，并且哪些应用更适合用自包的方式。IT 人员通过关注于高投入、高回报的应用，才能为企业带来最大的价值，这些应用往往具有以下特征：

- 与基础设施相关。
- 关键任务，比如 ERP、客户关系管理、供应链管理、商务智能和电子商务。
- 支持大量的并发用户，如呼叫中心应用。

除此之外的其他应用可能才适合于自包。

6.4.5 适合于自包的工具

进行自包的工具与企业级开发工具（用于 IT 专业人员）的要求完全不同。对自包的开发工具来说，易于使用是最主要的。这是因为最终用户不是熟练的程序员，他们由于较少使用开发工具可能会忘记那些不太直观的命令。因此，最终用户的开发工具必须具有以下特征：

- 易于使用：这是快速、低成本开发所必需的。对于应用程序来说，易于使用是指：数据输入简单、可以对列表和取值范围中的值进行错误检查、报表生成容易（比如鼠标拖放即可），以及易于进行网络发布。
- 支持多种平台：为了使对技术支持的要求最小，最终用户应该选择一两种可以在组织内多种硬件平台和操作系统上运行的开发工具。
- 低成本：成本因素不仅包括工具的购买价格，而且包括培训时间、应用开发速度以及所需要的技术水平。
- 支持多种类型的数据：就其本性而言，数据是动态的。所以，工具集应该能支持数据库管理系统产品通常具有的全部特性。

6.5 原型法

原型法（prototyping）是建立一个能够显示拟建产品、服务或系统特征的模型的过程。那么，一个**原型**（prototype）就是一个拟建产品、服务或系统的模型。我们稍加思考就会发现，人们时时刻刻都在建立原型。例如，汽车制造商建立的汽车原型，可用于展示和测试其安全性、空气动力和舒适程度。建筑承包商建立的住宅和其他建筑物的模型，用于显示整体布局和消防出口。

在系统开发中，原型法是一种很有价值的工具，是一个迭代的过程，在这个过程中，我们从基本业务需求出发建立一个模型，让用户对这个原型进行评审，并提出修改建议；然后，进一步精炼和改善能够反映这些建议的原型。尤为特别的是，原型法是一个动态的过程，它允许系统用户看见、操作并评估模型，可以对模型提出改进意见，以提高拟建系统成功的可能性。原型法是一种很有价值的工具，广泛应用于基于组件的开发方法（RAD、XP以及敏捷开发法）、自包和内包中。

用原型法能够完成系统开发过程中的多种功能，其中包括：

- 获取需求：原型法是一种很好的需求获取工具。它从建立基本系统需求的简单原型开始，然后在开发者修订原型时，允许最终用户增加更多的需求（信息或过程）。
- 帮助确定需求：在许多系统开发项目中，最终用户往往难以确定他们究竟需要什么。他们只知道现行系统不能满足自己的需求。在这种情况下，可采用原型法帮助系统用户准确确定他们的需求。
- 证明系统在技术上的可行性：必须承认存在一些无法应用技术的情况。在确定拟建系统的范围时，我们常常不清楚自己能做什么，如果不能确定某些事情是否可做，那么先建立它的原型。用来证明一个拟建系统的技术可行性的原型，被称为**概念证明原型**（proof-of-concept prototype）。
- 推广拟建系统的思想：许多人抵制 IT 的变化。现行系统看上去运行不错，而且并未看出需要开发和学习使用新系统的理由。在这种情况下，就必须使这些人确信拟建系统将比现行系统更好。由于原型法相对而言开发速度快，无须投入太多的时间就能建立起一个原型，以使人们确信这个拟建系统值得开发。用于向人们证明拟建系统价值的原型，被称为**推广原型**（selling prototype）。

6.5.1　原型法流程

原型法是系统开发的一个优秀工具。最常见的情况是，IT 专家（内包）在系统开发生命周期中使用原型法来形成系统的技术蓝图。但在自包中，可以持续精炼原型，直至其成为最终系统。在这两种情况下，原型法的应用流程在一定程度上几乎是相同的，只是结果不同。图 6-9 说明了内包和自包中的原型法之间的不同。无论是谁使用原型法，原型法的过程都包括如下四个阶段：

（1）识别基本需求：在第一阶段中，要收集拟建系统的基本需求。这些基本需求既包括期望的输入和输出信息，又可能包括一些简单的过程。但此时基本不用关心系统录入规则、安全问题或期末的处理（例如，工资管理系统在年终产生的报表）。

（2）开发初始原型：在获得基本需求的基础上，着手建立一个初始原型。通常初始原型只包括用户界面，比如数据输入界面和报表。

（3）最终用户评价：第 3 步开始了真正的迭代过程。当最终用户首次进入该步骤时，他们要对原型进行评价，并提出修改或附加意见。随后再返回第 3 步（第 4 步以后）时，他们将对原型的新版本再次进行评价。在这个迭代的过程中，尽可能让更多的最终用户参与是非常重要的。这将有助于解决在术语和操作过程等方面中存在的偏差。

（4）修正并改进原型：在原型法的最后一个步骤中，要按照最终用户提出的意见修正和改进原型。在该步骤中，可对已有的原型进行修改并增加各种新的需求。然后，再转到第 3 步，由最终用户对新的原型进行评审。然后再进行第 4 步，循环往复。

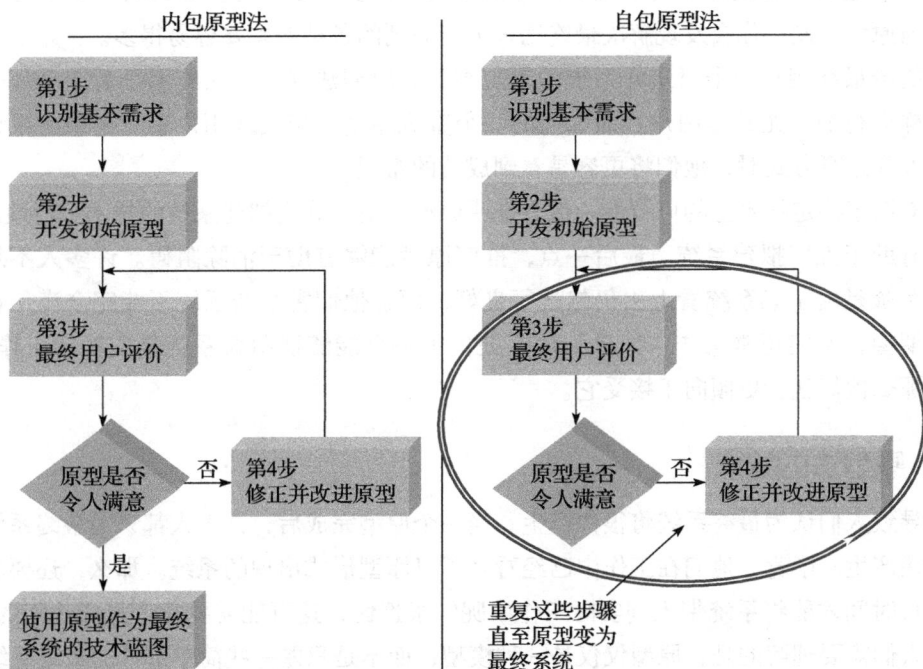

图 6-9　内包和自包中的原型法各步骤

无论是内包还是自包，都需要不断地迭代第 3 步和第 4 步，直到最终用户对原型满意为止。然而，在此之后的原型去向就有所不同了。

在自包期间，开发者很可能使用有针对性的应用软件包或应用开发工具来开发原型。这意味着你可以不断地精炼原型，直至其成为最终工作系统。例如，如果你选择利用微软的 Access 开发一个简单的客户关系管理应用，那么你可以使用微软的 Access 开发工具来建立具有许多业务特征的原型。由于你使用了有针对性的应用开发环境来开发这些原型，因此该原型最后可以成为真正的系统。这对于基于组件的开发方法也是成立的。

当选择内包和使用传统的系统开发生命周期方法时，这个过程不一定相同。通常，IT 专家使用专门的原型开发工具来开发原型。许多这样的工具不能够用于开发最终系统，你只不过使用它们建立原型。于是，所完成的原型成为了最终系统的一个蓝图或技术设计。在系统开发生命周期中的合适阶段，IT 专家将利用另一种更适合开发应用系统的应用开发环境来完成原型。

6.5.2　原型法的优点

● 鼓励最终用户的积极参与。首先，也是最重要的，原型法鼓励最终用户积极地参与到开发过程中。原型法允许最终用户考察并使用拟建系统的模型，而不是查看和评审文档。

- 有助于解决最终用户之间的差异。在原型法开发过程中，有许多最终用户都参与了需求定义和原型评审的过程。这里的字眼"许多"是关键。如果有一些最终用户参与原型开发，你会发现解决最终用户可能遇到的各种偏差要容易得多。
- 能给最终用户一个对最终系统的直观感受。原型法提供了最终系统看起来如何，怎样运行的，尤其是用户界面如何的一个直观感受。当最终用户感受到最终系统的界面和运行方式时，他们将更容易看到成功的希望。
- 有助于确定技术上的可行性。概念证明原型很适合确定拟建系统的技术可行性。
- 有助于推广拟建系统。最后一点，推广原型能够有助于消除阻碍。许多人不想要新系统是由于老系统看上去仍然运行良好，而且他们害怕新系统不能完全满足自己的期望，不能正常工作。如果为他们提供了一个能够证明新系统是成功的工作原型，那么他们就会更倾向于接受它。

6.5.3　原型法的缺点

- 导致人们认为最终系统将很快产生。当一个原型完成后，许多人都认为最终系统将很快产生。毕竟，他们在工作中已经看到了以原型形式出现的系统。那么，还要花费多长时间才能将系统带入到实际工作中呢？很遗憾，这可能需要几个月或几年的时间。人们需要理解的是，原型仅仅是一种模型，而不是只差一些简单部件的最终系统。
- 没有给出各种系统运行条件的性能说明。原型很少考虑全部的系统运行条件。位于东海岸某个州的机动车辆部门就已经出现了这个问题。在原型法开发过程中，处理全州机动车和驾驶员注册的系统，在分别位于两个地区的 20 个工作站上运行良好。但当系统最终被安装在所有地区（包括 1 200 多个工作站）时，其全部时间都花费在管理通信上，而完全没有任何时间再去处理其他事务了。这可能就是原型法的最大缺陷。所以，在建立原型时，除了考虑界面和过程外，还要考虑运行条件。
- 导致项目团队忽略了适当的测试和编写文档。开发者必须对新系统进行彻底的测试并建立文档。遗憾的是，很多人认为在使用原型法进行系统开发时，可以放弃测试和文档编写。因为毕竟他们已对原型进行了测试，为什么不用原型作为系统的文档资料呢？千万不要犯这种错误。

在本书中，我们已经讨论了关于众包的概念，即无须支付工资的非企业内部的员工参与到价值的生产环节。众包可以应用到包括系统开发在内的任何"价值创造"过程中。通过这种方式，它变成了自包的一种有趣变形。

所有行业各种规模的组织都在积极参与到众包的竞争中，以鼓励非企业内部员工来帮助创建企业基于 IT 的系统。有一些是利益驱动的，例如 Netflix 举办的竞赛就是看谁能够开发出一个更好的推荐引擎，并期望竞赛成果能够有助于企业盈利。然而，也有其他一些组织并不仅关注赚钱，而更想改变世界。下面是一些具体的例子。

- 高通公司及 X 奖励基金。这是一个奖励智能手机应用的众包竞赛，奖金为 1 000 万美元，该应用能够像医生亲自坐诊一样准确地诊断出健康问题。
- Heritage Provider Network（一个总部在加利福尼亚州的医疗供应商）。这是一个奖励算法的竞赛，奖金为 300

万美元，该算法能够精准地预测出有哪些病人最有可能在未来的 12 个月内入院。
- Recyclebank 是一个商业计划书竞赛，参与者在 6 个月内从 200 万上升到 1 000 万，其做法是把再循环工作不断扩展，从而鼓励人们的良好行为。

可能影响最大的例子，是美国联邦政府在 2010 年通过了一个建立美国竞争法的法案。政府每年都留出 5 000 万美元给各部门来举办一些众包竞赛，以支持那些在某种程度上"改变了世界"的应用。包括你在内的任何人，都可以轻松地参加这些政府资助的竞赛，范围从保护能源和环境，到国际事务，一直到教育。如想了解更多，可访问 http://challenge.gov。[8, 9]

6.6　外包

由谁来建立 IT 系统的第三种选择，就是在内包（依靠组织内的 IT 专家）和自包（依靠最终用户）之外的外包。外包是指将特定的工作在特定的期限、规定的成本和服务等级条件下委托给第三方完成。由于存在降低成本和减少产品上市时间的竞争压力，许多组织愿意将其 IT 系统开发工作（更不必说常规操作、维护和支持）进行外包。外包研究理事会最近完成的一项研究指出，人力资源（HR）是许多公司进行外包的首要领域。50% 被调查的公司已经将工资处理功能部分或全部地实行了外包，而另外 38% 的公司说它们正在考虑当中。[10]

世界最大的电池和手电筒制造商劲量公司（Energizer），将其人力资源业务外包给顶级人力资源外包公司之一的 ADP。劲量目前有 3 500 多名雇员和 2 000 多名退休人员，这些人员都需要多种与 IT 相关的人力资源服务。ADP 向劲量公司提供集中化的呼叫中心、事务处理服务和基于网络的雇员自服务系统。劲量公司人力资源部副总裁彼得·康拉德（Peter Conrad）说："ADP 无疑是我们所需要的那种能够提供一站式服务的最合适的公司。"因为该公司提供的若干系统，往往在运行的前 6 个月就可以实现 80% 以上的功能。[11]

外包行业快速发展的主要原因有以下几个方面：

- 全球化：随着市场面向全世界开放，竞争加剧。企业可以利用外包服务提供商来提供国际化的服务。外包服务提供商可能位于世界上的任何地方。
- 互联网：在电子商务世界里，类似于缺乏资金这类的进入壁垒正在奇迹般地降低。每天都会有新的竞争者进入市场。
- 经济增长与低失业率：组建一个有竞争力的员工团队更为困难，也更加昂贵。

- 技术：技术如此快速地发展，往往会导致企业在资源、劳动力或专业技术方面的匮乏。
- 管制的解除：随着电信和能源等私营行业管制的解除，市场开放了，竞争也加剧了。

如今，IT 外包代表了一种重要的机会，使得组织能够通过让其他组织接管和履行某些业务职能，来利用它们的才智。在这些业务职能上，它们可能比组织中的 IT 专家拥有更多的能力。信息技术外包能使组织保持市场和技术的领先，减少人力资源和财务资源上的压力，确保 IT 基础架构能够与不断发展的商业环境同步。软件开发的 IT 外包可以选择以下四种形式（见图 6-10）：

（1）购买现成软件。

（2）购买现成软件，并且向开发商支付费用由其对软件进行一些修改。

图 6-10   系统开发外包的主要形式

（3）购买现成软件，并且向开发商支付费用，以获得授权由自己对软件进行修改。

（4）因为没有现成的软件，因此将全新的、独一无二的系统的开发工作进行外包。

在这些例子中，我们讨论的并不是在当地计算机商店就可以买到的个人软件，而是成本可能高达数百万美元的大型软件包。例如，每一家公司必须记录财务信息，它可以购买几种不同的系统来完成这项任务。大家是否听说过 Oracle Financial？这是一个很不错的软件包，公司可以购买并利用它来记录全部的财务信息。如果 Oracle Financial 正是你想要的（即它能满足公司的全部业务需求），那么可以采取方式 1。如果它只能满足大部分需要，可以采取方式 2 或方式 3。可如果公司需要的是一套在商业市场上并不存在的、功能独特的软件，那么只能选择方式 4。让我们来解释一下这个过程。

6.6.1   外包流程

外包流程与系统开发生命周期既有相似之处又有很大不同。不同之处在于我们把设计、开发、测试、实施和维护步骤的大部分工作都交给了另外一个组织来完成。相似之处在于二者的开发工作都是从计划和定义项目范围开始的（见图 6-11）。当进行到前两个阶段的某个时刻时，可能组织开始明白需要一个独特的系统，但无法通过内包的方式来进行开发。如果是这样的话，那么拟建系统可以被外包。这就是图 6-11 中外包流程的第 3 步，即选择一个拟建系统进行外包。下面，我们从第 4 步开始简略地叙述外包流程的其他阶段。

1. 确定逻辑要求

无论选择内包还是选择外包，都需要完成系统分析工作，特别是收集拟建系统的业务需求。切记，对业务需求的识别将驱动整个系统开发工作；如果业务需求不准确或不完整，那

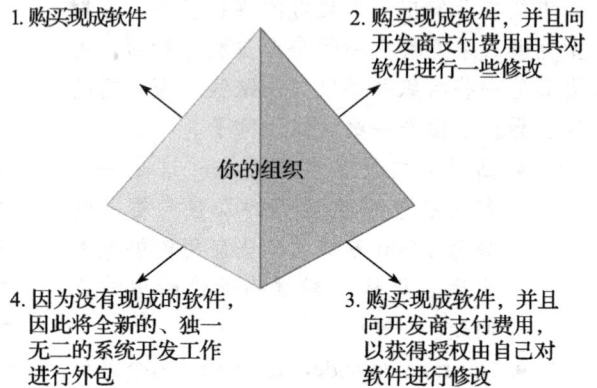

么系统无论怎样也不可能成功。如果选择了外包，那么获取业务需求部分将变为第 5 步，即编写招标书。

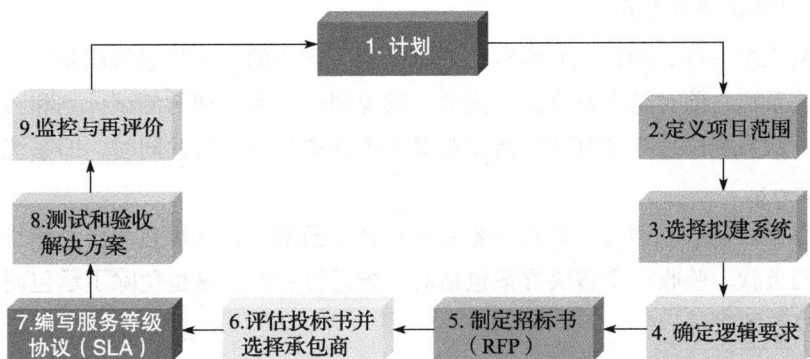

图 6-11　外包流程

2. 制定招标书（RFP）

外包需要告诉另一个组织你想要什么。你想要什么实际上就是拟建系统的基本逻辑需求，而这些信息正是通过制定招标书来表达的。**招标书**（request for proposal，RFP）是一种详细描述拟建系统逻辑需求，并邀请外包组织（被称为"承包商"）对开发系统进行投标的正式文档。招标书是外包流程中两个最重要的文档之一（另一个是服务等级协议，在此我们不会讨论哪个文档更为重要）。对于规模庞大的系统来说，组织可能需要几个月的时间来编写数百页的招标书。

投入必要的时间编写一份全面完整的招标书是至关重要的。最终，这份招标书将会成为组织与承包商之间签订法律契约合同的基础。一份招标书至少应包括如下关键信息：组织概况、拟建系统将要支持的基本业务流程、详细的开发时间要求，以及详细的外包成本要求等。

所有这些信息对于组织和承包商来说都是极为重要的。对于组织而言，能够开发一份全面完整的招标书也就意味着完全理解了自身拥有什么以及想要什么。对于承包商而言，一份全面完整的招标书使得开发一个能最大限度满足用户需求的系统变得容易些。

3. 评价投标书并选择承包商

外包的下一步（图 6-11 中第 6 步），就是评价投标书并选择承包商。根据在招标书中确定的评分机制来完成对投标书的评价。这并非是一个简单的过程。永远没有两个承包商会提供相同格式的投标书，并且你收到的投标书通常比招标书本身要长。

4. 编写服务等级协议（SLA）

一旦你选择了某个承包商，随之而来的是一个漫长的法律程序。外包是一项至关重要的业务，而两个组织之间的重要业务几乎总是需要经过多次协商，并且需要律师参与。最终，组织必须签订一个法律上的契约合同，它非常明确地描述了拟建系统的功能、准确的系统成本、开发时间框架、验收标准、对违背合同约定行为的处罚准则，以及开发完成后的活动（比如维护、支持、使用性能等）的评价。这种法律契约合同通常被称为服务等级协议（SLA）。在阐述外包过程的其余阶段之后，我们将继续对其进行比较详细的讨论。

5. 测试和验收解决方案

和所有的系统一样，测试和验收解决方案是至关重要的。一旦承包商安装了新系统，组织需要在验收系统之前对整个系统进行测试。需要制订一套详细的测试计划和测试条件来测试整个系统。新系统的运行和测试可能要花费几个月的时间，与此同时，旧系统仍需继续运行（并行实施方法）。

解决方案被"验收"通过，就意味着系统符合了预期，并且承包商已经满足了服务等级协议上的合同条款。验收一个解决方案包括对系统进行签收，这也免除了承包商对系统做进一步开发或修改的责任。

6. 监控与再评价

与使用系统开发生命周期法开发的系统相同，通过外包获得的系统也需要持续地进行监控与再评价。在外包中，还需要对组织与承包商之间的工作关系进行再评估。在系统需要维护时，承包商能否按照服务等级协议提供支持？系统是否确实完成了所描述的功能？系统是否完成了企业所期望的月末和年末工作？出现问题时，承包商是否提供了可接受的支持？这些都是反映外包工作最终能否成功的重要问题。

6.6.2 服务等级协议

与一个外包组织（如承包商）签订服务合同时，最有可能使用服务等级协议。概括地说，**服务等级协议**（service level agreement，SLA）是规定两个当事人责任的正式协议。在不同环境下，SLA 有不同含义。在系统开发背景下，SLA 定义需要完成的工作、时间框架、用于衡量系统开发工作成功的度量体系，以及成本。大部分 SLA 是面向商务的，而没有详细的技术说明。技术说明包含在一份被称为**服务等级说明书**（service level specification，SLS）或**服务等级目标**（service level objective，SLO）的支持文档（类似于合同附录）中。

如果承包商进一步同意提供开发完成后的维护与支持，那么 SLA 应详细列出维护和支持活动的条款、成本，以及衡量这些活动成功的关键度量标准。包含在 SLA 中的度量体系是真正关键的内容，我们将在第 7 章讨论如何建立可量化的 IT 系统价值度量方法时，描述和定义这些度量体系。

6.6.3 地理政治学的外包选择

从地理政治学的角度来看，有以下三种类型的外包：

（1）**在岸外包**（onshore outsourcing）是指从同一个国家的另外一家公司获取服务的过程。很多关于外包的行业术语都是基于美国作为参照点的。因而，"在岸"外包的意思就是签约一家美国的公司来提供商业服务。

（2）**近岸外包**（nearshore outsourcing）是指与邻国的公司签订外包合同。通常这个国家与本国接壤。同样，这个术语经常也是以美国作为参照点来使用。在这种情况下，近岸外包通常发生在加拿大或者墨西哥。

（3）**离岸外包**（offshore outsourcing）是指与一家地理位置很远的公司签订外包合同。对于许多公司来说，特定的 IT 服务，比如应用系统开发、维护和帮助台支持等，都属于比较适合进行离岸外包的功能范畴。

虽然在岸外包和近岸外包也是外包业的重要形式，但目前谈及外包时，通常是指离岸外包。

离岸外包

从最初的成本节约概念出发，离岸外包已经逐渐走在了前面，并通过宣传其不仅成本低廉、经验丰富而且服务高质高效的优点，将自己打造成为一种成功的商务模式。根据国际数据公司（IDC）所提供的数据，美国公司进行离岸外包的支出已经翻了 3 倍，从 2000 年的 55 亿美元增至 2005 年的 176 亿美元。离岸外包的趋势已经克服了政治动乱、语言问题以及文化差异的障碍，并且已经证明无论外包方在世界的哪个角落，真正重要的是行业标准、高质量的服务以及决定性的成本优势。[12]

自 20 世纪 90 年代中期以来，主要的美国公司都已经将它们软件开发工作的重要部分进行了外包，主要是印度的承包商，也有中国、东欧（包括俄罗斯）、爱尔兰、以色列以及菲律宾的承包商。外包给这些国家的最重要一点就是"活儿好，便宜"。在美国一名程序员的年薪是 63 000 美元，而在海外一名程序员的年薪仅为 5 000 美元（见图 6-12）。公司很容易就能意识到，相同质量的服务通过离岸外包可以节约 30% ~ 50% 的成本。

国家	年薪（美元）
中国	5 000 ~ 9 000
印度	6 000 ~ 10 000
菲律宾	6 500 ~ 11 000
俄罗斯	7 000 ~ 13 000
爱尔兰	21 000 ~ 28 000
加拿大	25 000 ~ 50 000
美国	60 000 ~ 90 000

图 6-12　计算机程序员的标准薪金范围

美国公司将工作离岸外包给印度公司的故事已经被报道很多年了。然而，罗马尼亚、保加利亚、俄罗斯、中国、加纳、菲律宾以及其他国家也正逐渐开始从美国获得生意。事实上离岸外包是正在发展的趋势。麦塔集团（Meta Group）的一项最新研究显示，到 2008 年，世界范围内的离岸外包市场每年将增长 20%。麦塔集团还声称离岸外包的增长将赶超通常的外包，并预言到 2008 年或 2009 年，一般来说，企业会将其 60% 的软件开发工作进行外包。[14]

哪一类功能或者项目最适合离岸外包呢？满足以下条件的数据转换和系统迁移项目是很适合离岸外包的：具有明确需求和技术参数，并且最终用户和开发团队所需要的沟通很少。通常情况下，公司必须同意让其应用代码在开发期间留在离岸承包方。应用软件开发项目也比较适合离岸外包。从系统开发生命周期的角度来看，离岸外包最有利的阶段是开发和测试，因为在这两个阶段最终用户的交互很少，任务也是明确定义的。对于稳定的应用软件，很多维护活动可以远程遥控执行，所以应用软件维护也很适合于离岸外包。如果具有恰当的通信基础架构和对企业业务能力需求的清晰了解，那么呼叫中心和帮助台的功能同样也可以进行离岸外包。

位于美国宾夕法尼亚州费城的尼特（Neat）公司，是一家生产先进的光学字符辨识（OCR）技术的制造商。2007年，公司经历了一次世界范围内的扩张，每一次大规模的扩张通常都会伴随着各种问题。尼特公司的困难在于关键的岗位总是找不到合适的人才担任。产品开发周期很短对于持续成功是至关重要的。

因此，尼特公司的管理层想到了外包这个方法，并把注意力放到了中国。许多人认为外包的问题主要在于考虑成本，但尼特公司不这样想。尼特公司知道要做一个正确的决策需要考虑几个因素。最终，尼特

公司决定外包给位于中国的公司 Symphony Services。下面列出了尼特公司考虑的几个因素。

- 劳动力市场：毫无疑问，在中国，劳动力的价格很低，但是语言和文化的障碍给开发团队带来了挑战，因为来自不同组织的人们必须一起工作。
- 项目开发：在中国的进展很快，但12小时的时差使得沟通不畅。
- 中国的市场广大：因为尼特公司面临的市场潜力很大，因此前景乐观，但是在中国，知识产权和客户数据保护措施有待完善。[13]

6.6.4　外包的优缺点

不管怎样，进行外包的决策可能是组织成功的关键。迄今关于外包的讨论，我们已间接地提及了外包的许多优点和缺点。为了帮助你制定这个重要的外包决策，下面总结一下外包开发流程的主要优点和缺点。

1. 优点

组织将从外包中获益，因为外包可以帮助组织做到：

- 集中力量在独特的核心竞争力上：通过把支持非关键业务的系统开发工作进行外包，组织能够将力量集中在支持重要的、独特的核心竞争力的系统开发上。
- 利用另一个组织的才智：外包使得组织可以通过购买的形式从另一个组织获得知识资本。通常你无法找到掌握开发一个系统所需要的全部专业特长的人。外包使得你能够找到那些具有系统开发和实施专业知识的人才。
- 更好地预测未来成本：无论是将系统开发，还是将某些其他的业务功能进行外包，你都会知道精确的成本。
- 获得前沿技术：外包使得组织能够获得前沿技术，而不需要掌握专业知识并承担技术选择错误的内在风险。
- 降低成本：外包常常被看成是组织的资金节省器。降低成本是组织实施外包的重要原因之一。
- 提高性能的可靠性：外包将工作按规定的服务等级委托给另一个组织。组织可使用这个规定的服务等级，来确保能够准确地获得想从承包商那里得到的内容。

2. 缺点

外包也会为组织带来一些问题。因为：

- **降低了对未来技术变革的了解程度**：外包是一种利用另一组织才智的途径，因此这也意味着组织内部不再拥有这种专业知识。如果外包是因为目前组织不具有这些必需的技术知识，那么也许未来将会由于同样的原因而不得不采用外包。
- **降低了控制力**：外包意味着放弃控制，无论选择哪些功能进行外包，在某种程度上组织就放弃了对该功能的控制。
- **增加了战略信息的脆弱性**：将系统开发进行外包，会涉及将使用哪些信息以及如何使用这些信息告诉另外的组织。这么做就可能泄露战略信息和机密。
- **增加了对其他组织的依赖性**：一旦开始外包，就意味着开始依靠其他组织完成许多本组织内的业务功能。

本章小结

1. 定义传统的系统开发生命周期法并描述其中七个主要的阶段。系统开发生命周期法是一种结构化的按步骤进行的信息系统开发方法。它包括以下七个主要的阶段：
   - 计划：制订一个切实可行的信息系统开发计划
   - 分析：收集、理解和记录业务需求
   - 设计：建立一个拟建系统如何工作的技术蓝图
   - 开发：将所有的设计文档转化为实际系统
   - 测试：验证系统的运行情况以及是否满足全部业务需求
   - 实施：分配并使用新系统
   - 维护：监测并支持新系统的运行

2. 对比各种基于组件的开发方法。
   基于组件的方法（CBD）包括：
   - 快速应用开发法（或快速原型法）：强调用户深入参与到一个系统原型的快速演化构建之中，以加快系统开发过程。
   - 极限编程法（XP）：将一个项目拆分成许多很小的阶段，每个阶段关注于系统的一个小方面，它最终将成为一个组件或者一个小软件模块。
   - 敏捷开发法：通过及早地、连续地交付

有用的软件组件，以使客户满意。

3. 描述自包流程，作为传统系统开发生命周期法的一种替代选择。
   自包（最终用户开发）就是最终用户在很少或几乎没有借助 IT 专家帮助的情况下，进行 IT 系统的开发和支持工作。传统的系统开发生命周期法利用组织内部的 IT 专家开发一个系统，而自包则是由用户开发属于自己的系统。用户通常使用有针对性的应用软件环境来建立系统原型，并且能够不断地精炼和改善原型，直至其成为最终的工作系统。

4. 描述在任何系统开发方法内使用原型和原型法的重要性。
   原型法是建立一个能够显示拟建产品、服务或系统特征的模型（即原型）的过程。原型法能有效地用于获取需求，当用户不清楚的时候帮助确定需求，分析技术上的可行性（概念证明原型），并有助于推广新系统（推广原型）。

5. 描述外包环境和外包的运作方式。外包是指将特定的工作在特定的期限、规定的成本和服务等级条件下委托给第三方完成。由于全球化、互联网、经济增长和低失业率，以及管制解除等因素，目前外包行业快速发展。从食品服务到工资账单服务，一直到呼叫中心，每件事情都可以进行外包。在外包流程中，先确定一个将进行外包的系统，编写招标书（RFQ），邀请承包商对其开发工作进行投标。然后选择一个承包商，并与其签订一份称为服务等级协议（SLA）的协议书，它精确描述了承包商将要完成的工作。最后，对承包商提供的解决方案进行测试和验收，然后开始使用系统。

综合案例 6-1

足够好的技术经济

在本章的开篇案例中，我们描述了数码相机以及带有内置相机的手机是如何惊人地改变了相机和胶卷行业。我们也注意到这些新兴技术是"足够好"的。这意味着什么呢？足够好表示什么？答案可能并不会让你吃惊，事实上，足够好已经成为现在新兴经济的一个重要特征。

足够好的技术经济，是指不去追求完美，而宁愿关注获得"良好"的结果。这通常使得它们可以通过用户反馈逐步进化和改进。这听起来有些含糊，我们先看一些例子。

- Skype：如果你使用 Skype 的服务，就会知道它绝对不是完美的。但是大多数时间它都能正常工作。每分钟仅花很少的钱，你就可以打国际电话。看看它的价格与传统电话服务供应商相比怎么样。
- 移动电话：它们也不是完美的。有时，另一端的声音会时断时续。电话有时甚至会掉线。但是这个技术是足够好的，因为它能让你在移动中打电话。
- 嵌入手机中的相机：还记得我们在开篇案例中讨论过的胶卷相机已经走向灭亡吗？实际上使用胶卷的相机照出的相片效果要好得多。但是手机总可以在你手边，并且手机照出来的相片的质量也"足够好"。
- 无线连接：它也是足够好的，因为可以使你在移动中联网。一个有线互联网通常要快得多，并且更少受到中断的影响，但无线已经足够好了。

我们考虑另一个你可能非常熟悉的例子——《愤怒的小鸟》。Rovio 移动最先在 2009 年发布了《愤怒的小鸟》。在我们写这篇案例时（2011 年 7 月），Rovio 已经发布了它的第 6 个版本，距离首次发布还不到两年的时间。这对于大多数智能手机应用都是可能的。新版本持续不断地出现，每一个都比前一个版本要好一些，旧版本是"足够好"的，可以"走出门"送到消费者手中。

如果你考察足够好的技术的多个例子，就能够开始推断出这种新兴经济的许多不寻常的原则。

- 抛弃型社会：平均来讲，手机的拥有者每隔 20 个月就会更换手机。这个简单的事实表明，现在人们并不介意为了一个新的产品"抛弃"现有的非常好的（或足够好）的产品。因此，当多数客户毫不犹豫地更新换代时，没有必要去寻求产品的完美性（从产品提供者的角度来看）。
- 关注于技术创新的失败：创新的失败并不只是传统企业才有。"老"的商业模式关注收集数据，关注大多数客户的需求，生产重复型产品，并且在产品推向市场之前寻求其完美性。现在，新的商业模式适时推出一些内容，收集其使用情况的数据，然后决定在以后的每个新版本中如何能使它表现更好。正因为如此，许多产品的发布是失败的。但成本很低，并能快速推向市场。

- 竞争创新的速度促使了"足够好"的产生：创新和变革的速度是难以置信的。在大多数行业，已经不存在进入壁垒，这就使得其他企业可以在一夜之间进入这个行业。现在的组织已经不能忍受在发布一个完美的产品之前，用几年的时间进行开发。亚马逊对于它的 Kindle 产品，就没有寻求完美性。先推出某个事物，这个事物被证明是"足够好"的，改变了整个图书出版行业。
- 不值得完美：由于市场快速变化，消费者情愿扔掉旧款而去买新款，因此，并不值得去寻求完美。事实上，与每 5 年发布一个真正完美的版本相比较，通过每年发布更新版本（消费者可以购买），还可以在长期内赚更多的钱。[15, 16, 17, 18, 19, 20]

问题

1. 正如我们前面提到的，相机和胶卷行业所发生的巨大变化，是由足够好的产品，特别是由数码相机和嵌入手机中的相机所引起的。阅读从第 2 ~ 8 章的"令人惊叹的产业变革"中的开篇案例。哪些变化是由足够好的技术的产品引起的？

2. 这对于系统开发有什么意义？在足够好的技术经济中，组织应该更加依赖于哪些方式：内包、自包还是外包？组织是否能够承受使用传统的系统开发生命周期法，并在进行开发之前收集全部的需求信息？对于哪些系统，组织仍旧使用传统的系统开发生命周期法？

3. 快速发布，然后利用市场反馈来改进产品的理念，与原型法的思想是否有相似之处？使用这样的方法，在产品并不完美时就进行发布有哪些缺点？

4. 手机制造商能否使用足够好的技术经济的思想来生产手机？一部手机必须完美（或非常接近完美）的特征是什么？一部手机达到"足够好"的特征是什么？

综合案例 6-2

平板电脑在个人电脑市场上找到一席之地

个人电脑革命在 20 世纪 80 年代初期改变了技术世界。紧接其后的是笨重的便携式电脑，即第一代可移动的个人电脑。然后，笨重变为轻量级，进入了笔记本时代。在 21 世纪初，微软引进了第一台平板电脑。而在苹果 2010 年引入 iPad 时，我们的社会完全接受了平板个人电脑的概念。自那时开始，"个人电脑"市场发生了巨大的变化。

- 2011 年 3 月，高德纳集团将它对世界个人电脑的增长预期从 15.9% 降为 10.5%。
- 到 2012 年，平板电脑和智能手机的销售台数将有望超过个人电脑。
- 到 2014 年，平板电脑和智能手机合起来预计将占所有电脑的 64%。
- 到 2017 年，世界范围内大约每销售 3 台笔记本电脑，就有两台平板被销售。
- 2010 年，苹果公司销售了大约 0.15 亿台 iPad，收入 95 亿美元。2011 年预计将销售 4.37 亿台，2012 年将销售 6.33 亿台。
- 2010 年 8 月，笔记本电脑的销售量增长已为 –4%。

平板电脑并不是"昙花一现"。它出现了并一直在这里。随着对移动性和电池寿命的日益关注，越来越多的消费者选择了平板电脑，而不是它们那些更大、更笨重、更耗电的台式机和笔记本祖先。当然，iPad 正一马当先，其他品牌也紧随其后，创造了一个高度竞争的市场。平板电脑不仅是为个人使用，各种组织也找到了将平板电脑融合进其公司运作过程的多种独特创新的方式。

饭店

平板电脑并不比饭店中常用的纸质菜单大多少，但是它能提供更多的功能。

- Flagstaff House（位于博尔德郡，科罗拉多州最著名的饭店）在每个桌子上都摆放了 iPad，以显示它所有的 25 001 种啤酒清单。该店的总经理兼合伙人斯考特·莫内特（Scott Monette）曾说过："当我看见 iPad 面世时，就想到如果能把我们的啤酒清单列在上面就太棒了。我曾有过一点担心是否我们应该保留一些纸质清单，以防客人不喜欢 iPad。但这种情况还未出现过。"
- Food Well Built's（一家南加州的连锁饭店）的桌子上配有一个 iPad，以便客户能够设计并点餐，所有这些都不需要与侍应生交谈。
- BJs 饭店的客人可以浏览菜单选项，包括设计他们自己的汉堡和比萨。客人甚至可以通过平板电脑进行餐费的支付。
- 达美航空在肯尼迪机场和迪亚机场的饭店，配有供客人点餐的平板电脑。

学校

在亚拉巴马州和缅因州，所有的幼儿园教师都会配有一个苹果 iPad2，作为学校用品的一部分。孩子使用平板电脑学习英语、数学、美术和音乐。缅因州前州长安格斯·金（Angus King）支持在教室里使用平板电脑，他说道："如果学生感兴趣，那么你就可以给他们讲授任何事情。如果他们感到厌烦，总是望向窗外，那即使你是苏格拉底，也什么都讲不了。这些设备能激发人的兴趣。"

不是所有人都和安格斯·金有着同样积极的观点。斯坦福大学名誉教授拉里·库班（Larry Cuban）同时也是《炒得过热，用得太少：学校里的电脑》一书的作者，曾说过，并没有证据能够说明，孩子在一个技术先进的环境下比在传统教学方法下学得更好。他强调："没有研究文献能够证明，把 iPad 给 5 岁的孩子就能够提高他们的阅读水平。"

航空公司

联邦航空管理局（FAA）最近批准了飞行员可以使用平板电脑来代替纸质图表和操作手册。许多航空公司，比如达美航空、美国航空和阿拉斯加航空等，开始使用平板电脑。阿拉斯加航空为其全部 1 400 名飞行员配备了 iPad。据一名在阿拉斯加航空工作了 15 年的飞行员兰迪·克莱格（Randy Kleiger）说道："现在我们所有的信息都在 iPad 中。这更有效率，也更安全。"

但同样，有一些人认为驾驶员座舱中的飞行员辅助技术可能有缺点。例如，2009 年 11 月，西北航空公司的飞行员使用笔记本导航，而没有与空中交通控制员沟通，结果偏离了目的地。这就像开车。全球定位导航系统（GPS）非常有用，但有些事情比如输入文字，是很让人分心的。[21, 22, 23, 24, 25, 26]

问题

1. 运用了我们在第 4 章谈过的人工智能（AI）技术的计算机是具有学习功能的。在教室里，当一个孩子正在使用平板电脑学习基础知识之外的内容时，应如何开发软件以帮助这种学习过程？这是否意味着对于某些科目而言，就不再需要老师了？如果在高年级时基于计算机的培训可以替代老师，那么低年级时是否还需要老师？为什么是或为什么不是？

2. 就像那些允许客户在 iPad 上订餐的最终用户系统，必须是"傻瓜版"的（很抱歉用了这个粗鲁的词）。也就是说，系统必须是不经过任何培训就可以使用的，并且必须能够保证，某桌客户不能一不小心就改变了另一桌客户的订单。这对于系统开发工作意味着什么呢？复杂综合的最终用户系统能否在平板电脑上开发并使用，以便人们不经任何培训、在没有有经验人员（比如服务员）参与的情况下就可以使用系统？

3. 在允许人们利用平板电脑进行支付时涉及了哪些安全因素？这种支付流程是否使得别人更容易盗取你的信用卡信息？你是否愿意使用饭店提供的技术设备来输入你的信用卡信息？为什么是或为什么不是？

4. 进行软件开发离岸外包时可能会发生什么事情？能否期望那些比如在印度或中国的外包公司，开发出可以在美国学校使用的软件系统？能否期望这些公司开发出可以满足联邦航空局（FAA）条例和要求的系统？

问题思考

1. 承担系统开发工作的人员可分为哪三组？
2. 什么是系统开发生命周期法？
3. 什么是范围蔓延和功能蔓延？
4. 四种实施方法有何不同？
5. 什么是基于组件的开发？
6. 基于组件的开发和面向服务架构有怎样的联系？
7. 为什么组织应该建立一个原型？
8. 自包有哪些优点？
9. 推广原型和概念证明原型之间的区别是什么？
10. 外包中服务等级协议（SLA）的作用是什么？
11. 有哪三种地理政治学形式的外包？

作业训练

1. 招标书。招标书（RFP）是一个详细描述拟建系统逻辑需求，并邀请外包组织对系统开发进行投标的正式文档资料。利用互联网进行研究，寻找三个招标书的例子。用一页纸的篇幅简单地解释每个招标书通常包含的内容，以及每个招标书的不同之处。
2. 制定决策。根据下表中左边列出的系统开发条件，在内包、自包和外包列中通过回答"是""不是"或"可能"完成下表。

	内包	自包	外包
系统将提供独特的核心竞争力			
成本是首要考虑的因素			
产品上市时机很重要			
拥有必要的专业知识			
组织对系统的控制很重要			
系统将支持常见的业务功能			
获得并拥有技术知识是战略规划的一部分			
系统只支持很少的几个用户			

3. 系统开发生命周期法中每个阶段你的职责。在自包期间，你需要承担许多责任，这是因为你既是业务流程专家、客户联系专员，又是质量控制分析员以及其他员工的管理者。根据你所处的系统开发生命周期阶段的不同，你的责任可能提高或降低。在下表中，根据你的4种责任，确定你在系统开发生命周期每个阶段中的参与程度。对于每一行，你可以用从1～7的数字对系统开发生命周期的每个阶段进行排序，用1说明你在此阶段责任最大，用7代表你在此阶段责任最小。

系统开发生命周期步骤						
计划	分析	设计	开发	测试	实施	维护
业务流程专家						
客户联系专员						
质量控制分析员						
其他员工的管理者						

4. 建筑和系统开发生命周期。系统开发生命周期经常被拿来与建筑行业中的活动做比较。请填写下表，列出建造一座房子所要完成的活动，它们与系统开发生命周期中的各阶段有怎样的联系？

系统开发生命周期	盖房子要从事的活动
计划	
分析	
设计	
开发	
测试	
实施	
维护	

问题讨论

1. 为什么在建立技术架构之前，开发一个拟建系统的逻辑模型是很重要的？如果不开发逻辑模型，而是直接开始技术设计，可能会出现什么问题？

2. 如果你把系统开发看成是一个提问—回答式的会议，你可能会问另一个问题："组织为什么要开发 IT 系统？"请考虑五个你认为组织开发 IT 系统的最重要理由。如何将这些理由与本书前五章的主题联系起来？

3. 你的公司刚刚决定实施一个新的财务系统。公司的财务需求几乎与本行业中其他公司的需求相同。你会向公司推荐购买一个现成的系统，还是建立一个定制的系统？你将建议公司采用最终用户开发，还是将新系统进行外包？

4. 系统开发生命周期中有七个阶段。你认为哪个阶段困难最大？哪个阶段最容易？你认为哪个阶段最重要？哪个阶段不重要？如果必须跳过其中一个阶段，你认为应该是哪一个阶段？为什么？

5. 你正在与一位学生交谈，他对学习系统开发生命周期法有些抱怨，因为他不打算在 IT 部门工作。你同意这位同学的想法吗？你该如何向他解释，使他确信无论在哪里工作，学习系统开发生命周期法都很重要？

6. 一家公司想要建立多个系统，但通常它又不具备建立全部系统的资源，该公司如何确定开发哪些系统？

7. 人们通常认为一旦某个系统得以实施其工作就完成了。这种看法对吗？系统完成后还会发生什么？如何确保系统能够持续地满足工作者的需要？

本章项目

小组项目
- 主管信息系统报告：竞选资金
- 使用关系数据库库技术跟踪项目：山麓建筑公司
- 评估信息技术外包的价值：预测
- 创建决策支持系统：买还是租

电子商务项目
- 计算机统计数据和资源网站
- 元数据
- 查找主机服务
- 搜索共享软件和免费软件
- 店面软件研究

企业架构、云计算、衡量指标和业务可持续计划：构建并维持一家有活力的企业

学习目标

1. 描述如何将面向服务的架构作为一种哲学方法来帮助未来的组织满足其信息技术需求。
2. 定义和描述组织的各种硬件和软件基础设施。
3. 对云计算（cloud computing）的定义、种类和优势进行描述。
4. 比较那些衡量信息系统和信息技术相关计划的成功程度的常用指标。
5. 描述业务可持续计划（BCP）及其阶段。

令人惊叹的产业变革

钱的本质从未发生变化

不管货币以什么形式存在，它都是价值的代名词。100 个 1 美分的硬币和 1 张 1 美元的纸币具有相同的价值。在 18 世纪和 19 世纪的美国，人们使用一些奇怪面额的硬币，如 0.5 美分、2 美分、3 美分甚至 20 美分。今天，我们目睹了一个令人惊叹的产业变革，那就是电子（或数字）货币这种新形式的货币。

让我们看看下图，使用纸币进行支付的比重预计会从 2003 年的 58% 降到 2013 年的 36%。在同一时期，使用信用卡进行支付的比重则预计会从 35% 上升到 50%，电子（或数字）货币的使用量预计会从 7% 上升到 14%。

电子货币的预计使用量看起来很少，但需要仔细考虑各种支付方式的增长预期。从 2003 年到 2013 年，信用卡的使用量预计增长 43%，也就是增长量 15%（=50%-35%）除以最初的使用率 35%。在同一时期，电子货币的使用量预计增长 1 倍，或者说从 7% 翻倍到 14%。换句话说：

- 纸币的使用在减少。
- 信用卡的使用在增加，但是增长趋缓。

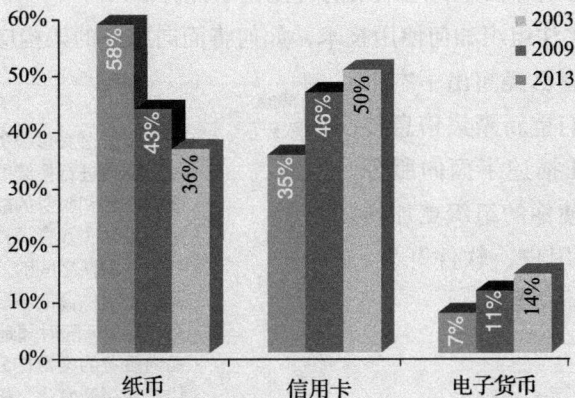

- 电子货币的使用在加速上升。

请注意：我们所说的"纸币"不仅包括可折叠的货币还包括硬币。但是硬币的变革姗姗来迟。好多年来，美国联邦政府铸造 1 美分和 5 美分硬币的成本比它们的面值还高。考虑到美国联邦政府不断攀升的债务，继续以高于面值的成本铸造硬币很不合理。[1]

问题

（1）你使用过类似谷歌钱包或智能手机应用的电子货币吗？如果使用，你使用的是哪一种？

（2）你认为伪造纸币和伪造电子货币哪个更简单？为什么？

（3）既然铸造 1 美分硬币的成本高于它的面值，为什么政府还继续铸造 1 美分的硬币？

7.1　引言

在第 6 章中，我们结合系统开发的背景为大家介绍了面向服务的架构。面向服务的架构（SOA 或者 SoA）是一种软件架构，该架构注重于通过小型独立代码模块（称为"服务"）的开发、使用和重用来满足组织的所有应用软件需求。因此开发新应用的时候，可以在过去解决方案的基础上使用已有的独立代码模块。如果组织采纳了 SoA，它就可以利用可重复使用的代码模块来开发软件，而不再需要引入全新的系统。SoA 是一种高层次的全局组织方式，它帮助组织关注和满足其所有的软件需求。

让我们把焦点从软件开发（和信息技术）移开一会儿，考虑一下组织在任何事情上都采用面向服务的架构这一理念，比如说如果那些自包含的代码（或服务）模块不仅仅用于软件，还用于人员、流程、部门和单位、业务操作以及最佳实践，那么组织将会怎样？具有面向服务的架构理念的组织将会是：

- 精干的、敏捷的组织，能够用最有效率和最有效益的方式利用每种资源。
- 主动地、快速地响应市场，竞争，顾客的特征、需要和期望的变化。
- 快速地响应和适应新技术。
- 改变流程、结构和人力资源管理，以适应不断变化的、动态的劳动力市场。

总之，面向服务的架构能够使你的组织变成未来的组织……减少结构约束对组织的影响，能够快速响应，时刻寻求并利用未来的可能竞争优势。

当然，本书主要关注组织如何使用技术，如何将面向服务的架构应用到人力资源或改变顾客的人口特征等内容已经超出了本书的范围。所以，让我们重新聚焦信息技术（见图 7-1）。图 7-1 描述了面向服务的架构这一视角如何使你的组织更加熟练地响应顾客、终端用户、软件开发、信息需求和硬件等方面的要求。

7.1.1　顾客

由信息技术支持的面向服务的架构理念使你的组织能够通过多种渠道为顾客提供定制的产品或服务。顾客能够通过传真、互联网、面对面的接触、社交媒体、电话等方式随时与组织进行联系。无论顾客使用什么通信方式与组织进行联系，他们的沟通体验是相同的，即与组织进行持续的、高质量的互动。

顾客还能与信息系统进行交互以定

焦点	注解
顾客	• 通过多渠道交付服务 • 随时随地进行持续的、高质量的互动 • 定制产品和服务的能力
终端用户	• 全面整合企业资源计划系统 • 多个提供商之间的互操作性（interoperability） • 同一个提供商的不同模块间的互操作性 • 移动计算（随时随地获取信息和软件）
软件开发	• 面向服务的架构作为框架 • 快速应用开发法、极限编程法和敏捷开发法等软件开发方法 • 配置像Web2.0这样令人兴奋的新产品
信息需求	• 终端用户能够获取各种类型的信息 • 信息、商务智能以及知识的整合 • 数据仓库 • 标准化的信息格式 • 完整性约束 • 无信息冗余
硬件要求	• 多种技术和技术平台的整合 • 存储容量大 • 专注于逻辑而非物理组件 • 安全可靠的通信平台

图 7-1　面向服务的架构理念

制个性化的产品和服务。通过简单地将顾客的期望和需求"插入"（plugging in）产品，组织能够提供独特的、个性化的定制产品来满足顾客的需求并使他们满意。我们在第 5 章中介绍了大规模定制的概念，并介绍了它的针对性和独特性。

7.1.2　终端用户

面向服务的架构理念要求你的组织像对待外部客户一样对待组织内部的信息技术终端用户（比如组织内部的员工）。这主要是通过一个完全整合的企业资源计划（ERP）系统来实现的，因为该系统能够满足每一个员工的应用软件和信息方面的需求。企业资源计划系统需要支持多个厂商提供的不同系统间以及厂商提供的多个 ERP 模块间的透明互操作性。虽然我们在第 2 章已经介绍了企业资源计划的相关内容，但是考虑到企业资源计划对当今企业实现整合和保持敏捷的重要性，我们将在本章的下一节继续讨论企业资源计划的相关内容。

终端用户也能够利用多渠道服务的优势。在这种情况下，无论终端用户（组织员工）在哪里，他们都能够使用组织的计算资源和信息资源（参见第 5 章中移动计算的概念）。无论组织员工手头的设备是笔记本电脑、台式电脑还是智能手机，他们都能享受所有的软件服务和信息资源。

7.1.3　软件开发

当今组织可以从众多的软件开发方法中进行选择，包括快速应用开发法、极限编程和敏捷开发法。这些方法重视通过代码模块的开发和重用来加速软件开发的进程。

如果深入探讨软件开发的本质，你会发现一些支持面向服务的架构的基础平台。这些平台包括异步 JavaScript 和 XML（Ajax），面向服务的架构协议（SOAP），网络服务描述语言（WSDL），统一描述、发现和集成协议（UDDI）及公共对象请求代理体系结构（CORBA）。其中许多平台支持 Web2.0 应用，比如维基、博客等，我们在扩展学习模块 B、第 2 章和第 4 章中分别进行了讨论。

7.1.4　信息需求

信息是组织中最重要的资源，面向服务的架构能够充分发挥信息的作用。无论信息存储在什么位置（或者终端用户处于什么位置），终端用户需要及时获取各种类型的信息。组织的全体员工需要获取信息、商务智能和知识来支持他们的决策（分析）。回想一下第 3 章中介绍的内容，我们通过整合多个数据源的信息来构建数据库，这些数据库对做出正确的决策具有至关重要的作用。

鉴于此，面向服务的架构对信息有以下要求：
- 无论信息存储在哪里，信息必须有一个标准格式。
- 拥有严密的完整性控制机制，确保信息的完整性、准确性和有效性。
- 信息在组织内部不同的数据仓中不存在冗余。
- 来自任何信息源（甚至外部数据源）的各种类型的信息都能快速地、很容易地与其他信息进行整合。

7.1.5　硬件需求

最后，面向服务的架构理念必须贯穿硬件选择的方方面面。组织应该自由地选择不同的技术和技术平台并使它们无缝集成（比如即插即用）。强大的存储区域网络应该有能力存储你需要的所有信息，而你无须关心信息存储在这个网络中的哪个位置；信息的获取应该是简单和容易的。

通信平台应该是安全可靠的。同时，平台能够让你使用相同的步骤或程序来访问有线网络或无线网络。你无须查看电脑的参数来决定使用有线协议还是无线协议登录网络。

这就是面向服务的架构理念的全部内容，接下来我们关注的问题就是如何实施这一理念。这也是本章剩余部分要讲的内容，具体包括：
（1）硬件和软件基础设施。
（2）决定成功的指标体系。
（3）确保持续不间断的成功所需采取的措施。

7.2　硬件和软件基础设施

总的来讲，基础设施是一个相对的概念，它是指"某个结构的下层结构"。这个定义反映了结构具有不同的层次，这些不同层次的结构提供不同的技术支持或服务。信息技术基础设施指的是一种体系结构（本处指的是面向服务的架构）的实施。城市里的基础设施包括街道、路灯、医院、学校以及地上地下的公用事业管线等。我们依赖这些公共基础设施来确保社区、城市和市民的安全与繁荣。公司里的信息技术基础设施包括硬件、软件（如 ERP）和信息，这些基础设施一方面确保各部门协同工作，另一方面帮助员工、业务流程和顾客进行互动并执行任务（见图 7-2）。

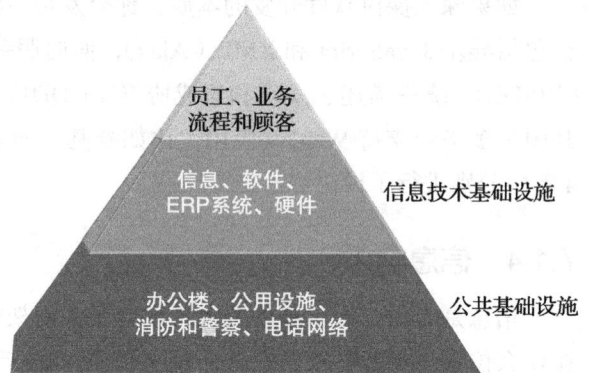

图 7-2　基础设施

7.2.1　企业资源计划（ERP）回顾

在一个面向服务的架构中实施 ERP 系统主要有两个目的：

（1）实现同一个 ERP 供应商的不同产品之间以及不同 ERP 供应商的多个模块之间的互操作性。

（2）把信息和硬件的底层信息技术基础设施隐藏起来，无须终端用户和顾客操心。

互操作性（interoperability）指的是两个或多个计算组件之间共享信息和其他资源的能力，即使这些计算组件由不同厂商制造。图 7-3 的顶层展示了一个 ERP 系统的软件基础设施。让我们假定这个系统是由 ERP 软件的主要供应商 Infor 公司提供的。你可以看到 ERP 系统所有的典型软件模块——会计、物流、供应链等。

但是图 7-3 中有两个模块发生了变化，其中人力资源模块被组织内部开发的软件所替代，数据分析模块被 Cognos 公司的商务智能和报表软件所替代。这也体现了互操作性的概念。组织从 ERP 市场上选择能够满足自己大部分需求的 ERP 最优解决方案。你可以用组织内部开发的软件和其他 ERP 供应商的软件模块替代已经选择的 ERP 软件中的某些软件模块，你还可以把部分模块外包出去。实施 ERP 软件后，你的组织还可以添加其他的模块，只需要把它们直接"插入"ERP 解决方案。这体现了可持续的互操作性。

图 7-3 的下面部分展示了实施 ERP 系统的第二个目标，也就是把信息和硬件的底层信息技术基础设施封装起来，无须终端用户和顾客操心。ERP 系统的屏幕和报表是系统中面向顾客的部分。系统的物理结构、信息的位置以及物理硬件基础设施对用户而言无关紧要。

7.2.2　支持性的网络应用基础结构

任何一个信息技术环境最基本的底层基础设施都是网络，网络允许两台以上的电脑分享信息、软件、外部设备和处理能力。网络基础设施是一个非常宽泛的领域，并被写入教科书。很多学校（主要是在计算机科学系）开设了信息技术网络专业。在这里我们重点讨论以下几种最常见的网络应用基础结构。

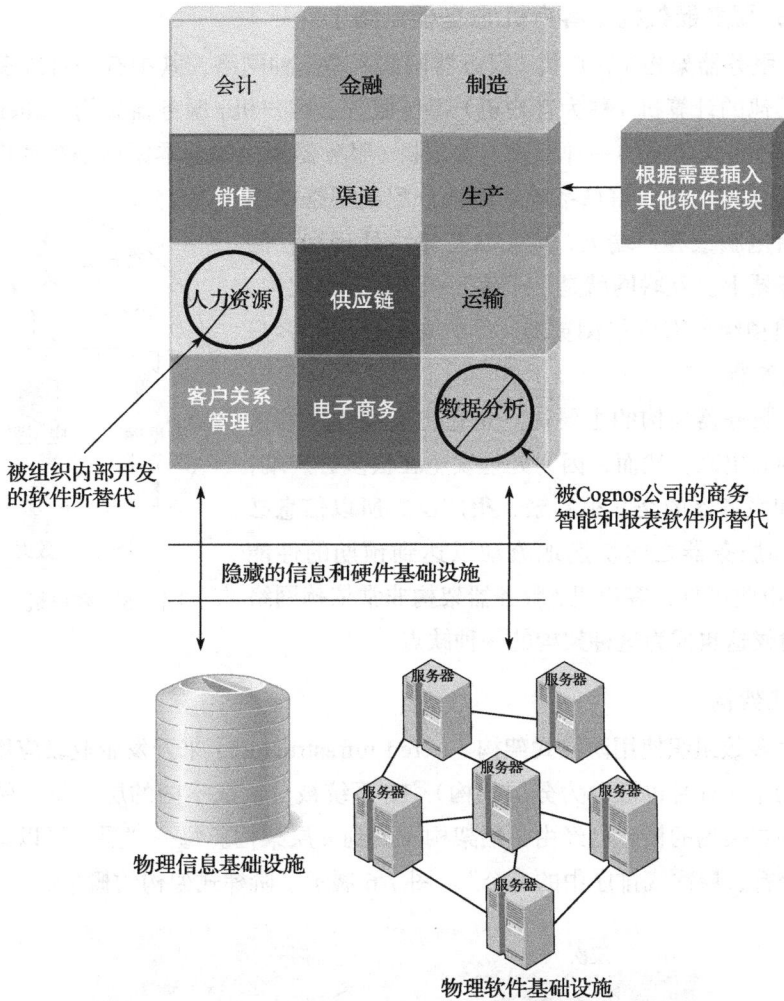

図 7-3　一个 ERP 架构

1. 分布式架构

分布式架构（distributed infrastructure）
通过网络来分配 IT 系统的信息和处理能
力，它是第一种真正意义上的网络基础设
施。分布式架构将所有的信息系统连接起
来，使所有地点都能够分享信息和应用
（见图 7-4）。这种方法的好处主要是将处
理活动分配给最有效率的工作地点。为了
提高性能和减少网络流量，分布式架构常
常将相同的应用程序或信息存储在两个以
上的地点。

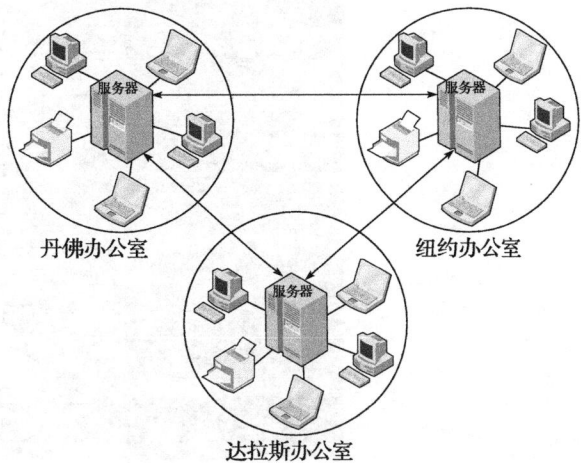

図 7-4　分布式架构

2. 客户机/服务器架构（客户机/服务器网络）

客户机 / 服务器架构（客户机 / 服务器网络）是一种网络，其中有一台或多台计算机作为服务器向其他的计算机（称为客户机）提供服务。客户机 / 服务器架构（client/server infrastructure）是分布式架构的一种形式。客户机 / 服务器架构的基本原理是在客户端和服务器之间分配应用处理功能。信息系统功能被分配到网络中相互连接的多台电脑或客户端上，而信息的集中处理和存储则在一个服务器上。互联网就是一个客户机 / 服务器架构，这种架构的典型组件有网络浏览器、个人电脑（比如客户端）和网络服务器。

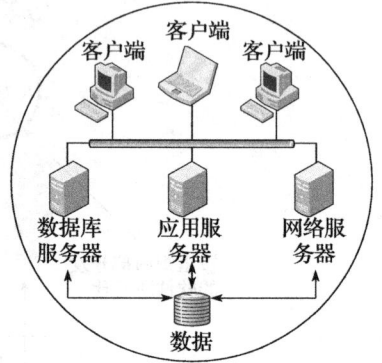

客户机 / 服务器架构的主要优点是它将应用程序和信息从服务器剥离出来。然而，因为处理发生在很多客户端，而且客户端和服务器的交互很频繁、很广泛，所以信息必须在客户端和服务器之间快速地流动以达到预期的性能（见图 7-5）。由此可见，客户机 / 服务器架构非常依赖网络的性能，有时候这也成为这种架构的一种缺点。

图 7-5　客户机 / 服务器架构

3. 阶梯式架构

如今，大多数组织使用**阶梯式架构**（tiered infrastructure）来开发企业级应用程序。在一个阶梯式架构中（有时也被称为分层架构），IT 系统被分割成不同的层，每一层执行一种特定功能。阶梯式架构的概念已经由 1 层架构发展到 n 层架构。每一"层"可以定义为"有高低之分的多个行、层次或排序中的一个"。图 7-6 展示了阶梯式架构的概念。

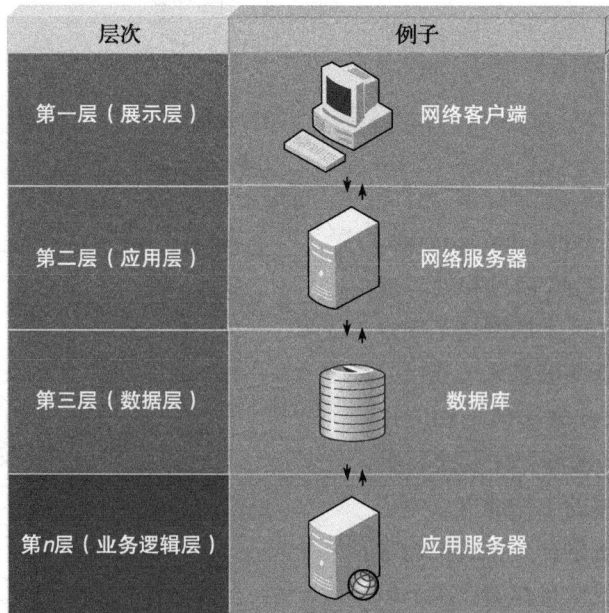

图 7-6　n 层架构模型

- **单层架构**（1-tier infrastructure）是最基本的配置，因为它只涉及单个机器上的一层。不妨想想你个人电脑上运行的应用程序，运行程序所需的数据存储、业务逻辑和用户界面都被封装在一起。单层架构的一个例子就是简单的文字处理软件或桌面文件处理程序。
- **双层架构**（2-tier infrastructure）是基本的客户机/服务器关系。从本质上讲，客户端处理展示的问题，服务器处理请求（如数据库请求），应用层被包含在双层中的一层或两层。
- **三层架构**（3-tier infrastructure）是当今互联网应用最常用的方式。这种模式的一个典型例子是网络浏览器充当客户端，应用服务器处理业务逻辑，一个单独的层（比如数据库管理系统）来实现数据库功能。
- **n 层架构**（n-tier infrastructure）把网络的工作均衡地分配给多个服务器。字母"*n*"表示任意数量的层。一般来说，一个 *n* 层架构以三层架构为基础，对其进行扩展以使其具有更多的功能、更好的可扩展性（scalability）以及其他更多的好处。

|行业视角|　　　　　　　　　　**Del Monte 食品公司**

Del Monte 食品公司成立于加利福尼亚淘金热时期，总部设在旧金山，目前它已经成长为美国最大的食品加工商和分销商，主要生产优质的、经过初加工的水果、蔬菜和番茄产品。它的年销量已经超过 30 亿美元，还是美国最大的生产自有品牌食品和宠物用品的生产商、分销商和销售商。它有成熟的品牌组合，如 Del Monte、StarKist、Nature's Goodness、9Lives 和 Kibbles'n Bits。

Del Monte 食品公司从亨氏食品公司收购了包括 StarKist、Nature's Goodness、9Lives 和 Kibbles'n Bits 在内的业务，这就需要整合 Del Monte 食品公司和亨氏食品公司的业务流程。Del Monte 食品公司需要彻底改变它的信息技术架构，并从原来包括 UNIX 和大型主机系统在内的多个平台转变为将应用集成到一个单独的系统。这项任务需要将制造、金融、供应链、决策支持和业务报告等领域的业务流程整合在一起。

Del Monte 食品公司对架构的改革源于一项战略决策。Del Monte 食品公司决定实施一个企业资源计划系统来支持整个美国公司的运营，包括位于旧金山的总部、匹兹堡分公司以及遍布全国的配送中心和制造工厂。公司的顾客主要是大型零售商，公司认为使用一个企业资源计划系统是整合全球运营并将系统向顾客开放的唯一途径。

实施电子商务战略是众多关键因素中的一个。Del Monte 食品公司面临的挑战是选择一个企业资源计划系统，以便快速且低成本地整合多个系统。为了达到设定的财务和客户服务目标，Del Monte 食品公司需要将两倍于公司规模的新业务与现有业务进行整合。实施企业资源计划系统后，Del Monte 食品公司能为顾客和交易伙伴提供单一的、持续的、综合的公司视图。[2, 3]

7.3　云计算：完全不需要基础设施

云计算（cloud computing）也许是目前科技领域最热门的话题了。云计算是一种技术模型，利用互联网将所有的资源（包括应用软件、计算能力、数据存储、备份设施和开发工具等）以服务集的方式提供给客户（见图 7-7）。让我们将云计算和出租车服务做个类比：

- 现买现付模式：只在你使用的时候按照使用什么来付费；搭乘出租车到镇上需要花费 40 美元；云端 10G 的存储空间每月花费 1.5 美元（这是真的……只需要 150 美分）。
- 近乎实时的可扩展性（增加或缩减）：需要多少就用多少；如果你们一行 6 人需要出行，为此叫了两辆出租车；根据你在云端租赁的内容按月付费，而且能够很容易地根据你的需求进行调整，或增或减。

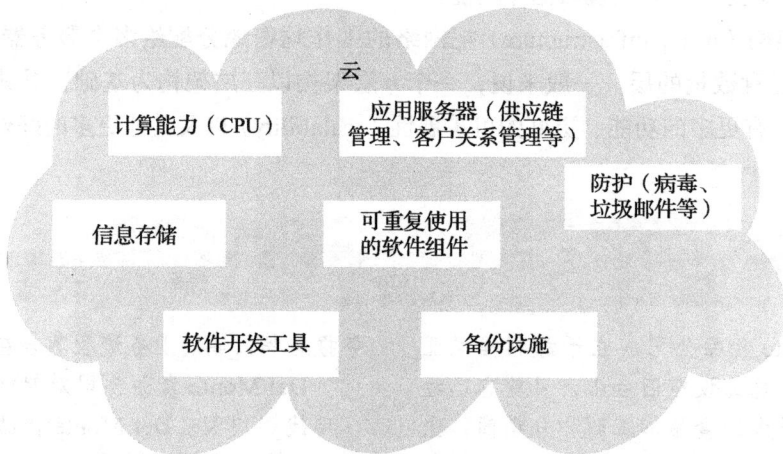

图 7-7 云计算：使用信用卡对几乎所有的技术进行收费

使用云计算的目的是让组织的计算成本（比如像 ERP 和 SCM 软件以及与它们相关的硬件）与活动程度相匹配。销量的上升伴随着销售代表以及顾客的增加，你需要从云端购买更多的计算资源；相反，组织业务变惨淡意味着业务活动的减少，所以云资源相关的成本也会降低。

深入探讨云计算之前，我们先声明一点。云计算是一种新技术，正在快速增长，而且每天都在变化。所以虽然很多专家在"云"的概念上达成了一致，但是关于它的定义以及相关术语还在不断地变化。我们在这里介绍的是 2011 年中期的情况；当你读本书的时候，情况肯定会发生变化。

7.3.1 软件即服务（SaaS）

在第 2 章中，我们介绍了软件即服务，它是一种新的软件交付模式，你可以按使用次数支付应用软件的费用，而不必完全买下软件。软件即服务是首先引入且被大家熟知的一种云计算模式。它的概念十分简单。以 NetSuite 公司的客户关系管理软件为例，你只需要根据用户的数量按月租用软件，而不需要购买软件许可。

NetSuite 将软件和组织的信息存储在它的云端服务器上，组织员工可以登录 NetSuite 账号，然后使用客户关系管理软件，获取组织的信息。不仅仅你的组织这样做，很多公司也这样做（见图 7-8）。软件即服务就像是使用 Facebook 查看你的个人界面、留言以及执行其他操作一样。在 Facebook 的例子中，当你使用 Facebook 软件的时候，该软件并非仅供你使用，你跟成千上万的用户分享该软件。这体现了多租户技术（multi-tenancy）的概念，即多个用户可以同时使用一种软件。但是请留意图 7-8，你组织的数据与其他公司的数据是分开的，这样可以确保数据的安全性。

所有流行的应用软件（如 ERP、CRM、SCM 和金融软件）的供应商都使用软件即服务的模式提供软件，这也提出了一个有趣的问题：向用户出租他们的软件而不是销售昂贵的软件许可会提高这些软件供应商的财务表现吗？答案是肯定的。软件即服务模式为软件供应商打开了一个由中小企业（SMB）

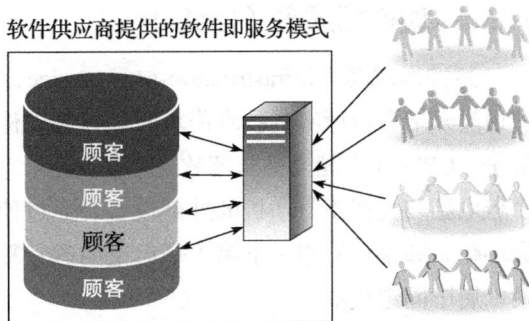

图 7-8　软件即服务和多租户技术

组成的庞大市场。以前，大多数中小企业无法承受昂贵的软件许可。有了软件即服务模式以后，软件供应商可以通过两种渠道销售软件：①向大企业销售软件许可，对它们来说购买软件许可比租用软件更有利；②按照每人 / 每月的费用向中小企业收费。

7.3.2　平台即服务（PaaS）

平台即服务（platform-as-a-service，PaaS）是一种类似于软件即服务（SaaS）的软件交付模式，但具有以下补充特征：①能够定制数据录入形式、界面以及报告；②能够使用软件开发工具增加新的模块（服务）或修改已有模块来改变软件的工作方式（见图 7-9）。平台即服务的第一个补充特征很明确。使用软件即服务模式，你可以获取各种各样的报表，这些报表都是为你预先设计的，你无法改变它们。在平台即服务模式中，你可以从多个方面改变报表的格式、风格和结构，比如加上组织的商标、改变按钮

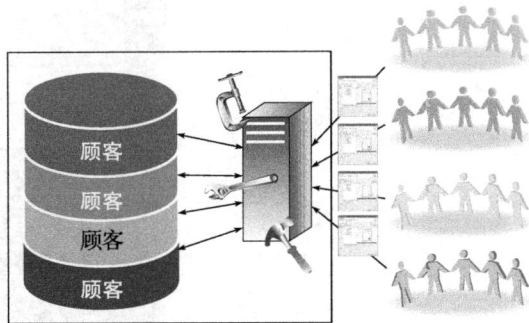

图 7-9　平台即服务（PaaS）

选项和生成不同类型的页面及报表标题。你还能改变数据录入的形式和界面，甚至还能改变它们的设计和结构。但是这个补充特征只能允许你改变界面，而不能改变软件工作的方式。

平台即服务的第二个补充特征很强大。软件开发工具（如编程语言和测试设备）允许你的组织为软件添加新功能，比如添加一个独特的、可供同一个实验室的医生共用的账单体系。这个特征对许多组织有很大的吸引力，但是也使得平台即服务比软件即服务更贵。在平台即服务模式下，你需要为改变软件工作方式的权利以及改变软件工作方式需要使用的开发工具付费。

NetSuite 也使用平台即服务模式提供软件服务。你创建需要的新模块后，可以选择将这个模块添加到 NetSuite 的软件模块库。如果其他组织喜欢你创建的模块并从 NetSuite 租借该模块，NetSuite 会向你支付专利费。

7.3.3　架构即服务（IaaS）

架构即服务（infrastructure-as-a-service，IaaS）是一种云计算模式，处在该模式下的用户通过云端获得所有的技术需求，如存储硬件、网络设备、应用软件、操作系统软件、数据备份、CPU 计算能力和防范软件。实际上，你只需要投资采购一些设备即可，如智能手机、平板电脑和类似于打印机的外部设备。通过使用架构即服务的模式，你尝试使技术上的投入最小化。如果你回想一下第 1 章讨论的盈亏平衡，架构即服务模式很有利，因为在技术上的投资属于固定成本。

所以，云计算家族图谱的一端是软件即服务，也就是"原封不动地"租用软件，另外一端是架构即服务，从云端获取绝大多数的计算需求。

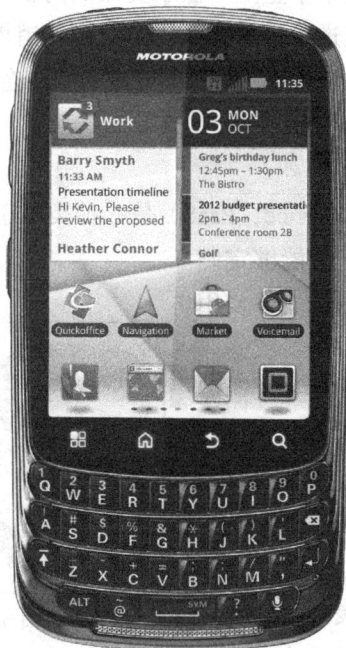

7.3.4　服务等级协议回顾

组织在决定向云端挺进的时候不得不考虑云服务提供商所提供的服务等级协议。从组织的角度来说，我们不能忽视与云服务提供商签订一个考虑周全的服务等级协议的重要性。特别是当你的组织把重要的应用软件和信息放到云端的时候，你们需要一个服务等级协议来保障安全性和正常运行时间。

假设你们决定使用亚马逊网络服务在云端存储信息。如图 7-10 所示，亚马逊网络服务的收费标准是每月每 GB 内容收取 5.5 美分到 14 美分不等，收费标准会随着你使用存储空间变大而降低。在图 7-10 的第二个屏幕截图中，你可以看到亚马逊公司保证 99.99% 的有效工作时间，并使用亚马逊 S3 服务等级协议进行支持。图 7-10 的最后一个屏幕截图给出了亚马逊提供的 S3 服务等级协议的具体政策规定，其中明确说明了如果用户不能正常访问亚马逊的云端信息将会获得的费用折扣。

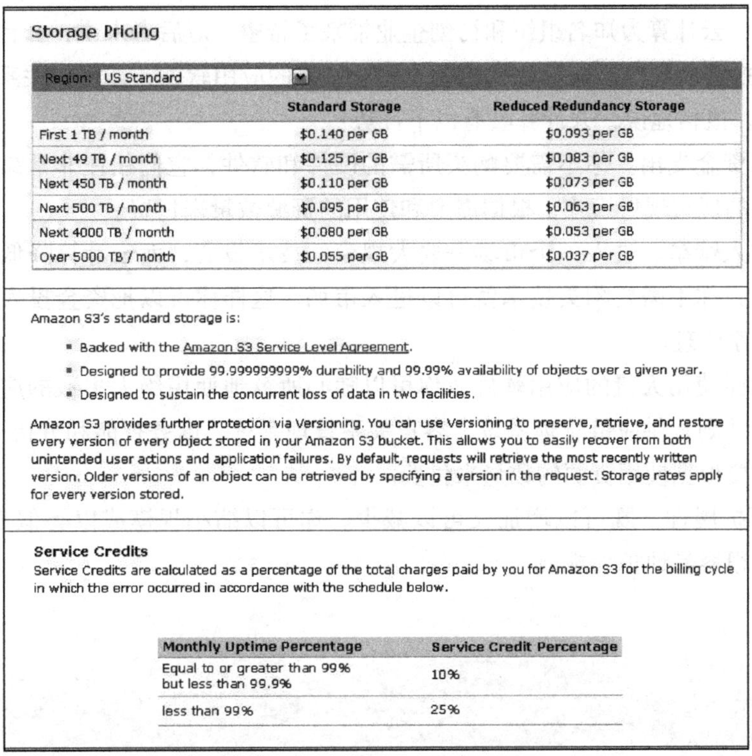

Storage Pricing

Region: US Standard

	Standard Storage	Reduced Redundancy Storage
First 1 TB / month	$0.140 per GB	$0.093 per GB
Next 49 TB / month	$0.125 per GB	$0.083 per GB
Next 450 TB / month	$0.110 per GB	$0.073 per GB
Next 500 TB / month	$0.095 per GB	$0.063 per GB
Next 4000 TB / month	$0.080 per GB	$0.053 per GB
Over 5000 TB / month	$0.055 per GB	$0.037 per GB

Amazon S3's standard storage is:

- Backed with the Amazon S3 Service Level Agreement.
- Designed to provide 99.999999999% durability and 99.99% availability of objects over a given year.
- Designed to sustain the concurrent loss of data in two facilities.

Amazon S3 provides further protection via Versioning. You can use Versioning to preserve, retrieve, and restore every version of every object stored in your Amazon S3 bucket. This allows you to easily recover from both unintended user actions and application failures. By default, requests will retrieve the most recently written version. Older versions of an object can be retrieved by specifying a version in the request. Storage rates apply for every version stored.

Service Credits

Service Credits are calculated as a percentage of the total charges paid by you for Amazon S3 for the billing cycle in which the error occurred in accordance with the schedule below.

Monthly Uptime Percentage	Service Credit Percentage
Equal to or greater than 99% but less than 99.9%	10%
less than 99%	25%

图 7-10　存储空间收费标准和亚马逊网络服务（AWS）的一个服务等级协议

7.3.5　公有云和私有云

顾名思义，**公有云**（public cloud）是部署在互联网上可供任何人和任何公司使用的云服务。下面是几个公有云服务提供商的例子：

- 亚马逊网络服务：http://aws.amazon.com。
- 微软云操作系统：http://www.microsoft.com/windowsazure/。
- Rackspace 云服务：http://www.rackspace.com/cloud/。
- 谷歌云端连接：http://www.google.com/apps/intl/en/business/officeconnect.html。
- ElasticHosts：http://www.elastichosts.com/。

这些公有云服务提供商（以及其他众多的云服务提供商）为所有人提供服务。

另外，**私有云**（private cloud）则是在组织拥有的内部网络上创建和部署的云计算服务，只有该组织内部的员工和部门才能使用。所以，私有云并不存在于互联网中而是存在于一个特定组织的内部。在拥有私有云的情况下，一个组织不需要为它的每个部门如销售、渠道、会计和人力资源管理部门分配单独的服务器。它只需要搭建一个服务器供所有部门共同使用。这种做法能够节省很多钱。大多数部门不能完全利用一个服务器的全部容量，所以很多部门可以共享一个服务器来减少成本。

7.3.6　云计算的好处

如你所见，云计算为知名组织和初创企业带来了希望。对后者来说，云计算使得初创企业在节省技术投资的同时还能利用大规模、完全可靠的应用软件，如客户关系管理系统和供应链管理系统。概括地说，云计算具有以下优势：

- 较低的资金支出。你不需要购买所需的硬件和软件，它们往往非常昂贵，只需使用云计算的现买现付模式，根据需要和使用的资源数量来付费。
- 降低进入壁垒。进入一个市场需要大规模的技术投资，而云计算降低了这一进入壁垒，因为你不需要购买技术就可以进入市场。这样你可以把资金投入到其他领域如客户关系管理。
- 立即就能使用大量的应用软件。你可以随心所欲地使用绝大多数的应用软件，如企业资源计划、供应链管理系统、客户关系管理系统、商务智能和分析工具。同样地，你只需要根据使用资源的数量来付费。
- 实时可扩展性，既可以增加又可以减少。你可以缩小规模或以类似方式节约成本，也可以很容易地扩大规模。

| 行业视角 | 通用电气的私有云 |

小企业和初创企业需要以低廉的价格来获取计算技术，这也是为什么云计算对它们来说是一个很有价值的工具。根据云计算按使用付费的模式，组织或个人能够以低于技术交易价格的费用来使用有价值的技术。

我们前面讨论了类似互联网的公有云，还讲到了它的技术和应用。私有云类似于企业内联网，很多组织正在探索私有云的概念，通用电气就是这些组织中的一个。考虑一个庞大的机构，它可能拥有成千上万的个人技术设备，如个人电脑和笔记本电脑。它还可能有成百上千的服务器电脑分布在我们前面讨论过的 n 层架构模型中。

现在问题变成"这些技术设备有多少时间是空闲着的?"像通用电气一样的组织部署了很多服务器来处理高峰时期的信息和处理请求量。这些服务器在非高峰时间都在做什么呢? 此外，通用电气还有多个服务器群，有的负责销售和市场营销，有的负责生产制造，诸如此类。

这些是通用电气需要应对的问题。通用电气能否构建一个既能最小化服务器的数量又能支持高峰时间的用户请求的私有云? 逻辑很简单，并非所有部门（销售和市场营销以及生产制造等）的高峰时间都是重合的。所以他们是否可以共享一个虚拟服务器群，当容量需求达到峰值的时候该服务器群还能正常工作? [4]

7.4　信息技术成功指标

对于组织的任何新举措，都应该建立一个获取技术、发展技术和使用技术的典型成功案例。技术需要投入资金，不仅用于购买硬件、软件和其他与信息技术相关的组件，还包括相关的人工、业务流程的调整以及放弃机会寻求其他举措需要的投入。

为了判定技术的成本，组织应该能够衡量技术是否取得成功。**标杆管理**（benchmarking）是一种持续测量系统绩效、将系统绩效与最佳系统绩效（标杆值）进行比较的过程。标杆值往往是针对特定行业、特定流程、根据组织内部情况产生的，有时候甚至是三者的结合。基于标杆值，组织可以对技术的成本 / 效益做出评价。标杆管理可以用来识别提高系统性能的步骤和过程。

7.4.1　效率和有效性指标

效率（efficiency）和**有效性**（effectiveness）的对比是指标分类（或衡量事物）的一种方式。效率是指以正确的方法做事（比如最短的时间、最低的成本、最少的错误等），而有效性是指做正确的事。虽然两者的差别看似很细微，甚至只是纯粹语义上的差别，但是两个概念截然不同。让我们以网站开发项目为例，其成功指标应该是网站流量，也就是个体访问者的数量。这是一个效率指标，因为网站流量只能说明你的组织擅长吸引顾客访问网站（如提高网站访问量），但是如果这些访客不买任何东西，那么再多的访客也没有意义。所以说网站在吸引顾客访问网站方面很有效率，但是从吸引顾客购买商品方面看不一定是有效的。

目前 IT 领域大部分**以架构为核心的指标**（infrastructure-centric metric）都是效率指标。以架构为核心的指标是一种关于技术的效率、速度和能力的典型度量方法。以架构为核心的指标包括：

- **吞吐量**（throughput）：在规定时间内的系统流通信息量。这通常与通信能力（带宽）有关，如通信速度（千比特 / 秒（Kbps）和兆 / 秒（Mbps））。
- **业务处理速度**（transaction speed）：系统处理业务的速度。
- **系统可用性**（system availability）：通常使用停机时间或者系统停止使得终端用户和消费者不可使用系统的平均时间的倒数进行衡量。这不包括系统定期维护的时间。
- **准确度**（accuracy）：常常采用与错误率或系统在每一千（或百万）次中所产生的错误数相反的方式进行计算。这类似于制造业中每千件或百万件产品中缺陷产品的数量。
- **响应时间**（response time）：对用户事件（比如查询报告、点击鼠标等）的平均响应时间。
- **可扩展性**（scalability）：描述系统面对不断增长需求的适应能力。这更多的是一个概念性指标，主要衡量在最小成本和最少服务中断时间的前提下升级基础设施的能力。

有效性指标则衡量特定条件下技术或应用的效果。比如客服中心和网站电子商务应用一样，有很多衡量有效性的指标。下面我们将以客户关系管理和供应链管理为例，探讨几个有效性指标。这些指标包括但不限于：

- 客户关系管理（CRM）
  - 交叉销售成功的数量。
  - 每千人成本（cost-per-thousand），即 1 美元的广告费所能带来的销售收入，常用于把资金投入到搜索引擎时的情况。
  - 吸引新顾客的数量。
  - 客户活跃的平均时间，比如从你手中连续购买商品或服务的时间。
- 供应链管理（SCM）
  - 缺货的次数。
  - 库存积压。
  - 配送和仓储成本。

前面提到的指标清单有一个有趣的现象，你希望提高所有客户关系管理指标的数值（例如，交叉销售成功的数量越多越好）。这是测量运作—成长—变革框架中"成长"类指标的共同特征。相反，你需要降低供应链管理指标的数值（例如，库存积压越少越好）。这是测量运作—成长—变革框架中"运作"类指标的共同特征。

观察图 7-11，你就能理解效率指标和有效性指标之间的关系。在运作方面，如供应链管理，旨在不降低有效性指标的前提下优化效率指标。在成长方面，如客户关系管理，旨在不消极影响效率指标的前提下优化有效性指标。通过图 7-11，我们能发现也许最优的经营区域是右上方的区域，但是这很难也很少能够实现，除非进行特殊的变革行动。一个很好的例子就是苹果公司的 iTunes，它创造了巨大的效率和有效性。

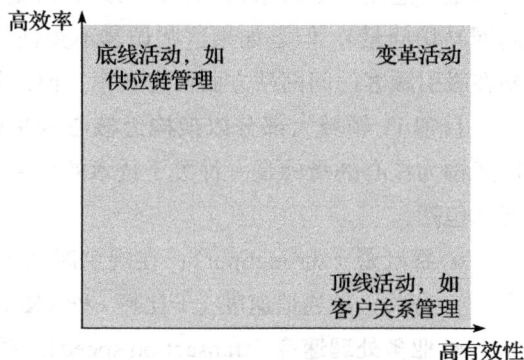

图 7-11   效率指标和有效性指标

根据 Facebook 公布的统计数据，它的内容涉及 70 多种语言。大约 70% 的 Facebook 用户在美国以外。考虑到 Facebook 有 7.5 亿名用户，也就是说超过 5 亿名用户在美国以外。它在全球有着强大的布局。

但对于 Facebook 而言，国际化不仅限于它的用户。Facebook 最近宣布了它的"开源计算项目"，该项目致力于同全世界分享它如何设计数据中心。这是一个创造性的、不平常的、受到业界质疑的计划。像谷歌这样的大型技术公司认为数据中心的设计是一个重要的竞争优势来源。很显然 Facebook 不这么认为，它希望其他组织能够学习 Facebook 的设计来建设数据中心并从中获益。

前面提到的"世界"有两重含义。首先，该项目同世界上的其他组织分享数据中心的细节。其次，与第一点同等重要的是 Facebook 希望其他公司能够学习如何构建更有效率和更加环保的数据中心。以 Facebook 在俄勒冈州普林维尔新建的数据中心为例，它与 Facebook 之前的数据中心

相比，能耗减少了 38%，成本节约了 24%。

这个"开源"的倡议与开源软件和开源信息等倡议类似。开源软件允许大家合作使用创新性的技术来开发软件，如 Linux。开源信息允许大家建立高品质的信息库，如维基百科。美国 Forrester 研究公司的分析师里奇·费凯拉表示，Facebook 此举有助于培养有竞争力的技术市场，这些技术都是 Facebook 未来发展所需要的。[5, 6]

7.4.2　以网络为中心的指标

以网络为中心的指标（Web-centric metric）是衡量网站和电子商务是否成功的指标。以网络为中心的指标很多，其中有些指标能被几乎所有的网站或电子商务项目使用，有些指标只能被特定的项目使用。常用的以网络为中心的指标包括：

- **独立访客数量**（unique visitors）：特定时间内访问网站的独立访客数量。尼尔森 / 网络评级指标经常使用这个指标来评价最受欢迎的网站。
- **总点击量**（total hits）：网站的访问数量，其中有很多访客访问多次。
- **页面曝光**（page exposures）：单个访问者接触到的平均页面数量。
- **转化率**（conversion rate）：网站访客中最终购买商品的顾客所占的比例。
- **点进次数**（click-through）：访问某个网站，点击一则广告并访问广告主网站的总人数。
- **每千人成本**：1 美元的广告费所能带来的销售收入，常用于将资金投入到搜索引擎时的情况。
- **放弃注册人数**（abandoned registration）：已经开始填写注册页面，但未完成时就放弃的客户数。
- **放弃购物车人数**（abandoned shopping cart）：已经开始使用购物车进行购物，但未付款就放弃的客户数。

7.4.3　呼叫中心指标

呼叫中心指标（call center metric）是用来衡量呼叫中心是否成功的指标，主要包括：

- **放弃率**（abandon rate）：呼叫等待过程中放弃呼叫的呼叫者所占的百分比。
- **平均接听速度**（ASA）：呼叫被员工接听前的平均等待时间（通常以秒计）。
- **时间服务因子**（TSF）：特定服务时间内（如 30 秒或 90 秒），回答的呼叫所占的百分比。
- **首次呼叫解决率**（first call resolution）：不需要回电就能解决问题的呼叫所占的百

分比。

如果你的客服中心希望部分使用自动化系统来回答来电者的常见问题，那么需要使用额外的指标，如致电自动化系统后仍需要接通人工服务的比例。

7.5 业务可持续计划

业务可持续计划（business continuity plan，BCP）的开发非常严谨，它指导组织从灾难及其导致的业务中断中逐步恢复。在过去几年，就信息系统和信息而言，业务可持续计划也被称为灾难恢复计划（disaster recovery plan）和应急计划。由于全球自然灾害和恐怖袭击次数的增加，加上企业对其业务流程及资源（不仅是信息技术和信息）的依赖性不断增加，如今的大趋势是开发全方位、更全面的业务可持续计划。

业务可持续计划方法看起来跟系统开发生命周期很相似（见图 7-12）。它始于组织的战略计划，包括分析、设计、实施、测试和维护等多个步骤。我们将重点关注业务可持续计划中信息技术和与信息技术相关的问题。

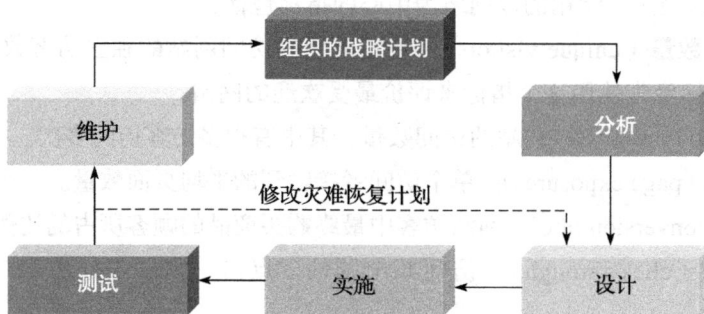

图 7-12　业务可持续计划（BCP）

7.5.1　阶段1：组织的战略计划

业务可持续计划始于组织的战略计划，组织的战略计划阐述了资源、流程、系统和其他组织资产的相对重要性。了解这些资产的重要性并对它们的重要性进行排序很重要，因为任何业务可持续计划都不能（也不应该）在短时间内把所有资产从灾难的损失中恢复过来。那样做非常昂贵，也没有必要。你的组织即使没有一些资产（如系统和信息）也能维持几天甚至几周，工资管理软件就是一个例子。而其他的资产，如客户订购和供应链应用软件，因为其重要性而尽量不要中断。数据中心也通常被大多数组织认定为高优先级资产。根据 CPM 研究，70% 的受访者把"业务持续性的提高"列为数据中心的关键问题。[7]

7.5.2　阶段2：分析

在业务可持续计划的分析阶段，先要做影响分析、威胁分析和情景影响分析，然后建立**需求恢复文档**（requirement recovery document）。

（1）影响分析：需要区分关键的与非关键的、核心的与非核心的信息技术应用和信息。分析过程中考虑的关键因素包括：因信息技术应用和信息中断给组织带来的财务影响，对利益相关者的影响（如因为提供公共服务造成顾客权益的损失），恢复所需的成本。影响分析也被称为**风险评估**（risk assessment），通过对信息资产进行估价、分析信息资产对组织的重要性以及信息资产面对威胁的敏感性来测算信息资产所处的风险水平。

（2）威胁分析：业务可持续计划分析的第二步，记录可能威胁组织及其资产的事件。这些威胁包括疾病、地震（这取决于组织的地理位置）、火灾、水灾、网络攻击、恐怖主义和公用设施中断。对这些威胁进行评估能帮助你认识到威胁的严重性程度以及如何快速恢复。请注意，在电子商务活动中，威胁还包括购买量大增而造成的拥堵。例如，2006 年感恩节后的第二天，大量想要购买很难买到的 Elmo 娃娃的客户涌入沃尔玛的网站，造成网站瘫痪。[8]

（3）情景影响分析：在第三步，考虑第二步识别出来的每个威胁，并对威胁做最坏的打算（相对于影响较小的情况，如因流感影响导致 10% 的劳动力请假）。情景影响分析给出了每一个可能的灾难的影响程度和范围的定义及细节信息。

（4）需求恢复文档：综合第一步到第三步的信息，你最终可以建立一个需求恢复文档，这是一种内容非常详尽的文件，描述了：①关键与非关键 IT 系统和信息之间的区别；②每个可能的威胁；③每个灾难所能导致的最糟情况。这个文档是接下来设计阶段的依据。

7.5.3　阶段3：设计

在设计阶段，利用需求恢复文档可以设计一个正规的、技术性的、详细的从灾难中恢复的计划——**灾难恢复计划**（disaster recovery plan）。一个好的灾难恢复计划应该考虑备份信息的位置。很多组织选择在非现场的存储设施或场所来备份信息，这些非现场的存储设施或场所通常与公司分离，并且从属于另外一家公司，例如**辅助设施**（collocation facility）。一家公司可以向其他公司租用存储空间和通信设备来获取辅助设施。StorageTek 是一家提供辅助设施的公司，该公司专门提供异地数据存储和灾难恢复解决方案的服务。

一个好的灾难恢复计划还应考虑员工的实际工作环境。**热站点**（hot site）是一个独立并且装备齐全的地方，发生灾难后，可以立即运转并恢复公司业务。**冷站点**（cold site）是一个独立的、没有任何计算机设备的地方，发生灾难后，知识工作者可以迁移到这里。

灾难恢复计划应该以**灾难恢复成本曲线**（disaster recovery cost curve）为基础（见图 7-13）。灾难恢复成本曲线包括：①组织缺乏信息和技术带来的成本；②组织

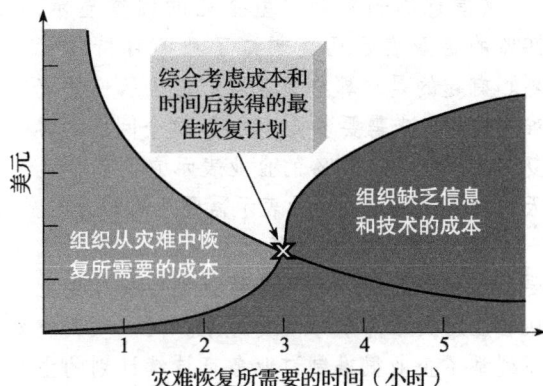

图 7-13　灾难恢复成本决策

从灾难中恢复所需要的成本。两条曲线的交点是综合考虑成本和时间后获得的最佳恢复计划。在遇到灾难的时候能够快速恢复信息和信息系统显然是信息技术架构的一个很重要的方面。

7.5.4   阶段4：实施

在这个阶段，业务可持续计划或多或少与系统开发生命周期有所不同。在系统开发生命周期中，你需要在实施之前开发和测试系统。在业务可持续计划中，你必须在测试之前就实施灾难恢复计划。也就是说，你需要做好辅助设施、热站点和（或）冷站点等工作，并实施灾难恢复的必要步骤。你需要培训员工，教他们一旦灾难发生应如何处理。你还需要评估每个信息系统以确保它具有进行灾难恢复的最佳配置。完成后，你就可以测试灾难恢复计划了。

7.5.5   阶段5：测试

测试业务可持续计划涉及模拟灾害情景以及让员工执行灾难恢复计划，以确保该方案能满足组织的恢复要求。如果发现有明显的不足，你的组织需要回到第三步和第四步（设计与实施）来重新配置、实施灾难恢复计划。

这种测试要一直持续到你认为已经制订了最佳的计划。组织运作的环境几乎每天都在变化，你每年至少需要测试一次灾难恢复计划，现实中往往需要一年测试几次。

7.5.6   阶段6：维护

最后，你需要不断地评估新威胁，重新评估信息系统和相关的资产，以确定它们的变化对组织的重要性。正如系统开发生命周期所示，没有系统是永远完善的，它需要不断地监控、支持以及维护。

|行业视角| 业务可持续计划：为什么"不"及其原因

《信息周刊》对中型企业的调查显示，79%的企业表示已经制订了业务可持续计划。有趣的是，那些企业对"企业从一场灾难中恢复过来需要多长时间？"这个问题的答复却差别很大。35%的企业表示它们能在几天内恢复，28%的企业表示需要几周的时间。

灾难恢复能力对任何企业来说都很重要，有一个好的业务可持续计划能够让企业从容应对灾难并从中恢复过来。同一项调查还列举了企业很难制订业务可持续计划的主要原因：

- 成本——89%。
- 复杂性——57%。
- 其他项目具有更高优先权——56%。
- 缺少引进C级/高级管理人员——42%。
- 缺乏内部技能——21%。
- 无从下手——2%。

上面两个数字让人有些不安，那就是缺少引进C级/高级管理人员和无从下手。很难相信有42%的调查企业表示高级管理人员（C级管理者，如首席执行官和首席运营官）

是制订有效的业务可持续计划的障碍。同样令人吃惊的是每 50 家企业中就有 1 家甚至不知道从哪里开始制订业务可持续计划。

那些拥有业务可持续计划的企业关于业务可持续计划应涵盖哪些信息技术基础设施的回答也引起了我们的关注。最普遍的回答是：

- 临界任务服务器——99%。
- 留言系统——70%。
- 电话呼叫转接——59%。

- 远程用户访问——53%。
- 二级服务器——53%。
- 其他服务器——39%。
- 台式机——30%。
- 用户笔记本电脑——26%。

这些都很有道理。服务器负责解决信息处理和信息访问任务，留言系统和电话系统执行通信任务，台式机和笔记本电脑是组织为员工提供信息技术基础设施服务的主要渠道。[9]

本章小结

1. 描述如何将面向服务的架构作为一种哲学方法来满足未来组织的信息技术需求。面向服务的架构可以帮助组织应对：

   - 顾客：通过多渠道交付服务，为顾客提供定制的产品和服务。
   - 终端用户：通过充分地整合企业资源计划系统，支持互操作性和移动计算。
   - 软件开发：支持快速应用开发法、极限编程和敏捷开发法等多种软件开发方法的框架，催生出 Web2.0 等令人兴奋的新技术产品。
   - 信息需求：包括获取所有类型的综合信息（以及商务智能和知识）、标准化信息格式、完整性控制以及消除信息冗余。
   - 硬件要求：通过整合多种技术，提供巨大的存储空间，维持安全可靠的通信平台。

2. 定义和描述组织的各种硬件与软件基础设施，主要包括：

   - 企业资源计划（ERP）系统支持多个厂商提供的不同系统之间以及厂商提供的多个 ERP 模块之间的透明互操作性，还能把信息和硬件的底层信息技术基础设施封装起来，无须终端用户和顾客操心。
   - 常见的网络应用基础结构包括：
     - 分布式架构：通过网络来分配 IT 系统的信息和处理能力。
     - 客户机 / 服务器架构：服务器包括一台或多台计算机，并向其他的计算机（称为客户端）提供服务。
     - 阶梯式架构：IT 系统被分割成不同的层，每一层执行一种特定功能。

3. 描述云计算的种类和优势。云计算是一种技术模式，在这种技术模式中，任何资源，比如应用软件、计算能力、数据存储、备份设备、开发工具，都是作为一组服务通过互联网来传递的。

   云计算主要包括：

   - 软件即服务（SaaS）：一种按使用次数支付应用软件的费用，而不必完全买下软件的软件交付模式。
   - 平台即服务（PaaS）：一种类似于软件即服务的软件交付模式，但具有以下补充特征：①能够定制数据录入形式、界面以及报告；②能够使用软件开发工具增加新的模块（服务）和 / 或修改已有模块来改变软件的工作方式。
   - 架构即服务（IaaS）：一种从云端获得所有的技术需求的模式。

   云计算的优势包括：

   - 较低的资本支出。
   - 降低进入壁垒。

- 立即就能使用大量的应用软件。
- 实时可扩展性。

4. 比较用来衡量信息系统和信息技术相关计划的成功程度的常用指标。指标是衡量事物的简单方法。常用的信息技术指标包括：

- 以架构为核心的指标：以架构为核心的指标是一种关于技术的效率、速度和能力的典型衡量方法，主要包括业务处理速度、系统可用性、准确度、响应时间和可扩展性。
- 以网络为中心的指标：衡量网站和电子商务是否成功的指标，主要包括独立访客数量、点击总量、页面曝光率、转化率、点击量、每千人成本、放弃注册人数和放弃购物车人数。
- 呼叫中心指标：用来衡量呼叫中心是否成功的指标，主要包括：放弃率、平均接听速度（ASA）、时间服务因子（TSF）和首次呼叫解决率（FCR）。

5. 描述业务可持续计划（BCP）及其阶段。业务可持续计划的开发非常严谨，它指导组织从灾难及其导致的业务破坏中逐步恢复。业务可持续计划包括以下阶段：

- 阶段 1：组织的战略计划：业务可持续计划始于组织的战略计划，组织的战略计划阐述了资源、流程、系统以及其他组织资产的相对重要性。
- 阶段 2：分析：进行影响分析、威胁分析和情景影响分析，然后建立需求恢复文档。这个文档详细地描述了：①关键的和非关键的信息系统与信息之间的区别；②每一个可能发生的威胁；③每个灾难可能导致的最坏情况。
- 阶段 3：设计：利用需求恢复文档可以设计一个灾难恢复计划，该计划确定了辅助设施、热站点和冷站点，描述了灾难恢复成本曲线（把组织缺乏信息和技术的成本同组织从灾难中恢复的成本进行比较）。一个好的灾难恢复计划应该考虑备份信息的位置。
- 阶段 4：实施：做好辅助设施、热站点和（或）冷站点等工作，并实施灾难恢复的必要步骤，培训员工，并评估每个信息系统以确保它具有进行灾难恢复的最佳配置。
- 阶段 5：测试：模拟灾害情景以及让员工执行灾难恢复计划。
- 阶段 6：维护：不断评估新威胁，重新评估信息系统和相关的资产，以确定它们的变化对组织的重要性。

综合案例 7-1

面向个人的公有云

云计算不只关注如何帮助组织更好地管理它们在信息技术基础设施上的投资以及实时地获取具有可扩展性的信息技术资源。越来越多的云面向个人提供服务，比如亚马逊、苹果和微软三大公司。

亚马逊

亚马逊无疑是网络的零售巨头，但它承认在数字服务领域的市场占有率与苹果公司相比不值得一提。所以亚马逊推出一系列面向个人的云服务以抢夺苹果公司的顾客。亚马逊云存储是其中一项云服务。云存储是在云端为你的电脑（或平板电脑或智能手机）提供一个外部硬盘，你可以在其中存储音乐、照片、视频和文件。你可以使用任意的网络浏览器来获取存储在云存储上的数字资产。

你可以通过下面两种方法将音乐上传到云存储。第一，当你从亚马逊的 MP3 商店购买电子音乐的时候，音乐被自动上传到你的云存储空间。第二，点击鼠标就能很容易地将笔记本电脑或台式机上的音乐（即使这个音乐是从苹果音乐商店下载的）上传到云存储空间。上传照片、视频或文档等数字资产同样简单。

亚马逊为用户提供有限的云存储空间，大约 5 ～ 10G。很好的一点是你从亚马逊 MP3 商店里购买的音乐不占用你的免费存储空间。如果其他种类的内容（如照片、视频、文档或者也许是从亚马逊之外的公司下载的音乐）超出了免费存储空间的限制，你能够以每 Gb 每年 1 美元的价格购买额外的存储空间。1Gb 存储空间能够存储大约 200 ～ 250 首歌曲，当然这取决于歌曲的长度和质量。

苹果

苹果也宣布面向个人提供云服务 iCloud，一部分原因是为了应对亚马逊的行动。无论用户在 iCloud 里存储多少内容，iCloud 完全免费。与亚马逊云存储不同的是，iCloud 专为使用苹果公司生产的电脑和移动设备的用户提供服务。比如当你使用苹果手机拍摄一张照片的时候，你几秒钟后就可以通过苹果笔记本或平板电脑下载这张照片。所以不管你什么时候在苹果笔记本上创建并存储一个文档，它会自动存储到 iCloud。这意味着你不需要把文件从苹果笔记本转移到苹果平板电脑上就能通过后者查阅和修改文档。

iCloud 不断地将你存储的数字资产同步到你所有的苹果设备，这些数字资产包括音乐、照片、视频、文档、日历、联系人和邮件。这样做的目的是为了鼓励你只购买苹果设备（一个苹果笔记本、一台苹果平板电脑和一部苹果手机），因为你不需要采取任何行动就能使这些苹果设备保持同步。如果你购买了一部新的苹果手机怎么办？只需要输入你的苹果账号和密码，你就能立即连接到 iCloud 空间，进而获取你存储的所有内容。

微软

显而易见，微软在面向个人的云服务领域占据一席之地。微软仍是个人应用软件（微软办公软件）和个人操作系统软件（微软 XP 和微软 7）的巨头。为了维持其支配地位、不损失市场占有率并有希望扩大市场占有率，微软为用户提供个人云存储空间，即 Windows Live。Windows Live 在 SkyDrive 中为用户提供免费的存储空间，你可以将你的数字资产上传到 SkyDrive。如果你拥有多台使用微软系统的设备，SkyDrive 能够帮助你同步这些设备中的数字资产。Windows Live 还能像 iCloud 一样将你的日历、联系人和邮件同步到你所有的使用微软系统的设备中。

Windows Live 允许你在云存储空间里创建组，然后你就可以跟其他用户针对文档和项目开展合作。同使用电子邮件将文档传递给其他人相比，Windows Live 组内人员的合作更加容易，还能尝试追踪改变以及不同的版本，了解谁修改了文档以及修改文档的顺序。[10, 11, 12]

问题

1. 调查一下亚马逊的云存储并回答以下问题：免费的存储空间容量有多大？额外的存储空间如何收费？苹果公司的 iCloud 还免费吗？微软向使用 SkyDrive 云服务的用户收费吗？

2. 把你的个人信息放到云端意味着你允许别人控制你的信息，如报税文件、你不想别人看到的个人照片、你正在写的学期论文等。你是否关心存储在云端的个人数字资产的安全？
解释下你的关心程度是高还是低。

　　3. 当你越来越依赖云端存储个人信息的时候，电脑还需要硬盘存储空间吗？我们是否正
处在一个令人惊叹的产业变革的初期？个人电脑和笔记本使用的硬盘的主要制造商有哪些？

　　4. 如果你把个人信息存储在云端，你需要一个个人持续计划，就像在灾难发生时组织需
要业务可持续计划一样。假定你现在开始将个人信息存储到云端，你是否还会把这些信息在闪
盘上进行备份？你打算多久进行一次备份？你现在多久对电脑硬盘上的信息进行一次备份？

　　5. 调查一下个人云服务提供商。它们提供什么水平的服务等级协议？你愿意将个人信息
存储到没有服务等级协议的个人云服务提供商吗？解释你的选择。

综合案例 7-2

丹佛医疗卫生机构使用"私有云"和"瘦客户端"的运作模式

　　除下属医院，丹佛医疗卫生机构还管理丹佛市的 911 紧急医疗服务反应系统、丹佛公立
学校的 12 家诊所、落基山毒素和药物中心以及 8 个家庭健康中心。这是一个庞大的、有着
大量技术需求的组织。

　　丹佛医疗卫生机构正面临着时间浪费的问题，这是由于医生和护士在进入病房时必须登
录计算机。虽然丹佛医疗卫生机构的首席信息官格雷格·韦尔特里（Gregg Veltri）制定了规
程来为病房提供尽可能先进的电脑，并且不断地更新电脑软件以避免间谍软件、广告软件和
其他恶意软件的影响，但是登录电脑仍需要两分钟。如果考虑到医生每天进入病房的次数，
医生每年浪费的时间造成的损失就达到 400 万美元。

　　所以格雷格把目光转向一种名为"ThinIdentity"的解决方案。ThinIdentity 在每个病房
里配备由高品质的显示器、鼠标和键盘组成的瘦客户端。所有的信息处理和信息存储功能都
由丹佛医疗卫生机构的私有云来负责。这些瘦客户端（Sun Rays）每八年才需要升级一次，
如果是个人电脑则每两三年就需要升级一次。此外，每台瘦客户端成本只有 600 美元，这个
价格只是一台高性能个人电脑价格的一部分。

　　同等重要的是医生和护士的登录程序。每天开始工作后，他们把一张智能卡插入工作站
（Sun Ray 终端或办公室中的个人电脑），并输入账号和密码，这样就能登录工作站，整个过
程大约只需要一分钟。他们拔出智能卡，则本次会话注销，但是本次会话在云端仍保持活动
状态。当他们当天再次进入病房的时候，只需要插入智能卡并输入账号和密码就能重新激活
在云端保持活跃的会话。这个过程只需要 5 ~ 10 秒。

　　ThinIdentity 还利用了虚拟位置识别技术（VLA）。VLA 使用事务处理系统把病房和病人对
应起来。当护士或医生进入一个特定的房间并重新激活他存储在私有云中的会话的时候，VLA
会识别出房间号，并立即把病人的信息调入医生或护士的会话。这进一步节省了时间。总的来
讲，基于 ThinIdentity 的系统给丹佛医疗卫生机构节省了大约 570 万美元。节约的费用如下：

- 一次性节省
  - 由于不需要更换台式机而减少的 120 万美元。
  - 由于台式机资源需求减少而节约的 30 万美元。

- 每年节省
  - 降低能耗节约 13.5 万美元（Sun Rays 的能耗比传统台式机低得多）。
  - 减少服务台呼叫节约 5.6 万美元。
  - 服务台全职员工的减少节约 25 万美元。
  - 减少医生登录所需时间节约 370 万美元。[13]

问题

1. 涉及隐私的法律法规要求医疗机构采取必要的措施来确保病人信息的保密性。通过这个案例，丹佛医疗卫生机构采取了哪些措施来保证病人信息的保密性？

2. 想想你自己的学校是如何使用 ThinIdentity 解决方案来支持教职工和学生（比如你自己）的技术需求的。

3. 云计算（尤其是公有云）对丹佛医疗卫生机构的业务可持续计划会产生什么影响？或者说公有云如何为丹佛医疗卫生机构的私有云提供支持？

4. 如果丹佛医疗卫生机构给每个病人一张智能卡，并为他们分配登录账号和密码，智能卡的哪些功能、特点和信息能够使病人获益？需要采取什么样的安全措施来确保病人只能够访问自己的信息？

5. 丹佛医疗卫生机构如何将 ThinIdentity 解决方案的应用扩展到医院范围之外？为了使医生和护士能够在家中或者使用黑莓和苹果手机等移动设备登录系统，应如何使用或如何调整 ThinIdentity 解决方案？

6. 减少医生登录所需的时间是一种效率指标。可以使用哪些有效性指标来评价 ThinIdentity 解决方案的应用？

问题思考

1. 如何使用面向服务的架构指导未来的组织？
2. 为什么企业资源计划的互操作性很重要？
3. 客户机 / 服务器架构是如何工作的？
4. 阶梯式架构有哪四种类型？
5. 与软件即服务相比，平台即服务有哪些补充特征？
6. 公有云和私有云的区别是什么？
7. 云计算的优点有哪些？
8. 效率和有效性的区别是什么？
9. 以架构为核心的指标有哪些？
10. 以网络为中心的指标有哪些？
11. 什么是业务可持续计划？
12. 为什么组织需要在测试灾难恢复计划之前先实施该计划？

作业训练

1. 安全指标

本章我们关注评价信息系统是否成功的指标，这些指标包括以架构为核心的指标、以网络为中心的指标和呼叫中心指标。另一个很重要的领域是安全指标，它们评价组织在防范病毒入侵以及防御身份盗窃等方面的表现。在网上做一些研究，列一个评价安全性的常用指标清单，并定义每个指标。

2. 创建一个校园信息技术架构

假定你被任命为学生信息技术架构主管。你的第一项任务是批准校内互联网架构的新设计。明天早上9点你会同学生信息技术部门的工作人员讨论架构的设计方案。为了筹备会议，你必须了解学生的需求、目前他们使用互联网的情况和未来的需求。下面列出的是出席会议前你必须解决的问题清单。请回答每个问题。

- 你需要制订一个灾难恢复计划吗？如果需要，这个计划应该包括什么内容？
- 系统需要什么备份设备？
- 系统什么时候对学生开放？
- 学生需要什么级别的访问权限？
- 如何确保系统的可靠性？
- 如何构建系统的可扩展性？
- 系统的最低性能要求是什么？
- 系统如何应对未来的业务增长？

3. 效率和有效性指标

任选一个本章的行业视角或综合案例，针对案例中的信息系统，确定并描述最少七个衡量它是否成功的指标。将这些指标进行归类，并解释他们是效率指标还是有效性指标。

4. SaaS提供商

许多SaaS提供商允许组织通过网络使用它们的应用软件。在前面章节中，我们谈到Saleforce.com是一个SaaS提供商。搜索网络，找到除它之外至少五家SaaS提供商。它们通过互联网提供哪些应用软件？如果有，它们还提供哪些额外的服务？

5. 个人标杆和标杆管理

在日常生活中，你如何使用标杆和标杆管理？比如成绩、赚钱和支持慈善事业。选择你在日常生活中有效使用标杆和标杆管理的例子并简单描述。你的指标基准值是什么？指标基准值是如何制定的？它们从何而来？

问题讨论

1. 前面我们列举和定义了若干以网络为中心的指标。其中哪些是效率指标？哪些是有效性指标？使用真实案例或网络中虚构的商业案例来解释你对每个指标的分类依据。
2. 你们学校的信息技术架构是哪种类型？如果是客户机/服务器架构，那么贵校的客户机/服务器网络如何提高学生的学习能力？学习本章之后，你会对管理架构的信息技术人员提什么建议？
3. 为什么互操作性对日常生活来说十分重要？想想你每天使用的设备、家电和运输方式，哪些支持互操作性？如果它们不支持互操作性，你的生活会发生什么变化？
4. 很多人说效率和有效性指标相互关联，两者缺一不可，或者说任何组织缺少其中之一就不能取得成功。效率和有效性指标是如何相互关联的？是不是必须先取得一类指标的成功，然后才能去关注另外一类指标？如果是这样，谁先谁后？

5. 考虑一家电子商务企业如亚马逊。哪种以网络为中心的指标对它来讲是最重要的？为什么？再考虑一下像美国有线电视新闻网络（CNN）的内容提供商。哪种以网络为中心的指标对它来讲是最重要的？为什么？为什么这两家电子商务企业关注的以网络为中心的指标差别这么大？

本章项目

小组项目

- 评估信息技术外包的价值：预测
- 创建决策支持系统：买还是租
- 开发企业资源计划系统：计划、报表及数据处理
- 评估下一代技术：DOT-COM 应用服务提供商（ASP）
- 评估信息安全状况：无线网络的脆弱性

电子商务项目

- 计算机统计数据和资源网站
- 元数据
- 查找主机服务
- 搜索共享软件和免费软件

人与信息的保护：威胁与安全措施

学习目标

1. 定义伦理道德并描述影响人们决定伦理道德问题的两个因素。
2. 定义和描述知识产权、版权、合理使用原则和盗版软件。
3. 定义隐私权并描述哪些情况会侵犯隐私权。
4. 描述哪些因素会危害你在电脑中或网络上的信息，并列举一些保护措施。

令人惊叹的产业变革

医学变革让人们生活得更美好

在此之前，我们探讨了若干令人惊叹的产业变革，关注技术创新如何改变整个行业的格局，甚至淘汰了很多传统的老牌企业。但是医学领域有所不同，整个医学行业正迅速地、不约而同地拥抱这些新的技术创新。重要的是，这些创新常常能够拯救生命，降低医疗成本，延长人们的寿命并帮助人们过上更加健康的生活。

前列腺癌手术用到的机器人就是一个例子。从下面的趋势图可以看出，从 2005 ～ 2008 年，前列腺癌手术中使用达·芬奇机器人切除术的比例从 20% 增加到 71%。同一时期，开腹手术的比例从接近 80% 减少到不足 30%。机器人手术的优点包括：

- 减少疼痛以及快速恢复。
- 减少输血的需求。
- 更低的感染风险。
- 更好地控制癌症恶化。
- 减少尿失禁和勃起功能障碍的风险。

2005年美国根治性前列腺切除术比率

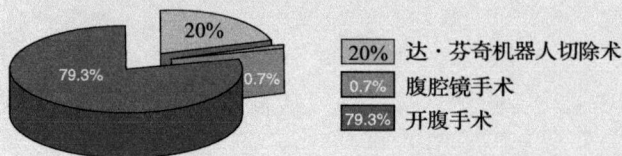

20%	达·芬奇机器人切除术
0.7%	腹腔镜手术
79.3%	开腹手术

2006年美国根治性前列腺切除术比率

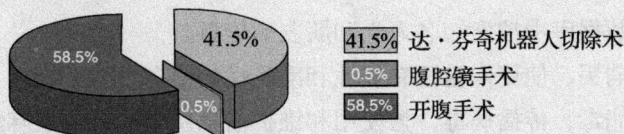

41.5%	达·芬奇机器人切除术
0.5%	腹腔镜手术
58.5%	开腹手术

2007年美国根治性前列腺切除术比率

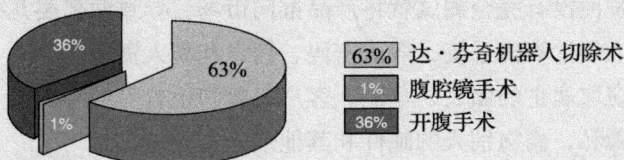

63%	达·芬奇机器人切除术
1%	腹腔镜手术
36%	开腹手术

2008年美国根治性前列腺切除术比率

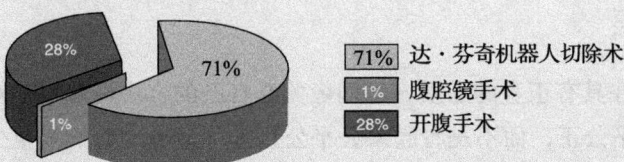

71%	达·芬奇机器人切除术
1%	腹腔镜手术
28%	开腹手术

　　这些技术创新遵循了三重底线原则：能够保证盈利目标，对环境有利（如更少的纱布和塑料血袋），以及对人有益。[1]

　　问题

　　1. 在 YouTube 上搜索用于手术的机器人，你能找到哪些机器人手术的范例？

　　2. 将机器人手术引入第三世界国家会比传统的"开腹"手术更加容易、更加便宜吗？为什么或者说为什么不？

　　3. 为什么医学行业会比其他行业更加迅速地、不约而同地拥抱这些新的技术创新？

8.1　引言

　　如你所知，信息系统的三要素是人、信息和信息技术。前面章节大多讨论信息技术以及信息技术如何存储和处理信息。在本章，我们将关注信息，包括它的使用、所有权和保护。信息处理的最佳环境应当是稳定但不停滞、变化而不混乱。

　　为了可靠地处理信息，你需要明确以下三点：

- 拥有和使用信息的过程中伦理道德的重要性。
- 个人隐私对人们的重要性以及哪些方式能够危害到人们的隐私权。
- 信息安全的威胁与防护。

　　信息系统最重要的要素是使用系统并受之影响的用户。人们如何相处一直很重要，但在当今的数字信息化时代，我们可以通过操纵计算机从更多的方面来影响人们的生活。我们的伦理道德很大程度上决定了我们如何对待他人，包括如何看待和使用信息。

我们很容易就能发现有违伦理道德的计算机使用方式，例如：

- 人们未经授权就复制、使用、传播软件。
- 员工从组织数据库中搜索知名人士和朋友的信息。
- 组织收集、购买、使用未验证有效性和准确性的信息。
- 一些人制造病毒，传播病毒，为使用和维护信息系统的人带来麻烦。
- 信息系统开发商未经全面测试就把系统推向市场。前些年，一家婴儿恒温箱温度控制程序的开发商没有完全测试就将产品推向市场，导致两名婴儿死亡。[2]
- 不道德的人入侵计算机系统，盗取密码、信息和私人资料。
- 员工破坏或窃取雇主的图表、草图、客户名单和报告等信息。
- 窥探别人的隐私，偷窥别人的邮件和其他个人资料。

8.2　伦理道德

有道德的人往往具有正直的品质，他们像关心自己的合法权益一样对待别人的权利。他们做事能够保证公平公正，而不是看起来公平公正。一个有道德的人至少需要认真对待他人的权利，重视自己的一举一动对别人的影响并注重道德习惯的培养。但是再有道德的人也不可避免地会遇到进退两难的情况，需要从不可兼得的多个好结果中进行选择或者选择对谁忠诚。道德困境不是说让你选择是否做一个有道德的人，而是当你的职责会让你变得不道德时所面临的困境。

在公元前 4 世纪柏拉图写的《理想国》一书中，苏格拉底在与别人讨论"我们应该过怎样的生活"时对道德做了很好的描述。道德可以被定义为那些指导人们针对他人的行为活动的原则和标准。也许有人会说道德还包括我们为什么选择这种生活方式而不是别的生活方式，为什么做出这种决策而不是别的决策以及为什么制定这样的政策而不是别的政策的原因。我们通常认为有道德的人会一视同仁地对待那些受他们行为影响的人。讲道德还意味着做事有原则以及尊重他人。这说起来容易做起来难，因为很多情况都是复杂而又模棱两可的。

柏拉图的例子说明我们很早之前就意识到道德在我们生活中的重要角色。早在公元前 44 年，西塞罗就曾说过好的职业发展离不开伦理道德。这里的"好"比"成功"的含义更丰富，因为我们需要使用超越职业目标的标准来衡量一个人是否道德。一个人可能是成功的贪污犯，但他也活得没有道德。也就是说，西塞罗和那个时代的哲学家一直在讨论"道德的规则是什么？""什么是权利以及哪些人应该享有权利？""如何判断结果的好与坏？"以及"如何使人向善？"

我们的是非观扎根于我们的历史、文化和宗教。无论时代如何变迁，道德准则出人意料的稳定。例如，真诚、尊老爱幼、尊重他人的生命和财产安全永远都不会过时。尽管道德相对稳定，但我们的社会在改变，这迫使我们开拓道德视野并且以一种新的视角来思考"我们应该过怎样的生活"。在当今电子时代，关于伦理道德的讨论又增加了新的范畴，那就是我们收集和存储个人信息的数量以及我们获取与处理信息的速度，这增加了道德困境发生的可能性。新的信息技术导致了新的道德问题，例如我们如何在一个信息爆炸的时代传承和应用我们所重视的价值观。

|行业视角|　　　　　　伦理道德的缺失会降低工作生产力

在工作时间用电脑做私人的事情已经变得习以为常。他们在网上购物，发送私人电子邮件，在 eBay 上拍卖商品，这样的例子不胜枚举。

但在一年当中的某个特定时间，在网络上从事与工作无关的事情造成的生产力降低是最大的。想一分钟，能猜一下是什么时候吗？它不是假日或销售旺季，而是"疯狂的 3 月"——美国大学生篮球联赛，在每年的春季，来自全国各地的 68 支高校篮球队进行一对一淘汰赛并争夺最终的冠军。总部位于芝加哥的职业介绍公司 Challenger, Gray & Christmas 估计，在 2008 年全美大学生篮球锦标赛期间，由于生产力下降造成的损失达到 17 亿美元。

这 17 亿美元跟最近一届全美大学生篮球锦标赛造成的生产力损失相比根本不算什么。2008 年之后再也没有公司对锦标赛造成的生产力损失进行估计，但我们确信从

2008 年起造成的损失呈增长趋势。我们可以寻找一个替代指标。在 2010 年全美大学生篮球锦标赛期间，在网上收看比赛直播的总时长达到 1 200 万个小时，这其中大部分是在上班时间。

不难发现，社交媒体是造成工作场所生产力下降的重要原因。2011 年，可口可乐公司将锦标赛广告预算的 20% 投放到社交媒体中，而 2010 年这一数字只是 2%。

Hershey 公司旗下的品牌 Reece's 花生酱也在社交媒体中投放了大量的广告资源。该品牌为锦标赛赞助了 100 万美元，获得了让一名球迷在中场休息时从半场位置投篮的机会，这名球迷将从该品牌众多的追随者中抽选出来。用户访问该品牌在 Facebook 上的主页次数越多，他的名字出现在票箱中的次数就越多。成千上万的用户希望赢得这次千载难逢的好机会。该品牌在 Facebook 上有 660 万名关注者。[3, 4]

8.2.1　影响人们处理伦理道德问题的两个因素

你如何收集、存储、获取和使用信息在很大程度上取决于你的伦理道德，也就是你对是与非的认知。当你面临道德困境的时候，两个因素会影响你的决策。第一个是你在成长过程中建立起来的基本道德体系。第二个是与决策密不可分的实际环境，生活中的决策很少非黑即白。

你的道德体系和将面临的道德挑战有不同的层次（见图 8-1）。[5] 最外层的问题很少有人认为是坏的，例如拿走几个曲别针或是在工作时间偶尔发封私人邮件。这些事情需要大惊小怪吗？中间层属于比较重要的道德挑战，例如出于私人理由查看人事记录。难道有什么迫不得已的私人理由让你觉得这样做是合理的？另外一个例子就是阅读别人的邮件。核心层是那些大家认为肯定违反伦理道德的问题，例如贪污公款或者把公司的记录卖给竞争对手。随着

时间的变化，你的道德体系也会发生变化，使得这些问题看起来不像以前那样违反道德规范。例如，如果你周围的人都为了私人理由获取机密信息，那么你也会觉得这样的行为不是什么大事。而这很可能会给你带来大麻烦。

关于伦理道德的问题，大家常忘记的一个基本教训就是大家都做一件事情不代表这件事情符合道德规范。

如果每个道德决策都像图8-1中核心层那样清晰就太棒了，但是道德决策没有这么简单。在理想的情况下，你对道德行为的感知决定了你的行为。但从实际上说，是非判断少不了对以下六点的考虑：[6]

（1）结果。当你做出一个决定的时候，你能从中得到多少好处或受到多大伤害？

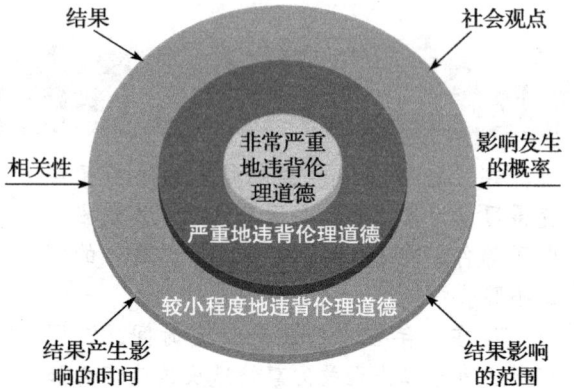

图 8-1　道德体系

（2）社会观点。你认为社会对你打算采取的行为有什么看法？

（3）影响发生的概率。如果你采取行动，那么前面预想到的伤害或好处发生的概率是多少？

（4）结果产生影响的时间。好处或伤害产生影响需要多久？

（5）相关性。你能在多大程度上确定多少人会分享你的行为带来的好处或分担伤害？

（6）结果影响的范围。你的行为会影响多少人？

不管你的伦理道德意识多么强烈，这些实际情况都会影响你的决策。它们的影响可能是正面的，也可能是负面的。因此，在简单的情况下不会出现道德困境，但是竞争性目标、职责和忠诚等因素发生冲突的时候，道德困境就会出现。道德决策是复杂的判断，你需要权衡自己和他人的权利与义务。你的决策过程不可避免地会受到很多因素的影响，这些因素包括收益大小的不确定性以及对情况重要性的判断。有时候人们会根据自己对正确行为的认知来处理道德问题，而不考虑社会认为是否正确。你是那个要对自己的决策负责的人。

8.2.2　知识产权

几乎每个人都会遇到的伦理道德问题就是如何使用或复制受版权保护的软件。软件是一种知识产权。**知识产权**（intellectual property）是以物理形式表现出来的无形的创新工作。[7] 音乐、小说、绘画和雕塑都属于知识产权。公司的产品设计图、原理图和其他专有文件都属于知识产权。这些文件同音乐和小说一样，它们的价值都远大于其物质载体的价值。例如，Lady Gaga的一首单曲远比刻录这首歌曲使用的光盘有价值。这首歌曲就是受版权法保护的知识产权。

版权法保护的是文学、戏剧、音乐和艺术品的创作者。**版权**（copyright）是对各种创意（包括歌曲、视频游戏和其他专有文档）的表现形式提供的法律保护。拥有版权意味着未经许可，他人无权使用你的歌曲或视频游戏。专利法保护一种想法，如缝纫机和工业泵阀的设计。尽管软件有时会被归入专利法的保护范围，但是作为一种知识产权，它往往纳入版权法的范畴。

版权法并不完全禁止知识产权的使用，它规定了一些例外条款。例如，一个电视节目可以不经过你的许可就展示你的视频游戏。这就是使用受版权保护的素材创作新素材（如电视节目）的一个例子。这是合法的，符合合理使用原则的规定。**合理使用原则**（fair use doctrine）允许人们在特定场合使用受版权保护的材料，如使用它们创作新作品以及供教学使用，当然有使用限制，比如可以使用的受版权保护素材的数量限制。

总的来说，法律在处理版权纠纷时主要考虑的因素是版权所有者是否因为侵权行为蒙受损失。法庭在判决时也会考虑其他诸多因素，如这些产品被侵权使用的次数和方式以及在什么情况下侵权人做出侵权的决定。

毫无疑问，侵犯他人的版权是非法的。也就是说，不管受版权保护的素材是否公布到互联网上，未经允许私自拷贝那些受版权保护的图片、文本或其他内容都是违法的，不属于合理使用的范畴。

你也许在上学的时候已经做出了侵权的行为，你甚至都不知道或者没有思考过这个问题。你是否曾经将网上下载的图片插入到一个幻灯片演示文稿中？你是否注明了图片的来源？不幸的是很多学生都没注明来源。实话实说，尽管这是违法的，但是根据图 8-1 的内容，它只属于轻微地违背伦理道德的行为。这也没有真正地伤害到他人的利益，而且你也没有剥夺图片所有者用它来赚钱的机会，但是如果不是你的原创作品，你需要进行引用，否则，你很可能已经违反了学校的道德学术规范。当你写东西（如学期论文）的时候，记住一点：如果不是你的原创内容，那就进行引用。

复制那些受版权保护的软件也是违法的。但是有一个例外，在美国，你总是可以出于备份的目的将受版权保护的软件进行备份。当你购买受版权保护的软件时，你只是购买了使用权，没有其他的权利。软件包装上面的版权协议决定了你可以复制多少份。有些软件公司甚至要求你只能将软件安装在一台电脑上，即使只供自己使用。其他公司的规定可能相对宽松，允许你将软件安装在多台电脑上，但前提是任何时候都只有一个人在使用这个软件。在这种情况下，软件公司认为软件就像书本一样，你可以把它放到不同的地方，也可以把它借出去，但是同一时间只能有一个人使用它。音乐公司通常允许你将光盘或个人音乐系列复制到三个不同的平台上进行播放，如电脑、音响系统和 MP3 播放器。

如果你将受版权保护的软件进行复制并传播给他人，这就属于盗版行为。盗版软件（pirated software）是未经许可的使用、复制、传播或销售受版权保护的软件。[8] 软件盗版每年能让软件公司损失几十亿美元的收入。微软每年收到超过 25 000 次关于软件盗版的举报，而且都进行了追踪调查。软件盗版率最高的国家分别是格鲁吉亚（93%）、津巴布韦（91%）、孟加拉国（90%）、摩尔多瓦（90%）、也门（90%）、亚美尼亚（89%）、委内瑞拉（88%）、白俄罗斯（88%）、利比亚（88%）和阿塞拜疆（88%）。[9] 软件盗版率最低的国家分别是美国、日本、卢森堡、新西兰、澳大利亚、奥地利、瑞典、比利时和芬兰，它们的盗版率都在 25%

以下。根据 BSA-IDC 在 2010 年进行的一项关于盗版影响的研究，如果在过去 4 年里全球盗版率减少 10%，那么将会创造：

- 价值 1 420 亿美元的全球化经济活动。
- 50 万个新的高科技工作岗位。
- 320 亿美元的财政收入。

有趣的是，研究认为上面提到的潜在收益中超过 80% 是被那些软件盗版现象高发的政府和经济体所获得。

8.3　隐私权

隐私权（privacy）是当事人按照个人意愿不受干扰、独立控制个人财产以及未经允许不被他人查看的权利。这是一种保证你的私人生活不被不速之客打扰的权利。隐私权有多个维度。从心理学意义上讲，它是对私人空间的需求。我们或多或少都希望能够控制私人财产和个人信息。从法律角度上讲，隐私权是自我保护所必需的。[10] 如果你把房子的钥匙藏在院子的某个地方，你希望别人不会知道这个信息。如果这个信息被别人知道了，就会给你带来麻烦。在这一部分中，我们将逐一审视隐私权中的诸多特定问题：人与人之间的相互窥探、企业收集员工的信息、企业收集顾客的信息、政府收集个人信息以及国际贸易中的隐私权问题。

8.3.1　隐私权和其他人

其他人，比如家庭成员、助手、员工或者黑客，都可以通过电子手段侵犯你的隐私权。他们的动机也许是为了好奇、尝试获取你的密码或者想看那些他们无权接触的信息。很显然，有时候我们有权观察事情的发展情况。例如，当你怀疑孩子通过电子方式与不良分子保持联系，或者你认为有人未经许可使用你的电脑时。很多网站提供一些程序帮助人们监控电脑上发生的行为，这些程序被统称为监控软件。

你可以下载按键记录软件并把它安装在想要监控的电脑上。按键记录软件，又称监控软件，是一种安装在电脑上用于记录按键和鼠标点击的程序。它可以记录所有的电子邮件、即时通信、聊天室对话、访问的网站以及在电脑上输入的密码。

屏幕捕获程序也可以用于电脑监控，定期地记录屏幕信息（它们直接从显卡获取信息）。这些程序不能捕捉每一帧图像，只能捕捉程序被激活时屏幕上的信息，但这足以为监控者提供了解计算机使用者行为的信息。其他可以用来监控的工具包括安装在交换机、分线器和路由器上的嗅探器（检查通过的信息），交换机、分线器和路由器是网络中将电脑连接起来的设备，此外还包括能够追踪登录、删除等信息的日志分析工具。

也许你已经意识到了，电子邮件非常不安全。电子邮件的内容就像是将隐私写在明信片上一样。不仅如此，发送的每封电子邮件的内容至少被存放在三四台电脑上（见图 8-2）。首先它被存储在你使用的电脑上，其次是电子邮件服务器，也就是将电子邮件传送到网络上的电脑，然后是收信人的电脑，有时候还会被存放在收信人的电子邮件服务器上。

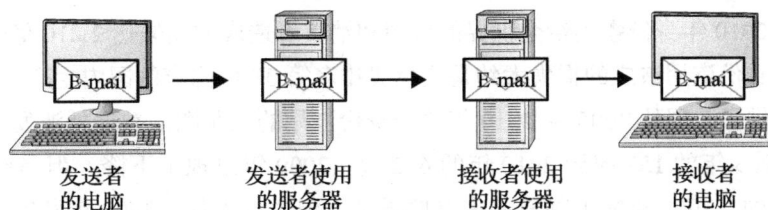

图 8-2　发送的电子邮件被存放在不同的电脑上

当你意识到邮件不能很好地保护隐私的时候，你是否想到其他电子输出设备也会泄露部分隐私信息？例如，当你使用彩色打印机时，打印出的资料会留下一些只有在蓝光和显微镜下才能看到的黄色圆点图案。这些圆点能够用来识别打印机的型号和序列号以及打印的时间。在美国联邦经济情报局（负责调查假币的机构）的要求下，打印机制造商采用了这项技术。

还有一个例子就是使用数码相机拍摄的照片。使用特定的软件，你可以加载这些照片并识别出一系列信息，如照片的拍摄时间、相机类型和序列号、相机的主人是否加入保修计划以及其他细节内容。你的光盘刻录机也会在你刻录的光盘上留下独特的签名。也就是说通过任意一张在你的电脑上刻录的光盘就能追踪到你的光驱。类似地，当你的手机开机时，可以通过它收发信号的基站来确定你的位置。

事故数据记录器（event data recorder，EDR）正在成为新汽车的标配。作为气囊控制模块的一部分，EDR 最初只是用来改善气囊的使用状态。安装气囊后，汽车撞击发生前五秒钟的数据会被传输到电脑芯片中。我们能从芯片中下载大约七页的信息。这些信息包括汽车撞击时的速度、发动机的转速、节流百分率、是否踩刹车以及驾驶员是否系了安全带。这个系统还能记录二次撞击时的相关信息，这在撞车时经常发生。这些信息对了解事故的原因有非常重要的作用。在这些信息的帮助下，许多莽撞的和酒驾的司机被吊销驾照。

8.3.2　身份盗用

身份盗用（identity theft）是以欺诈为目的而盗用他人的身份。这种欺诈行为常被用来牟利，被盗用的身份被用于以受害者的名义申请和使用信用卡或者申请贷款。但是盗贼很容易就能隐藏他们的真实身份，尤其是当他们躲避执法机关或者进行犯罪的时候。下面是关于身份盗用的一些统计数字：[11, 12]

- 10%：10% 的美国人被盗用过身份。
- 540 亿美元：2009 年美国境内企业和消费者的损失估计。
- 4 841 美元：身份被盗用的受害者的平均损失。
- 15%：4 年内没有意识到身份被盗用的受害者所占的比例。
- 631 美元：受害者的平均现金损失。

- 43%：受害者认识盗用他们身份信息的人［这被称为友善欺诈（friendly fraud）］。
- 330 个小时：修复身份盗用造成的破坏所需时间的平均值。

据估计，2010 年身份盗用给全世界的公司和消费者造成的损失达 2 210 亿美元，这个数字令人震惊。身份盗用造成的损失大约是全世界排名第 38 位国家的国内生产总值（GDP）。

图 8-3 提供了美国从 2005 ~ 2010 年关于身份盗用的三张图。数据外泄发生的次数呈上升趋势，从 2005 年的 157 起到 2010 年的 662 起。2009 年出现了下降，但是整体上升的趋势还是很显著的。2009 年的下降看起来有些异常，但也许不是。2009 年发生了两次大的数据外泄事故：美国国防部有 7 600 万条记录外泄，哈特兰支付系统有 1.3 亿条记录外泄。

图 8-3　2005 ~ 2010 年美国身份盗用的相关统计 [13]

通过社交网络站点来进行网络钓鱼的有效性是其他网站的十倍，这是因为人们更容易点击自己信任的朋友发来的链接。Facebook 是这种欺诈的重灾区。这些诈骗犯还会采取其他策略，如发给你一条短消息，将你引导至跟社交网站看起来很像的站点。一旦你输入账号和密码，网络钓鱼者就能获得这些信息。

为了避免这些问题，可以自己往地址栏里输入社交网站的网址或者是将它存为书签，不要点击别人发给你的链接。如果你不确定要打开的网站是否安全，不妨采取以上建议。例如，看看 www.micosoft.com 这个链接。你觉得 OK 吗？仔细看你就会发现公司的名称拼错了。这是网络钓鱼者惯用的伎俩。

下面三个例子讲述了人们身份被盗用之后发生了什么：

- 在得克萨斯州的沃森堡，一位 82 岁的老太太发现她的名字被卷入一场四车连撞的事故，从而得知她的身份被盗用。在接下来的 18 个月里，她不停地收到法院传票和逾期未付的医疗账单，实际上这些都是针对另外一个人的。罪犯用她的信息申请了 12 张信用卡，并透支了 10 万美元，老太太最终花了 7 年的时间才把信用等级重新变为良好。
- 在康涅狄格州的洛基山，一位退休的陆军上尉发现罪犯以他的名义花费了 26 万美元，用于购买两辆卡车和一辆哈雷 – 戴维摩托车，并支付了南卡罗来纳州的一处分时度假别墅的费用。受害者直到他的退休金被扣发用来支付账单才发现自己的身份已被盗用。
- 在纽约，扒手团伙的成员在抢走妇女的钱包后伪造受害者的驾驶证。如果只偷现金，赃款往往不会超过 200 美元，甚至更少。但是如果盗用别人的身份，不当得利往往在 4 000 ～ 10 000 美元。

网络钓鱼（phishing）是在线盗用身份的常用方法。网络钓鱼软件是一种以身份盗用为目的收集个人信息的技术，常常通过欺诈性电子邮件的方法。其中一种方法就是将电子邮件伪装成 AOL、MSN、PayPal、保险公司或者网络零售商如亚马逊等正规公司发送的邮件。这些信息看起来很真实，拥有官方的格式和商标。这些电子邮件通常会要求用户验证密码和账号等重要信息，理由就是需要使用这些私人信息来进行会计和审计工作。

正规公司不会发送这样的电子邮件。如果你收到这样的电子邮件，不要在证实之前提供任何信息。例如，你可以打电话给公司询问邮件的真伪。另外一条线索就是检查语法和拼写是否有误。官方通信不允许任何错误，因此即使只有一个错误也是警告信息。

另外一种网络钓鱼方式是通过电子邮件诱导人们点击信息里的网站链接，进而要求受害者提供私人信息。骗子常用 eBay 和 PayPal 账户做幌子。你会收到一封自称是 eBay 发来的邮件，告知你的账户被盗用或者自称是 PayPal 发送的邮件告知你的 PayPal 账户将要购买一笔价值几百美元但你实际上并没有购买的商品。它们的目的就是让你登录一个能够盗取你的 eBay 或 PayPal 密码信息的网站，然后询问你的其他信息，如信用卡卡号。

现在有很多不同的网络钓鱼方式。网络钓鱼软件发送成千甚至上百万的电子邮件，尝试找到回复邮件的受害者。你甚至没有 PayPal 账户，但是仍会收到自称 PayPal 发送的关于你的账户（实际上并不存在）的邮件，这就是用来网络钓鱼的电子邮件。另外，**鱼叉式网络钓鱼**（spear phishing）是针对某些特定目标的网络钓鱼攻击。在这种情况下，欺诈邮件的创建者有你的部分私人信息但是他们还想获取更多信息。还有一种称为**捕鲸式攻击**（whaling）的网络钓鱼形式，目标往往是高端商务人士、政府领导人或其他具有高知名度的人士。

另一种更具欺骗性的网络钓鱼形式是**域欺骗**（pharming），它将受害者引诱到伪造的网站上，也就是说，你输入银行的正确网址，但是会被引到伪造的网站上，从而收集你的信息。也可能是将你引到正确的网站，在你输入身份识别信息后把你引到伪造的网站上。你不会留意这些，因为伪造的网站地址和正确的网站几乎没有区别，也许只是缺少一个字母或者有一个字母不同。在键入信息之前，注意查看浏览器中的挂锁而非网站外观来确保网站的安全性（网络电子商务安全见第 5 章）。

域欺骗是通过访问互联网服务提供商用于调节网络流量的大型数据库实现的。一旦访问数据库，他们就可以做一些小的改动，从而在你登录正确的网站之前或之后把你引到伪造的网站上。域欺骗之所以能够如此有效是因为很难识别伪造的网站。

最令人担忧的身份盗用是医疗档案盗用。有些人盗用你的医疗档案并获得医疗服务，这样一来，你的档案会添加一些新的记录或者改变原有的记录，当你需要医疗服务的时候，你的医疗档案就不准确了。这会导致医生使用过敏药物对你进行治疗或者让你无法获得真正需要的治疗。根据世界隐私论坛（WPF）的报道，1992 年 1 月到 2006 年 4 月有大约 2 万人的医疗档案被盗用，医疗诈骗造成 1 000 亿美元的医疗成本。2005 年有超过 600 个医疗档案盗贼被抓，其中 516 人被判有罪。

图 8-4 为大家提供了一些加强自我保护的措施。

- 使用复杂性强度高的密码，如使用大小写字母以及同时包含字母、数字和特殊符号
- 为每个应用设置不同的密码（也许会有很多密码）
- 每隔60天更换一次密码
- 将个人文件粉碎后再丢弃
- 将家中的个人文件放在一个安全的私密位置（最好放在保险箱里）
- 每年至少从三大信用报告机构（Experian、Transunion和Equifax)那里查看一次自己的信用报告
- 不要随身携带社保账号
- 不要把需要邮寄的信件放在不安全的区域（如把它夹在信箱的外面）
- 不要把社保账号或者驾驶证号打印在支票上
- 不要把从银行购买的个人支票寄到家里，选择寄到银行，然后去取
- 不要在使用电子邮件和电话等方式与别人进行交流时透露你的个人信息，除非是你发起的
- 不要回复可疑的电子邮件
- 不要随意退订你无法识别或者不知道是不是正规公司发来的电子邮件
- 不要相信你中了彩票这样的蠢话
- 当你需要输入个人信息或财务信息的时候，记得检查网站的https或锁型标志（见第5章）
- 考虑冻结自己的信用，很多州允许你这么做。如果你冻结了自己的账户，那么你在开设新的账户前需要首先将信用进行解冻。身份盗贼很难做到这一点

图 8-4　防范身份盗用 [17]

|行业视角|　不再需要盗取个人验证信息

网络犯罪分子只需要非常少的信息就可以发起一次非常复杂的鱼叉式网络钓鱼攻击。事实上，他们不需要知道对方的社保账号、出生日期或者银行卡信息，只需要通过顾客的名字和邮件地址找到他们在哪里存钱、购物以及购买服务。然后，他们就可以将欺骗性的电子邮件伪装成正规商店或银行发送的邮件，并发送给他们的合法顾客。

Epsilon 发生的数据外泄事件加剧了人们对这类诈骗的担心。Epsilon 是一家总部位于达拉斯的电子邮件营销公司，它为 2 500 家大型客户提供服务，这些客户包括花旗集团、JP Morgan Chase、U.S. Bank、Barclays、Best Buy、Hilton Worldwide、Marriott International、Disney Destinations 和 The College Board（美国高考管理机构），这只是其中的一部分。2011 年年初，Epsilon 报

告了发生的数据外泄事件，并称只是它的客户的姓名和地址信息被盗。但这正是发动一次完美的鱼叉式网络钓鱼攻击所需要的全部信息。据估计，6 000 万名顾客的个人信息被盗。

CyberFactors 是一家网络风险分析和情报公司，它估计最坏的情况下本次事件给 Epsilon、它的客户如花旗集团以及客户的顾客造成的损失达到 40 亿美元。这其中包括客户流失带来的损失和 2.25 亿美元的债务，还包括它的客户通知它们的顾客关于数据发生泄露事件所产生的费用，大约每个客户为 500 万美元。

传统的数据外泄关注于获取个人身份信息（如社保账号）和银行卡信息。但是现在只需要知道受害者的姓名、电子邮件地址以及他们与外界的业务往来就可以了。[14, 15, 16]

8.3.3　隐私权和员工

企业需要了解员工才能更有效率地运作。你应聘工作的时候，需要填写申请表，但这并不是你未来工作的企业获取员工信息的唯一来源。花一点钱，甚至有时候不用花钱，你的企业就可以找到你的驾驶记录、开除记录、信用状况、打电话的习惯和投保情况。你上传到网络的照片、视频和文本通信也是一个很好的信息来源。一旦你把信息上传到网络，不管是通过即时通信还是 Facebook，你就对信息丧失了控制权。数据收集公司收集和组织相关的信息并通过出售来获利。

你被录用后，企业至少可以在工作时间监视你去了什么地方，做了什么，说了什么以及在电子邮件里写了什么。美国管理协会称 60% 的企业监控员工收发的电子邮件。公司这样做的一个原因是它们可能会因为员工之间互相发送的邮件或者发送给外部人员的邮件而受到起诉。

大约 70% 的网络流量发生在工作时间，这足以作为企业监控员工上网时长和浏览内容的理由。FBI 的报告指出，78% 的受访企业表明它们的员工滥用互联网，用来下载色情内容、盗版软件以及从事其他与工作无关的活动。60% 的员工承认在工作时间访问与工作无关的网站。网上有很多跟踪员工浏览记录的软件包。一些软件还能限制特定网站的访问。

企业有充分的理由搜集和保存员工的个人信息。它们：

- 希望尽可能雇用最优秀的员工并避免因为没能充分调查员工的背景而被起诉。
- 希望确保员工表现良好且不会浪费或滥用公司的资源。法律甚至要求金融机构监控包括电子邮件和电话交谈在内的所有通信。
- 能够对员工的行为负责。

监控技术

很多软件供应商出售能够扫描所有发出或收到的电子邮件的软件产品。这类软件可以从电子邮件的主题或正文中查找特定的字词。电子邮件扫描程序可以通过木马程序植入你的电脑。也就是说，它能够隐藏在一个看似无害的电子邮件、其他文件夹或软件中。

前面我们已经谈到企业可以使用按键记录软件来跟踪你的键盘和鼠标操作。一种更难发现的替代方式是硬件按键记录软件。**硬件按键记录器**（hardware key logger）是一种硬件装置，可以截获从键盘传送到主板的每一次按键指令。这些设备能够被设计为连接器，放置在键盘和系统单元之间的电缆中。另外一种硬件按键记录器还能安装在键盘里。这两种记录器都有足够大的内存，可以存储用户一年时间内输入的内容。这种装置不能捕获不经键盘录入的内容，但是可以捕获每一次按键，包括退格键、删除键、插入键和其他所有按键。为了避免受其影响，你可以复制密码以及其他想要保密的内容，并把它粘贴到新的位置。按键记录软件会记录你复制和粘贴操作中用到的按键，但是无法记录你复制和粘贴的内容。

法律并不同情美国管理协会谈到的 2 700 万被企业监控的员工，它赋予企业监控资源使用情况的权利，这也包括企业向员工支付薪水的工作时间。与在家相比，员工在使用公司资源时毫无隐私可言。

最新的一个关于使用电子手段监控员工的联邦法案是 1986 年通过的《电子通信隐私

法》。虽然本法案在立法精神上禁止窃听有线通信或电子通信，但又允许在事先征得对方同意和商业用途方面有所例外。

很多州通过立法来规范公司可以在多大程度上采取哪些措施监控员工。康涅狄格州1999 年生效的一部法律要求私营企业在监控员工前以书面形式告知员工。宾夕法尼亚州在一年前立法允许电信服务商出于质量控制的目的对通话进行监听，前提是通话双方中至少有一方事先知情。[18]

8.3.4 隐私权和顾客

企业正面临以下困境：

- 顾客希望企业了解他们的需求，但又不希望企业打扰他们。
- 顾客希望企业提供他们想要的产品，但又不希望企业对他们的习惯和偏好有过多的了解。
- 顾客希望企业向他们介绍感兴趣的产品和服务，但又不希望被广告狂轰滥炸。

不管我们是否乐意，企业可以通过不同渠道获取大量的个人信息。一个比较大的网站每天被点击大约一亿次，网站能从每次点击中获取 200 比特的信息，一天就能获得 20Gb 字节的信息。[19] 如此大量的信息使得客户关系管理系统成为软件开发行业增长最快的领域。客户关系管理的一个方面就是个性化。网站使用你的名字做欢迎词以及亚马逊著名的推荐系统向你推荐"购买了该商品的人们还购买了……"是两个关于个性化的例子，网站对你的了解使得个性化成为可能。[20]

除了独立收集顾客的个人信息外，企业还能很容易地从其他渠道获取信息。信用卡公司、人口普查局、邮件营销公司都会出售顾客的信息。像 DoubleClick 公司这样的网络流量追踪机构会跟踪用户在互联网上的一举一动，然后出售用户去过哪里以及停留了多久这样的信息。DoubleClick 公司可以长时间地追踪用户，然后向它的客户提供高度精确的用户档案。DoubleClick 公司还为那些想向网民推送广告的企业提供服务。当需要推送某商品的广告时，DoubleClick 公司识别有意购买该商品的网民，并以横幅广告或弹出式广告的形式向他们推送广告。这项功能的支持者称它对网民有利，因为网民接受定向广告从而不用收到不需要的广告。

1. Cookies

Cookie 是网络监控的基本工具，是关于你个人信息和网上活动信息的小文件，Cookie 文件是在你浏览网站的时候下载到你的电脑上的。Cookie 有很多种用途。例如，它可以保存用户名和密码信息，这样以后登录网站的时候就不需要重新进行验证。Cookie 还被用来保存网上购物车里的商品信息，这样你下次登录的时候，购物网站可以看到你想要购买物品的清单（存储在电脑的 Cookie 文件中）。

Cookie 还可以用来追踪你的网络行为。它可以监控并记录你访问了哪些网站，停留了多久，打开了哪些网页，以及站点之间的链接路径。这种 Cookie 被称为唯一式 Cookie。有些 Cookie 是临时性的，有些则一直保存在你的电脑里。

第三方的或者通用 Cookie 会给你的隐私权带来困扰。它们与你访问网站时下载到硬盘里的唯一式 Cookie 不同。通用 Cookie 一开始是唯一式 Cookie，但是网站后来会将它的使用权卖给像 DoubleClick 公司这样的第三方，第三方可以改变 Cookie 用来追踪网民在多个网站的行为。第三方收集的信息没有网民的姓名和其他身份识别信息，它们通常收集 IP 地址，并指定一个随机的 ID，用来识别对应访问者在其他网站上的行为。调查显示，大多数人（91%）不喜欢陌生公司收集他们与网站交流时产生的信息。[21]

你有两种方式屏蔽 Cookie：一是你可以设定浏览器接受或拒绝所有 Cookie，或者你可以设定在网站向你的计算机传输 Cookie 时发出警告；二是你可以使用 Cookie 管理软件来获得浏览器不具备的额外功能。例如，《个人电脑》杂志提供的 CookieCop 3 允许你根据不同的站点决定是接受还是拒绝 Cookie。它还能够用你选择的图片替换横幅广告以及屏蔽令人讨厌的弹出式广告。有了这些 Cookie 拦截软件，你可以屏蔽弹出框，确保特定的 Cookies 只在你的电脑上保留一段时间。

2. 垃圾邮件

垃圾邮件（spam）是那些不请自来的、其目的是推销产品和服务的电子邮件（电子垃圾邮件）。垃圾邮件大量发送色情内容、一夜致富和特效药的广告。Commtouch 是一家电脑安全公司，据公司专家估计，2007 年发送的邮件中有 80% 是垃圾邮件，并在当年的第四季度达到峰值 96%。垃圾邮件的比例在 2008 年的某个时间段和 2009 年上半年迅速攀升。[22, 23] 如果你还没有遭受过垃圾邮件的狂轰滥炸，那你要么非常幸运，要么从不上网。垃圾邮件已经成为对顾客极大的冒犯，也为企业造成了沉重的负担。企业每天需要对数百封邮件进行分类，删除垃圾邮件，同时希望不要删除顾客发送的正规订单邮件。

你可以使用垃圾邮件过滤器来阻挡垃圾邮件，但是垃圾邮件发送者很聪明，他们在邮件的主题栏和邮件地址里加上非印刷体的字符，这样就可以欺骗过滤器从而让它们通过。举一个例子，一个垃圾邮件发送者想发送关于一种名叫"Off"的减肥药。他会改变单词的拼写或者添加无形的 HTML 标签，将主题变成 O*F*F 或者 O<i></i>F<u></u>F。HTML 标签 <i> 和 <u> 分别表示斜体和加下划线的文本，</i> 和 </u> 分别表示取消斜体和粗体，但是因为标签之间没有文本，所以能够通过过滤器的筛选。

很多州都已经通过了管理垃圾邮件的法律，联邦政府也在 2003 年通过了《反垃圾邮件法》来防治垃圾邮件（见图 8-6）。这一法案受到反垃圾邮件主义者的批评，他们认为该法案使垃圾邮件合法化，因为该法案只是为垃圾邮件的发送设立了规则而不是全部禁止。

绝大多数专家都对《反垃圾邮件法》能否打击那些制造大多数垃圾邮件的发送者持怀疑态度。他们说这只会损耗正规企业的时间和金钱，因为他们必须维护不要发送垃圾邮件的名单并在给顾客发邮件的时候遵守法律的规定。由于垃圾邮件发送者在发送大量垃圾邮件的时候对电子邮件的源头进行了伪装或隐藏，他们经常能够藐视法律并且运作很长一段时间。那些愤怒的垃圾邮件追踪者中已经有人成为网络治安委员会的委员，他们为抵制垃圾邮件发送者做出了很大的努力，并且通过在网上曝光发送者信息的方式试图阻止他们。

垃圾邮件发送者收集邮件地址用于发送垃圾邮件时常用一个小伎俩，那就是在垃圾邮件中称如果你不愿意收到类似邮件就请回复邮件，他们会把你加入到不再发送的列表，但实际上他们会把你加入到"活跃者"的列表。

3. 广告软件和间谍软件

如果你从一家网站免费下载游戏或者其他软件，也许你会发现横幅广告随之而来，这些广告统称为广告软件。**广告软件**（adware）是一种自动播放广告的软件，在你从网上下载一些软件（通常是免费的）时自动安装在你的电脑上（见图 8-5）。广告软件是一种**特洛伊木马软件**（Trojan horse software），是隐藏在你所需要软件中的一种有害软件。通常在安装的时候，会有一个免责声明告诉你这个软件中附带一个广告软件，但这个免责声明隐藏在安装过程中需要点击"我同意"的屏幕中。在屏幕下方会要求你同意安装协议才能进行到下一步，但是很少有人把整个协议看完，而广告就是钻了这个空子。这种软件有时候被称为"点选即视为同意"，它类似于很多商业软件，如果你撕掉塑料外包装就视为同意软件安装协议。

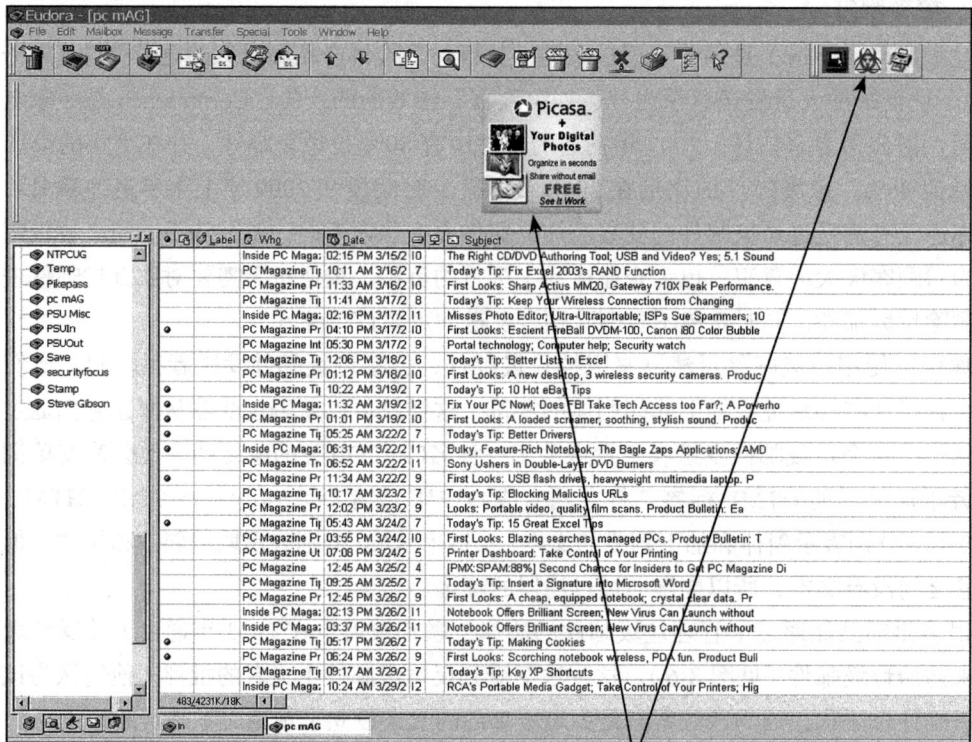

广告软件

图 8-5　高通公司的免费电子邮件应用 Eudora 内置的广告软件

对于单纯的广告软件，大多数人都不觉得难以忍受，因为他们觉得为了免费获得软件去看广告是值得的（智能手机上下载的应用很多也带有广告软件）。但是更可恶的是免费下载的软件经常捆绑间谍软件。**间谍软件**（spyware）是一种恶意软件，它收集有关你和你的电脑的信息，并在未经你允许的情况下发送给其他人。它通常隐藏在免费下载的软件中，能够追踪你的在线活动，挖掘你存储在电脑上的信息。最早被披露的例子是 RealNetwork 公司发布的 RealJukebox，它会将安装该软件的用户在电脑上播放光盘的信息报告给公司。即使你不在网络上的时候信息收集也在进行。[24]

间谍软件迅速成为使用免费软件的代价。Kazaa Media Desktop 和 Audiogalaxy 软件是 Napster 软件的替代者，可以在线分享音乐和其他文件，它们都包含间谍软件。如果你下载的免费软件中有横幅式广告，那么它很可能也有间谍软件。在"我同意"的屏幕上会有关于间谍软件的提示，但很难被发现。即使你把软件从电脑上卸载，间谍软件还能继续留在电脑上很长时间。

用户可以从 www.moosoft.com 下载木马清除程序，用于检测各种各样的木马程序，还可以到 www.wilderssecurity.com 获取木马修补程序插件。Ad-Aware（可以从 www.lavasoft.com 下载）和 PestPatrol 是最有名的间谍软件检测程序，它们会对你的电脑进行全面扫描，检测间谍软件程序并协助用户删除。如果你想在下载免费软件之前对它进行检测，可以登录 www.spychecker.com 进行在线监测，这个网站能告诉你某个免费软件是否含有广告软件或间谍软件。

即使没有间谍软件，网站仍然可以从网站访客的**网络日志**（Web log）获取很多信息。网络日志通常会被存放在网络服务器中。每个访客访问网站都会在网络日志中产生一行信息，网络日志起码可以向网络站点提供你的**点击流**（clickstream）信息。

点击流可以记录网上冲浪纪录，如访问的站点、访问了多长时间、看了哪些广告以及买了什么。作为一个顾客，你可以使用很多软件包来保护自己的上网习惯。除了使用 Cookie 管理软件外，你还可以使用匿名网络浏览（AWB），它能够在你登录某个站点的时候隐藏你的用户信息。这类软件有 www.anonymizer.com 提供的 Anonymizer 程序。这类网站通过它的服务器向你传输浏览内容，并去掉所有的身份信息。AWB 的一些服务包括去除自动弹出式广告、使追踪程序失效以及清空上网记录。如果你不希望使用外部的服务器浏览内容，可以下载能够实现这些功能的软件。你可以从 www.surfsecret.com 下载反追踪的共享软件包 SurfSecret。

关于广告软件和间谍软件最后需要注意一点，即使企业真心实意地承诺保护客户的个人信息，这也是很难做到的。如果法院传唤，企业将不得不上交客户记录。更进一步，法院规定在破产案例中，客户资料将被作为企业的资产进行拍卖以偿还债务。

8.3.5　隐私权和政府机构

政府机构拥有 2 000 个包含个人信息的数据库。[25] 政府的各个部门需要信息来管理其权限内的工作，如社会保障、福利事业、助学贷款、执法等。

1. 执法行为

我们经常听说很多人因为在公路上接受例行检查而被发现犯有严重罪行进而被捕，这些例行检查往往是由很小的原因引起的，如汽车尾灯故障。警察检查司机的车牌和驾驶证时，会同时检查国家犯罪信息中心（NICC）数据库，查看司机是否为在逃犯。蒂摩西·麦克维等制造了俄克拉何马联邦大厦爆炸案的元凶就是这样被捕的。

美国国家犯罪信息中心的数据库中有超过 2 000 万人的犯罪记录，它还记录了在逃犯、失踪儿童、犯罪团伙成员、不良少年、被盗枪支和汽车等信息。美国国家犯罪信息中心同其他政府和私人的数据库连接，全国的执法人员都可以访问数据库。有时执法人员使用数据库是为了确定嫌疑人，有时候完全是例行公事。例如，从海外回国的美国人在通过海关的时候都要通过国家犯罪信息中心的检查。

鉴于国家犯罪信息中心的信息量非常庞大，获取又很方便，很多人滥用系统就不足为奇了。很多警察局发现大量雇员非法地查看他们认识或者想要认识的人的犯罪记录。

最近，联邦调查局（FBI）的电子监控方法引起了一场震动。首先，这些手段有一个不好听的名字"食肉动物"，后来被改为DCS-1000。DCS-1000将一个硬件连接到互联网服务提供商，用于获取调查目标收发的所有电子邮件。经过法院许可才能使用DCS-1000。当然，被调查目标一般对此毫不知情。中途截取信号并不新鲜，早在电话发明后的第四年，也就是1885年，联邦调查局就在电话上安装了第一个截收器。[26] 在获得法庭许可后，DCS-1000能够截收批准名单上个人的所有通信内容。

由于很难把某个人的电子邮件数据包和其他网络信息流区分开，所以在截取调查目标信息的时候，其他人的电子邮件也很可能被拦截。2000年3月就发生了类似的情况，当联邦调查局探员合法地截取嫌疑人信息的时候，其他人也被卷入进来。守法公民的信息受《信息自由法案》的保护。联邦调查局解释说事故完全是无心之失，是由于它们与互联网服务提供商之间的通信错误造成的，但是这种失误惊醒了大众。[27] 大多数人希望执法机关监视坏人，这对于公共安全是必需的。但是，守法公民的信息不知不觉中被截取，这使得很多在意隐私权的人们感到担忧。

2001年，联邦调查局对DCS-1000进行了升级，加入一个被称为"Magic Lantern"的按键记录软件。联邦调查局通过向调查目标发送一封看似无害的特洛伊木马邮件来安装这个程序，其实邮件里面包括按键记录软件。这个隐藏的软件会定期向联邦调查局发送信息。[28]

另外一个联邦机构——美国国家安全局（NSA）使用一个叫作梯队的系统，该系统使用全球卫星系统和地面监听站来截取电话、电子邮件和传真，然后对所有的信息进行筛选，查找特定的关键词和短语，并对符合标准的信息进行分析。

在地方机构层面，佛罗里达州坦帕市警方在2001年"超级碗"杯橄榄球比赛中的行动引发了人们对隐私保护的抗争。在美国橄榄球联盟的同意下，警方将摄像头对准了涌入体育场的数以万计的观众，对观众的脸进行拍照，图像被传输到电脑中，并使用面部识别系统进行辨认，与数据库中嫌疑犯和犯罪分子的图片进行比对。警方发言人称此举是合法的，因为法律允许在公共场所对人群进行拍照。这样人们在公共场所就没什么隐私权可言了。的确，多年来没人因为在赌场、沃尔玛超市或者其他私人经济部门受到监控而进行抗议。但是美国公民自由协会（ACLU）对警察在超级碗杯对观众的监控提出了抗议，理由是政府部门的这种监控行为并未取得法庭授权。即使州政府参与其中，美国公民自由协会也觉得不能接受。

2. 其他联邦政府机构

美国国税局收集纳税人的收入信息，还可以访问其他数据库。例如，美国国税局追踪机动车的注册信息，以便核查那些购买了昂贵的汽车和游艇的纳税人，确保他们上报的收入水平和他们的购买水平相吻合。国税局还能访问外部数据库。Verizon电信公司称每年它会接到国税局、联邦调查局和其他政府部门超过22 000次的电话记录察看要求，而它从未把这些察看要求告知顾客。美国在线（AOL）专门设立了一个传真号码用来受理这种察看要求。

人口普查局每 10 年面向所有它可以联系到的美国公民收集一次信息。所有的公民都必须填写一份人口普查表，有些人需要填写篇幅很长且内容十分详细的表格，要求他们披露很多个人信息。人口普查局收集到的信息可供其他政府部门使用，甚至有些商业公司也可以使用。人口普查局并不会在信息上标注具体的人名，但是它会出售不同地理区域的汇总信息。有些地理区域很小，包括不到 100 个街区。

毫无疑问，无论何时，当你和政府部门打交道的时候，你的信息随后就会被保存在某处。例如，你得到一笔政府支持的助学贷款，需要提供姓名、住址、收入、父母收入等个人信息。贷款还附带一些重要的信息，如你就读的学校、发放贷款的银行、你的还款计划以及还款方式。

8.3.6　隐私权保护法案

美国目前并没有建立一个全面的或者说成熟的法律体系来管理信息的使用行为，但是也出台了一些相关法规。最新的相关法规包括《健康保险流通与责任法案》（HIPAA）以及《金融服务现代化法案》。HIPAA 于 1996 年生效，要求医疗卫生行业率先规划和实施相关规定来保障病人信息的保密性。这部法案的目的在于：

- 限制未经允许就披露和使用他人健康信息的行为。
- 保障公民查看自己的医疗记录并了解哪些人查看了自己的医疗记录的权利。
- 严格限定研究人员和其他人员查看医疗记录的条件。
- 只在必要的情况下才能披露个人健康信息。
- 只有在获得查看者承诺保护信息的书面保证后，才能将受保护的信息向公司进行披露并用于商业目的。

《金融服务现代化法案》要求金融机构保护个人客户的信息，必须获得客户的许可才能与其他企业分享客户信息，但是该法案有一个基于"合法商业用途"分享信息的条款。图 8-6 列出了最新的与信息有关的法律。

- 《身份盗用防止法案》，1998年加强了刑法对身份盗用的管理，确定使用或交易别人的身份是违法行为。它也为受害者建立了集中式的联邦服务
- 《美国爱国者法案》，2001年和2003年允许执法机构在调查恐怖活动或敌方情报活动时获取几乎任意信息，包括图书馆记录、录像租借信息、书店购买记录和商业活动记录
- 《国土安全法》，2002年赋予政府机构新的权力，可以挖掘个人和组织的电子邮件及网页访问记录；对《信息自由法案》下可获取的信息进行限制；赋予政府机构宣布进入国民健康紧急状态的权力
- 《萨班斯-奥克斯利法案》，2002年力求通过提高公司披露信息的准确度和可信度来保护投资者的利益，并且要求公司：①事无巨细地贯彻公司政策，防止公司内部违法犯罪行为的发生；②及时调查违法犯罪行为。（通过扩展学习模块H详细地解释了《萨班斯-奥克斯利法案》对商业产生的影响。）
- 《公正和准确信用交易法案》，2003年包括一系列防止身份盗用的条款，如消费者每年都可以免费获得一次信用报告，要求商店在收据上只留下信用卡号码的后五位，当发现任何身份盗用的迹象时，贷款方和信用机构应当立即采取补救措施，甚至要比消费者更早采取行动
- 《反垃圾邮件法》，2003年对主动向消费者发送邮件的企业施加限制并征收罚金，以此规范州际贸易。该法案禁止欺骗性的主题行、标题、回复地址，等等，同时还禁止从网站上收集电子邮件地址。它还要求发送垃圾邮件的企业维护一个不要发送垃圾邮件的名单，并在给顾客发送的邮件里提供邮寄地址

图 8-6　已制定的与信息相关的法律

8.4　安全

哪些情况会将重要的信息资源置于危险之中呢？当然有很多。硬盘会崩溃，电脑部件会损坏，黑客和解密高手可能会获取你的信息并搞恶作剧，商业间谍会盗取你的信息，心怀不满的员工或助手也可以造成破坏。联邦调查局估计每年计算机破坏使企业损失将近 100 亿美元。企业对网络安全软件的支出在不断增加，赛门铁克公司的市值能证明这一点。赛门铁克公司是最大的计算机安全软件开发商，市值达到 140 亿美元，是世界上最具价值的软件公司之一。

8.4.1　安全和员工

大多数新闻报道都是关于企业计算机系统受到的外部攻击，但事实上，企业内部行为不轨的员工造成的损失要远比来自外部的破坏大得多。据估计，75% 的计算机犯罪是由内部人员犯下的，虽然这个问题不仅局限于计算机误用。一个有 300 家分店的连锁商店，每家分店平均有 30 名员工，平均每个员工为公司带来 218 美元的损失。

白领犯罪能够造成巨大的损失（见图 8-7）。从世界 100 强企业到音像店，再到建筑公司，白领犯罪每年造成大约 4 000 亿美元的损失，这个数额比国防预算还要多 1 080 亿美元。信息技术使犯罪和隐瞒罪行变得更加容易。在白领犯罪中，最主要的损失来自管理层的行为不当。管理人员造成的损失是其他员工的 4 倍。以挪用公款为例，非管理人员的平均犯罪金额是 6 万美元，而管理层人员是 25 万美元。更令人震惊的是根据美国注册舞弊审查师协会（ACFE）的统计，大多数企业（大约 2/3）并没有将内部犯罪行为上报给司法部门。

数字	备注
2.9 万亿美元	2009年全世界因欺诈造成的损失估计
16万美元	欺诈造成损失的中位数
85%	欺诈犯系首次作案所占的比例
42%	员工欺诈所占比例
41%	管理人员欺诈所占比例
17%	所有者或高管欺诈所占比例
24 个月	发现所有者或高管的欺诈行为所需要的时间
67%	男性欺诈所占的比例

图 8-7　有关白领犯罪的统计 [29]

涉及计算机的欺诈行为包括传统的犯罪形式，如供应商欺诈（向一个不存在的供应商付款或者为无法交货的商品付款），向虚构的员工支付工资，报销昂贵的并没有发生的费用，等等。除此之外，又出现了新的犯罪形式，如窃取密码、信用卡号码和个人文件。知识产权是企业内部盗贼最热衷的目标。开发监控软件的公司说，企业购买和安装监控软件并非主要用于监视员工，而主要用于监控公司的知识产权（如产品设计图和原理图）在组织内的流动。

企业内部犯罪检察人员有一个经验法则，那就是大约 10% 的员工绝对诚实，10% 的员工会犯罪，剩下的 80% 受环境影响。大多数的职业犯罪都是由那些钱不够用、有机会接触防范不严的资金或者认为被发现的概率很小的员工犯下的。

8.4.2　安全和外部威胁

2010 年，为恢复丢失或被盗的数据，公司平均花费 720 万美元，这比 2009 年的数字多 6%。损失是由很多原因造成的，如黑客入侵系统、内部恶意行为、间谍软件和病毒等恶意软件以及 USB、笔记本电脑和闪存卡等设备的失窃。每起类似事件造成的平均损失为214.32 美元。[30]

来自外部的威胁数量很多且多种多样。你的竞争对手会试图得到你的客户名单和新项目的企划案。蓄意破坏者会在网上到处闲逛，寻找感兴趣的信息进行偷窃或破坏。你可能成为计算机病毒和蠕虫病毒（worm）一般性攻击的受害者，或者可能遭受像"**拒绝服务型攻击**"（denial-of-service attack，DoS）这样的定向攻击。如果你的系统里有什么东西值得偷窃或利用，那就很可能被犯罪分子盯上。例如，在线赌博行业就饱受黑客攻击的困扰，黑客通过非法入侵数据库来控制赌局，利用赌博游戏赚取上百万美元。95% 的黑客攻击是利用系统的漏洞，这些漏洞是众所周知的，只有 5% 的攻击采取新的方式闯入系统。[31]

黑客（hacker）是那些入侵别人电脑系统的人（见表 8-2）。黑客往往是计算机使用高手，他们利用自己的知识入侵别人的电脑。他们的动机多种多样，有的只是为了有趣，有的是为了传达哲学或政治信息（这些人被称为黑客活动分子或黑客行为主义者）。还有很多人（被称为骇客），他们为了获取报酬非法入侵别人的系统并盗窃信息，这种买卖非常有利可图。有些技术高超的解密高手每次作案收费达到 100 万美元。黑客中也有"好孩子"，我们称之为"白帽黑客"，他们帮忙测试系统的漏洞，从而采取预防措施。

表 8-2　黑客的种类

- 白帽黑客
  他们受公司雇用侵入公司计算机系统，从而发现并修补计算机系统中存在的漏洞
- 黑帽黑客
  他们入侵别人的电脑系统，到处闲逛，偷窃信用卡号码等信息，或者破坏其他信息
- 黑客活动分子或黑客行为主义者
  他们出于哲学或政治目的入侵系统，经常通过破坏一个网站进行抗议
- 准黑客
  他们从网上寻找黑客代码，通过简单的即指即点操作来入侵系统，造成破坏或传播病毒
- 骇客
  他们被雇用并充当商业间谍
- 网络恐怖主义分子
  他们试图伤害人类或破坏关键系统和关键信息。他们尝试使用互联网作为造成大规模破坏的武器

网络犯罪的种类

网络犯罪种类繁多，从使用电子手段闯入别人的系统到计算机辅助跟踪威胁和谋杀都属于网络犯罪的范畴。1999 年 10 月，一名 21 岁的年轻女子在其工作的大楼外面被枪杀。凶手已经通过电子手段跟踪她两年之久。凶手非常喜欢这位年轻的女士，他甚至为该女子设计

了专门的网站，并在网站上宣称要杀死她。凶手从网上得到了该女子的社保账号，找到女子工作的地方，尾随该女子并将其枪杀。随后，凶手自杀身亡。

大多数的网络犯罪不像谋杀这么恶劣，但也十分严重。电脑病毒（computer virus）和拒绝服务型攻击是企业需要防范的两种常见的网络攻击。

计算机病毒（computer virus，或简称病毒）是一种为了制造麻烦或破坏的恶意软件。病毒也分良性的和恶性的。良性的病毒只是在屏幕上显示一条信息或者使电脑变慢，但它并不造成破坏。恶性的病毒则针对特定的程序或特定种类的文件，破坏或删除目标内容。

目前，**蠕虫**（worm）是最流行的病毒。蠕虫病毒会自行传播。它们不需要用户关注，恰恰相反，需要用户的粗心大意。

蠕虫病毒是一种可以自行复制和传播的病毒，它不仅可以在文件之间传播，还可以通过电子邮件或其他互联网信息在电脑之间进行传播。蠕虫病毒能够找到你的电子邮箱地址簿，把自己作为附件发送给地址簿里的其他用户，并将你的电子邮件设置为回复地址。爱虫病毒是一种早期的蠕虫病毒，造成了大量破坏并且被广泛报道。据估计，爱虫病毒感染了30万台网络计算机主机和数百万台个人电脑，造成的文件破坏、时间浪费、高额的紧急修复费用等损失达到87亿美元。[32, 33]福特汽车、亨氏、美林证券公司、美国电话电报公司、美国国会以及英国议会都遭受了爱虫病毒的破坏。现在蠕虫病毒出现了新的变体，包括Klez、Nimda和Sircam，其中Klez传播非常迅速。

拒绝服务型攻击向某个服务器或网络发送大量的服务请求，使得服务器或网络速度降低或崩溃。这种攻击的目的就是阻止合法用户访问目标站点。E*Trade、雅虎和亚马逊都曾遭受过这种攻击。如果你想了解更多关于病毒、黑客以及拒绝服务型攻击的内容，请阅读扩展学习模块H。

在了解了病毒能够造成的后果之后，我们还应该了解病毒不能够做什么。电脑病毒不能：

- 破坏你的电脑硬件，如显示器或处理器。
- 破坏特定目标以外的文件。例如，针对微软Outlook设计的病毒，不会影响高通公司的Eudora或者其他电子邮件应用。

|行业视角|　　　　移动设备：影响企业安全的大麻烦

网络浏览器安全公司Invincea的创始人说："随着移动设备逐渐代替台式电脑，移动平台上的恶意软件将大量增加。但是遗憾的是，安全产业还没有开发出适用于受电池容量限制的移动设备的产品，这使移动设备成为恶意软件的沃土。"

这些说法虽然令人震惊，但是很真实。

员工携带自己个人移动设备到公司的情况比以往任何时候都多。员工在他们的移动设备上不只完成与工作相关的任务，还做私事和社交活动。公司不知道应当如何制定政策以应对工作场合日益增多的个人设备。一份问卷调查显示，21%的公司没有限制个人移动设备在工作场合使用的相关政策，大约58%

的公司有相对宽松的政策，只有 20% 的公司有严格的政策。

2010 年，白帽黑客和研究人员发现移动操作系统有 163 个安全漏洞，在 2009 年时只有 115 个。这些移动操作系统的安全问题带来了一些实际问题。2010 年，有 40% 的受访企业有移动设备丢失或被盗的情况，这些设备中还有很多存有重要的商业信息。盗贼的确是一个问题，但下载受病毒感染的应用也是一个问题。一旦安装，这些应用会允许网络盗贼盗窃信息。一次针对正规游戏和娱乐应用的攻击能够破坏 50 个应用，应用的下载总量可以达到 25 万次。

从个人角度来说，我们要像对待笔记本电脑那样对待移动设备。不要随地放置，不要从未验证的软件提供商那里下载内容，保持防护软件的更新。[34, 35]

8.4.3 安全防护

在第 7 章中，我们了解了业务可持续计划。在扩展学习模块 E 中，我们还了解了入侵检测的相关知识。这两部分对任何公司计算机系统的安全来讲都很重要。如果一个企业或个人想要免受计算机攻击之害，那么就需要采取一些标准的防护措施。

最基本的防护就是在电脑上运行**防病毒软件**（anti-virus software）。防病毒软件可以检测、删除或隔离电脑病毒。每天都会有新的电脑病毒产生，且新一代病毒的破坏性更强，所以你需要定期更新防病毒软件并确保它保持良好的运行状态，这样当你下载电子邮件和其他文件的时候，它就能清除其中的病毒。

市面上大多数防病毒软件还能保护我们免受间谍软件和广告软件的困扰，还能拦截 Cookies、弹出式广告以及下载 Flash 文件时需要加载的嵌入式脚本。

尽管有时会漏掉一些垃圾邮件或者将一些正常邮件标记为垃圾邮件，反垃圾邮件程序仍值得我们使用。通常你可以用它选择哪些邮件需要删除、哪些邮件需要隔离、哪些邮件需要发送到收件箱。反网络钓鱼软件也能帮助你免受身份盗用的危害。例如，ZoneAlarm 的 My Vault 功能可以防止社保账号、信用卡号码和密码等信息从你的电脑上泄露出去。当你访问钓鱼网站的时候，反网络钓鱼软件会向你发出警告。赛门铁克公司的反网络钓鱼软件在地址栏下方安置了一个工具栏，当你访问钓鱼网站的时候工具栏就会变成红色。

ZoneAlarm 是一款有附加功能的**防火墙**（firewall）软件，能告诉你哪个程序出于什么原因尝试访问互联网，像间谍软件需要访问互联网传递信息。ZoneAlarm 是一款很受欢迎的软件防火墙，你可以从 www.zonealarm.com 下载。ZoneAlarm 还能针对广告和 Cookies 提供防护。防火墙是保护计算机或网络不被入侵的硬件和 / 或软件。防火墙对通过它的信息逐一检查，就像检查护照的边防警察一样。除非它检测到信息是"正确的"，否则防火墙会拒绝信息进入网络。你可以对防火墙进行设置，允许一些软件总是可以访问特定站点。你的电子邮件程序就是一个例子。称职的网络管理员会在网络中安装至少一个防火墙来阻止不受欢迎的访客。

如果你有未成年子女，你还可以使用一些程序来屏蔽特定的网站。由于微软的 IE 浏览器长期以来一直是黑客最喜欢攻击的对象，所以很多人建议大家使用火狐和 Opera 作为默认浏览器。

1. 身份验证

防火墙把外部人员拦在外面，但是它不能把内部人员也拦在外面。换句话说，没有得到授权的员工会尝试进入电脑或获取文件。企业保护计算机系统的一种方式就是使用身份验证系统，在放行之前查清楚来者是谁。

有三种方法可以用于证明你的访问权限：①你知道什么，如密码；②你有什么，如ATM卡；③你的特征（更具体点说就是你的指纹或者其他物理特征）。

自从计算机问世以来，密码就被广泛使用。你可以使用密码保护一个计算机网络、一台电脑、一个文件夹或者一个文件，但是密码并不是保护计算机系统最好的方法。人们经常忘记密码，所以他们不得不更换密码或是找回原来的密码。银行帮助打来电话修改密码的客户的成本是 15 美元。如果一个黑客入侵了银行的系统，窃取了密码列表，那么所有人都需要修改密码。一家银行曾经在一个月内为 5 000 位客户更换了密码，平均每个花费 12.5 美元。[36]

人们转而向**生物测定技术**（biometrics）寻求方法，即使用人类的外表特征作为密码。生物测定技术利用生物特征，如指纹、视网膜的血管脉络、声音甚至呼吸进行识别。目前可供选择的生物测定设备大约有 12 种，其中指纹识别器最受欢迎，占已售出生物测定装置总量的 44%。指纹识别器的工作原理同执法程序相似，你的指纹被存储在数据库中，当你出现时，系统会扫描你的指纹并将其与数据库中存储的指纹对比。如果两者匹配，系统就允许你进入。有关生物测定技术的详细信息请参见第 9 章。

2. 加密

如果你希望保护自己的信息和文件并防止别人的窥探，那么你可以对它们进行**加密**（encryption）。加密技术隐藏文件的内容，如果没有正确的解密密码则无法读取。目前有很多种信息加密的方式。你可以改变字母的顺序，替换某些字母，插入或者删除某些字母。这些方法都能改变信息的外观，但是如果单独使用这些方法，很容易被破译。所以目前大多数的加密技术都是几种方法混在一起使用。

企业需要从顾客那里获取很多敏感的信息，比如说信用卡号码，所以它们需要让顾客以加密的方式传递信息。但是企业不希望每个人都能破译这些信息，所以它们会使用公钥加密。**公钥加密**（public key encryption）是一种使用两个密钥的加密系统：一个密钥是任何人都有的公共密钥；另一个密钥是只有接收者才有的私有密钥。当你使用网上银行的时候，银行会给你公用密钥对信息进行加密，但是只有银行才可以对信息进行解密的密钥。这种系统就像是保险柜，所有人都可以锁上它（只需要关上门，然后旋转把手），但是只有拥有密码的人才能打开它。

本章小结

1. 定义伦理道德并描述影响人们处理伦理道德问题的两个因素。道德可以被定义为指导人们针对他人的行为活动的原则和标准。伦理道德问题的决策受你的基本道德

体系和决策时实际环境的影响。基本道德体系是在你成长过程中建立起来的。影响你决策的实际环境包括：

● 结果。当你做出一个决策时，你能从

中得到多少好处或受到多大伤害？

- 社会观点。你认为社会对你打算采取的行为有什么看法？
- 影响发生的概率。如果你采取行动，那么伤害或好处发生的概率是多少？
- 结果产生影响的时间。好处或伤害产生影响需要多久？
- 相关性。你能在多大程度上确定多少人会分享你的行为带来的好处或分担伤害？
- 结果影响的范围。你的行为会影响多少人？

2. 定义和描述知识产权、版权、合理使用原则和盗版软件。知识产权是以物理形式表现出来的无形的创新工作。版权是对歌曲、视频游戏或某些其他创意的表现形式所拥有的受法律保护的权利。合理使用原则允许你在特定场合使用受版权保护的材料。盗版软件指的是未经许可的使用、复制、传播或销售受版权保护的软件。

3. 定义隐私权，描述哪些情况会侵犯隐私权。隐私权是指当事人按照个人意愿不受干扰、独立控制个人财产以及未经允许不被他人查看的权利。他人对你进行窥探、企业监视员工的行为、企业收集顾客需求、偏好和上网行为等信息以及政府各部门收集居民的信息都可能侵犯你的隐私权。

4. 描述哪些因素会危害你在电脑中或网络上的信息，列举一些保护措施。

- 员工可能会挪用公款并实施其他类型的诈骗。大多数计算机诈骗给企业带来的损失都是由员工造成的。
- 黑客和解密高手试图入侵你的电脑，盗窃、破坏以及危害你的信息。
- 黑客可能会传播电脑病毒或发起拒绝服务型攻击，企业往往需要花费数百万美元来防护和进行善后处理。

你可以采取的措施包括：

- 使用防病毒软件发现、删除或隔离病毒。
- 安装反间谍软件和反广告软件。
- 安装反垃圾邮件软件。
- 安装反网络钓鱼工具栏。
- 安装防火墙。
- 加密。
- 生物测定技术。

综合案例 8-1

发送色情短信变得习以为常

　　色情短信（sexting）是指与性相关的消息或图片（主要在手机上）。**成人色情短信**（adult sexting）是指两个成年人之间发送色情短信。简而言之，一个人使用手机拍摄一张有性暗示的照片（也许非常暴露），附上一条信息并发送给另一个人。这条信息就被称为色情短信。2007 年，越来越多的报道使得青少年发送色情短信的事情浮出水面，发送色情短信首次引起大众的关注。在一些报道中，有未成年人在浴室里拍摄朋友裸露的照片并发送给很多朋友。甚至有青少年被指控拍摄与发送色情短信相关的儿童色情片。

　　成人色情短信真正引起大众的关注是在 2011 年年中，来自纽约的国会议员安东尼·韦纳（Anthony Weiner）通过 Twitter 向来自华盛顿的一名 21 岁的女孩发送有性暗示的图片。起初，韦纳否认指控，称他的 Twitter 账户被盗，有人试图借此诋毁他的名声。后来发现，维纳在婚前和婚姻持续期间的 3 年内先后向 6 位女性发送过色情短信。不久之后，维纳承认发送色情短信并从国会辞职。

同一年早些时候，美国众议院议员克里斯·李（Chris Lee）（同样来自纽约）也犯下同样的错误。他先是使用 Craigslist 发布想找女朋友的广告，然后使用 Gmail 邮箱把一张裸上身的照片发给一位女士。当 Gawker 传媒将此事曝光后，他辞去了众议院议员的职位。

下面是关于青少年和年轻成年人发送色情短信的统计数字。

- 发送过色情短信的青少年所占的比例：
  - 39% 的青少年发送过色情短信。
  - 37% 的女性青少年发送过色情短信。
  - 40% 的男性青少年发送过色情短信。
  - 48% 的青少年收到过色情短信。
- 曾经发布过或者发送过自己性暴露的照片或视频的青少年所占的比例：
  - 20% 的青少年发布过或者发送过自己性暴露的照片或视频。
  - 22% 的女性青少年发布过或者发送过自己性暴露的照片或视频。
  - 18% 的男性青少年发布过或者发送过自己性暴露的照片或视频。
  - 13 ~ 16 岁的女性青少年中有 11% 发布过或者发送过自己性暴露的照片或视频。
- 在发送过色情短信的青少年中，71% 的女生和 67% 的男生给自己的男朋友/女朋友发送过色情短信。
- 在发送过色情短信的青少年中，21% 的女生和 39% 的男生给自己心仪的对象发送过色情短信。

成年人之间发送色情短信的统计数据很难收集，因此相关数据也没有公布。但是心理学家苏珊·利普金斯（Susan Lipkins）针对年龄段在 13 ~ 72 岁的人群进行了在线调查，调查发现 66% 的受访者曾经发送过性暴露信息。她发表的研究表明，与没有职权或者不渴望权力的受访者相比，有职权或者渴望权力的受访者更有可能发送色情短信。盖里·勒万多维斯（Gary Lewandowski）认为男性和女性当权者都更有可能欺骗、玩弄下属以及发送色情短信。勒万多维斯解释说："我如此伟大，又有权势，谁敢质疑我？"（当然这是他转述了一位有权势的人所说的话。）对很多人来说，这些统计数字令人担忧。进一步说，很多青少年由于担心受到惩罚，很可能没有如实填写问卷。

然而，很多人认为使用技术来支持色情短信的发送只是提供了另外的一种沟通媒介而已。如果你在跟爱人打电话的时候说了一些有性暗示的话，你是不是也已经发送了色情短信？面对面的沟通时，情况如何？如果你裸露了部分身体，是不是也已经在没有使用技术的前提下释放了色情短信？[37, 38, 39]

问题

1. 成人色情短信是合法的，因为是两个成年人之间分享性暗示的内容，但是发送青少年色情短信是否合法？如果一个 16 岁的男孩给他的性伴侣发送了一条色情短信，这算是儿童色情吗？为什么？为什么不？

2. 参照图 8-1，你会把成人色情短信归为哪一类伦理道德问题，是一个小问题、大问题还是十分严重的伦理道德问题？在什么情况下，人们才会把成人色情短信从小问题调整为大问题，乃至十分严重的问题？综合考虑结果、社会观点、影响发生的概率、结果产生影响的时间、相关性以及结果影响的范围等实际环境。

3. 思考一下权利与发送色情短信、调戏下属和欺骗的关系。从心理学角度解释为什么会这样？了解一下泰格·伍兹的婚外情事件。他的欺骗跟他是大人物有关系吗？是否权利和随之而来的诱惑导致了他的婚外恋？

4. 企业应该如何限制（也许禁止）工作场合发送色情短信？如果员工之间发送色情短信会导致什么后果？如果员工和顾客之间发送色情短信会导致什么后果？如果一个员工向另外一个员工或顾客发送不受欢迎的色情短信，那么员工所在的组织需要承担什么法律责任？

5. 下面这些问题你只需要在心里作答就可以了。你发送过色情短信吗？你收到过色情短信吗？通过本章我们学习了伦理道德的内容，了解了技术辅助的沟通对隐私权的削弱，这些是否会改变你对发送色情短信这种不恰当行为的看法？

综合案例 8-2

索尼遭受多次黑客攻击

这也许是你亲身经历过的故事。在 2011 年 4 月 17 日至 4 月 19 日期间，索尼游戏机网络（PSN）被黑客攻击。7 700 万名用户的个人识别信息被盗。4 月 20 日，索尼宣布关闭 PSN 网站，禁止 PlayStation 3 和 PlayStation 便携式游戏机的用户在 PSN 网络上的一切活动。接下来发生的事情你想都想不到。

网站关闭了 23 天，直到 5 月 15 日，索尼从北美开始，通过一个国家接一个国家的方式将游戏服务重新上线。在网站关闭的 23 天里，索尼摆出了低调处理信息外泄事件的姿态。最开始，索尼意识到被盗用户记录的数量，还定期发布事态得到有效控制的新闻，称已经制定了明确、简洁的策略，几天内就能结束攻击并将服务重新上线。

后来，索尼承认它的游戏机网络平台遭受有史以来最大规模的黑客攻击。它将为重回平台的用户提供免费的游戏时间和小额现金补偿。它还宣布拨款 100 万美元为所有身份信息被盗的用户购买身份盗用保险。保险的保期为 12 个月，保险范围包括与身份盗窃和身份冒用相关的网络监控与身份信息修复。索尼估计服务中断造成的损失达到 1.77 亿美元。

法律诉讼紧随其后。2011 年 4 月 27 日，克里斯托弗·约翰斯（Kristopher Johns）代表全体索尼游戏机网络平台用户提起集体诉讼，指控索尼：没有对数据进行加密，没有就安全漏洞向用户做出及时的、充分的预警，在 PSN 服务上线问题上造成了不合理的拖延。在加拿大，娜塔莎·马克西莫维奇（Natasha Maksimovic）也提出了类似的诉讼，并向索尼索赔 10 亿加元以支付信用卡监控和身份盗窃保险的相关费用。诉讼中提到："如果我们不能相信像索尼这样的国际大公司可以保护我们的个人信息，那么我们还可以相信谁？在我看来，索尼更注重保护它的游戏，而不是游戏机网络平台的用户。"

索尼的黑客麻烦并未就此停息。2011 年 5 月 3 日，在索尼尝试将 PSN 服务重新上线期间，索尼在线娱乐部门被黑客攻击。在这次攻击中，又有 2 460 万用户的记录被盗。索尼认为两起黑客攻击有关联。紧接着，2011 年 6 月 2 日，索尼影业网站被黑客攻击，大量未加密的密码和个人识别信息被盗。[40, 41, 42, 43, 44, 45]

问题

1. 研究一下索尼游戏机网络平台的崩溃事件。这一事件给索尼造成了多大的损失？因为这次事件索尼流失了多少顾客？在那之后有关于使用被盗信息用来诈骗的相关报道吗？索尼的游戏机网络平台后来又被黑客攻击过吗？

2. 在线的网络和虚拟服务，如索尼的游戏机网络平台（PSN）、魔兽世界（World of Warcraft）和虚拟人生（Second Life），拥有数百万的用户。对每个用户，它们必须存储信用卡信息和个人身份信息。这些组织应如何保护顾客的个人信息？你认为"所有组织都能采取有效的防范措施来抵御全世界最好的黑客"，这个想法是合理的吗？

3. 如果执法部门抓住了一个非常聪明的黑客，它们会起诉该黑客并将他送进监狱吗？有没有一种方法能让他为数字世界的建设做贡献？方法是什么？

4. 关于数据外泄的商业调查发现，很多公司不愿意公开承认数据发生外泄。大多数公司会低调处理此类事件。为什么这些公司会这样做？它们不披露相关信息能有什么好处？这属于伦理道德问题还是法律问题，还是两者都是？

5. 你的个人身份信息被盗用过吗？你的信用卡被别人盗刷过吗？你去年收到多少封网络钓鱼的邮件？你多久查看一次你的信用记录？

问题思考

1. 什么是伦理道德？如何将伦理道德用于企业？
2. 版权法中规定的例外条款是指什么？
3. 什么是隐私权？
4. 什么是盗版软件？
5. 什么是身份盗用？
6. 按键记录器有什么作用？
7. 什么是间谍软件？
8. 什么是拒绝服务型攻击？
9. 什么是公钥加密？

作业训练

1. 帮助一个朋友

假设明天是提交 Excel 作业的最后时限，你打算今晚完成它。这时，你的朋友打来电话，说他离家很远，十分需要你的帮助。如果你开车去接你的朋友，把他送回家，然后回来再做作业，这样几乎整个晚上都过去了。不仅如此，当你回到家的时候肯定很累，只能上床睡觉了。第二天，你的朋友在你之前完成了作业，他建议你复印一份他的作业，然后写上你自己的名字交给老师。你会这样做吗？你昨晚帮了朋友，现在他帮你完成作业不至于丢掉学分，这样难道不是很公平吗？如果你的朋友承诺不会把他的那份作业交上去，所以你不需要担心被老师发现，你会怎么做？你的朋友写了作业并交给你，所以不涉及侵犯版权的问题。

2. 搞清楚发生了什么事情

2001 年 12 月，英国电信公司（BT）在纽约联邦法院向网络服务供应商 Prodigy 提起诉讼，称其拥有超链接程序的专利。如果 BT 赢得诉讼，它将可以向互联网中上千亿条超链接收取许可费。BT 声称它拥有的某项专利实际上就是超链接程序。网络服务提供商 Prodigy（还有世界上的其他机构）存储互联网网页，网页包括浏览器中展示给大家的可见部分和访问者看不到的隐藏部分，隐藏部分包含可见部分所使用的内容对应的地址信息。BT 认为这是它在美国的专利 4873662 的核心内容。参考这个案例，回答下列问题：

　A. 这个案件宣判了吗？如果是，结果是什么？

　B. 这如果所有超链接确实是使用了 BT 持有专利的核心内容，那么如何看待图书馆的卡片检索？它们是否也属于侵权？为什么是或者为什么不是？

3. 调查监控系统

　本书列举了很多监控系统、反监控系统和电子邮件加密程序。找出两个以上的下列软件：

　A. 监控键盘活动的程序

　B. 检测键盘监控程序的软件

　C. 电子邮件加密程序

4. 查明美国计算机伦理协会给出的建议

　美国计算机伦理协会（www.cspr.org/program/ethics.htm）给出了"计算机道德十大准则"，用来规范计算机的使用。前两条是：

● 不应该以任何方式使用计算机来伤害他人。这是所有其他准则的基础。

● 不应该影响他人的计算机工作。这条是第一条的延伸，还补充了像发送无聊的邮件等小罪行以及传播病毒和电子跟踪等犯罪行为。

查明其他的八条准则，并列举出至少两个违反这些指导意见的例子。

问题讨论

1. 在出售古董的时候，如果你能提供最初卖家和物件流通历史等详细信息，那么你能得到更高的价格。例如，杰奎琳·肯尼迪·奥纳西斯和戴安娜王妃的物品总能卖出高于表面价值的价格。哪些物品能够因为具有这些信息而比同类物品更值钱？什么信息会使得物品变得有价值？结合有形的价值（转售价值）和无形的价值（审美价值）来考虑。

2. 用来买东西的个人支票有统一的格式。支票的大小都是相同的，格式也没有什么差别。设想一下如果每个人都可以设计大小、形状和内容布局不统一的个人支票，那么会发生什么？结合购买支票、使用支票购买商品和银行处理支票的过程，这样做能为企业和个人带来哪些成本和好处？

3. 如果把社会看成一家采取措施来保护自己免受违法行为伤害的企业，讨论一下相关的机制和成本。如果我们的社会没有任何一个人犯法，社会将会有什么不同？人们犯法的时候，是否给社会带来了什么好处？比如说，当他们宣称法律本身就不道德和不公平的时候。

4. 你能登录学院或者学校里所有的信息系统吗？你能否获取自己的或者他人的工资、成绩这些信息？你所在的学院或学校使用了哪些控制手段来防范信息滥用问题的发生？

5. 普通的个人电脑无法读取以苹果公司开发的 Mac 电脑所需格式存储的信息。你还经历过或者听说过哪些在获取信息时遇到的困难？例如，不同版本的微软 PowerPoint 或者 Access 并不兼容，因此在有些电脑上打不开文件。

6. 你自己或者其他人是否经历过电脑病毒造成的问题？病毒造成了什么后果？你的电脑是如何感染病毒的？你如何解决这个问题？这浪费了你多长时间，造成了多少麻烦，带来了多少压力？

7. 你认为美国应该通过什么法律来保护个人信息？或者说不需要？为什么？是否有些个人信息应该比其他个人信息受到更多的保护？为什么或者为什么不？

8. 软件行业时时刻刻都在跟盗版软件作斗争。盗版软件的生产中心位于工资和可支配收入相对较低的国家。如果发展中国家或者经济落后的国家的人们不能负担得起最新的软件，则会在技术上远远落后于发达国家，而买一套正版的微软办公软件要花费他们两个月的工资。考虑到这些，你是否还能理直气壮地批评他们使用盗版软件？如果你的回答是不能，请给出在什么收入水平上的人们使用盗版软件是能够被理解的。除了采取向当地政府施压并要求打击盗版这样的惩罚措施，软件公司还可以采取什么措施来解决这个问题？

本章项目

小组项目

- 评估信息技术外包的价值：预测
- 运用演示文稿软件：信息技术伦理道德
- 评估无线技术的未来：新兴趋势及技术
- 评估下一代技术：DOT-COM 应用服务提供商（ASP）
- 评估信息安全状况：无线网络的脆弱性

电子商务项目

- 计算机伦理指南
- 浏览谷歌地球
- 隐私法律和规定
- 保护你的电脑
- 搜索共享软件和免费软件

新兴技术及其发展趋势：未来的商业、人和技术

1. 描述那些将会影响互联网发展变化的新兴技术及其发展趋势。

2. 定义那些在生理交互技术发展过程中涌现出来的各种技术。

3. 描述与无线网络环境密切相关的近场通信、蓝牙、无线网络、智能手机以及射频识别技术的发展趋势。

4. 定义和描述那些只依靠技术本身就将改变未来的新兴技术。

|令|人|惊|叹|的|产|业|变|革|

它不再是每个城镇必备的机构

它创建于 1775 年，是这个国家最古老的机构之一。本·富兰克林是它的第一任管理者。你知道我们在谈论哪一个组织吗？当然是美国邮政管理局（本·富兰克林的官方职务是邮政大臣）。美国邮政管理局自成立伊始就是这个国家的重要组成部分。

但是这一切都在改变，并且变得合情合理。像 UPS 和 Fedex 这样的公司已经抢占了很大一部分市场，这迫使邮局提供一些创新性的邮递服务，如固定运费以及在线支付邮资的上门取件服务。

但是对美国邮局最大的冲击来自电子邮件这种技术。2009 年，邮局的平邮业务量为 840 亿件。但是据估计，到 2020 年邮局的平邮业务量将减少 34%，降低至 530 亿件。波士顿咨询公司指出：美国邮局 2009 年各类邮件的邮寄总量为 1 770 亿件；在最好的情况下，这一数字将减少 15%，降低至 1 500 亿件。在最坏的情况下，这一数字将减少 34%，降低到 1 180 亿件，大多数人认为关于最坏情况的预测更加合理。

截至 2011 年第二季度，美国邮局在全国拥有 3.1 万家邮局。由于邮件数量减少导致收入大幅下降，美国邮局公布了一份正在考虑关闭的邮局名单，该名单包含了 3 700 家

邮局。根据邮政大臣帕特里克·多纳霍提供的信息,正在考虑关闭的邮局大多收入低于2.75万美元,它们的客户及邮件数量仅够支撑邮局每天运作两个小时。

电子通信技术带来不利于美国邮局的变革,这并非个例。前面我们已经讨论过很多技术引致的变革,如音乐和图书的生产变得日益电子化。的确,随着我们在电子化时代的道路上越走越远,我们将使用更少的纸张、CD 以及 DVD。你可以想象越来越多的企业和行业将会受到不利的影响。[1,2]

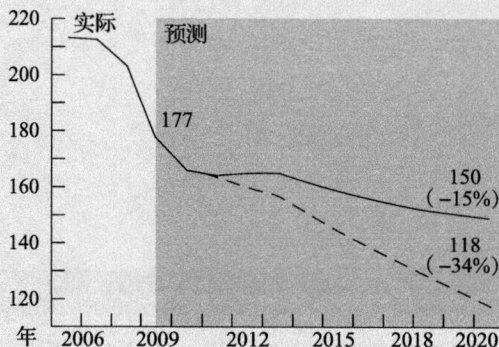

问题

1. 你上次购买邮票是什么时候?

2. 平邮的价格是多少?如果你不知道,请回答"我不知道"。

3. 我们是否应该使用政府资金对邮局的运作进行补贴?请解释你的理由。

9.1 引言

技术日新月异,但与单纯地保持技术变革相比,我们更应思考这些变革将如何影响我们的生活。我们热衷于了解和学习领先或前沿科技,这是值得鼓励的事情。然而,这些技术变革给我们生活带来的影响往往难以想象。

在本书的最后一章,我们将对若干领先或前沿科技进行探讨。这些新技术正在或者即将影响我们的工作和生活。单纯为了技术而使用技术(虽然有趣)不是一件好事情,甚至会适得其反。只有合理地使用技术来提高人们的生活质量,加速组织朝着战略目标发展,才是技术的应有之义。

这一章的编写既令人兴奋又充满挑战。我们之所以感到兴奋是因为有机会与大家分享一些新兴的技术创新,而挑战则来自如何避免过度关注技术本身,引导大家更多地关注这些技术将如何影响我们的生活。

所以,在阅读本章时,享受先进技术带来的新鲜感,但是不要过分关注先进技术本身。要从个人及组织的角度出发,设想这些先进技术如何改变我们正在做的事情以及做事的方式。

图 9-1 展示了本章将要讨论的一些新兴技术。当我们在写作本书的时候,这些技术的确正在兴起,但是当你阅读本书的时候,也许它们已经成为社会和商业世界不可或缺的一部

分。本章将以我们对未来技术的 13 个预测来结尾，同样地，你也可以基于自己的理解做出
预测。

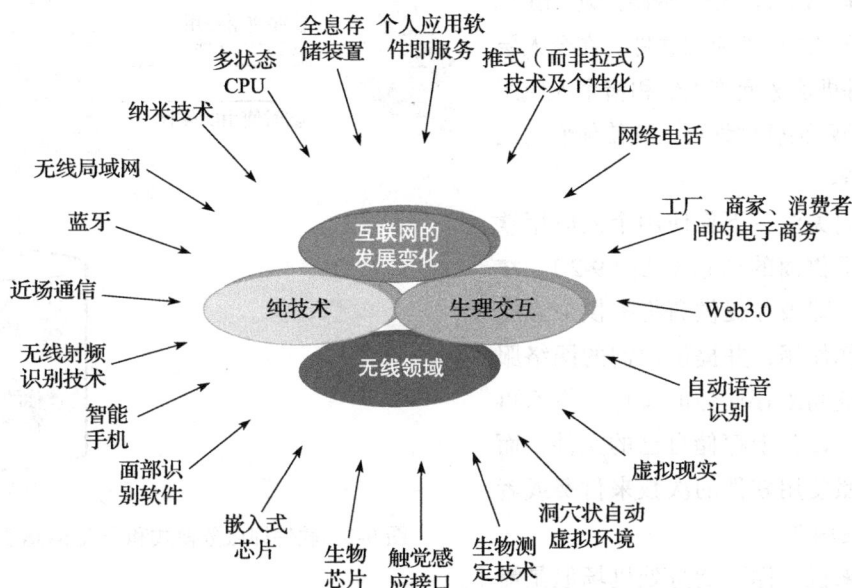

图 9-1　新兴技术及其发展趋势

9.2　互联网的发展变化

几乎没有一项技术能够像互联网一样有如此快速的发展并被人们普遍使用。在未来的几
年，你将亲眼看到很多以互联网为基础的新趋势及新技术，其中包括个人应用软件即服务、
推式（而非拉式）技术及个性化、电子商务的 F2b2C 模式（也支持个性化）、互联网电话（如
网络电话、VoIP）和 Web3.0。这些趋势和技术正在产生一个新的概念——电子化社会。

9.2.1　个人应用软件即服务

在第 7 章的章末案例中，我们讨论了个人应用云服务。越来越多的云服务提供商不仅服
务企业，而且服务个人。其中包括亚马逊的 Cloud Drive、苹果公司的 iCloud 以及微软公司
的 SkyDrive。这些云服务提供商关注两件事情：一是用户在云端存储信息的能力；二是用户
在云端存储个人照片和视频等非文本信息的能力。

个人应用软件即服务（personal software-as-a-service，个人 SaaS）是一种个人应用软件（如
微软办公软件）的交付模式，你可以按照使用某种软件的次数来支付使用费，而不需要购买软
件（见图 9-2）。随着智能手机以及平板电脑等产品的不断涌现，人们可以选择的设备越来越
多，人们的可移动性需求也越来越高，然而这些设备也许并不具备足够的能力来存储你所需的
所有应用软件。正因为如此，你也许一年只使用某个软件若干次，如照片和视频编辑软件。这
样看来，租用软件对很多人而言是一种很好的选择，而个人应用软件即服务正是这样一种模式。

我们在本书中多次提到软件即服务模式，很多企业不再购买软件许可，而是使用软件即服务模式来租借客户关系管理（CRM）、供应链管理（SCM）、企业资源计划（ERP）以及其他组织层面的应用软件。在个人层面上，软件即服务允许人们租借个人应用软件而无须购买软件许可，这使他们的成本效益更高。

让我们关注一下你使用个人应用软件即服务提供商的场景（见图 9-2）。在将来，软件即服务提供商将提供个人应用软件供你使用，并提供他们的网络服务器存储空间来存储你的文件，你不再需要在个人设备上存储自己的文件，而只需要按照使用软件的次数来付费或者按月缴纳使用费。

举例来说，你可能身处机场但是需要使用智能手机来创建一个工作簿，而你的智能手机也许并没有完整的 Excel 软件。这时，你可以使用你的智能手机通过互联网连接到软件即服务提供商。通过你的智能手机，你可以使用他们提供的 Excel 软件创建工作簿，并将其存储到他们的网络服务器上。当你回到办公室后，你可以使用办公室的电脑连接到该软件即服务提供商，找到你的工作簿并将其存储到你的电脑中。

在决定是否使用个人应用软件即服务提供商之前，你不得不考虑若干相关因素，而隐私性和可靠性是其中的两个重要因素。如果你将所有信息都存储在网络服务器上，与将这些信息存储在你家中或办公室的电脑上相比，你的信息更容易被别人非法获取。在考虑可靠性问题时，你需要考虑如果软件即服务提供商的网络服务器发生故障将会发生什么事情。你将如何进行你的工作？这些都是你跟软件即服务提供商签订个人服务协议时需要关注的问题。尽管软件即服务模式存在潜在的缺陷，但我们仍然坚信个人应用软件即服务提供商和软件即服务模式将会成为你未来日常生活的一部分。

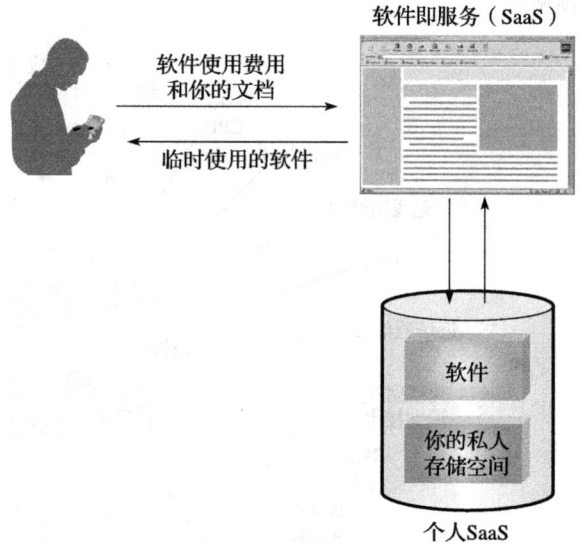

图 9-2　软件即服务模式和个人 SaaS 提供商

9.2.2　推式（而非拉式）技术及个性化

我们在第 2 章介绍了 Web2.0，并讨论了推式技术（push technology）将是今后的重点。在推式技术环境下，企业和组织会根据你的个人信息，借助技术手段主动为你提供信息、产品及服务，而不是群发垃圾邮件。

例如，在一些地方你可以订阅手机信息服务以获得电影租赁信息。当你经过电影租赁店的时候，具有 GPS 功能的智能手机会连接到电影租赁店的计算机，并分析你的租赁历史信息，进而判断你是否会对新上架的电影感兴趣。在这种情况下，信息系统创建了关于你的租赁历史信息的个人数据仓库，该数据仓库包含星期几、具体什么时间以及电影种类三个维度，然后分析小立方体中的数据（见图 9-3）。该系统试图通过分析来确定以下内容：①你通常在特定的某一天租赁电影；②你通常在一天的特定时间租赁电影；③你在该时间租赁影片时对某一特定类型感兴趣。如果是这样，该系统会检查该类型的电影中是否有你还没有租赁过或接触过的电影。

如果有的话，电影租赁店的电脑会将新品信息发送到你的智能手机上，提供如何到达该店的路线指南，并为你保留该电影。如果该店没有你感兴趣的新电影，你的手机就不会接到任何信息。

也许某一天你打开电视看球赛的时候，电视的屏幕上会显示一条个性化的比萨饼的预订信息："请按遥控器上的'现在预订'按钮，我们将在球赛开始前将您喜欢的蘑菇香肠比萨饼送到您的房间。"

当然，类似的功能需要信息技术具备存储大量个人信息的能力。在推式技术发展过程中，数据库、数据仓库以及预测分析能力举足轻重，这比单纯推送群发垃圾邮件有意义得多。正如电视屏幕上比萨饼预订信息的例子中，当地的比萨饼店首先需要知道你喜欢蘑菇香肠比萨饼，并且经常在看球赛的时候购买。

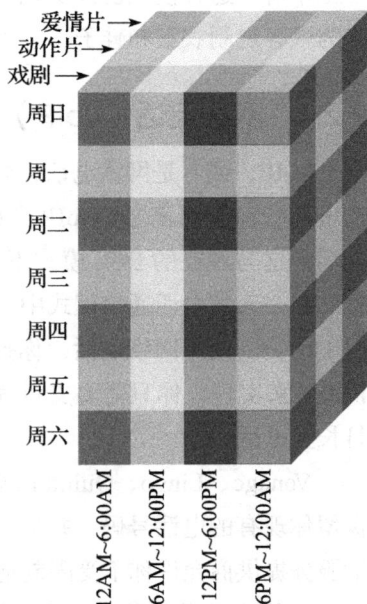

图 9-3　借助数据仓库追踪顾客想要什么及什么时候需要

9.2.3　一种崭新的电子商务模式：工厂、商家、消费者间的电子商务（F2b2C）

在电子商务领域，我们根据参与各方的身份来识别商业模式，如商家与商家之间的电子商务我们简称为 B2B，政府和消费者之间的电子商务我们简称为 G2C。我们通过引入第三个参与方创造崭新的电子商务模式。这其中就包括工厂、商家、消费者间的电子商务（F2b2C）。在这种模式中，消费者通过网络交易直接向工厂定制产品的规格，工厂根据消费者提供的规格生产定制的个性化产品，并且直接送到消费者手中。

你需要注意，在 F2b2C 电子商务模式中，"F"和"C"是大写的，但是"b"（指商家）是小写的，这是因为商家在该模式中只是一个为工厂和消费者提供沟通渠道的互联网中介，因而出现了"去中介化"现象。宽泛地讲，"**去中介化**"（disintermediation）指的是以互联网作为传输工具，从而越过分销渠道中的中介人员。旅游业是一个很好的例子。现在，你可以直接与航空公司联系并购买飞机票，同时还能获得奖励里程数。互联网使我们不再依赖旅行社，从而出现了"去中介化"的现象。

设想一下登录互联网上的某个网站并定制某种商品，如一条裤子。你可以提供相关信息，如型号、裤子内长、腰围、臀围、腿围，以及其他信息如颜色、裤子布袋的样式以及腰带的尺寸（如果有腰带的话）等，你可以提供的信息越来越多。网站会立即将你的信息传递给工厂来为你生产定制的、个性化的裤子，并送货上门。这能够实现吗？实际上，在一定程度上来讲，这种模式已经实现了。本章的后面部分，你将了解到公司如何利用生物识别技术来为顾客定制衣服和鞋子。

9.2.4　网络电话（VoIP）

VoIP，或者是网络电话，允许你利用互联网进行语音通信，从而避免向电信公司缴纳长途电话费。简而言之，VoIP 允许你使用互联网链接（必须是像 DSL 或电缆这样的宽带）打电话。这与现在的 DSL 模式不同，DSL 模式通过共享电话线使得打电话和上网可以同步进行。在今天的电话通信模式中，你仍需要通过传统的电话公司来拨打电话，并且需要向其支付电话费。使用网络电话，你打电话是由网络电话服务提供商（可能就是你的互联网服务提供商）来实现，你只需要支付固定的月租费（通常每月 20 ~ 25 美元）便可以不受限制地拨打长途电话。

Vonage、Lingo、Quintum 以及 AT&T 这些公司已经为家庭提供网络电话服务。你可以保留你现有的电话号码，并享受一些其他增值服务，如呼叫等待和来电显示。大多数网络电话服务提供商允许你不受限制地拨打国内电话，但是拨打国际电话需要收取额外的费用。

这的确说明互联网变得越来越重要，重要到大多数人已经无法想象没有互联网的生活会变成什么样子。一旦互联网变成技术基础设施并支持你的所有电话，互联网的重要性将更加无法质疑。你可以阅读扩展学习模块 E 提供的补充阅读资料。

9.2.5　Web3.0（Web2.0 已经被取代？）

正如扩展学习模块 B（万维网和互联网）中谈到的，Web2.0 就是我们经常说的关注在线合作的第二代网络。在 Web2.0 模式下，用户是互联网内容、动态及定制化的信息源和其他基于网络的相关服务的创建者及改进者。毫无疑问，"2.0"已经作为热门词汇流行起来，像家庭 2.0（家庭成员依赖互联网生活和交流）、公司 2.0（完全网络化的公司）以及电视 2.0（通过网络播放电视节目）。

很多人认为另一个网络进化模式 Web3.0 已经蓄势待发。在极端情况下，Web3.0 是关注语义的第三代网络。其中，语义指的是网络技术能够解读和理解用户创造的内容。举例来说，在一个纯粹的语义网环境下，搜索引擎能够根据用户打开的 Word 文档返回更加有用的搜索结果。所以，如果你正在写关于希腊古生物的学期论文，并搜索" Daily Work Habits in Greece"，搜索引擎将仅返回与古希腊生物有关的结果，并排除与现代希腊生物相关的内容。

|行业视角|　　　　　　　使用智能手机提高"女童子军曲奇"的销量

1917 年，女童子军曲奇在俄克拉何马州的马斯科吉市诞生。一群女童子军在家中烘焙曲奇并在城镇中售卖以筹集资金。1935 年，广受欢迎的"女童子军曲奇"开始商业

化并风靡全美。今天，女童子军每年销售曲奇的收入达到 7.14 亿美元。

然而仅仅靠拉着一小车的薄荷巧克力曲奇和 Samoas 曲奇走街串巷或者站在当地的杂货店前售卖并不能实现收入最大化，这是因为很多人手头并没有现金来购买曲奇。俄亥俄州北部区域女童子军组织的业务主任玛丽安·洛夫说："通常来说，很多人想购买曲奇，但是因为没有携带现金而无法购买。就像我外出购物的时候从来不带现金。"

所以，女童子军开始尝试使用 Gopayment 来刷信用卡收款，Gopayment 是一种免费的、可以放置在智能手机上的信用卡读卡器。Intuit 是 Gopayment 设备以及信用卡交易处理器的制造商。Intuit 每笔交易收取女童子军组织 15 美分以及交易金额的 1.7% 的交易费用。Double Diamond Group 是一家关注移动支付的咨询公司，该公司董事长托德·阿布洛维茨（Todd Ablowitz）说："包括货车司机、女童子军以及保姆在内的很多人都在使用手机刷卡的方式收费。2010 年前还并非如此，但现在的移动支付金额已经令人震惊。"

的确，移动支付金额让整个行业感到震惊，女童子军也见证了这种惊人的变化。当她们在俄亥俄州测试这种移动收费想法的时候，一组女童子军声称她们在同一位置的曲奇销售额与去年相比增长了 20%。玛丽安说："我们的一个客户今天早些时候告诉我们他本来带了现金想买两盒曲奇，但是因为可以使用信用卡付款，所以最终购买了七盒。"[3]

在这个例子中，Web 借助智能代理技术（详见第 4 章）而变得更加个性化。例如，Web 能够根据你的个人信息如年龄、婚姻状况以及收入水平（这些因素作为知识存储在你的电脑中），为你推荐汽车保险及继续教育学校等方面的最佳方案。你甚至不需要主动询问，Web 就会为你进行推荐。

有人认为 Web3.0 永远不可能达到这种程度。然而，他们的确见识到了 Web3.0 技术的先进性，比如与电视节目品质相同的视频、3D 模拟以及增强现实技术。

增强现实技术正在影响我们的生活。增强现实技术（augmented reality）指的是将真实世界信息和虚拟世界信息"无缝"集成的新技术。举例来说，当你在电视上收看橄榄球比赛时，你很可能会看到电脑在球场画面上添加一些标线来标记首攻位置。再譬如，当你使用智能手机在街道上拍照的时候，你可以使用计算机应用将类似餐厅菜单的内容叠加到照片上。

无论如何，未来 Web 将在很多方面变得更加成熟。你会收到通过智能推式技术实现的更加个性化的信息。非二维技术，如 3D 模拟和增强现实，将增强你对信息的认知以及与信息的互动。

9.2.6　电子化社会

凭直觉你就可以感觉到，从很多方面来讲我们已经身处一个电子化社会。你每天都要面对这个电子化社会。你已经意识到电子化社会中人们以技术为生并通过技术改变生活，而这个电子化社会的中心是互联网。人们从 Match.com 以及其他众多的约会网站寻找终身伴侣；另一些人（特别是年轻人）则沉迷于 Facebook 和 YouTube 这样的网站，并在上面花费大量的时间交朋友；我们通过 YouTube 和 Twitter 来获取新闻头条；人们在 eBay 上成功地建立基于家庭的电子商务；孩子通过网络接受功课辅导。

让我们看一个使我们在电子化社会道路上越走越远的例子：YouTube。下面是 YouTube

在 2011 年 7 月公布的统计数据：[4]

- 每天访问量超过 20 亿次。
- 每分钟上传 35 个小时的视频。
- 60 天内上传到 YouTube 平台的视频数量比三大美国新闻网络 60 年产生的视频量还多。
- YouTube 移动端每天的访问量超过 3.2 亿次，达到总访问量的 10%。
- 成千上万的网站嵌入了 YouTube 播放器。

如果你是一个年轻人，你可能觉得这不足为奇。但你不该有这种想法，因为你会见证更多的变革并需要让这些变革为你服务。我们生活在一个数字化时代，技术创造了商业机会并大大改变了我们的生活以至于我们很难想象没有技术的世界会是怎样的。技术作为我们当今世界的重要维度正在创建一个电子化社会。

9.3 生理交互

目前，人与电脑的交互主要通过物理界面，包括键盘、鼠标、显示器和打印机（也就是输入和输出设备）。这些设备都是物理界面，而非生理界面。生理界面能够捕捉和利用你的身体特征，如呼吸、声音、身高和体重，甚至包括眼睛虹膜。生理交互领域的创新包括自动语音识别、虚拟现实、洞穴状自动虚拟环境、触觉感知接口、生物测定和其他许多技术。

9.3.1 自动语音识别（ASR）

自动语音识别系统不仅能够识别语音单词，还能识别组成句子的词组。自动语音识别系统通过以下三步来实现这一功能：

- **特征分析**（feature analysis）：获取人们对着话筒说的话，消除背景噪声，并将人们语音的数字信号转化成音节。
- **模式分类**（pattern classification）：系统将你的语音音节数字信号和存储在声学模型数据库中的音节序列进行匹配。例如，如果你语音的一个音节是"dü"，系统将会拿这个音节与 do 或者 due 进行匹配。
- **语言处理**（language processing）：系统通过将 ASR 中步骤 2 产生的音节同语言模式数据库进行比较来识别你所说的话。例如说：如果你是在问一个问题并以"dü"开始，那么系统会确定合适的单词是"do"而非"due"。

自动语音识别已经应用在计算环境中。重点是自动语音识别允许你以正常的声音和计算机交流，所以它能够支持生理交互。

9.3.2 虚拟现实

在不远的将来（甚至就是在现在），一种新技术将为你模拟任何你想经历的场景。这种技术就是虚拟现实技术，一种使你身临其境的计算机三维空间模拟技术。一个虚拟现实系统使用特殊的输入设备来捕捉你的生理信号，并将生理反应反馈给你。这些特殊的设备包括：

- **虚拟现实手套**（glove）：一种能够捕捉和记录你的手与手指的形状、运动以及运动幅度的输入设备。
- **虚拟现实头盔**（头盔式显示器）(headset)：一种输入和输出相结合的设备，它能捕捉、记录你的头部运动；它有一个覆盖你整个视野的屏幕，并根据你的运动显示不断变幻的场景。
- **步行者**（walker）：一种能够捕捉和记录你走路或转弯时脚部运动的输入设备。

虚拟现实技术的应用

虚拟现实技术正被广泛应用于社会的方方面面，有时甚至出乎意料。虚拟现实技术最常用在娱乐产业，市场上有很多虚拟现实游戏，包括滑雪、赛车、高尔夫球赛、空中大战以及射击。其他一些虚拟现实应用还有：

- 松下电子工厂：你可以在虚拟环境中设计厨房并选择想要的家用电器，甚至还可以要求更换颜色。
- 沃尔沃：对生产的汽车进行安全性测试。
- 航空公司：训练飞行员如何应对复杂的气象条件。
- 摩托罗拉：对装配工人进行新产品的装配训练。[5]
- 医疗：使用虚拟人体对医生进行外科手术培训。[6]

让我们想象一下虚拟现实技术的衍生发展以及将来你会如何与个人电脑进行交流。新的虚拟现实系统装备有嗅觉产生设备以及分泌液体的味觉产生设备，你可以将味觉产生设备放置在口腔中，进而享受一次虚拟的夏威夷盛宴。嗅觉产生设备能够产生各种气味，味觉产生设备能够分泌尝起来像凤梨或者烤猪的液体。如果你在使用虚拟现实技术模拟冲浪运动，味觉产生设备还能分泌尝起来像海水的液体。

9.3.3　洞穴状自动虚拟环境（CAVE）

洞穴状自动虚拟环境是一个特殊的三维虚拟现实环境，在该环境中能够显示位于全世界任何地方的其他 CAVE 中的人和物的图像。洞穴状自动虚拟环境是一种能够使用全真三维方式创建、捕捉并展示图像的**全息照相装置**（holographic device）。如果你看过"星际迷航"系列的任何一部作品，你就见过被称为全息驾驶舱的全息照相装置。

洞穴状自动虚拟环境的工作原理是，你进入一个 CAVE 空间，同时对方进入其他地方的另外一个 CAVE 空间（见图 9-4），很多数码摄像机会对参与双方进行录像，并将拍摄的全息图像发送到对方的 CAVE 空间。这样，你们就能够看见对方并以日常交流方式进行交谈，而且你会觉得对方好像跟你在同一个空间内。

目前 CAVE 的研究正致力于解决 CAVE 空间中其他物体带来的挑战。例如，在 CAVE

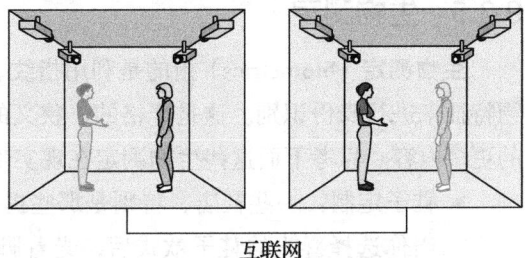

图 9-4　洞穴状自动虚拟环境

空间中你坐在一个沙发上，从而让沙发产生凹陷，沙发会捕捉这一凹陷的信号并将它传送到另外一个 CAVE 空间中。另外一个 CAVE 空间的沙发会通过压缩内部橡胶网眼来响应接收到的凹陷信号，这样你坐沙发产生的凹陷也会出现在另外一个 CAVE 空间的沙发上。那么，如何传接球呢？哪一方握住虚拟球？哪一方握住真球？答案是双方抓住的都是虚拟球。当你扔球的时候，CAVE 会捕捉你手臂的运动来决定球的速度、弧度和方向。这些信息会被传递到另外一个 CAVE 中，并根据这些信息形成飞过空间的虚拟球。

与虚拟现实不同，在某些 CAVE 系统中你不需要任何特殊的装备。请尽情发挥你的想象力来思考一下 CAVE 技术潜在的应用领域。一个不高兴的顾客打电话来抱怨。不一会儿，公司的客服代表没有接听电话，而是直接出现在客户的房间。这只是提升客户服务的一个例子。此外，你的老师不需要出现在课堂里，而是走进一个 CAVE 空间，这样他的图像就可以传送到教室里。你也可以不坐在教室里，坐在教室里的只是你的全息图像。CAVE 真的能够成为现实吗？回答是肯定的。我们认为 CAVE 是虚拟现实技术的继承和发展。所以虚拟现实技术可能不是一项长期的技术创新，而只是一个迈向更高级 CAVE 技术的跳板。无论如何，CAVE 技术不仅极大程度上改变了你与计算机的交流方式（你能想象 CAVE 中的令人兴奋的视频游戏吗），而且极大地改变了人与人之间的交流方式。使用 CAVE 技术，无论你的亲朋好友住在哪里，你每天都可以拜访他们。你甚至能够观看传输到家中 CAVE 里的电视节目和电影。

9.3.4 触觉感知接口

触觉感知接口（haptic interface）运用技术将触觉添加到原本只有视觉和文本的环境中。我们前面谈到的使用虚拟现实手套和步行者的虚拟现实应用正是利用了触觉感知接口技术。

很多电脑游戏使用了触觉感知接口技术。例如，当你登上一个静止的喷气式滑艇，通过左右调整身体的重心以及前后倾斜来控制屏幕中滑艇的运动，你正在通过触觉感知接口技术与电脑游戏互动。很多游戏操纵杆和游戏控制器还通过震动的方式给用户反馈，这又是另一种形式的触觉感知接口技术。

通过触觉感知接口与电脑游戏互动十分有趣，而且能够为公司带来可观的收入。考虑另外一种情况，在触觉感知接口的帮助下，有视力残疾的人在与电脑交互的时候可以通过手指来感觉和阅读文本信息。新技术最激动人心的地方就是可以给人们带来潜在的效益，而事实是每个人都能利用技术来赚钱。你能设想如何使用技术来帮助那些不幸的人吗？

9.3.5 生物测定

生物测定（biometrics）指的是利用指纹、眼睛虹膜中的血管分布、声音甚至呼吸这些生物特征来进行身份识别。这是严格的、狭义的定义，然而生物测定正逐步涵盖除身份识别外的更多内容。思考下面这些生物测定在现实生活中的应用（见图 9-5）：

- 鞋子定制：一些鞋店，特别是那些提供优质意大利皮鞋的鞋店，已经不再持有库存。当你选择喜欢的鞋子款式后，光着脚放入一个可以扫描你的脚的形状的盒子中。鞋店将利用扫描得到的信息为你定制一双鞋子。这尤其适用于那些双脚尺寸和形状略有不同的人（大多数人都存在这种情况）。你可以访问 www.digitoe.com 进一步了解相关信息。

- 婚纱定制：与鞋子定制的想法类似，很多婚纱店现在也采用这种定制方式。当新娘选择喜欢的婚纱样式后，走进一个可以扫描全身的小房间。然后商店会利用扫描获取的信息为新娘定制合身的婚纱。上面谈到的鞋子定制和婚纱定制都是未来实施 F2b2C 的例子。
- 浴袍定制：很多高端水疗度假村已经配备人体扫描设备，当顾客入住的时候，会让顾客从设备前走过。设备收集顾客的身体特征并将这些信息传送到裁缝店来为顾客定制浴袍。

图 9-5　利用生物测定技术定制合身的服装

1. 生物测定的安全性

最安全的身份识别方式包含以下三个步骤：

（1）你知道什么？

（2）你有什么？

（3）你是谁？

第一步，你知道什么，如密码，每个人都可以创建和使用。第二步，你有什么，例如你能在 ATM 机上使用的 ATM 卡（需要知道密码）。不幸的是，大多数身份识别安全系统到这里就止步了，也就是说它们不包括"你是谁"这种生物测定方式。

像身份盗窃这样的犯罪活动越来越猖獗不足为奇。窃贼可以毫不费力地偷走你的密码（通常通过社会关系）和持有的信用卡。对于后者，窃贼不需要真正偷走你的信用卡，他们只需要拷贝你卡片上的信息。相比之下，盗窃你的生物信息，如指纹和虹膜扫描，更加困难。

目前很多银行 ATM 机都在陆续使用生物测定技术，尤其是虹膜扫描，作为个人身份安全识别的第三个步骤。当你到银行开户并开通 ATM 服务的时候，银行会发给你一张 ATM 卡，并让你创建密码。银行还会扫描你的虹膜并创建一个独特的 512 字节的记录。当你使用 ATM 机的时候，你需要插入 ATM 卡，输入密码，并让机器扫描你的虹膜。ATM 机会使用这三种身份识别信息与你的账户进行匹配，然后你可以进行任何你想要的交易。

一些私立幼儿园要求孩子的家长和监护人扫描虹膜。一旦虹膜扫描结果被认定为是家长或监护人，这些信息将被上传到安全数据库。于是，当家长或监护人到学校接孩子的时候，他们的虹膜扫描结果会与存储在数据库中的信息比对。如果家长或监护人没有在第一次虹膜扫描的时候就通过验证，那么他们无论如何也不能从学校接走孩子。

2. 整合生物测定和交易流程

一旦社会出于安全和识别的目的使用生物测定技术，各种类型组织的数据仓库将会多加一个商务智能维度，这个维度将捕捉和记录生物特征变化的信息（见图9-6）。

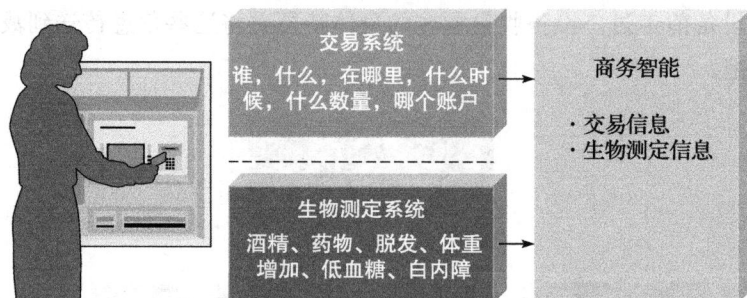

图9-6　整合生物测定和交易处理以创建商务智能

行业视角　　　　裸眼 3D 智能手机

二维视角作为屏幕标准由来已久，并被广泛应用于电影院、家用电视、掌上电脑以及智能手机。这一情形在21世纪初发生了变化，电影院和制片方推出了3D电影。当然，观影者需要佩戴特制的眼镜观看电影，但是他们并不在意。家用电视制造商紧随其后，制造出需要使用类似特制眼镜观看的家用电视。个人技术产品（如电脑和智能手机）的制造商并不买账，因为不可能让一个用户一直戴上特制的眼镜来观看有限的3D内容，摘下眼镜只能看到传统的2D内容。

后来，电视制造商学会如何制造和实现不需要特制3D眼镜的3D编程技术。智能手机制造商紧跟其后，Sprint公司推出了一款 HTC EVO 3D 智能手机。这款手机不仅能够播放裸眼3D内容，还能录制当时最高标准的720p视频。

毫无疑问，当我们在写这个行业视角的时候，事情又发生了变化。裸眼3D智能手机刚被推出的时候，应用还不明朗。现如今，房地产业开始使用裸眼3D技术让潜在的购房者在他们的手机上观看房子的3D模型。现在，用户也许可以使用智能手机来玩3D运动游戏。做一点调查研究，你的智能手机上有哪些应用使用了裸眼3D技术？[7]

让我们设想一下，一位女士正在一个配备有虹膜扫描功能的ATM机上取款。已有研究表明，使用虹膜扫描技术不仅能够确定一位妇女是否怀孕还能确定胎儿的性别（这是非常现实的情况）。当她扫描虹膜的时候，银行能够告诉她怀孕了，而且怀的是个男孩。当她拿到现金和收据的时候，收据背面也许会印有Babiesrus10%的优惠券。此外，ATM机还会打印另外一张收据并建议为婴儿购买蓝色衣物。

此处需要你思考未来的交易处理系统与生物测定处理系统的整合。交易处理系统会获取和处理交易流程中的事件，如什么时候、由谁、在哪里等。生物测定处理系统能够获取和处理交易人的生物特征。可获取的生物特征包括是否喝酒或吸毒、脱发情况、体重增加、低血糖、缺乏维生素、白内障以及是否怀孕。

当商业公司开始收集这种类型的智能信息时，你可以充分发挥想象力来设想将来会发生什么。例如，在前面女士使用 ATM 机被诊断怀孕的例子中，银行可以为该女子提供贷款购买一款小型货车，还可以评估她的房子大小并有可能为其提供第二项特殊贷款来添置另外一间屋子，或者为她的孩子建立一个学费账户并存入 25 美元。这些可能性都将进一步加剧几乎所有行业的竞争。

3. 其他生物测定技术和生物测定设备

目前生物测定技术是研究领域的热门话题。尽管考虑到篇幅原因我们不能讨论所有的生物测定技术，但仍需要关注以下信息：

- **生物芯片**（biochip）：一种可以植入人体并执行一系列生理功能的高技术芯片。生物芯片已经被用于为脊柱受伤的病人止痛，帮助瘫痪者恢复部分运动技能以及帮助部分失明的患者看得更清楚。
- **嵌入式芯片**（implant clip）：存储个人重要信息（比如身份信息和医疗记录）并能够嵌入人体的微型电子芯片，它可以是基于 GPS 的，以便进行跟踪。
- **面部识别软件**（facial recognition software）：通过分析面部特征提供身份识别功能的软件。

凡是在生物测定领域变成现实的技术都能永远地改变你的生活以及与技术交互的方式。

9.4　无线领域

在本书中，我们已经讨论了可能实现无线通信的技术以及为企业带来竞争优势的无线技术的应用。我们还讨论了蓝牙、Wi-Fi 和近场通信等无线技术，这些技术能够通过智能手机、打印机、网络集线器以及电脑等技术设备来实现无线通信。

- **蓝牙**（bluetooth）是一种短波信息传输标准，传输距离一般在 30 英尺。
- **无线宽带**（wireless fidelity）以无线电波形式在远至 300 英尺的距离内传输信息的一个标准。
- **近场通信**（NFC）是一种专门为移动电话设计的无线传输技术，支持移动商务以及其他基于电话的功能。

蓝牙技术因为智能手机的无线耳机变得普及（其实更像是耳件）。你可能为手机配备了无线耳机，或者看到别人在使用无线耳机。Wi-Fi 技术通常被应用在网络环境中进行无线通信。例如，Verizon 电讯公司为用户提供宽带接入 PC 卡，使用户能够以无线的方式将笔记本电脑接入其无线宽带网络。很多商业公司建立了企业内部装备有安全防火墙的无线网络供员工使用。近场通信是一种流行的信用卡无线交易标准。

下面我们将视线转到智能手机以及无线射频识别技术（RFID）。智能手机是一项突破性技术，而且未来更是如此。无线射频识别技术正在发展，并将在若干年后戏剧性地改变你的生活和商业的运作模式。

9.4.1　下一代的智能手机技术

对大多数人来说，智能手机已经成为生活的必需品。如今最简单的智能手机也支持打电话、发送实时短信、照相、传输照片、接收照片、游戏以及其他功能。将来的智能手机也许会成为你唯一需要的技术。

在未来的几十年，智能手机在存储（硬盘形式）、处理器性能、音质提升以及视频支持等方面将会有很大的创新。新型智能手机已经具有 2G 的存储空间以及速度高达 500Mhz 的处理器。随着存储空间的扩大和处理器速度的不断提高，你可以把键盘、显示器、鼠标和打印机连接到智能手机上，从而使智能手机变成笔记本电脑。

未来的移动电话也许将会终结像苹果公司的 iPod 这样的 MP3 播放器。因为手机电池续航能力强以及存储空间大，很多人选择使用智能手机来播放音乐，从而丢掉其他需要携带的音乐播放设备。手机拨打视频电话也将成为现实。例如，苹果公司的 iPhone 手机集成了智能手机、iPod 以及无线互联网通信三种技术。

但是智能手机也有不利的一面，智能手机将被黑客和病毒所困扰。更坏的消息是，用于智能手机的杀毒软件的研发还处于初级阶段，远远落后于人们非法闯入你的智能手机并传播致命病毒的能力。想想你的互联网服务提供商，他们在服务器上装有反病毒软件（甚至更多的像垃圾邮件过滤软件和反间谍软件这样的"阻止"软件）来阻止恶意软件通过电子邮件入侵你的电脑。但是这些软件并不能阻止全部的恶意软件，你仍然需要在电脑上安装和运行各种反病毒软件。

上一次你的手机服务提供商通知你可以下载最新的反病毒软件到手机上来增强其安全性是什么时候？你可能从来没有收到过类似通知，这让人不快。你从互联网上下载铃声吗？如果答案是肯定的，那么你的手机就有可能受到病毒的感染。一些在实验室环境下生成的手机病毒能够拨打国际电话、耗光电池电量以及花费掉数千美元。

智能手机变得日益重要，它也会变得能支持复杂的电脑功能，这也给你带来挑战：如何防护。

9.4.2　无线射频识别技术

无线射频识别技术（RFID）使用标签或商标上的芯片存储信息，当标签或商标受到正确频率的无线电波辐射时，信息就被发送或写入。也许你已经对 RFID 的应用有所了解。例如，收费公路上有专用车道，如果汽车里装有 RFID 设备，那么当司机驾驶汽车行驶在专用车道上时，RFID 设备会从司机账户中自动扣费，直到司机驶出专用车道。埃克森美孚公司为顾客提供具有 RFID 功能的钥匙圈（被称为"快速通行"），这个钥匙圈里存储了顾客的账户信息。当顾客付款的时候，不需要刷信用卡，只需要把钥匙圈在读卡器前晃一下。读卡器与钥匙圈里的 RFID 芯片进行通信，读取顾客账户的信息，并完成支付。

最常见的 RFID 工具是无源 RFID 芯片（见图 9-7）。无源 RFID 芯片本身没有电源，并且一直处于空闲状态，直到在发射无线电波的读卡器前通过。RFID 芯片上的天线会接收无线电信号并将这些信号作为能量存储在芯片中，直到聚集起足够多的能量后开始工作。RFID 芯片会将存储的信息传递给读卡器，读卡器与存有账户信息和类似信息的计算机系统相连。在传递信息后，RFID 重新回到空闲状态。这就是埃克森美孚公司的"快速通行"钥匙圈的工作原理。

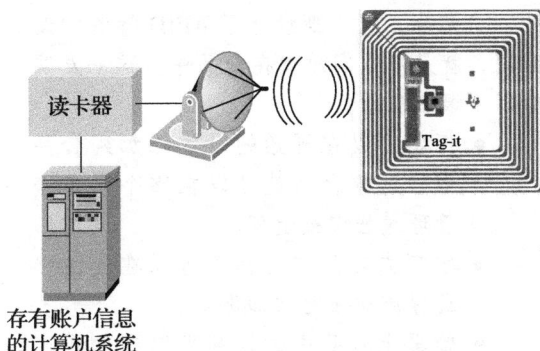

图 9-7　无源 RFID 的工作原理

1. RFID在现实中的应用

RFID 在现实中的应用十分广泛，包括：

- **防盗窃的车钥匙**：车钥匙里面装有一个 RFID 芯片。当你把钥匙插入钥匙孔的时候，RFID 芯片必须与点火系统里的读卡器通信（并传递口令或类似信息）来发动汽车。所以盗贼偷偷配一把车钥匙也没有用。当然，如果你丢失了车钥匙，你需要花费超过 300 美元来配一把新钥匙。
- **图书跟踪**：用 RFID 芯片替代条形码来存储 ISBN 信息，这使得图书的借出和归还更加容易。现在连梵蒂冈的图书馆都使用 RFID 芯片。以往整理图书清单需要 30 多天，而使用无线手持 RFID 读卡器后，整理书单只需要一天。
- **牲畜跟踪**：牲畜进入国境后都需要绑上 RFID 芯片。这样系统就能够追踪这些牲畜在美国境内的行程。当瘟疫爆发的时候，系统能够轻而易举地识别哪些牲畜曾经待在疫区。
- **供应链**：几乎每一个供应链的主要参与者都强制要求合作伙伴在产品、产品托盘、产品包装盒或者整箱托运的时候贴上有 RFID 芯片的标签。这些供应链的主要参与者包括：沃尔玛、美国国防部（DOD）、食品及药品管理局（FDA）、塔吉特、Albertson's、特易购（英国零售商）以及家乐福（法国零售商）。
- **护照**：从 2007 年开始，美国新签发护照的封面里都有 RFID 芯片，这个芯片存有护照的所有信息。

上面的例子只是 RFID 在商业领域中成千上万个应用中的一小部分。

|全球视角|　　　　　　食品中的可食用 RFID 标签

RFID 标签影响着我们生活的方方面面。特定种类的 RFID 标签成本只有几美分，但是因为它支持追踪这一功能带来的效益远不止于此。

汉内斯·哈姆斯是伦敦皇家艺术学院的一名学生，汉内斯设想了RFID标签的新应用，就是把它们放置在食品中。这一发明有以下很多应用：

- 标签可以在开始的时候添加到食品中，那样食品就可以在整个供应链管理过程中被追踪。
- 冰箱内食品中的标签可以在食品接近保质期限时通知你。
- 餐桌上食品中的标签可以通知顾客哪些食物是食品过敏源或者哪些食品糖尿病患者不能食用。
- 食品中的标签还可以将营养信息发送到你的手机上，这样你可以轻松地管理你的膳食。

汉内斯目前正在设计使用一种特殊餐盘来盛放具有可食用RFID标签的食物，这样在上菜的时候，这种餐盘能够为你读取食物中的营养成分。

这个特别的发明最终实现起来还需要一段时间，美国食品与药品管理局还需要权衡食用RFID标签对人体健康的影响（食用RFID标签的想法让很多人望而却步）。同往常一样，我们还需要考虑成本问题。有时候即使添加几个美分的成本就有可能让食品店主不再盈利。[8, 9]

2. RFID展望

如今，几乎每一件商品都利用通用产品代码（UPC）进行识别。但是，相似的商品具有相同的通用产品代码，所以两桶柠檬口味的健怡可乐的通用产品代码是相同的。这让顾客难以区分。使用RFID技术，每件商品都具有唯一的电子产品代码（EPC）。EPC除了包含UPC的设计外，还为每桶柠檬口味的健怡可乐分配唯一的代码，这个代码与过期时间、供应链运输以及其他你可以想象的任何事物绑定在一起。

请你再次发挥想象力，如果杂货店里的每一件商品都能与结账系统进行无线通信，那么你将不再需要排队结账。当你购物的时候，只需要将商品装进购物车里的袋子。当你走出前门的时候，RFID系统会与你钱包里的信用卡以及购物车里的每一件商品进行无线通信，计算账单并从你的信用卡账户收取相应的费用。

再来想一下洗衣服的例子。假定你在洗衣机里放满袜子和毛巾之类的白色衣物，但你无意中把一件红色的衬衣扔进洗衣机。幸运的是，每件衣物都有一个储存有洗涤说明的RFID芯片。你的洗衣机将与每件衣物进行无线通信并发现一件衣物不能同其他衣物一起洗。洗衣机将停止工作并通知你，你把不同颜色的衣服混合在一起了。

所有这些都能在将来成为现实吗？我们相信是这样的。RFID的发展前景只有你不敢想的，没有你想不到的。

|行业视角| 　　　　　自己做电影（E-Movies）的主角

我们得承认，大多数人都曾经幻想过自己是屏幕中的大明星。在技术的帮助下，你现在可以自己做电影的主角并可以将你的表演与他人分享。这个技术称为

"Yoostar2：身临其境"。

Yoostar 是一款可以在 Xbox360 和索尼游戏机 3（或更新版本）上玩的家庭视频游戏。Yoostar 上有 80 部电影和电视节目的场景，你只需要一个摄像机将你的图像放进场景中去。它更像一款演出版本的卡拉 OK。

受欢迎的电影场景包括卡萨布兰卡、300、热带惊雷、教父和绿野仙踪。广告狂人和鉴证行动组等电视节目场景也很受欢迎。

当你身处场景中时，你可以照着电视屏幕上的台词（通常是台词提示装置提示）读，或者可以即兴发挥。当你飙演技的时候，系统会为你的表现打分。之后，你可以把你的表演上传到 Yoostar 社群。在那里，你在 Facebook、Twitter 以及 Yoostar 社群里的朋友可以观看、评价甚至编辑你的电影片段。

在将来，Yoostar 会具备操控剧集里其他男女演员的能力。所以当你即兴表演的时候，其他男女演员会根据你的即兴演出做出回应。[12]

9.5　纯技术

让我们把注意力转向一些在很多方面有广泛应用的新兴技术，如纳米技术（Nanotechnology）、多状态 CPU（Multi-state CPU）以及全息存储设备（Holographic storage device）。

9.5.1　纳米技术

阻碍技术进步的最大障碍是元件的大小。最好的芯片制造商可以生产宽度为 130 纳米的电路元件。一纳米相当于头发丝直径的十万分之一，这看起来十分微小，但是现在的制造技术开始控制电脑芯片的大小，从而也限制了它们的处理速度和能力。

纳米技术应运而生。简而言之，纳米技术是一门新兴学科，尝试在原子或亚原子级上控制事物以在同样小的量级上制造设备，所以说纳米技术与传统制造截然相反。例如，在传统制造中，你可以砍一棵树并把它削成牙签。也就是说，传统制造技术从大的物体开始，通过不断压缩和切割来达到需要的尺寸。在纳米技术中，你从最小的物质单元开始并使其逐渐变大，也就是说你使用原子制造你想要的物体。

在纳米技术中，任何事物都是由简单的原子构成的。纳米技术研究者致力于移动原子并使其自动组装成新的形式。纳米技术是一种值得关注的前沿技术，并将带来难以置信的改变。请考虑下面的内容：

例如，通过改变用于制造电脑芯片所需材料的分子结构，电子产品可以变得像包装上的条形码那么便宜和充足。佩戴有传感器的超轻马甲能够测量一个人的生命体征。分析病人的 DNA 将变得快捷和精确，而设计药物也变得更加容易。一台借书卡大小的电脑将能够存储你见过的所有资料。[10, 11]

9.5.2　多状态CPU

目前 CPU 使用二进制，只能处理用 1 或 0 表示的信息，这极大地降低了处理速度。多状态 CPU 能够大大提高处理速度。多状态 CPU 能够处理三个以上（包括三个）状态，也许是代表 0～9 数字的 10 个状态。当多状态 CPU 真正实现的时候，你的电脑不再需要来来回回进行符号与二进制之间的转换（扩展学习模块 A 对这一转换过程进行了讲解）。这将大大提升 CPU 的处理速度。当然，我们真正的目标是制造不需要进行二进制转换就能处理字母和特殊符号的多状态 CPU。

9.5.3　全息存储设备

如今的存储设备只能在二维空间内存储信息，但是全息领域的研究用多边或多个面创造了全息存储设备（见图 9-8），进而改变只能在二维空间存储信息的现状。有一种小卡片，当你从不同的角度看的时候，图片的内容会发生改变，全息存储设备与这种小卡片有相同的理念。

图 9-8　全息存储设备中 3D 水晶结构的物质

如果全息存储设备成为现实，你也许就能够在一个有几百个切面的单一水晶结构上存储一整套百科全书。

9.6　值得思考的重要问题

本章主要讨论了新兴技术及其发展趋势。这些当然是令人兴奋的，至少让我们对未来的变革充满希望。我们建议你提前思考这些变革将会对你本人以及今后的职业生涯带来哪些影响。

让我们回顾一下在这门课程中学习的知识对我们带来的启示。下面需要思考的五个领域能够帮助我们回忆学过的知识，并将它们融会贯通。技术是人类的发明创新，并给人类、社会和个人带来挑战。

9.6.1　技术的必要性

不管你是否喜欢技术，技术都不可或缺。没有技术的世界令人难以想象。就像我们每天都需要电力来维持生活一样，我们也离不开技术。

当然，这不意味着你仅仅为了技术或者仅仅因为技术有趣而去使用它们。相反，你需要仔细评估技术，看它们是否能够提高你的工作效率，提高你的生活品质，丰富你的学习过程以及帮助你所在的组织获得竞争优势。

技术不是灵丹妙药。如果你把技术应用在一个错误的商业流程中，那么结果就是你更快地执行这个错误的商业流程。同时，如果技术确实能够帮助你和你的组织变得更加高效、有效和创新，那么你会因为忽略技术的作用而造成损失。

9.6.2　消除巨大的数字鸿沟

作为人类，我们必须完全消除巨大的数字鸿沟。巨大的数字鸿沟指的是世界将被撕裂成技术富有者和技术贫穷者。也就是说，传统意义上的"第三世界"和"第四世界"国家需要根据接触和使用技术的程度来划分。

我们需要在全世界范围内释放技术的能量，我们不能承受民族、文化和技术之间的冲突。巨大的数字鸿沟只能增加世界的不稳定性。如果你生活和工作在一个技术发达国家，不要独自占有，可能的话，通过国际商业合作伙伴和战略联盟的方式把技术传播到其他国家。加入一个旨在向第三世界国家或本国传播与普及计算机文化的非营利项目，这将为你带来极大的满足感，世界还能因为你的努力而获益。

9.6.3　技术让世界变得更美好

我们活着不只是为了赚钱。当你开始着手发展和应用技术创新（甚至只是一般技术）的时候，要思考如何让人类和社会变得更加美好。赚钱和帮助人并不冲突，两者通常密不可分，但你必须懂得充实的生活不仅仅靠钱来衡量。

医学研究使用各种技术来治疗疾病，这是非常了不起的。但是如果这种努力仅仅以钱为导向，我们永远不可能取得像现在这样的成果。例如，心理医生使用虚拟现实技术来训练自闭症患者如何应对日益复杂的环境。我们知道，这种应用并不能为任何人带来利润，但是技术不仅仅是为了利润，更是为了帮助那些每天比常人面对更多挑战的人。我们有幸处在一个能够不断学习的环境中，那么我们也应该适时回报社会。

9.6.4　隐私和便利的权衡

作为个人来讲，你需要考虑为了便利，愿意牺牲多少隐私。一个极端的例子就是具有GPS 定位功能的可植入芯片。它的便利性在于可以让你很快知道现在在哪里以及如何到达你的目的地。但是很显然，你也牺牲了一些隐私。这让人满意吗？便利有很多种。当你使用打折卡购买杂货店打折商品的时候，杂货店同样也会追踪你详细的购物历史，而杂货店一定会使用这些信息来向你推销其他商品。

这的确是一种权衡。在这个技术至上的世界里，当你在网站上注册账号购买彩票的时候，你也放弃了你的隐私。浏览网络的时候你也放弃了隐私，因为跟踪软件在监视你的一举一动。就连点击网页上的广告条，打开的网站也会知道你从哪里点进了广告。这样的权衡看似微不足道，但是积少成多。

正因为你身在其中才不能看清整个事情的全貌，也不能意识到你每天放弃一点隐私来换取一点便利。千万不要认为组织不会使用捕捉到的关于你的信息，它们捕捉信息就是为了使用。当然，大多数组织使用这些信息来为你提供更好的服务，但是也有例外。

9.6.5　道德标准！道德标准！道德标准！

最后想提醒你一点，无论多么强调道德标准的重要性都不为过，因为道德标准约束着你的行为。我们知道商业就是商业，商业是以盈利为目的的。但是最近的一些丑闻，如安然公司，提醒你个人道德标准的重要性，道德的缺失将会把你送进监狱并让你垮台。个人的成功不能以损害他人的利益为前提，事业和道德双丰收是很可能实现的。这是向你提出的挑战。

9.6.6　预测

用一些预测，确切地说是 13 个预测，来为本章做一个结尾再好不过了。在你读本部分之前，请先思考几分钟，想一下你在这门课程中学到的信息技术知识，想想你生活中出现的技术，然后自己做出一些预测。当你读本节内容的时候，看看你的预测跟我们的预测是否相同。毫无疑问，我们的预测会有相似的地方，但是我敢打赌你会提出很多我们不赞同的预测（毕竟我们是在你读本节的两年以前来进行预测，而技术肯定发生了变化）。

最后，保留双方的预测，也许只需要把它们输入 Word 并存放在你的电脑里，提醒自己若干年后查看一下列表。从我们开始写本书的时候就开始这样做，至今已经 15 年了。有些预测成为了现实，例如，我们预测智能手机会成为你唯一需要的电脑，这一点正在成为现实。我们 2008 年预测到会有云服务提供商为个人提供服务。2011 年，微软、谷歌和苹果公司宣布提供个人云服务。我们预测智能手机将成为黑客攻击的对象，现在这种情况在一天天变得更加严重。

当然，我们的一些预测还没有成为现实。10 年前，我们预测自动语音识别（以及自然语言处理）将会终结像键盘和鼠标这样的输入设备。这肯定还没成为现实。然而，描绘未来的轨迹并且在将来检验预测的发展方向是否精确是一件很有趣的事情。

（1）**3D 以及全息摄影**：技术的用户界面将变得以 3D 和全息影像为主。3D 让屏幕变得更立体，电脑可以在房间里产生一个全息的、独立的影像来陪伴你。

（2）**更多惊人的产业变革**：这一趋势将持续很长一段时间，而且肯定会颠覆商业环境。依赖传统商业模式的大公司将被淘汰，2020 年的《财富》500 强榜单将会与 2010 年的《财富》500 强榜单大相径庭。

（3）**应用世界将成为孩子的天下**：年轻人，我们说的是青少年甚至儿童，将接管应用（App）世界，并领衔应用的开发与设计。年轻的企业家将放弃读大学，因为高等教育为他们带来的收益微不足道。

（4）**一夜之间下载量超过百万的应用**：越来越多的人购买智能手机，一些应用在第一天的下载量就可能达到 100 万甚至更多。大多数这些应用都是由在第三条预测中提到的年轻人开发的。

（5）**狂热的 IPO 风潮**：社交媒体、电子化社会以及数字化经济公司将如雨后春笋般涌现出来，并在很短时间内以迅雷不及掩耳之势进行首次公开募股。这些公司的 CEO 中将会有很多是年轻人。

（6）**数字化货币**：零售商将对使用纸质货币和硬币的行为收费，数字化货币将成为主流。

（7）**Web3.0**：它的发生将是渐进式的而不是革命性的。

（8）**耳熟能详的科技公司不再名列榜首**：Facebook 和谷歌这样的公司现在名列榜首，但是在接下来的若干年将被新的公司所取代。

（9）**云**："云"将成为软件交付以及信息存储的标准。个人层面和组织层面都将发生这种变化。

（10）**140 个字符成为通信标准**：Twitter 140 字符的格式将成为大多数通信的标准。学生将会学习如何使用少于 140 个字符表达一个想法。

（11）**智能手机和掌上电脑**：智能手机和掌上电脑将取代台式机和笔记本电脑成为人们的新宠。装配标准键盘的台式机将于 2020 年停产。

（12）**商业分析**：为实现"个性化"，每一家公司都需要参与到商业分析的游戏中来。组织战略的设计需要用到商业分析。大学的商业项目将会讲授如何进行商业分析，商业分析将会成为核心课程。

（13）**一个人的商业帝国**：人们将会在网络上创建非常成功的私人企业，而他是唯一的员工，所有的业务都外包给服务提供商以及云平台。每家公司的市值将超过百万美元。

你的预测清单是什么样子的？

本章小结

1. 列出影响互联网变化的新兴技术和发展趋势。

影响互联网变化的新兴技术和发展趋势包括：

- 个人应用软件即服务：一种个人应用软件（如微软办公软件）的交付模式，你不再需要一次性购买软件，只需要按照使用的次数来付费。

- 推式技术：企业和组织根据你的个人信息，通过技术主动为你提供信息、服务和产品。

- F2b2C：是这样一种电子商务模式，消费者与互联网中的商家进行沟通，并直接向工厂提出产品要求，工厂根据消费者提供的产品要求为其生产定制的、个性化的产品，并直接运送给消费者。

- 网络电话（VoIP）：允许你利用互联网进行语音通信，从而避免向电信公司缴纳长途电话费。

- Web3.0：关注语义的第三代网络。

2. 定义那些在生理交互技术发展过程中涌现出来的各种技术。

生理交互领域的新兴技术包括：

- 自动语音识别系统（ASR）：一种不仅能够捕捉人类的语音，还能识别词组并组成句子的系统。

- 虚拟现实：使你身临其境的三维计算机模拟技术。

- 洞穴状自动虚拟环境：是一个特殊的三维虚拟现实空间，这个空间可以展示世界各地的其他虚拟现实空间的人和物体的图像。

- 触觉感应接口：运用技术将触觉添加到原本只有视觉和文本的环境中。

- 生物测定技术：利用指纹、眼睛虹膜中的血管分布、声音甚至呼吸这些生物特征来进行身份识别。

3. 描述与无线网络环境密切相关的近场通信、蓝牙、无线网络、智能手机以及射频识别技术的发展趋势。

涉及无线领域的发展趋势有：

- 近场通信（NFC）：是一种专门为移动电话设计的无线传输技术，它支持移动商务以及其他基于电话的功能。
- 蓝牙：是一种短波信息传输标准，传输距离一般在 30 英尺。
- 无线局域网：以无线电波形式在远至300 英尺的距离内传输信息的一个标准。
- 智能手机：在存储空间、处理器能力、音质提升及视频支持方面有长足进步，但也受到病毒和黑客的威胁。
- 无线射频识别技术（RFID）：使用标签或商标中的微型芯片存储信息，当微型芯片受到正确频段的无线电波辐射的时候，信息就会写入标签和商标或者从中读出。

4. 定义和描述那些仅仅依靠技术本身就将改变未来的新兴技术。这些技术包括：

- 纳米技术：一门新兴学科，尝试在原子或亚原子级上控制事物以在同样小的量级上制造设备。
- 多状态 CPU：处理用两种以上状态表示的信息，可能是 10 个不同的状态，每个状态表示 0～9 的一个数字。
- 全息存储设备：在一种存储媒介上储存信息，这种存储媒介由具有许多面的、像 3-D 水晶一样的物质组成。

综合案例 9-1

技术对社会的影响有多大

你不需要大费周折只要看看周围就可以理解技术对当今社会的影响了。有人在用智能手机打电话或发短信，有人在用 MP3 播放器听音乐，有人正在浏览网络。

一个不同的视角是研究技术对人类语言的影响。你可以翻阅一下牛津大学出版社每年公布的新增英语词汇列表来看一下英语新增词汇。让我们看看 2005～2010 年的新增词汇（在下面的清单里，我们只给出与技术相关的新增词汇的定义）。

2005 年

年度新词汇：播客——用数字化方式录制广播或类似节目，并可以通过互联网下载到个人音频播放器。

2005 年度亚军词汇：

- 禽流感
- 如遇紧急情况（in case of emergency，ICE）：一组存储在手机中的紧急联系信息。
- 流离失所者（IDP）
- 自制爆炸装置（IED）
- 生活黑客
- 植物人
- 雷击顿
- 木马、后门：由电脑拥有者之外的其他人在目标电脑上安装的可以隐藏自身及指定的程序或进程、文件或系统数据的软件
- 令人反感的东西
- 九宫格

- 反式脂肪酸

2006 年

年度新词汇：碳平衡——计算一下你的碳排放量，尽可能地减少排放，并通过购买碳补偿来平衡排放量。

2006 年度亚军词汇：

- 社区支持农业
- 数字版权保护（DRM）
- 矮行星
- 撞肘问候
- 鱼池
- 滑稽的
- 汽车冲浪
- 车位聚餐会
- 酩酊大醉

2007 年

年度新词汇：土食者——热衷于食用住所附近出产的食物的人。

2007 年度亚军词汇：

- 在地老化
- Bacn：那些比垃圾邮件受欢迎的邮件提醒，如邮件提示音、社交网站更新。
- 云平台：也称云服务器，是像邮箱这样的由大量存储设备提供支持的在线应用
- 蜂群崩溃综合征
- 熟女
- 抵御地雷伏击车
- 呢喃核
- 癌症高危人群
- 社交图谱：人们在 Facebook 和 Myspace 等社交网站上人际关系的映射网络
- 色氨酸合成酶
- 升级再造

2008 年

年度新词汇：节能驾驶——通过对车辆及驾驶员的驾驶技术进行调整以使用有限的油量跑更多的里程。

2008 年度亚军词汇

- 经济拮据却狂热追求时尚的人
- Moofer
- 开会禁带电脑：一种禁止与会人员使用笔记本电脑、黑莓手机、智能手机等设备的会议。
- 毒债
- 胡萝卜暴民
- Ecohacking

- 曲棍球妈妈
- 诱饵链接：网站上的鼓励（诱惑）用户点击链接从而进入其他网站的有趣的内容
- 摔跤手
- 再野生化
- 居家旅游
- Twitter：使用智能手机或其他移动设备通过 Twitter 发送短消息
- 行头

2009 年

年度新词汇：解除好友关系——在 Facebook 等社交网站上解除与某人的好友关系。

2009 年度亚军词汇：

- ＃标签：Twitter 上在词语或短语前加上的 ＃ 符号
- Intexticated：驾车时由于发短信而不能集中注意力
- 上网本：低配置但非常小巧轻便的便携式笔记本电脑
- 网站的付费专区：一种阻止用户打开网站的部分内容，并只对付费订阅用户开放的方式
- 色情短信：使用智能手机发送色情文本和图片
- 免费增值
- 失业快乐族
- 僵尸银行
- 阿尔迪
- 质疑奥巴马出生记录的人
- 自愿单身妈妈
- 死亡小组
- 吊茶包
- Brown state
- Green state
- 生态城镇
- 已故名人
- 流浪汉邮票

2010 年

年度新词汇：拒绝并反对—大体表示拒绝的意思（由 Sarah Palin 创造）。

2010 年度亚军词汇

- 以银行管理为名侵夺存款的不法分子
- 众包（crowdsourcing）：企业为大众（而不是指定的付费员工）提供技术，使得他们能够创造、修改和监督产品或服务的开发
- 两头拿钱
- 阴谋
- 喃喃快跑

- 转发 Twitter：转发别的 Twitter 用户发布的内容
- 茶党
- 灭顶法
- 呜呜祖拉
- 网络视频短片：从原版电视剧摘出来的供在线观看的短片。

你可以对上面的信息进行一些有趣的分析。例如，过去 6 年的年度新词汇主要分为 3 类：政治类（2010 年 1 次）、环境相关（3 次）以及技术类（2 次）——2005 年的播客和 2009 年的解除好友关系。再进一步，在过去 6 年的 72 个亚军词汇中，与技术相关的新词汇达到 17 个，大约占到新词汇总量的 **24%**。

问题

1. 访问牛津大学出版社网站（http://global.oup.com/?cc=us）。找出 2010 年以后的所有年度词汇以及年度亚军词汇，并像案例最后一段一样对它们进行简单的分析。2010 年以后技术如何影响英语词汇？

2. 在过去的几年里，技术毫无疑问地影响了我们的语言，环境也是如此，甚至比技术的影响范围还要大。为什么有如此多的与环境相关的新增词汇？

3. 创造一些与技术有关的新词汇。想一下你用技术做什么，或者你看到别人使用技术做什么。创造至少五个与技术相关的新词汇，描述你是怎么得出这些新词汇的并给出定义。

4. 再来考虑一下简写的短消息、表情符号以及聊天俚语。哪一部分已经被牛津大学出版社正式认定为英语的组成部分？它成为我们正规语言的一部分是好还是坏？论证你的观点。

综合案例 9-2

智能手机和巨大的数字鸿沟

智能手机的功能已经不再局限于打电话和接电话。最明显的是，因为智能手机与台式电脑、笔记本电脑甚至掌上电脑相比更加便宜，很多人选择使用智能手机作为上网的主要工具。在许多情况下，有些人不能负担除智能手机以外的其他上网设备。例如，在非洲，超过 3.16 亿人在 2000 年才开始使用手机。

在美国，智能手机为经济拮据的人们浏览互联网提供了手段。在很多方面，这很大程度上缩小了技术富有者和技术贫穷者之间的数字鸿沟。下面是来自美国调查机构皮尤研究中心的统计资料供你参考。

- 83% 的美国成年人拥有一部手机。其中，42% 的是智能手机。也就是说，35% 的美国成年人拥有一部智能手机。
- 59% 的年薪超过 7.5 万美元的美国成年人拥有一部智能手机。
- 44% 的非洲裔和拉丁裔美国人拥有一部智能手机。
- 87% 的智能手机用户通过智能手机来上网，同时 68% 的智能手机用户每天都用智能手机上网。
- 25% 的智能手机用户说他们使用智能手机而非电脑上网。
- 从性别上来看，39% 的男性拥有一部智能手机，女性的这一比例是 31%。

- 从年龄角度来看智能手机拥有率
  - 18 ~ 24——49%
  - 25 ~ 34——58%
  - 35 ~ 44——44%
  - 45 ~ 54——28%
  - 55 ~ 64——22%
  - 65+——11%
- 从种族/族群来看智能手机拥有率
  - 白人，非西班牙裔——30%
  - 非洲裔美国人，非西班牙裔——44%
  - 西班牙裔——44%
- 从家庭收入来看智能手机拥有率
  - 小于 10 000 美元——21%
  - 10 000 ~ 20 000 美元——20%
  - 20 000 ~ 30 000 美元——26%
  - 30 000 ~ 40 000 美元——36%
  - 40 000 ~ 50 000 美元——44%
  - 50 000 ~ 75 000 美元——38%
  - 75 000 ~ 100 000 美元——53%
  - 100 000 ~ 150 000 美元——57%
  - 150 000 多美元——73%
- 从教育水平角度来看智能手机拥有率
  - 高中以下——18%
  - 高中文凭——27%
  - 大专——38%
  - 本科以上——48%
- 从地理位置角度来看智能手机拥有率
  - 城市——38%
  - 郊区——38%
  - 农村——21%
- 智能手机用户同时拥有下列设备的比例
  - 笔记本电脑——79%
  - MP3 播放器——70%
  - 台式电脑——68%
  - 电子书阅读器——20%
  - 掌上电脑——18%
- 从种族/族群来看将智能手机作为主要上网工具的比例
  - 白人，非西班牙裔——17%

■ 非洲裔美国人 / 拉丁美洲人——**38%**[13, 14, 15]

问题

1. 尽管 **44%** 的非洲裔美国人和拉丁美洲人拥有一部智能手机而非西班牙裔白人中这个比例仅为 **30%**，很多人认为这并没有缩小数字鸿沟。这是因为非洲裔美国人和拉丁美洲人更多地使用智能手机进行娱乐而非提高各方面能力。你如何支持这一观点？

2. 当你上网的时候，有什么事情使用台式机或者笔记本电脑能够完成，但是使用智能手机无法完成？如果智能手机的上网能力比台式机和笔记本电脑弱，你认为美国社会经济拮据人群智能手机拥有率的增长能否缩小巨大的数字鸿沟？请论证你的观点。

3. 像非洲这样的第三世界国家是如何通过增加智能手机拥有率来缩小数字鸿沟的？如果你在美国有公司，而且正打算在非洲开拓业务，你认为制定营销策略的时候必须要考虑什么因素？

4. 如果你从家庭收入角度看一下智能手机拥有率，你会发现 50 000 ～ 75 000 美元这里出现了很大的下降，你认为原因是什么？请论证你的观点。

5. 最后，互联网的巨大成功是否能够缩小巨大的数字鸿沟？你可以回答"能""也许吧"或者"不能"。无论你选择哪个答案，请论证你的观点。

问题思考

1. 推式技术与垃圾邮件有何不同？
2. 什么是去中介化？ F2b2C 如何实现去中介化？
3. 与 Web3.0 相关的技术有哪些？
4. 自动语音识别技术的工作原理是什么？
5. 虚拟现实技术中常用的设备有哪些？
6. 触觉感应接口的重要性体现在哪里？
7. 什么是个人识别的最佳形式？
8. 你期待手机在将来发生什么样的改变？
9. 什么是无线射频识别技术（RFID）？
10. 纳米技术与传统制造技术有何不同？

作业训练

1. 向你的学校推销嵌入式芯片的想法。让我们假定你的团队正在推广一种存有身份证明和医学信息等重要内容的嵌入式芯片。你们的任务是准备一个销售演示，向可能要求学生使用嵌入式芯片的学校进行展示。在你的销售演示中包含以下内容：
   a. 嵌入式芯片可以存储的与学校相关的信息
   b. 嵌入式芯片可以存储的与学校无关的信息
   c. 在学校内部可以使用嵌入式芯片内信息的业务流程
   d. 要求学生使用嵌入式芯片能为学校带来什么好处
   e. 使用嵌入式芯片能为学生带来什么好处

你需要将演示控制在五分钟以内，所以你的演示必须非常有说服力。

2. 找一个不错的自动语音识别系统。探索提供自动语音识别系统的网站，列一个清单并回答以下内容。它们的价格是多少？它们是非特定语音识别还是特定语音识别？它们支持连续语音识别还是离散语音识别？你可以购买哪些附加词库？你觉得通过说话和打字来写一篇学期报告哪种方式更舒服？你觉得与打字相比使用语音识别需要更多还是更少的组织能力？为什么？

3. 理解趋势和技术创新的关系。在本章，我们向你介绍了很多种关键的技术以及他们如何与四种趋势相联系（见图9-1）。找到能影响每一种趋势的所有技术，并解释这些技术如何影响对应的趋势。

4. 研究RFID的应用。访问互联网并搜索本章没有讨论过的RFID的其他应用。准备一个简短的演示PPT来强调这些新应用。此外，在网络上搜索一下提供RFID技术的主要企业。你能找到哪些企业？有没有一家企业在行业中脱颖而出？如果有，是哪家企业？

5. 研究智能家用电器。逛一家当地的电器商店并找出三种智能家电（例如，家电中嵌入电脑芯片来控制部分功能或决策）。为你找到的每一种家电准备一个简短的报告，并介绍以下内容：
   - 该智能家电的介绍及价格
   - 该家电的智能特性
   - 这些智能特性如何使智能家电表现优于非智能家电

问题讨论

1. 在一个推式技术环境下，公司和组织会根据你的个人信息主动为你提供信息、产品和服务。推式技术环境和群发邮件以及垃圾邮件有何不同？当你靠近一家商店的时候，如果商家给你的智能手机打电话是否侵犯你的隐私权？为什么或者为什么不？你愿意参加还是退出这种推荐服务？这种推荐服务真的跟某些人将传单放在你的门外或者放在你停在停车场的汽车上这种行为有什么不同吗？

2. 自动语音识别有三个步骤：特征分析、模式分类以及语言处理。从计算机处理角度来讲，哪个步骤最难？为什么？哪个步骤最简单？为什么？如果要将一个自动语音识别系统变为自动语音理解系统，三步中最需要提升哪一步的能力？为什么？

3. 围绕生物测定技术有很多争论。很多人喜欢这种技术，因为它能提供身份识别并增强安全性。其他人认为它极大地侵犯了个人的隐私权。正像本章提到的例子，如果使用生物测定技术，一家银行能够识别出一个女士是否怀孕。所以说，我们需要克服的最大挑战不是来自技术而是来自社会。你认为如何才能让社会接受生物测定技术？你认为让社会接受生物测定技术需要多久？你认为美国联邦政府何时起会要求新生儿进行生物测定？

4. 使用面部识别软件涉及哪些道德伦理困境？使用这种软件跟商店在你使用信用卡时要求你出示驾照有什么不同吗？为什么？政府是否可以在每个街角安装数码相机来监视你的一举一动？为什么？

5. 如果CAVE成为现实，不管你的亲朋好友住在哪里，你随时都可以拜访他们。这会对旅游业造成什么影响？如果你能在CAVE里随心所欲地见到你的亲戚，你会更愿意还是更不愿意购买飞机票亲自拜访他们？为什么？

本章项目

小组项目

- 评估信息技术外包的价值：预测
- 运用演示文稿软件：信息技术伦理道德
- 开发企业资源计划系统：计划、报表及数据处理
- 评估无线技术的未来：新兴趋势及技术
- 评估下一代技术：DOT-COM 应用服务提供商（ASP）
- 评估信息安全状况：无线网络的脆弱性

电子商务项目

- 面试和谈判技巧
- 免费的租赁存储空间
- 经济援助资源
- 全球统计和资源
- 搜索 MBA 项目
- 搜索招聘数据库

小 组 项 目

案例 1：评估客户关系管理的价值

特雷福汽车维修公司

特雷福汽车维修（Trevor Toy Auto Mechanics）公司是一个坐落在亚利桑那州凤凰城的汽车修理店。在过去的几年里，特雷福公司快速发展，从只有一个员工的汽车修理店发展到有 21 个员工的 15 家汽车维修店。

特雷福公司想改善服务，提高个性化服务的水准。然而，特雷福公司不了解谁是它最好的客户，正在进行什么样的工作，负责维修的技工是谁。特雷福公司想寻求你的帮助。它为你提供了一个电子表格文件——TREVOR.xls，包含维修店过去一年中已完成的所有修理工作的列表，以及每个客户的唯一标识符和名字。电子表格文件中包含了下表提供的字段。

列	名　　称	描　　述
A	CUSTOMER #	分配给客户的唯一代号
B	CUSTOMER NAME	客户姓名
C	MECHANIC #	分配给技工的唯一代号
D	CAR TYPE	汽车类型
E	WORK COMPLETED	汽车修理工作的类型
F	NUM HOURS	完成工作所花的时间
G	COST OF PARTS	修理所需零件成本
H	TOTAL CHARGE	顾客需支付的修理费

你的分析应该包括如下内容：①特雷福公司的最佳客户（根据销量和利润排名的前 10 位）；②特雷福公司最差客户（根据销量和利润排名的末 10 位）；③每个客户进行维修的流程。

你应该知道的一些细节：

（1）考虑提供给你的信息，思考哪些是重要的信息，你可能需要使用现有的信息来产生新的信息。

（2）在分析中，给出例子说明特雷福公司应为它最有价值的客户提供的营销活动。

（3）完成分析后，请提供简洁、详尽的文档（可以采用文字叙述、数字和图形的形式），解释你的建议。

（4）文件：TREVOR.xls（Excel file）。

案例 2：分析信息的价值

Affordable房地产经纪公司

1995 年年末，一项全国性的研究宣布威斯康星州的欧克莱尔是最安全的居住地。从那时起，房地产开发项目在欧克莱尔周围激增。以下六个房地产开发项目目前主导欧克莱尔市场：林地山（Woodland Hills）、花岗岩丘（Granite Mound）、溪边亨廷顿（Creek Side Huntington）、东河社区（East River Community）、森林绿（Forest Green）、欧克莱尔（Eau Claire South）。这六个项目最初都只有 100 套住房，目前已出售一空，并在开发第二期。

作为 Affordable 房地产经纪公司的三个合伙人之一和房地产经纪人，你的责任是分析过去 600 套房屋销售的相关信息，选择一个第二期项目进行房屋销售。你的房地产公司很小，所以你和你的合伙人决定把重点放在其中的一个开发项目上。你从威斯康星州房地产协会获得一个电子表格文件，其中包含第一期中 600 套房屋的每一笔销售信息。它包含以下字段：

列	名　称	描　述
A	LOT #	每个项目分配给每个房屋的代号
B	PROJECT #	分配给 6 个房地产开发项目的代号
C	ASK PRICE	最初的发布价
D	SELL PRICE	实际售价
E	LIST DATE	房屋挂牌出售日期
F	SALE DATE	房屋实际出售日期
G	SQ. FT.	房屋的总建筑面积
H	# BATH.	房屋卫生间的数量
I	# BDRMS	房屋卧室的数量

下面的数字已经分配给每个房地产开发项目：

项目代号	项目名称
23	林地山
47	花岗岩丘
61	溪边亨廷顿
78	东河社区
92	森林绿
97	欧克莱尔

你的任务是分析销售列表，并准备一份报告，详细阐述你的房地产公司应该关注的房地

产开发项目。你的分析应该尽可能涵盖更多的角度。

你应该知道的一些细节：

（1）你不知道有多少其他房地产经纪公司也将争夺每个房地产开发项目的销售权。

（2）每个房地产开发项目的二期将开发与第一期相似的住宅风格、价格和面积等。

（3）考虑这里所提供的信息时，思考哪些信息是重要的，哪些信息并不重要。为解释你的分析过程做好准备。

（4）完成分析后，请提供简洁、详尽的文档（可以采用文字叙述、数字和图形的形式），解释你的决策。

（5）文件：REALEST.xls（Excel 文件）。

案例 3：主管信息系统报告

竞选资金

当谈到竞选资金，美国人需要一个最小化"肥猫"和有组织资金的影响的系统，这个系统能够让竞选开支维持在合理的水平，促进竞选的健康发展，那样的话就不会对富有的候选人有利，并且候选人不需要在醒着的所有时候都在筹集资金。

事实上，广受诟病的现有国会竞选财政系统本身就是一个有良好目标的改革的产物，1974 年国会通过并实现这些想法。20 世纪 90 年代又出现了许多新的改革计划，也达到了这些目标。即使没有改革方案，良好目标也可能会产生一个完美的国会竞选财政系统。

科罗拉多的高原牧场城市，希望以更具战略性的方式组织竞选捐款数据。市议会正在考虑各种主管信息系统方案，这些方案能够展现捐款信息的总体情况并可以获得更详细的信息。你的任务是提出建议，分析哪些报告是通过快速购买的主管信息系统可以提供的。

下表列出的信息是主管信息系统中的报告的基础。为了帮助你形成真实的报告，该市为你提供了一个电子表格文件，其中包含过去六个月的捐款。

列	名　称	描　述
A	DATE	捐款日期
B	CONTRIBUTOR	捐款人姓名
C	DISTRICT	捐款人所在区
D	AMOUNT	捐款额
E	TYPE	捐款类型描述
F	COUNCILPERSON	议员姓名
G	PARTY	议员党派

市议会最感兴趣的是看一些总体报告，然后要求看一些更详细的报告。所以，作为一个顾问，你的目标是形成不同类型的报告，诠释如何通过提供的信息来深入挖掘信息的价值。例如，你应该提供一份显示地区总体竞选捐款的报告（八个不同的地区各一个），然后还应

当提供根据政党捐款和捐款类型分类的详细报告。

你应该知道的一些细节：

（1）比起数字化的信息，市议会更愿意看到图形化的信息。所以，当你形成报告时，用图的方式来说明期望的关系。

（2）考虑所提供的信息时，先思考整体视图，再思考详细的视图。这将帮助你形成一系列与逻辑相关的报告。

（3）如果你愿意，可以尝试使用各种软件工具或功能来帮助创建报告。然后，用一个能够帮助你完成一个非常棒的演讲的演示软件包来准备你的演讲。

（4）再说一次，你的目标并不是为一个特定的问题或机会创建报告，而是要设计一系列与逻辑相关的报告来深入地阐述如何挖掘信息的价值。

（5）文件：CONTRIBUTE.xls（Excel 文件）。

案例 4：构建价值链

帮助客户定义价值

星光公司（StarLight）是丹佛的零售商，出售优质服装、鞋和配件。1915 年，使用在科罗拉多金矿挣得的收入，安妮·洛根在丹佛市区投资了一家小的鞋店。几年后，安妮将她的生意扩大到了优质服装。今天，星光公司在美国拥有 97 家零售店和折扣商店。从一开始，星光公司的经营理念就反映出了创始人的信仰、卓越的服务、价值、选择和质量。为了保证客户期望的服务水准，星光公司要求员工尽量满足所有客户的需求，不管它看起来有多么不合理。由于店面太多，星光公司的副总裁，主管业务信息和规划的科迪·谢罗德很难了解客户所接受的服务水平、顾客认同的价值以及什么是顾客不喜欢的。在保持最低成本的前提下，这些对于零售商努力提供最好的用户体验和产品来说都是重要的问题。

科迪认为价值链分析将有助于回答这些问题。因此设计了客户调研问卷，并进行分发、填写、收集，最终汇总到数据库。顾客被要求在星光公司价值链的各个流程中评估他们的体验。具体地说，对每个价值链中的过程，客户被问及是否这个部分增加或减少了他们的体验价值。顾客被要求量化他们所接受的服务所增加的或减少的价值。价值链的总分是 100 分，每个客户针对星光公司的每个流程分配分值。数据库中保存的调查结果所包含的字段显示在下面的表中。

字段名	描述
Survey ID	调查的唯一代号
VA/VR	该字段标识当前行信息反映了增值响应还是减值响应
Date	调查日期
Mgmt/Acctg/Finance/Legal	顾客针对管理、会计、金融、法律等的价值体验
HR Mgmt	顾客对态度和人员环境的感知价值

（续）

字段名	描　述
R&D/Tech Dev	顾客对研究和技术支持质量的感知价值
Purchasing	顾客对质量和产品选择范围的感知价值
Receive and Greet Customers	顾客对最初接触的员工的感知价值
Provide Direction/Advice/Info	顾客对员工提供的初始信息的感知价值
Store Location/Channel Availability & Convenience	顾客对位置、可用性和方便性的感知价值
Product Display/Site or Catalog Layout	顾客对商品展示和布局体现的艺术感染力的感知价值
Sales Service	顾客对销售人员服务质量的感知价值
Marketing	顾客对销售资料的有效性的感知价值
Customer Follow-up	顾客对售后服务与跟踪的感知价值

科迪要求你将收集的原始问卷材料分配到两个价值链中：增值链和减值链。你将创建价值链来总结问卷信息，并按比例区分不同流程区域的大小。具体地说，你需要执行的工作如下：

（1）在所提供的数据库中创建查询和报表，总结每一个流程的增值量和减值量。

（2）使用所总结的信息画两个价值链，并基于总结的信息确定每个流程区域的大小。

（3）比较增值和减值流程的百分比。它们是否存在相关？如果相关，为什么？如果不相关，又是为什么呢？

（4）在表中所提供的描述中，在"Purchasing"和"Receive and Greet Customers"之间画了一道虚线。线以上的流程被认为是支持流程，线以下的流程被认为主要流程。创建一个数据库查询来比较客户对支持流程和主要流程的价值评估（对增值和减值流程都做）。结果有意义吗？或者结果令人惊讶？解释你的答案。

你应该知道的一些细节：

（1）记住，每个流程的增值/减值总额必须等于100%。

（2）数据库中的问卷数值并不是百分比，虽然对于一份给定的问卷，所有反馈的总和等于100。

（3）文件：STARLIGHT.mdb（Access文件）。

案例5：使用关系数据库技术跟踪项目

山麓建筑公司

山麓建筑公司（Foothills Construction Company）是丹佛的一家建筑公司，专门从事单一家庭住宅开发项目的分包工作。自1993年从事相关业务以来，山麓建筑公司建立了一个优秀工作人员和独立顾问的人才库，以满足在丹佛市区完成的近300个项目对灵活性和经验的需要。山麓建筑公司所负责与建筑相关的工作领域包括：结构开发、采暖和制冷、管道和电力。

公司根据花在每个合同上的小时数向客户计费。每小时计费率依赖于不同工作领域的员工的级别（如下）。

图 GP-1 显示了一个山麓建筑公司经理每周都希望看到的基本报告，报告里呈现了关于什么项目被分配以及分配时间和变更的概要信息。山麓建筑公司根据四种不同的工作领域设计其内部组织结构：结构（500）、管道（501）、电力（502）和采暖通风（503）。每一个业务部门可以而且应该有许多专门从事这一领域的分包商。

FOOTHILLS CONSTRUCTION PROJECT DETAIL

PROJECT NAME	ASSIGN DATE	EMP LAST NAME	EMP FIRST NAME	JOB DESCRIPTION	ASSIGN HOUR	CHARGE/HOUR
Chatfield						
	Thursday, February 10, 2005	Jones	Anne	Heating and Ventalation	3.4	$84.50
	Thursday, February 10, 2005	Sullivan	David	Electrical	1.8	$105.00
	Friday, February 11, 2005	Frommer	Matt	Plumbing	4.1	$96.75
	Saturday, February 12, 2005	Newman	John	Electrical	1.7	$105.00
	Saturday, February 12, 2005	Bavangi	Terry	Plumbing	4.1	$96.75
Summary of Assignment Hours and Charges					15.10	$1,448.15
Evergreen						
	Thursday, February 10, 2005	Smithfield	William	Structure	3.0	$35.75
	Thursday, February 10, 2005	Newman	John	Electrical	2.3	$105.00
	Thursday, February 10, 2005	Nenior	David	Plumbing	3.3	$96.75
	Friday, February 11, 2005	Marbough	Mike	Heating and Ventalation	2.6	$84.50
	Saturday, February 12, 2005	Johnson	Peter	Electrical	2.0	$105.00
	Saturday, February 12, 2005	Newman	John	Electrical	3.6	$105.00
	Saturday, February 12, 2005	Olenkoski	Glenn	Structure	1.9	$35.75
Summary of Assignment Hours and Charges					18.70	$1,543.65
Roxborough						

Page: 1

图 GP-1　山麓建筑项目详细信息

由于过去几年中房屋销售市场的繁荣，山麓建筑公司决定开发一个关系数据库模型来根据项目名称、分配的时间、每个职位的每小时收费额等方面跟踪项目细节。最初，山麓建筑公司决定让一名雇员处理数据库的开发事宜。然而，这名雇员没有时间去完全实现该项目。山麓建筑公司要求你接管并完成数据库的开发。

实体类和数据库的主键已经定义如下：

实　　　体	主　　　键
Project	Project Number
Employee	Employee Number
Job	Job Number
Assign	Assign Number

以下业务规则也被确认：

（1）一份工作可以分配给许多员工，但必须至少分配给一名员工。

（2）一名员工必须分配一个且只有一个工作号码。

（3）一名员工可以分配给一个或多个工作项目。

（4）一个项目只能分配给一个员工，但不需要必须分配给任何员工。

你的工作分为以下几个阶段：

（1）开发和描述实体关系图。

（2）使用范式化保证表的准确性（关系）。

（3）使用个人 DBMS 包创建数据库（最好是 Microsoft Access）。

（4）使用 DBMS 包来创建如图 GP-1 所示的基本报告。

你应该知道的一些细节：

（1）你可能无法开发一个看起来与图 GP-1 一样的报告，然而，你的报告应该包含相同的信息。

（2）完整的员工信息由另一个数据库跟踪。对于这个应用程序，只包括最基本的员工号、姓氏和名字。

（3）所有关于项目、员工和工作的信息不是现成的。然而，你应该在数据库里为后续可能的信息系统创建一些信息。

案例 6：建立决策支持系统

创建投资组合

如果你正在设计一个长期的投资策略，大多数专家建议应该让股票市场成为计划中的一部分。你可以使用决策支持系统（decision support system，DSS）帮助你决定哪些股票应当进入你的投资组合。你可以使用电子表格来完成这项工作。你需要的 10 只股票信息已包含在名为 STOCKS.doc 的文件里。这些信息包括：

（1）两年内 10 只不同股票每周的价格数据。

（2）股票市场指数。

- 道琼斯工业股票平均价格指数
- 纳斯达克综合指数

（3）过去 10 年每股分红和现金流（来源：雅虎财经）。

请利用上述信息，构建一个 DSS 进行股票分析，主要包括以下任务：

1. 研究多元化的好处

A. 计算 10 只股票的平均回报和标准差。

B. 形成 6 种不同的组合形式：每种包括两只股票的两种组合；每种包括 3 只股票的两种组合；每种包括 5 只股票的两种组合。

使用你的 DSS 回答下列问题:

- 每个投资组合的标准差与投资组合中的每个股票(平均)标准差相比如何?
- 投资组合的平均收益率与投资组合中的每个股票的平均收益率相比如何?
- 多元化的益处看上去会随着股票投资组合数量的增加或减少而变大吗?
- 在两只和五只股票投资组合中,如果你把股票聚集在类似的行业中会发生什么?

2. 每个股票的价值

A. 基于过去的股息估计股息增长率。

B. 用今年的股息估计明年的股息并估计股息增长率。

C. 生成两个图:一个是过去的股息;另一个是下一个五年的预计股息。

你应该知道的一些细节:

(1)当执行计算时,使用周回报。也就是说,使用价格每周的变化而不是价格本身。这使你有一个更好的基础来进行计算,因为价格本身通常不会改变太多。

(2)文件:STOCKS.doc(Word 文件)。

案例 7:使用横幅广告进行宣传

HighwaysAndByways.com

HighwaysAndByways 公司生意兴隆,这是一家专注于向汽车爱好者销售配件的互联网公司(如销售脚垫、挡板、空气清新剂、音响等)。在过去的一年中,HighwaysAndByways 公司用网站管理软件来跟踪客户买什么,客户从哪个网站链接过来,以及客户浏览 HighwaysAndByways 网站后去了哪些网站。这些信息存储在一个电子表格文件中并包含如下的字段。电子表格文件中的每个记录代表一个单独的客户访问并最终购买。

列	名　称	描　述
A	CUSTOMER ID	购物顾客的唯一识别符
B	TOTAL PURCHASE	购买的总量
C	PREVIOUS WEB SITE	顾客从哪一个网站来访问 HighwaysAndByways
D	NEXT WEB SITE	顾客在 HighwaysAndByways 购物后所访问的网站
E	TIME SPENT	顾客在网站所花的总时间

HighwaysAndByways 公司对所选定的三个物品很感兴趣,并雇用你作为顾问来提供帮助。首先,HighwaysAndByways 想知道它应该在哪个网站购买横幅广告空间。其次,HighwaysAndByways 想知道它应该联系哪些网站以确定这些网站是否想购买 HighwaysAndByways 网站上的横幅广告空间。最后,HighwaysAndByways 想知道应当与哪些网站发展横幅广告互惠关系;也就是说,HighwaysAndByways 希望有一张网站列

表，在这些网站上它将获得横幅广告空间，同时在其网站上，它为这些网站提供横幅广告空间。

你应该知道的一些细节：

（1）当分析提供的信息时，考虑一下信息素养的水平。换句话说，在仔细评估所提供的信息之前，不要急于下结论。

（2）当顾客访问了 HighwaysAndByways 后要离开时，你不知道顾客是否已在网站购买。

（3）完成分析后，请提供简洁、详尽的文档（可以采用文字叙述、数字和图形的形式），解释你的建议。

（4）文件：CLICKSTREAMS.xls（Excel 文件）。

案例 8：评估信息技术外包的价值

预测

成立于 1992 年的创新软件公司（Innovative Software）提供搜索软件、网站易访问性测试／修复软件、可用性测试／修复软件。这些软件全都作为公司为政府、企业、教育和消费市场所提供的桌面和企业内容管理解决方案的一部分。公司的解决方案被网站出版商、数字媒体出版商、内容管理者、文档管理者、业务用户、消费者、软件公司、咨询服务公司使用。创新软件解决方案符合美国和国际的可访问性和搜索标准，可以帮助企业制定长期战略，实现 Web 内容的可访问性，提高可用性。

创新软件公司有连续 10 年每年营业额呈 1% 增长的历史，并一直专注于客户服务。它的企业标语是"变大，始终着眼于小处"，它对客户回应感到自豪，也清楚客户服务使其能够在竞争中脱颖而出。

创新软件公司实现了快速增长，客户数量已经是原来的六倍，并不得不首次处理一些难题，比如，"我们如何服务于这么多的客户？我们如何保持自己的宗旨——始终关注我们的客户？我们如何知道别人也会像我们一样关照客户并和我们所做的一样好？"另外，你刚刚从公司 CIO 苏·唐斯那里收到一封电子邮件，提到一个新应用的客户投诉电话数量正在增加。

作为创新软件公司客户服务的经理，你的首要目标是维护公司以卓越的客户服务而知名的声誉，外包可能提供了一种有效的应对呼叫量激增的方式。创新软件公司正在评估一份类似的方案——e-BANK，这个方案将外包其客户服务业务，进而通过几种客户互动渠道处理可预计的大量客户请求。尽管 e-BANK 拥有优秀的人才，但感觉它的竞争力主要是在金融领域，而不是客户服务，因此需要一个擅长客户服务的公司来提供专业服务。e-BANK 还发现外包客户服务中心是划算的。

此外，外包的方式相对轻松，因为 e-BANK 不需要建立自己的呼叫中心。

你应该知道的一些细节：

（1）根据 FORECAST.xls 中提供的数据创建一个周分析。

（2）产品的价格、实际的产品类型、任何保修信息都是不相关的。

（3）开展有关增长、趋势和预测的分析。你应该使用为期三天的移动平均线：较短的移动平均线可能不会很好地显示趋势，较长的移动平均线也会减弱趋势的影响。

（4）完成分析后，请提供简洁、详尽的文档（可以采用文字叙述、数字和图形的形式），解释你的建议。

（5）文件：FORECAST.xls（Excel 文件）

案例 9：演示如何创建网站

运用HTML语言

从某些方面来讲，创建一个好的网站很简单，而从其他方面来讲又很困难。学习编写 HTML 脚本是相对容易的，但创建一个有效并且能吸引眼球的网站就是另外一回事了。也就是说，仅仅使用技术和用好技术还是有很大的区别的。

在这个项目中，你的任务是创建一个演示文稿（使用演示文稿软件，比如微软的 PowerPoint）来达到两个目标。首先，你的演示文稿应能向你的观众展示如何编写简单的 HTML 代码来创建网站。演示文稿应包括能完成以下内容的 HTML 代码：

- 文本格式（黑体、斜体及其他）
- 字体类型和字号
- 字体颜色
- 背景色和图片
- 链接
- 图片
- 编号和项目符号列表

其次，演示文稿应向观众提供一系列指南，说明如何创建一个令人印象深刻的网站。因此，你需要在演示文稿中嵌入超链接，链接到那些设计良好的网站，以及一些有效的和无效的设计实例。

你应该知道的一些细节：

（1）在一个名为 HTML.doc 的文件里，本书提供了多个教你如何编写 HTML 代码的链接。

（2）在一个名为 DESIGN.doc 的文件里，本书提供了多个教你如何有效设计网站的链接。

（3）文件：HTML.doc 和 DESIGN.doc（Word 文件）

案例 10：运用演示文稿软件

信息技术伦理道德

公司管理层非常关注计算机犯罪造成的高昂成本，包括小到对垃圾邮件的诉讼，大到拒绝服务型攻击和闯入公司网络窃取信息的黑客。你需要制作一个演示文稿，向你的同事说明这些问题。使用演示文稿软件，比如微软的 PowerPoint，来完成这个演示文稿。

可以从下列主题中选择演示文稿的重点：

- 与 IT 系统相关联的道德问题。
- 针对 IT 系统的犯罪类型（比如病毒）。
- 利用 IT 系统作为武器的犯罪类型（比如将钱从一个账户转向另一个账户的电子盗窃）。
- 安全措施，比如是否足够好、成本如何、实施起来有多昂贵。
- 员工的电子监控（分别从雇主和员工的视角）。
- 收集和使用消费者的私人信息。

信息来源

- 在文件 ETHICS.doc 中，有上述主题的相关信息。
- 互联网是能找到大量信息的好地方。
- 大多数商业出版物，例如《商务周刊》《信息周刊》《财富》以及《华尔街日报》等，经常会有关于道德、电子犯罪和安全方面的好文章。可从互联网上找到这些文章。
- 像《新闻周报》和《今日美国》这样的一般性新闻出版物也会刊登这些主题的文章。

你的任务是把发现的这些信息组织成一个清晰的演示文稿，并在适当的地方使用图表。

你应该知道的一些细节：

1. 内容要求

- 每张幻灯片都应有一个大标题。
- 每张幻灯片都应表达一个主题。
- 主题之间应该有逻辑性。

2. 设计要求

- 遵守"7 原则"，即每张幻灯片不超过 7 行，每行不超过 7 个字。
- 简单。
- 组织合理。
- 便于听众抓住重点。
- 以一种令人感兴趣的方式进行内容的布局。
- 字体大小至少 30 号。
- 为了特定目的，仔细、一致地使用颜色和图片。

- 使用高对比的颜色（比如黑 / 白、深蓝 / 白等）。

案例 11：创建网络数据库系统

基于网络的分类系统

随着互联网逐渐作为世界范围内信息通信的标准，科罗拉多州中部的一家中等规模的社区报纸 *Gabby's Gazetteer* 正在试图进入电子商务市场。

在分类广告列表中，广告商放置一个小广告来显示他希望销售的物品，并提供一个联系方式（比如电话号码），潜在购买者可以据此与之联系。

通过报纸分类系统进行销售的原理如下所示：

- 在销售过程中，信息在不同阶段有不同的流向。
- 首先，出现一个向下的信息流（从卖方到买方）——在报纸上打印的列表（因此说，分类和列表只是把买方和卖方带到了一起）。
- 其次当一个潜在购买者产生了兴趣，那么这个兴趣必须向上游释放，通常是通过电话或者当面。
- 最后，将有一次会面，即通过面对面的协商来完成销售，如果能达成销售的话。

如果把整个系统放置到互联网上，上游和下游的通信就可以通过网页浏览器完成。销售变得更像是一次拍卖，因为多个潜在的购买者可以为同一个商品进行报价。

任何想购买商品的用户都可以：

- 查看待销售的商品。
- 对他们希望购买的商品进行报价。

任何想销售商品的用户都可以：

- 发布要销售的新商品。
- 浏览想要销售的商品列表，查看每一项商品的已有报价。
- 接受消费者针对正在销售商品的报价。

这个系统也应该允许用户完成一些非常基本的管理工作，例如

- 浏览列表，查看有哪些销售的商品。
- 系统注册（用户不用注册也可以进行浏览，但如果他们想要销售或购买商品，则必须先注册）。
- 系统登录。
- 变更注册信息。

你需要完成下列工作：

- 建立并描述能够支持上述活动的数据库实体—联系图。
- 进行范式化以确保表的正确性。
- 使用一种个人数据库管理系统（DBMS）来创建数据库。

你应该知道的一些细节：

（1）使用图 GP-2 作为数据库设计的基础。

（2）文件：无。

图 GP-2　Gabby's Gazetteer 的分类注册系统

案例 12：创建决策支持系统

买还是租

On the Vine Grapes 公司位于加利福尼亚州，是一家为红酒生产行业提供葡萄的领先供应商，它想要通过增加现有的运输车辆，来扩展其配送服务和市场占有率。现有车辆中有一些是租来的，租车需预付订金，车辆有里程限制，并且提前还车将缴纳罚款。另外一些车辆是通过传统的采购贷款购买而来的，这常常导致较高的折旧费用和维护费用。所有车辆都来自当地的代理商。

On the Vine Grapes 公司想让你帮助它开发一个租赁/购买的成本分析工作表，以进行最有效的决策。现在，运营总监比尔·史密斯确定车辆的型号是 2005 福特 F-550 4x2 SD 161.8in. WB DRW HD XLT。该车的零售价格是 34 997.00 美元，从福特车辆租赁公司租赁的价格是 600 美元/月。

需要考虑的基本费用和成本包括如下内容：

1. 租赁成本

可退还押金	500 美元
首付	500 美元

其他初始成本	125 美元
剩余各期的月租费	600 美元
末期预付款	No
每年里程限制	15 000
预计每年驾驶里程	20 000
超出里程每公里费用	0.10

2. 购买成本

含税零售价	34 997 美元
首付	4 000
贷款利率	8.75%
利息是否可以从组织或房屋贷款利息中扣除？	是
车辆的总载荷量是否超过 6 000 磅⊖？	是

3. 总成本及假设

总租期 / 贷款期	36
贴现率	8.75
税阶，包括联邦税和州税	33%
企业使用率	100%

你应该知道的一些细节：

（1）文件 BUYORLEASE.xls 是可用来输入信息的模板。其中有一个工作表是用来帮助你计算一辆汽车的每年折旧费。

（2）为 On the Vine Grapes 公司创建一个详细的关于租赁 / 购买选择的汇总表。

（3）文件：BUYORLEASE.xls（Excel 文件）。

案例 13：开发企业资源计划系统

计划、报表及数据处理

为了全面了解高等教育系统对技术的管理和使用情况，科罗拉多州编写了关于企业资源计划和管理情况的全州年度报告。该报告显示了全州范围内信息技术的投入、接下来两年的优先顺序、方案和项目、绩效管理以及用来在 2004 ~ 2005 财年支持高等教育业务运营的信息技术资源。同时也编写了一个比较报告，用来说明 2003 ~ 2004 财年和 2004 ~ 2005 财年资金变化的情况。

州高等教育部的首席信息官（CIO）大卫·保罗需要列出下列 5 种拨款中的技术支出预算情况：员工工资 / 福利、其他个人服务（OPS，即无正式岗位的非职业服务员工）、费用

⊖ 1 磅 = 0.453 6 千克。——译者注

（所有 1 000 美元以下的硬件采购、差旅、培训和一般办公费用）、运营资本支出，以及数据处理服务。这些拨款绩效管理大多数都是通过手工方式处理的。为了充分利用可能的改进机会，有几个涉及报告内容的单位表示需要在未来使用自动化工具。大卫·保罗请你帮助组织这些信息，并且统计州教育委员会提出的需求。除了上面提及的不同拨款类型，每个学校需要根据其类型进行分类（2 年制、4 年制公立或 4 年制私立）。这将有助于对目前和将来的资源计划进行总体分析。

你应该知道的一些细节：

（1）需要创建能体现下列内容的详细报告：

a. 从 2003 ~ 2004 财年到 2004 ~ 2005 财年的总体变化情况。

b. 分拨给数据处理服务预算的百分比。

c. 2 年制、4 年制公立和 4 年制私立学校分拨给数据处理服务的百分比。

（2）绘制一个图形，展示 2 年制、4 年制公立和 4 年制私立学校分拨给数据处理服务的百分比。

（3）文件：COLORADOHIGHERED.xls（Excel 文件）。

案例 14：评价无线技术的未来

新兴趋势及技术

"智能化无线手持设备的应用即将爆发，并必然在未来几年内持续爆发"，微软 CEO 史蒂夫·鲍尔默（Steve Ballmer）如是说。

无线、可移动、体积小巧、普适计算、随时上网，无论你怎么称呼它，它就在这里。能接入多种应用和信息的简易操作设备的价格急剧下降，而同时，这些设备的效率却大幅提高。越来越多的企业用户希望使用移动设备来完成那些以前只能在桌面电脑上处理的工作。终端用户的使用率大幅攀升。随着世界变成一个以移动用户为特征的整体，未来的 18 个月将成为移动计算真正的增长期。

由于这部分市场的增长，软件和信息公司也据此拓展它们的产品及服务。无线移动及相关功能既为现有公司，也为新进入者提供了新的市场机会，使得它们可以提高效率并利用新的盈利机会。基于互联网的移动设备服务，为那些以全新的创新方式利用地点、时间和实时信息访问进行产品和服务开发的公司，创建了一系列新的商机。

此时，也出现了一些未被大众所了解的技术，包括：

● 用于无线设备的硬盘。

● 全球漫游。

● 基于下一代燃料电池的移动电源。

这三项技术都能给无线世界带来重大的变化。

你需要使用微软 PowerPoint 之类的软件包准备一个演示报告。参考文件 WIRELESS.

htm 中提供的无线方案提供商和制造商列表，选择至少两个开发商，并创建一个关注下列主题的介绍。

（1）目前正在开发的产品或服务是什么？

（2）该产品或服务的目标市场是什么？

（3）该产品能够带给无线产业哪些主要功能？

（4）哪个提供商 / 制造商 / 开发者的产品可能第一个上市？

（5）该无线产品或服务的内容是如何进行推送的？

（6）这些产品或服务能否将交互式多媒体应用配置在任何数字无线设备、媒介或网络上？

（7）这些新产品或服务是否关注了隐私问题？（包括追踪使用者偏好、购买历史、浏览偏好或者当用户使用无线设备时追踪其地理位置的能力）

（8）该产品或方案对全球市场有怎样的影响？

（9）该无线产品或方案目前的零售价格是多少？

（10）当前的可用带宽是不是无线行业需要考虑的一个因素？

你的任务是把发现的信息组织成一个清晰的报告，并适当使用图表。

你应该知道的一些细节：

1. 内容要求

- 每张幻灯片都应有一个大标题。
- 每张幻灯片都应表达一个主题。
- 主题之间应该有逻辑性。

2. 设计要求

- 遵守"7 原则"，即每张幻灯片不超过 7 行，每行不超过 7 个字。
- 简单。
- 组织合理。
- 便于听众抓住重点。
- 以一种令人感兴趣的方式进行内容的布局。
- 字体大小至少 30 号。
- 为了特定目的，仔细、一致地使用颜色和图片。
- 使用高对比的颜色（例如黑 / 白、深蓝 / 白等）。

3. 文件：WIRELESS.htm（html文件）

案例 15：评估下一代技术

DOT-COM应用服务提供商（ASP）

电子商务带来了一系列新的挑战，这些挑战不仅针对新成立的 DOT-COM 公司，同时也针对那些运行良好的传统"砖头＋水泥"公司。为了获得日益增长的在线市场份额，IT管理者首先要决定是否开发某个商务应用。然后他们就面临着最重要的决策：是将应用的实施、配置和运营交给内部的IT资源来完成，还是把这些工作承包给某个应用服务提供商（ASP）。

几年前，甚至没有人听过"应用服务提供商"这个词。现在，ASP市场已经颇具规模。短短的两年时间里，把应用出租给企业的观念已经成为这个不断增长的行业中的一个令人关注但尚未有定论的议题。

位于科罗拉多州的Front Range汽车租赁公司聘请了你，研究如何使用技术处理更多的交易。公司需要编写一个Web服务，以便在后端的主系统中处理预订业务。航空公司的合作伙伴可以使用该Web服务，以便能够集成到航空公司的旅行订票流程中。当消费者预订机票时，他们可以同时选择从航空公司的网站上预订一辆汽车。租赁的细节信息将被传输给汽车租赁公司负责处理预订业务的Web服务。这个新的功能将帮助汽车租赁公司处理更多的预订，并能在商业化程度很高的市场中获得竞争优势。

你的主要工作是研究内部开发、ASP方式的成本收益情况如何。工作表DOTCO-MASP.xls中包括了所有的细节信息。但是，你还需要使用互联网去获得当前的价格信息。另一个提供给的文件DOTCOMASP_SEARCH.htm中包含了能帮助你完成研究中的关键内容的搜索引擎清单。

你应该知道的一些细节：

（1）所有的ASP都并不相同。下面列出了几个问题，来帮助你识别它们各自的优势、劣势、能力以及核心竞争力。

- 该ASP是否提供包括概念验证、安装、运行、培训、支持和前瞻性的变更等全生命周期的服务？
- 该ASP公司技术能力的深度和广度如何？公司的特点是什么？
- 主要技术人员是从哪里并如何获得他们的技能？
- 该ASP是否有实际的在线客户？如果有的话，他们的业绩如何？
- 该ASP是否提供服务等级协议（SLA）？SLA的违规惩罚条款是什么？
- 尤其是，该ASP的基础架构在下列主题上的能力如何：
  - 高可用性（正常运行时间）？
  - 确定的数据完整性？
  - 可扩展性？
  - 可靠性？
  - 高性能？
  - 安全及访问控制？
- 该ASP是否为终端客户提供24×7的技术支持？升级流程如何？高优先级问题的解决方案？专业的客户经理？
- 该ASP能否提供开发专家进行应用的定制化？
- 该ASP如何处理升级？如何增加产品模块？

- 该 ASP 能否帮助完成扩展项目，例如上线一家新的工厂或增加一个新的供应商？
- 该 ASP 能否提供一个全面的整合应用套件（相对于仅一个简单应用而言）？

（2）文件：DOTCOMASP.xls（Excel 文件）和 DOTCOMASP_SEARCH.htm（html 文件）。

案例 16：分析战略及竞争优势

确定经营杠杆

　　Pony Espresso 是一家在办公楼里销售特制饮料的小型企业。每天早晨和下午，运货车运达办公楼的正门入口，办公楼职员可以购买各种饮料，比如 Java du Jour 或 Café de Colombia。这个业务是挣钱的。但是，Pony Espresso 的办公室位于城区的北部，那里的租金较低，但其主要的销售区域是在城区的南部。也就是说，每天运货车需要穿越城区 4 次。

　　往返销售区域的运输成本，再加上货车上咖啡冲泡设备所需要的电能，是变动成本中的一大部分。如果 Pony Espresso 搬到离销售区域更近的地方，就可以减少驱车路程，也因此降低了变动成本。

　　Pony Espresso 目前的固定成本是每月 10 000 美元。如租赁离销售区域更近的办公室，每月将花费额外的 2 200 美元。这就使固定成本增加到每月 12 200 美元。

　　尽管租赁新办公室将增加固定成本，但通过对汽油和车辆维护成本的下降情况进行详细估计，就可以推算出 Pony Espresso 能够将变动成本从每单位 0.60 美元降到 0.35 美元。搬家并不一定能带来销售的增加，但变动成本的节约将使年利润得到提高。

　　Pony Espresso 聘请你帮助它对成本以及新的租赁选择进行分析，以判断利润率的增长情况。你还需要计算经营杠杆率以便更清晰地了解公司的收益率。经营杠杆率（DOL）将为 Pony Espresso 的 CEO 达里安·普雷斯利（Darian Presley）设置运营目标和计划收益率提供大量的信息。

　　你应该知道的一些细节：

　　（1）考虑上面提供的信息，尤其是看看每月利润的变化情况。从 11 月到 1 月，正是很难将办公室的人员吸引到寒风中购买咖啡的季节，Pony Espresso 勉强保持盈亏平衡。事实上，在 2005 年 12 月，公司是亏损的。

　　（2）首先，使用文件 PONYESPRESSO.xls 提供的每月销售数据，对现有的租赁信息进行成本分析。然后，再对上面提供的新的租赁信息进行成本分析。

　　（3）你需要计算可变性，这一点可以通过当前情况的成本结构和预计的成本结构中收入部分的逐月标准差体现。

　　（4）不要考虑任何诸如日常开支减少等情况，只关注提供给你的信息。

　　（5）你需要计算 EBIT，即息税前利润。

　　（6）如果 Pony Espresso 搬迁办公室，则经营杠杆率和经营风险将会增加还是减少？

提示：利润水平（不论是否以 EBIT 来衡量）、运营收入或净收入的变化，不一定会导致随着 DOL 的提高而增加经营风险水平。

（7）文件：PONYESPRESSO.xls（Excel 文件）。

案例 17：创建决策支持系统

盈亏平衡分析

Ski-YA! 是一家销售高性能滑雪设备的公司，总部位于科罗拉多州。当滑雪成为一项很受关注的运动时，科罗拉多州 Ski-YA! 的人们不再劳神于进行琐碎的分类；对他们来说，所有的高山滑雪设备加起来就一个词：太棒了！

Ski-YA! 本季的产品也不例外。滑雪板延续变宽的趋势，以便能更好地浮在机压雪道上，切边滑雪板、设计的滑雪杖呈沙漏状以帮助滑雪者转弯，这些都反映了目前花样地形滑雪者的需求。甚至固定器也被改动了：省掉了钻孔和螺丝刀；最新的连接件可以卡进或移动进位，延长了滑雪板的寿命，也改善了力量的传递。

Ski-YA! 公司想要在即将到来的滑雪季开始时，销售一种新型的滑雪板，名为下山魔族。公司希望知道至少要卖出多少个滑雪板才能实现盈亏平衡，因为它已在材料和设备上进行了投资。首席财务官提供了下列信息：

固定成本

金属模制机：	200 000 美元
铣床：	150 000 美元
磨砂机和研磨机：	10 000 美元
压力机：	25 000 美元
丝网印刷机：	50 000 美元

变动成本（每单位）

包装材料	5.00 美元
原材料	100.00 美元
运输	20.00 美元

市场部门认为新型滑雪板的销售单价为 400 美元，并预测每个月平均能卖出 200 个滑雪板。公司的目标是在第一年内就实现滑雪板的盈亏平衡并开始盈利。Ski-YA! 将第一财年的目标利润水平定为 10 万美元。

你应该知道的一些细节：

（1）首先，进行盈亏平衡分析，其目的是确定公司必须销售多少个滑雪板才能抵消所有的固定成本。

（2）然后进行目标利润分析，其目的是确定公司必须销售多少个滑雪板才能获得预先设定的利润水平。二者的区别是，盈亏平衡分析中目标利润值是零，而设定一个大于零的目标利润，即意味着目标值大于盈亏平衡点。

（3）你还要创建一个包含数据的表格，这些数据用来生成盈亏平衡/目标利润图表。该表格在盈亏平衡/目标利润中各含有10个数据。

（4）最后创建一幅图，能够显示盈亏平衡点或目标利润水平随总固定成本和变动成本的变化情况。如果需要计算达到盈亏平衡或目标利润所需要的月数，那么这些数字将显示出来。

（5）文件：SkiYA.xls（Excel文件）。

案例 18：进行财务分析

资格审查表和摊销工作表

山麓银行（FSB）成立于1982年，是一家位于科罗拉多州丹佛市的美国联邦担保的股份制储蓄银行。成立初期，它是一家私人担保的信用合作社。1985年，它向联邦投保，并于1986年取得联邦储蓄银行执照。FSB是联邦住房贷款银行系统（FHLB）的成员，它的存款由美国联邦存款保险公司（FDIC）承保，并享受法律规定的最大理赔额度。

山麓银行为自住房、第二套房屋和投资性购房提供贷款。FSB提供首套住宅常规固定利率贷款以及可调整利率抵押（ARM）贷款。常规融资指的是未经联邦政府、州政府或地方政府担保的抵押贷款。目前，FSB在网上为客户及潜在的客户提供一份资格预审查表。FSB要求可贷款金额减少10%，这也是常规融资常常要求的。

你需要完成一个抵押贷款资格审查表，然后以抵押贷款资格审查表中的数据为基础创建一个贷款还款分析表。

你应该知道的一些细节：

（1）银行会提供抵押贷款资格审查表的模板，但是你需要自行计算。

（2）资格审查部分：

- 第一个需要计算的资格审查数据是每个月的最大还款金额（假定没有其他长期债务）。计算方法是总收入乘以房屋成本比例，然后除以12。
- 第二个考虑的资格审查数据是每月的还款金额（考虑总负债率）。计算方法是总债务乘以负债率，然后除以12。
- 抵押贷款公司通常只会批准每月还款金额低于前面两者之间最小值的贷款。
- 该表格默认房屋成本比例为0.28，总负债率为0.36，这些都是常规抵押贷款常用的标准值。

（3）贷款金额部分。

资格审查部分下面的表格用来计算用户可以获得的贷款额度和对应的每月还款金额。根据实际情况，决定下面哪些情况在你身上适用：

在所有情况中，每月还款金额包括本金和利息两部分。

- 在大多数情况下，每月还款金额中包括按月支付的托管存款，这些存款用于缴税和抵押贷款保险。在某些情况下，房子业主的保险也会包括在内。请尽可能正确地对这些数字进行估计。

- 如果客户打算购买公寓或合作性消费房产，每月还款金额还包括业主的应付款或维护费用。你需要预测这些费用并将它们输入表格内对应的位置。

（4）创建还款分析表。

- 使用抵押贷款资质审查表中的数据来创建还款分析工作表。你需要计算贷款存续期间每个还款周期的期初余额、本金支付、利息支付、本金总额、利息总额和期末余额。

（5）文件：Mortgage.xls（Excel 文件）。

案例 19：开发调度决策支持系统

空乘人员调度

Rockies 航空公司是一家新成立的航空公司，主要运营盐湖城、丹佛和芝加哥之间的航线，每条航线每天两个来回。Rockies 航空公司在 2004 年 2 月 11 日首飞，并举行了盐湖城和丹佛国际机场之间飞行服务的首飞仪式。Rockies 航空公司的每架飞机都安装了宽敞的真皮座椅，可以收看美国直播电视集团的 24 个频道。

航空业是一个不稳定的行业，Rockies 航空公司必须在战略上将自己定位为低价服务提供者。因此，它必须在保证既定航班时刻表又能满足美国联邦航空管理局要求的前提下，合理地调度空乘人员以实现成本最小化。每家航空公司都需要解决空乘人员的调度问题，这是一个复杂而又费时的过程。

首先，你需要找出所有可能的乘务人员调度方案。你会粗略估计每种组合的成本，然后使用这些成本求解传统的调度问题。然后，你需要考虑机组人员的约束来决定决策变量、约束条件和目标值。

下面是 Rockies 航空公司的航班时刻表：

出发	到达	起飞时间	到达时间	起飞时间	到达时间
盐湖城	丹佛	9：00 AM	12：00 PM	2：00 PM	5：00 PM
盐湖城	芝加哥	10：00 AM	2：00 PM	3：00 PM	7：00 PM
丹佛	盐湖城	8：00 AM	11：00 PM	2：00 PM	5：00 PM
丹佛	芝加哥	9：00 AM	11：00 PM	3：00 PM	5：00 PM
芝加哥	盐湖城	8：00 AM	12：00 PM	2：00 PM	6：00 PM
芝加哥	丹佛	10：00 AM	12：00 PM	4：00 PM	6：00 PM

你应该知道的一些细节：

（1）乘务人员早上离开一个城市，晚上必须回到该城市。

（2）乘务人员可以搭乘另外一架飞机返航，往往是搭乘晚上 8 点的飞机。总共有 6 架飞机在执行飞行任务。

（3）每个乘务人员的飞行成本是 200 美元每小时。

（4）乘务人员在等待执勤或返航的时候成本是 75 美元每小时。

（5）公司应当如何调度乘务人员以实现最小化成本？

（6）提示：你也许需要安装求解程序插件来协助你完成任务。

（7）文件：CREWSCHEDULING.xls（Excel 文件）。

案例 20：开发数据库管理系统

山地自行车租赁

位于科罗拉多州韦尔市的韦尔度假胜地因其是北美最好的山地自行车运动场所而举世闻名。Slopeside 自行车租赁公司从 1973 年开始就在该地区开展业务。在 Slopeside 自行车租赁公司，顾客可以找到该地区样式最多的自行车、零部件、装饰品、书籍、帽子、衣服、减震器、头盔、护目镜、鞋子、车架和齿轮。你可以在这里找到上路或休息时需要的所有物品。公司的展示和租赁业务覆盖了从高级双臂悬架到儿童自行车及拖车的所有物品。

假设过去的三个暑假，你都在该公司打工。最近，公司的业务量飙升，老板需要一种更精确的方式来管理租赁业务。你决定开发一个数据库来帮助老板追踪自行车租赁业务，包括客户是谁、付款金额以及归还车辆时自行车的损伤情况。现在该公司共有 13 辆可供租赁的山地自行车，它们的种类、型号和组件都有差别。当顾客租赁自行车的时候，他们需要留下驾驶证号码、家庭地址、电话号码和信用卡号码等信息。

你已经为数据库设计了下列实体类和主键：

实体	主键
Bike	Bike_ID
Customer	Custmoer_ID
Rental	Rental_ID

你已经识别出下列商业规则：

（1）一次租赁可以对应多个顾客，但是不得少于一个顾客。

（2）每辆自行车可以而且只可以指定一种租赁种类。

（3）每个顾客一次可以租赁一辆或多辆自行车。

（4）每辆自行车最多指定给一个顾客，但是也可以不指定顾客。

你的工作包括以下步骤：

（1）开发实体关系图。

（2）通过范式化确保表格（关系）的正确性。

（3）使用个人数据库管理系统软件包（最好是微软 Access）创建数据库。

（4）Slopeside 自行车出租公司的 13 辆自行车的出租价格如下。

（5）使用数据库管理系统软件包创建图 GP-3 所示的基本情况报告。

车辆描述	每小时单价（美元）
Specialized Rockhopper	12
Specialized Rockhopper	12
Trek Fuel 70	12
Trek Fuel 80	15
Trek Fuel 80	15
Trek Fuel 90	16
Marin Downhill FRS	16
Marin Downhill FRS	16
Marin Downhill FRS	16
Specialized Stumpjumper FSR	18
Specialized Stumpjumper FSR	18
Specialized Stumpjumper FSR	18
Specialized Stumpjumper Hardtail	20

图 GP-3　Slopeside 自行车出租报告

你应该知道的一些细节：

（1）你创建的报告可能跟图 GP-3 有差别，但是你的报告需要包括同样的信息。

（2）你的一个表可能需要复合主键。

（3）文件：无。

案例 21：评估信息安全状况

无线网络的脆弱性

空的品客薯片罐就能帮助恶意黑客定位易受攻击的无线网络。安全公司证实，使用品客薯片的罐子制作的定向天线能够显著地提高发现连接上无线网络的电脑的机会。I-sec（一家网络安全研究公司）使用自制天线进行了一次非正式测试，发现超过 2/3 的受调查网络没有采取任何保护措施。这种天线被称为"Pringles Cantenna"，因为它们便宜（不超过 10 美元）而且容易安装，所以迅速流行起来。

一点也不奇怪，无线网络安全，尤其是无线局域网络成为网络管理员最关心的问题。整个安全行业也迅速发展，并服务于千变万化的、以无线网络为基础的信息整合需求。因为公司和家庭用户正逐渐地采纳无线技术，它们需要特殊的安全措施来应对无线通信的独特属性。毕竟无线意味着人为地将信息转变为电波，任何人只要在一定范围内使用合适的接收器（如 Pringles Cantenna）就能截取信息，用于各种可疑的用途。考虑到这一点，很多无线网络内置认证和加密机制来保证无线网络用户的安全，至少使解密用户信息变得有难度，使得他们的网络不易被攻破。

你应该知道的一些细节：

（1）深入调查网络上关于防范这种业余攻击的技巧、技术和最佳方法的讨论，并撰写一份分析报告。

（2）在报告中总结可以用来识别和阻止这种攻击的技术有哪些，特别关注防火墙和入侵检测软件。

（3）在报告中包含以下内容：目前身份盗用的统计数字、网络被黑客攻击的次数以及每年网络安全漏洞给公司造成的损失。

（4）在研究的过程中，你需要尝试找出实施充分的安保措施的公司占多大比例，以及在网络安全方面的支出不到信息技术支出 5% 的公司占多大比例。

（5）文件：无。

案例 22：评估供应链管理的价值

运输优化

球道森林公司（the Fairway Woods Company）的主营业务是定制高尔夫球杆。它的球杆由位于科罗拉多州丹佛市、亚利桑那州凤凰城和得克萨斯州达拉斯的三家工厂进行生产，然后通过货车运输到分别位于加利福尼亚州的萨克拉门托、犹他州的盐湖城、新墨西哥州的阿尔伯克基、伊利诺伊州的芝加哥和纽约州的纽约市的五个配送仓库。因为运输成本是成本的主要组成部分，管理层希望能够找到可以降低成本的方式。高尔夫球季即将到来，公司已经对每家工厂的总产出和为满足客户需求应在每个配送仓库存储多少商品进行了估计。球道森林公司的首席信息官已经为你创建了一个工作表（FAIRWAYS.xls），里面包含了从每家加工厂到配送仓库的运输成本，并以此作为分析的依据。

你应该知道的一些细节：

（1）该问题是产品从三家工厂到五个区域性仓库的运输问题。

（2）产品可以从任意工厂运输到任意仓库，但是长距离运输要比短距离运输成本高。

（3）挑战就是如何在满足区域性需求和不超过工厂生产能力的前提下，决定从每家工厂运输到每个仓库的产品数量，以实现运输成本最小化。

（4）具体来说，你需要关注：

a. 总的运输成本最小化。

b. 运输总量不大于工厂供应量。

c. 运输到任意仓库的产品量不小于仓库的需求量。

d. 运输的数量必须为正整数。

（5）文件：FAIRWAYS.xls（Excel 文件）。

电子商务项目

计算机统计数据和资源网站

无论是出于个人原因还是专业原因，你会发现你的生活离不开技术及其变化。当今社会，如果你知道最新趋势、新发明、处理器速度、无线通信能力的情况，那么你就可以在期末论文中向公司推荐信息技术基础设施。同样的信息还能帮你决定你需要购买和使用哪些技术。

伴随着你职业生涯的发展，你会进行很多商业演示和推荐，大多数演示和推荐会讨论"使用技术能够为组织带来的好处"。如果你想成为 C 级别的管理者（如 CEO、CFO、CIO 等），那么在组织层面使用技术的知识就是必不可少的。浏览发布计算机统计数据和资源的网站，并回答以下问题：

A. 网站包括了哪些个人层面的技术？

B. 网站包括了哪些组织层面的技术？

C. 网站是否提供了时间序列数据（如每年的数据）？

D. 网站的赞助商是谁？该网站是否以盈利为目的？

E. 各类研究报告是否免费？或者说你需要付费才能浏览吗？

F. 从个人角度来看，你认为网站有用吗？

G. 从组织角度来看，你认为网站有用吗？

消费者信息网站

很多消费者组织在网上提供信息数据库。在那些网站上，你可以找到最新的产品评论，寻找治疗（或缓解）疾病的最新药物，获取汽车和儿童玩具的安全信息。

这些网站是非常有用的。第一，当你购买产品和服务的时候，它们能够让你更好地了解产品和服务，从而能够更好地决策。第二，在你写期末论文和研究论文的时候，这些网站也能提供很好的素材。这些网站提供了你在生活和学术生活中可能用到的很多信息，这些网站包括商业改进局（www.bbb.org）、消费者报告（www.consumerreports.org）、消费世界（www.consumerworld.org）以及消费者信息杂志（www.pueblo.gsa.gov）。

选一种你想要购买的商品，在网上浏览一下消费者信息网站，回答以下问题：

A. 你浏览了哪些消费者信息网站？哪些网站对你有帮助？为什么？

B. 网站提供的信息只是个人观点还是绝对真实，抑或两者都有？

C. 你浏览的网站赞助商是谁？政府？非营利性组织？营利性组织？

D. 随着电子商务变得越来越普及，你认为这些类型的消费者信息会变得很重要吗？

面试和谈判技巧

在你找工作的过程中，互联网能够为你提供很多有价值的信息。以面试和谈判为例，互联网上有 5 000 多个网站提供有关面试和谈判技巧的信息。

面试和谈判像找工作一样重要。即使你取得面试的资格，如果你不能很好地准备，那么你可能还是得不到这份工作。当你找到一份工作时，你也许会很惊讶地发现还可以就搬家费、签约奖金、家用电器补贴这些问题跟公司讨价还价。

我们已经提供了一些帮助你在劳动力市场上进行面试和谈判所需技巧的网站。浏览这些网站（或你知道的其他网站），列一份面试过程中"该做和不该做"的清单。然后，列一份看起来能够帮你提高谈判过程有效性的技巧清单。当你完成这两份清单以后，在课堂上进行简短的展示。在展示中，一定要提供你所访问网站的名字和地址。将这个展示通过电子手段发给班里的每一位同学。

元数据

元数据指的是关于数据的数据。在网页背景下，元数据指的是网页代码的开头部分（<head>）。下面是一个例子：

<html>

<head>

<title> 信息时代的管理信息系统 </title>

<META name ="描述" content ="你想了解的商业计算机系统的全部内容">

<META name ="关键词" content ="管理信息系统、商业信息技术、数据库、人工智能、安全、电子商务">

</head>

尽管开头部分的 <title> 严格意义上来讲不算元数据，但是联系很密切。它是当你把网页添加到收藏夹时对网页的描述。它对搜索引擎也是很重要的，因为它决定了一个网站在按照关键词搜索获得结果中的前后位置。

有些搜索引擎使用 <META…> 里面的内容来对网页进行分类。但是有些搜索引擎不这么做。找出三个这种搜索引擎的例子，回答下面的问题：

A. 谷歌使用 <METAdata…> 标签里面的内容来对网页进行分类吗？

B. 如何确保搜索引擎能够按照你设想的主题对网站进行归类？（比如你有一个关于机器人的网站。）

C. 元数据标签有国际公认的标准。说出其中一种标准的名字。

D. 找一个可以产生元数据标签的软件包。它的名称是什么？它的价格是多少？

E. 你对创建网页的元数据有什么好的建议？

美国劳工部

美国劳工部（BLS，网址 www.bls.gov）是"在劳动经济学和统计领域内，负责为联邦政府进行调查的机构"。那你就能猜到，BLS 提供了大量就业和经济方面的信息。浏览 BLS 网站，回答以下问题：

A. 网站的"Kid's Page"下有哪些信息？你找到哪些与你相关的信息？

B. 网站有哪些关于工作场所安全和职业病的信息？这些信息如何分类？这些信息对公司管理者有哪些用处？

C. 你能找到哪些人口统计信息？人口统计信息主要包含哪些人口统计特征？

D. 职业展望手册中包含哪些内容？该手册多长时间更新一次？你正在准备找工作，手册中哪些部分跟你密切相关？为什么？

E. 在通货膨胀和消费支出一栏，BLS 提供了关于消费者价格指数和生产者物价指数的大量信息。什么是消费者价格指数？它的含义是什么？什么是生产者物价指数？它的含义是什么？

F. 当你浏览各州就业信息的时候，有什么有趣的发现吗？你们州的经济发展与其他州相比表现如何？

人口统计信息

对于那些致力于满足最终消费者需求的公司而言，目标群体的人口统计信息非常关键。你对目标群体了解越多，你在开发和推广产品的时候就有更好的准备。人口统计信息是一个非常宽泛的概念，它包括邮编、年收入、性别、年龄、婚姻状况、爱好等任意特征。

你可以从互联网上找到各种各样的人口统计信息。访问几个与人口统计相关的网站，看看它们发布了哪些信息，然后回答下列问题：

A. 网站的目标受众是谁？

B. 网站的提供者是谁？

C. 网站的提供者是私人性质的营利组织还是非营利组织？

D. 网站的人口统计信息多久更新一次？

E. 是否需要交会员费才能访问网站的人口统计信息？

F. 如果你打算创业或是销售不同类型的产品，你认为网站信息对你有帮助吗？

免费的租赁存储空间

信息是信息时代的最基本资源。你必须保证信息的完整性和可用性，并在主要存储设备损坏或被盗时还有它们的备份。同时，你可以使用网络上提供的文件存储服务。这些网站为你的信息提供存储空间，使你能够在任何地方访问你的信息。你可以使用这些服务来备份你的信息，也可以通过这些服务来与其他人分享你的信息。

提供文件存储服务的网站包括：My Docs Online（www.mydocsonline.com）、Box（www.box.net）、Yahoo! Briefcase（http://briefcase.yahoo.com）。

A. 这些网站提供免费存储空间吗？如果提供，有什么限制？

B. 你能够存储哪些类型的信息（视频、文本、照片等）？

C. 你能够创建多个用户（每个用户有不同的密码）来访问你的储存空间吗？

D. 你需要按一定的周期（比如每年）签署使用协议吗？

E. 是否提供不同层次的服务，比如个人服务、企业服务、工作组服务等？

F. 对于你来说，使用网站上的文件存储服务是否比将信息备份到可读写 CD 或 DVD 好？为什么？

获得竞争情报

当考虑新的商业机会时，你需要关于竞争的知识。许多新的企业家往往忽视如下两点：市场上有多少竞争者，自己与竞争者的差异。你可能会发现你有太多的竞争者，而且竞争非常激烈。或者，你会发现市场上只有很少的竞争者，而且他们的产品和服务不怎么样。

考虑你能够在互联网上开展的新业务（花至少 15 分钟在这项任务上，重点分析你准备销售的产品或服务）。现在，在网络上找那些与你准备开展的业务类似的网站，并回答如下问题：

A. 找到多少个与你提供的产品或服务相同的网站？

B. 你如何找到它们的？

C. 多少网站在你的国家？多少网站在其他国家？

D. 你是否发现了其他国家某一个网站的独有竞争方法，但在自己国家的所有网站上没有碰到过这种方法？

E. 一般而言，互联网是否加剧了竞争程度？请解释原因。

计算机伦理指南

计算机伦理涉及许多话题：隐私、知识产权、资源滥用、人格诽谤等。不道德的行为既包括微小的事情，如电子邮件中的不礼貌，也包括像跟踪和死亡威胁这样的严重事件。一些不道德的行为是违法的，但有些则不是。

计算机伦理研究所的网站（www.brook.edu/its/cei/cei_hp.htm）提供了包括 10 条规定的

清单来规范信息技术的合理使用，美国计算机协会（ACM）也像其他许多组织一样制定了道德行为的章程。

通过网络查找如下问题的答案：

A. 从你选择的组织中查找道德规范守则。在你的查询结果中，你认为最好的 5 个指导原则是什么？

B. "连锁信"（chainletter）好还是不好？它们违法吗？总结你找到的不同观点。

C. 如何发送匿名电子邮件？你为什么使用它？

D. 不道德地使用电子邮件的五种方式是什么？

E. 为什么故意传播病毒是不道德的？给出至少 5 个理由。

浏览谷歌地球

谷歌地球是一个免费的虚拟地球仪软件，综合利用了卫星和航空图像以及地理信息系统。利用它可以选择地球仪上的任何一个位置，并通过放大来查看该位置的各种机构，比如学校、体育场馆、咖啡店、购物中心、电影 /DVD 租赁店等的具体位置，可以查看的机构数量很多。

你甚至可以进行多层查询并保存查询结果。该网站还提供了一个大型的谷歌地球社区，人们在社区中可以分享信息和注解。

图像的分辨率根据地区不同而不同，但世界上的大部分大型城市都有高分辨率图像，能够显示城市的建筑、街道和其他信息。

从 http://earth.google.com 下载谷歌地球应用，并回答如下问题：

A. 你所在城市的分辨率与美国华盛顿相比怎么样？

B. 你能够看到自己所在的街道吗？每个房子的情况如何？

C. 放大你所在的县，标记出小学。有多少所小学？少于 10 所？大于 10 所？大于 50 所？

D. 选择一所大学并放大，你能清晰地看到每个建筑吗？停车场里的车呢？

E. 你能找到法国巴黎的埃菲尔铁塔、德国柏林的勃兰登堡门、英国伦敦的白金汉宫吗？

经济援助资源

你能够在互联网上发现一些有价值的数据库，这使得你可以访问一些对你上大学有帮助的经济援助资源。这些资源可能是奖学金（你不需要还款）和学生贷款。社会上有许多经济援助机构，包括传统的银行、政府以及愿意回馈社会的私人机构等。找出三个提供经济援助信息的网站，并针对每个网站回答如下信息：

A. 是否需要在网站上注册才能访问网站提供的信息？

B. 是否需要付费访问网站的信息？

C. 是否能够创建个人简介并在搜索时使用它？

D. 在网站上申请援助，还是需要填写纸质申请表并通过邮件寄回？

E. 能够根据哪些类型的援助进行搜索？

F. 你的学校怎么样？它提供哪些类型的可搜索的经济援助数据库？它与你访问的其他网站相比怎么样？你的学校的经济援助网站是否提供其他经济援助信息的超链接？如果有，提供哪些信息？

查找主机服务

对于主机服务，电子商务网站有许多选择。可以采购必要的计算机和通信软硬件来管理自己的技术架构，也可以雇用一家专业公司来完成。除非公司确实了解信息技术，否则更好的方式是与专业公司合作。这称为网络主机服务，现在有许多这样的公司。成本、可靠性、安全性、客户服务是选择主机服务时需要考虑的因素。如果计划选择一个通信服务不太好的国家提供的主机服务，那么建议你最好改变计划，选择一个具有可靠通信服务的国家（可以在世界上的任何地方）提供的主机服务。

一些公司提供了主机服务公司的目录，这使得你很容易发现和比较不同网站主机服务公司的价格和特点，类似于网站主机服务的购物中心。一个例子是 FindYourHosting.com（www.findyourhosting.com）公司，浏览这个网站，看看可能的选择。当你考虑网站主机服务时，请回答如下问题：

A. 比较不同主机服务的成本。你是否能够发现一个在合理预算内的主机服务？

B. 你怎样评价不同网站主机服务的可靠性？

C. 你如何评价网站主机服务公司的客户服务质量？在客户服务和安全性上，你的期望是什么？

全球统计和资源

托马斯·弗里德曼的说法最好："世界是平的"。简单地说，我们不再受到地理边界、时区、语言甚至文化的约束。为了在商业世界中获得成功，你必须拥有国际化的供应商、国际化的客户和国际化的商业伙伴。

然而，了解世界上的特定区域和国家是至关重要的。现在，一些区域（比如环太平洋）已经成为世界经济发达地区。在 5 ~ 10 年里，中南美洲或者俄罗斯可能会成为世界经济发达地区。此外，非洲正在崛起。在这些区域中，一些国家的发展速度比其他一些国家更快。

选择一个你感兴趣但是了解不多的国家。访问本文提供的全球统计和资源网站或者其他你能找到的类似网站，针对你选择的国家回答下述问题：

A. 当前的人口是多少？

B. 主要的产业和出口是什么？

C. 主要的语言是什么？

D. 国家的自然资源包括哪些？

E. 你能找到哪些人口统计信息（性别比、出生和死亡率、教育程度、收入分布等）？

F. 国家的政府类型？

黄金、白银、利率和现金

黄金和白银通常被人们看作应对通货膨胀与未来不确定性的保值措施。人们大多认为黄金/白银的价格上升往往意味着经济增长变缓，可能会导致经济不景气甚至大萧条。

2006 年前半年，按揭利率达到 15% 甚至更高，黄金的价格超过了每盎司 600 美元，这是自 1981 年以来的首次。其原因是美元兑换其他世界货币汇率的下降。上升的国家债务和美国对外政策的不确定性也加剧了人们对未来不安全性的担忧。

分析人员非常担忧上述原因。高的通货膨胀率将会在多个方面破坏经济的发展，虽然美联储在努力保持低的通货膨胀率水平，但通货膨胀开始蔓延。在网上寻找下述问题的答案：

A. 黄金和白银的当前价格是多少？与 2006 年 1 月 1 日的价格相比怎么样？

B. 与 2006 年 1 月 1 日的利率相比，美联储现在的利率是多少？

C. 与 2006 年 1 月 1 日的通货膨胀率相比，现在的通货膨胀率是多少？

D. 美元兑英镑、欧元、人民币的汇率是多少？与 2006 年 1 月 1 日相比怎么样？

E. 上述值在你出生那年是多少？

隐私法律和规定

美国的隐私法律一般是针对某个特定行业，比如视频出租行业或联邦政府机构。有一些特定的隐私法律是由各个州来批准实施的。例如，加利福尼亚州有一项法律，要求当公司发现它们的数据库被攻击或破坏时，它们必须通知数据库涉及的人。这项法律希望改善不断增加的身份盗用的状况。

其他工业化国家有不同的隐私管理办法。欧盟发布了一个指令，要求所有成员国制定法律来保证公民的隐私权，但新西兰大概是隐私法最严格的国家。

在网上寻找下述问题的答案：

A. Choice Point、美国银行、LexisNexis 和 DSW 鞋店如何增加议员对隐私保护法的关注？

B. 欧洲指令中关于保护企业收集的个人信息的主要条款是什么？

C. 针对将美国国土安全法应用于个人隐私的正面和反面言论有哪些？每个方面至少列出 3 点。

D. 家庭教育权和隐私权的主要条款是什么？

E. 《信息自由法案》的主要条款是什么？

保护你的电脑

你肯定已经知道，病毒会想方设法进入你的电脑系统，而反病毒软件能够发现和消除病毒。

反病毒软件使用的一种方法是检查电脑文件，查找文件上的病毒标记，即文件中的内容与病毒目录中的病毒定义相匹配。另一种方法则是识别电脑以不正常的方式工作，这种不正常的工作方式往往意味着病毒的存在。

成功检测病毒的关键是保持最新的病毒目录和不正常工作方式的定义，这样才能检测最新的病毒。因此，你必须定期更新反病毒软件。大多数反病毒软件允许你进行系统配置，从而使软件能够定期访问互联网并进行更新。访问三个提供反病毒软件的网站并回答下述问题：

A. 每个网站上软件的价格是多少？

B. 网站是否有目前和过去的病毒信息？

C. 网站是否销售其他类型的电脑保护软件，比如防火墙或反间谍软件？如果有，请列举。

D. 网站是否销售针对网络而不仅针对个人的软件？两者有什么区别？

E. 软件是否允许用户安排自动更新？

学习投资

投资可以简单得像找一家业绩出色的公司，然后买它的股票一样。或者，你希望将你的资金分散在许多股票上，但不想自己选择每一只股票，此时你可以投资共有基金。当然，市面上有成千上万的共有基金，它们满足所有类型的投资目标。因此，你必须明智地选择你的投资。

你能够在互联网上找到许多有帮助的网站。选择三个网站并回答下述问题：

A. 网站是为第一次投资的人们设计的还是为有经验的人设计的？谁资助这个网站？

B. 你能根据特定主题搜索吗？

C. 是否回顾或评价了特定的股票或共有基金？

D. 网站是否提供指向经纪人或股票询价网站的直接链接？

E. 是否有提问的论坛？如果有，是否有"常见问题"栏目？

找到实习

你是否注意到许多工作岗位需要工作经验？既然如此，当获得工作时需要工作经验，人们又如何能够通过工作获得相关工作经验呢？事实证明，对大学生来说，这往往是一个复杂的困境，一个可行的解决方案是获得实习机会。实习使你掌握了相关领域的有用知识，为你的工作提供报酬，并使你具备了职业发展上需要的有益经验。

在本书的网站上，我们给出了提供实习机构的许多网站，访问其中的一些。对于访问的每个网站，回答下述问题：

A. 谁拥有和维护这个网站？是营利性还是非营利性组织？

B. 你发现了与你的职业一致的实习机会吗？

C. 薪水情况如何？是否找到支付酬金和不支付酬金的实习？

D. 与传统的招聘数据库网站（如 Monster.com）相比，这些实习网站怎么样？

E. 你的学校提供哪些类型的实习资源？

F. 与你访问过的其他网站相比，你们学校的实习网站怎么样？

小企业管理局

美国联邦政府小企业管理局（SBA，www.sba.gov）的目标是帮助 120 万家将出现或已经创建的小企业（2008 年），这与 2002 年帮助的 98 万家小企业相比有了 22% 的增长。如果你有企业家精神、创新思维和扎实的商务技能，你也能成为 120 万家小企业中的一员。

对于已经成立的小企业，SBA 提供咨询服务并为企业发展提供贷款。对于初创企业，SBA 在寻找资本、细化企业发展思路、编制预期收入报表以及其他各种活动上提供帮助。访问 SBA 的网站并回答如下问题：

A. SBA 要求商业计划中包括哪些元素？当你要创建自己的商业计划时，SBA 能够提供什么帮助？

B. SBA 提供了哪些工具来帮助你预测成本和收益？

C. 当申请贷款时，SBA 需要你提供什么信息？

D. SBA 提供哪些教育服务来帮助你了解收入报表和资产负债表？

E. SBA 通过哪些途径来支持创建多元化经营的小企业？

股票行情

当你购买公司股票时，你在投注于它的成功。虽然不能保证未来股票价格的表现，许多人通过查看股票的价格和过去数月或数年的价格变化情况来分析是否值得购买。

股票和共有基金都是通过股份方式来购买的，你根据自己的喜好来购买合适的股票及共有基金数量。然而，一些股票的价格高达数十万美元，仅仅是价格原因就使得你把它们从你的候选清单中删除了。

选择三项股票行情服务，检查它们怎样查询股票和共有基金的行情，并回答下述问题：

A. 这些行情信息是免费的还是收费的？

B. 网站需要一个股票代码（有经验的投资者常用的缩写），还是只要输入公司名称就可以？

C. 行情是实时的，还是有一定滞后（15 分钟或 20 分钟）？你能够获得价格图吗？

D. 价格图可用吗？历史价格如何？

E. 你是否能够创建和保存个人的股票组合？

店面软件研究

如果你打算在互联网上销售产品，你可以利用软件来轻松创建一个网站。这类软件称为店面软件。你可以有很多软件产品的选择。一些要花费不少钱，而另一些则是免费的。例如，FreeMerchant.com 的基础版是每个月 9.95 美元，青铜版是每月 24.95 美元，白银版是每月 49.95 美元，黄金版是每月 99.95 美元。FreeMerchant.com 网站（www.freemerchant.com）列出了每个版本的详细信息。

因为有多个方案可供选择，花些时间寻找并比较店面软件最新版本的文章是值得的。类似于 ZDNet.com（www.zdnet.com）的网站是你搜索文章的好的切入点。用一个清单列出你期望的电子商务网站的全部特性，然后将你的需求与不同软件包提供的功能特性进行比较。当你在软件供应商的网站上读到这些内容时，你会觉得都很好，因此，在你正式签约使用前一定要确保你经历了一个试用期。

另一个可能性是与大型购物网站签约。访问 Amazon.com's zShops 或者 Yahoo!Store 来确定它们的可替代性。最后，你需要为你的客户提供一种方式来支付购物款。这涉及获得一个商家账号使你能够接受信用卡付款。大多数店面软件会给你解释商家账号如何工作并帮助你获得一个商家账号。

A. 你认为你的店面软件必须提供哪些功能？

B. 你如何评价店面软件包以及类似于 Amazon.com 和 Yahoo! 等网站提供的服务的优点与缺点？

C. 看看是否能够追踪你考虑的不同方案的现有用户。给他们发一封电子邮件，问问他们喜欢或者不喜欢的地方。你会对他们的答案表示吃惊。

搜索共享软件和免费软件

也许共享软件和免费软件的概念对你会有吸引力。你能够在购买软件之前先试用。如果你需要类似的屏幕保护软件或反病毒软件，你很幸运，因为你很容易找到。但是如果你需要一些共享软件来帮你创作音乐或追踪足球队的日程安排呢？你将不得不搜索这类软件。你可以使用类似于 Yahoo！的通用搜索引擎，输入共享软件、音乐或足球。但这些可能并不能满足你的需求。

寻找共享软件 / 免费软件的任务可能会很棘手，原因在于以下两个方面：第一，目前有超过 100 万个共享软件和免费软件可供你使用。第二，大多数共享软件 / 免费软件并没有它们自己的网站。因为大多数人并没有将开发它们的共享软件当作职业，他们也就没有投入资金来维护网站。为了应对这些挑战，人们创建了一些网站来维护成千上万的共享软件 / 免费软件的列表。寻找一个此类网站，并回答下述问题：

A. 网站如何对软件进行分组？

B. 是否能够根据操作系统或平台的类别进行搜索？

C. 网站提供软件的说明吗？

D. 是否能够通过文件大小来搜索？

E. 是否提供软件的截屏？

F. 是否提供软件的评论或评分？

G. 网站的最近一次更新是什么时候？

搜索招聘数据库

成千上万的网站提供工作岗位数据库。其中，部分网站相对会更好一些，部分网站集中在特定行业，部分网站则只发布高层经理人职位。

考虑一下你期待的工作。它的头衔是什么？你希望在哪个行业工作？你希望在国家的哪个区域工作？你能为雇主提供什么超凡的技能？访问若干不同的职位搜索数据库网站，搜索适合你的工作，针对每个网站回答下述问题：

A. 最近更新的日期是什么时候？

B. 国外的工作机会是作为单独一个类别列出还是与国内的工作机会混在一起？

C. 是否能搜索特定组织提供的工作岗位？

D. 能根据地理位置搜索吗？如果可以，怎么搜索？根据城市？根据邮政编码？

E. 能在线申请工作岗位吗？如果可以，如何提交简历？

F. 创建在线简历之前是否需要注册？

G. 一旦潜在的雇主搜索到你的简历，雇主怎么与你联系？

H. 一旦创建简历，是否可以使用它来搜索工作岗位？

I. 是否有创建好简历的有用窍门？

搜索 MBA 项目

许多人会毫不犹豫地选择继续学习来获得 MBA 学位。你也可能会这样。最佳工作岗位的竞争异常激烈，雇主总是在找那些能够讲多门语言、具有工作经验、在获得本科学位后继续深造的人。不久前，关键竞争优势就是拥有本科学位，这与仅接受中学教育相比具有显著差异。而现在，竞争优势是拥有 MBA。

每年，美国新闻与世界报道都对全国的商学院进行排名。本书的网站上提供了美国排名前 50 位的商学院的网址。

从前 50 名中选择部分商学院，访问他们的网站，并回答下述问题：

A. 你选择哪些商学院？

B. 学院是否提供你感兴趣的研究生项目？

C. 是否能够在线申请？

D. 网站是否列出了学费情况？

E. 网站是否给出了你感兴趣方向的研究生课程清单？

F. 学院是否针对部分课程提供远程学习方式？你愿意通过远程学习的方式上课吗？

计算机硬件和软件

|学|习|目|标|

1. 定义信息技术（IT）及两个基本类别：硬件和软件。
2. 描述根据尺寸大小对计算机进行的分类。
3. 比较个人应用软件、纵向市场软件和横向市场软件的作用。
4. 介绍作为系统软件组成部分的操作系统软件和工具软件的作用。
5. 定义六种主要硬件的用途。

A.1 对技术的快速导览

信息技术（information technology，IT）是指各种以计算机为基础的工具，人们用它来加工信息，并支持组织对信息获取和信息处理的需求。信息技术（IT）包含互联网、电子制表软件、卫星、用来玩视频游戏的游戏手柄……这个列表似乎无穷无尽（见图 A-1）。IT 有两个基本类别：硬件和软件。**硬件**（hardware）是指组成计算机的物理设备，比如键盘、鼠标、调制解调器、闪存盘（也叫 U 盘）、打印机。**软件**（software）是计算机硬件所执行的、用来完成某个特定任务的一系列指令，如创建图表（比如电子制表软件）、上网（比如 IE 浏览器）。总的来说，硬件和软件结合在一起就是人们所说的计算机，尽管这一术语已随着数字媒体播放器、手机等产品的发展而变得日益模糊。

硬件分为以下六种，下面对其进行简要介绍。

（1）输入：**输入设备**是用来输入信息和指令的工具。

（2）输出：**输出设备**是用来帮助用户看到、听到或理解所请求的信息处理结果的工具。

（3）存储：**存储设备**是用于储存信息的设备。

（4）处理：**中央处理器**（CPU）是解释并执行系统软件和应用软件的指令、协调所有硬件设备共同工作的硬件。**随机存取存储器**（random access memory，RAM）是一片临时存储区域，用于保存正在使用的信息以及 CPU 所需的系统和应用软件指令。

图 A-1　信息技术（IT）包括多种工具

（5）通信：**远程通信设备**是用于与网络中的其他人或计算机进行信息传输的工具。由于通信及其相关设备所涉及的内容过于宽泛，本书将在扩展模块 E 中单独讨论。在该模块中，我们将学习有关电缆、DSL 调制解调器、家庭网络、纤维光学等方面的知识。

（6）连接：**连接设备**包括诸如连接打印机的 USB 端口以及打印机与该端口之间的连接线等事物。

软件分为两大类：应用软件和系统软件。**应用软件**是帮助用户解决特定问题或完成特定任务的软件。例如 Microsoft PowerPoint，能够帮助你为演示文稿制作幻灯片，因此它是一种应用软件。Dream Weaver 也是一种应用软件，能够帮助你创建并发布网页或网站。在商务方面，还会用到工资处理软件、协作软件（比如视频会议软件）、库存管理软件。

系统软件负责处理技术管理任务并协调所有技术设备之间的交互。系统软件包括操作系统软件和工具软件。**操作系统软件**（operating system software）是一种控制应用软件并管理硬件设备如何协作的系统软件。当前流行的个人操作系统软件包括 Microsoft Windows、Mac OS（适用于苹果机）和 Linux（一种开源操作系统）。还有网络操作系统（如 Microsoft Windows Server）、手机操作系统（如安卓系统）及其他各种类型的操作系统，甚至是冰箱的操作系统。

工具软件（utility software）是为操作系统提供附加功能的软件。工具软件包括防病毒软件、屏幕保护软件、磁盘优化软件、卸载软件（卸载不需要的软件）等。有些功能软件是必需的，如防病毒软件能够保护你的计算机不受病毒侵害，你肯定需要它。有些功能软件则不是必需的，比如屏幕保护软件。

对技术的快速导览就到此为止了。接下来，我们将探究不同种类大小的计算机，更详细地探讨硬件和软件。

A.2　根据尺寸大小对计算机进行分类

计算机有不同的形状、尺寸和颜色。有些小到可以随身携带，如智能手机。有些则比家用冰箱还大。计算机的尺寸通常和性能、速度及价格相关。

A.2.1　智能手机

智能手机（smartphone）是拥有一些附加功能的手机，包括相机、互联网连接、日志记录、GPS、数字音乐和视频播放等。智能手机将移动手机和掌上电脑的功能融为一体（见图 A-2）。智能手机通常有触摸屏，也可能带有键盘。智能手机的价格差异较大，通常来说，将智能手机和手机服务合同绑定进行销售的优惠最大。最近手机和平板电脑（见下一部分）正迅速引起关注。3G（第三代移动通信技术）是移动设备的第三代技术标准，它的下载速度通常从低于 1 Mbps（兆比特，millions of bits per second 的缩写）至大于 2 Mbps 不等。下载速度是由当前技术及网络流量水平决定的。4G（第四代移动通信技术）是移动设备的第四代技术标准，比 3G 快 10 倍。我们可以直接使用 4G 看电影，不过我们可能会更愿意使用平板电脑而不是智能手机来看电影，因为平板电脑的屏幕尺寸更大。4G 也将使你更快地达到你的流量最大值。

A.2.2　平板电脑和电子书阅读器

平板电脑（tablet pc）是一种轻巧的计算机，大小与笔记本电脑相似（甚至更小），包含一个触摸屏，同时具备笔记本电脑和台式电脑的操作功能。一些平板电脑支持用户使用电容触控笔在屏幕上写字。大多数平板电脑则是使用触摸屏操作，如访问网页时点击链接。平板电脑有手写识别、定制字典、GPS、视频会议等功能。平板电脑重量不到 1 磅，价格则在200 美元以上。

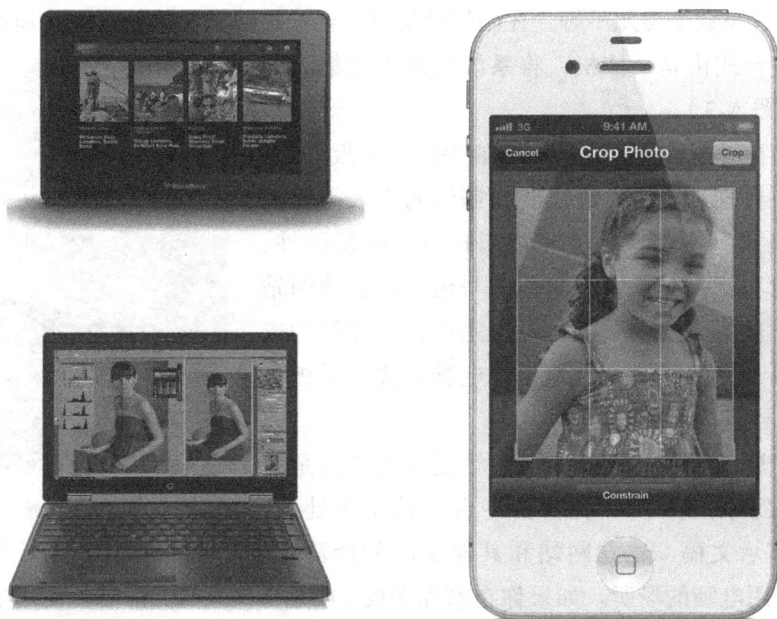

图 A-2　多种计算机：智能手机、平板电脑和笔记本电脑

传统意义上的平板电脑不带键盘，比较轻薄。但是最近上市的平板电脑则开始带有键盘，这种平板电脑实质上是介于平板电脑和笔记本电脑之间的电脑。纯平板电脑（tablet PC）和折叠式平板（slate）电脑的概念是可互换的。

电子书阅读器（e-book reader）是特别设计用来阅读电子书籍或期刊的便携式计算机。电子书阅读器和平板电脑类似，同样具有触摸屏功能，但是电子书阅读器更适合在强光下阅读，而且其电池的连续使用时间更长。电子书阅读器的价格在 100 ~ 400 美元不等。例如亚马逊的 Kindle 和 Barnes&Noble's 的 Nook。电子书阅读器也具有多媒体功能，可以播放音乐、视频，可以联网。

A.2.3　笔记本电脑

笔记本电脑（notebook/laptop）是一种小巧、便携并能依靠电池运行的多功能电脑。笔记本电脑具备大型台式机的所有功能，并且具有便携性。笔记本电脑型号多样，重量和价格也不尽相同。一些笔记本电脑的屏幕尺寸是 10 英寸[⊖]，一些则是 20 英寸或更大。笔记本电脑依配置不同，价格在 300 ~ 2 000 美元不等。

A.2.4　台式计算机

台式计算机（desktop computer）是用于满足个人计算需要的最常见的一种计算机。你可以选择配备卧式机箱（机箱是 CPU、RAM 和存储设备所在之处）的台式机，也可以选择配备立式机箱（称为塔，用户通常将其放在工作区域附近的地板上）的台式机。台式机的价格

⊖　1 英寸 = 2.54 厘米。——译者注

从不到 500 美元至数千美元不等。在同等价格下，台式机通常比笔记本电脑速度更快，功能更强大。一些台式机是一体机，将系统处理单元集成到显示器中（见图 A-3）。

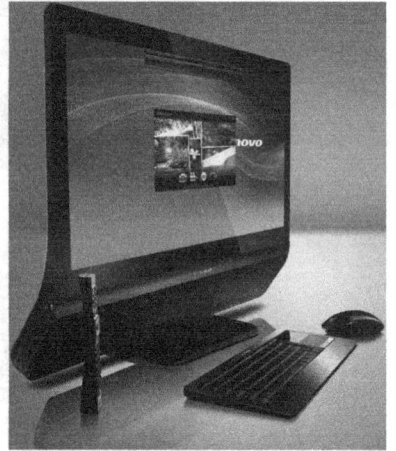

　　无论你选择哪一种计算机——智能手机、平板电脑、笔记本电脑或台式计算机，都需要根据你的个人需要决定。智能手机具有便携性，还有查阅日历、收发邮件、写便签、联网功能，但是你没法用它写论文，创建网站或用统计学软件生成复杂图表。要想完成诸如此类的或更复杂的任务，你就需要一台笔记本电脑，或者平板电脑，或者台式计算机。

　　那么，问题就来了，你是应该买笔记本电脑还是平板电脑？像大多数人一样，你需要一台支持文字处理、电子制表、演示文稿、建立网站和其他功能的计算机。

图 A-3　一体机

你还要决定使用电脑的场所。如果你在家和学校（或是工作地点）都需要使用电脑的话，你应该买平板电脑或笔记本电脑，因为它们具有便携性。如果你在出差或旅行时想要在酒店房间中登录网络并接收邮件，你就需要买一台笔记本电脑或平板电脑。如果你想了解更多当下最适合消费者选购的电子产品，可以点击 www.mhhe.com/haag。

A.2.5　小型机、大型机和巨型机

　　智能手机、笔记本电脑和台式计算机都是为满足个人信息处理需求而设计的。然而在企业中，经常有许多人需要同时访问和使用同一台计算机。在这种情况下，企业需要满足多人（可能是成百上千）同时访问和使用的计算技术。这一种类的计算机包括小型机、大型机和巨型机（见图 A-4）。

图 A-4　小型机、大型机和巨型机

小型机（minicomputer）（有时也被称为**中距离计算机**）是用于同时满足中小型企业环境中多人的计算需求的计算机。小型机比台式计算机更强大，也更昂贵，其价格从 5 000 美元到几十万美元不等。企业通常用小型机做服务器、网页发布或作为用来放置共享信息和软件的内部计算机。由于这个原因，小型机适合需要共享信息、处理能力或某些外部设备（如高质量、快速的激光打印机）的企业环境。

大型商业服务器（mainframe computer）（有时被称为**大型机**）是用来满足大型企业环境中几百个用户的计算需求的计算机。所以大型机在尺寸、功率、运算能力和价格上都远超于小型机。大型机的价格在 100 万美元以上。由于处理速度超过每秒 10 000 亿条指令（相比而言，普通的台式计算机每秒处理 30 亿条指令），大型机能够轻松地同时处理成百上千人的请求。

超级计算机（super computer）是速度最快、能力最强而且最昂贵的一种计算机。像 NASA 和国家气象局这样致力于研究和"数字运算"的组织会租用巨型机，因为巨型机处理信息的速度足够快。巨型机中通常有成百上千的并行处理单元。像通用汽车和 AT&T 这样以顾客为中心的大型企业也会租用大型机来处理客户信息及日常事务。它们的业务需要巨型机提供高水平的支持和强大的处理能力。

对你来说，究竟需要了解多少有关小型机、大型机和巨型机的技术细节（CPU 速度、磁盘存储容量等）、价格及性能的知识呢？可能并不需要你进行深入的了解，除非你打算将信息技术作为自己的专业。你应该将精力集中在 PDA、笔记本和台式计算机的技术细节、价格和性能上。在今后的职业生涯中，你会一直使用这些工具，所以，要好好了解并学习。

A.3　软件：智能化界面

软件是最重要的工具。软件是指在完成信息处理任务时硬件所执行的指令。因此，软件是自动处理任务的智能化界面。没有软件的电脑将是无用之物。如前所述，软件分为两类：应用软件和系统软件。

A.3.1　应用软件

应用软件是用来满足用户特定信息处理需求的软件，比如薪酬管理软件、客户关系管理软件、项目管理软件、培训软件、文字处理软件等。应用软件可分为个人应用软件以及纵向市场软件和横向市场软件。

1. 个人应用软件

个人应用软件帮助用户执行个人任务，如写备忘录、画图、制作演示文稿，这些工作即使你没有电脑也能完成。也许你已经对一些个人应用软件有所熟悉，如 Microsoft Word、Microsoft Excel、Mozilla Firefox 以及 Quicken（个人财务软件）。

本书中有三个模块来帮读者学习如何使用这些工具——扩展学习模块 D（介绍 Microsoft Excel，电子制图软件）、扩展模块 J（介绍 Microsoft Access，数据库管理系统软件）、扩展学习模块 L（介绍 Microsoft FrontPage，网页制作软件）。以下列出了 10 种主要的个人应用软件以及每类中比较有代表性的软件包（见图 A-5）。

种类	例子①
文字处理软件：用于创建文档、信函、备忘录和其他基本文档的软件	• Microsoft Word • Corel WordPerfect
电子制表软件：主要用于处理数字（包括进行计算和生成图表）的软件	• Microsoft Excel • Corel Quattro Pro
演示软件：帮助用户创建和编辑要显示在电子幻灯片上的信息	• Microsoft PowerPoint • Corel Presentations
桌面排版软件：扩充了文字处理软件的功能，加入了设计和排版技术，以增强文件的版面与外观设计功能	• Microsoft Publisher • Quark QuarkXPress
个人信息管理软件（PIM）：用于创建和维护待办事项列表、预约和日历、通讯录	• Microsoft Outlook • Corel Central
个人财务软件：用于维护支票簿、编制预算、跟踪投资、监控信用卡收支情况以及进行电子支付的软件	• Quicken • Microsoft Money
网络制作软件：用于设计与开发网站和网页的软件	• Expression Web Designer • Macromedia Dreamweaver
制图软件：创建并编辑图片的软件	• Microsoft PhotoDraw • Adobe PhotoShop
通信软件：用于同其他人联络的软件	• Microsoft Outlook • Microsoft Internet Explorer
数据库管理系统（DBMS）：帮助用户进行数据库的逻辑组织并访问和使用数据库中的信息	• Microsoft Access

①先给出发行商的名称。

图 A-5　个人应用软件种类

2. 纵向市场软件与横向市场软件

在工作中，当你需要完成组织任务时，你会经常使用这两种应用软件：纵向市场软件和横向市场软件。

纵向市场软件（vertical market software）是只适用于某一特殊行业的应用软件。例如，卫生保健行业拥有多种只适用于该行业的应用软件，包括放射学软件、患者日程安排软件、护理分配软件和制药软件。纵向市场软件是为某些特定行业编写的。卫生保健行业的患者日程安排软件就不适用于美容沙龙的美发美甲预约安排。

横向市场软件（horizontal market software）是适用于多种行业的通用应用软件。横向市场软件的例子包括：

- 库存管理
- 薪酬管理
- 账目管理
- 发票处理
- 人力资源管理

在不同的行业中，以上所提的软件功能（和许多其他功能）都是相同的，即使不完全一样，也是类似的。因此，软件开发者就可以开发出一种适用于多种不同行业的软件（比如应收账款）。

个人应用软件实质上是一种横向市场软件，能够普遍适用于大多数行业。无论你从事哪种行业，都需要基本的文字处理软件来生成备忘录、企业计划和其他文档。

然而，个人应用软件和横向市场软件、纵向市场软件之间还是有一些较大的差异。首先是价格方面，花不到 400 美元就能购买一整套个人应用软件。相比而言，一些个人的横向市场与纵向市场软件包价格则在 50 万美元以上。其次是可定制性方面。当用户购买个人应用软件时，用户是无法改变软件的工作方式的。也就是说，用户购买的是使用软件的权利，却并不能改变软件的运行方式。然而对于横向市场软件和纵向市场软件而言，用户购买了软件，也就购买了改变软件工作方式的权利。所以，如果你找到一款能够满足大部分组织需求的薪酬管理软件包，你就可以购买该软件，并根据个人需要改变软件的运作方式。在购买和使用横向市场软件和纵向市场软件的时候，根据个人需求改变软件的运作方式是很普遍的。

在第 6 章中，我们讨论了组织根据特定需求而开发软件的流程，包括组织如何购买横向市场软件和纵向市场软件，并对软件进行定制化处理。

A.3.2　系统软件

系统软件是用来支持应用软件的。系统软件是用来控制各种技术工具协调工作的，和用户使用应用软件来完成某种特定信息处理任务相似。系统软件包括两种类型：操作系统软件和工具软件。

1. 操作系统软件

操作系统软件（operating system software）是一种控制应用软件并管理硬件设备如何协作的系统软件。例如，在使用 Excel 绘制图表时，如果你选择打印图表，操作系统软件就会接收这一信息，确保计算机和打印机相连，且打印机中有纸（如果缺纸，系统会提醒你），并将图表以及如何打印图表的指令发送给打印机。

操作系统软件支持很多有用的功能。其中之一就是多任务处理功能。**多任务处理**（multitasking）允许用户同时运行一种以上软件。例如，你可以在 Excel 中创建图表并将其插入 Word 文档中。多任务处理功能允许用户同时打开甚至在屏幕上同时看到这两个软件。因此，当你创建完图表之后，就可以轻松地将其拷贝并粘贴到 Word 文档中，而不必先退出电子表格软件，然后再打开字处理软件。

针对个人用户环境或多用户企业环境的操作系统有很多种。后者被称为网络操作系统或NOS。我们将在扩展模块 E 中进一步讨论。主流的个人操作系统包括 Windows7、Window8、MacOS 和 Linux。**苹果操作系统**（Mas OS）是苹果公司的操作系统。**Linux 操作系统**是为高级终端工作站和网络服务器提供丰富操作环境的开源操作系统。

开源软件（open-source software）是源代码（软件是如何编写的），是公开且可以免费获取的软件。与商业软件不同的是，开源软件是由工程师、软件开发者和用户组成的分布式网络共同开发与维护的，每一个参与者都为此做出了贡献。

开源软件的好处有很多。由于可以获得开源软件的源代码，软件的使用者可以根据个人需要修改软件，以满足个人需求。对于使用商业软件或不公开源代码软件的用户而言，如果想要修改软件，就必须付给软件提供商相应的费用，并等待软件提供商对软件进行修改。

有很多开源软件的例子，包括：

- Apache 网络服务器
- Linux 操作系统
- MySQL，一种开源数据库管理系统

如果你正打算购买一台可以连接校园网的笔记本电脑，我们建议你联系学校的技术支持部门，以确定哪种操作系统最适合你。

2. 工具软件

工具软件（utility software）是为操作系统提供附加功能的软件。有时候工具软件是很重要的，一个最简单的例子就是屏幕保护软件（它可能也是操作系统的一部分）。最重要的工具软件是防病毒软件。**防病毒软件**（anti-virus software）是检测、删除或隔离电脑病毒的软件。现今病毒无处不在，每月还会出现 200 ~ 300 种新病毒。一些病毒伤害性较小：它们不会去破坏你的信息，但是会导致电脑白屏或类似的事。另一些病毒则是致命的，可能会重新格式化你的硬盘或者更改你的文件内容。所以你一定得用防病毒软件来保护你的电脑。我们在第 8 章和扩展学习模块 H 中都会讨论这个重要的话题，以及预防此类网络攻击的措施。

其他种类的工具软件包括：

- **防崩溃软件：**当系统崩溃时能够帮助你保存信息的工具软件。
- **卸载软件：**一种工具软件，用来删除硬盘上你不再需要的软件。
- **磁盘优化软件：**在硬盘上以最有效的方式组织信息的工具软件。
- **垃圾邮件过滤软件：**从收件箱中过滤掉垃圾邮件的一种工具软件。一般来说，垃圾邮件和推销电话类似。据说垃圾邮件"spam"这一术语来源于一个著名的英国喜剧团体 Monty Python 的短剧（"很好，我们有罐头火腿肉 spam、番茄和罐头火腿肉、蛋和罐头火腿肉、蛋、培根和罐头火腿肉……"），这就是"垃圾邮件"一词最初在互联网上出现的形式。
- **反间谍软件：**一种工具软件，可以检测和删除能够跟踪你所有的电子活动的间谍软件及其他有害软件。

　　你一定会需要工具软件的。不要因为工具软件只为计算机提供辅助功能，就认为它是一种"可选择"的软件。上面几种软件只是工具软件包中的一部分。如果你考虑一下上述工具软件的例子及其作用，特别是防病毒软件，你就会明白工具软件是如此多样、如此有用。

A.4　硬件：物理界面

　　为了更好地理解硬件（计算机的物理组成部分）的重要作用，本文将帮助你了解计算机的工作原理。我们是以字符（A ~ Z、a ~ z 及星号、问号之类的特殊符号）形式和数字（0 ~ 9）形式处理信息的。而计算机是以 1 和 0 的形式来处理信息的，我们称之为比特和字节。计算机使用电流来实现各种功能，电脉冲有两种状态：开和关，我们分别将这两个状态赋值为 1 和 0。

　　比特和字节是什么？二进制位（比特）是计算机处理信息的最小单位。一比特可以是一个 1（开）或是一个 0（关）。使用二进制形式表示所有自然语言字符、特殊符号和数字是极具技术挑战的。一种办法是使用公认的标准——ASCII。ASCII（美国信息交换标准代码）是一种编码系统，大部分个人计算机使用它来显示、处理和储存信息。在 ASCII 中，一个字节包含 8 个比特，代表自然语言中的一个字符。

　　例如，如果你用键盘输入单词"cool"，你的键盘（一种硬件设备）会将其转换成 4 个字节——一个字节对应一个字符，以供计算机所用（见图 A-6）：

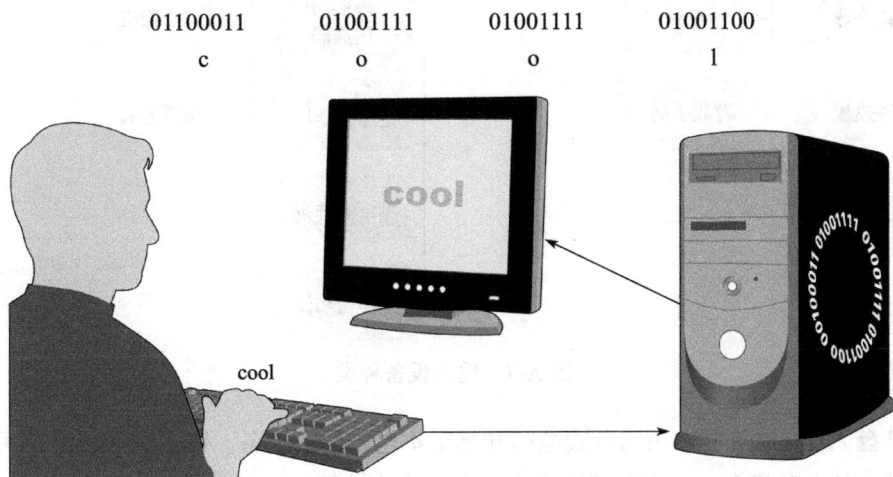

图 A-6　信息从用户传输到计算机的表现形式

　　当单词"cool"在计算机的各种设备之间进行传输时，或被存储在硬件设备、被 CPU 处理时，计算机将用以上这组 1 和 0 来表示单词"cool"。

　　从上述讨论中，我们可以得出三点重要结论。第一，硬件处理信息的方式与人不同（但是表示的意义是相同的）。我们是以字符、特殊符号和数字 0 ~ 9 的形式来处理信息的。计算机则是使用二进制形式（一组唯一的 1 和 0 的集合）来表示信息的。第二，字节是我们和计算机之间的桥梁。计算机以字节的形式存储一个字符、特殊符号或数字。第三，输入输出设备的首要任务是将信息从一种形式转换成另一种形式。输入设备将人们可读的信息转换成比特和字节，输出设备则是将 1 和 0 的集合转换成人们可识别的形式。计算机的其他硬件是以比特和字节的形式处理信息的。

A.4.1 常见的输入设备

输入设备是用来输入信息和指令的工具。例如，你可以使用键盘输入信息或用鼠标指向并点击按钮和图标。正如你在前面部分所看到的，输入设备负责将信息从我们可理解的形式转换为计算机能够使用的二进制代码形式。以下是当前使用的几种主要的输入设备（见图 A-7 和图 A-8 ）：

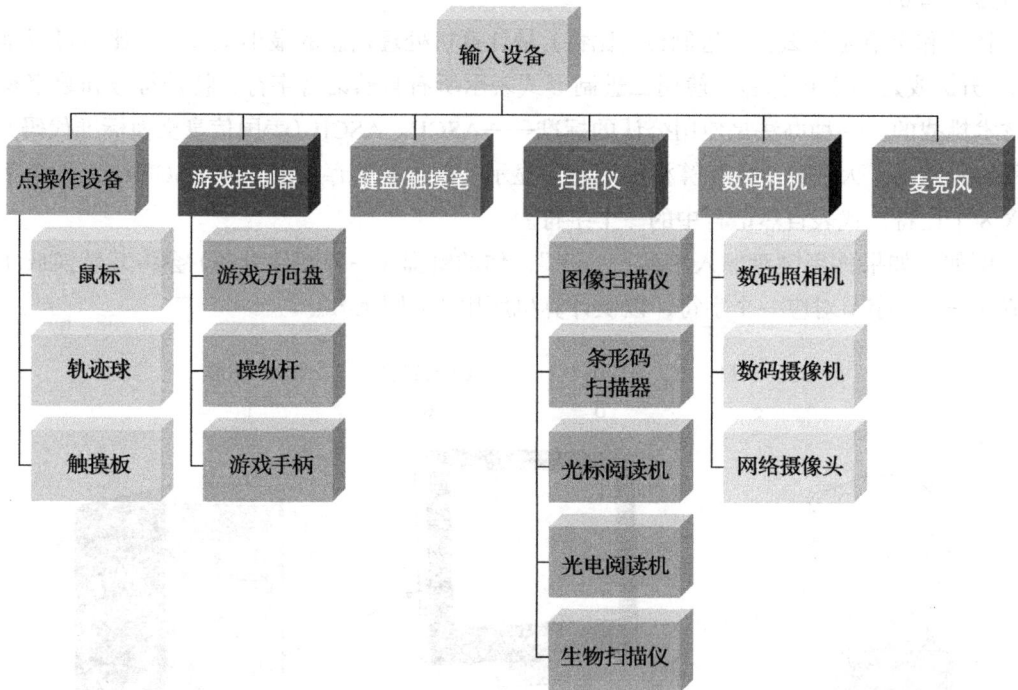

图 A-7　输入设备种类

- **键盘 / 触摸笔**是最常用的台式电脑和笔记本电脑输入设备。键盘和触摸笔都可以用来输入信息和指令，二者都可以用于企业或个人计算机上。
- **定点设备**是用来操纵和选择屏幕上的目标的一种设备。
  - **鼠标**：人们常用的点击图标或按钮的设备。
  - **轨迹球**：与机械鼠标相似，但顶部有一个圆球。
  - **触摸板**：一种通过手指移动来控制鼠标的设备（常用于笔记本电脑）。
- **游戏控制器**是用于游戏时更好地控制屏幕动作的一种设备。

图 A-8　常见的输入设备

- **游戏方向盘**：虚拟驾驶时用的方向盘和脚踏板。
- **操纵杆**：带有可编程按钮的竖杆，用来控制计算机上的动作。
- **游戏手柄**：一种多功能的输入设备，具有可编程按钮、摇杆和方向盘。
- **扫描仪**是用于将非电子格式的信息转化为电子格式。
  - **图像扫描仪**：获取已经存在于纸上的图像、照片、文字和艺术作品。
  - **条形码扫描器**：读取以竖条形式表示的信息，竖条的宽度和距离代表不同数字（经常用于零售中的 POS 机系统）。
  - **光标阅读机**：检查页面预定位置上是否存在指定的标记，常用于对错题和多选题的阅卷。
  - **光电阅读机**：能够读取页面或者商品标签上的字符，常用于零售环境中的 POS 系统。
  - **生物扫描仪**：扫描一些人体的生理特征，比如指纹和视网膜，来达到保密安全目的。
- **数码相机**用一系列 0、1 数字流来捕获静态的图像和视频。照相机可以用来拍摄短视频，摄像机也可以用来拍照片。
  - **数码照相机**：以变化的分辨率来数字化地捕获静态图像。
  - **数码摄像机**：以数字存储的方式捕获视频。
  - **网络摄像头**：捕获数字视频上传到网络上。
- **麦克风**捕捉声音信号并转换为电子格式。

A.4.2　常见的输出设备

输出设备（output device）是帮助用户看到、听到或理解所请求的信息处理结果的工具。

无论是企业还是个人计算环境，显示器和打印机都是最常见的输出设备，还有扬声器和绘图仪（能够产生图样的打印机）（见图 A-9）。输出设备负责将信息从计算机所用的数字形式转换成我们能够看见、听见并理解的形式。

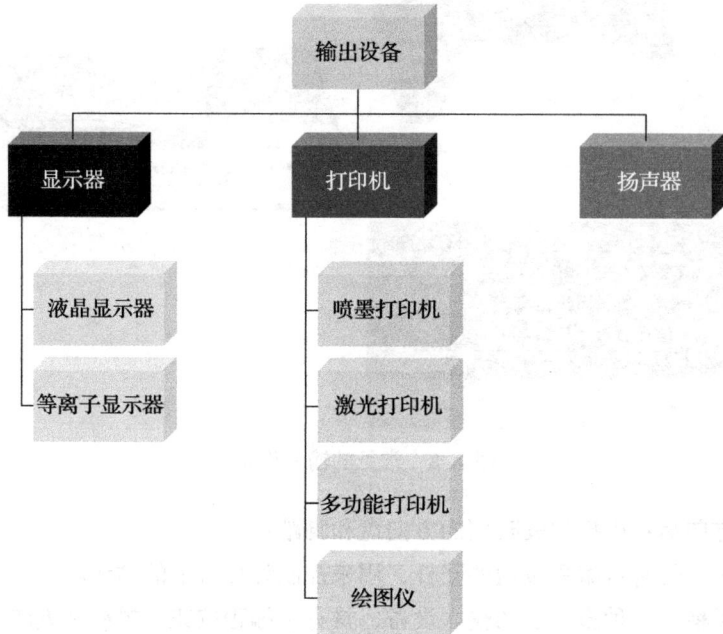

图 A-9　输出设备种类

1. 显示器

现在用于可视化输出结果的显示器大多都是**平板 LCD**（flat-panel LCD，液晶显示器）。在台式计算机中，屏幕和计算机是分离的，屏幕通常是指显示器。而在智能手机和笔记本电脑中，屏幕成为计算机的一部分，通常被叫作显示屏（见图 A-10）。**液晶显示器**（liquid crystal display，LCD）让电流通过两层玻璃板或塑料板中的液晶材料来成像。由于液晶显示器不能发光，就需要使其从背面发光，称为背光源。最近的 LCD 显示屏都是用 LED 发光的。**发光二极管**（light-emitting diode，LED），是非常小的灯泡。闹钟和圣诞灯之类的商品都是使用 LED 发光的。建筑物、足球场或棒球场都会有大屏幕，这些屏幕都很亮，你在直射阳光下也能够看到，它们都是由许多 LED 组成的。使用 LED 做背光源会提高 LCD 屏幕的图像质量。

现在正在研发使用 OLED 技术的显示屏。**有机发光二极管**（organic light emitting diode，OLED）使用多层有机材料发出可见光，从而消除对背光的需求。相比传统的 LCD，OLED 技术的优势是它能够产生更亮、更节能、更薄的显示屏。

当挑选显示器的时候，除价格之外，还需考虑图像尺寸和分辨率等重要因素。屏幕的**可视图像尺寸**（viewable image size，VIS）是显示器上图像的尺寸大小（手机屏幕尺寸是 4.3 英寸，显示器尺寸是 21 英寸）。**屏幕的分辨率**（resolution of a scree）是屏幕的像素数量。**像素**

（pixels，图片元素）是组成屏幕上图像的点。例如，分辨率是 2 560 × 1 440 的显示屏横向有 2 560 个像素点，纵向有 1 440 个像素点。

图 A-10 显示器是常见的输出设备

2. 打印机

打印机是另外一种常见的输出设备（见图 A-11）。打印机的分辨率决定其打印的清晰度。**打印机的分辨率**（resolution of a printer）是指它每英寸所产生的点数（dpi）。这和显示器分辨率的原理是一样的。同样，每英寸的点数越多，图像效果会越好，当然，打印机也会越贵。一些打印机，尤其是那些打印高质量图片的打印机，为了产生其所需的清晰度，会对图像进行多种审查，以达到高分辨率。

图 A-11 打印机同样是普遍的输出设备

- **喷墨式打印机**：通过将墨滴压出墨管的方式形成图像。标准的喷墨式打印机使用四种颜色：黑色、青色（蓝色）、品红（紫粉色）和黄色。一些能产生高质量图像的喷墨式打印机通常作为照片打印机。这些打印机通常有六种颜色（还包括深蓝色和深红色）。另一些打印机还会使用橙色和红色。
- **激光打印机**：使用的成像方式和复印机一样，都是静电处理法。激光打印机比喷墨式打印机贵，不过最近已经大幅度降价了。激光打印机的图像质量也更高，可以打印黑白和彩色图像。
- **多功能打印机**：能够扫描、复印、传真并打印。这种集多功能为一体的特点，使得多功能打印机受到家庭和小型办公场所的欢迎。多功能打印机可以是喷墨式的，也可以是激光的。

- **绘图仪**：通过在纸张表面上移动笔尖来输出图像。绘图仪是第一种能够彩色打印，绘制图像和全尺寸的工程图的打印机。绘图仪比打印机要贵得多。绘图仪多用在 CAE（计算机辅助工程），比如 CAD（计算机辅助设计）和 CAM（计算机辅助制造）中。
- **3D 打印机**：可以生成固态、三维物体的打印机。3D 打印机在打印之前，先扫描物体，然后将扫描发送到装载粉盒的打印机。之后类似喷墨的机械臂会将打印出来的物体层面固化。重复此过程，连续打印，堆叠多层材料，直到物体被完全打印出来。3D 打印机能打印原型，包括珠宝、艺术品、机械零件和工具、医疗器械等，甚至可以用来打印某些身体部位。

A.4.3 常见的存储设备

和随机存储器 RAM 的短暂存储不同，存储设备在关机时也不会丢失信息。选购存储器的时候，需要考虑以下三个方面：便携性；所需的存储空间；是否需要更新存储设备上的信息。

有些存储设备，如硬盘，易于更新且有强大的存储能力，但是不便于携带。其他的，如闪存盘，可便携且易于更新，但是存储空间小。还有一些设备，如光盘，无法更新信息但是便于携带且存储容量大（见图 A-12）。

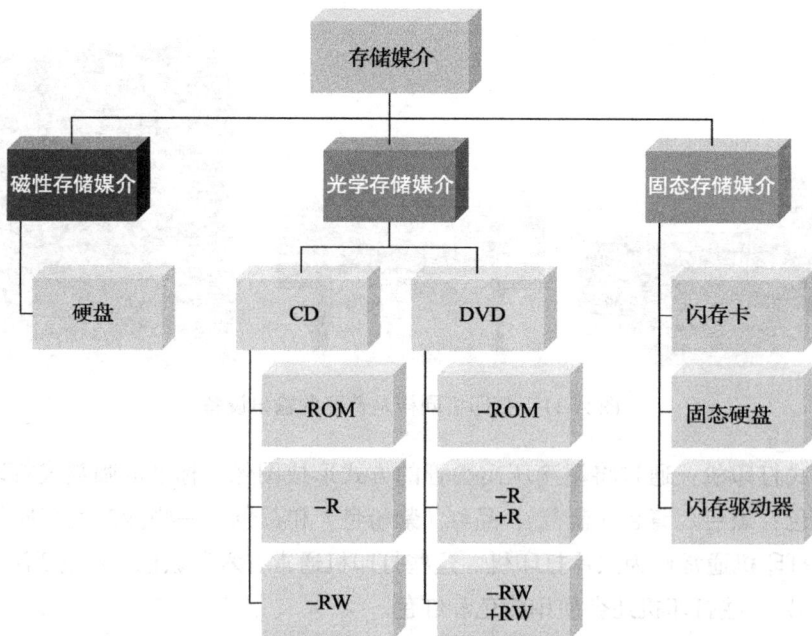

图 A-12　存储设备种类

我们用兆字节、十亿字节、兆兆字节来衡量存储设备的存储能力。兆字节（MB 或 M 或 Meg）约为 100 万字节；千兆字节（GB 或 Gig）大约为 10 亿个字节；兆兆字节（TB）大约为 1 万亿字节。用户的硬盘容量一般在 2 T 以上，大型企业的计算机硬盘容量（也称为硬盘组）能存储 100TB 以上的信息。常见的存储设备包括：

- **磁性存储媒介**
  - **硬盘**：一种磁性存储设备，带有一个或多个薄盘片或磁片，信息将存放在盘片或磁片中。当你购买计算机时，系统（机箱）已经预先安装一个硬盘。如果你需要更大的硬盘容量或者想要携带便捷，你可以购买一个能连接 USB 接口的外接硬盘（我们将在下一部分讨论 USB 接口）。硬盘存储容量大，更新数据也更方便。

- **光存储媒介**是使用激光存储、删除或修改信息的塑料圆盘，包括 CD 和 DVD。
  - **CD-ROM**（只读光盘）：不能修改信息的光盘或激光盘，具有 800MB 的存储容量。
  - **CD-R**（可记录光盘）：只能写入一次的光盘或激光盘。
  - **CD-RW**（可擦写光盘）：能够进行无限次保存、修改和删除信息操作的光盘或激光盘。
  - **DVD-ROM**：一种高存储容量的光盘或激光盘，不可更改其中存储的信息。与 CD 不同，DVD 的容量取决于其类型。
  - **DVD-R 或 DVD+R**（可记录式 DVD）：一种高存储容量的光盘或激光盘，只能执行一次写操作。
  - **DVD-RW 或 DVD+RW**（制造商不同，产品名不同）：一种高存储容量的光盘或激光盘，可以对其进行多次的存储、修改和删除操作。

- **固态存储媒介**采用非易失性存储形式，将数据存储在微型芯片上。非易失性是指切断电源时数据仍然能够保留，而不像计算机内的 RAM 或内存一样。固态存储的一大优势就是它没有活动件，不容易受到物理撞击和机械问题的影响。而且它运行时非常安静，访问数据的速度更快。固态介质分为以下三类：固态硬盘驱动器、闪存驱动器、闪存卡（见图 A-13）。
  - **固态硬盘驱动器**是使用固态存储芯片来长期存储数据的硬盘驱动器。固态硬盘很可能会取代磁盘，因为固态硬盘更为强健，更加安静。
  - **闪存驱动器**（也称为 U 盘）是小型的固态存储设备，可以直接挂在钥匙圈上并插在电脑的 USB 接口上。

图 A-13 常见的闪存类型

  - **闪存卡**是将许多高容量的存储单元压缩到一个小塑料片上。数码相机上一般都会有一个闪存卡。闪存卡和闪存驱动器不一样，它需要一个读卡器。这个读取设备可能会内置于电脑或打印机中，不然就需要准备一个分离设备。安全数字卡（SD）卡是看起来与多媒体卡一样的闪存卡（但是 SD 卡有内置的拷贝保护），比一个 25

美分的硬币大一点点，比信用卡厚一点点。也有其他类型的闪存卡，如 XD 记忆卡、CF 卡和记忆棒媒体。

A.4.4　CPU和RAM

中央处理器（central processing unit，CPU）和**随机存取存储器**（random access memory，RAM）共同组成了计算机的核心（见图 A-14）。CPU 在很大程度上决定了计算机的性能和价格。CPU 是解释并执行系统软件和应用软件的指令、协调所有硬件设备共同工作的硬件。RAM 是一片临时存储区域，用于保存正在使用的信息以及 CPU 所需的系统和应用软件指令。

图 A-14　CPU 和 RAM

过去 CPU 只有一个微处理器，但是现在的 CPU 则有两个、四个、六个或者更多微处理器。这样的 CPU 被称为多核处理器。你可能会认为有六个处理器就会使得处理速度提升六倍，但是事实不是这样的。原因是大多数软件都是为单核处理器而编写的。这就意味着软件在某一时刻只能做一件事。所以，即使你有六核 CPU，你的拼写检查软件也不会比平时快六倍。然而，有一些软件，如图像处理软件，就可以将任务分割成多个可同时处理的小任务。操作系统有时也会对任务进行分割，便于同时处理，比如在播放音乐的同时下载文件。未来会有更多的软件适用于多核处理。

现在 CPU 的速度通常是以千兆赫兹为单位。千兆赫兹（GHz）是指 CPU 的处理频率是10 亿赫兹。转速越高，计算机的处理速度越快，性能越好。千兆赫兹是指 CPU 执行软件指令的速度，这个过程被称为 CPU 周期或机器周期。一个 CPU 周期（机器周期）包括读取、解码和执行指令，并在需要时将结果返回到内存中（见图 A-15）。当你下载（或打开）一个程序的时候，就相当于你正在命令计算机将程序从存储设备（硬盘或 CD）读取到 RAM 中。在执行软件指令时，CPU 重复执行以下机器周期。

（1）读取指令：**控制单元**（control unit），即中央处理器的组成部分，负责指挥计算机如何工作，给 RAM 发送指令和需要的信息。例如，当执行 4 加 6 这个指令时，两个数字和加法指令作为信息从 RAM 传送到系统总线上。**系统总线**（system bus）是使信息能够在主板上的基本部件之间（包括 CPU 和 RAM 之间）进行传输的通道。当指令到达 CPU 后，先被暂

时存入 **CPU 高速缓冲存储器**（CPU cache）中，它是 CPU 上的一种存储器，CPU 发出的指令先储存在这种存储器中直到 CPU 准备好调用它们。将指令从 CPU 高速缓存送入控制单元要比从 RAM 到控制单元快得多，所以 CPU 高速缓存是能够加速处理过程的。

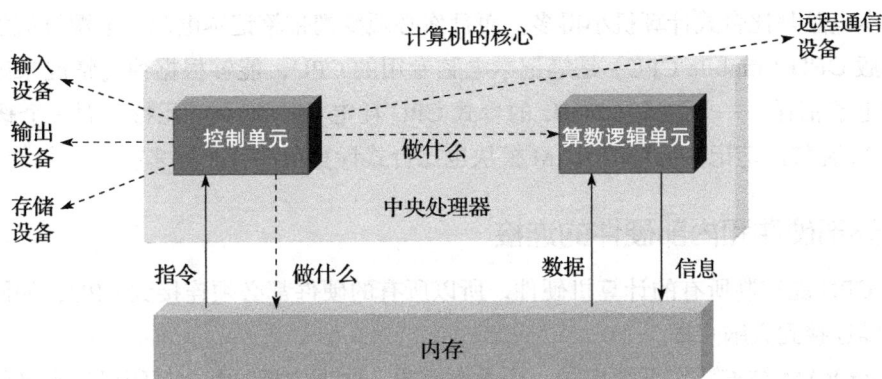

图 A-15　工作中的 CPU 和 RAM

（2）解释指令：CPU 从缓存中获得指令，并确定接下来需要处理的任务。在本例中，任务是 4 加 6 。

（3）执行指令：CPU 接下来就按照指令要求执行相关操作。在本例中，CPU 将 4 和 6 两个数字发送到算术逻辑单元执行加法运算。**算术逻辑单元**（arithmetic logic unit，ALU），即 CPU 的一个部件，完成所有的算术运算（如加法、减法）和逻辑运算（如排序和比较）。

（4）将结果存储到 RAM 中：CPU 将相加结果 10 发送到 RAM。不一定总是有结果被发送到 RAM 中，有时候 CPU 会做一些不需要保存的中间计算。

有时，CPU 速度会被称为"时钟速度"。这里的"时钟"指的是 CPU 时钟。每个 CPU 都有自己的 **CPU 时钟**（CPU clock），即一片石英，以固定的频率跳动来响应一个电子指令。CPU 时钟的跳动就好像行军队伍中的鼓手。鼓手能够保持队伍有序行进，CPU 时钟也会确保计算机操作的同步进行。CPU 时钟的每一次跳动或每一声"滴答"被称为一个时钟周期，也等于一个 CPU 周期（机器周期）。CPU 通过 CPU 时钟来保证指令和信息以固定的速率通过 CPU。

RAM 是 CPU 在处理信息和软件指令时使用的一种白板。当你关闭计算机的时候，RAM 中的所有东西都会丢失，这也就是它被称为"临时"存储器的原因。当你刚开启计算机时，确保计算机正常运行所需的系统指令都会被写入 RAM。然后，当你打开应用程序（如 Microsoft Word 或 Excel）时，保证这些程序运行的指令会加入 RAM 的运行系统。当你打字或在文本中输入信息时，这些东西也会被存储在 RAM 中。而当你完成并保存相关工作时，文件将会从 RAM 拷贝到你的 CD 盘或闪存里。

对于 RAM，你需要了解的最重要的事是其能够存储指令和信息的容量。RAM 的容量用 MB 或 GB 表示。你应该还记得，1MB 大约等于 100 万字节，1 字节等于 1 个字符。所以 2GB 容量的 RAM 可以存储 20 亿个字符，包括操作系统指令以及你正在使用的应用程序和信息。

笔记本电脑的CPU和RAM

笔记本电脑和台式计算机之间的关系就像娱乐交通工具和传统家庭一样——在任何方面，笔记本电脑都比台式计算机小得多。而且你必须要携带笔记本电源，电源续航能力也有限。**移动版 CPU**（mobile CPU）是笔记本电脑专用的 CPU，能够根据使用情况来改变速度进而改变电能消耗。一个频率 2.6GHz 的台式 CPU 耗电 75 ~ 1 090 瓦特，而一个移动 CPU 耗电仅为 34 瓦特。笔记本电脑的 RAM 模块也比台式计算机的要小得多。

A.4.5 外部硬件和内部硬件的连接

因为 CPU 能控制所有的计算机硬件，所以所有的硬件都必须连接到 CPU，如同你的四肢通过脊髓连接到大脑一样。

CPU 与 RAM 被安装在系统内的一个大电路板（称为主板）上。打印机连出来的电线末端上有连接器（或插头），能够连接打印机与主板，CPU 和打印机靠主板来传递信息。

1. 有线连接

所有不能无线连接的设备在缆线的末端都有连接器用来插入计算机的接口。**端口**（port）是主机、显示器或键盘上的接口，用来实现在计算机系统上输入和输出信息与指令。对于有线连接，端口就是你插入连接器的插孔；对于无线连接，端口就是波形信息进入或输出的地方。

接口在系统单元外是可用的，这意味着你无须打开系统单元来插入扫描仪。这里有几种不同的连接器和接口（见图 A-16）：

- **通用串行总线（USB）接口**：小型的即插即用、热插拔型 USB 连接端口，通过使用 USB 集线器，你可以仅利用电脑上的一个 USB 端口就连接多达 127 个设备。现在最新的版本是 USB3.0，比之前版本的传输速率更快。**热插拔**（hot swap）是操作系统的一种特性，允许你在电脑运行时拔出一个设备并插入一个新设备，而不需要事先关闭电脑。**即插即用**（plug and play）是一种操作特性，可以自动发现并安装在计算机上插入的设备的驱动程序。USB 接口有两种不同的物理形状，即 Type A 和 Type B。Type A USB 连接器 / 接口具有相同的尺寸和形状，但 Type B USB 连接器更小、更方而且尺寸不一。

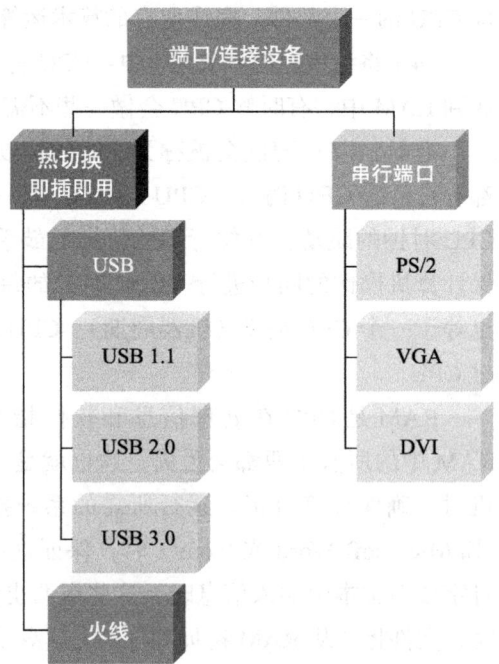

图 A-16　连接器和端口种类

Type B 连接器通常位于缆线的末端用来插入设备，比如数码相机或扫描仪。
- **火线端口**：（IEEE1394 端口或 I-Link）端口适合热插拔、即插即用的火线连接器，可以在一个单独的火线端口上以菊花链的方式连接多达 63 个火线设备。
- **PS/2 端口**：与 PS/2 连接器匹配，通常用在键盘和鼠标上。PS/2 是一种特殊串行连接器。串行连接器正逐渐被 USB 和火线端口所替代。
- **DVI**（交互式数字视频系统）和 **VGA**（视频图像阵列）是两种不同的显示屏端口，相较而言，DVI 更新。

图 A-17 展示了上述的一些连接器。

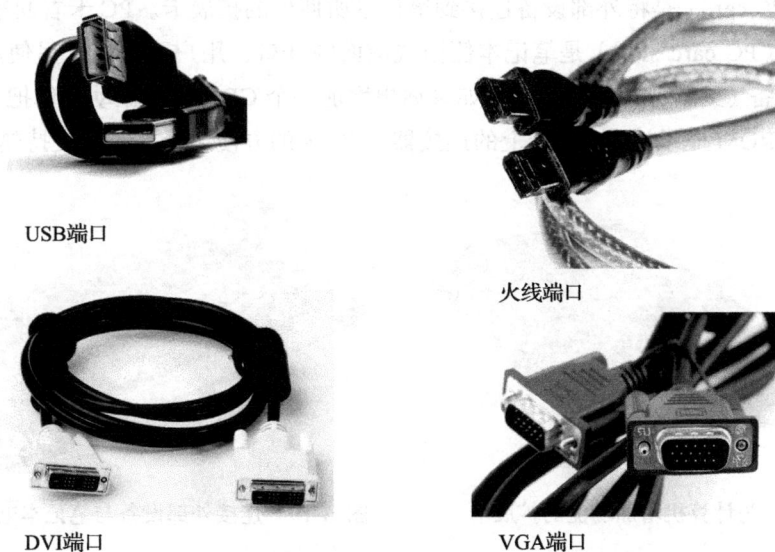

USB端口

火线端口

DVI端口

VGA端口

图 A-17　连接设备和 CPU 的连接器

2. 无线连接

无线设备以红外线或无线电波的形式发送和接收信息。不同的波有不一样的频率。个人与企业计算机环境中最常用的三种类型是红外线、蓝牙和 Wi-Fi。
- **红外线**：红外线或 IR 或 IrDA（红外数据连接），使用红外线来发送和接收信息。红外线有着人眼看不到的频率。红外线多用于电视遥控器或其他设备，以实现短距离无障碍操作（有效距离大约是 1 英里[⊖]）。
- **蓝牙**：一种无线技术标准，在 30 英尺的范围内以短程无线电波的形式传输信息，常用于将手机或 PDA 连接到电脑。
- **Wi-Fi**（无线宽带）：以无线电波形式在远至 300 英尺的距离内传输信息的一个标准。Wi-Fi 有几种形式，例如，Wi-Fi 也被称为 IEEE 802.11a、b、g 或 n，每种都是一个类型。Wi-Fi 也经常用于网络环境的无线通信。

⊖　1 英里 = 1.609 3 千米。——译者注

3. 扩展卡与扩展槽

无论有线还是无线，接口要么直接插在主板上，要么在扩展卡上。**扩展卡**（expansion card）（或板）是可以插进主板上扩展槽的一个电路板，通过它连接外围设备。**扩展槽**（expansion slot）是主板上用来插入扩展卡的一个狭长的槽。从扩展槽和接口传入或传出的信息，都是通过连接到 CPU 的总线传送的。**扩展总线**（expansion bus）是使信息在主板外围设备和 CPU 之间进行传输的一系列通路（见图 A-18）。我们已经讨论过系统总线以及信息通过它在主板上基本部件间的传输，包括 RAM 和 CPU。

为了给你的笔记本电脑添加设备，你需要把 PC 卡插入 PC 卡插槽，再将设备连到 PC 卡。**PC 卡**（PC card）是将外部设备连接到笔记本所使用的扩展卡。PC 卡看起来像厚的信用卡。**PC 卡槽**（PC card slots）是笔记本侧面或前面的开口，用户可以在这里使用 PC 卡来连接一个外部设备（见图 A-19）。例如，如果你想增加一个 CD-ROM 驱动，你把 PC 卡插入插槽后，将 CD-ROM 驱动连到 PC 卡上的连接器。PC 卡的方便之处在于其支持热插拔功能。

图 A-18　为计算机增加功能的扩展卡　　　图 A-19　连接外部设备与笔记本电脑的 PC 卡

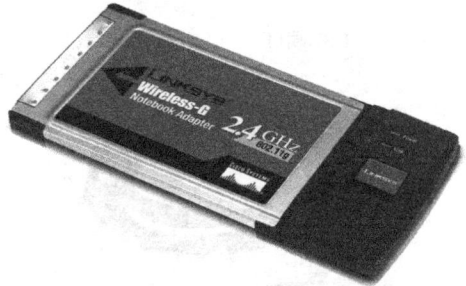

本模块小结

1. 定义信息技术（IT）和它的两种基本类型：硬件和软件。信息技术（IT）是以计算机为基础的各种工具，人们用它们来加工信息，并支持组织对信息和信息处理的需求。IT 包括移动电话、软件（如电子制表软件）和输出设备（如打印机）。硬件是组成计算机（通常也称为计算机系统）的物理设备。软件是计算机硬件所执行的、用来完成某个特定任务的一系列指令。

2. 按照尺寸对计算机进行分类。计算机按照尺寸可以分为智能手机、平板电脑、笔记本电脑、台式计算机、小型机、大型机和巨型机。智能手机是拥有一些附加功能的手机，包括相机、互联网连接、日志记录、GPS、数字音乐和视频播放等。平板电脑是一种轻巧的计算机，大小与笔记本电脑相似（甚至更小），包含一个触摸屏，同时具备笔记本电脑和台式电脑的操作功能。电子书阅读器是特别设计用来阅读电子书籍或期刊的便携式计算机。笔记本电脑是一种小巧、便携并能依靠电池运行的多功能电脑。台式计算机是满足个人计算需求最好的选择。这四种计算机都是为个人使用设计的。小型机（中距离计算机）是用于同时满足中小型企业环境中多人的计算需求的计算机。大型机是用来满足大型企业环境中几百个用户的计算需求的计算机。超级计算机是速度最快、能力最强而且最昂贵的一种计算机。在以上所给的各种计算机中，PDA 最小、功能最少、最便宜，而巨型机最大、功能最强、价格最贵。

3. 比较个人应用软件与横向市场软件、纵向市场软件的作用。应用软件执行特定的程序和任务。个人应用软件帮助用户执行个人任务，如写备忘录、画图、制作演示文稿，这些工作即使你没有电脑也能完成。纵向市场软件是只适用于某一特殊行业的应用软件。横向市场软件是适用于多种行业的通用应用软件。个人应用软件比横向市场软件、纵向市场软件便宜。当你购买了个人应用软件后，你无权改变软件的运作方式。如果你购买横向或纵向市场软件，通常情况下你也购买了改变软件工作方式的权利。

4. 描述操作系统软件和工具软件这两种系统软件的作用。系统软件负责处理技术管理任务并协调所有技术设备之间的交互。操作系统软件是一种控制应用软件并管理硬件设备如何协作的系统软件。因此，有了操作系统软件，你才能够真正运行应用软件。工具软件是为操作系统提供附加功能的软件。工具软件包括防病毒软件、屏幕保护软件、防崩溃软件、卸载软件和磁盘优化软件等。虽然这些软件只为计算机提供辅助功能，但你的确需要工具软件，尤其是防病毒软件。

5. 定义六种主要硬件的用途。硬件主要分为以下六种：

- 输入设备：用于输入信息和指令的工具。
- 输出设备：帮助用户看到、听到或理解所请求的信息处理结果的工具。
- CPU 和 RAM：计算机的真正核心，执行软件指令（CPU）和保存正在使用的信息以及 CPU 所需的系统与应用软件指令（RAM）。
- 存储设备：用于储存信息的设备。
- 远程通信设备：用于与网络中的其他人或计算机进行信息传输的工具。
- 连接设备：帮助你将所有的硬件设备连接到主板。

问题思考

1. 信息技术（IT）分为哪两类？
2. 硬件分为哪六种？
3. 应用软件与系统软件的区别是什么？
4. 在同等价格条件下，台式计算机和笔记本电脑哪种速度更快，哪个功能更强大？
5. 纵向市场软件与横向市场软件的区别是什么？
6. 术语"比特"和"字节"是什么意思？
7. 什么是游戏方向盘？它和游戏手柄有什么区别？
8. 阴极射线管显示器（CRT）和平板显示器的区别是什么？
9. 如何测量屏幕的尺寸？
10. 比较打印机分辨率和屏幕分辨率的区别？
11. 光盘和闪存驱动器有哪些不同？
12. 闪存卡有哪三种类型？
13. 移动版 CPU 指的是什么？
14. 现在网络中使用的是哪种无线标准？

1. 比较计算机系统的不同类型。计算机的尺寸、性能和水平都不同。通过网络找出计算机系统的配置。对三种类型的计算机——台式计算机、笔记本电脑和平板电脑，进行比较。选择三家销售计算机系统的网站。针对这三种类型的计算机，在每一家网站找出最贵的计算机系统和最便宜的计算机系统。为这三种类型的计算机创建一张表，根据以下指标对其进行比较：
   - CPU 的类型和速度
   - RAM 的类型和速度
   - CPU 的高速缓冲存储器数量
   - 系统总线的速度
   - 硬盘容量及速度
   - 端口的数量和类型

2. 按自己的配置订购计算机。现在网上最流行的事是许多电子销售商能够联机为你提供多种产品和服务。戴尔就是其中之一，它允许你自己对要购买的计算机进行配置。登录戴尔的网站 www.dell.com。找到网站上允许客户自己配置笔记本电脑或台式计算机的网页。首先，选择一个准备好的系统，记录它的价格和 CPU 速度、RAM 型号、显示器质量和存储量等方面的性能。然后，自己配置一个系统以提高 CPU 速度，增加 RAM，加大显示器尺寸并提升质量，增加存储容量。二者在价格上有何区别？哪个系统更接近你的价格承受能力？哪个系统具有你需要的速度和容量？

3. 理解软件的复杂性。我们必须给计算机提供一些具体而精确的软件指令才能打开微软的 Word 或给打印机发送信息。书写代码，使计算机正确有序地执行这些指令，并不是一项简单的工作。为了理解你必须要细到什么程度，选择一个合作伙伴并想象自己站在一间厨房里。你们当中某一人的任务是记下所有有关做花生酱和果冻三明治所需的指令。当写完后，让其他人完全按照指令操作。第二个人能成功地制作这种三明治吗？你的指令包含每一个步骤吗？你遗漏了哪一个？

4. 利用媒体进行展示。众所周知，我们生活在一个"多媒体"社会，利用多种媒介，我们能够方便地发送和接收信息。诸如微软的 PowerPoint 之类的展示工具能帮助你方便地进行展示，可以以音频、动画和视频等多种形式展示。并且，这也能帮助你在学校取得较高的成绩。使用你喜欢的展示软件，在展示文件中加入一段音频或视频。你打算如何让添加文件出现在幻灯片中？你如何初始化？你的展示软件中包含可插入的文件吗？或者你打算自己录音？现在，试着录一段简短的录音片段。在这一过程中，你必须执行哪些步骤？

5. 对比智能手机。现在人们使用智能手机通话，发信息，查发邮件，上网，照相，存储相片等。找四部来自不同生产厂家的智能手机，比较以下特征。
   - 速度（3G 还是 4G）
   - 尺寸
   - 重量
   - 屏幕尺寸
   - 屏幕分辨率
   - 摄像头的分辨率
   - GPS 能力

万维网和互联网

1. 定义网站、网址、域名、网页与统一资源定位器之间的关系。
2. 解释说明网址中各部分的含义。
3. 理解浏览器软件的主要组成部分及特点。
4. 明确 Web2.0 以及它的多项技术，包括维基、社会网络网站、博客、RSS 订阅以及播客等。
5. 描述组成互联网的各种技术。
6. 理解选择互联网服务提供商时应考虑的主要因素。
7. 描述登录互联网时都需要哪些通信软件和电子通信硬件设备。

B.1 引言

互联网与万维网是当今最常见且最具影响力的信息工具。无论你在哪里看或读什么，总会提及其一。你会发现一些网址经常出现在电视广告上（比如 IBM 公司的网址 www.ibm.com 或是 Toyota 公司的网址 www.toyota.com）。几乎在每种杂志上，你都会看到有关互联网的文章，因为它在当今社会扮演着越来越重要的角色。大部分主流的商业刊物，比如《财富》《福布斯》和《商业周刊》，都会把整期的篇幅留给互联网以及如何用互联网开展电子商务。当然，许多刊物已经有文章详细分析了近些年网络公司如何经营失败以及为什么失败（如今被形象地称为点击炸弹）。

互联网的确无处不在。互联网的伟大之处在于你只需要花几个小时来学习互联网的相关知识。当你读完本模块的内容后，你应该做一下本模块最后的练习题。你会为很容易在互联网上找到信息而感到惊喜。

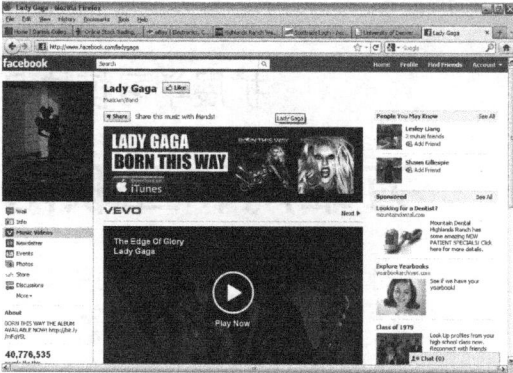

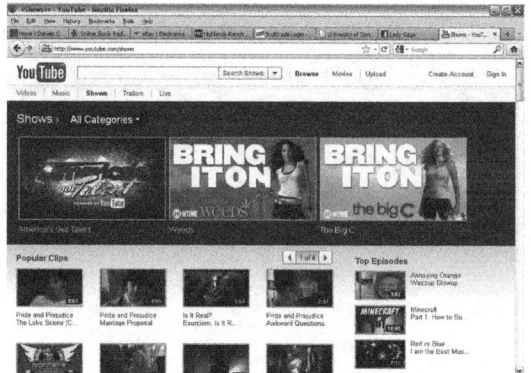

B.2 万维网

正如你所知，万维网（World Wide Web）或网络（Web）是互联网上以多媒体技术为基础的信息、服务和网络站点的集合。互联网是一个连接上百万终端计算机的庞大网络。学校、企业和政府等许多机构都将自己的局域网与互联网建立了连接。万维网在互联网及其技术基础设施的支持下才能完成其功能。人们往往将万维网和互联网混为一谈（而事实上它们并不一样）。

B.2.1 网站、网址和网页

当你使用万维网时，你最经常访问的就是网站。**网站**（Web site）就是万维网上的一个我们可以访问、收集信息甚至可以购物的特定位置。每个网站在万维网上都有一个独有的网络地址。所谓**网址**（Web site address）就是标识万维网上一个特定网站的唯一名称，学术上称为域名。**域名**（domain name）标示网络上一台特定的计算机和整个网站的主页。大多数人都使用"网址"这个词而不用学术名词"域名"。例如，USA Today 的网站地址就是 www.usatoday.com（见图 B-1）。

大多数网站都包含很多甚至数百个网页。**网页**（Web page）是一个网站的组成部分，每个网页涉及某个特定的主题。某一特定网页的地址叫作 URL。**统一资源定位器**（uniform resource locator，URL）指的是一个网站上的特定网页或者文件的地址。大多数人用网页地址代替 URL。正如从图 B-1 中所看到的，你可以点击在 USA Today 主页上的体育链接。通过点击这个链接，你就可以打开 USA Today 网站内部的一个特定网页。这个网页的 URL 或者说网页地址就是 www.usatoday.com/sports/default.htm。在万维网上，链接是很重要的。所谓链接（学术上称为超级链接）就是一个可点击的文本或者图片，通过点击它能够打开网络中其他网站或网页。

网站地址或域名

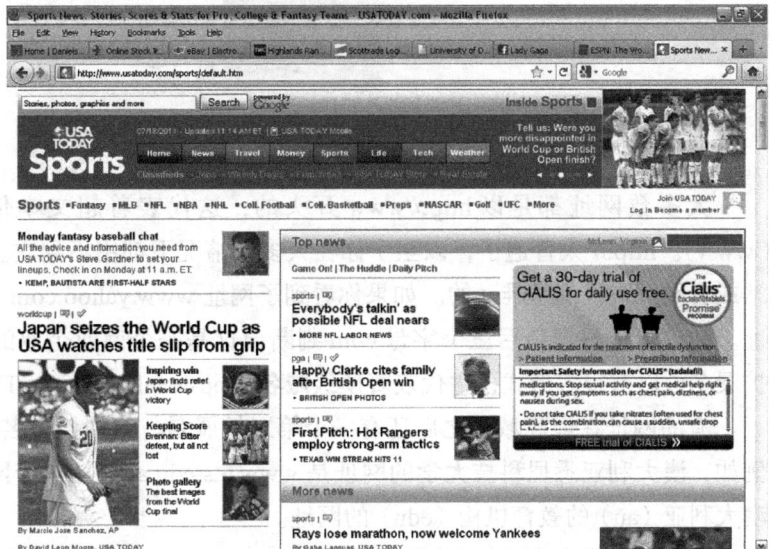

图 B-1　USA Today 网站和体育网页

B.2.2 理解网址的含义

当我们要进入一个特定的网站或者网页，必须有其特定的网址，比如 www.usatoday.com。因为网址是唯一的，所以它往往告诉我们一些关于网站或者网页的重要信息。让我们来看两个例子（见图 B-2）：雅虎的网址是 www.yahoo.com，而澳大利亚悉尼科技大学的网址是 www.uts.edu.au。

图 B-2　了解网络地址的含义

大多数网址都是以 http://www 开头的，这代表着超文本传输协议（http）和万维网（www）。http:// 太普遍了，以至于你在大多数情况下都用不到它。网址剩下的部分对每个网站或者网页来说都是唯一的。如果你看到了网址 www.yahoo.com，你就能知道这是雅虎的网址。你也可以根据最后三个字母 com 判断出这是一个商业企业的网址。最后这三个字母的扩展名可以有很多形式，它代表着**顶级域名**（top-level domain，TLD）（见图 B-3）。

有的网址在最高域名之后还有一个第二扩展名。这种扩展名标示的是网站所在的国家。例如，澳大利亚悉尼科技大学的网址是 www.uts.edu.au。从这个网址你可以看出，这是一个澳大利亚（au）的教育机构（edu）的网址。

互联网名称与数字地址分配机构（ICANN）是一个非营利性组织，担负着众多与互联网相关的责任，其中一项就是顶级域名的监督。2011 年中期，ICANN 宣布了与图 B-3 中的标准化顶级域名完全不一样的新政策。现在，任何组织（或个人）可以向 ICANN 申请使用任何顶级域名。例如，NBA 可以申请 .nba 作为一个顶级域名，然后所有的篮球队都能使用这个顶级域名；纽约市可以申请使用 .nyc，然后纽约市的任何餐厅、体育联盟等都可以使用这个顶级域名。但这里有一点要注意，对于一个非标准的顶级域名，申请费为 18.5 万美元，而 ICANN 才不管申请是否被批准。

顶级域名	含义
.aero	航空运输行业
.biz	商业性或营利性企业
.catr	加泰罗尼亚（语言或与加泰罗尼亚文化相关）
.com	商业性或营利性企业
.coop	合作团体
.edu	教育机构
.gov	政府机构
.info	一般信息
.int	国际组织
.jobs	拟招聘雇员的公司
.mil	美国军队
.mobi	移动设备
.museum	博物馆
.name	个人
.net	互联网管理机构
.org	组织机构
.pro	专业
.travel	旅行社

图 B-3　顶级域名

B.2.3　如何使用网络浏览器软件

网络浏览器软件（Web browser software）是用于网上冲浪的软件。当我们登录 USA Today、雅虎或悉尼科技大学等网站时，我们就在使用网络浏览器。当今最流行的浏览器是 IE 浏览器（由微软开发）、火狐浏览器（由 Mozilla 开发）和谷歌浏览器（由谷歌开发）。这三种浏览器的使用和下载都是免费的，下载地址分别是：

- Internet Explorer——www.microsoft.com/downloads
- Firefox——www.mozilla.com
- Chrome——www.google.com/chrome

接下来，我们为你介绍网络浏览器的使用方法。如图 B-4 所示，我们分别通过这三种浏览器访问 eBay 的网站（www.ebay.com）。在 IE 和火狐浏览器中，菜单栏都出现在顶部而且都有文件、编辑、视图、工具和帮助几项功能。此外，它们还有各自独特的功能选项，但菜单栏都支持共同的基本功能。在谷歌浏览器中，你可以找到这些功能，并通过点击右上角的工具图标（它看起来像一个扳手）发现更多功能。

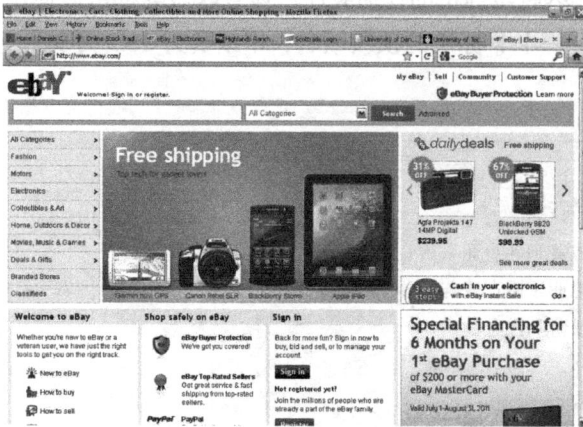

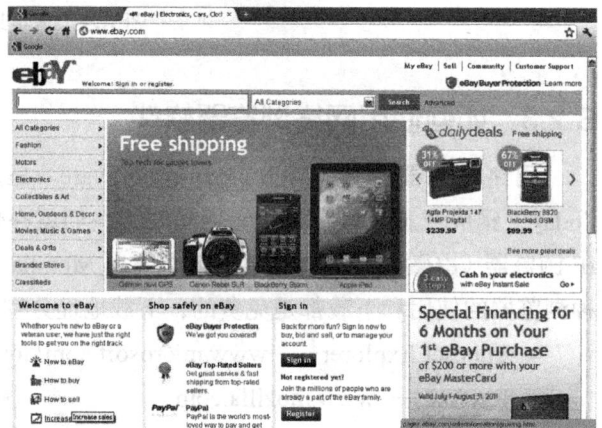

图 B-4　IE、火狐浏览器、谷歌浏览器

　　靠近顶部，你还能看到地址栏。如果你知道具体的网址，就可以点击地址栏，键入网址，然后按回车键即可。如果你不是很确定这个网址是什么，可以用两种方式来搜索它。第

一种方法是使用搜索引擎，我们将在下一节讨论。第二种方法是在地址字段中键入一个逻辑名称。例如，如果你想从美国国税局（IRS）网站上下载税务表格，但是不知道国税局的网址，你可以在地址栏里输入"IRS"或"internal revenue service"。你的网页浏览器会自动开始搜索，希望能为你找到正确的网站（在搜索 IRS 网址的实例中，所有三个网络浏览器都会带你到你需要的网站）。

任何网络浏览器的一个最重要的功能是，可以创建、编辑和维护你在网络上最常访问的地址列表。在 IE 浏览器中，它被称为收藏夹，在火狐和谷歌浏览器中被称为书签。所以，如果你经常访问 eBay，你可以把它的网址保存在这些列表中。

网络浏览器的另一个实用性良好、经常使用的功能是标签。根据浏览器的不同，标签出现在屏幕顶部附近或屏幕顶部。标签允许在同一时间打开多个网址。你可以很容易地设置浏览器软件的默认状态，这样，在它启动时，将会自动打开一些网址。

B.3 搜索引擎

你一定遇到过这种情况，当你想在网上寻找一些信息或服务时，却不知道访问哪个网站。这时，你可以依据上述介绍的那样做，在地址栏输入一些简要的逻辑信息（如 IRS），也可以使用搜索引擎。**搜索引擎**（search engine）是可以帮助用户找到含有所需信息或服务的网站的网络工具。网上有多种搜索引擎，尽管它们使用的方法不尽相同，但它们都会帮你找到你所需要的网站和信息。

我们用现在最流行的搜索引擎 Ask（www.ask.com）和谷歌（www.google.com）来搜索有关 2011 年度奥斯卡金像奖的信息。我们在搜索栏中键入"2011 奥斯卡金像奖得主"后，单击 Ask 网站上的搜索按键，结果显示如图 B-5 所示。在这张图上，你还可以看到谷歌上键入"2011 奥斯卡金像奖得主"并单击谷歌上的搜索按键后的结果。这两种方式得到的结果很相似。事实上，如果你细读排名在前 20 的搜索结果，其中有 15 个左右是相同的。

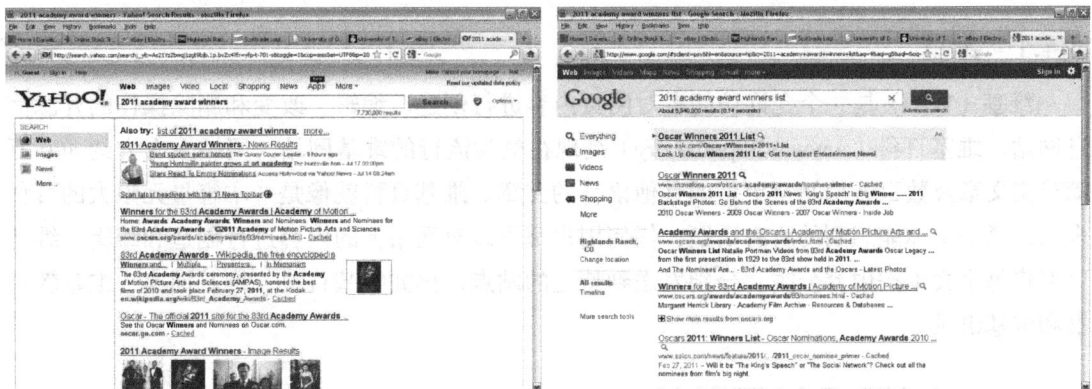

图 B-5 搜索引擎

当你键入包括多个术语的搜索条件（比如"2011 奥斯卡金像奖获得者"）时，大多数搜索引擎会找到包括所有搜索术语的信息，当然，顺序可能与输入的术语顺序不同。如果想要进一步精确搜索并排除某个术语，你需要在想要排除的术语前输入减号（–）。例如，想要搜索有关迈阿密海豚橄榄球队的信息，你可以输入搜索条件：“迈阿密海豚”。在出现的结果列表中也许会出现有关在迈阿密海域观赏海豚的信息等。要排除这些干扰信息，你需要输入这样的搜索条件：“迈阿密海豚—水生动物—哺乳动物”。这样你就能排除所有包含水生动物或哺乳动物信息的网站了。

这里的减号是一个可以帮你规范搜索结果的整数操作符（还有诸如括号、引号和加号等），如果要掌握更多的有关技巧，你可以参照所使用的搜索引擎中的特定选项。

B.4 Web2.0

在过去的几年中，随着互联网技术和动态信息的不断完善与发展，万维网已经从一个拉式技术和静态信息平台发展成为更具有互动性的信息网络。Web2.0 被称为第二代网络，主要专注于在线协作、用户成为内容的创造者和修改者、动态定制的信息推送以及许多其他以网络为基础的服务。

从单纯的技术角度来看，有许多有趣的新兴技术支持 Web2.0 的功能实现。如果你想钻研技术层面，需要学习像 XML、Ajax、CSS、Webservice APIs 和 SOAP 等相关技术。从用户角度来看，大家关注的是 Web2.0 的动态应用，包括：

- 维基
- 社交网站
- 博客
- 信息摘要订阅（RSS 订阅）
- 播客
- 其他应用

B.4.1 维基

维基（Wiki）是一个允许访问者对网页内容进行创建、编辑、改变和删除操作的开源信息网站。维基百科（www.wikipedia.org）是现在最为流行的维基网站，网站上有大约 400 万篇英文文章及数百万篇乃至更多的其他语言的文章。维基百科就像是一本容量无限大的百科全书，涵盖了你能想到的所有话题，任何用户都可以对网站上的内容进行创造和编辑。维基可以将每个文本按内容分类，分别发送到特定的站点，比如维基百科、维基词典、维基教科书和维基语录。

B.4.2 社交网站

社交网站（social networking site）是这样一种网站，你可以在此网站上上传个人信息，创建好友关系网，访问他人主页，分享照片和视频信息，以及与他人交流等。在这里，“人”

是一个广义的概念,可以指实际的个人,也可以指一个乐队、组织等。当今最流行的社交网站是 Facebook,它拥有约 7.5 亿用户(见图 B-6)。

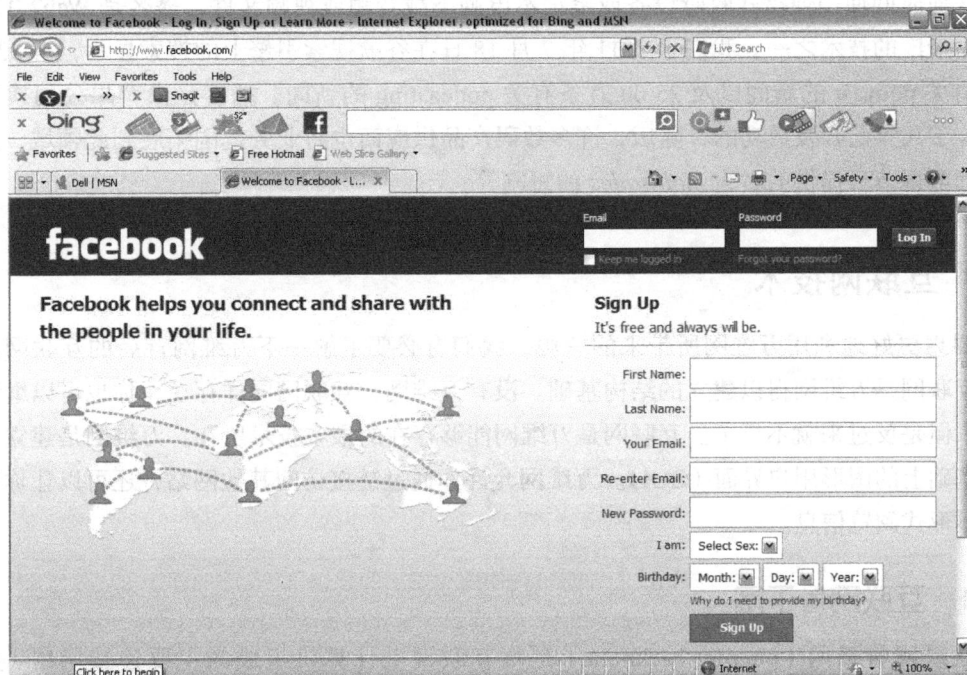

图 B-6　社交网站 Facebook

B.4.3　博客

博客(blog)是这样一种网站,你可以按时间顺序发布日志并允许他人对日志发表评论。博客的话题范围很广,包括新的评论、在线日记、游记等。你可以在许多不同的博客网站(包括 www.blog.com)上创建自己的博客。

一种你可能很熟悉的博客形式是**微博**(microblogging),用户分享网站链接、视频之类的简短信息。在像 Facebook 这样的社交网站上,微博等同于状态更新。所有的社交网站都提供某种状态更新功能,当你发布状态更新到你的首页上,你就在参与微博。

作为一个独立的应用程序,最有名的当属 Twitter 的微博。Twitter 始于 2006 年,人们在此可发 140 字以内的推文给对方或朋友圈,这些信息便是微博的形式。

B.4.4　信息摘要订阅(RSS订阅)

RSS 订阅(RSS feed)是这样一种技术,提供频繁发布和更新的数字信息。你可以从网站提供的新闻目录列表中订阅你感兴趣的内容。订阅后,你可以点击链接查看订阅的最新内容,还可以将它加载到你的浏览器中以获得及时更新的信息,比如股票行情——会滚动出现在你的浏览器界面上。

B.4.5 播客

播客（podcasting）是由 iPod 和 broadcasting（广播）引申发展而来的术语。它是指你可以在任何时间使用便携式收听设备或笔记本电脑下载音频或视频文件。播客是 Web2.0 技术中应用最广的技术之一。我们于 2011 年 7 月 18 日在谷歌搜索引擎上的搜索显示，有 33 200 万条有关 podcast 的新闻以及 25 00 万条有关 podcasting 的新闻。播客是由苹果公司旗下的 iTunes 于几年前开发成功的，随后，许多数码产品供应商也将业务范围拓展到此领域，例如辛迪加电视节目提供的名为 *mobisodes* 的短剧等。

B.5 互联网技术

要想更好地利用万维网所带来的资源，我们有必要了解一下万维网背后的互联网的知识。互联网是万维网得以建立的结构基础。没有万维网，互联网同样存在，你也可以继续使用它，但是反过来就不行了。互联网是万维网能够存在的根本技术所在。万维网是建立在互联网基础上的图形用户界面（GUI）。万维网允许你通过链接访问其他网站，还可以让你以多种媒体形式阅览信息。

B.5.1 互联网骨干网

互联网骨干网（internet backbone）是指互联网上计算机组成的主要连接网络（见图 B-7）。**网络接入点**（network access point，NAP）是指互联网上多个连接的交叉点。在每一个网络接入点上，至少有一台计算机来负责将互联网信息从一个地点传输到另一个地点（就像一个飞机场，在这里我们可以转机以到达最终目的地）。这些网络接入点是由**网络服务提供商**（network service provider，NSP）来负责提供和维护。网络服务提供商拥有并维护在网络接入点处的路由计算机，甚至是连接网络接入点之间的线路，如 MCI 和 AT&T。在图 B-7 中你可以看到，达拉斯是一个网络接入点，它是连接亚特兰大、凤凰城、堪萨斯城和奥斯汀线路的中间结点。

有了网络接入点，互联网服务提供商就可以把它们的计算机或者计算机群连接到互联网上。所谓**互联网服务提供商**（internet service provider，ISP）就是指为个人、组织和企业提供网络访问的公司。互联网服务提供商有 AOL、Juno，甚至你们的学校也可能是。你通过拨号将自己的计算机与互联网服务提供商的计算机连接，而你的互联网服务提供商通过允许你的计算机与它们的计算机（这些计算机早已经连接了互联网）相连使你得以连接互联网。

如果你住在旧金山，要发送一封 Email 给住在波士顿附近的朋友。你的邮件可能会从旧金山传到盐湖城，再到明尼阿波利斯，最后才到波士顿。当然，你的邮件也可以经旧金山、凤凰城、达拉斯、亚特兰大、纳什维尔、匹兹堡、奥兰多、纽约最后到达波士顿。但是不管经由哪条线路，最终邮件都会到达目的地。你能想象出从旧金山发送到意大利威尼斯的邮件所途经的路线吗？这一次，它可能向西环游世界经过澳大利亚再到目的地。下一次，它就可能向东环游世界经过纽约到伦敦再到目的地。

图 B-7　美国的互联网骨干网

B.5.2　互联网服务器

在互联网上有很多类计算机，这些计算机有路由器（我们已经讨论过了）、客户机、服务器（见图 B-8）。我们用来连接互联网并浏览网页的计算机叫作客户机。客户机可以是台式机、笔记本电脑，也可以是一种网络设备、平板电脑或智能手机。

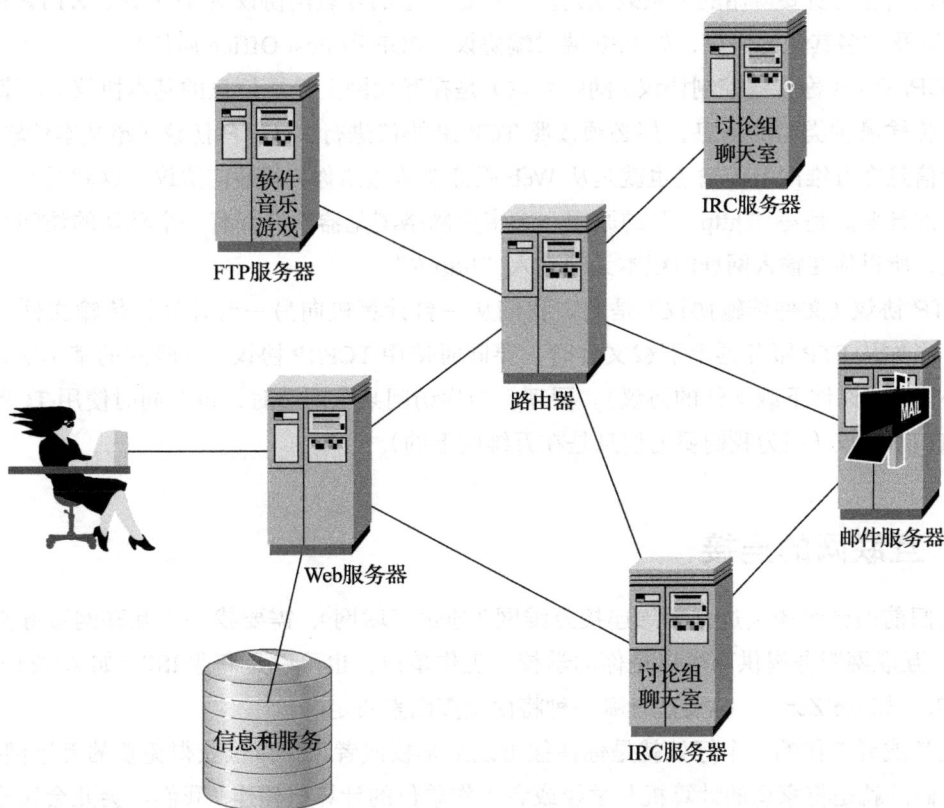

图 B-8　互联网上的服务器

互联网服务器（internet server computers）是互联网上提供信息和服务的计算机。目前互联网上主要有四种类型的服务器：Web 服务器、邮件服务器、ftp 服务器和 IRC 服务器。**Web 服务器**（Web server）为网上冲浪者提供信息和服务。所以，当你访问 www.ebay.com 时，你就用自己的客户机连接了一台 Web 服务器。在大多数情况下，你都是通过连接 Web 服务器来获取信息和服务的。

邮件服务器（mail server）提供电子邮件服务和账户。在很多情况下，邮件服务器是作为 Web 服务器的一部分提供给你的。例如，Hotmail 就是一个免费的由 MSN 提供的电子邮件服务器。**ftp（文件传输协议）服务器**（file transfer protocol）存储可以下载的文件集合。这些文件可以包括软件、屏幕保护程序、音乐文件（大多以 MP3 的形式存在）和游戏。**IRC(在线聊天)服务器**（internet relay chat server）支持使用讨论组和聊天室。IRC 服务器是为一些网站如 www.epinions.com 提供的大众化的计算机群。在这种服务器上，你可以发表自己关于不同商品和服务的观点，并且你也可以阅读其他人写的评论。

B.5.3　通信协议

信息不断地在互联网上传输，往来于各个网络节点之间，并最终到达你的计算机。信息的正常传输全都要依靠不同的通信协议。**通信协议**（communication protocol）是指每台计算机在传送信息时所要遵循的一系列规则。应用最广泛的互联网协议有 TCP/IP、HTTP 和 FTP 协议（以及许多其他的协议，如 PPP 端对端协议、POP 和 Post Office 协议）。

TCP/IP（或称传输控制协议 / 网际协议）是在互联网上传播信息的基本协议。不管在互联网上传输哪种类型的信息，都必须按照 TCP/IP 协议进行。**HTTP 协议**（超文本传输协议）是支持信息在万维网上传输（也就是从 Web 服务器传送给你）的通信协议。这就是为什么网站地址的开头总是写"http://"的原因。大多数网络浏览器软件都有一个默认的访问互联网的地址，所以你在输入网址时根本无须输入"http://"。

FTP 协议（文件传输协议）是允许我们从一台计算机向另一台计算机传输文件的通信协议。当你从 FTP 服务器上下载文件时，要同时使用 TCP/IP 协议（互联网的基本协议）和 FTP 协议（允许你下载文件的协议）。同理，当你访问某个网站时，也要同时使用 TCP/IP 协议和 HTTP 协议（因为我们要的信息是在万维网上的）。

B.6　互联网的连接

我们前面已经谈到过，要想连接万维网（通过互联网），需要找一个互联网服务提供商（ISP）。互联网服务提供商可以是你的学校、工作单位，也可以是商业 ISP（如 AT&T）和免费的 ISP（如 NetZero）。你要选择哪一种将由很多因素决定。

上学或者工作的一个好处就是你往往可以从学校或者工作单位获得免费的万维网接口。你所要做的就是将家里的计算机和学校或者工作单位的计算机相连（我们一会儿会讨论这个过程），然后你就可以上网冲浪了。可是有的学校和商业单位会对我们所访问的网站有所限制，并且它们有时会监视我们在网上的活动。

商业性的 ISP 会向你收取一定的月租费，就像电话公司每个月收取一定的电话服务费一样。这个费用每个月在几美元到 50 美元之间。较受欢迎的世界范围内的商业性 ISP 有微软（MSN）、AOL 和 AT&T 等。根据你所在的地区，你可以接入来自一家公司的有线电视节目、电话和互联网。AT&T 和 Comcast 在美国的许多地方提供这个服务。通过这种"捆绑"的方法，你通常会从提供商那里获得一些折扣。

免费的 ISP 正如其名，是完全免费的。我们无须支付初装费，无须支付月租费，并且通常可以无限制地上网。但是，这种服务也有不足。大多数的免费 ISP 与商业性 ISP 不同，它们不提供网络空间。所谓**网络空间**（Web space）就是用来放置网站的存储空间。所以，如果你想要创建并维持一个网站，就可能不得不选择一个商业性 ISP 而不是免费 ISP（你的学校往往也提供给你网络空间）。另外，当你使用免费 ISP 上网时，会看到很多去不掉的标语广告。你可以将它们从屏幕上移来移去，但是没办法让它们从屏幕上消失。免费 ISP 提供有限的技术支持，有的只提供电邮帮助，还有的提供电话咨询，但不是免费电话。

尽管有很多缺点，很多人还是因为费用的缘故（要知道，每个月 20 美元相当于每年 240 美元）选择使用免费 ISP 而不是商业性 ISP。受欢迎的免费 ISP 有 NetZero（www. netzero.net，见图 B-9）。要选择适合你的 ISP 类型，请回答下面的问题：

NetZero 公司免费上网时间每月达 10 个小时

图 B-9　NetZero 是一家著名的免费互联网服务提供商

- 你需要网络空间吗？如果需要，免费 ISP 不是合适的选择。
- 你认为优良的技术支持很重要吗？如果很重要，选择商业性 ISP 比较好。
- 钱对你来说很重要吗？如果重要，就不适合选择商业性 ISP。
- 你很重视个人隐私吗？如果重视，那么就不要选择学校或者工作单位提供的接口。

B.6.1 通信软件

要想接入并使用万维网，你需要以下通信软件：

- **连通性软件**：使你能够使用计算机拨号上网或与另一台计算机连接。
- **网络浏览器软件**：用于网上冲浪的软件。
- **电子邮件软件**：使你能够通过收发电子邮件与其他人进行交流。

连通性软件是第一个也是最重要的通信软件。有了连通性软件，并使用标准电话调制解调器，你就可以用自己的计算机和一条电话线来拨号并与你的 ISP 服务器连通。连通性软件是大多数个人计算机的标准配置。要使用连通性软件，你只需要知道要拨打的电话号码。这是一个相对简单的程序：在 Microsoft 视窗下，依次点击"开始""所有程序""附件""通信""网络连接"，然后选择"创建新的连接"（操作顺序可能会因为你用的 Windows 版本不同而稍有变化）。

另外，如果你正在使用连通性软件并通过高速调制解调器连接，如电缆、DSL 或卫星调制解调器（我们稍后会讨论），你不会每次都手动连接到你的 ISP。实际上，你可能拥有永久性的高速互联网连接。因此，当你打开计算机时，它会自动连接到你的 ISP 上。

网络浏览器软件和电子邮件软件也都是目前计算机上的标准配置软件。如果你所在的学校或者工作单位就是你的 ISP，那么你可能更经常地使用比较容易获得的网络浏览器软件，如 Internet Explorer 和 Netscape 或 Firefox，而你采用的电子邮件软件可能会根据自己学校或者工作单位所选用的软件而有所不同。如果你采用商业性或免费 ISP，那么你选择的网络浏览器软件和电子邮件软件可能取决于那个特定的组织。

B.6.2 远程通信硬件

除了通信软件之外，你还需要一些远程通信硬件以连接到万维网（还是要通过互联网）。如果你在学校或者工作单位，可能可以直接将你的计算机连接到局域网上，进而连接互联网。这只需要将网线插到你的计算机上，然后打开你喜欢的网络浏览器或电子邮件软件。我们将在扩展学习模块 E 中详细讨论这种连接互联网的方式。

如果你从家里连接的话，就需要某种类型的调制解调器。调制解调器的类型有很多，包括：

- **电话调制解调器**：一种将计算机与电话线相连接从而使得能够访问其他电脑或网络的设备。
- **DSL 调制解调器**：一种使用电话线的高速互联网连接，它允许用户在上网的同时还能打电话。
- **电缆调制解调器**：一种使用电视电缆连接互联网的设备。

● **卫星调制解调器**：一种可以让你通过卫星电视天线来连接互联网的调制解调器。

DSL 调制解调器、电缆调制解调器和卫星调制解调器都是最新、最贵的，同时也是最快的调制解调器。它们同样不占用你的电话线。例如，如果你使用普通的电话调制解调器，就不能在上网的同时打电话。而 DSL 却不同，它将电话线路分割开来，使你可以同时上网和打电话（见图 B-10）。不仅如此，DSL 调制解调器、电缆调制解调器和卫星调制解调器都可以提供给你一个"一直在线"的互联网连接。

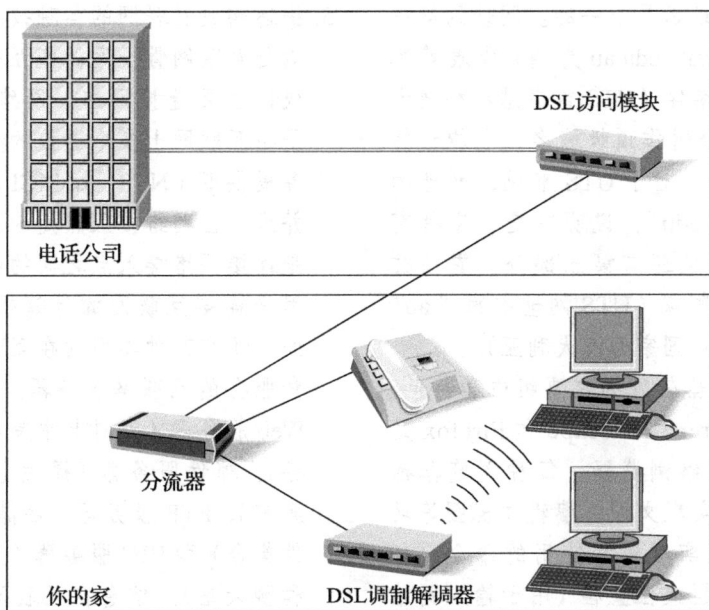

图 B-10　使用 DSL 调制解调器连接

有了这些高速的互联网连接选择，你可以使用路由器或别的设备与调制解调器进行无线连接。正如在图 B-10 中所看到的，DSL 调制解调器直接通过有线方式连接到一台计算机上，并通过无线方式连接到另一台计算机上。所以，你可以将多台计算机连接到 DSL 调制解调器上。而且，我们在扩展学习模块 E 中会介绍通过有线和无线方式连接到互联网。

你决定选择哪种远程通信硬件的最大因素可能是可获得性（价格因素除外）。在很多国家的很多地区，电话公司和电视电缆服务并不支持 DSL 调制解调器、电缆调制解调器和卫星调制解调器的使用。所以，你可能受限于只能使用普通的电话调制解调器。如果能够有其他的选择，我们当然建议大家研究采用。

本模块小结

1. 定义网站、网站地址、域名、网页和统一资源定位器（URL）之间的关系。网站（如 USA Today 公司的网站 www.usatoday. com）是万维网上的一个我们可以访问、收集信息甚至可以购物的特定位置。网站地址（www.usatoday.com）是标识万维网上一个特定网站的唯一名称，学术上称为域名。网页是一个网站的组成部分，每个网页涉及某个特定的主题。某一特定的网页的地址在学术上被称为统一资源定位器（URL）。

2. 解释网站地址每部分组成的含义。大部分的网站地址都以 http://www. 开头。除此之外，每个网址都是唯一的。网址的第一部分（以 www.uts.edu.au 为例）代表着企业或者网站的名字（UTS 或者悉尼科技大学）。第二部分叫作顶级域名，它能够体现组织的类型。对于 UTS 来说，网址的第二部分是"edu"，说明它是一家教育机构。如果网址还有第三部分，它往往说明网站所在国家（UTS 网址中的"au"表明该网站所在国家为澳大利亚）。

3. 明确网络浏览器软件的主要组成和特色。Internet Explorer、Netscape 和 Firefox 是最负盛名的网络浏览器。每种浏览器都包括菜单栏（实现文件、编辑和视图等功能）、按钮栏（实现经常使用的命令，如打印）和地址栏或位置栏（用于输入网站地址）。网络浏览器还具有保持经常访问的网站列表的功能。在 Internet Explorer 中，这个列表称为收藏夹，而在 Firefox 中，这个列表称为书签列表。

4. 定义 Web2.0 以及它的多种技术，包括维基、社交网站、博客、RSS 订阅和播客。Web2.0 是第二代网络，主要专注于在线协作、用户成为内容的创造者和修改者、动态定制的信息推送、许多其他以网络为基础的服务。Web2.0 的技术包括：

- 维基：网站允许用户对网站内容进行创造、编辑、修改和删除。
- 社交网站：你可以在网站上上传个人信息，创建好友关系网，浏览他人的主页，分享照片和视频信息，与他人交流。
- 博客：博客是这样一种网站，你可以按时间顺序发布日志并允许他人对日志发表评论。
- RSS 订阅：提供频繁发布和更新的数字信息。
- 播客：你可以将音频或视频资料下载到便携式收听设备或者个人电脑中。

5. 描述构成互联网的各种技术。互联网的核心是互联网骨干网，即互联网上计算机组成的主要连接网络。网络接入点（NAP）是指互联网上多个连接的交叉点。网络服务提供商（NSP）如 MCI 和 AT&T，拥有并维护在网络接入点处的路由计算机甚至是连接网络接入点之间的线路。除了我们用来连接互联网的计算机（称为客户机）外，还有四种类型的在互联网上提供信息和服务的互联网服务器。这些服务器有：Web 服务器（为网上冲浪者提供信息和服务）、邮件服务器（提供电子邮件服务和账户）、FTP 服务器（存储可以下载的文件集合）和 IRC 服务器（支持使用讨论组和聊天室）。信息在互联网上传输并从这些服务器到达你的计算机时，要遵循通信协议——每台计算机在传送信息时所要遵循的一系列规则。应用最广泛的互联网协议有 TCP/IP 协议（在互联网上传输信息的基本协议）、HTTP 协议（支持信息在万维网上传输的通信协议）和 FTP 协议（允许我们从一台计算机向另一台计算机传输文件的通信协议）。

6. 阐述了在选择互联网服务提供商（ISP）时应注意的重要事项。当选择一个 ISP 时（到底是选择商业性 ISP 还是免费 ISP，还是以学校或者工作单位作为 ISP），你需要考虑下面的因素：

- 网络空间：如果你要建立一个网站，那么你选的 ISP 一定要能给提供你网络空间。

- 技术支持：可能会有邮件咨询服务、24小时免费电话咨询服务，但也可能什么服务都没有。
- 价格：商业性 ISP 很贵，但是免费 ISP、学校和工作单位 ISP 都是免费的。
- 隐私：你的学校或者工作单位会监视你的网上活动。

7. 介绍了网络连接所需的通信软件和远程通信硬件。用于互联网连接的通信软件包括连通性软件（用于拨号连接其他计算机）、网络浏览器软件（用于网上冲浪的软件）和电子邮件软件（通过收发电子邮件与其他人进行电子化交流）。远程通信硬件包括你实际用来连接网络（可以通过电话线或者电视线连接）的设备。这些设备叫作调制解调器，它包括电话调制解调器、DSL 调制解调器、电缆调制解调器和卫星调制解调器四种。

问题思考

1. 万维网和互联网有何区别？
2. 网站和网页之间的关系是什么？
3. 支持 Web2.0 的技术有哪些？
4. 互联网骨干网、网络接入点和网络服务提供商之间是何种关系？
5. 互联网服务提供商的作用是什么？
6. 互联网上有哪四种主要的服务器类型？
7. 商业性质的 ISP 有何优缺点？
8. 上网时你都需要哪些通信软件？
9. 如果想在家上互联网，你可以用哪四种类型的调制解调器？

作业训练

在网上搜索以下问题的答案，将你的答案和你所访问的网站地址记下来。要求是：你不能访问大英百科全书、维基百科和 Fun Facts 的网站。

1. 月球的重量是多少？
   答案：
   网址：
2. 美国首位亿万富翁是谁？
   答案：
   网址：
3. 谁是奥莉薇（Olive Oyl）的兄弟？
   答案：
   网址：
4. 谁写了"这是最坏的时代……"（It was the worst of times…）？
   答案：
   网址：
5. 塞纳河流入哪里？

答案：

网址：

6. 长曲棍球由什么制成？

答案：

网址：

7. 谁住在 39 Stone Canyon Drive ?

答案：

网址：

8. 斯波克（Spock）先生的血是什么颜色的？

答案：

网址：

9. 纳斯达克股市昨日收盘价是多少？

答案：

网址：

10. 人体内最经常破碎的骨头是什么？

答案：

网址：

11. 怀孕的金鱼被称作什么？

答案：

网址：

12. 第一个到非洲的人是谁？

答案：

网址：

13. 印度犀牛有几颗长牙？

答案：

网址：

14. 雨量计是用来量什么的？

答案：

网址：

15. 数字 13 有什么不吉利的地方？

答案：

网址：

16. 人的哪只耳朵听力最好？

答案：

网址：

17. 英国的守护神是谁？

答案：

网址：

18.《愤怒的公牛》(*Raging Bull*) 这本书描述了哪个拳击手的生平故事？

    答案：

    网址：

19. 最早驯养的鸟是哪种鸟？

    答案：

    网址：

20. 美国目前的人口数是多少？

    答案：

    网址：

21. 百慕大群岛的首都是哪里？

    答案：

    网址：

22. 谁写了《丑小鸭》(*The Ugly Duckling*)？

    答案：

    网址：

23. 哪一位好莱坞女演员的绰号是"the leg"？

    答案：

    网址：

24. 从字面上翻译，第九个月是什么？

    答案：

    网址：

25. 澳大利亚的国家航空公司是什么？

    答案：

    网址：

26. 拿破仑的第一任妻子是谁？

    答案：

    网址：

27. 南极光的另一个名称是什么？

    答案：

    网址：

28. 在一个棋类游戏中，开始时每一位选手要有多少块棋子？

    答案：

    网址：

29. 哪一位作家的绰号是"Papa"？

    答案：

    网址：

30. 计算机中的字节源自哪里？

    答案：

网址：

31. 在 1933 年的电影中，金刚的丛林老家是哪个岛？

    答案：

    网址：

32. 哪一个行星每 248 年环绕太阳一周？

    答案：

    网址：

33. 谁是伊斯兰教的创立者？

    答案：

    网址：

34. 九边形有多少个面？

    答案：

    网址：

35. "猫王"埃尔维斯·普雷斯利中间的名字是什么？

    答案：

    网址：

36. 美国南部由猪的小肠制成的盘子是什么？

    答案：

    网址：

37. 法国的哪一位印象派画家是由于他的油画《芭蕾舞》而出名的？

    答案：

    网址：

38. 1924 年，克拉伦斯·伯兹艾（Clarence Birdseye）完成了什么？

    答案：

    网址：

39. 对年轻的女赛马手如何称呼？

    答案：

    网址：

40. 爆米花为何如此流行？

    答案：

    网址：

设计数据库和实体关系图

1. 分析数据库和电子表格的相同和不同之处。
2. 列出并描述设计和创建关系数据库的 4 个步骤。
3. 定义实体类、实例、主键和外键的概念。
4. 基于给出的小规模经营场景，建立一个实体关系（E-R）模型。
5. 列出并描述范式化的步骤。
6. 描述创建一个关联关系以消除多对多关系的过程。

C.1 简介

正如你在第 3 章学到的，数据库的功能十分强大，它能在事务和分析处理上帮助你的组织。但是为了使它更有效，你必须非常仔细地设计和创建数据库。与电子表格类似，关系型数据库也是在二维文件中存储和维护信息。在电子表格中，你将信息放在一个单元格内（行和列的交叉点）。为了使用单元格内的信息，你必须知道行号和列号，比如单元格 C4 就是 C 列的第 4 行。

与电子表格相比，数据库既有其相似之处，也有其不同之处。你还是需要针对信息创建行和列。然而，你并不需要知道你想要看到或使用的信息的物理存放位置。举个例子，如果电子表格中的单元格 C4 内包含你的一个顾客的销售额，为了在一个公式或函数中使用上述信息，你必须引用它的物理位置（C4）。在数据库中，你只需知道你需要的是这位顾客的销售额即可，它的物理地址无关紧要。这就是为什么我们认为一个数据库是根据信息的逻辑结构进行组织和访问的信息集合。

所以，你必须仔细地设计数据库以便有效地利用它。在这个模块里，我们会帮助你了解设计和创建关系数据库（这是最受欢迎的数据库类型）的过程。关系数据库使用一系列与逻辑相关的二维表或文件来存储信息。数据库的应用有明确的规则可循，你需要知道它们。

就具体实现而言，你只需选择数据库管理系统软件包，定义表或文件，确定它们之间的关系，并开始输入信息。我们不会涉及本模块的具体实现过程。然而，我们会告诉你如何使用扩展学习模块 J 中的微软 Access 软件实现一个数据库。

一旦你实现了你的数据库，你便可以随意改变信息，添加信息行（和删除其他信息），添加新的表，并使用简单但强大的报表和查询工具来提取你需要的精确信息。

C.2　设计并创建一个关系数据库

使用一个数据库不仅仅是使用各种数据库管理系统工具。你必须知道如何设计和创建数据库。所以，让我们来看看你该如何设计数据库。四个主要步骤包括：

（1）定义实体类和主键。

（2）定义实体类之间的关系。

（3）为每个关系（设计数据库时，术语"关系"常指一个文件）定义信息（字段）。

（4）使用数据定义语言去创建你的数据库。

让我们继续以第 3 章中介绍的所罗门公司的数据库为例。所罗门公司是大芝加哥地区专门为商业建筑商和个人业主提供混凝土的企业。在第 3 章，我们给出了所罗门公司数据库中的部分表的图形化描述，包括客户、混凝土类型、订单、卡车和员工（见图 3-3）。如你所知，一个订单是当一个客户要求交付某一种混凝土时生成的。一旦混凝土加工好了，所罗门的员工会驾驶卡车把它送到客户的位置。这一过程说明了如何使用数据库来支持客户关系管理和订单处理功能。

在这个模块中，我们希望设计和模拟所罗门公司的供应链管理行为。图 C-1 给出了所罗门经常生成的供应链管理报告。让我们简单分析一下。

- 所罗门提供了五种混凝土类型：1——私人住宅地基和通道；2——商业建筑物地基和底层建筑；3——优质斑点（与砂石一起使用）；4——优质大理石；5——优质贝壳。
- 所罗门公司用六种原材料：A——水；B——水泥浆；C——沙；D——砾石；E——大理石；F——贝壳。
- 混合的操作指南以一个立方码为单位。例如，1 立方码的商业混凝土需要 1 份水泥浆、2 份砂和 1 份水。术语"份"和"单位"是同义词。
- 一些原材料在几种混凝土类型中都需要使用。任何给定的混凝土类型都需要几种原材料。
- 现有数量（QOH）表示某一种原材料的库存数量。
- 供应商提供原材料。对于某一种原材料，所罗门只使用一个供应商。一个供应商可以提供多种原材料。
- 现有数量和供应商的信息不包括水这种原材料（原因很明显）。然而，所罗门使用"9 999"来表示水的现有数量值，使用"999"来表示水供应商的 ID。

所罗门公司								
原材料供应报表（截至2005年10月4日）								
混凝土			原材料					供应商
类型	名称	编号	名称	单位	现有数量（QOH）		编号	名称
1	Home	B	水泥浆	1	400		412	Wesley Enterprises
		C	沙子	2	1 200		444	Juniper Sand & Gravel
		A	水	1.5	9 999		999	N/A
			总计：	4.5				
2	Comm	B	水泥浆	1	400		412	Wesley Enterprises
		C	沙子	2	1 200		444	Juniper Sand & Gravel
		A	水	1	9 999		999	N/A
			总计：	4				
3	Speckled	B	水泥浆	1	400		412	Wesley Enterprises
		C	沙子	2	1 200		444	Juniper Sand & Gravel
		A	水	1.5	9 999		999	N/A
		D	砾石	3	200		444	Juniper Sand & Gravel
			总计：	7.5				
4	Marble	B	水泥浆	1	400		412	Wesley Enterprises
		C	沙子	2	1 200		444	Juniper Sand & Gravel
		A	水	1.5	9 999		999	N/A
		E	大理石	2	100		499	A&J Brothers
			总计：	6.5				
5	Shell	B	水泥浆	1	400		412	Wesley Enterprises
		C	沙子	2	1 200		444	Juniper Sand & Gravel
		A	水	1.5	9 999		999	N/A
		F	贝壳	2.5	25		499	A&J Brothers
			总计：	7				

图 C-1 所罗门公司的供应链管理报告

当你开始考虑设计一个数据库应用程序时，你首先需要获得业务规则。业务规则是对需要使用的信息和信息间关系的陈述。这些业务规则将帮助你定义正确的数据库结构。根据图 C-1 中的报告和上述分析，我们得到了以下业务规则。

- 一种混凝土类型将有许多种原材料。
- 一种原材料可能出现在许多不同类型的混凝土中。
- 每种原材料有且仅有一个供应商。
- 一个供应商可以提供许多种原材料。所罗门的数据库中可能有目前不提供任何原材料的供应商信息（但这种情况没有在表 C-1 中显示出来）。

在开始设计数据库之前，获得和理解业务规则非常重要。这些业务规则将帮助你定义正确的数据库结构。

C.2.1   步骤1：定义实体类和主键

设计关系数据库的第一步是定义各种实体类和主键，主键能够唯一定义每个实体类中的每条记录或实例。一个实体类是有关你希望存储的信息的概念，通常是人、地方或事情，你可以通过一个唯一的键（称为主键）来定义这个概念。一个主键是唯一地描述每条记录的字段（某些情况下可能是一组字段）。在数据库设计场景中，我们通常把记录称为实例。一个实例是实体类的一次出现，可以用一个主键来唯一地描述。

从表 C-1 的供应链管理报告中，你可以很容易地确定混凝土类型、原材料和供应商这几个实体类。现在，你必须确定它们的主键。对于大多数实体类，你不能将名称作为主键，因为名称可能会重复。例如，你的学校为你提供了一个唯一的学生编号，并使用学生编号作为你的主键，而不是你的名字（因为其他学生的名字可能和你一样）。

从图 C-1 中的报告中，你可以看到实体类"混凝土类型"包括两部分信息：混凝土类型、名称或类型描述。虽然类型描述是独一无二的，但主键的合理选择还是混凝土类型（例如，1 代表家用，2 代表商用，等等）。注意，主键名称与实体类名称相同。这是完全可以接受的，如果它可能给你造成困惑，可以修改主键的名称，比如混凝土类型编号、混凝土类型标识符。我们这里仍将使用混凝土类型作为主键名称。

如果你考虑将原材料作为一个实体类，你会发现其信息包括原材料编号、原材料名称和现有数量。主键的合理选择是原材料编号（例如，A 代表水，B 代表水泥浆，等等）。虽然原材料的名称是唯一的，我们仍然建议不要将名称作为主键。

同样，如果把供应商当作一个实体类，它包括两部分信息：供应商编号和供应商名称。我们建议使用供应商编号作为主键。

总结一下，这一步的目标是定义和识别实体类以及它们的主键。实体类是类似于学生、供应商、书的东西。每个实体类的主键唯一地定义了实体类中的每条记录或实例。在所罗门公司的例子中，实体类和它们的主键是：

实体类	主键
混凝土类型	混凝土类型
原材料	原材料编号
供应商	供应商编号

第一步的成功将决定是否能够成功地完成后续的步骤。如果在第一步中错误地定义了实体类和主键，将不能成功完成剩余的步骤。因此，需要投入足够多的时间来正确完成这个非常重要的步骤。

C.2.2   定义实体类之间的关系

设计关系数据库的下一步是定义实体类之间的关系。因此，我们将使用实体关系图。实体关系（E–R）图是一种表示实体类及其关系的图示方法。E–R 图包含五个基本符号：

- 表示实体类的矩形。
- 连接实体类的虚线表示关系。

- 符号 | 表示单一的关系。
- 符号 O 表示零或可选关系。
- 符号 < 表示多重关系。

要使用这些符号，你必须首先确定存在哪些实体类关系。如果你确定两个特定的实体类有关系，只需画一条虚线连接它们，然后写一些描述关系的动词。

在图 C-2 中，你可以看到所罗门数据库中供应链管理部分的 E-R 图。要确定关系存在的地方，只要问一些问题并回顾业务规则就可以。例如，混凝土类型和原材料之间是否有关系？答案是肯定的，因为原材料用于混合各种混凝土类型。同样，原材料由供应商提供（另一个关系）。然而，混凝土类型和供应商之间没有逻辑关系。所以，我们在混凝土类型和原材料之间、原材料与供应商之间划了虚线。然后，我们增加了一些动词来描述关系。例如，混凝土类型由原材料组成，供应商提供原材料。

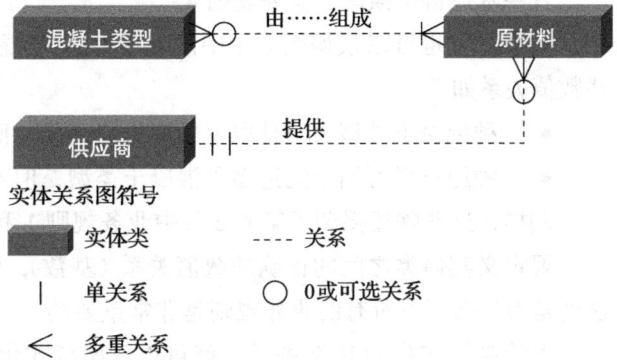

图 C-2　实体关系（E-R）图

当逆向理解关系时，它也应该有意义（包括商业和逻辑）。要做到这一点很简单，翻转句子中的名词的位置并相应地改变动词。例如，

混凝土类型——原材料：由原材料组成的混凝土类型。

原材料——混凝土类型：用于制造混凝土的原材料。

供应商——原材料：供应商提供原料。

原材料——供应商：原材料由供应商提供。

上面的每个陈述都合乎逻辑，并与图 C-2 中定义的关系相对应，也反映了上文列出的业务规则。我们再次强调使用业务规则的重要性。技术（在这个例子中是数据库）是用于处理信息的一组工具。所以，技术实现应该与商业运作方式相匹配。如果总是一开始就定义业务规则，并使用这些规则作为指导，技术实现将最有可能反映实际的商业运作方式。这就是它应有的样子。

一旦确定某个关系确实存在，则必须确定关系的数值性质，我们称为"最小和最大基数"。为了表述这种关系，可以使用 | 表示一个单一的关系，O 表示零或可选的关系，< 表示多重关系。作为例证，考虑图 C-3 中的 E-R 图的一部分。为了帮助你阅读符号和图形，我们增加了实线和箭头。根据

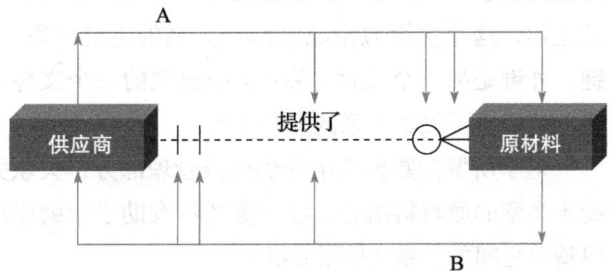

图 C-3　理解实体关系（E-R）图

标识的线条，你可以这样理解 E-R 图：

"一个供应商可能不提供任何原材料（记为 O），但也可以提供超过一个的原材料（记为 <）。"

因此，这部分的 E-R 图说明，供应商和原材料之间的逻辑关系是：供应商可能不提供当前库存中的原材料，但可以提供当前库存中的多个原材料。这正是第 C.2 节中业务规则 4 所说明的。

根据标记的实线 B，可以这样理解 E-R 图：

"原材料必须由一个供应商提供（第一个 |），且只能由一个供应商提供（第二个 |）。"

这一陈述再次强调了业务规则 4。

同样，你也可以根据图 C-1 中的 E-R 图描述混凝土类型和原材料之间的数值关系。这些数值关系如下：

- 一种混凝土类型由一种以上的原材料组成，而且必须由至少一种原材料组成。
- 一种原材料可用于制造多种混凝土类型，但不需要用于制造任何混凝土类型。

同样，这些陈述强调了第 C.2 节中业务规则 1 和 2。

要定义实体类之间的正确的数值关系（基数），你必须清楚地了解企业当前的经营情况。这就是为什么写下所有的业务规则是非常重要的。

当绘制了初步的 E-R 图后，就可以开始范式化了。范式化是保证关系数据库结构能够以一系列二维关系来实现的过程（请记住：关系与文件或表相同），也是创建全组织范围的数据库所必需的。我们将集中于以下的三个范式化原则：

- 消除重复字段或多对多关系
- 确保关系中的每个字段仅取决于该关系的主键。
- 从关系中删除所有派生的字段。

范式化的第一条规则是：在实体类中，不存在重复的字段或多对多关系。通过查看 E-R 图可以很容易地发现多对多的关系，每个多对多关系的两端都是 < 符号。如果回头看看图 C-1，就会发现在混凝土类型和原材料之间的关系的每一端都是 < 符号。让我们来看看如何消除它。

在图 C-3 中，通过删除多对多关系可以在混凝土类型和原材料之间建立恰当的关系。注意，我们以原始的 E-R 图部分为基础，在混凝土类型和原材料之间创建了新的关系，这是一种关联关系。关联关系（有时称为组合关系）是你创建的用于消除多对多关系的关系。因为它代表了两个关系的主键的交集，所以称为关联关系。也就是说，关联关系将有一个组合的主键，这个主键包括原来两个关系的主键字段。而原来关系的主键，成为关联关系的外键。外键是另一个文件（关系）中出现的一个文件（关系）的主键。当两个外键组合在一起时，就形成了关联关系的复合主键。

对于所罗门数据库中的供应链管理部分，关联关系"物料清单"代表了用于制造每种混凝土类型的原材料组合。以下陈述将有助于帮助你理解混凝土类型和物料清单、原材料和物料清单之间的关系（见图 C-5）。

- 混凝土类型—物料清单（从左到右）：一种混凝土类型可对应物料清单中的多种原材

料，并且必须至少对应物料清单中的一种原材料。

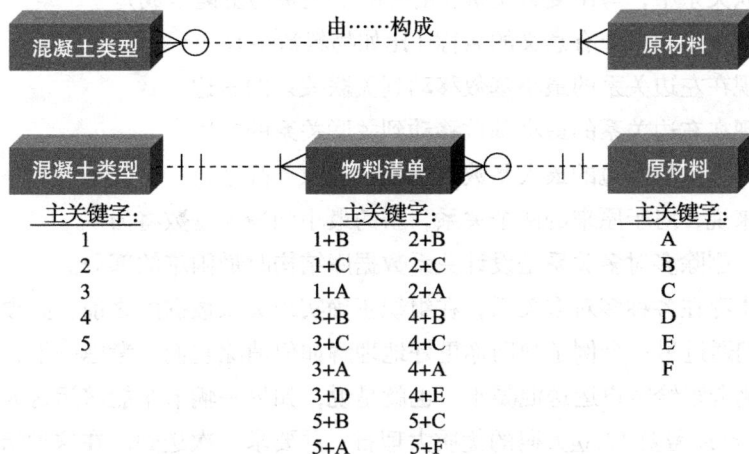

图 C-4　创建关联关系来删除多对多关系

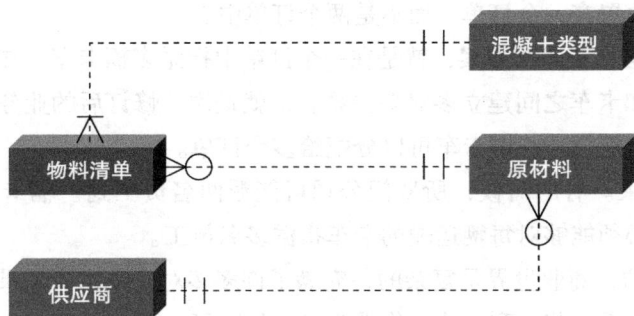

图 C-5　所罗门供应链管理的完整 E–R 图

- 混凝土类型—物料清单（从右到左）：物料清单中的一种混凝土类型必须存在于实体"混凝土类型"中，并且只能存在一次。
- 原材料—物料清单（从左到右）：一种原材料可以在物料清单列表中出现多次，也可能从未出现。
- 原材料—物料清单（从右到左）：物料清单中出现的一种原材料必须存在于实体"原材料"中，并且只能存在一次。

如果你比较图 C-5 和图 C-2 中的 E–R 图，会发现它们非常相似。唯一不同的是，图 C-5 中包含了关联关系，它能够消除混凝土类型和原材料之间的多对多关系。

在设计关系数据库的结构时，消除多对多关系是最困难的一个方面。如果你发现了一个多对多关系，这里有一些创建关联关系的指导原则：

（1）如图 C-4 所示，先在一张纸的顶部绘制包含多对多关系的 E–R 图。

（2）对于多对多关系涉及的每个关系，写出主键。

（3）创建一幅新的 E–R 图（无基数），包括原来两端的两个关系，以及中间的一个新关系（关联关系）。

（4）在关联关系中，写出复合主键（由另两个关系的主键组成）。

（5）给关联关系起一个有意义的名称（比如物料清单）。

（6）将出现在左边关系的最小基数移动到关联关系的右边。

（7）将出现在右边关系的最小基数移动到关联关系的左边。

（8）在关联关系的两边的最大基数永远是"多"（<符号）。

（9）一般来说，对于原来的两个关系，新的最小和最大基数将为1。

再次强调，删除多对多关系是设计关系数据库结构时最困难的部分。

商业世界中存在各种多对多关系，在组织正确实现关系数据库之前，必须消除这些多对多关系。让我们通过另一个例子帮助你更好地理解如何消除它们。考虑一下，所罗门公司有时需要使用多辆卡车给客户运送混凝土。也就是说，如果一辆卡车能够运送8立方码的混凝土，Triple A Homes 需要12立方码的优质大理石，并要求一次送到。在这种情况下，所罗门公司有两种选择。第一，生成两个独立的订单：一个是8立方码的优质大理石混凝土，另一个是4立方码的优质大理石混凝土。这种方案并不太好，因为当用户提交一个购物需求时，整个采购信息应该放置在一个订单，而不是两个订单中。

第二个方案，也是正确的方案，就是在一个订单中指派多辆卡车。在这种情况下，所罗门公司将会在订单和卡车之间建立多对多关系。也就是说，修订后的业务规则是一个订单可以通过多辆卡车进行运输，一辆卡车可以分配给多个订单。

但这还没有结束。有的时候，所罗门公司可能派两名员工到一辆卡车上执行某一个订单。因此，所罗门必须能够对每辆运输的卡车指派多名员工。

正如你所看到的，商业世界是复杂的，充满了许多多对多关系。如果你能掌握消除数据库环境下的多对多关系的艺术和方法，你就为自己创造了一个巨大的职业机会。

C.2.3 步骤3：定义关系的信息（字段）

一旦你完成了步骤1和2，你就必须定义每一个关系所包含的各种信息。这一步骤的目标是确保每个关系中的信息被定义在正确的关系中，而且信息不能从其他信息推导或计算出来，这是范式化的第二和第三规则。

在图C-6中，我们基于包含关联关系的E-R图给出了所罗门的关系数据库设计。要确保每一条信息都定义在正确的关系中，请针对每条信息回答："这信息是否取决于这一关系的主键？"如果答案是肯定的，那么信息就定义在正确的关系中。如果答案是否定的，那么信息就定义在错误的关系中。

让我们考虑原材料关系。该关系的主键是原材料编号，所以每一条信息都必须仅依赖于原材料编号。原材料名称是否依赖于原材料编号？是的，因为原材料名称依赖于某个特定的原材料（QOH 或者数量也一样）。供应商编号是否仅依赖于原材料编号？是的，因为提供原材料的供应商依赖于你所描述的原材料。事实上，供应商编号在原材料关系中是一个外键。也就是说，它是一个关系（供应商）的主键，同时出现在另一关系（原材料）中。

混凝土类型关系

混凝土类型	类型描述	原材料总量
1	供私人家庭筑地基和铺人行道使用	5
2	供商业建筑物的地基和基础设施使用	4
3	供斑点花纹涂装（同砂砾一起）使用	8
4	供粘胶大理石使用	7
5	供粘胶贝壳使用	7

原材料关系

原材料ID	原材料名称	QOH	供应商ID	供应商名称
A	水	9 999	999	N/A
B	水泥浆	400	412	Wesley Enterprises
C	沙子	1 200	499	A&J Brothers
D	砂砾	200	499	A&J Brothers
E	大理石	100	444	Juniper Sand & Gravel
F	贝壳	25	444	Juniper Sand & Gravel

供应商关系

供应商ID	供应商名称
412	Wesley Enterprises
499	A&J Brothers
444	Juniper Sand & Gravel
999	N/A

物料清单关系

混凝土类型	原材料ID	单位
1	B	1
1	C	2
1	A	1.5
2	B	1
2	C	2
2	A	1
3	B	1
3	C	2
3	A	1.5
3	D	3
4	B	1
4	C	2
4	A	1.5
4	E	2
5	B	1
5	C	2
5	A	1.5
5	F	1.5

将"单位"归入该关系中，因为它是由加入到每种混凝土（混凝土类型）中的原材料（原材料ID）的多少决定的

图 C-6　所罗门供应链管理的关系一览图

　　原材料关系中的供应商名字呢？它仅依赖于原材料的编号吗？这里的答案是否定的，供应商名字只依赖于供应商编号。所以，现在的问题是，"供应商名字应该出现在哪个关系

中?"答案是供应商关系，因为供应商名字依赖于该关系的主键（供应商编号）。因此，供应商名字应该出现在供应商关系中，而不是在原材料关系。

现在，让我们观察物料清单这一关联关系。它包括一个字段——单位。单位依赖于两点：混凝土类型和原材料，因此，单位定义在这个关系中。所以，单位完全依赖物料清单关系中的复合主键：混凝土类型＋原材料编号。

如果你遵循这条原则对每个关系提问，你会发现所有其他字段都定义在正确的关系中。现在需要检查每一个字段是否能够从其他信息中派生出来。如果可以，派生的信息不应该存储在数据库中。在这个例子中，当我们谈到"派生"时，我们指的是可以通过数学计算（包括计数、求和、平均数及其他类似方式）推导出信息。目前，可以在混凝土类型关系中保存原材料总量的信息。能够从其他信息中推导出该信息吗？答案是肯定的，对于一个给定的混凝土类型，只要对物料清单中的单位进行求和即可。因此，不应该在数据库（任何地方）中保存原材料总量的信息。

一旦你完成了步骤 3，你就完全正确地定义了数据库结构，并确定了每个关系应该包含的信息。图 C-7 展示了数据库和每个关系中的信息。注意，我们从原材料关系中删除了供应商名称，从混凝土类型关系中删除了原材料总量。

混凝土类型关系

混凝土类型	类型描述
1	供私人家庭筑地基和铺人行道使用
2	供商业建筑物的地基和基础设施使用
3	供斑点花纹涂装（同砂砾一起）使用
4	供粘胶大理石使用
5	供粘胶贝壳使用

原材料关系

原材料ID	原材料名称	QOH	供应商ID
A	水	9 999	999
B	水泥浆	400	412
C	沙子	1 200	444
D	砂砾	200	444
E	大理石	100	499
F	贝壳	25	499

供应商关系

供应商ID	供应商名称
412	Wesley Enterprises
499	A&J Brothers
444	Juniper Sand & Gravel
999	N/A

图 C-7　所罗门供应链管理的数据库结构

物料清单关系

混凝土类型	原材料ID	单位
1	B	1
1	C	2
1	A	1.5
2	B	1
2	C	2
2	A	1
3	B	1
3	C	2
3	A	1.5
3	D	3
4	B	1
4	C	2
4	A	1.5
4	E	2
5	B	1
5	C	2
5	A	1.5
5	F	1.5

图 C-7　（续）

C.2.4　步骤4：使用数据定义语言来创建数据库

开发关系数据库的最后一步是基于步骤 1 ~ 3 创建的结构，使用数据定义语言来创建关系。数据库管理系统提供了数据定义语言。**数据库管理系统**（DBMS）可以让用户指定数据库的逻辑组织结构，并访问和使用数据库信息。要使用数据定义语言，需要为完整的数据库建立数据字典。我们在第 3 章中提到，数据字典包含了数据库信息的逻辑结构。本模块和第 3 章给出了所罗门公司的完整数据库结构，包括订单、卡车、客户、员工、混凝土类型、原材料、供应商和物料清单。

我们将结束这个扩展学习模块的学习。但是你不应该因此停止学习，我们已经编写了扩展学习模块 J，帮助你学习使用 Access 的数据定义语言来创建所罗门公司的数据库。

本模块小结

1. 分析数据库和电子表格的相同和不同之处。数据库和电子表格是相似的，因为它们都在二维文件中存储信息。它们在一个关键方面是不同的：物理与逻辑。电子表格要求你知道信息的物理位置，即行号和列号。另外，数据库要求你知道自己想要什么样的信息。例如，在一个数据库环境中，你可以很容易地提出查看 Able Electronics 总销售额的需求，之后你将会获得这个信息。在一个电子表格中，你需要知道该信息的物理位置，即行号和列号。

2. 列出并描述设计和创建关系数据库的四个步骤。设计和创建关系数据库的四个步骤包括：

（1）定义实体类和主键。

（2）定义实体类之间的关系。

（3）定义每个关系的信息（字段）。

（4）使用数据定义语言来创建数据库。

3. 定义实体类的概念、实例、主键和外键的概念。一个实体类是有关你希望存储的信息的概念，通常包括人、地方或事情，你可以通过一个唯一的键（称为主键）来定义这个概念。一个主键是唯一地描述每条记录的字段（某些情况下可能是一组字段）。在数据库设计场景中，我们通常把记录称为实例。一个实例是实体类的一次出现，可以用一个主键来唯一地描述。外键是一个文件（关系）的主键出现在另一个文件（关系）中，它描述了各种实体类之间的逻辑关系。

4. 基于给出的小规模经营场景，建立一个实体关系（E-R）图。建立实体关系（E-R）图的第一步是知道和理解业务规则。这些规则将帮助确定实体类、主键和关系。然后，运用范式化过程消除多对多关系，确保每个字段都定义在正确的关系中，并删除任何派生字段。

5. 列出并描述规范化的步骤。范式化是保证关系数据库结构能够以一系列二维表来实现的过程。规范化步骤包括：

（1）消除重复字段或多对多关系。

（2）确保关系中的每个字段仅取决于该关系的主键。

（3）从关系中删除所有派生的字段。

6. 描述创建一个关联关系以消除多对多关系的过程。创建关联关系来删除多对多关系需遵循以下步骤：

（1）绘制包含多对多关系的E-R图。

（2）创建一个新的E-R图，包括原来两端的两个关系，以及中间的一个新关系（关联关系）。

（3）给关联关系起一个有意义的名称。

（4）将出现在左边关系的最小基数移动到关联关系的右边。

（5）将出现在右边关系的最小基数移动到关联关系的左边。

（6）在关联关系的两边的最大基数永远是"多"。

（7）一般来说，对于原来的两个关系，新的最小和最大基数将为1。

问题思考

1. 关系型数据库和电子表格有何相同和不同之处？

2. 什么是数据库？

3. 设计和创建关系数据库的四个步骤是什么？

4. 学校里有哪些实体类的例子？

5. 主键的作用是什么？

6. 什么是实体关系（E-R）图？

7. 业务规则如何帮助你定义最小和最大基数？

8. 什么是范式化？

9. 范式化的3个主要规则是什么？

10. 什么是关联关系？为什么它在设计关系数据库时非常重要？

11. 为什么要从数据库中删除派生信息？

12. 什么是数据库管理系统（DBMS）？

作业训练

1. 定义音乐产业的实体类。音乐产业跟踪和使用了与许多实体类相关的各类信息。找一张音乐 CD 并仔细检查唱片套上的全部内容，列出所发现的实体类（就对这张 CD 而言）。接下来，去一家音像商店并挑选一张风格完全不同的 CD，阅读一下这张唱片套上的内容。你发现新的实体类了吗？如果有，是什么实体类？

2. 定义影碟出租店的业务规则。考察当地影碟出租店是如何工作的。有许多的顾客、正在被租用的各种影碟，还有许多影碟放在货架上尚未出租。顾客可以一次租用多张影碟。有些影碟是非常流行的，因此影碟出租店会保存多张这样的影碟。请根据影碟出租店业务流程所涉及的实体类及其联系，写出影碟出租店的所有企业规则。

3. 为影碟出租店建立 E-R 图。完成作业 2 后，根据所确定的规则绘制初始的 E-R 图。此时不用过多考虑范式化的过程。标记出实体类之间的恰当关系，并确定每个关系的最小和最大基数。附带问一下，你确定有多少个多对多关系？

4. 消除多对多关系。考虑下面的情况。在一家小型汽车配件店，一个顾客可以购买很多零件，一个零件可以被多个不同的顾客购买。这是一个多对多关系的例子。你如何消除它？你会使用"关联关系"吗？这个例子比较麻烦，你可能不得不使用两个关联关系来对其进行建模。

5. 确定两个实体类之间的基数。考虑学校中的学生和导师两个实体类，怎样建立一个 E-R 图来描述这两个实体类的关系？关系的最小与最大基数是什么？

6. 建立一个关于学生、研讨班和教师的数据库。在 Web 站点上（www.mhhe.com/haag，选择 XLM/C），你能找到本模块的一个研究案例。第一步，找到关于学校的介绍，该学校提供两个不同的周末研讨班。你负责定义数据库的实体类和主键。第二步，定义不同实体类之间的关系。第三步，定义实体类之间关系的基数。第四步，创建关联关系来处理多对多关系。第五步，定义每个关系的字段。通过这个案例来巩固你在本模块所学习的知识。

利用电子表格软件进行决策分析

|学|习|目|标|

1. 在电子表格软件中定义列表、列表定义表，并描述它们的重要性。
2. 比较电子表格软件中的筛选功能与自定义筛选功能。
3. 描述使用条件格式功能的目的。
4. 定义一张数据透视表，并描述如何使用它查看不同维度的汇总信息。
5. 描述单变量求解功能的作用。

D.1 介绍

正如第 4 章中讲到的，技术能够也确实可以在支持决策制定甚至实际决策中发挥重要作用。在本模块中，我们将分析 Microsoft Excel 的一些高级特性，并关注其对决策制定的支持。

Microsoft Excel 是一款电子表格软件，能帮助你处理存储在单元格中的各种信息。单元格是行与列的交叉点，行号和列号能够唯一地标识每个单元格。在图 D-1 中，你能看到两个工作簿。第一个（充当背景的表）展示了一组客户的全部详细信息。第二个展示了根据地域（东南西北）和住房状态（拥有自己的住房或租房）统计的客户数量。

客户总数量为 487 个（靠前的工作簿中的单元格 D9），其中 262 个人拥有自己的住房（单元格 B9），225 人租房（单元格 C9）。在这个工作簿中，你能很容易地看到一些有趣的信息。例如，148 人住在东部地区而南部只有 98 人，东部地区有 82 人拥有自己的住房，而南部只有 47 人租房。

在本模块中，我们将使用 Office 2010 演示 Excel 中的决策制定支持功能。如果你使用 Office 2007 或更早的版本，你可以在随书赠送的学生光盘或 www.mhhe.com/haag 网站中找到基于这些 Office 版本的模块内容。

当然，问题现在变成了：图 D-1 中的信息有什么用？这取决于你的决策制定任务的性质。如果你认为拥有住房的人比租房者花费更多，并希望向更多的地区发布广告，那么这些信息可能是有用的。同样，它也可能没用。拥有住房的人可能比租房者花费更少，同时，或许你在客户较少的地区会有更多的销售。

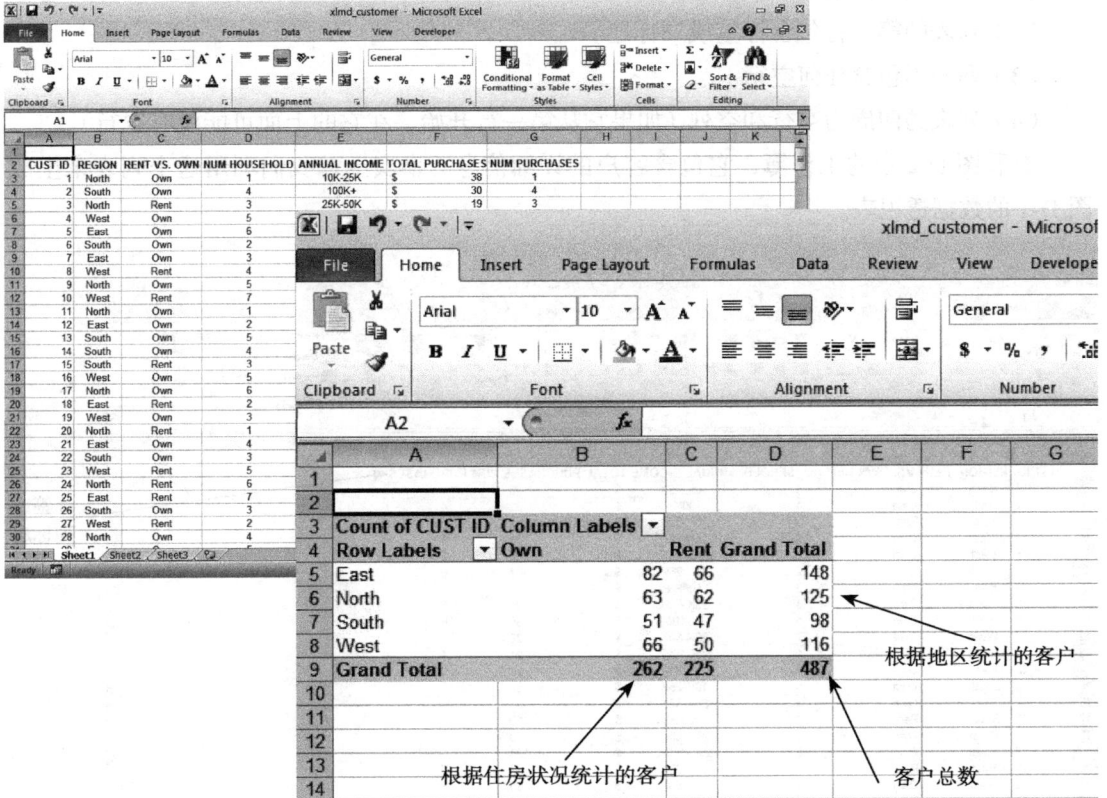

图 D-1 根据地区与住房状况统计的客户数量

让我们来看看电子表格软件如何帮助你做出更好的决定。正如我们所做的，我们将给你介绍一些电子表格中的列表处理功能，包括筛选、条件格式、数据透视表。在稍后的章节中，我们将演示如何使用单变量求解处理第 1 章中的盈亏平衡问题。我们的目标不是提供每一项功能的详尽信息，而是关注它们在支持决策制定任务中的重要作用。在学完这个模块后，你将学会这些功能的基本用法。我们建议你后续更详细地学习它们的用法。

D.2 列表

我们在图 D-1 中展示的是一张数据透视表。数据透视表是按照类别汇总信息的电子表格功能。在我们的例子中，它根据地区（行）和住房状态（列）分类汇总信息。为了生成一张数据透视表（并使用我们在这一节中将要讨论的其他功能），你首先必须建立一张列表。你将与我们一起在此之上学习。请访问我们的支持网站（www.mhhe.com/haag，并选择 XLM/

D）。在那里，你可以下载名为 XLMD_Customer.xls 的文件。

　　一张列表是按照行列组织起来的信息的集合，其中的每一列代表了特定类型的信息。在电子表格软件中，一个列表包含以下特性：

　　（1）每一列都只表示一类信息。

　　（2）列表的第一行包含标签或列标题。

　　（3）列表不包含任何空行。

　　（4）列表的四周为空行和空列（如果它从第一行开始，在它的上面可能没有空行）。

　　查看图 D-2 中的工作簿，它包含客户的详细信息。事实上，我们利用这个列表来生成图 D-1 的数据透视表。

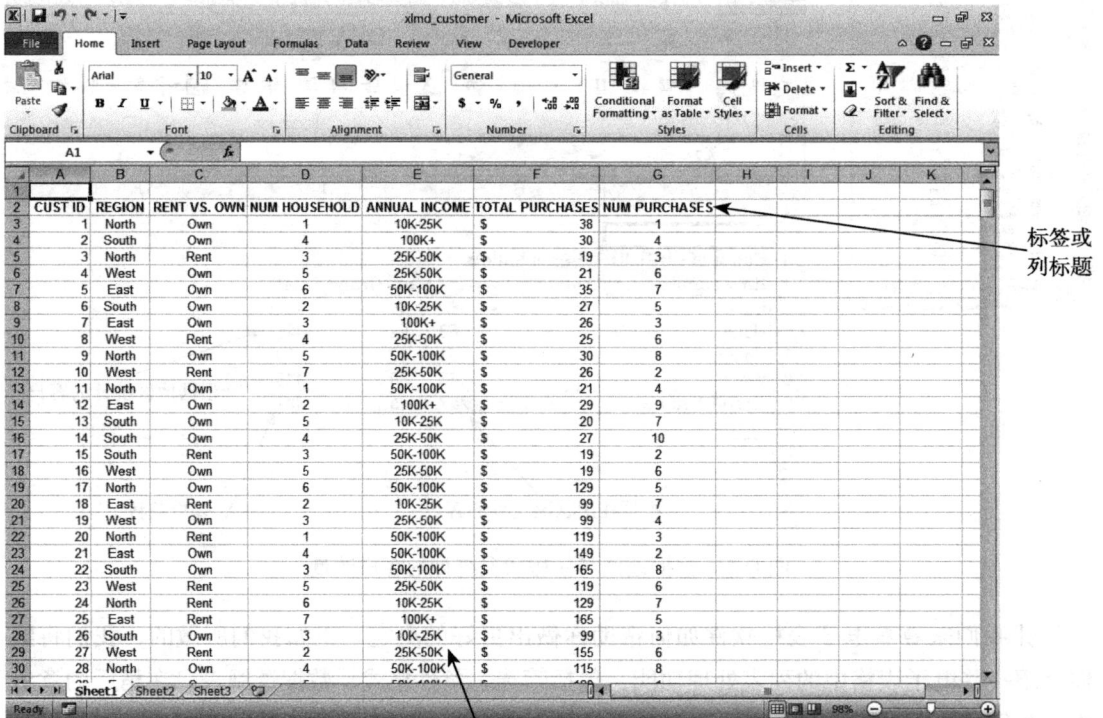

图 D-2　客户信息的完整列表

　　首先，注意每一列只包含某一类型的信息：列 A 为客户编号，列 B 为地区等。其次，注意第一行（行 1）包含标签或列标题。再次，如果你向下滚动列表，将会看到 487 个客户并且没有空行。最后，注意列表四周都有空行与空列（除了顶部）。所以，根据我们列出的四个特性，这是一个列表。

　　本模块要广泛使用这张列表，所以让我们花一点时间来考察其中的信息。列信息包括：

　　A. 客户编号：每位客户的唯一编号

B. 地区：客户居住的地区（北、南、东或西）

C. 住房状态：客户拥有住房或租房

D. 家庭成员数量：家庭成员的数量

E. 年收入：所有家庭成员的年收入总和

F. 总消费：过去的 6 个月客户的购物总金额

G. 消费次数：过去的 6 个月客户的购物次数

上述列出的内容称为列表定义表，用于描述列表中的列。列表定义表非常重要。如果你能像我们刚刚所做的一样创建一张列表定义表，那么你就可以在工作簿中建立一张适当的列表。如果你不能，那么你可能无法使用我们将要展示给你的一些功能。

有了可靠的列表，你现在可以开始使用 Excel 中的一些决策支持功能了。假设你为我们假想的零售公司工作，并且要求你执行下列任务来辅助支持不同的决策：

（1）显示住在北部地区的客户的全部信息。

（2）显示满足以下条件的客户的全部信息：①住在北部地区；②拥有自己的住房；③只有一位家庭成员。

（3）显示至少拥有 4 个家庭成员的客户的全部信息。

（4）显示满足以下条件的客户的全部信息：①消费额少于 20 美元；②消费额高于 100 美元。

（5）显示所有客户的所有信息，突出显示那些花费超过 100 美元的客户。

（6）准备一张二维表，统计根据地区与住房状况分类的客户数量。

（7）准备一张二维表，根据地区和住房状况统计客户总数及客户消费总和。

（8）准备一张三维表，根据地区、住房状况、家庭成员数量统计客户数量。

在本模块的余下部分，我们将使用 Excel 执行这些任务。

D.3 基本筛选

处理小型列表很容易，它的全部内容可以无须上下滚动就可以在屏幕上全部显示出来。但是我们的列表很大，它包含 487 个客户。所以你得上下滚动才能看到全部内容。如果你在寻找特定的信息，例如住在北部地区的全部客户（上页中的第 1 项任务），你可以针对地区列进行排序，但你仍然会得到所有信息（而且按照字母顺序，"北"会排在"东"后面）。

为了快速从大的列表中创建一张小的列表，你可以使用筛选功能。该功能对列表进行筛选，只显示那些满足你的条件的行，并隐藏其他的行。使用筛选功能需要执行如下步骤（见图 D-3）：

（1）在列表中选中任意一个单元格。

（2）在菜单栏中点击数据按钮，然后点击筛选按钮。

当你完成上述两步时，每一个标签或列标题旁边会出现一个列表框的箭头。现在，你要做的是点击适当的列表框，并选择想要筛选的类型。在图 D-3 中，我们点击了地区列的列表框箭头。然后地区列将出现一些筛选选项。我们只选择北方地区，并点击确定按钮。此时，一张筛选后的列表出现了，列表中只包含住在北部地区的客户。虽然我们的列表还很长，但它现在只显示北部地区的客户。如果要取消筛选功能，在菜单栏点击数据按钮，再点击筛选按钮。

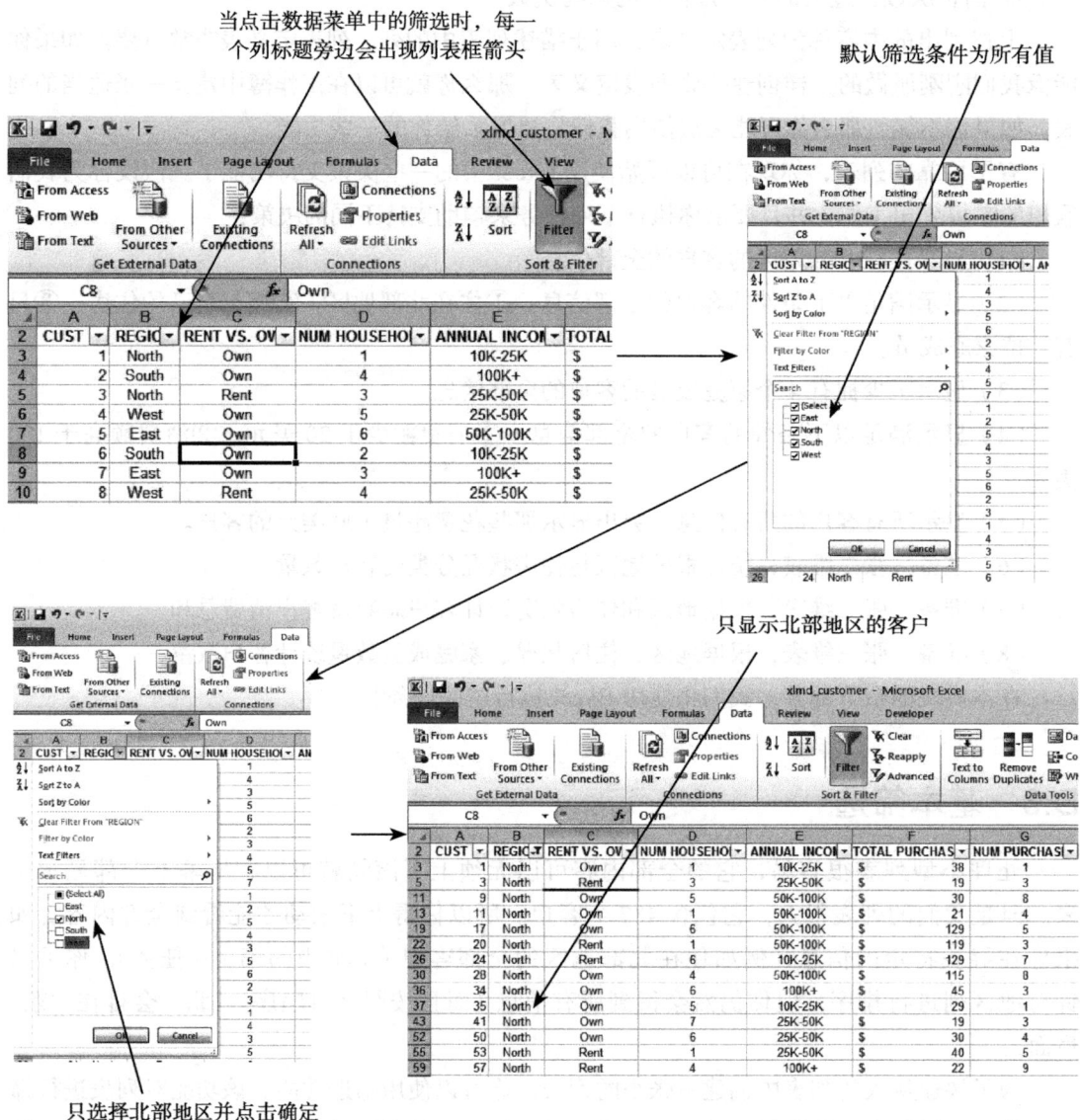

图 D-3　使用基本筛选功能查看北部地区的客户

筛选功能的使用并不局限在单个列上。在图 D-3 中，我们针对地区列进行筛选。现在，如果你想要查看在北部地区拥有住房并只有一个家庭成员的客户，该如何做？这很简单。点击住房状况的列表框箭头，并选择**拥有自己的住房**。然后点击家庭成员数量的箭头列表框，选择 1。最后会呈现出完整的列表（只有 4 人），其中只包含在北部地区拥有住房并只有一个家庭成员的客户（见图 D-4）。

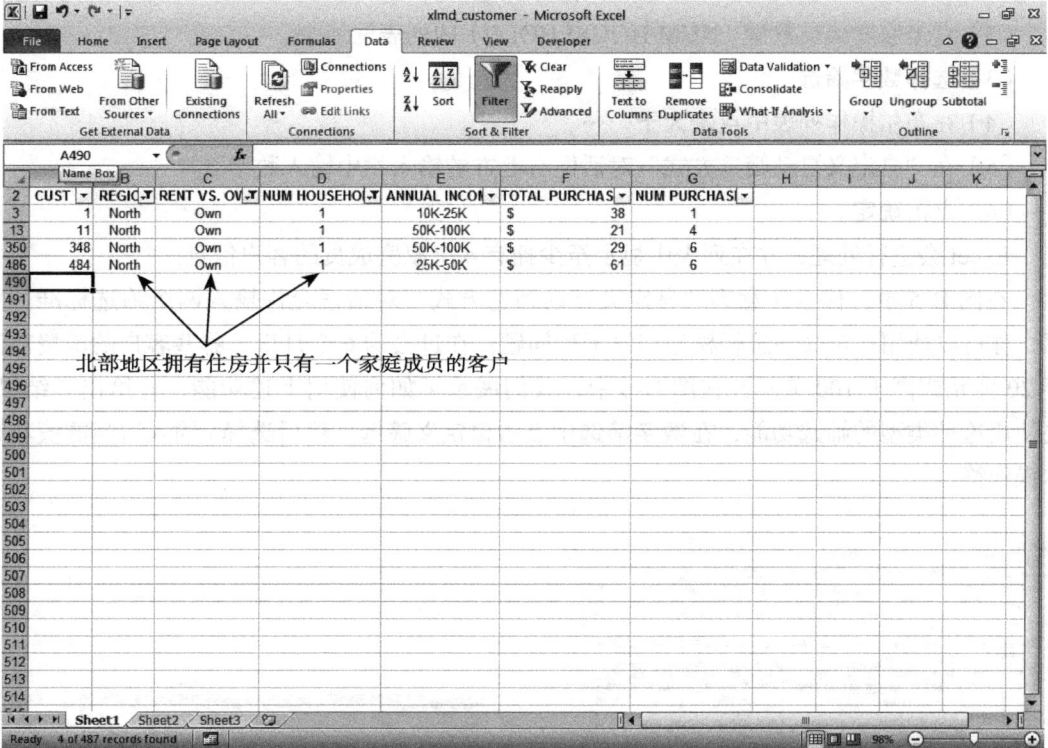

图 D-4　三次筛选生成的列表

一定要清楚当使用筛选功能时，Excel 究竟做了什么。无论你如何使用筛选功能，Excel 只是简单地隐藏你不想看到的行，它并没有删除它们。仔细观察图 D-4 中的行号，你就会意识到这一点：每条记录的行号都来自原始的、未筛选的列表。如果要取消筛选，你可以执行以下步骤：

（1）关闭筛选功能：点击菜单栏上的**数据**按钮，然后点击**筛选**按钮。

（2）关闭所选列的筛选：点击列表框箭头，然后点击**从"列名"中清除筛选**按钮，在这里"列名"是对应列的标签或列标题。

D.4　自定义筛选

基本筛选功能允许你使用精确的匹配标准来生成子列表：地区（REGION）必须是北部，家庭成员数量（NUM HOUSEHOLD）必须为 1 等。但是，当你想要知道至少拥有 4 个家庭成员的客户时，该怎么办呢？在这种情况下，你不能使用基本筛选功能，你需要使用自定义筛选功能。**自定义筛选功能**会隐藏不能匹配你指定的标准的行，你指定的标准不仅仅限于"等于"。让我们来学习如何使用自定义筛选功能。

假如你想要查看至少拥有 4 个家庭成员的客户信息，执行以下步骤：

（1）确保在筛选功能开启时你能看到整张列表。

（2）点击家庭成员数量（NUM HOUSEHOLD）的列表框箭头。

（3）选择**数字筛选**。

（4）在布尔操作列表中点击**大于……**

（5）在"自定义自动筛选方式"对话框右上方的输入栏中输入数字 3。

（6）点击**确定**。

Excel 会进行处理，并在列表中显示至少拥有 4 个家庭成员的客户信息。

在图 D-5 中，你会注意到"自定义自动筛选方式"对话框允许输入两个筛选标准。所以，你可以使用自定义筛选轻松地回答下列问题：在过去的 6 个月里，哪些客户的消费额低于 20 美元或高于 100 美元？在图 D-6 中，我们展示了如何使用上述功能，并给出了结果。要使用这种类型的筛选功能，在**数字筛选**中点击**自定义筛选**，然后选择 / 输入适当的值和布尔操作符。

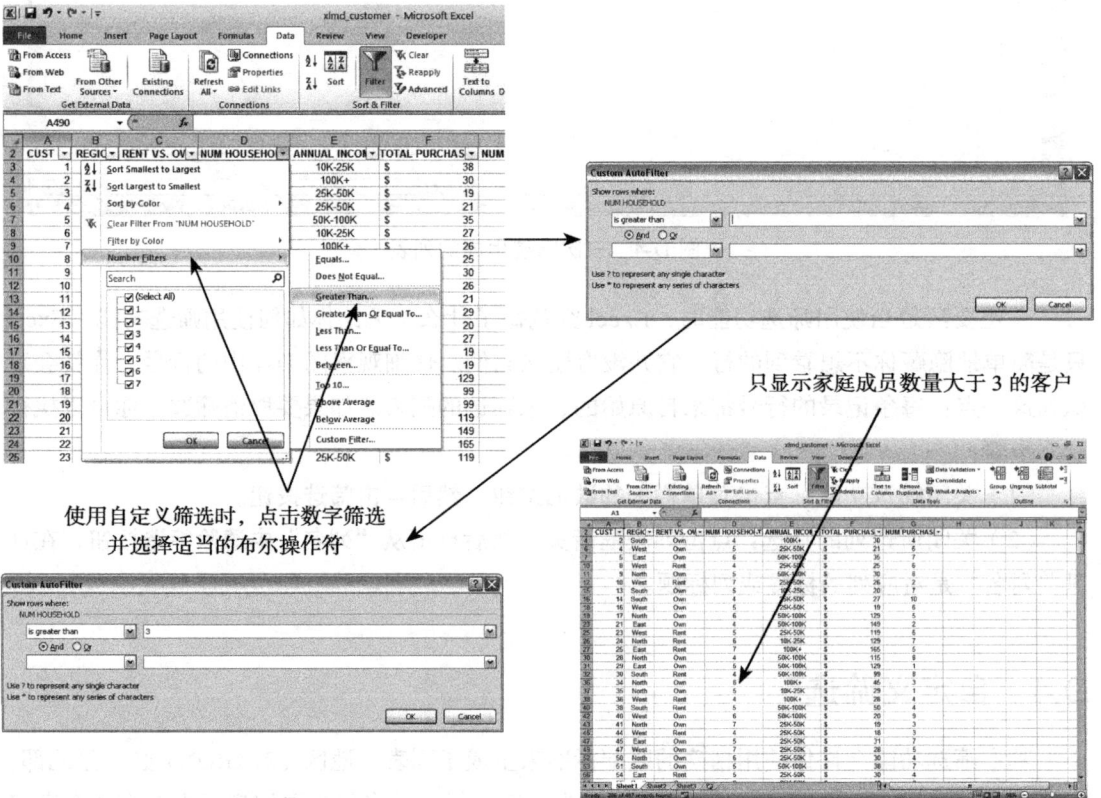

只显示家庭成员数量大于 3 的客户

使用自定义筛选时，点击数字筛选并选择适当的布尔操作符

图 D-5　使用自定义筛选

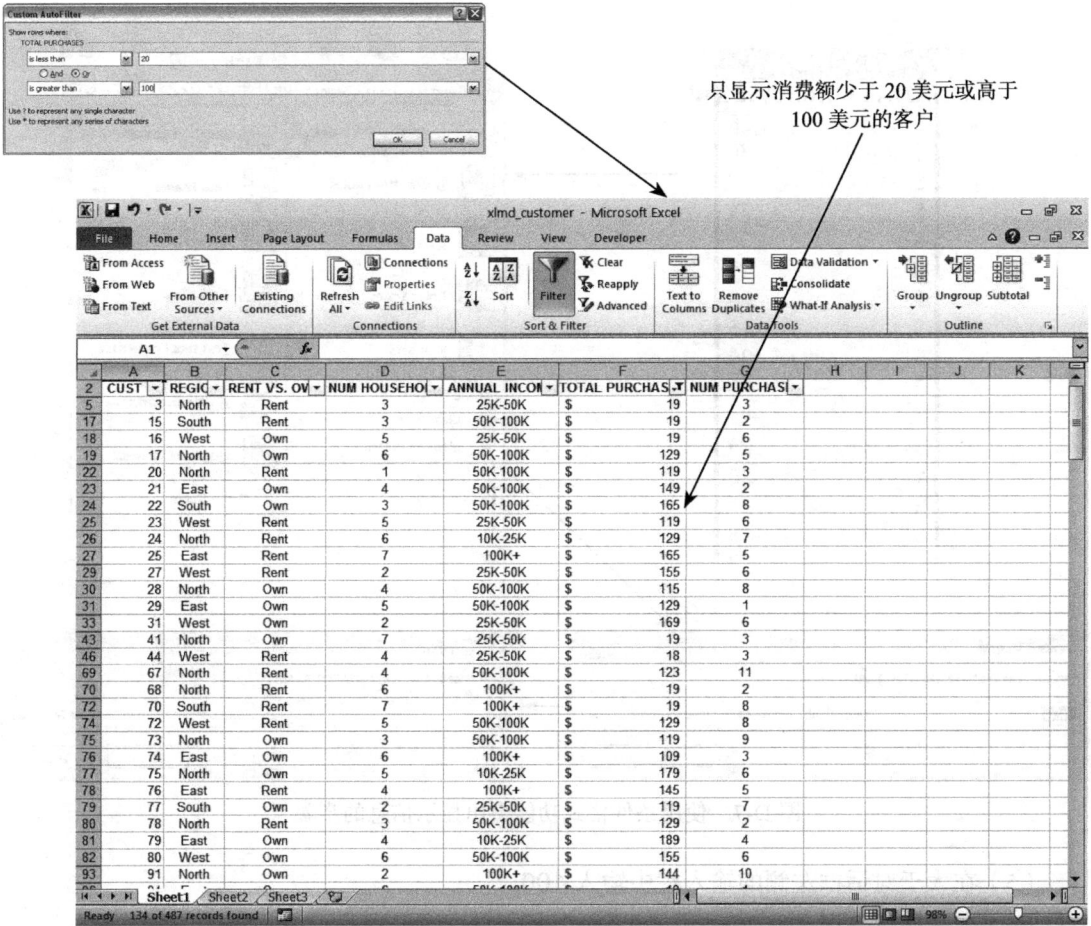

只显示消费额少于 20 美元或高于 100 美元的客户

图 D-6　在自定义功能中使用多个标准

D.5　条件格式

当使用筛选功能（基本筛选或自定义筛选）时，你都是通过隐藏其他不需要的信息来突出显示想要的信息。在有些情况下，你可能想要在突出显示某些信息的同时，仍然能够看到其他信息。如果是这样，你可以使用条件格式功能。条件格式功能会突出显示那些满足指定要求的单元格信息。

例如，假设你想要突出显示总消费（TOTAL PURCHASES）超过 100 美元的客户，同时能够浏览全部客户信息。这对 Excel 来说很容易，可以通过如下步骤实现（见图 D-7）：

（1）选中总消费（TOTAL PURCHASES）这一列（将鼠标移至标识为 F 的列上，单击一次）。

（2）点击菜单栏的**开始**按钮，在**样式**板块中选择**条件格式**。

（3）选择**突出显示单元格规则**。

（4）点击**大于**按钮。

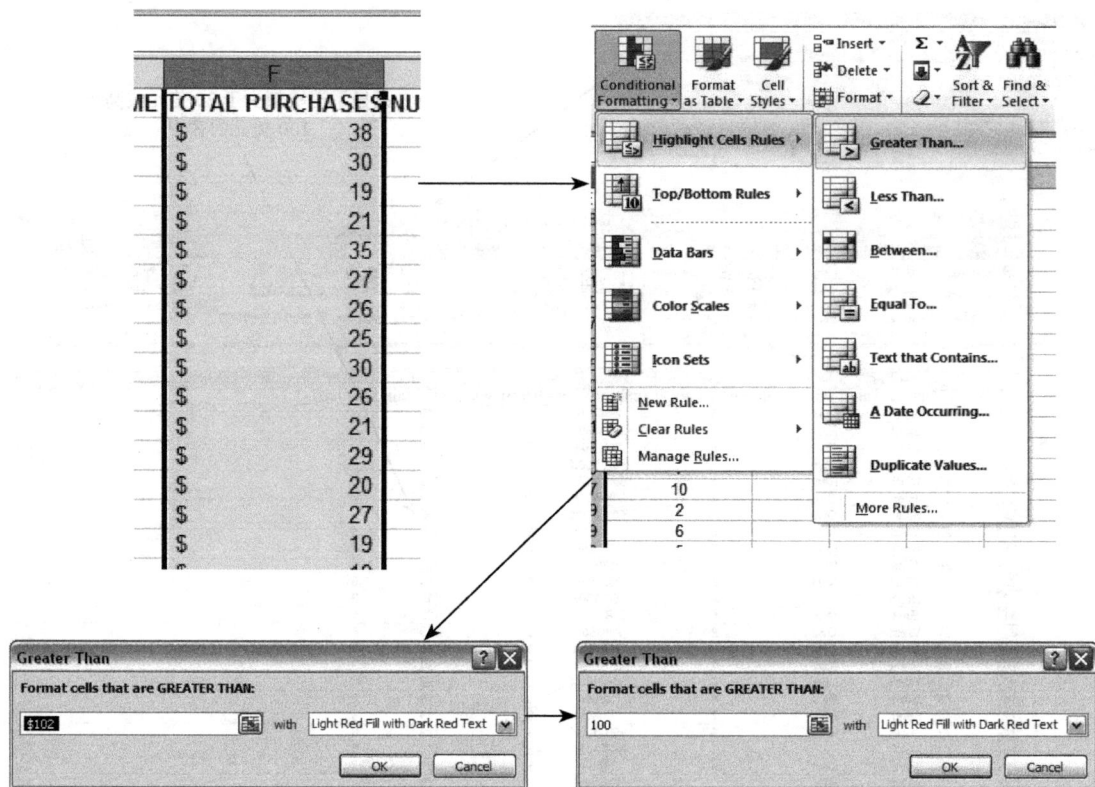

图 D-7　使用条件格式功能突出显示信息的步骤

（5）在大于对话框左侧的输入栏中输入 100。

（6）点击**确定**按钮。

如图 D-8 所示，Excel 保证了列表的完整性，并突出显示了总消费（TOTAL PURCH-ASES）列中数值超过 100 美元的客户。默认的突出显示格式为图 D-8 中 F 列加灰部分。你可以点击"大于"对话框右侧的下拉箭头来改变突出显示的格式。

可以使用下列两种方式清除条件格式：

- 方式 1

（1）点击列表的任意位置。

（2）点击**条件格式**按钮。

（3）选择**清除规则**。

（4）点击**清除整个工作表的规则**。

- 方式 2

（1）选中使用了条件格式功能的列。

（2）点击**条件格式**按钮。

（3）选择**清除规则**。

（4）点击**清除所选单元格**的规则。

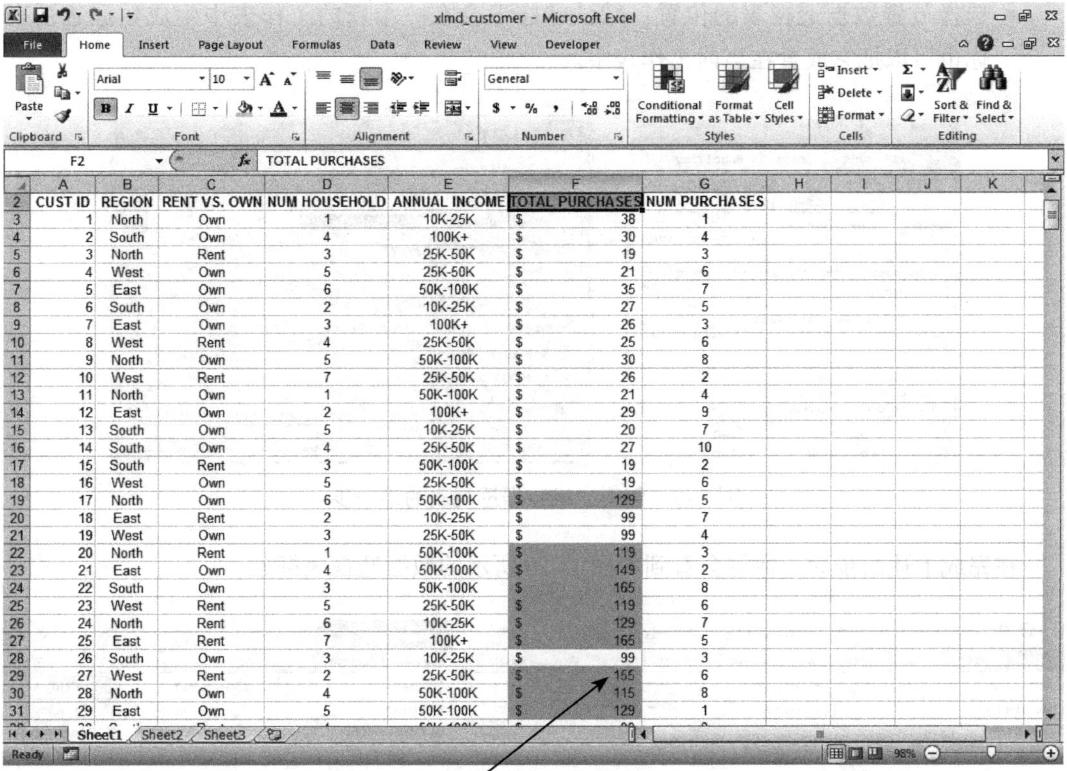

CUST ID	REGION	RENT VS. OWN	NUM HOUSEHOLD	ANNUAL INCOME	TOTAL PURCHASES	NUM PURCHASES
1	North	Own	1	10K-25K	$ 38	1
2	South	Own	4	100K+	$ 30	4
3	North	Rent	3	25K-50K	$ 19	3
4	West	Own	5	25K-50K	$ 21	6
5	East	Own	6	50K-100K	$ 35	7
6	South	Own	2	10K-25K	$ 27	5
7	East	Own	3	100K+	$ 26	3
8	West	Rent	4	25K-50K	$ 25	6
9	North	Own	5	50K-100K	$ 30	8
10	West	Rent	7	25K-50K	$ 26	2
11	North	Own	1	50K-100K	$ 21	4
12	East	Own	2	100K+	$ 29	9
13	South	Own	5	10K-25K	$ 20	7
14	South	Own	4	25K-50K	$ 27	10
15	South	Rent	3	50K-100K	$ 19	2
16	West	Own	5	25K-50K	$ 19	6
17	North	Own	6	50K-100K	$ 129	5
18	East	Rent	2	10K-25K	$ 99	7
19	West	Own	3	25K-50K	$ 99	4
20	North	Rent	1	50K-100K	$ 119	3
21	East	Own	4	50K-100K	$ 149	2
22	South	Own	3	50K-100K	$ 165	8
23	West	Rent	5	25K-50K	$ 119	6
24	North	Rent	6	10K-25K	$ 129	7
25	East	Rent	7	100K+	$ 165	5
26	South	Own	3	10K-25K	$ 99	3
27	West	Rent	2	25K-50K	$ 155	6
28	North	Own	4	50K-100K	$ 115	8
29	East	Own	5	50K-100K	$ 129	1

总消费超过 100 美元的客户
以灰色突出显示

图 D-8　使用条件格式功能得到的结果

D.6　数据透视表

现在让我们回到图 D-1 中的原始数据透视表。按照定义，你可以使用数据透视表对信息进行分组和汇总。正如我们在图 D-1 中所做的，同时根据地区与住房状况统计客户信息，我们创建了一张二维数据透视表。

使用以下两个步骤创建二维数据透视表（见图 D-9）：

（1）在菜单栏中点击**插入**按钮，然后选择**数据透视表**。

（2）在创建数据透视表对话框中点击**确定**。

上述第一步简单地声明你想要插入一张数据透视表。在第二步中，我们点击**确定**，使用默认设置生成数据透视表。在数据透视表对话框中还有一些其他选项，你可以自行探索。

- 选择一个表或区域：默认值是整个表。你可以选择另一个表或选择突出显示当前表的一个子集。
- 使用外部数据源：你可以使用外部数据源，例如 Word 或 Access 表。

- 选择放置数据透视表的位置：默认状态下会在一个新的工作表中生成数据透视表。你也可以把它放置在当前工作表中。

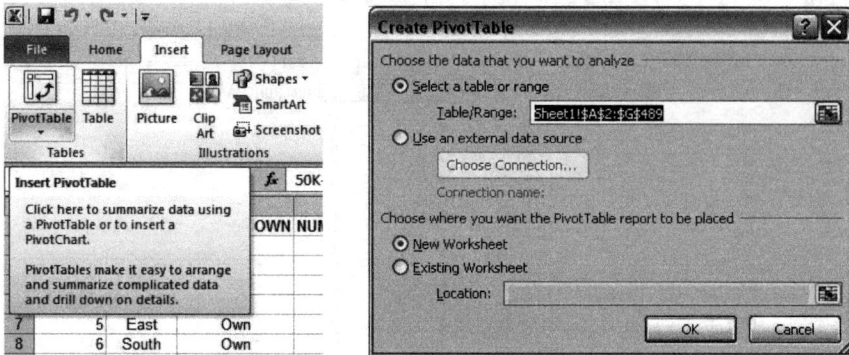

图 D-9 创建二维数据透视表的第一步

在完成上述两步后，你将会看到如图 D-10 所示的数据透视表框架。

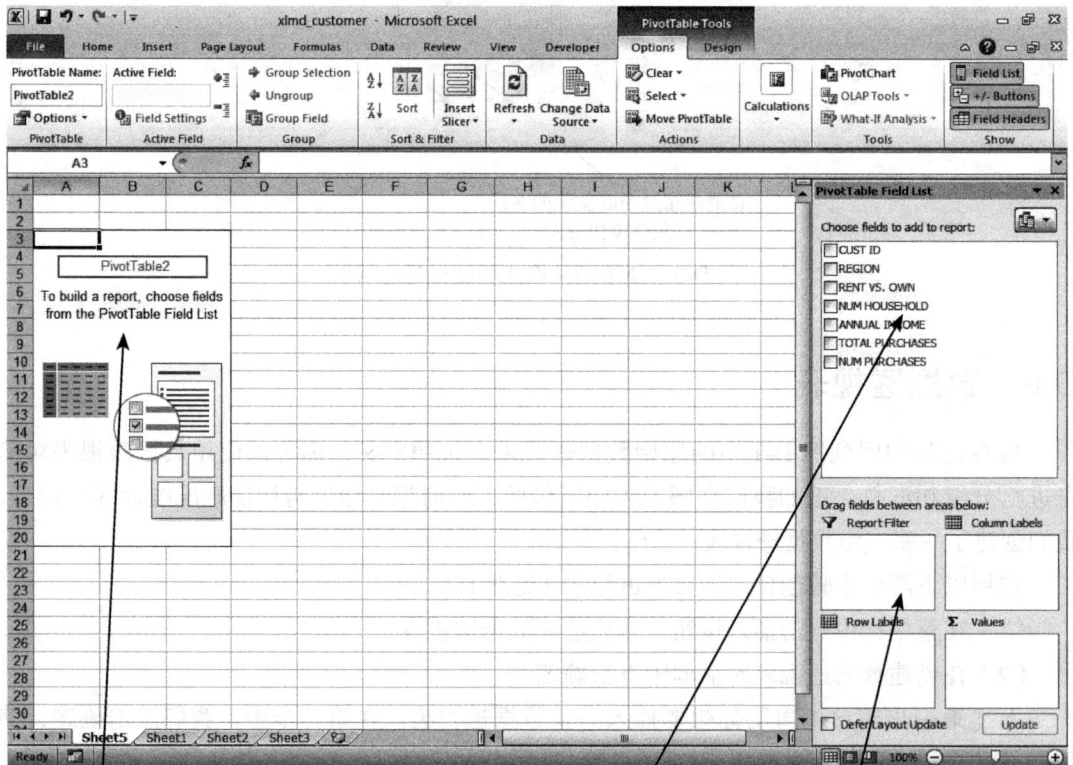

数据透视表　　　　　　　　　数据透视表字段列表　　数据透视表汇总信息

图 D-10 数据透视表的框架

下面介绍图 D-10 中的各个元素。工作表的左上角是数据透视表的主区域，将显示你指定的信息。右上角是数据透视表的字段列表，包含了你将会用到的原始列表中的字段。

右下角包括你生成数据透视表的汇总信息，这里也是你拖放不同字段的地方。在"报表筛选"区域，你可以通过拖放信息字段生成页面或层，这为数据透视表提供了三维视角。在"列标签"区域，你可以通过拖放信息字段来设置列信息。在"行标签"区域，你可以通过拖放信息字段来设置行信息。最后，在"数值"区域，你可以通过拖放字段来设置数据透视表的内部信息。这里的"内部"信息是指我们关心的信息，如图 D-1 中的客户数量。

我们尝试建立一个与图 D-1 类似的二维数据透视表。因此，行信息应该是地区（REGION）。操作方式如下：将地区（REGION）字段从数据透视表字段列表拖放至右下角的"行标签"区域（见图 D-11）。同时，列信息应该是住房状况（RENT VS. OWN）。因此，将数据透视表字段列表中的对应字段拖放至右下角的"列标签"区域。

最后，你需要在数据透视表的主区域放置一些信息，使你能够根据地区和住房状况统计客户数量。最简单的方法是将客户编号（CUST ID）从数据透视表字段列表拖放到右下方的"数值"区域中。然后你会得到一个类似图 D-11 的数据透视表，但这还不是我们想要的，为什么？

图 D-11 通过拖放信息来创建数据透视表

当你把信息拖放到右下角的"数值"区域时，默认汇总方式是求和。你并不想对客户编号求和，因为那没有任何意义。你需要的是计数。要改变这种状况，应执行以下步骤（见图 D-12）：

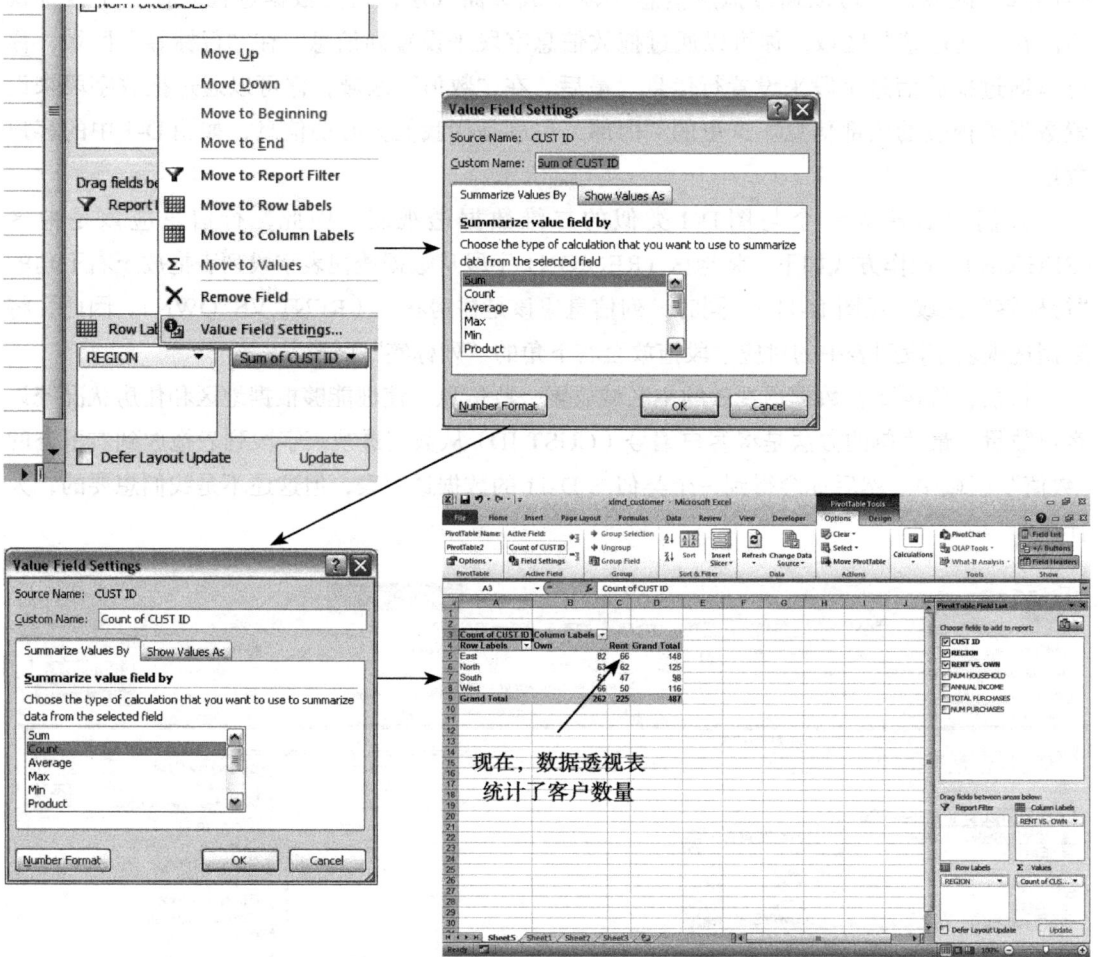

图 D-12　包含你需要信息的数据透视表

（1）在右下角的数值区域中，点击客户编号（CUST ID）求和旁边的下拉箭头。

（2）点击**值字段设置**。

（3）在值字段设置对话框的**值汇总方式**标签栏中，点击"**计数**"。

（4）在同一个对话框中点击"**确定**"。

图 D-12 显示了正确的信息，查看右下角的数据透视表汇总信息，它现在显示客户 ID 的汇总方式为计数。

我们现在拥有了一个根据地区（REGION）和住房状况（RENT VS. OWN）统计客户数量的数据透视表。但面对不同的决策问题，这可能是不够的。还有什么信息能够提供帮助呢？这取决于决策问题，也许知道按地区（REGION）和住房状况（RENT VS. OWN）统计的消费总额会有用。在这种情况下，你不需要去创建另一张数据透视表。你只需简单地将总消费（TOTAL PURCHASES）字段添加到右下方的数值区域，其操作方式是把该标签从数据透视表字段列表拖放到数值区域。图 D-13 显示了最终结果。

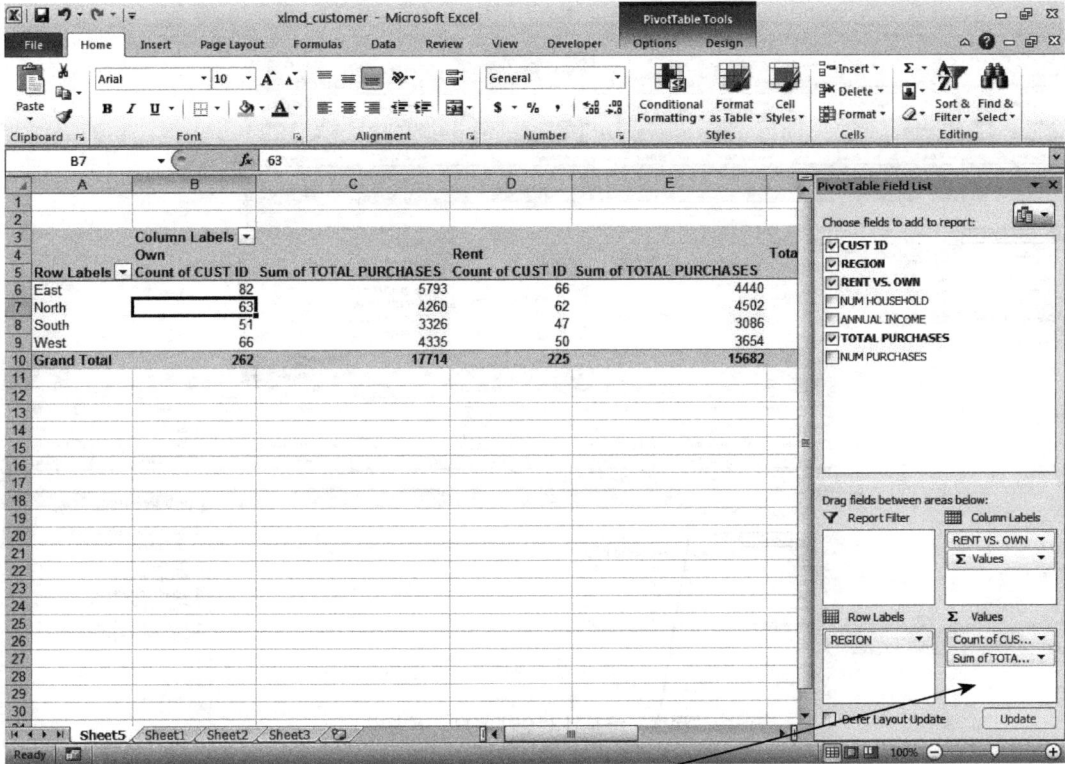

将总消费额（TOTAL PURCHASES）拖动到此处，
获得另一个维度的汇总信息

图 D-13　在数据透视表中添加新的字段信息

　　这些信息有用吗？这取决于你将要做的决策。但很容易在数据透视表的主区域中添加其他信息，这也说明了电子表格软件的真正效果。

　　最后创建一张三维透视表，根据地区（REGION）、住房状况（RENT VS. OWN）和家庭成员数量（NUM HOUSEHOLD）统计客户数量。除了两处不同，其结果类似于图 D-13 的二维数据透视表。首先，主区域不包括总消费（TOTAL PURCHASES）的求和。其次，增加深度，使它成为一张三维的数据透视表。简而言之，通过把家庭成员数量（NUM HOUSE-HOLD）标签从数据透视表字段列表拖动到右下角的"报表筛选"区域，你就可以实现这一功能。

　　在图 D-14 中，你可以在屏幕左上角看到我们所创建的二维数据透视表，它根据地区（REGION）和住房状况（RENT VS. OWN）统计的客户数量，它和图 D-12 中的二维数据透视表是相同的。为了增加深度，我们将数据透视表字段列表的家庭成员数量（NUM HOUSEHOLD）添加到数据透视表中，并将其拖至右下角的报表筛选区域。注意新的数据透视表（图 D-14 中的右下方）看起来仍然像一张二维的数据透视表，并且在主区域显示的信息也一样。这是因为三维透视表默认显示汇总信息，因此，A1 单元格中的家庭成员数量（NUM HOUSEHOLD）的右侧显示为"全部"。

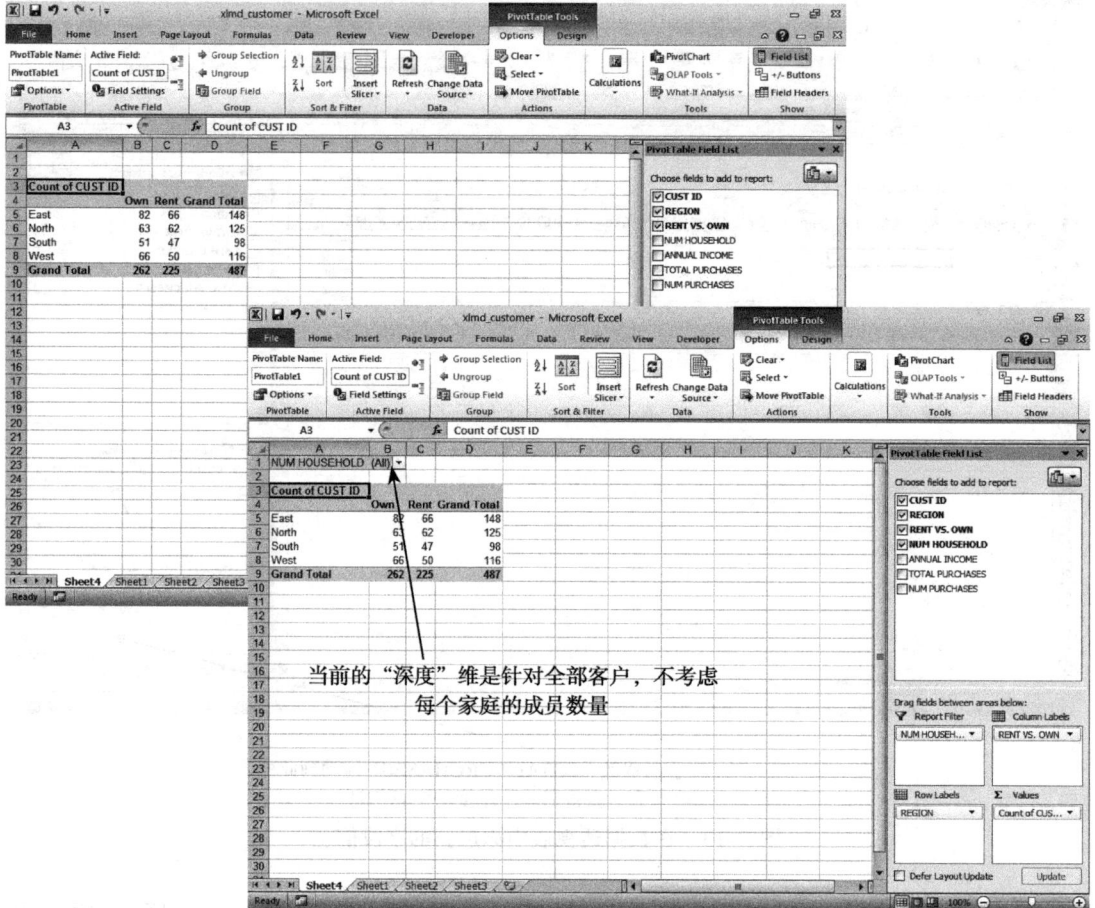

图 D-14　创建三维数据透视表

如果要查看特定的家庭成员数量（NUM HOUSEHOLD）值对应的客户数量，点击"全部"右边的列表框箭头（见图 D-15），然后选择你所需的家庭成员数量（NUM HOUSEHOLD）值。我们选择 4，然后点击确定。图 D-15 的下半部分给出了结果。它显示了一些有趣的信息，可能有助于你做出决定。例如，在西部地区有 20 位客户拥有自己的房子，只有 11 人租房。此外，在所有地区中，有 66 位客户拥有自己的房子，40 人租房。那么，这些信息有用吗？这取决于你将要做出的决策。

Excel 的三维透视表功能很强大。如果你还记得第 3 章讨论的数据仓库，你实际上可以通过创建 Excel 中的三维透视表来建立一个包括行、列和层的数据仓库。通过为页（深度）字段选择不同的值，可以显示不同层的信息。

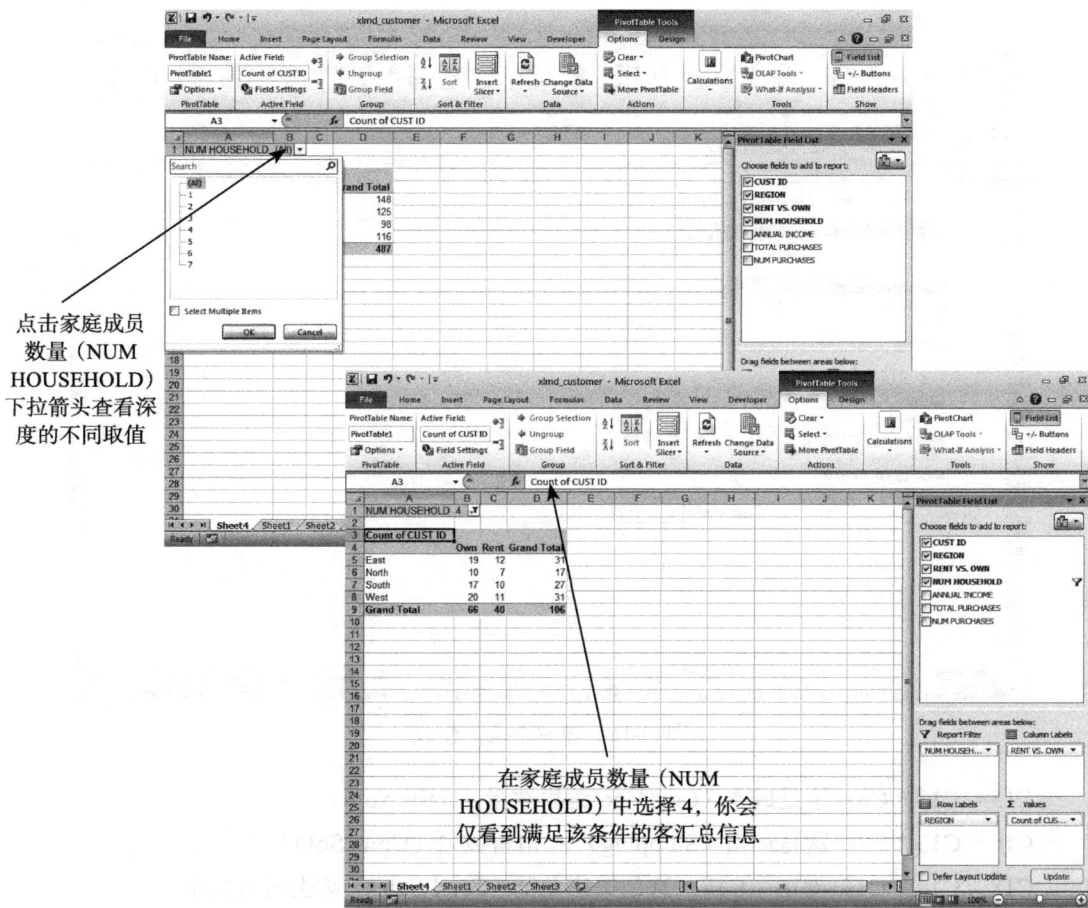

点击家庭成员数量（NUM HOUSEHOLD）下拉箭头查看深度的不同取值

在家庭成员数量（NUM HOUSEHOLD）中选择 4，你会仅看到满足该条件的客汇总信息

图 D-15　在三维数据透视表中查看不同的"深度"

D.7　单变量求解

正如你所看到的，Excel 有许多有用的功能。但 Excel 不只是简单地帮助你处理列表。事实上，绝大多数的 Excel 工具都是用来处理列表以外的其他格式化信息。让我们来看看它们是如何工作的。

在讨论技术的经济影响时，考虑第 1 章中的盈亏平衡例子。你已经与主要的电影工作室达成协议来出售电影海报。你能够以 4 美元的价格购买电影海报，并以 9 美元的价格在你自己的在线商店销售，将电影海报寄给客户需要花费 2 美元。在线商店、产品目录、信用卡交易处理、域名注册、搜索引擎位置等服务都由 GoDaddy（www.godaddy.com）提供，每年的成本为 1 500 美元。记住，这 1 500 美元是固定成本，也就是说，不管你卖多少张海报，这个固定成本不会改变。

如图 D-16 所示，我们已经创建了一个工作簿反映上述信息。我们也输入了一些公式，如下：
C14 = C13 * C7；这是销售价格（Sales Price）× 销售数量（Units Sold）

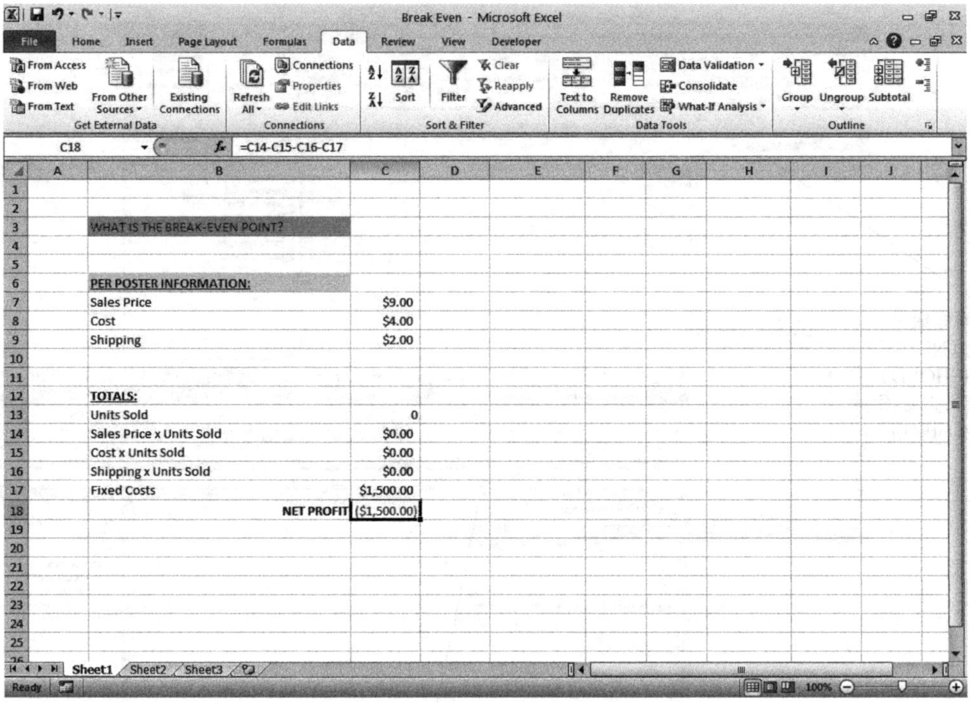

图 D-16 盈亏平衡工作表

C15 = C13 * C8；这是成本（Cost）× 销售数量（Units Sold）

C16 = C13 * C9；这是运费（Shipping）× 销售数量（Units Sold）

C18 = C14 – C15 –C16 – C17；这是销售总额（Total Sales）减去所有成本

请与我们一起学习这个例子。访问我们的支持网站（www.mhhe.com/haag）并选择 XLM/D。在那里，你可以下载名为 **XLMD_BreakEven.xls** 的文件。以这种方式建立的工作簿有助于我们使用 Excel 的单变量求解功能，并找到一个最佳的销售量（单元格 C13）。**单变量求解**从一个目标向后回溯，从而计算未知参数。在这里，未知量是最佳的销售数量（Units Sold）。我们所要做的就是把目标告诉 Excel，目标是我们所需要的净利润。

假设第一年净利润为 30 000 美元，这是我们的目标。现在，我们希望 Excel 确定销售数量（Units Sold），从而使单元格 C18 代表的利润达到 30 000 美元。步骤如下（见图 D-17）：

（1）在菜单栏中，点击**数据**，然后点击**模拟分析**。

（2）选择**单变量求解**。

（3）你会看到单变量求解对话框。

（4）设置目标单元格，输入 **C18**。

（5）设置目标值，输入 **30 000**。

（6）设置可变单元格，输入 **C13**。

（7）点击**确定**。

如图 D-17 所示，Excel 已经计算出结果，实现净利润 30 000 美元的目标需卖出 10 500

份海报。

图 D-17　执行单变量求解功能来确定净利润为 30 000 美元时的销售量水平

让我们回顾上面的步骤。步骤 4 和 5 为 Excel 提供了目标，对于这个例子来说是 30 000 美元的净利润，即单元格 C18。在步骤 6 中，我们告诉 Excel 通过调整销售数量（Units Sold，单元格 C13）来获得 30 000 美元的净利润。

这是一个强大的功能。现在你可以使用工作簿并改变一些值。例如，在不降低价格的前提下，如果你让客户承担 2 美元的运费，会发生什么？此时实现 30 000 美元净利润的最佳销售量是多少？如果电影工作室开始提高每张海报的费用呢？

本模块小结

1. 在电子表格软件中定义列表、列表定义表，并描述它们的重要性。一张列表是按照行列组织起来的信息的集合，其中的每一列代表了特定类型的信息。列表定义表按照列来描述列表。列表在电子表格软件中非常重要，因为它使用户能够使用电子表格中的筛选、条件格式、数据透视表等功能。定义列表定义表也很重要，因为它需要你遵循创建列表的基本原则。

2. 比较电子表格软件中的筛选功能与自定义筛选功能。筛选功能对列表进行筛选，只显示那些满足你的条件的行，并隐藏其他的行。自定义筛选功能会隐藏不能匹配你指定的标准的行，指定的标准不仅仅是"等于"。因此，基本筛选功能利用"等于"作为筛选标准，而自定义筛选功能可以使用其他的标准，比如大于、小于等。

3. 描述使用条件格式功能的目的。条件格式功能会突出显示那些满足指定要求的单元格信息。因此，条件格式功能允许你查看整个列表，而其中的部分信息又会通过突出显示的方式引起你的注意。

4. 定义一张数据透视表，并描述如何使用它查看不同维度的汇总信息。数据透视表

使用户能够对信息进行分组和汇总。当创建数据透视表时，通过定义信息如何按照不同维度进行汇总，你可以创建信息的维度。其具体的操作方式是把信息标签或列标题拖动到数据透视表的行、列和页区域，从而定义信息的维度。

5. 描述单变量求解功能的作用。单变量求解是从一个目标向后回溯，从而计算未知参数。因此，用户可以创建包含目标的工作表，同时通过单元格中的一些未知参数计算得到目标的取值。用户可以利用 Excel 的单变量求解功能来调整未知参数的取值以获得期望的目标值。

作业训练

1. 你面临的生产问题是什么？利用工作簿文件 **XLMD_Production.xls** 完成本作业。它的列表定义表如下：

   A. **BATCH**：标识产品生产批（组）次的唯一编号

   B. **PRODUCT**：标识每件产品的唯一编号

   C. **MACHINE**：标识用于生产产品的机器的唯一编号

   D. **EMPLOYEE**：标识生产产品的每个员工的唯一编号

   E. **BATCH SIZE**：每批产品的生产数量

   F. **NUM DEFECTIVE**：每批产品中的废品数量

   你可能会遇到一些实际问题：产生的废品数量令人无法接受。你的任务就是综合利用筛选、条件格式和数据透视表找出问题所在，这些问题可能出在产品、员工、机器，甚至可能是批量的大小上。根据你的分析，提出如何解决问题的建议。

2. 评价总消费额和年收入。利用 **XLMD_Customer.xls** 文件创建数据透视表，用来表示总消费额（TOTAL PURCHASES）和年收入（ANNUAL INCOME）之间的关系。你从信息中发现什么趋势？假设你的任务集中在营销策略上，年收入处于什么水平的客户是你的营销重点？为什么？如果你是销售经理，哪些附加信息对你的决策有帮助？你从哪种渠道可以获取这些信息？

3. 发现员工的有关信息。假设你拥有一家小企业，在工作簿上有如下列表：

   A. **ID**：标识员工的唯一编号

   B. **First Name**：员工的名

   C. **Last Name**：员工的姓

   D. **Department**：员工所在部门

   E. **Title**：员工的工作头衔

   F. **Salary**：员工的年收入

G. Hire Date：员工受雇的日期

H. Birth Date：员工的生日

I. Gender：男或女

J. Clearance：无（N）、机密（C）、秘密（S）或高度秘密（TS）

  你可以从本书的网站获取该工作簿（www.mhhe.com/haag，选择 XLM/D），它的文件名是 XLMD_Employee.xls。完成下列任务：

a. 创建数据透视表，显示部门内按性别统计的平均工资

b. 创建数据透视表，显示按访问机密信息的权限（Clearance）统计的员工数量

c. 利用条件格式功能突出显示工程部的员工

d. 利用条件格式功能突出显示 Clearance 的值为 N 的员工

e. 利用基本筛选功能显示 Clearance 的值为 TS 的员工

f. 利用自定义筛选功能显示收入超过 50 000 美元的员工

4. 研究分析 B&B 旅行咨询公司的信息。本杰明·特拉维斯和布雷迪·奥斯汀是 B&B 旅行咨询公司的合伙人。该公司位于西雅图，是一家拥有几个分支办事处的中等规模的公司。B&B 公司专门销售邮轮套餐项目。本杰明和布雷迪维护着一个工作簿，这个工作簿包括每个邮轮套餐销售的列表：

A. LOCATION #：标识销售邮轮套餐的分支机构的唯一编号

B. TRAVEL AGENT #：标识销售邮轮套餐的旅行咨询员的唯一编号

C. CRUISE LINE：售出的套餐中包括的邮轮路线的名称

D. TOTAL PACKAGE PRICE：套餐总售价

E. COMMISSION：B&B 公司通过销售该套餐获得的费用

  B&B 决定减小它的业务规模，因此，它向你求助。工作簿的文件名称是 XLMD_Travel.xls。你可以从网站 www.mhhe.com/haag 上找到它（选择 XLM/D）。利用筛选、条件格式和数据透视表功能，准备一个可以回答下列问题的简短报告，举例或图示说明答案的正确性。

a. 如果有必要的话，应该关闭哪一家分支机构

b. 如果有必要的话，应该精简裁掉哪些旅行咨询员

c. B&B 公司应集中关注哪些邮轮路线的销售状况

5. 为书店创建列表。假设你是学校书店的经理，你的任务是从工作簿中创建一张列表，包括有关教科书销售的信息。除了价格、第一著者姓名、出版商外，再对每本教科书提出五项其他的描述信息。对于该列表，首先提供列表定义表。其次，输入 20 本教科书的有关信息。再次，演示基本筛选、自定义筛选、条件格式和数据透视表功能的使用；最后，说明你的书店是如何利用这些信息来支持决策制定的。

6. 使用 XLMD_BreakEven.xls 对净利润进行单变量求解。针对下面的条件变化计算盈亏平衡点：

A. 运输成本增加到 3 美元

B. 固定成本增加到 1 800 美元

C. 由客户来承担运输成本

D. 变动成本增加了 10%，每张海报的销售价格增加了 10%

假设每项任务是独立的，因此在完成每项任务后将每个变量的值重新设置为初始值。

扩展学习模块 E

网络基础知识

|学|习|目|标|

1. 识别和描述构建网络的 4 个基本概念，并描述如何在家建立一个小型的点对点网络。

2. 描述建立大型商业网络所需要的组件，定义和比较局域网（LAN）、广域网（WAN）和城域网（MAN）。

3. 比较和对比各种互联网连接的可能性。

4. 比较和对比各类通信介质。

5. 阐明计算机安全的 4 项原则，并描述不同的网络安全设备如何反映出这些原则。

E.1 前言

当你在网上冲浪、访问学校服务器上的软件、发送电子邮件或者让你的室友使用他的计算机访问你计算机上的文件时，你的计算机就成了网络的一部分。**计算机网络**（computer network），简称网络，是指两台或多台计算机连接在一起，彼此能够通信，并共享信息、软件、外部设备和 / 或处理能力。许多网络有几十台、上百台甚至数千台计算机。

网络的基本原理

网络规模大小不一，从只有两台计算机相连共用一台打印机，到将世界各地数百万台不同种类的计算机连接起来的全球最大的互联网。商用网络处于两者之间，它的规模从十几台计算机到数千台计算机不等。

以下一些基本的原理适用于各种规模的网络。

（1）网络中的每台计算机都必须拥有一个网络接口（或者是一个扩展卡或者集成在主板上，甚至可通过调制解调器软件实现），来提供该计算机与网络中的其他计算机进行信息交流的出入口。

（2）网络通常至少有一个连接设备（比如集线器、交换机或家庭 / 宽带路由器）将网络上的计算机连接在一起，作为传递信息的总机。

（3）必须要有用来连接网络硬件设备的传输介质，比如电缆或是无线电波。传输介质传输计算机和连接的设备之间的网络信息。

（4）每台计算机必须具有支持信息传入和传出的软件。这个软件可以是调制解调器软件或网络操作系统。

我们先研究最小型的网络，例如在家里或宿舍的房间里连接的几台计算机，然后将转向更大的商业网络，还将讨论网络设备、局域网、广域网、传输介质以及网络安全等主题。

E.2 家庭网络

如果你家里有一台用电缆或数字用户线（DSL）连接互联网的计算机，就可能已经对某些网络组件比较熟悉。一个典型的家庭网络包括：

- 每台计算机中的以太网网卡，或每台笔记本电脑的无线以太网网卡。
- 用来传输信号的网络电缆，如果使用无线连接则不需要。
- DSL 或者来自互联网服务提供商（ISP）的电缆，以及用来传递消息和文件的宽带或家庭路由器。

E.2.1 每台计算机的网卡

首先每台计算机都需要一个网络接口。**网络接口卡**或**网卡**（network interface card, NIC），指台式计算机的扩展卡或是用于笔记本的 PC 卡，它能够将计算机连入网络，并提供信息流入流出的接口。网卡有一个用于将计算机连接到网络的网络电缆插孔（或端口）。现在销售的大多数计算机都有内置在其主板上的网卡。

以太网卡（ethernet card）是一种最普遍的网卡。它有一个插孔，通常是 RJ-45，看起来像个大一点的电话插孔。可以用网线将以太网卡与集线器或转换装置相连，如果只有两台设备连接，也可以用交叉电缆直接插入另一台计算机或打印机。

E.2.2 有线和无线通信介质

设置家庭网络最常用的通信介质是 Cat5 电缆，类似于电话电缆（普通双绞线电缆）。

Cat 5（Category 5）是一种较好的电话双绞线电缆。Cat5 电缆的每一端有一个 RJ-45 连接器。一端插入计算机里的以太网卡，另一端插入网络交换机或宽带路由器（我们会在稍后讨论）。

如果想要计算机以无线方式访问家庭网络，那么需要另一个网络设备。**无线访问点**（wireless access point，WAP）是一种允许计算机使用无线电波来访问网络的设备。无线访问点为信息双向流动提供了一个发射器和接收器。它也有天线，用于捕捉空中的无线电波。

如果无线访问点是一个单独的设备，那么它和有线计算机的方式一样，通过网络电缆连接到集线器或通过交换机来连接到有线网络（见图 E-1）。许多宽带路由器（将在下一节中讨论）内置无线访问点，所以可能不需要任何额外的电缆。

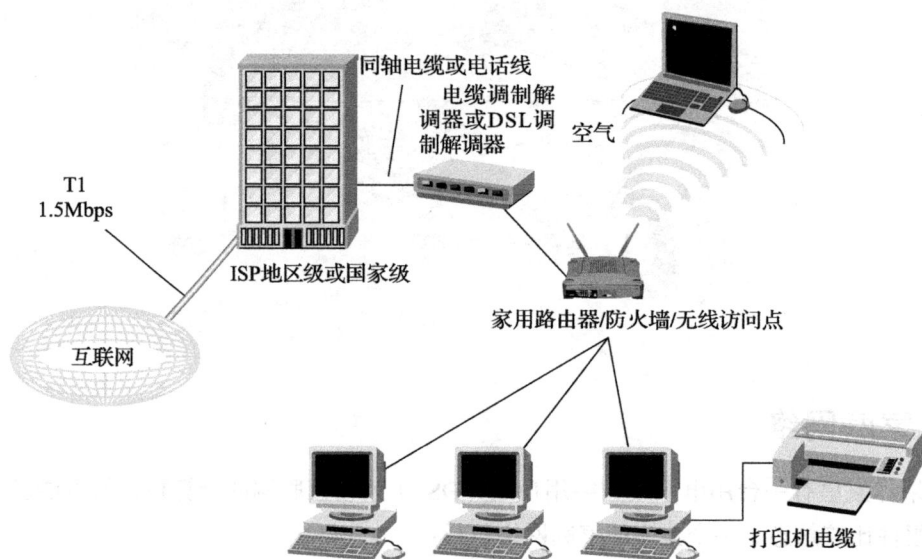

图 E-1　典型家庭网络

笔记本和其他任何无线访问网络的设备必须有无线适配器。无线适配器可以是笔记本电脑的 PC 卡或者内置在笔记本中。无线适配器和无线访问点一样，包含发射器、接收器和天线。如果所有的设备都有无线适配器，那就可以创建一个完全无线的网络，唯一的网线用于连接电缆或 DSL 服务。

E.2.3　家庭互联网服务和宽带路由器

没有外部连接的家庭网络仍然可以用于共享文件和打印机。但是如果要访问外部的服务或网站，就需要互联网服务和设备，从而将家庭网络接入互联网。两种常用的家庭互联网服务是电话公司提供的 DSL，以及有线电视公司提供的有线网络连接。

DSL 或电缆调制解调器连接只能用来支持一台计算机，所以如果想要连接更多的计算机，则需要另一种设备，这通常被称为宽带路由器或家用路由器。**宽带路由器**（broadband router）或**家用路由器**（home router）是用于在家里或小型办公室将若干台计算机连接在一起，共享一个 DSL 或电缆的设备。它有一个端口用于插入互联网连接，同时通常还有几个端口用于插入家用计算机或打印机。现在大多数宽带路由器都有一个内置的无线访问点。

E.2.4　网络软件

通常情况下，硬件需要软件来使其工作。Windows 可用于小型网络，它必须安装在每台网络计算机上。若要使计算机上的文件可供网络上的其他计算机共享，则必须打开 Windows 中的文件共享选项，同时表明是共享哪个驱动器、目录或文件。这样做之后，一台计算机上的文件将以额外的文件夹的形式出现在另一台计算机上。

E.3　网络组件

大型网络的建立和很多小型网络建立的方式一样，使用同一类型的组件。唯一的区别是家庭网络设备经常执行几个不同的功能，而在大型网络中，这些功能是被分离到单独的设备中执行的。接下来我们详细讨论其中的两个网络组件。

E.3.1　交换机

交换机（switch）是一种用于连接多台计算机的网络设备，它能将每台计算机发送的信息传输到指定的接收者，而不是整个网络上的所有计算机。几台计算机可以通过交换机在同一时间有不同的对话，这种网络称为交换网络（见图 E-2）。

交换机的工作原理像一个小型的商业电话系统。当营销总监需要检查宣传册的状态时，她将打电话询问负责此事的平面设计员。同时，车间主管可以将交货日期交付给物流经理。由于所有的电话都有话筒，所以如有必要，操作员可以立刻引起所有人的注意。

在交换机上的信息传递一般是私密的，除非它被特意广播到网络上的所有计算机上。目前，交换机是网络中最常用的组件，家庭网络使用的

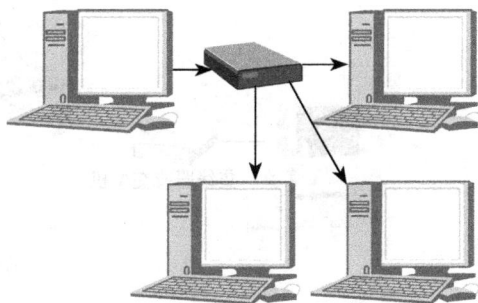

图 E-2　交换机

是 4 端口和 8 端口型号（连接 4 台或 8 台计算机或打印机），商业网络常用的是 24 端口和 48 端口型号（连接 24 台或 48 台设备），而拥有数百个端口的非常大的交换机则用于连接大型电话中心或运行于整个办公大楼。

E.3.2　路由器

与交换机连接单独的计算机不同，路由器将单独的计算机网络连接起来。**路由器**（router）是一个大型网络中各小子网之间进行通信传输的设备。

设想这样一家大型企业，它的仓库、管理办公室和生产分别在不同的建筑楼里。以前，每个建筑有自己的电话系统与电话分机，例如仓库的分机是从 100 到 199，管理办公室的分机是从 200 到 299，而制造部门的分机是从 400 到 699。

起初，电话系统并没有被连接起来，而且电话只能在一栋建筑物内部使用。后来企业通过

电缆将每栋建筑物的电话系统都连接到了一个中央电话系统，实现了不同系统间的连通。现在的仓库电话系统"知道"如果需要拨打一个不是 100 ~ 199 的电话，它就把电话转给中央电话系统，进而转发到合适的建筑中。同时中央电话系统也知道将以 1 开头的来电转入仓库电话系统，以 2 开头的来电转入管理办公室电话系统，而以 4、5 或 6 开头的来电转入制造部门电话系统。

路由器的工作方式与此相同。当一台计算机想要发送消息到不同子网上的另一台计算机上（像在不同的建筑里）时，它实际上是在向它子网的路由器发送消息。然后路由器查看消息的目标地址，即消息要去哪里，并找出到达路径。中型网络在中心可能只有一个路由器，在这种情况下，它可以直接传递信息。较大的网络可能有很多路由器连接在一起，在这种情况下，消息在从一台计算机到另一台计算机的途中可能要经过好几个路由器（见图 E-3）。

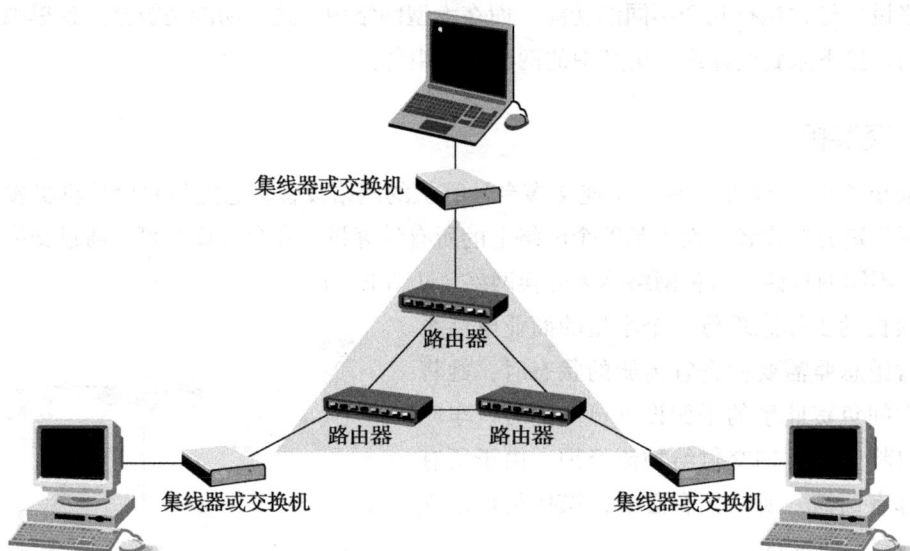

图 E-3   路由器

即使有了路由器，仍然需要交换机来将计算机接入网络，了解这一点很重要。因为大型的路由器很昂贵，而且通过使它们拥有足够多的端口来直接支持网络上的所有计算机是不现实的。通常运行互联网连接的家用路由器同时内嵌路由器和交换机在同一个盒子中。但有一点需要记住，即使它们可能标记为路由器，但交换和路由实际上是两个单独的功能。

交换机经常可以开箱即用，直接连接到计算机上，并在使用时不需要进行配置。但路由器需要计算机地址和相应子网的有关信息来进行配置，所以安装路由器的人通常要求具备网络管理的知识。添加或重新配置网络一般需要重新配置路由器。

E.4   按距离对网络进行分类

我们已经讨论了用来构建网络的不同设备，接下来我们将讨论网络连接的方式。依据网络覆盖的地理范围来描述大型网络是其中一种方式。网络的大小也会影响一个组织应该拥有通信线路，还是从独立的供应商那里租用通信线路。

局域网、广域网、城域网

局域网（local area network，LAN）是指覆盖一栋建筑或多栋相邻建筑的网络，如一个学校或工厂。局域网的典型特征不是它覆盖的实际大小，而是它服务的地理区域是连续的。所以一家飞机制造厂两平方英里⊖的大型园区网络被认为是一个局域网，但一个在同一街区有两座大楼的托儿所的小型网络则被认为是两个独立的局域网。

广域网（wide area network，WAN）是一组服务于非直接邻近区域或建筑的连通网络。它是一组被连接起来的网络。我们也可以把 WAN 认为是网络的网络。广域网通常使用路由器把局域网连接在一起，正像局域网可以通过使用路由器来将不同的子网连接起来一样。

想象这样一家大型企业，它有一个靠近铁路的生产工厂，有货运仓库，同时在市中心的办公区还有独立的企业总部。每一个地方都有独立的电话系统，实际上，生产工厂在仓库、制造、包装和运输部门也都有独立的电话系统。同时也有用来连接生产工厂和总部的电话线，而且电话系统知道如何从一端向另一端发送呼叫。事实上，除了使用不同类型的电话线，从一个站点向另一个站点发送呼叫的设置和从一个建筑向另一个建筑发送呼叫的设置完全相同。

广域网的工作方式与此相同，它连接不同站点上的局域网。广域网连接的网络可以是在一个城市的不同地点，也可以是跨越一个州、一个国家乃至整个世界的不同城市。

因为广域网连接的区域相距较远，组织机构通常不拥有广域网使用的通信线路。相反，通常是从电话公司或有线电视公司或其他商业通信供应商那里租借线路。有些广域网的传输速度是每秒 56 千比特（56 Kbps）；T1 的传输速度是每秒 1.544 兆比特（1.544Mbps），DS3 的速度为 44.736 Mbps。（T1 和 DS3 将在本模块的网络连接方式部分进行详细介绍。）

城域网是最近才兴起的一种特殊的广域网。**城域网**（metropolitan area network/municipal area network，MAN）是指一系列连接起来的局域网，这些局域网虽然不直接相邻，但都在一个城市或者大城市区域范围内。

E.5 互联网

以小写字母 i 开头的 internet 出自于单词 internetworking，它是指一个网络的网络，连接了由不同组织机构管理的网络。所有网络中最大的是**互联网**（Internet，以大写字母 I 开头），这是一个连接全世界数百万人的巨大的计算机网络。

为了更好地理解计算机是怎样将网络中的信息通过互联网传递的，我们再次使用前面提到的处于不同地点、不同建筑的电话系统的例子。当员工向其他建筑打电话时，每座建筑的电话系统就把这些呼叫转到中央系统中，这个中央系统知道如何将呼叫发送到其目的地。

当这家公司的员工想要打外线电话时，他们拨打一个以 9 开头的电话号码（一个不同于他们任何本地电话分机第一个数字的号码），中央系统就知道将其接入外部的公共电话系统。而当顾客打来电话时，他们拨打公司的一个电话号码，然后公共电话系统通过公司的外部电话线将其转给中央系统，最后由中央系统将其接入正确的部门。如果顾客不知道应该拨打哪

⊖ 1 平方英里 = 2.59 平方千米。——译者注

个号码，他们可以通过电话簿查找公司的名称，并找到所需的号码。

这也正是互联网的工作方式。当一台计算机想要给网络上的另一台计算机发送信息时，它先将信息发送给本地路由器，如果该路由器认为接收者不属于其连接的 LAN、MAN 或 WAN 的话，它就将信息发送给它的网络服务提供商（ISP）。ISP 拥有更大的路由器，能够与更多的网络相连。如果仍然不能与接收网络直接连接，ISP 的路由器将信息发送给另一个路由器，这个路由器也许又会将信息发送给另一个，如此不断重复，直到将信息送达接收网络。最后，接收网络将信息发送给目的计算机。

计算机和路由器之间通过网络地址相互联系，通常是 IP 地址，例如 192.168.1.1。这与电话系统使用电话号码（如 +1（414）555-1212）的方式是一样的。你可能记得家人和朋友的电话号码，但是没人能记住世界上所有的电话号码。

同样，你也无须记住所有你向其发送信息的每台计算机的底层网络地址。相反，你可以使用计算机名字，例如 www.mhhe.com。然后你的计算机从一个域名系统（domain name system，DNS）中为你查找接收者的地址。如果没有 DNS，互联网将几乎无法使用。

E.5.1 带宽

比较不同类型的通信介质最常用的指标是带宽，即容量。**带宽**（bandwidth），或者通信介质容量，是指通信介质在给定时间内能够输送的信息量。可以将带宽想象成吸管的粗细：吸管越粗，将杯中的水吸入嘴里的速度就越快。实际上，在通信行业，带宽有时被非正式地看作两地之间所使用的"管道"尺寸。

带宽指在一定时间内传输的数据量，通常用每秒可传输的比特数来衡量。比特是最小的数量单位，表示单个的 0 或 1，被简写为字母 b。一个字节包含 8 个比特，用来存储一个字母或文本符号，所以用比特数除以 8 就可以得到文本字符的大致数量（更多有关比特、字节和字符的信息，参见扩展学习模块 A）。

带宽有时用每秒传输的比特数来表示，简写为 bps。因为单个比特量很小，而通信介质的速度又在不断增加，所以不同介质的带宽通常用千比特 / 秒（Kbps 或 kbps）、兆比特 / 秒（Mbps）或者千兆比特 / 秒（Gbps）来表示。

例如，如果一种通信介质的带宽为 16 Mbps，那么每秒可以传输 1 600 万比特。本模块大约有 7 万个字符，大约等于 56 万个比特，所以在 16 Mbps 的传输通道中，不到半秒就可传输完毕。

E.5.2 互联网连接类型

像广域网使用的线路一样，互联网线路通常也不是由个体公司所拥有，而是由网络服务提供商（ISP）提供。互联网线路有以下几类：

- 拨号上网线路，使用一条普通的电话线和调制解调器。
- 数字用户线路（digital subscriber line，DSL），利用电话线提供高速网络连接，但不干扰语音电话服务。
- 电缆调制解调器，通过有线电视线路提供高速网络连接，但不干扰电视信号的接收。
- 卫星调制解调器，通过有线电视卫星提供高速网络连接，但不干扰电视信号的接收。

● 专用高速网线，例如 T1 和 DS3，在独立的线路上运行，通常用于商业网络连接。

DSL、电缆调制解调器和专用网线可归为宽带连接一类。**宽带**（broadband）连接是一种能提供高速互联网服务的高带宽（高容量）电信通道。美国联邦通信委员会定义宽带的上传或下载速率为 200kbps。有些专家认为宽带至少要在 750kbps 以上。

1. 拨号连接

要实现电话或者拨号连接，需要一台计算机、一条电话线、一个调制解调器和一个网络服务提供商。就像人们通过电话线来拨打电话一样，**电话调制解调器**（telephone modem）是一种将计算机与电话线相连接从而使其能够访问其他计算机或网络的设备。与人和电话机的情况相同，另一端的计算机也需要一个调制解调器。

调制解调器把来自计算机的数字信号转换成可以在电话线上传输的模拟信号（通过调制信号），然后在接收端把模拟信号（通过解调信号）转换回数字信号（见图 E-4 和图 E-5）。"调制解调器"一词也正是对其输出信号调制和输入信号解调功能的缩写。

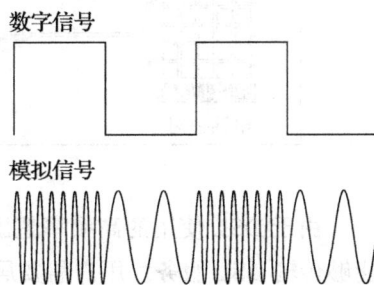

数字信号

模拟信号

图 E-4　数字信号和模拟信号

调制解调器有时被集成在新型计算机的主板中，尤其是便携式计算机和笔记本。如果计算机没有内置调制解调器，可以买张卡插入到台式计算机的扩展插槽中，或是将 PC 卡插入到笔记本电脑中。调制解调器是最慢的网络连接方式。在标准电话线上使用调制解调器的最快传输速度为 56kbps，即每秒 56 000 比特。

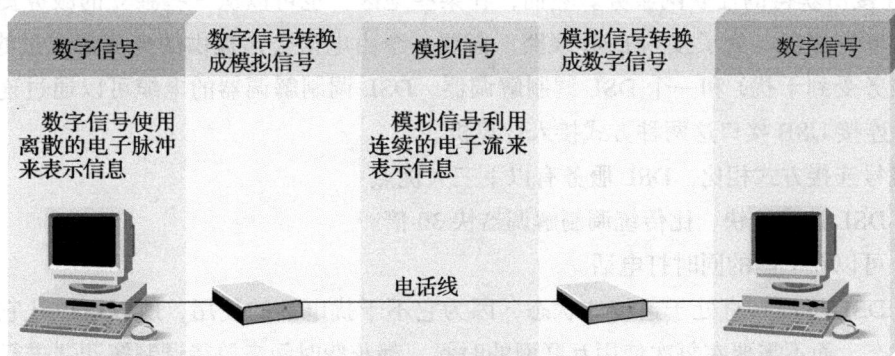

| 数字信号 | 数字信号转换成模拟信号 | 模拟信号 | 模拟信号转换成数字信号 | 数字信号 |

数字信号使用离散的电子脉冲来表示信息

模拟信号利用连续的电子流来表示信息

电话线

图 E-5　电话调制解调器的作用

2. 数字用户线

数字用户线（digital subscriber line，DSL）是一种使用电话线的高速互联网连接，允许用户在上网的同时还能打电话。DSL 系统有不同的类型，包括非对称数字用户线（ADSL）、对称数字用户线（SDSL）和高速数字用户线（HDSL），不同类型的 DSL 提供从互联网服务提供商到用户，以及用户到服务商的不同速度组合。

DSL 的工作原理与传统调制解调器相似，即通过调制和解调将计算机的数字信号转变成电话线传输的模拟信号。但与传统调制解调器将数字信号调制成能够听到的声音信号（当你的计算机通过调制解调器与互联网连接时，拿起电话，你所听到的尖锐声）不同，DSL 调制解调器使用我们无法听到的超高频率，这也是它能够允许上网的同时进行电话交谈的原因。即使这样，DSL 调制解调器有时候也会在电话线中产生咔嗒、砰砰或嗡嗡的响声，所以绝大多数的 DSL 连接方式使用分流器或者过滤器，来保证只有声音信号到达话机，同时只有 DSL 信号到达 DSL 调制解调器（见图 E-6）。

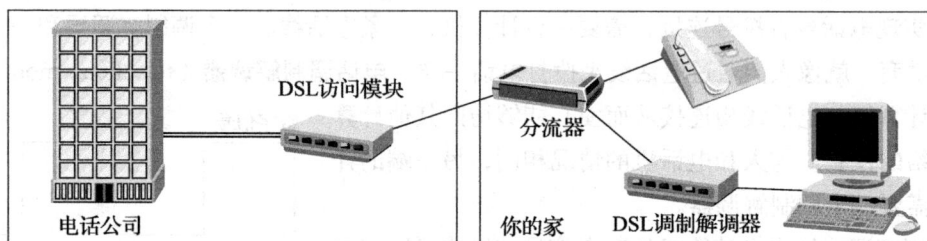

图 E-6　DSL 互联网接入方式

由于 DSL 使用的高频率超出了电话线的设计范围，所以只有符合特定标准的电话线才能够传输 DSL 服务。用户需要居住在离电话公司大约三英里⊖的范围内（在大城市的任何地方，电话公司的分支机构都可以将用户接入到网络）。电话公司可能会对使用的设备类型有严格限制，它通过这些设备将电话线（一种较新的中央系统），以及全程都不经过任何信号处理设备的直接连线接进屋内。联网速度与跟电话公司间的距离以及线路质量有关。传输速度从 144kbps 到 1.5Mbps 不等，对于商业型 DSL 线路来说，传输速度甚至可高达 6Mbps。

DSL 线路，即接入家中的物理电缆，通常由电话公司提供。同时，电话公司也提供通过 DSL 连接所获得的互联网服务。然而，在某些地区，也可以从一些独立的服务提供商那里购买互联网服务。为了接入 DSL 线路，需要一个由电话公司提供的分流器或过滤器（避免电话服务受到干扰）和一个 DSL 调制解调器。DSL 调制解调器的电缆可以通过连接以太网卡或者连接 USB 接口这两种方式接入计算机。

与拨号连接方式相比，DSL 服务有以下三大优点：

（1）DSL 速度更快，比传统调制解调器快 30 倍。

（2）可以在上网的同时打电话。

（3）DSL 可以一直处于连接的状态，因为它不干扰电话的使用，所以可以让它一直保持连接状态，而不需要在每次使用互联网的时候，都花费时间来等待调制解调器进行连接。

3. 电缆调制解调器

如果家里安装了有线电视，就会知道有线电视信号是通过同轴电缆接入到家里的电视机中。这根电缆也可以用于网络连接。有线电视信号和网络信息通过同一根电缆进行传输。

家里的分流器将输入信号分开，一部分传输到电视上，另一部分传输到电缆调制解调器上。**电缆调制解调器**（cable modem）是一种利用电视电缆来连接互联网的设备（见图 E-7）。电缆调制解调器的电缆可以连接到以太网卡上（一种能将计算机连接到网络的扩展卡），或者连接到主板端口上。同 DSL 一样，电缆调制解调器可以一直保持连接状态。然而，与 DSL

⊖　1 英里 = 1.609 3 千米。——译者注

不同的是，电缆调制解调器根本不使用电话线。

　　与电话调制解调器相比，电缆调制解调器的传输速度要快得多，约 10 Mbps（每秒 10 兆比特）。但是，DSL 连接的速度能够得到保证，而电缆网络连接的速度则取决于在线的用户数，这是由于接入电缆公司的线路需要与邻居共享。如果你所有的邻居和你都在同一时间用一个电缆连接上网，就可能会发现上网的速度下降了。

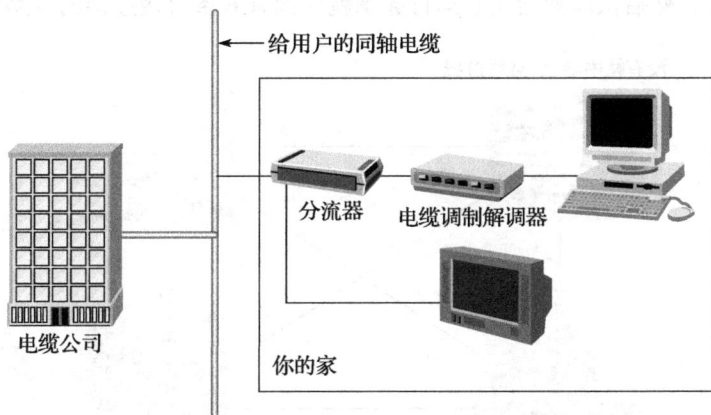

图 E-7　电缆互联网接入方式

4. 卫星调制解调器

　　如果用户使用无线电视，就是说如果通过卫星接收有线节目，那么通常也可以从卫星有线节目提供商那里获得互联网服务。**卫星调制解调器**（satellite modem）是一种可以让用户通过卫星电视天线来连接互联网的调制解调器。在有些情况下，用户可能不通过卫星来接收有线节目，但是仍然可以通过专用的卫星天线来接收网络服务。这取决于用户居住的地方以及有线节目和网络服务所提供的服务类型。

　　从卫星有线节目提供商那里获得互联网服务的概念和实施方式与电缆调制解调器相同。用户需要一个分流器将有线节目信号输入电视机，然后将互联网服务接入计算机或连接装置，例如集线器或路由器。

5. T1、DS3、帧中继和ATM

　　T1 是一种用于商业连接的高速线路，速度可达 1.544Mbps（每秒 1.544 兆比特），而 DS3 是一种速度可达 44.736Mbps 的高速商业网络线路。T1 最初的设计目的是承担城市间的 24 对长途电话交谈。后来，人们开发出了通过 T1 和 DS3 线路连接计算机网络的设备。T1 的 1.544Mpbs 传输速度是模拟电话调制解调器传输速度的 24 倍。一根 DS3 线路相当于 28 根 T1 线路捆绑在一起，而它的传输速度 44.736Mpbs 是模拟电话调制解调器的 672 倍。

　　对于一些服务提供商来讲，T1 和 DS3 线路的部分价格取决于传输距离。由于这种以距离为基础的定价方式，以及总成本高于其他连接方式，T1 和 DS3 线路最常用于城域网络连接，即企业在同一座城市的两个分支机构之间的连接。由于起源于语音电话，T1 线路的一大优势就在于它能够在语音与计算机通信中分割其 24 个信道，使用同一根 T1 线路连接两个办公室的电话系统和计算机网络。

帧中继和异步传输模式（ATM）是电话公司或其他电信运营商通过像 T1 和 DS3 这样的高速线路而建立的服务，用于创建可以连接多个分支机构的"虚拟线路"。这些虚拟线路能为任意两间办公室提供网络连接，而不必在两者间建立直接的物理线路。

例如，如果一家企业有 4 个分支机构，那么它将需要 6 条 T1 线路把这些分支机构相互连接起来（见图 E-8）。然而有了帧中继或 ATM，每个分支机构都只有一条通向通信供应商的 T1 线路（共 4 个），然后供应商会使它运行起来就好像有 6 条直接连接的线路实际存在一样。

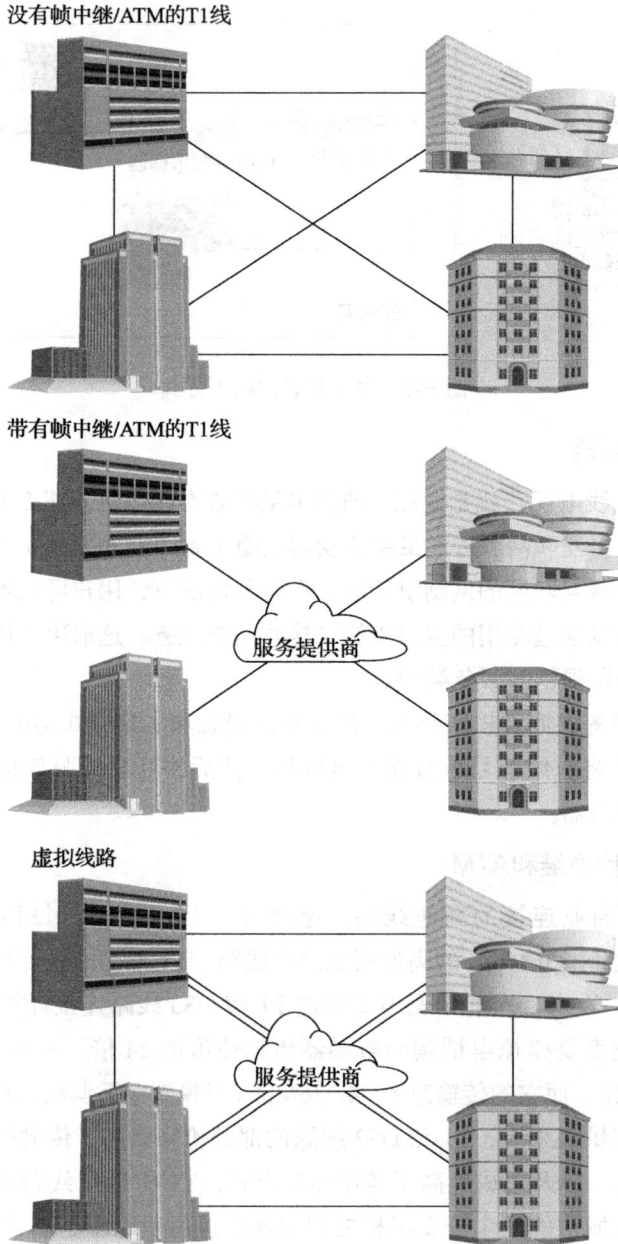

图 E-8　帧中继和 ATM 虚拟线路

请记住，T1 和 DS3 电话线的价格取决于它们所运行的距离。有了帧中继或 ATM，T1 或 DS3 线路实际上的运行距离是从每个分支机构到电信提供商的距离，而不是从一个分支机构到另一个分支机构，所以它的距离和价格都比 T1 线路直接运行在每个分支机构之间要低。

正因为如此，帧中继和 ATM 也被用于分支机构和总部之间的连接。如果一家企业有 6 个分支机构，那么它需要 6 条 T1 线路来连接总部和各分支机构，每条线路都可能很长（见图 E-9）。有了帧中继和 ATM，企业可以在总部与通信服务提供商之间架设一根 DS3，然后在总部和各分支机构之间用 T1 线路连接。通信服务提供商可以使整个系统达到与总部和各分支机构直接相连相同的效果，并且企业花费更少。另外，公司总部用一根 DS3 连接代替 6 根独立的 T1 连接，这样能简化线路管理并提升系统可靠性。

没有帧中继/ATM线路的分支机构的连接

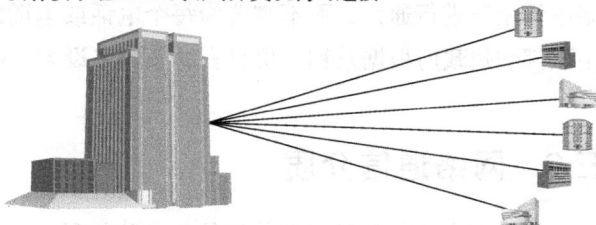

使用帧中继/ATM线路的分支机构的连接

图 E-9　帧中继和 ATM 线路的整合

E.5.3　IP语音

以上我们讨论了能够传输网络信息的各类通信线路，现在我们来研究其内部原理。很多类型的通信线路，包括电话线、T1 和 DS3，起初都是为传输语音电话而研发的，后来才用于传输计算机数据。网络电话则正好相反，它通过计算机数据网络来传输语音电话。网络电话（voice over IP，VoIP）允许用户利用互联网进行语音通信，从而避免向电信公司缴纳长途电话费。

既然语音电话已经可以通过现有的电话系统和服务进行传输，为什么还要利用计算机网络来传送语音电话呢？答案与管理费用和计量费用有关，即用户为每个电话或电话的每分钟付费。

现在，大多数企业和大学的办公室至少需要运行两个不同的电缆，即一个连接到电话系统，另一个连接到网络交换机。在大多数电话系统上，电话分机号码被分派到中央设备的特定端口上。因此当员工从一个分支机构调往另一个分支机构时，要使其分机号在新分支机构中继续使用，就必须改变线路或重置电话系统。

与此不同，网络地址被直接分配给计算机或其他设备，而不是它所连接的交换机端口。所以把 VoIP 分机从一个分支机构移动到另一个分支机构，就如同把一个位置的网络电话拔出，然后把它带到另一个地方再插进去一样简单。这种维护工作的减少可大大降低分支机构扩张或移动期间电话系统的运营费用。另外，分支机构技术人员也不用再维护两个不同系统的两套线路，这也能降低经营费用。

像思科这样的网络公司，以及像北电这样的电话公司，都在生产网络电话，这些电话看上去与其他商用电话没有差别，只是这类电话插入的是网络接口而不是电话接口。甚至很多网络电话有一个额外的网络插口供个人计算机使用，这样，电话和计算机就可以分享连接到本建筑物集线器或转换装置上的同一条线路了。

网络电话获得了家庭用户的青睐。世界上的大多数地方，从本拨号区拨打到另一个拨号区的传统电话都是按时间计费的，并且在美国一些大城市中，即使是本地电话也按时间计费。

然而，网络访问通常不计时，特别是家用宽带（电缆调制解调器和 DSL）。如果用户已经连接到网络上，就可以使用网络电话或者计算机上的网络电话软件，与世界任何地方的网络电话用户进行通话，而不需要为每个电话或电话的每分钟进行付费。美国大多数电话费率由联邦和州政府根据被称为价目表的条例来设置，而网络电话多久将开始收费还有待观察。

E.6　网络通信介质

网络与电信的目的是将信息从一地传往另一地。这可能与向隔壁办公室发送信息一样简单，也有可能与向世界的另一端发送信息一样意义深远。不管是哪种情况，信息必须通过某些路线从源头传送到目的地。**通信介质**（communications media）是网络中信息传输的路径或物理通道。

所有的通信不是有线的就是无线的。**有线通信介质**（wired communications media）指在一个封闭、连通的通道中传输信息。**无线通信介质**（wireless communications media）则是通过无线方式传输信息。有线和无线通信介质的形式包含：

有线　　　　　**无线**
- 双绞电缆　　　- 红外线
- 同轴电缆　　　- 微波
- 光纤　　　　　- 卫星

E.6.1　有线通信介质

有线通信介质通过使用某种类型的电缆把设备连接起来。计算机网络中使用的电缆包括双绞线、同轴电缆和光纤。

1. 双绞线

双绞线（twisted-pair cable）是一束用于传输语音或数据通信的铜导线，它有几种不同的类型。本模块前面提到的 Cat5 电缆就是其中一类。世界上大多数电话系统都是使用双绞线，既然如此，将双绞线用于网络也就是一个显而易见的选择。

最简单的电话电缆双绞线（Cat1）提供了一个缓慢但相对可靠的信息传输通道，速度可达 64Kbps，而更好一些的双绞线（Cat3）可提供高达 10Mbps 的传输速度。然而，距离、线路上的噪音和干扰会限制大多数类型的双绞线的可靠性。例如，一个噼啪响声会将信用卡号码从 5244 0811 2643 741 改成 5244 0810 2643 741，这绝不仅仅是一个笑话，在商业交易中，这意味着向一个错误的信用卡发送信息，或把钱汇入到一个错误的信用卡中。

Cat5 电缆能提供比普通电话电缆更高的带宽，这意味着在给定时间内能传输更多的信息，且至少能传输 100 米的距离。这类电缆通常用于 100Mbps 的网络连接，加强版的 5e 类电缆能每秒传输 1 千兆比特。Cat5 电缆比较便宜且易于安装和维修。由于 Cat5 电缆具备这些优势，因此它是现在局域网中使用最广泛的数据传输电缆。然而需要注意的是，任何一类双绞线都很容易被接线窃听，所以不是很安全。人们甚至可以通过仅仅检测"漏出"的信号就能获得有关信息。

2. 同轴电缆

双绞线的一种替代产品是同轴电缆，**同轴电缆**（coaxial cable/coax）是由绝缘和金属外套管组成的同心电缆。（同轴电缆是传输有线电视信号的电缆，也是将卫星电视信号从碟形信号接收器传送到屋内的电缆。）同轴电缆曾经是内部局域网配线的选择，但是现在已经几乎完全被双绞线电缆所替代。同轴电缆的传输速率至少可达 500Mbps，相当于同时传输 15 000 个语音电话。由于其防护结构，同轴电缆与双绞线相比，不易受外界干扰和信息损害的影响。然而，同轴电缆一般比双绞线贵，且安装和维修也更困难。两者的安全性差不多，只是同轴电缆的辐射和信息泄露更少。同轴电缆一般用于租用线路的私人网络。

3. 光纤

有线通信中最快、最有效的介质是**光纤**（optical fiber），它使用薄且易弯曲的玻璃或塑料光纤来传输光脉冲。光纤中的信息传输工作原理类似于在中空的管道中传输光闪代码。

光纤的优势在于尺寸（一根光纤的直径等同于一根头发的直径）、容量（很容易就能达到每秒数百千兆比特，并且逐年变快）、更好的安全性和无信息泄露。光纤很难被接线窃听。自从在线路上安装了窃听干扰服务装置以后，就很容易探测到窃听企图。由于光纤不传导电流，可免于雷击损坏，所以光纤也被用于几乎所有不同建筑之间的连接。光纤比双绞线更贵，且在安装与维修方面需要高度熟练的技师。

E.6.2　无线通信介质

对于很多网络来说，有线通信介质是不可行的，特别是在山区、长距离或者有一方或多方处于运动状态的情况下。不论是哪种原因，如果有线传播介质不能满足需求，那么无线就是不错的选择。无线通信将信息发射到空中，既可以是非常狭窄的光束，也可以像石头丢进池塘激起的波纹一样向不同方向散射。由于是借助空气发送信息，所以无线传输不需要任何种类的直接电缆连接。很显然，由于在信息传送路径上的每个人都可以获得信息，安全就是一个大问题。然而，无线加密方法改善了这个情况。

1. 适用于超短距离的红外线和蓝牙

红外线是最古老的无线通信方式。**红外线**（infrared）利用红光来发送和接收信息。人类无法看见这种光，但是蛇和其他有些动物能看见。电视遥控就使用红外线。你也可以使用红外线连接手持式设备（如便携式个人计算机）和外围设备（如打印机）。无线键盘和鼠标通常也是利用红外线连接到个人计算机上。红外线通信的通路必须是完全可视的，也就是说，不能有任何东西阻碍信号通路，否则它就无法工作了。红外线传输带宽很有限（一般是 1Mbps）。

蓝牙是一种较新且很有竞争力的无线技术。**蓝牙**（bluetooth），名字源于一个北欧国王，是一种无线技术标准，在 30 英尺的范围内以短程无线电波的形式传输信息，常用于将手机或 PDA 连接到计算机上。事实上，所有的数字装置，如键盘、手柄、打印机等都可以是蓝牙系统的一部分。蓝牙同样适用于家用电器，如电冰箱和微波炉等。

2. 适用于短距离的全向微波（Wi-Fi）

另一种短距离无线传输方法是全向微波。**微波传输**（microwave transmission）是一种无线电波传输方式。微波占据了介于电视信号和可见光之间的一部分电磁波谱。微波炉使用高功率微波来加热食物，所以它能干扰某些类型的微波无线传输。

现在最常使用的无线连网方式 802.11b 和 802.11g（众所周知的 Wi-Fi），就是利用微波来传输信息。**无线宽带**（wireless fidelity，Wi-Fi）是一种利用无线电波在几英里范围内传输信息的标准。Wi-Fi 实际上是为 802.11 设备与其他设备进行正常通信提供测试和证明的无线产业联盟。被广泛使用的几代 Wi-Fi 包括 IEEE 802.11b，运行速度能达到 11Mbps；802.11g，运行速度能达到 54Mbps，在速度低的时候可以兼容 802.11b 设备；802.11a，运行速度最高也是 54 Mbps，但不兼容 802.11 b 设备。Wi-Fi 的最新版本是 802.11n，它能够在几种不同的模式下运行，但通常在低速模式时可以与旧版本兼容，或是与高达 144.4 Mbps 的其他 802.11n 设备一同工作。

Wi-Fi 热点（Wi-Fi hotspots）是为笔记本电脑提供无线上网服务的站点。热点通过无线路由器连接到某个互联网服务提供商，从而向公众提供访问。这项服务有可能收费，也可能是免费的。机场、像星巴克一样的餐厅、保龄球场以及其他公共场所的餐厅，有提供 Wi-Fi 的标记。但要小心使用，因为不需要密码的公共网络并不安全。大多数的移动网络数据都是明文的，意味着它可能被截取。要确保你使用的是加密的 Web 页面（带有 https:// 和一把小锁），还需要检查电子邮件是否通过一个安全的 Web 站点传输，而不是使用像 Thunderbird 那样的电子邮件程序，它对传入和传出的数据并不进行加密。一些 Web 邮件站点只对账号和密码加密，但并不对读写邮件信息的页面进行加密处理，所以要注意这点。另外一些邮件站点提供是否加密电子邮件所有页面的选项。通过公共网络发送文件时，可以用 Stuffit Deluxe 类似的程序加密文件。也有为特定系统，例如 Thunderbird，提供的加密程序。

3. 适用于中等距离的定向微波

微波可以通过抛物线形定向传输，也可以在弯曲的路径中辐射以用于更多的用途。微波传输是一种直视通路介质，也就是微波信号不能自动适应地球的弯曲表面。因此要在 20 英里距离之外发送信息就必须使用中继器（见图 E-10）。**中继器**（repeater）是一种接受电波信号，加强信号并继续传输的设备（你可能见过微波塔，即屹立于工业中心附近的拥有许多小型反射器的高塔）。微波信号很难穿过墙、树林或其他固体物体，因此在发送者和接受者之间必须有一条畅通的通路。

4. 适用于长距离的卫星

通信卫星（communications satellite）即空间微波中继器。通信卫星解决了直视通路问题，因为信号以直线方式射入天空，反弹之后，再射回地球（见图 E-11）。因为卫星处于很高的位置，所以一组卫星基本上就能覆盖整个地球（就像 24 个左右的 GPS 卫星）。和陆基中继器一样，卫星从一个地方接收信息，然后转发到另一个地方。人们通常使用卫星通信连接广泛分布的陆基网络，也可以实现移动车辆之间的相互连接，或将移动车辆连接到组织的网络中。

图 E-10　微波

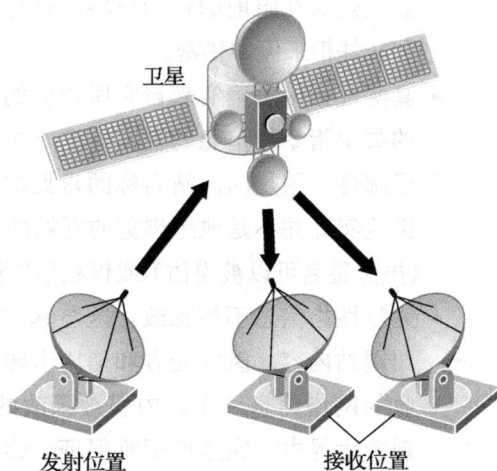

卫星

发射位置　　　　接收位置

图 E-11　卫星

对于大量信息传输，特别是当有大量的接收站时，卫星通信是很划算的。例如，凯马特和其他零售商在商店屋顶装有超小孔径终端（very small aperture terminal，VSAT）。VSAT 允许各个商店向总店传输信息，反过来，总店可以同时向所有的商店传输信息。远程卫星传输的另一个例子是卫星广播。如果用户的车里装有卫星广播收音机，他将肯定不会走出他所喜爱的卫星广播电台的服务范围。

E.7　网络安全

网络安全有可能让人的头脑中浮现出电脑室放映的电影场景，遍布纵横交错的激光束、声音和指纹辨识、安全摄像机和充满绝密信息的 CD 或 DVD。或者会让你想起剪断电缆并将它连接到其他地方的身穿连身装的技术员、被电脑显示器的绿光所照射的头发油腻的青少年，或在走廊里的脚步声逐渐靠近时仍在狂试犯罪分子所使用的密码的特工。

尽管这些影像给人印象深刻，但是它并没有告诉我们什么是真正的计算机和网络安全威胁，以及该怎样进行防护。事实上，将计算机连接在一起很容易为现有的安全缺陷提供便利，也就是说，可以在任何距离发起攻击而不必非得在同一间屋子里，并且会出现一些新的问题。

E.7.1　计算机安全原则

了解网络安全的最好办法是查看计算机安全组件，评估这些组件的不同威胁，然后找出能够降低这些威胁的方法。计算机和网络安全的基本原则包括保密性、真实性、完整性和可用性。在计算机和网络安全的环境中：

- 保密性意味着只有经过授权的人员才可以获得信息。更简单的说法是，就是对信息保密。保密信息包括银行报表、企业计划、信用卡报告以及被雇用者评估等。而对保密性的威胁则包括易于被未授权个人捕获或检测的网络信息、易于被猜出的密码，甚至是摆在眼前的打印材料。在计算机之外的世界，人们会通过密封信封、锁住门和文件柜来保护秘密。

- 真实性指信息确实来自它所声称的地方。保证军事命令、医疗诊断和给股票经纪人的买卖指令等信息的真实性非常重要。对真实性的威胁包括声称来自银行的欺诈电子邮件、用热门网站名称的常见拼写错误来注册的网站、可以被操作控制以使用户浏览实际并不是他想浏览的网站的 Web 浏览器。非电子信息的真实性可以通过签名（虽然签名可以被模仿）或仅相信所认识的人来保证。

- 完整性指信息不被篡改。这与真实性紧密相关。用户可能会关注银行存款余额、公司网站内容、医疗处方和信用卡账单的信息完整性。能够被未授权的个人伪造或接收的网络信息、允许内容被篡改的有缺陷的 Web 服务器等都会威胁到完整性。在现实世界中，完整性很难保证，你如何真正确认没有人改变抵押合同中的任何内容呢？它通常仅依赖于一定程度的信任，在电子通信中，信息的完整性更难实现。

- 可用性简单地说是指服务或资源在被需要时可用。如果在圣诞节期间，邮购网址无法使用，那么零售商可能会损失数百万元的销售额。如果公司的电子邮件服务器经常无法使用，那么公司将可能失去业务伙伴的信任。对可用性的威胁包括不经意的网络断线、不寻常的输入便会导致运行停止的服务器软件，以及故意向公司网络发送大量信息导致合法信息无法通过等。非计算机世界的可用性可以用其他方法来保证，例如，为建筑设计很多出口以防其中一个被大火堵住、影印重要文件，以及在医院安装发电机来保证重要设备在停电时也能正常运转等。

E.7.2　防火墙和入侵监测系统

网络的目的是连接计算机并在计算机间传输信息。但是如果攻击者试图通过网络连接入侵你的计算机怎么办？就像企业通过安装读卡器或雇用保安来保证只有佩戴员工证章的工作人员才能进入一样，**防火墙**（firewall）是保护计算机或网络不被入侵的硬件或软件（见图 E-12）。作为硬件，防火墙是一种根据安全策略来允许或否定网络通行的装置。防火墙通过阻断非法访问网络计算机的信息来保证保密性、真实性和完整性。

有些防火墙完全基于网络地址来决定是否允许其通过。例如，如果电话上有来电显示，那么用户可能只会选择接听来自朋友或家人的电话。同样，一款简单的防火墙能够监测网络信息并且只允许来自安全出处的信息通过。

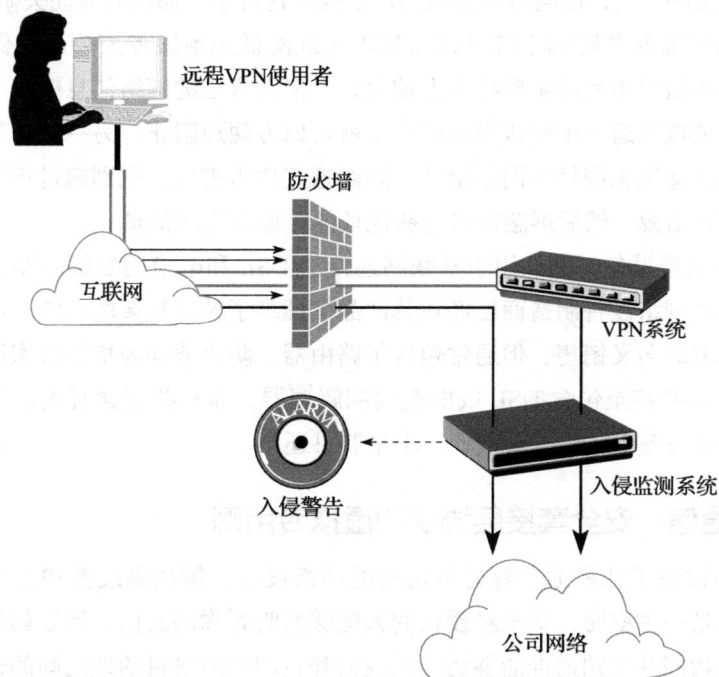

图 E-12 防火墙、入侵监测系统和虚拟专用网

如果看起来像是来自某个受保护的网络上的计算机提出的请求，那么其他防火墙可能会允许这种来自未知来源的通信。例如，你给一个朋友的办公室打电话，但她正在开会，你留言给她让她回电话。如果她打回来了，你会认出这个号码是你刚才拨过的，即使这个办公室号码不在你经常接听的号码清单上，你也会把它接起来。

许多更先进的防火墙基于网络信息的内容做决策。回想一家在大厅里设有保安的公司，保安可能允许携带信件或比萨的投递员进入，但是如果投递员带的是炸药或是瓶装的酸性液体的话，保安会拒绝他进入。当然，酸性液体在化学公司里可能也是一种常规的快递物品，所以并不是所有的公司都需要相同的防火墙策略。

防火墙通常具备一个预先给定的策略，根据该策略来判断哪些网络信息可以通过。**入侵监测系统**（intrusion detection system，IDS）是监视网络信息中的入侵企图并能及时报告的装置。**入侵防御系统**（intrusion prevention system，IPS）是 IDS 的一种，它能够采取行动应对入侵意图，例如创建新的防火墙策略来屏蔽攻击源。入侵监测和防御系统的工作原理是：提取各种网络攻击的信息，并把当前网络信息与攻击特征清单相对照。当它们觉察到攻击正在进行时，可以发邮件或页面通知网络管理员，以便管理员采取适当的应对措施。

拒绝服务型攻击仅仅是干扰网络的可用性。**拒绝服务型攻击**（denial-of-service attack）是指向某个服务器或网络发送大量的服务请求，使得它速度降低或崩溃（更多有关拒绝服务型攻击的介绍可参见扩展学习模块 H）。想象一下，如果有人给城市中的每一家比萨外卖店打电话，并且订了 20 个比萨送到你办公室。最后，你将不得不努力从这种混乱局面中摆脱出来，从而不必为这些比萨付钱，但同时你会因为忙于处理这件事，而没有时间去做正常的工作。

防火墙、入侵监测和防御系统可以通过阻止或降低拒绝服务型攻击来保护服务的可用性。有些拒绝服务型攻击利用某些技术上被允许，但在合法的网络信息中很少看到的网络能力开展攻击；这类攻击通过拒绝该类网络信息就可以方便地阻止。另一些拒绝服务型攻击则发送的是完全合法却毫无用处的网络信息。阻断这些攻击需要：识别超过正常水平的网络信息量增长，确定攻击源，然后屏蔽来自这些地址的貌似合法的信息。

大多数家庭宽带设备，例如用于互联网连接的 DSL 和电缆调制解调器，都含有一个简易的防火墙。家用网络设备制造商已经在其产品上捆绑了越来越多的功能。尽管这些设备仍以路由器或防火墙的名义销售，但通常包含了路由器、防火墙和连接多台家用计算机的转换装置或集线器。有些甚至包含 DSL 或电缆调制解调器，而有些则含有无线接入点，所有这些功能集中在一台设备上，尺寸甚至比一本平装书还小。

E.7.3　加密通信：安全套接层协议和虚拟专用网

前面，我们讨论了几种通信容易被窃听的网络设备，例如集线器和无线接入点。对于保密性来说，这是一种威胁，即未经授权的人能够监听到你的通信。所以如果在使用无线接入，或者在一个我们并不知道谁能够访问到我们和我们的网络目的地之间的通信线路和设备时，怎么做才能够保护通信隐私呢？

解决办法就是加密通信。**加密**（encryption）打乱了文件的内容，所以如果没有正确的解密密钥就无法阅读该文件。这意味着只有预定的接收者才能还原被打乱的通信内容。如果用户想要发送这样一条消息："重新安排 4 月 10 日的大型开幕式"，加密后可能变为：

V '9：P）9@A1，‖> [D：J_sepnvlf。Xj2FAs_ [Dhud+'.

使用加密技术来保护网络传输的一种方式被称为安全套接层协议（SSL），或者另一个并不很常用的名字——传输层安全协议（transfer layer security，TLS）。SSL 是一种对网络客户端和服务器之间进行的每一次网络会话都分别进行加密的安全技术。使用 SSL 的网络信息被称为 https，而不是 http。当浏览一个安全网站并能看到一个挂锁图标时，这说明浏览器正在使用 SSL/TLS 对浏览器与 Web 服务器之间的通信进行加密。第 5 章更为详细地介绍了电子商务领域的 SSL 和其他安全技术。

与此不同，**虚拟专用网**（virtual private network，VPN）利用加密技术来保证两个节点之间网络数据传输的私密性。通常情况下，一个终端是大型办公室或总部，另一个终端可能是一台计算机或另外一个办公室。在两个地点间，所有通过 VPN 传输的网络信息都被加密。尽管它们可能实际上是通过公共网络线路进行通信，但看起来好像在两者之间有一条专用的网络通道，因此被称为"虚拟专用网"。

E.7.4　其他安全威胁：恶意软件

你可能听说过计算机蠕虫、病毒和间谍软件，它们被统称为恶意软件。**恶意软件**

（malware）是指被设计用来危害用户的计算机或计算机安全的软件。恶意软件甚至在计算机大规模互联之前就存在了，而计算机间连通性的增强，使恶意软件能更容易地传输给另一个新的受害者。

病毒（virus）是为了制造麻烦或破坏的恶意软件。计算机用户会在无意中触发病毒软件。蠕虫是一种可以自行复制和传播的病毒，它不仅可以在文件之间传播，还可以通过电子邮件或其他互联网信息在计算机之间传播。病毒通过欺骗用户运行它们从而进行传播，例如，伪装成一个有趣的程序或电子邮件消息；蠕虫则是利用计算机程序的错误或漏洞进行传播。病毒和蠕虫通常对可用性产生威胁，它们通过破坏或删除文件，或通过捆绑计算机做很多未经授权的任务，从而使它不能完成真正的工作。

病毒和蠕虫可以用防病毒软件来对付。防病毒软件的工作原理和先前讲的入侵监测系统非常相像。它有一个已知蠕虫和病毒的特征清单，当它发现计算机上传输的文件或运行的软件符合这些特征时，就会向用户报警并"隔离"受染文件至不会引发危害的硬盘专区。有些防病毒软件甚至会从计算机文件中删除恶意指令，以使这些文件在去除病毒以后仍可以正常使用。

防病毒软件可以在网络上的不同地方运行。有些病毒通过电子邮件在计算机之间传播，那么邮件服务器上的防病毒软件就有助于清除这些病毒。在每一台个人计算机上安装防病毒软件也非常重要，它可以防止病毒和蠕虫的直接攻击。有些公司的服务器负责上传客户的采购订单和问题报告，那么公司也可能会在这些服务器上运行防病毒软件，以检查所有外来的文件。

相比病毒和蠕虫，间谍软件是一种新近出现的恶意软件。**间谍软件**（spyware，也称为stealthware）是一种恶意软件，它收集有关用户和用户计算机的信息，并在未经允许的情况下发送给其他人。因此，间谍软件威胁保密性。间谍软件经常悄悄地附在用户要安装的软件上从而被安装到计算机中。例如，有些点对点文件共享程序常因包含间谍软件而臭名昭著。

防御间谍软件的最好办法是只安装来自可信来源的软件，但是来源是否可信很难判断。反间谍软件可用于防御间谍软件的侵害，它同反病毒软件一样，识别已知间谍软件的特征并将其从用户的计算机中删除。常用的两款反间谍软件是：**Ad-Aware**（www.lavasoftusa.com）和 **Spybot Search & Destroy**（www.safer-networking.org）。

另一类恶意软件是未授权服务器和机器人病毒。有些时候，攻击者在入侵一台计算机后会将此台计算机创建为未经授权的服务器。这些未经授权的服务器经常被用于散播非法影像、音乐和软件，甚至被用来发送入侵其他计算机的工具包。

从恶意软件的内容来看，**机器人病毒**（bots）是一种由攻击者控制，并用以在一定时间内执行非授权工作的程序。有些机器人病毒被用来发送垃圾邮件，使这些邮件看上去是来自受害者的而不是攻击者的计算机。有些机器人病毒则被用来入侵计算机，或对其他网络或系统展开拒绝服务型（DoS）攻击。

机器人程序和未经授权的服务器有时可以被防病毒或反间谍软件检测到，但是它们可能很难与合法服务器区分开来。它们有时也会被网络入侵监测系统发现。有些时候甚至还可以被网络管理员发现，因为管理员发现来自某台计算机的网络流量异常。

本模块小结

1. 识别和描述构建网络的 4 个基本概念，并描述在家建立一个小型的点对点网络需要什么。以下是几乎所有的网络构建都涉及的 4 个基本概念：
   - 每台计算机里的网卡（NIC）。
   - 连接装置，如集线器、交换机或家庭 / 宽带路由器。
   - 至少一种通信介质。
   - 网络操作系统软件。

   若要在家里设置一个点对点网络，需要有：
   - 每台计算机中的以太网卡（作为 NIC）。
   - 家庭 / 宽带路由器。
   - Cat5 电缆。
   - 网络操作系统，如 Windows。

2. 描述构建大型企业网络所需要的组件，定义并比较局域网（LAN）、广域网（WAN）和城域网（MAN）。构建大型企业网络需要：
   - 每台计算机的网络接口。
   - 用来把计算机连接到子网的交换机。
   - 连接子网的路由器。

   局域网（LAN）是覆盖在地理上相邻区域的网络。广域网（WAN）是一组服务于非直接邻近区域的连通网络。城域网（MAN）是一组连接起来的局域网，这些局域网虽然不直接相邻，但都在同一个城市或者大城市区域范围内。

3. 比较各种互联网连接的可能性。本书介绍了 5 种将计算机或网络连接到互联网的方法，分别是：
   - 电话线路和调制解调器，使用一条电话线上网，用户无法同时使用这条线路进行语音通信。它是速度最慢的连接方式。

   - 电话线路和数字用户线（DSL），虽然它使用电话线路，但并不妨碍同时进行语音通信。DSL 连接是一种宽带连接。
   - 有线电视线和电缆调制解调器，使用电缆调制解调器连接互联网，根本不使用电话线路。它也是宽带。
   - 通过卫星和卫星调制解调器的有线电视节目，同时支持有线电视节目和互联网访问。
   - T1，指运行速度达 1.544Mbps 的高速商业线路；DS3，指运行速度达 44.736 Mbps 的超高速商业线路。

4. 比较各类通信介质。

   通信介质是指网络中信息传输的路径或物理通道，包括有线和无线两类。有线通信介质包括双绞线电缆、同轴电缆和光纤。其中光纤是最快和最安全的。无线通信介质包括红外线、蓝牙、Wi-Fi、微波和卫星。红外线和蓝牙只能用于很短的距离，Wi-Fi 用于短距离，微波有短距离和中等距离两种版本，而卫星则用于长距离。

   阐明计算机安全的 4 项原则，并描述不同的网络安全设备如何反映出这些原则。

   计算机安全的 4 项原则是：
   - 保密性，只有经过授权的人员才可以获得信息。
   - 真实性，信息确实来自它所声称的地方。
   - 完整性，指信息不被篡改。
   - 可用性，某个服务或资源在被需要时可用。

   防火墙通过阻断那些看起来是对联网计算机的非法访问来保护保密性、真实性和完整性。入侵监测系统（IDS）通过监视网络入侵企图并报告它们而保护所有类型的计算机安全；入侵防御系统（IPS）则采取行动阻止它们。加密方法包括 SSL 和虚拟专用网（VPN），是指通过打乱通信内容的方式来保护保密性，只有预期的接收者才可以解读它。

问题思考

1. 适用于所有网络的 4 项基本原则是什么？
2. 什么是以太网卡？
3. 网络交换机的作用是什么？
4. 什么是带宽？
5. 拨号连接到互联网需要什么？
6. DSL 互联网连接和电话调制解调器连接有什么不同？
7. 帧中继对城域网有什么影响？
8. Cat5 电缆的用途是什么？
9. 什么是蓝牙？
10. Wi-Fi 的用途是什么？
11. VPN 是如何保护保密性的？
12. 计算机安全的 4 项原则是什么？

作业训练

1. 你所在地区有哪些网络接入方式？撰写一份关于你可以使用的互联网接入方式的报告。有多少 ISP 提供电话调制解调器网络接入服务？是否有 DSL 服务可以使用？是否你所在地区的每个人都可以使用这种服务？有线电视公司为你提供电缆调制解调器吗？如果你们学校提供宿舍，在宿舍可以上网吗？比较每一种可用服务的价格、连接速度、求助热线、支持的计算机和操作系统种类以及在你遇到困难时谁将来帮助你。你现在使用的网络连接方式是哪一种？你将来打算升级吗？如果打算升级，那你计划选择哪一种？如果不，为什么？

2. 研究构建自己的家庭网络。在纸上画出你自己的家庭网络。假设你已经有一些计算机，并需要将它们连接在一起。从网上查询交换机和路由器的价格，也看下以太网卡和电缆。如果你希望有一个像 DSL 或电缆调制解调器一样的高速网络连接设备，需要多少钱？你自己打算买一个，还是从电话或有线电视公司租赁一个？

3. 阐述无线技术的作用。你有多少设备使用无线技术传输信号（不仅仅是计算机）？尽可能多地列出你能想到的所有设备，并说明每种设备使用的无线信号类型。记住有些设备使用多种无线技术，例如，手机使用蜂窝技术传输语音信号，而使用蓝牙更新电话簿。提示：别忘了无绳电话、电视和音响遥控器、收音机、便携式计算机及具有红外线功能的 PDA。你的设备之间可以进行信息交互吗？

4. 考虑网络安全的重要性。从计算机安全的 4 个原则的角度，撰写一份关于计算机和网络安全在你的日常生活中的重要性的报告。假如除了学生这一身份之外，你还有一份工作，请描述一下你工作场所的计算机安全情况。如果你不工作，则可以描述计算机安全如何影响你在学校里的学习，以及你的个人生活。你可能会惊讶于你做的很多事情在某些方面都依赖于计算机记录和通信的安全，像银行、成绩、电子邮件、时间表、图书馆和电影租赁记录等。

5. 查询有关防火墙的知识。上网查找保护你的计算机和家庭网络的硬件与软件。

如果你只有一台计算机连入互联网，那么像 Zone Alarm 这样的软件防火墙就足以防御入侵者。在网上找出 3 种不同的防火墙软件包。比较好的选择是从销售防病毒软件的网站开始。比较这些防火墙软件的价格和特征。可从下述网站尝试查找：

- Symantec：www.symantec.com
- Trend Micro：www.trendmicro.com
- McAfee：www.mcafee.com

如果你有一个家庭网络，查找可用的硬件防火墙。你可以从你喜欢的电子零售商网站上找到多少种不同的硬件防火墙？（提示：查看家用路由器和宽带路由器的功能清单，尽管它们的名称中没有"防火墙"一词。）

使用 HTML 创建 Web 页面

学习目标

1. 定义 HTML 文档并解释它与 Web 网站的关系。

2. 描述 HTML 中标记的作用。

3. 指出 HTML 文档中的两个主要部分，描述每部分的内容。

4. 描述基本的格式化标记和标题标记的使用。

5. 描述如何在 Web 网站中调节文字颜色和大小。

6. 描述如何改变网站的背景。

7. 列出网站的三种主要链接和它们的作用。

8. 描述如何在网站中插入和操作图片。

9. 使用例子说明如何在网站中插入列表。

扩展模块 F 提供了通过编写 HTML 代码来创建一个 Web 网站的导引。你能够学习如何使用标题，调整文字大小、字体和颜色，调整背景颜色和图片，插入可以跳转到文档、其他网页和电子邮箱地址的链接，操作图片，插入带有数字编号的列表。

可以在本书的网站上找到扩展学习模块 F：www.mhhe.com/haag。

面向对象技术

学习目标

1. 解释传统方法和面向对象方法的主要区别。

2. 列出和解释五个主要的面向对象概念。

3. 解释类和对象的关系。

4. 讨论面向对象技术的三个基本原则。

5. 描述两类面向对象技术。

扩展模块 G 介绍了面向对象技术的概念。你可以学习五个主要的面向对象概念、类和对象的关系、面向对象技术的三个基本原则。

可以在本书的网站上找到扩展学习模块 G：www.mhhe.com/haag。

计算机犯罪和数字取证

1. 定义计算机犯罪，列举三种来自组织内部的计算机犯罪以及三种来自组织外部的计算机犯罪。

2. 识别七类黑客并解释每类黑客的动机。

3. 定义数字取证并描述取证调查的两个阶段。

4. 描述什么是反取证，并就这三种类型各举一个例子。

5. 描述在企业中使用数字取证的两种方式。

H.1 前言

计算机在犯罪中扮演着重要的角色。不幸的是它们常被用来犯罪，但它们也被用来解决犯罪问题。这不足为奇，因为计算机是我们生活的每一个环节中不可或缺的一员。计算机参与犯罪有两种形式：作为目标，以及作为武器或工具。当有人想将其关闭或者使其出现故障时，计算机或者网络就被作为一个目标，例如在拒绝服务型攻击中或者在计算机病毒的感染中。罪犯使用计算机作为武器或工具的行为包括改变计算机的记录来进行盗用、闯入计算机系统破坏信息、窃取信息如客户列表等。参见图 H-1 中计算机被用作犯罪武器 / 工具和犯罪目标的例子。

有一些罪行显然是我们所说的计算机犯罪，例如网页丑化、拒绝服务型攻击、电子邮件诈骗等。但是同样在我们现代生活的很多地方，计算机也融入犯罪中，很难将它们分离开。

一个犯罪集团的成员被人驾车射中并严重受伤。他认为自己的服务已经不被犯罪集团需要，于是临阵倒戈，同意成为国家的一个污点证人。警方为他申请了一个单独的重症监护病房并重点保护他，只允许医务人员和很少的访客名单上的人进入。因为这个人受伤很严重，有明显的感染危险，并且因为他对青霉素过敏，所以医生为他开了替代的合成药物。

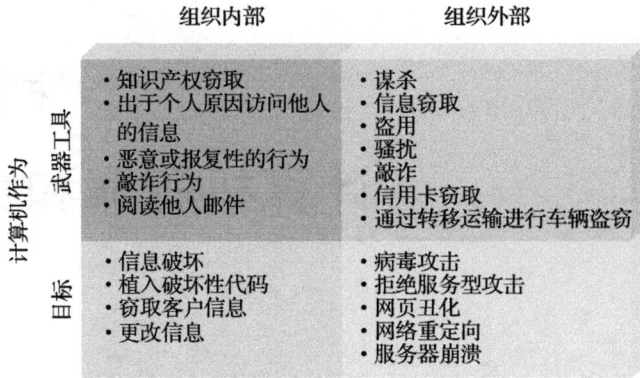

图 H-1　组织需要防范的计算机犯罪例子

某个夜晚，一名护士推着药车穿过警戒线进入了这个人的房间。他给病人注射了青霉素，病人之后不久就死了。警方立刻开始了相关调查，这名护士可能有大麻烦。他坚持说当他在计算机上查看病人的药单时，其中有一项就是青霉素。然而在随后对计算机记录的检查中并没有显示这条记录。最后，警方想到也许数字取证专家能够提供帮助。专家在检索了磁盘备份之后（夜间备份在多数地方是标准操作程序），发现了可以使护士免除罪责的证据。病人的药单在计算机上被篡改过用来包括青霉素，然后又变回了原来的药单。检查进一步揭示攻击进入的时间和地点，表明药物记录是被医院外的某人篡改的。一名黑客通过电子方式溜进医院的网络，进行了篡改，又再一次溜走。

大多数涉及计算机的犯罪并不像谋杀一样致命，但这并不意味着它们是无关紧要的。组织希望能够确定网络防御足够强大，可以防止它们的计算机被用于非法或者不道德的行为。这就是为什么人们要花费如此多的时间、金钱和精力在计算机安全上。我们在第 8 章讨论了计算机安全。

本模块的重点是计算机容易受到的威胁以及电子证据的审查。后者被称为数字（或计算机）取证。

H.2　计算机犯罪

对我们而言，**计算机犯罪**（computer crime）是计算机在其中起着重要作用的犯罪行为。图 H-2 列举了一系列的犯罪行为，虽然计算机在其中可能并不是必不可少的，但也起到重要的作用。

本节将重点从组织的角度来看待犯罪。首先，将研究一些从组织外部进行的计算机犯罪。其次，讨论犯有这些罪行的人的不同动机。最后，将简要讨论组织内部的计算机犯罪。

H.2.1　组织外部

计算机安全是企业的一个大问题。值得人们关注的是窃取电子信

- 非法赌博
- 伪造
- 洗钱
- 儿童色情图片
- 仇恨信息传播
- 电子跟踪
- 敲诈
- 买卖赃物
- 放高利贷
- 毒品走私
- 联合渗透

图 H-2　计算机参与
其中的犯罪

息、未经授权访问系统、将病毒引入系统中、丑化网站等，这些还仅是危险的一部分。计算机安全协会（CSI）和联邦调查局的计算机入侵小组已经进行研究，它们从 1996 年起每年评估全国安全问题的程度。目前的形势很严峻。网络诈骗越来越多，越来越迅速，金融和其他数据落入骗子的手里，然后在黑市被出售或者使用。恶意软件是一种被设计出来的软件，它可以伤害计算机或者计算机安全，参与犯罪活动，或者在某种程度上损害资源。

1. 病毒、蠕虫、机器人网络

病毒是一种恶意软件。**计算机病毒**（computer virus）或者病毒是为了制造麻烦或破坏的恶意软件。最初的病毒依赖于人们交换已被感染的存储器，例如磁盘。后来病毒就不需要人们的帮助了。其中最普遍的病毒就是蠕虫。蠕虫是一种可以自行复制和传播的病毒，它不仅可以在文件之间传播，还可以通过电子邮件或其他互联网信息在电脑之间传播。十年前最著名的爱虫病毒，可以损毁文件，但是很容易被发现，因为它改变了被感染文件的扩展名。

在 2007 ～ 2008 年最常见的蠕虫是机器人，它是一种非常复杂的蠕虫病毒。**僵尸网络**（botnet）是指感染了机器人病毒的计算机网络，该机器人病毒能够自动运行。感染了这种机器人病毒的计算机就成为僵尸网络的一部分，被称为僵尸计算机。当机器人病毒发送自己的复制体给其他的计算机时，这些计算机就会被感染。一个恶意的僵尸网络可以：

- 从它感染的机器上收集电子邮件地址，比如丹巴拿僵尸网络。
- 发出大量的电子邮件，比如风暴僵尸网络。
- 休眠并且日后被骗子使用，这也许是僵尸网络最令人害怕的地方。

风暴僵尸网络开始于 2007 年年初，它利用大量的垃圾邮件进行传播，一直到 2008 年 9 月。其中一个例子就是所谓的"第三次世界大战"骗局，即发送虚假信息宣布第三次世界大战开始。风暴僵尸网络的主要目标是创建僵尸计算机，把它们租给垃圾邮件发送者，然后使用这些机器给我们其余的人发送垃圾邮件。

YouTube 也是一个目标。数以百万计的电子邮件告诉收件人观看推荐给他们的一个 YouTube 视频。当毫无戒心的用户点击链接时，恶意网页就会试图感染用户的计算机。

在其鼎盛时期，风暴僵尸网络有大约 50 万僵尸计算机在其控制之下。随着检测程序被广泛使用，这个数字在 2008 年年底降至 47 000 左右。美国被僵尸网络感染的计算机最多，占所有僵尸计算机的 18%。风暴僵尸最终成为自身成功的受害者，它变得如此广为人知以至于不能有效地运作。风暴僵尸的活动最后一次被发现是在 2008 年 9 月。

风暴僵尸病毒的一个有趣的特性是它对反病毒研究人员发动 DDoS 攻击的能力。分布式拒绝服务型（DDoS）攻击是黑客利用大量的请求压垮一个计算机系统或网络使其停机（在本模块后面将详细讨论）。计算机是如何被感染的呢？一个途径是通过用户访问的某个恶意网站。病毒通过浏览器来到用户的计算机上。这是可能的，因为当用户访问任何网页时（不仅仅是那些恶意的网页），用户可能从许多不同的来源获取内容，比如第三方广告、地图或在线视频等。用户可以在其网站上构建一些特别的功能，这增加了 Web 浏览器的复杂性。每一个组件都使计算机更容易受到攻击。然而吸引坏人注意的是，它能感染个人计算机，也更能高效地感染网络服务器。较为复杂的感染可以一次破坏成千上万的服务器。大多数情况下，此类攻击的目标是将访问者重新定向到攻击者的服务器上。

发生在2009年年初的大事件是愚人节蠕虫病毒，它可以被称为风暴蠕虫的继承人。愚人节蠕虫病毒多种多样，例如其中一个版本是当用户安装了一个假冒的安全软件后，它就会弹出一个虚假的安全警告，告诉用户需要安装Spyware Protect 2009。阻止弹出窗口的唯一方法是花50美元购买一个没用的程序。与风暴病毒一样，愚人节病毒感染机器是为了垃圾邮件。愚人节病毒的另一个特点是阻止用户获取微软的Windows更新站点。

专家担心愚人节病毒可能还会做些什么。其中的一个担心就是受感染的僵尸计算机可能会在2009年4月1日那天出现某种形式的攻击。然而那天没有任何意外发生。估计有大约1 000万台计算机已经被愚人节病毒感染，因为一台受感染的机器可以感染整个网络，这种病毒传播速度非常快。

2. 超级工厂病毒

2010年，超级工厂蠕虫病毒曝光。超级工厂蠕虫病毒代表了蠕虫病毒发展的一个新水平，因为它是一项精心打造的目标搜索病毒。这种蠕虫通过U盘在计算机之间进行传播，它被设计出来攻击伊朗的核燃料浓缩离心机装置并使仪器失控，而屏幕上的显示却表明一切仪器都在正常工作。这种蠕虫病毒秘密地记录正常界面，当它做其他工作时，病毒再重新显示该界面。超级工厂蠕虫病毒感染Windows计算机后把自己隐藏起来，但对大部分被感染的计算机并不做任何破坏。它只在计算机运行步骤7，即运行西门子电机控制离心机的软件（称为PLC或可编程序逻辑控制器）时被激活（见图H-3）。那时它只攻击由两个特定制造商生产的设备：一个来自伊朗，一个来自芬兰，并且直到33个或更多设备的运行速度超过一定阈值时，才开始运行。

超级工厂病毒的另一个有趣特性是，如果它进入了一台已接入互联网的计算机，那么病毒就可以下载自己的最新版本。专家认为，超级工厂病毒的设计和发布来自一个资金充足的团体，它可能为一个或多个政府工作。这种蠕虫也传播到了其他国家，包括印度、印度尼西亚和阿拉伯联合酋长国。

超级工厂病毒并不是第一个攻击核电站的蠕虫病毒。监狱蠕虫曾感染了俄亥俄州一个核电站的监测系统，但幸运的是并没有造成安全隐患。这个蠕虫病毒通过在公司网络中使用SUB记忆棒被引入到系统中。监狱蠕虫没有超级工厂病毒那么复杂，但是它凸显出了系统中的一个漏洞。计算机安全专家非常关注超级工厂病毒，因为它代表了一种新的威胁，即通过软件运行的各类机械都可能会受到损害，例如发电站的发电机或者石油管道。

2011年，除了超级工厂病毒，网络钓鱼攻击和其他类型的恶意软件也越来越多。据潘达实验室（PandaLabs）报道，2011年第一季度的每一分钟，大约有40个新的恶意软件程序被创建。另外，有两个松散的组织，匿名者（Anonymous）和六人组（LulzSec）出现，这使黑客和犯罪之间的界限变得模糊。六人组在奇客之谈上进行比赛，看谁能使人大笑，而匿名者把自己描绘成消费者战士，指出拥有大量私人数据的系统中的漏洞。然而这两个组织在它们发布黑客探险过程中所发现的信息时越过了法律线。六人组被认为破坏了索尼的游戏机系统，它把系统关闭了一个月左右，并在索尼的服务器上发表了个人身份信息。该组织还使用分布式拒绝服务型攻击、渗透进许多组织，包括美国网络安全公司、美国国防部、国际货币基金组织、欧洲航天局、花旗集团和世嘉公司等。这两个组织中的成员被逮捕的地点遍布全世界的多个地方。

超级工厂病毒是如何传播的

专家分解了超级工厂病毒的代码，发现这个病毒的设计就是以计算机和工业控制器（例如伊朗的核设施）的一些特殊配置为目标的。

感染初期

超级工厂病毒可以通过一台被感染的移动设备侵入组织。当该移动设备被插入运行Windows的计算机时，超级工厂病毒就感染了计算机，并把自己隐藏起来。

更新和传播

如果计算机连接互联网，那么超级工厂病毒将尝试下载其自身的最新版本。超级工厂病毒通过感染其他计算机，以及插入的任何移动设备来进行传播。

最终目标

超级工厂病毒寻找运行第7步的计算机，即运行西门子控制机的软件。控制机操控离心机和其他设备中使用的电机。如果某个安全设备中的计算机没有连接互联网，则它们可能通过移动硬盘被感染。超级工厂病毒在感染了一台控制机后就隐藏起来。几天后，它开始提高或降低电机的速度，以试图破坏或损毁设备。它也发送错误的信号，使得系统认为一切运行正常。

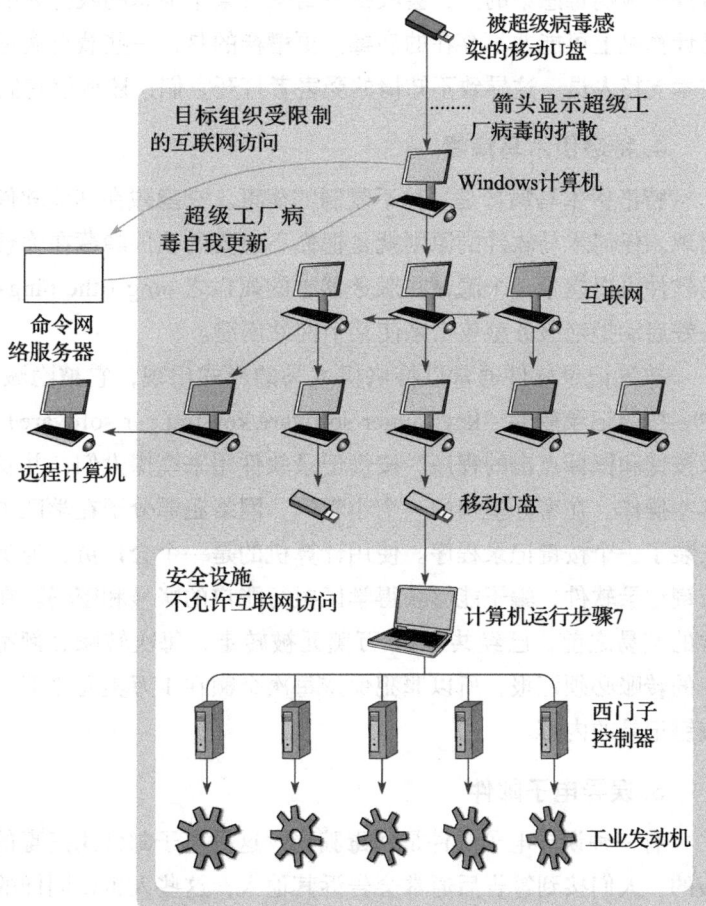

图 H-3 超级工厂病毒[1]

3. 独立病毒

每个月都有二三百种病毒在世界各地的系统中漫游，寻求一种方式来进行破坏。[2]现在它们变得更加致命了。爱虫病毒是一个 Visual Basic 脚本病毒（即它需要运行 Visual Basic），它是一种最新的蠕虫病毒，可以在任何运行 Win32 程序（Windows 98 或更高版本）的计算机上单独运行，比如思坎病毒（SirCam）、尼姆达病毒（Nimda）、求职信病毒（Klez）等。尼姆达病毒将 JavaScript 添加到被它感染的服务器的每个主页上，然后将其传递给网站访问者。这种独立病毒的数量非常大。

求职信病毒实际上是一个蠕虫家族，给病毒行业带来了一种新的混乱。它们利用电子邮件地址来骗人。网络**哄骗**（spoofing）是伪造回信地址，使电子邮件的发件人显示为真正发件人以外的其他人。早先的蠕虫病毒从发件人被感染的计算机上传播给收件人，并附有被感染者的回信地址。蠕虫在被感染计算机的通讯录中找到收件人地址。

求职者病毒更过分，它使用通讯录随机找到一个回信地址以及收件人地址。结果是计算机没有被病毒感染的人，会收到一封来自某个愤怒的收件人的电子邮件，并花时间去寻找自己计算机上可能并不存在的病毒。更糟糕的是，一些载有病毒的电子邮件看起来好像是来自技术支持人员，这导致不知情的受害者打开它们，还相信它们是安全的。

4. 特洛伊木马病毒

特洛伊木马病毒是一种不复制的病毒。它隐藏在其他软件中，通常以附件或下载的形式出现。任何木马软件的原则就是把你不想要的软件隐藏在你想要的软件里。例如，特洛伊木马软件可以携带一个隐藏在服务器中的死亡之 ping（the ping-of-death）程序，直到发起者准备好启动拒绝服务型攻击来使某个网站崩溃。

按键记录软件通常以特洛伊木马的形式出现，它被隐藏在电子邮件或其他互联网信息中。**按键记录软件**（key logger software/key trapper software）是一个安装在电脑上，用于记录按键和鼠标点击的程序。按键记录软件用来窥探人们，并发现他们在特定的计算机上做了哪些操作。在密苏里州的一个小学区，网络犯罪分子在学区主管行政办公室的计算机上偷偷安装了一个按键记录程序。使用计算机的是一个会计员，他负责所有有关银行的事务。通过按键记录软件，骗子能够获得学区银行账户的账号和密码。在银行注意到这些账户存在不寻常的交易之前，已经共有 20 万美元被转走，每次转账金额都不到 1 万美元。1 万美元及以上的转账必须汇报，所以罪犯保持每次金额在 1 万美元之下。在第 8 章中可以找到更多关于按键记录的内容。

5. 误导电子邮件

有一种误导电子邮件是病毒骗局。这种电子邮件用病毒的威胁来吓唬人们，而事实上是假的。人们接到警告后通常会告诉其他人，这些人也以同样的方式做出反应。这种病毒是不存在的，但是恶作剧导致人们产生恐慌，浪费时间和生产力。如果在公司发生这样的事情，损失会非常严重，因为计算机专业人员必须花费宝贵的时间和精力去寻找一个不存在的问题。以下是一些识别病毒骗局的通用指南。[3]

- 鼓励你立即将它转发给所有你认识的人。
- 描述不立即行动的可怕后果。
- 引用某个计算机行业的著名权威机构。

上述迹象表明，这些电子邮件并不是为了帮助，而是为了造成伤害。如果收到这样的电子邮件，应该立即删除。

另一种类型的误导电子邮件是让人们真正采取行动，导致病毒发作或做一些破坏自己计算机功能的行为。第一步通常是让人们相信自己无意中了电子邮件病毒。人们收到消息（也许据称来自微软）说他们已经发送了一个病毒，需要运行某个附加程序或删除某个文件来解决这个问题。然后他们按照电子邮件上说的做，相信它是真实的，并给每个人都发送电子邮件告诉别人这个问题。收件人给他的通讯录里的人或其他人发送电子邮件。这里有个提醒，微软从未在任何公开群发的邮件中发送附件。微软可能会在电子邮件中警告用户一个问题，但它只会显示用户在哪里可以下载文件来解决它。在从计算机上删除文件之前（其实这可能是一个重要的系统文件，没有它，计算机将不能运行），请询问知道的人，或者查看有最新病毒库的网站，例如 www.symantec.com。

6. 拒绝服务型攻击

许多组织受到过拒绝服务型攻击。**拒绝服务型**攻击是指向某个服务器或网络发送大量的服务请求，使得它速度降低或崩溃。它的目标是阻止合法用户进入该网站工作。拒绝服务型攻击有几种不同的类型。它可能来自一台独立的计算机，或者多台，甚至同时有数千台，这些计算机不断地试图访问目标计算机。后者被称为分布式拒绝服务型攻击，它更具毁灭性。

7. 分布式拒绝服务型攻击

分布式拒绝服务型（distributed denial-of-service，DDoS）攻击是指从多台计算机向某个服务器或网络发送大量的服务请求，直至它速度降低或崩溃。一个常见的类型是死亡之ping，即同时有数千台计算机尝试访问某个网站，进行重载和关闭。ping 攻击也可以使防火墙服务器（保护网络的计算机）失效，给入侵者提供通道。在早期，亿创理财、亚马逊和雅虎都曾是这个讨厌的小玩意儿的受害者。其过程实际上非常简单（见图 H-4）。

开始时，黑客在未被良好保护的网络服务器上植入程序。然后攻击者给服务器发送一个信号，程序被激活，继而所有服务器都发送 ping 给全部的计算机。ping 是一个网络用来检查所有计算机是否都运行良好的标准指令。它是网络计算机的一种点名方式。服务器问："你在吗？"每台计算机依次回答："是的，我在这。"但是黑客 ping 是不同的，"你在吗？"消息的返回地址不是原始服务器，而是受害者的服务器。在接到一个来自黑客的消息后，很快数千台计算机尝试访问亿创理财或者亚马逊，说："是的，我在这。"像洪水一样的请求使在线网络公司的计算机过载，导致它们不能开展工作。

对许多公司来说，强制关闭很令人尴尬，并且成本昂贵，但对其他人来说后果更为严重。例如，对于一个在线股票经纪人来说，拒绝服务型攻击可能是灾难性的。决定是今天买股票还是明天再买，这可能产生巨大的差异。因为股票经纪人的工作需要来自客户的高度信任，如此容易被攻击，对工作效果十分不利。

8. 恶意软件机器人病毒和黑客程序

机器人病毒的使用是病毒增速传播和拒绝服务型攻击的一个重要原因。机器人病毒是一个自动运行的计算机程序。机器人病毒（这个词来自机器人）可以执行各种各样的任务，包括好的，也包括坏的。在第 4 章中，我们已经学习了机器人病毒如何表现为智能代理的形式，寻找信息，并自动执行计算机相关的任务。这里有两个例子，即机器人病毒或智能代理在网络崩溃之前持续地监测网络来发现问题，以及购物机器人病毒为用户在互联网上寻找产品和服务。

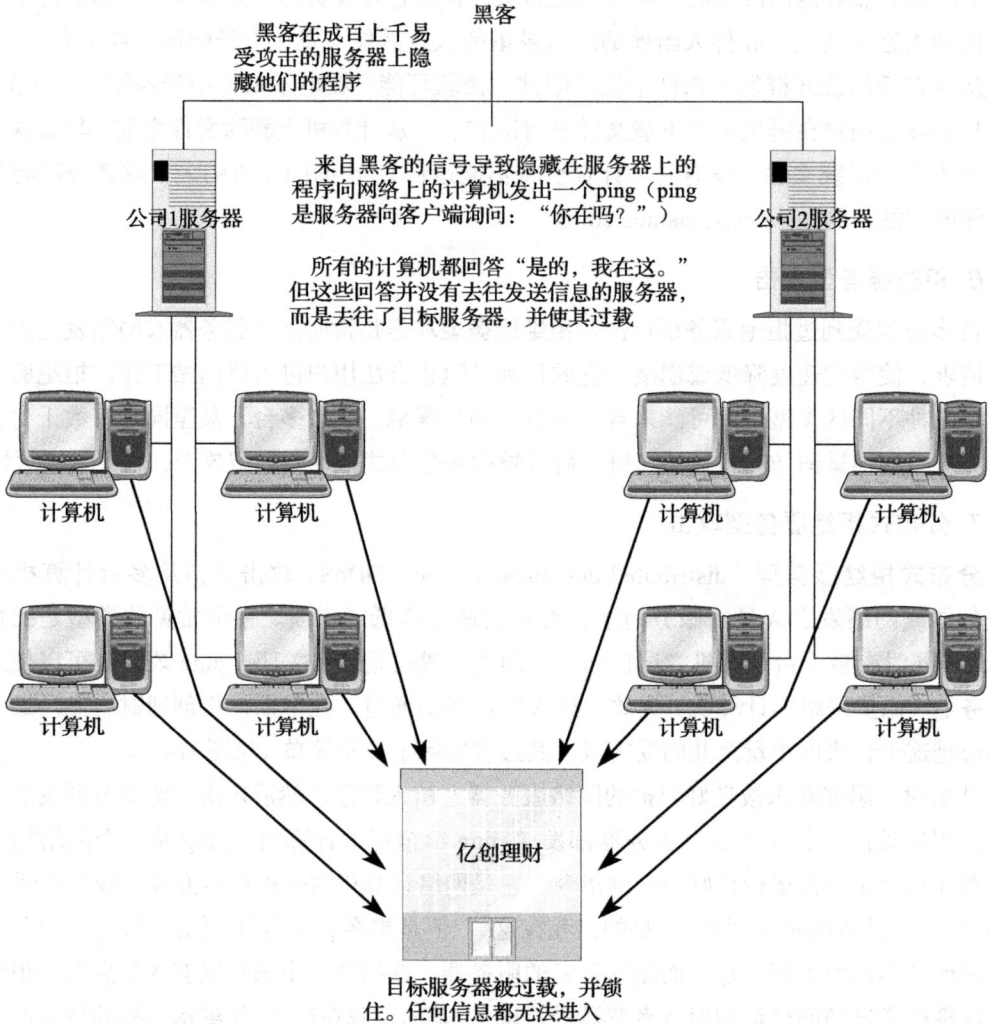

图 H-4　分布式拒绝服务型攻击

　　然而有另一类机器人病毒，被用于欺诈或破坏。在扩展学习模块 E（网络基础知识）中，我们已经知道机器人病毒（软件机器人病毒）可以被用来闯入计算机系统。通过将未经授权的代码输入计算机，攻击者设置服务器来发布电影、音乐和软件的非法复制品。这些被入侵的机器可用于分发工具包来闯入其他计算机。恶意软件机器人病毒是由攻击者设计的，它在一段时期内执行未经授权的工作，例如发送垃圾邮件或成为拒绝服务型攻击的一部分。据估计，大约 3/4 的垃圾邮件来源于此。

　　恶意软件机器人病毒（malware bot）是指用于欺骗、破坏、发动拒绝服务型攻击或者其他恶意企图的机器人病毒。它允许未经授权的用户在受害者不知晓或许可的情况下控制主机。"机器人病毒"一词有时被用于表示受入侵的计算机，即计算机已经被机器人病毒入侵。

被机器人病毒感染的计算机也称为僵尸或无人机。

恶意软件机器人病毒活动在过去几年中已经变得非常复杂，有一整个地下组织在从事这个邪恶的机器人病毒行业。地下组织中水平最低的人负责找到脆弱的机器并安装坏机器人病毒。下一个级别是机器人病毒牧民。机器人病毒牧民负责集结大量的受感染的电脑，然后把这样的机器人网络销售给骗子。机器人网络是一个被恶意软件感染的计算机网络。机器人病毒牧民通常以每台机器 1 美元的价格出售这些网络，但要访问有大量的客户和员工数据这样有价值信息的大型组织，每个系统的价格将会上涨至每个月 100 美元。反过来，骗子也使用机器人网络窃取客户和员工数据，以及知识产权和其他可以访问的有价值的内容。很多组织的计算机已经被入侵，例如国防部和加州科尔顿学区。这里有两个例子：

- 2006 年 11 月初，在宾夕法尼亚州哈里斯堡，一个水生植物工作者的计算机被机器人病毒入侵，然后扩散到组织的服务器，这个服务器被劫持成为机器人网络的一部分，继而被用来发送垃圾邮件。[4]

- 2005 年一个星期日的上午，西雅图的西北医院和医疗中心的计算机系统变得非常缓慢，并且不能打印文档。第二天，情况变得更糟了，很多奇怪的事情开始发生。手术室的门不能打开，医生的寻呼机不能工作，重症监护室的计算机关机。这都是机器人网络攻击的结果。三个在加州的青年人设法让一台计算机感染机器人病毒。随着代码传播，很快所有的计算机网络都成为机器人网络的一部分。医院必须把几个硬盘清理干净，重新安装软件，这样做的成本是 15 万美元。青年人中最大的 19 岁，被判在联邦监狱服刑 37 个月，并被命令向医院进行赔偿。[5]

恶意软件机器人病毒可以从很多方面感染计算机，包括操作系统或应用程序漏洞、电子邮件、即时消息以及计算机病毒。一种盗取计算机非常有效的方式是使用后门软件。它很难被检测出来，即使发现也很难消除。后门软件是一种特洛伊木马程序，当计算机启动时被激活。它带有代码，一旦进入计算机，就可以做任何指令的操作。

后门软件（rootkit）是一种恶意软件，赋予用户计算机或网络的管理员权限，使用户可以向操作系统隐藏个人的处理过程、文件和系统数据。它可以被用来携带代码以执行几乎任何类型的恶意活动。后门软件可以完全控制系统，使用计算机或网络发送垃圾邮件、拒绝服务或间谍软件，更令人心寒的是，它为攻击者创建了一个进入系统的"后门"，使得攻击者可以霸占系统将它作为机器人网络的一部分。

攻击者利用操作系统漏洞安放一个后门软件到用户的计算机上。后门软件很难检测，因为它在操作系统启动时运行，看起来它似乎属于操作系统。

可能最广为人知的后门软件，是 2005 年索尼放入 CD 和 DVD 中作为拷贝保护程序一部分的那个。它在用户播放光盘时进入计算机，然后被黑客利用。

H.2.2 网页丑化

有一些入侵计算机系统的人很喜欢丑化网页。他们用一些既没吸引力又不会令人称赞的网站来代替原网站。又或者，他们会把网站转向一个没有任何有用信息的空白网站，或者只有"某某在此"这样的信息。本质上，网站丑化是一种电子涂鸦，在这些涂鸦中，键盘和鼠标用来代替了画笔。今日美国网站就是受害者之一。它在 2002 年 7 月被袭击，致使整个网站停运 3 个小时来修复问题。黑客用一些全是语法错误的胡编的故事来代替网站原有的内容。甚至有一个故事说教皇将基督徒称为"耻辱"。在被发现和网站下线之前，这个伪造的故事仅存在了 15 分钟。[6]

H.2.3 数字战争

政府安全专家理查德·克拉克（Richard Clarke），曾经定义**数字战争**（cyber war）为"由一个国家发起，渗透到另一个国家的电脑或者网络，以破坏或者分裂为目的的行为"。[7]数字战争与黑客入侵或者数字恐怖主义的区别在于，数字战争是一个国家向另一个国家的渗透。这是一种对国家基础设施的袭击行为，其组织更严密，基础更牢固，目标更明确。

国防部指出网络袭击会削弱美国的电力网和政府、金融系统，很可能成为下一个珍珠港事件。在过去的 5 年里，五角大楼的一些重要系统被入侵，包括监视技术和卫星通信系统等。国防工业也容易遭受攻击，其网络已经被军事系统入侵过，比如导弹追踪系统和无人驾驶飞行器等。

H.2.4 游戏者

是谁在散布这场浩劫？答案是黑客。这是对这些入侵者比较流行的叫法。**黑客**（hackers）是计算机使用高手，他们利用自己的知识非法入侵别人的电脑。黑客的分类有很多，其标签也随着时间变化。接下来需要特别强调的是：黑客的数量众多，种类繁杂，其动机和原因也是如此。

1. 寻求刺激的黑客

寻求刺激的黑客（thrill-seeker hackers）以侵入计算机为乐。有时他们认为自己是"好人"，因为他们公开漏洞，有的甚至遵循一个"黑客准则"。尽管闯入了无权访问的计算机，但他们可能会向受害者发送安全漏洞报告。使他们感到刺激的是可以进入别人的计算机。奖励通常是来自同道的黑客的赞赏。根据安全专家说，网上有大量信息给那些想知道如何侵入系统的人，大约有 2 000 多个网站提供免费的黑客工具。

2. 白帽黑客

寻求刺激的黑客过去被称为白帽黑客。但最近，"白帽黑客"这个词被越来越多地用于描述合法的黑客。他们运用对 IT 系统的知识，试图闯入发现并修复系统的脆弱区域。这些**白帽黑客**（white-hat hacker）或**道德黑客**（ethical hacker）是计算机安全专业人员，他们受公司雇用侵入公司计算机系统，从而发现计算机系统中存在的漏洞。这些黑客也称为反黑或入侵测试者。

3. 黑帽黑客

黑帽黑客（black-hat hacker）是计算机或网络的蓄意破坏者。他们利用或摧毁所找到的信息，窃取密码或造成伤害。黑帽黑客故意给他人制造麻烦，只是为了从中取乐。他们创造病毒，击溃计算机系统，窃取或破坏信息。[8]

一名 16 岁的黑帽黑客在他入侵军事和 NASA 网络的 6 个月后被判拘禁。这个黑帽黑客致使系统被关闭了三个星期。他截获了超过 3 000 封电子邮件，窃取了 19 名防卫厅员工的名字和密码，并下载了价值 17 亿美元的温度和湿度控制软件，这个软件用来帮助控制国际空间站生活区的环境。

4. 骇客

骇客（cracker）是被雇用的黑客，从事电子商业间谍活动或其他有利可图的冒险活动的人。这个工作报酬丰厚，每个活儿能赚取高达 100 万美元。通常一个间谍活动需要大约三个星期，可能要完成像在垃圾文件中寻找密码或其他有用信息这样不愉快的任务，还要做"社会工程"。**社会工程**（social engineering）使你能够访问你无权访问的信息。社会工程方法包括：打电话给公司里的某位员工，装扮成技术支持人员骗取这个员工输入其用户名和密码，通过假意亲热的谈话骗取信息，对于一些复杂的目的，甚至需要建立一家假冒的公司和身份。

5. 黑客行为主义者

黑客行为主义者（hacktivist）是指怀有政治动机的黑客，他们利用互联网发送某种政治信息。这些信息可能是一个号召大家行动起来解决世界温饱问题的呼吁，可能是篡改一个政党的网站，使其吹捧另一个政党的候选人。或者是在某网站上书写一条谩骂的标语来攻击某些宗教或者国家团体。

以网站丑化形式存在的黑客行为主义者，正在成为国家之间意见分歧的一种常见反应。比如伊拉克和美国的黑客自从伊拉克战争爆发后就开始互相攻击。黑客分子最主要的目标是别的国家在冲突地区创办的公司。[9]

6. 数字恐怖分子

自 2001 年 9 月 11 日恐怖分子袭击纽约和五角大楼后，政府越来越担心数字恐怖分子的威胁。这群黑客和黑客行为主义者一样，是出于政治动机，但它的行为更加危险。**数字恐怖分子**（cyberterrorist）是伺机危害民众或者破坏关键性计算机系统和信息的人。暴力袭击的目标可能是空中交通管制系统、核电站或者任何可能损害一个国家的基础设施的事情。破坏性稍微小一点的目标则包括关闭电子邮件甚至互联网，或破坏政府在社会保障福利或者罪犯方面的记录。

2000 年在澳大利亚，一个心怀不满的员工进入了某水处理工厂，将超过 20 万加仑⊖的污水排放进公园、河流和凯悦酒店的庭院。根据美国中央情报局的报道，数字攻击已经使世界多个地区的电力中断过。在 2008 年下半年和 2009 年上半年，美国政府花费 170 亿美元来修复数字破坏。政府官员认为，攻击来自美国以外的国家。另外又花费了 170 亿美元用来保护网络免受攻击。

⊖ 1 加仑 = 3.785 4 升。——译者注

7. 准黑客

准黑客（script kiddie/script bunny）是指那些想成为黑客可是不具备足够专业技术知识的人。他们从网上下载现成的软件，使用这些软件自动进行黑客攻击。

专家如此重视这些准黑客，除了因为他们能够释放病毒，实施拒绝服务型攻击之外，还因为他们可能被更加险恶的黑客老手利用。这些人操纵准黑客，在聊天室怂恿、鼓励和帮助他们，让他们更具有破坏性。

H.3　数字取证

数字取证专家被邀请来帮助解决各种犯罪问题，小到白领欺诈和交通事故，大到恐怖活动与政治丑闻。专家们会收集一些信息，这些信息取自计算机硬盘、智能手机或者其他手机、U 盘、CD 和 DVD，并用这些信息来描述这起犯罪案件或者事故。下面列举一些数字信息在其中起重要作用的案件：

- 2007 年，一个精神失常的学生引起了一场杀人暴乱，在他自杀前的两个小时进行了两次袭击，共有 32 人死亡，25 人受伤。为了弄清案件的原委，专家收集了他的电子设备，包括他的计算机和手机，用发现的信息组成了这个年轻人的电子信息资料。
- 2009 年，一个双斗卡车司机撞死了布法罗一位两个孩子的母亲，他在驾驶时观看色情杂志，没有看到这位母亲抛锚的汽车。警方的取证专家在他的计算机里发现了这些证据，对他实施逮捕，并指控其犯有二级杀人罪。
- 在科罗拉多州的柯林斯堡，6 岁的福尔肯的父母声称，在氢气球升空时他们的孩子还在里面。氢气球在漂浮了约 50 英里后，降落在离丹佛机场 12 英里处的地方。但氢气球降落后，上面并没有孩子。专家在多方查证后认为男孩可能不慎坠落了。然而后来基于一些在计算机中找到的证据，这个故事被证实是个骗局，男孩一直就被藏在阁楼里。这对父母在浪费了纳税人的 200 万美元后，被送进了监狱。
- 密苏里州的一家汽配商店的店主被指控暗地里协助恐怖组织。他承认自己曾给基地组织 23 000 美元，并执行了其他任务。这个店主通过隐写术系统与他人联系，隐写术中加密的信息会隐藏在其他的信息里。堪萨斯城的联邦调查局破获了密码并找出证据指证他。
- 2010 年，堪萨斯大学的体育系宣布进行一项内部调查，这个调查针对几名员工在多年中累计数百万美元的倒票行为，他们为了一己私利进行倒票销售。如果掌控学校计算机的票务主管没有改变设置，那么她的倒票行为早就被发现了。调查人员发现了一些罪证确凿的邮件，其中有一封显示，票务主管承诺给她的邻居八张免费门票，因为这个邻居抱怨主管家里正在做的事情浸湿了他的草地。这个肇事者被抓入狱。

执法部门求助于数字取证来解决犯罪问题已经有好多年了。美国联邦调查局有 14 个地区计算机取证实验室、224 名取证专家，他们已经处理了多达 3 000T 的信息，这相当于 300 万本大英百科全书。数字取证专家的工作已经不局限于 2010 年的 57 000 个硬盘，他们还检查无数的数码相机、智能手机、无线存储设备以及各种其他的存储设备。[10]

　　当然，美国联邦调查局和其他执法机构并不是唯一能够进行数字取证的组织。而且并不是全部的数字取证公司都调查刑事案件。也有一些会用于产权案件，例如某公司怀疑有一个员工秘密地拷贝并可能销售产权资料，包括电路图、客户名单、财务报表、产品设计或者会议记录。其他调查还涉及家庭纠纷、劳资关系和员工不当行为等。

　　数字取证（digital forensics）是对用于法庭陈述的电子信息进行收集、鉴定、检查和分析。在任何一种计算机存储设备上都可能发现电子信息证据，比如硬盘、智能手机、CD、U盘、USB设备等。但是有时候调查人员也会处理一些不寻常的媒质，比如铁路公司用于记录火车信息的黑匣子，以及起重机上的黑匣子，它可能会对起重机为什么倒塌提供线索。数字取证甚至可以被用于达·芬奇手术系统。这个系统是一个在医院使用的机器人，即外科医生操纵控制器，而真实的外科手术由机器臂来完成。达·芬奇系统有一个硬盘，可以存储视频、记录登录信息和其他的数据。如果有人清除了一个文件，该文件记载了手术过程中所发生错误的证据，专家也可以找到文件的残余信息。

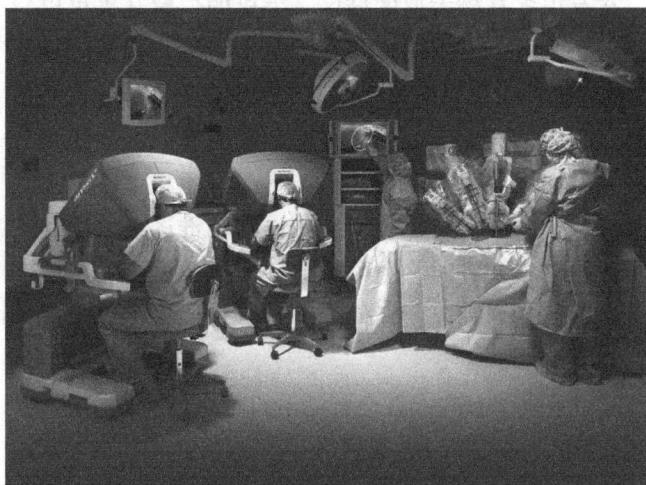

在达·芬奇系统中，外科医生坐在取景器（左）上，远程操纵手术台执行臂上的探针和仪器。

　　进行数字取证有两个基本动机：一是收集和保护在法庭上陈述的证据；二是确定在计算机上发生过什么事情，从而解决某些争议。刑事案件和民事案件证据的标准不同。在刑事案件中，标准是基于合理的猜测。在民事案件中，标准则是基于证据优势。可能这些情况并不涉及法律。例如你怀疑你的员工使用公司的计算机系统进行在线赌博。在这类案件中，你的证据的力度效果会减弱，只能够谴责或者开除他，同时减少被起诉非法解雇的风险。

　　在一个操作良好的取证调查中有这样两个阶段：①收集、鉴定、保护电子信息证据；②对这些发现进行分析。

H.3.1　收集阶段

　　收集阶段包括两个步骤：访问信息存储地，创建一个取证图像副本。

1. 实地访问

由于实地访问计算机和相关内容是必不可少的，因此数字取证小组会收集计算机、手机、CD 和 DVD、打印机、便利贴等，把它们带回到实验室。这种方法与警察在真实世界调查案件类似：收集头发、衣服纤维、沾有血迹的物品、文件和其他他们认为可能有用的东西。调查人员通常把这些带有线索的东西带回去，然后封锁现场，只有经过授权的人员可以访问，甚至连他们也必须进行出入登记。这是为了保护证据的"监管链"。

数字取证专家也使用相同的方法。为了进行彻底调查，他们首先拍摄周围环境的数码照片并创建大量的文档，然后开始收集任何可能存储信息的物品。首先要检查硬盘，但数字取证调查人员还要收集任何可能存储信息的其他介质。图 H-5 是证据（也称为伪迹）所在之处的部分列表。

硬盘
CD和DVD
U盘
闪存卡，例如SD卡
备份介质
语音邮件
手机
电子日历
MP3播放器和iPod
扫描仪
有硬盘的复印机
传真机
游戏机

图 H-5　电子证据可能存在之处

手机的数量几乎和世界上的人数一样多，因此它是另一个重要的信息来源。当手机开机时，它总在不断地与附近的基站沟通，以便呼叫可以转换给接收手机信号最强的基站；当手机用户移动时，其位置的变动被记录下来。在有很多高楼大厦的城区，手机的位置几乎可以被追踪到具体的楼宇。如果用户的手机具有 GPS 功能，那么他的确切位置可以被实时精确地定位。如果手机照片标记了地理信息（即包含照片拍摄的位置），那么照片就可能包含大量的信息。带有密码的手机可能会阻碍调查员检查，但如果用户在其计算机上备份了手机文件，那么这个文件是不受密码保护的。手机在我们调查谁在和谁谈话方面是非常有用的。当宣布开始一项调查时，很可能涉嫌欺诈的人会打一堆电话给其他参与者。最近通话列表以及任何文本或语音信息可以泄露很多秘密。

因为有这么多人使用手机，有些人就会利用手机来进行犯罪。下面列出的手机犯罪包括使用计算机或不使用计算机的非法行为，其中有些是只针对手机的：

- 非法毒品交易。
- 窃取数据并将其存储在手机上。
- 使用手机来骗取货物和服务，即窃取用户信息，用它来复制账户，然后再使用该账户从互联网上购买商品。这种犯罪在欧洲和日本特别流行，人们使用手机在自动售货机上购买零食与饮料，支付停车费，支付信用卡，并参与许多其他类型的移动商务。
- 更为严重的是，手机已经被恐怖分子用来引爆炸药。例如，2004 年马德里的通勤列车连环爆炸案；2002 年耶路撒冷希伯来大学爆炸，造成 7 人死亡；2002 年巴厘岛夜总会外以及雅加达万豪酒店爆炸案。[11]

除了电子介质，调查者也收集其他可能有用的东西，尤其是密码，以备他们找到的文件被加密时使用，否则文件很难打开。密码通常被写下来并保存在离计算机很近的地方，这使它很容易被取证专家和小偷找到。其他可能有用的物品包括通讯录和被调查人的同事或联系人的名片。

2. 鉴定和保护

收集过程的第二步是为所有的信息制作一个取证图像副本。**取证图像副本**（forensic image copy）是电子介质内容的一个准确复制或快照。它有时被称为比特流图像副本。为了获取取证图像副本，专业取证软件按字节拷贝每个存储介质上信息的每个片段，介质包括涉及的每个硬盘、CD、USB 设备、闪卡以及手机。目前硬盘的容量是 2T 以上，甚至一张 CD 的容量也大约有 5 亿字节。这相当于数亿计的打印内容。仅副本工作就会花费很长的时间，因为监管链必须得到保护。

为了获取硬盘和其他计算机介质内容的取证图像副本，调查人员需要从计算机中卸下硬盘。如果犯罪嫌疑人的计算机是关闭的，调查人员不能把它打开，因为 Windows 会对文件进行上百处更改，如访问日期更改、临时文件更改等。所以一旦打开，硬盘将不再和它关闭时完全相同。这样被告律师可能会说，这不是犯罪嫌疑人使用的硬盘。

移除硬盘后，调查人员将它连接到一个可以读取文件的特殊的取证计算机上，但不能编写或改写任何介质。取证专家使用的另一个工具是编写拦截器，允许读取命令但不能编写命令。它允许用户从一个驱动器上收集信息而不改变或删除任何原始信息。硬件和软件都有编写拦截器。软件编写拦截器通常是针对某个特定的操作系统，而硬件编写拦截器则可以在任何操作系统上工作，可以插入 USB 或火线端口。

调查人员更愿意像拆除硬盘那样卸下存储设备，但如果不能那么做，他们就使用电缆来复制内容。然后再使用取证软件像取证工具包（FTK）或 EnCase 来提取原始介质的取证图像副本，而不对文件进行任何方式的改变。

我们怎么知道在整个调查过程中所有介质都没有任何变化呢？这是被告律师会问站在证人立场的取证专家的问题。因此，在收集阶段和之后的分析阶段，研究人员必须确保用于诉讼的证据不能被插入、删除或修改。这是所有诉讼证据的一个基本规则。

在数字取证调查中，专家使用一个认证流程，这样他们就可以在未来的某个时候（或许甚至是五六年以后）声明，在此期间文件没有被访问或者改变。他们为每个文件和 / 或每一个介质生成一个认证码（唯一标识符或校验和值）。有三个应用广泛的认证编码系统：MD5 哈希值（MD5 hash value）、SHA-1 哈希值和 SHA-2 哈希值。这些代码是按照特定算法生成的，由字母和数字组成的字符串，该值对于某个文件或磁盘在某个特定的时间是唯一的。认证码基于文件或介质的内容，内容的任何变化都会改变认证码。

哈希值是看似毫无意义的一串内容。例如，一个哈希值可能是国际标准图书编号和书店书架上所有书籍的页码数量的组合。这种国际标准图书编号和页码的混合项可能没有什么实际意义，但是它可以作为识别工具。如果一本书甚至是一个页面，被从书架上拿走或放在书架上，哈希值总和将会改变，所以架子上显示的内容可能和最初的计算结果不一样。同样，在磁盘上的一个 Word 文档中即使增加一个空格，也会改变认证码。认证码对于电子设备来说就像是人类的 DNA。

两个内容不同的硬盘有相同的 MD5 哈希值的概率是 $1/10^{38}$，就是 1 后面有 38 个 0。在人的一生中，中强力球彩票的概率都比找到两个内容不同却有相同的 MD5 哈希值的概率大

39 倍。SHA 哈希值更厉害，因为它的字符串更长。然而，MD5 对于大多数组织来讲已经足够了。图 H-6 显示了取证工具包（FTK）的一个截屏，上面有被检查的介质上互联网 / 聊天文件目录的 MD5 哈希值和 SHA-1 哈希值。

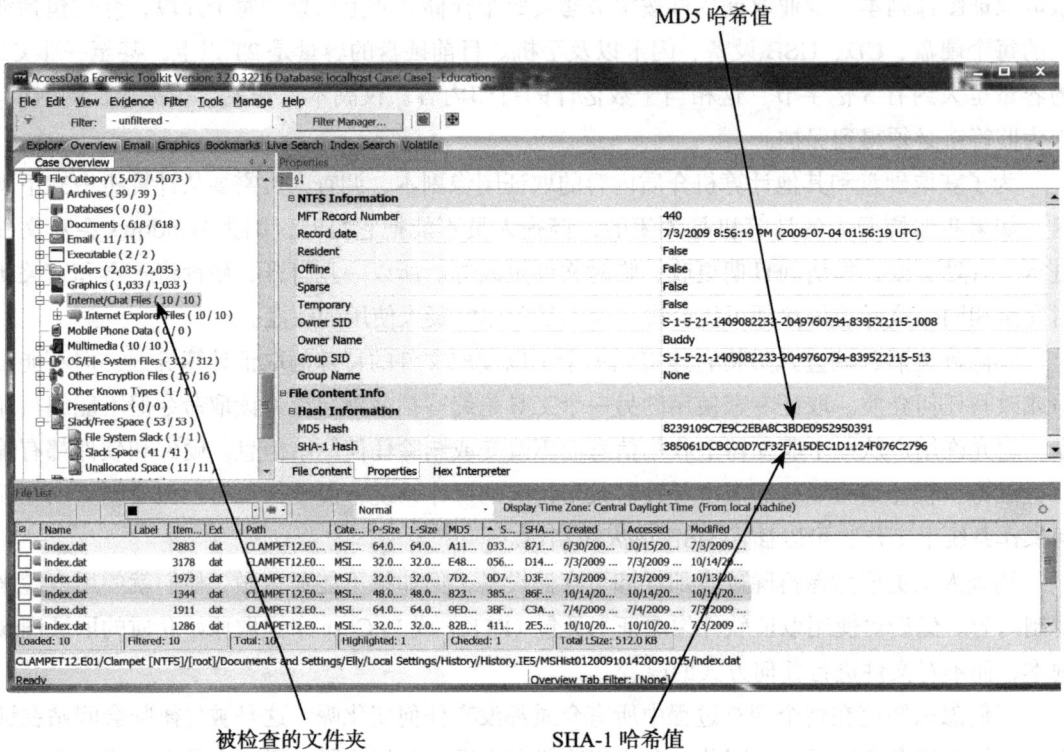

图 H-6　取证工具包（FTK）程序中的 MD5 哈希值和 SHA-1 哈希值

专家已经了解到，当窃贼进行盗窃时，他们会先去查看事主的 Facebook 页面，页面上的信息能帮助他们选择一个合适的时间进入事主的家中。所以现在如果想要寻找某个人的信息，一个很明显的渠道就是社交网站。Facebook 就是一个很好的起点。威布鲁特是一家反病毒和反间谍软件公司。根据威布鲁特（Webroot）发起的一项调查，有超过 3/4 的人，其 Facebook 页面未加限制，任何人都可以访问他们的相册，有 81% 的人未加限制，任何人都可以查看自己最近的活动，这是一个使用地理定位软件，更新显示该人在某一确定时间具体位置的功能。当你使用 Facebook 时，临时文件存储在硬盘上不明显的区域中。用户搜索文件夹时它们不会出现，在这些文件里有大量的信息。文件包含了 Facebook 的账号信息，以及与他们有关联的人。人们甚至可以做一个反向搜索，输入一个账号来获取用户的名字。聊天会话的线程也可以被重新创建。

H.3.2　分析阶段

调查的第二阶段是分析阶段，调查者追随线索的踪迹并且利用线索推断犯罪过程。该阶段包括对前一阶段收集和认证的信息进行还原和解释。

1. 还原

数字取证专家使用各种各样的软件工具来还原信息。他们通常使用专门的数字取证程序，例如取证工具包（FTK）或者 EnCase。通过这些程序，调查者可以在存储介质中找到大量的信息。他们可以轻而易举地找到被删除的文件，以及和文件格式不匹配的扩展文件（比如一个以 .xlxs 为扩展名的图片文件）。如果一个已删除的文件被覆盖了，那么它的一些碎片很有可能还保留在**未分配空间**（unallocated space）中，未分配空间也就是被标记为可以进行存储的空间。图 H-7 展示了一个在未分配空间中的文件碎片。

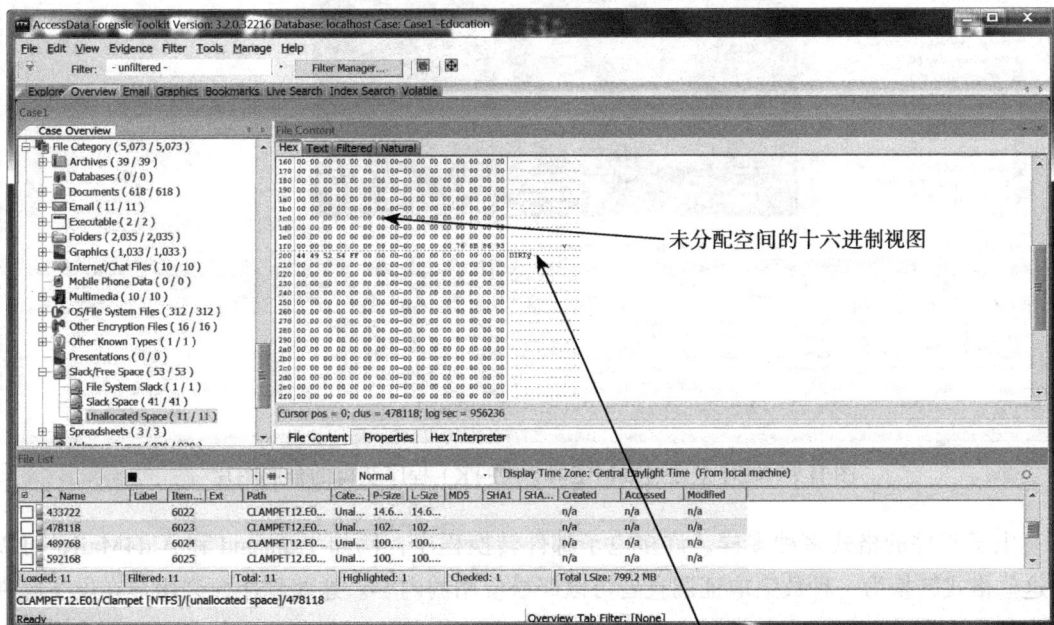

图 H-7 取证工具包（FTK）程序中未分配空间的文件碎片

在图 H-8 中，你可以看到一些文件能够通过取证软件从存储介质中还原出来。一个像 FTK 那样的程序能够在磁盘中准确地找到文件的位置、创建者、创建日期，以及最后一次访问的日期，有时还会找到删除日期以及嵌入或隐藏在文档中的格式和注释。

一个数字取证程序可以找到并展示出某存储设备中的所有图像，因此你不需要在不同的地方通过不同的扩展名来查找。在图 H-8 中，可以看到 FTK 将图像一起收集在一个单独的文件夹中，通过检查那个文件夹来查看图片的内容和存储位置。

数字取证专家也会使用许多其他的软件工具。例如，他们也许会使用上网历史痕迹恢复工具（IEF）或 NetAnalysis 软件，以便在硬盘中寻找上网的历史痕迹。当然，计算机使用者在互联网上都浏览过哪些页面也会被存储在硬盘上。用户在互联网上所浏览过的每一个图像都会被拷贝到硬盘上，这通常都在用户并不知晓的情况下进行。Facebook 聊天、Facebook 电子邮件、谷歌语音、微软电子邮箱、Twitter 状态更新以及火狐浏览器上的内容也都是可以获得的。专家经常在相同的数据上使用两个相似的还原方法来保证结果的可靠性，这种方法叫作双重工具确认法。

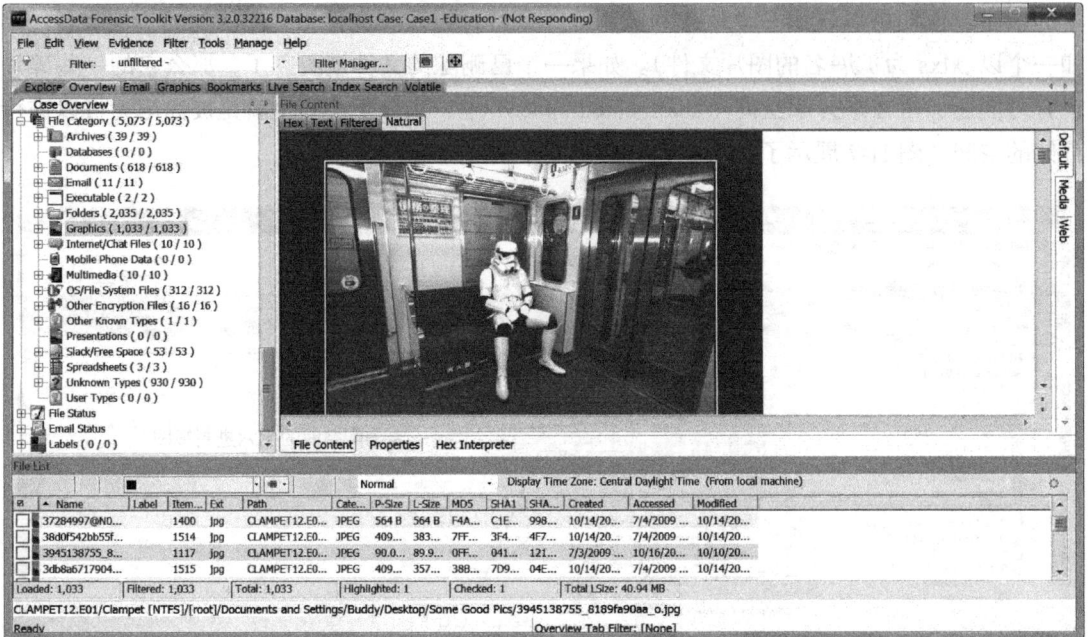

图 H-8   硬盘上通过取证工具包（FTK）程序获得的合成图片

电子邮件的格式多种多样，许多电子邮件转换程序，例如 Transend 和 Aid4Mail，可以将这些格式转换为一种数字取证调查者可以轻松使用的内容。这些程序允许用户在电子邮件和附件中搜索特定字词，并只展示出相关内容。至于视频，则可以使用免费开源的多媒体播放器 VLC，这种播放器可以播放大部分多媒体文件，以及 DVD、CD 和流媒体文件。

1）现场分析

收集信息并不能总是在计算机关闭状态下进行，这也是不明智的。因为这可能会丢失掉易失性存储器，即 RAM 中的信息。因此，取证团队需要在计算机运行的时候将需要的信息收集在一起。这被称为现场分析。**现场分析**（live analysis）是一个用来形容在计算机运行时检查系统的术语。在以下情况下，可能必须进行现场分析：

- 如果一家公司通过网站来接收客户订单。在这种情况下，将网站关闭将会给公司带来生意上的损失，法官会将这种情况视为"过度负担"。
- 如果需要 RAM 中的信息，那么检察者拔掉电源就会使信息丢失。所以在这种情况下，取证专家最好保持电脑的工作状态。例如，如果一个人被逮到正在使用计算机进行违法活动，那么从系统中把内存倒出来，要远好过拔掉电源，因为这样会清除掉 RAM 中的内容。

- 如果使用者采用了一整套全硬盘加密程序，例如与 Windows7 一起运行的 BitLocker 或 Guardin Edge，那么关掉计算机将会触发加密进程，到时候想要提取数据就需要密码了。
- 现在的硬盘存储容量已经高达 T 字节，当调查只与其中的一小部分相关时，复制所有的数据实在太浪费了。在这些情况下，只提取那些定义明确的部分更合适。

在现场分析中，检测者没有做出磁盘的取证图像，因此也没有获得 MD5 哈希值或 SHA 哈希值。这是很大的一个缺陷。检测者所拥有的就是系统内发生状况的一个瞬时快照。检测者可以从内存中以及正在运行的流程和服务中收集信息，也可以从开放的计算机端口中收集信息。收集通常都是从最不稳定的内存开始，然后检查交换文件（被用在虚拟内存中）和网络进程，以及其他一些不稳定的区域。现场取证经常被用来判定一件事是否已经发生。数据可以从视频卡和网卡的内存，以及 RAM 的内容中获得。

Helix 是一款免费软件，通常被用来以实现这一目的。这款基于 Linux 的软件提供了一个功能，允许检测者将具体工作情况下载到一个并不能轻易被改变的 PDF 文件中，这个文件详细记录了检测者在正确的顺序下做了哪些事情，以及运用了哪些工具。这能提供一些保证，确保检测者做了必要的事情并且遵循了适当的流程。

数字取证专家正在面临的众多新问题之一，是如何访问云计算数据。数据可能被存储在国家之外，这使得访问这些数据非常困难。即使你使用了一个总部在本国的云计算提供商（例如 Gmail、Hotmail、谷歌 Docs 或 Dropbox），而公司也许会将真正的数据存储外包给在地球另一端运营的另一家公司。由于法律只对一些特定的行政辖区适用，这样情况就非常复杂了。

2）手机

到 2010 年年末，美国有超过 3.03 亿部手机，而美国的人口也不过 3.1 亿人。考虑到如今手机，尤其是智能手机的灵活性，调查机构可以从此处获得大量的信息。智能手机上的信息功能的使用频率远比接打电话功能的使用频率要大。一部现代智能手机是多种设备的集成，例如电话、私人电子助手、静态和视频数码相机、音乐和视频播放器、游戏操纵台，以及通常是在更大型的计算机上才可以用到的资源，例如网络访问、电子邮件、文字处理以及电子表格处理等。

从图 H-9 中可以看到一些存储在电话／智能手机中的信息。许多智能手机使用 MicroSD 卡，那里也可能存有许多信息。

带有电话号码、地址、工作和家庭联系人信息的电话簿
用户、设备和服务提供者标识
日历
任务清单
最近的呼入呼出电话以及未接来电
Email电子邮件
带有书签和缓存网页的网络活动
文本信息和多媒体信息
语音邮件
电子文档
最后的活跃位置和使用的其他网络
图形、照片和视频
Cookies
即时消息
GPS定位、位置和旅行

图 H-9　手机上可恢复的信息

在对智能手机进行取证调查时所面临的一个大问题是，它不像计算机那样，90%的计算机都运行Windows系统，而智能手机运行的整套软件因公司的不同而不同，甚至根据手机的不同软件也不尽相同。专家不得不做出的第一个决定就是是否要将手机关机。如果待机的话会耗尽手机的电量，并且会使手机易受电子邮件炸弹的影响，这些电子邮件会占据手机的内存并清除掉之前的电话和短信。将手机放在一个金属网的屏蔽袋中来屏蔽信号，可以避免电子邮件炸弹的问题，但这也会加速手机电量的消耗，因为手机会增加它的发射功率去接收发射塔信号。将手机关机可以将问题推迟，因为再开机时手机可能有一个密码来禁止访问。要想知道使用什么连线就必须知道型号，型号通常在电池的下面，而将电池移走来看型号，就会将手机的电源切断。

没有一种认证工具可以读取所有智能手机中的所有信息，但是市面上的确有一些程序可以从手机中复制信息。这些程序大部分不是被专门设计用来认证调查的，所以它们没有防护措施，就像专业工具提供的哈希值那样能够防止数据干扰。许多可用的工具都是同步工具，人们用它在手机之间传递存储的信息。

全球移动通信系统（GSM）手机有SIM卡。GSM是在美国以外使用最普遍的一款电话，美国国内也有一些公司使用GSM电话。除了保存电话号码和其他认证信息外，它还可以作为联系人、短信和其他事项的第二存储空间。从SIM卡中删除一条短信只是将其标记为已删除，直到空间被需要时才将其真正移除。

2. 解释

在所有的证据下，对电子线索进行分析以及把各片段组装成一个令人信服的并且很接近事实的场景显得尤为重要。许多信息可能来自被还原的已删除文件、目前未被使用的磁盘空间以及故意隐藏的文件。下面是一组有关在磁性硬盘的哪里可以找到信息的讨论（不一定十分详尽）。

信息被写在磁盘的各处，不仅仅是当你保存文件时，还可以在你创建文件夹时、打印文件时、重新区分磁盘时等。系统和应用软件以相同的方式不断地创建临时文件，这导致了空间和文件位置被重新编排。残余信息保留在磁盘上，直到有另一个文件将其覆盖，残余信息通过数字取证软件还可以被还原。

1）已删除文件和闲置空间

要想在磁性硬盘上彻底删除信息是十分困难的。当你删除一个文件时，其实它并没有消失。实际上发生的是这个文件只是被标记为已删除，意味着该处空间可以用来接收新信息。文件内真正的信息完全不会因为删除的行为而受到任何影响。

如果从硬盘里删除一个文件，它会被移到回收站里，并且之后可以在回收站内将其还原。至于移动介质，例如一个U盘，还原就有一点困难了，但是因为可以使用各种实用程序，所以还是可以把文件还原回来的。

将一个文件标记为已删除时，这个文件所占用的空间就可以让出来被其他文件使用。所以另一个文件可能被暂时编写在那个空间内。然而，这并不是那么直截了当地进行的。操作系统将存储空间按字节或字符划分为区段。这些区段又被分成若干个簇。一个文件被分配给很多个簇进行存储，无论最后一个簇能否被它完全占用。这种存储分配方法通常会留下一部分未使用的簇。这就像写一份三页半的报告。报告中有第四页，但并未被完全使用。如果先前存储的文件（被删除的那个）更大或者占用了空间的最后一部分，那么已删除文件的残余部分仍保留，并且可以通过运用恰当的软件来进行还原。文件结尾到簇结尾之间的剩余空间被称作**闲置空间**（slack space），原来文件留下的信息可以通过数字取证软件还原。

固态硬盘（SSD）是基于闪存技术的，和磁性硬盘在功能上有所不同。闪存并没有被划分为传统的字节块，而是被分为 2KB、4KB 或更大的页面。在操作系统层重新编写一块内容，不一定会将数据放在原来的空间。信息也许会被重新安排，以避免缺陷或失败页。每一个页面的删除或重写是有限的（大约是 1 000 次）。硬盘的区段可以被重写上百万次。SSD信息可以被很快删除，通常在几秒内，并且与磁性硬盘相比，数据被删除得更彻底。尽管从数据拥有者的角度来看这是一个令人满意的特点，但对于数字取证专家来说是一个噩梦，他们正在与这个新的介质较劲，并且不得不开展一些新的方法。

2）系统和注册表文件

操作系统管理着计算机的硬件和软件，并使应用软件能够访问硬件而不用知道硬件全部的功能。作为它众多的功能之一，操作系统控制着虚拟内存。虚拟内存是当 RAM 数据已满时使用的硬盘空间。虚拟内存活动的细节被存储在系统文件内。例如，如果有几个应用正在运行，而用户要立刻给别人发信息，那么这个交换过程可能在用户并不知道的情况下被存储在硬盘上，这仅仅是因为 RAM 没有空间了。

计算机的注册表是一个多维的数据库结构，它是操作系统的一部分。注册表文件包含着大量的信息，例如系统使用者的偏好、计算机硬件的设置、系统软件、安装的程序，以及一系列曾接入系统的所有 USB 装置。即使卸载了一个程序，其安装过程的残余仍保留在注册表文件中。因此，如果有人使用删除程序，例如 CCleaner，来清理痕迹区域和未分配空间，然后再卸载这一程序，而该程序曾经被安装这一事实依旧能够被查到。Windows 系统在它的UserAssist Key 注册文件中记录计算机上运行过的程序。通过 UserAssist 这样的免费程序，可以显示出这些记录，以及最后一次运行的日期和时间。

3）未分配的磁盘空间

如果硬盘经常被使用，那有可能每个存储单元都被书写很多次。操作系统经常会移动文件，如果用户修改了一个 Word 文档并重新保存，那以前的版本就会被系统标记为删除，它所占用的空间就成为未分配空间。未分配空间是被标为可以用来存储新文件的若干簇，但是目前还没有被写入新文件。未分配空间可能仍包含有被标记为已删除文件的部分或全部信息。直到新的信息被写入，否则旧的信息将一直保留。硬盘越大，老空间被重新使用的时间越长。

4）未使用的磁盘空间

未使用的磁盘空间是由磁盘空间的重新安排造成的。例如，当一个硬盘被重新分区时，新的分区可能不会使用硬盘的全部空间。因此，那些未使用的部分再一次没有被覆盖。分区表和其他操作系统信息被存储在专用的磁道上，通常情况下是看不到的，但是可能会保存一个 Word 文档。想看到这些磁道里的文件片段，需要使用取证软件。

5）已删除信息

到现在为止，大家可能会问是否可以彻底地删除存储介质中的信息。答案是肯定的，但是需要知道自己在做什么。可以用一个磁盘擦除程序，通过写入无意义的信息覆盖原来内容的方式来清除磁盘上的信息。但是，清理磁盘需要数个小时。即使这样，也不一定完全安全，有以下三个原因：

- 一次覆盖可能无法将信息彻底清除，通常需要被重写很多次才可以。政府部门在关于需要重写多少次方面有专门的规定。
- 一些程序会记录哪些内容被谁删除了，如果知道去哪找的话，这些记录是值得一看的。
- 磁盘擦除程序因所要清除硬盘的部分不同而有很大差别。对于大多数程序来讲，需要改变设置以访问磁盘的某些特定部分。有的人声称运行擦除程序很多次，但是由于软件没有设置清除的区域，所以还是没能被清除。同时也要记住，如果有人因为从事了违法活动企图删除信息，那么删除的信息仍会留下线索，除非他们足够小心，否则一定会留下企图擦除磁盘的痕迹。至少在注册表中留下了他们安装过磁盘擦除程序的记录。

H.3.3　取证中的分析

到目前为止，我们一直将注意力集中在信息设备的结构上（例如计算机、智能手机等），但是，另一项十分重要的数字取证活动是取证分析。在第 3 章和第 4 章中，我们已经讲述了许多关于分析的内容，在这里我们将谈到应用这些方法的另外一个实例。

公司中出现的大多数欺诈，尤其是金额巨大的欺诈，都是由公司内部人员犯下的。据估计，大约 2/3 的欺诈是偶然才被发现的。内部审计人员或欺诈调查团体一直在寻找各种方法来检测和预测欺诈行为。大约 80% 的组织内部通信都是非结构化的，例如电子邮件、文件、演示文稿、网页内容、短信、聊天会话和日历等。

唐纳德博士在 19 世纪 50 年代提出的舞弊三角，对处理最可能的罪魁祸首很有帮助。舞弊三角分析可以帮助公司预测谁更有可能进行欺诈，并能寻找骗子和罪魁祸首。舞弊三角如图 H-10 所示，它用于分析员工的电子邮件内容。[12] 舞弊三角包含三个数值：O 值表示一个员工可获得的机会；P 值表示员工可能承担的刺激和压力；R 值表示员工的理性水平。注册舞弊审核师协会（ACFE）和安永会计师事务所已经收集了成千上万的关键词，来对应每一个三角形的三个值，它们发现当有人考虑或计划进行诈骗时，这些代表三个值的关键词就开始出现在电子邮件里。其中的一些关键词如图 H-11 所示。

可以对电子邮件和其他交流内容进行文本分析，以回答如下问题：谁跟谁交谈（社会网络分析）；他们在说什么（语义分析）；在这期间发生了哪些交流（时间序列分析）。

无论是刑事调查还是民事调查，都包括调查社交网站和其他公开可用来源。假设有人起诉一家杂货店，声称他们在杂货店摔了一跤，并且因为受伤而不能工作。调查人员可能会看那个人的 Facebook 页面，如果有那个人最近滑水的照片，那就是个很好的证据表明他受的伤并不像所说的那么糟糕。

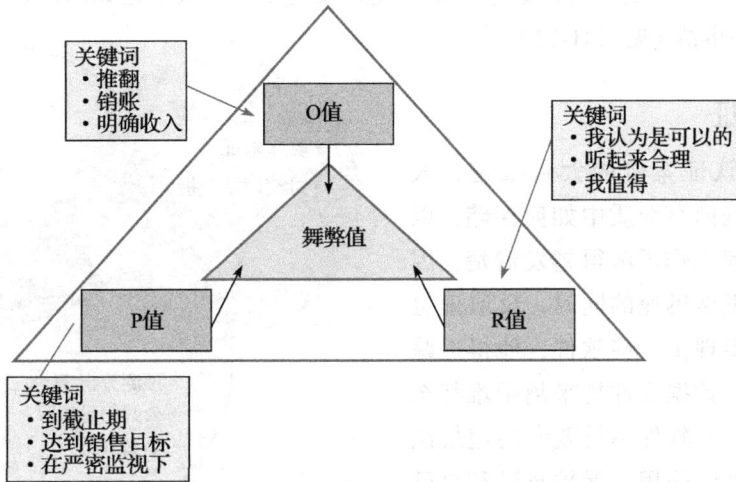

图 H-10　舞弊三角分析

机会	激励/压力	理性水平
正确	问题	值得
有条件的	澄清	欠我的
折扣	修改	回来
算错	抱歉	得出
推翻	到截止期	听起来合理
特殊费用	不要留下痕迹	未付全款
附加佣金	仅时间上的差别	公司能够支付

图 H-11　安永会计师事务和注册舞弊审核师协会所编写的关键词

现代计算机取证更进一步，包括对所有可用的结构化和非结构化的信息进行语义分析。企业调查欺诈会使用三种方法：计算机取证、法律会计和分析。

Ingenium 是一个进行潜在语义分析的软件，也称为概念搜索。这意味着它不需要词语完全匹配就可以进行搜索。例如，如果输入搜索词"房子"，软件将搜索农舍、小屋、住宅、家庭、房地产、庄园、住房、大厦、居所、栖息地、公寓等。它使用神经网络来寻找其他与该搜索词相近意思的词语。读者可以在第 4 章了解更多关于神经网络的内容。

其他的普通分析方法也可以揭示真相。检查 Mailboxes、P.O. Boxes、FedEx Kinkos 等信箱中的邮件列表，并将其与供应商清单进行比较，这对检查"货物从库房中消失后去向哪里"这样的问题很有帮助。将社会安全号码（SSN）与死亡指数上的内容进行比较，或者搜索一个不符合社会保障局编码规则的 SSN，表明这可能是一个虚假的身份，编码规则是 SSN 中应该包括一位州代码、一位地区代码和一个与日期相关的数字。

所有这些方法（计算机和手机检查、社交网站分析、公共信息来源、语义分析、预测分析识别高风险雇员）一起，帮助数字取证调查人员建立一个骗子是如何构思和犯罪的故事，以及谁做了这些事情（见图 H-12）。

H.3.4 反取证

由于数字认证案例的大量报道，人们对数据在电脑储存介质中如何存储，以及取证软件如何运作了解得越发清楚。因此，数字取证发展迅速的同时，反取证也发展了起来。出现了一些软件，使得追踪用户行为和操作数据文件越来越困难甚至变得不可能。这些软件不是要专门违抗法律，只是想帮助电脑用户保护自己和自己的数据。比如加密是保护笔记本电脑的最好方法，即使电脑被盗，窃贼也无法得到

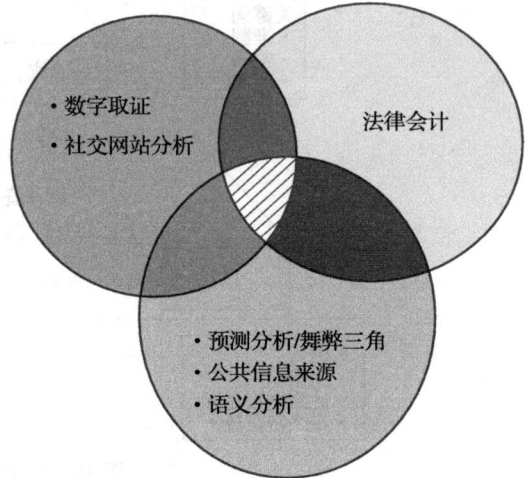

图 H-12 现代计算机取证不仅只包括硬盘上的内容

数据。另外一个方法就是经常清除回收站，使别人不能轻易地恢复文件。然而有些产品，比如 EvidenceEiiminator，明确表示要防止坏人偷窃数据。

反取证工具分为以下三类：

（1）设置配置：包括操作系统、浏览器以及像 Word 和 Excel 这样的应用程序。

（2）第三方工具：市面上可以执行特定任务的实用软件。

（3）对取证专家寻找的数据进行删除或变更的反取证软件。

1. 配置设置

这类方法包括 Shift+Delete，而不是简单地 Delete（删除），这样删除的文件就不会在回收站。但是，即使选择这样的删除方式，仍然会给数字取证专家留下痕迹。Windows 系统有一些功能可以隐藏用户的行为，例如使用一个不同的扩展名给文件重命名。这可能是最简单也是最容易被发现的故意隐藏文件的方法。如果用户有一个 Excel 文件，其中有很多运算数据是不希望被别人看到的，那么可以把它命名为 Space Needle.jpg。这样，在资源管理器中，这个文件就会出现在图像文件的列表中，直接从名字判断，这就是一张旅游照片或者什么无关紧要的东西。如果点击这个文件，Windows 会调用观看 .jpg 文件的查看程序，当然，文件无法打开。数字取证专家通常的做法，是把这个文件装载进一个能够浏览多种格式文件的程序中。用这种方法可以省掉不断换用各种应用软件的时间。更有效的工具是 EnCase 等犯罪调查工具，它们可以标出扩展名和内容不符的文件，同时还能按照文件的真实格式把它打开。

能做的另一件事就是使用清除虚拟内存的选项，这样任何暂时存储在硬盘上的 RAM 数据，在系统不再需要它时就会被删除。然而，启用此选项将使系统关机变得很缓慢。Defrag

功能就是重新安排硬盘上的数据并覆盖删除的文件。Disk Cleanup 是 C 盘性能的一个选项，可以删除 ActiveX 控件以及 Java 小程序（生成网页内容的代码小程序块），这些可能是在用户访问网页时自动下载而其却并没有意识到的内容。

　　IE 浏览器有类似的功能，即当用户关闭浏览器时自动删除互联网临时文件。另一个类似的功能就是清除历史记录，这样用户的互联网浏览行为就不会轻易被发现。

　　当创建一个 Word 或 Excel 文件时，可以使用非常小的字体，或使用和字符相同的颜色作为背景。Word 中的插件可以删除隐藏数据以及编造文档。**编造**（redacting）是指将文件部分截断，进而防止其被恢复，通常用来保护机密信息。被编造的文件有一个黑条，覆盖在选中的文本上，该文本将不再存在。

　　Office 允许用户用密码保护文件，这样当有人试图打开文件时会弹出一个窗口，要求输入密码。除非知道密码，否则将无法读取该文件。取证软件有时可以不用打开文件就能查看该文件的内容，这降低了许多密码保护类型的有效性。当然还有一些非常有效的第三方密码破解程序，虽然它并不是操作系统的一部分。

2. 第三方工具

　　有很多这种类型的工具软件。例如可以修改注册表，这些文件本来是写在软硬件安装日志上的。另外一个就是把 Excel 文件隐藏在 Word 文件中，反之亦然。这不能躲过有经验的检测者。还有就是改变 Windows 的文件属性，例如创建日期或扩展名等。再者可以分割文件，使得保护口令和文件的加密部分或者存储部分放在不同的地方。

　　可能最知名的第三方工具就是重写磁盘的擦除程序，这能有效地涂抹曾经存在的信息。它们可以很好地清除即将交给别人的硬盘，当然这也要看具体的软件，有些可能会残留一些碎片，还是会被数字取证专家恢复。

　　有很多加密程序可以用来保护文件，这样即使有人设法得到它们，也不会有任何用处，因为它们没有解密密钥无法读取。加密打乱了文件的内容，如果没有正确的解密密码将无法读取。调查人员经常可以在密码文件或键盘周围的一些纸上找到解密密钥。密码破解程序可以很容易地发现密码（事实上简单得令人惊讶）。它们的字典包括多种语言，所以破解来自被广泛使用的语言组成的词语并不难。有些人把一个或两个数字放在单词的前面或后面。那根本骗不了密码破解程序。

　　使用图像隐藏数据是保护信息的另一种方式。这就是所谓的隐写术。**隐写术**（stegano-graphy）是将信息隐藏在其他信息中，如图 H-13 所示。纸币是隐写术的一个很好的例子。如果把美元拿到光线下看，就会看到一个水印。这个水印图像是隐藏在纸币其他图案里的，只有了解正确的方法才能够看到。

　　U3 智能驱动（U3 smart drive）是一种非常有用的工具，它是一种软硬件结合体，看起来像也的确是一个 USB 闪存，但是它可以存储信息，并能在任何计算机上启动和运行软件。用户可以在 U3 上存放任何软件、文件，也可以把它插到任何一台计算机上调动计算机的任何资源，例如 CPU、屏幕、键盘等，然而没有任何内容将存储到正在被使用的计算机硬盘上。用户可以有自己的程序，甚至自己的屏幕桌面。所有的缓存、Cookie 都存储到 U3 中，它运行自己的程序。这就好像电脑上的一个 CD，Windows AutoPlay 自动运行 U3 LaunchPad（U3 自己的用户界面），它运行起来和 Windows 界面非常相似。用户可以在 U3 设备上运行很多种软件。

这些部分无法在图片中看到，它们被变成编码来隐藏信息。只有在弹出框中输入了
正确的密码，才能够看到隐藏的文件

图 H-13　隐写术在图片中隐藏了一个文件

下面会详细介绍其他方法。

3. 反取证软件

除了这些用来保护隐私或自我保护的软件之外，还有一些软件在不遗余力地愚弄调查者。其中一类用来清除残留数据，也就是那些被删除的文件和部分被覆盖的空间上的残留数据。另有一类软件专门清除缓存记录、Cookies、互联网文件、谷歌搜索历史等。还有一类是专门针对取证软件的程序。EnCase 就是这个领域中的佼佼者。当然如果有人做了一些非法的事情，在计算机上留下了一些记录，例如毒品交易线索，那么他仍然能使用 Windows

或第三方提供的工具。

即使有了所有这些甚至更多的工具，在电脑上隐藏行为也并不是一件容易的事。第一，并不是所有的软件功能都像广告上说的那样，或者完全像承诺的那样。第二，很少有人有这些可以完全隐藏自己痕迹的知识和技能。第三，第三方工具或反取证软件甚至操作系统的安装都是可查的，这能显示想要隐藏什么的意图。

如果有人发现自己要被诉讼，然后使用这些工具来清除他认为会对自己不利的信息，并声称这些信息从未存在过，那么这个人会为此付出代价。因为法律规定，"任何用于阻止现场勘察的东西"都可以被认为是违法的。尽管那些文件不存在了，法庭听证中可能推定其曾经有过，而且正是由于有人毁坏了它们，所以就证明了这个人是有犯罪感的，因而能够确定的是，使用了这样的工具，就如找到了证据一样。这种推理思路常常应用在电影和音乐的非法传播案件中。

H.4　谁需要数字取证调查人员

数字取证在调查授权保存的电子文件时有着非常广泛的应用。例如：

- 在军队里，既可以应用于国家安全信息的收集和分析，又可以应用于对部队人员的内部调查。
- 在执法过程中，当美国联邦调查局、国家调查代理机构或者地方警察局需要为犯罪调查收集电子证据的时候，可以用到数字取证。
- 在公司或者非营利组织内部，进行内部审计或者调查内部事件的时候，可以用到数字取证。
- 在专门为公司和执法部门提供数字取证的咨询公司得到应用。

数字取证专家一方面事前防范、教育或者提醒人们可能会出现的问题，另一方面，当人们请求他们对已经发生的事件提供帮助的时候，他们也进行积极的回应。对这种专业知识的需求正在迅速发展，特别是考虑到大约93%的信息都是通过电子方式产生的。由于计算和调查技术正在不断地发展，计算机调查专家需要一个联盟来交流思想和信息（见图 H-14）。

H.4.1　预防性地开展数字取证教育

有两个原因促使公司正在越来越主动地对员工进行事前教育：一方面，教育员工可以用计算机资源做什么，不可以做什么，以及其原因；另一方面，告诉员工如果他们发现可疑的不道德行为时应该怎么做，以及如何采取正确的措施，以免破坏证据把事情搞得更糟。

每天都使用计算机的人一般对于什么信息、什么时候以及信息是如何被存储的这几点了解很少。例如，很多公司对于在系统中（或者以备份的形式）保留电子邮件多长时间有很严格的政策。一般来讲，这个时间是60天。有人或许想把电子邮件保存在自己的硬盘中，这样可以永远拥有它们。也许这样做并不明智，因为公司制定这一政策的原因是，如果该公司发现自己被起诉，那么包括电子邮件在内的所有电子信息，都可能会被查看。也就是说，该公司可能会将这些信息移交给法庭。电子信息越多，收集、组织和交付的费用就越高。

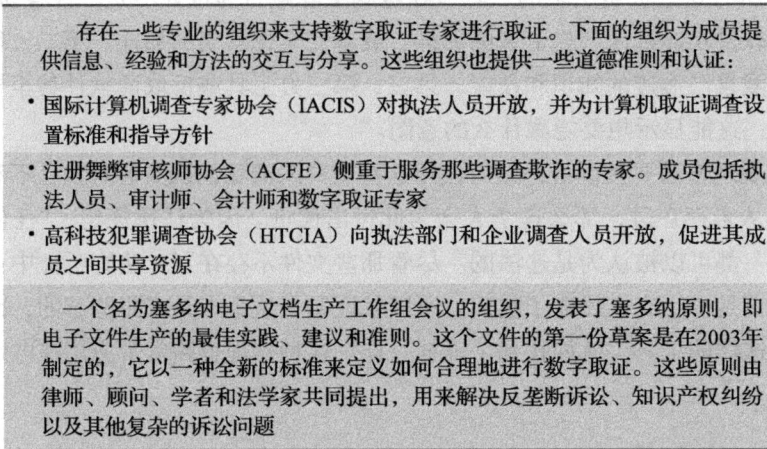

存在一些专业的组织来支持数字取证专家进行取证。下面的组织为成员提供信息、经验和方法的交互与分享。这些组织也提供一些道德准则和认证：

- 国际计算机调查专家协会（IACIS）对执法人员开放，并为计算机取证调查设置标准和指导方针
- 注册舞弊审核师协会（ACFE）侧重于服务那些调查欺诈的专家。成员包括执法人员、审计师、会计师和数字取证专家
- 高科技犯罪调查协会（HTCIA）向执法部门和企业调查人员开放，促进其成员之间共享资源

一个名为塞多纳电子文档生产工作组会议的组织，发表了塞多纳原则，即电子文件生产的最佳实践、建议和准则。这个文件的第一份草案是在2003年制定的，它以一种全新的标准来定义如何合理地进行数字取证。这些原则由律师、顾问、学者和法学家共同提出，用来解决反垄断诉讼、知识产权纠纷以及其他复杂的诉讼问题

图 H-14   专业组织和标准

第二个要提供数字取证相关教育的原因，跟如何合理地进行内部调查有关，例如一家公司想对一名员工可能存在的违法活动进行法律诉讼。然而，在法律介入之前，公司需要提供充足的理由。也许会发生这样的情况：在收集相关信息的时候，公司不小心污染或者破坏了"犯罪现场"，结果有可能导致执法部门因为缺少证据而最终无法提出诉讼。

H.4.2   针对事件的响应性数字取证

公司需要以一种响应的方式进行数字取证，来追踪员工利用公司资源在做什么。像第8章中提到的，员工在工作时间过度上网，以致影响了工作效率，而且对于那些真正在办公的员工来说，工作速度可能因为公司网络的原因而降低。这只是应用计算机系统不当的一个例子。这种对计算机资源滥用的证据可以通过个人客户端计算机和服务器上的系统本身来发现。

要做响应性数字取证的第二个原因，是近些年出现的公司犯罪和不当行为所导致的法律变化、政府规定和新法律的出台，可能最重要的是 2002 年的《萨班斯－奥克斯利法案》，由布什总统签署成为法律。该法案要求公司：贯彻广泛的、细致的政策来预防公司中的不法行为，以及对不法行为及时做出响应和调查。

这个法案明确规定，执行委员会必须保证公司的财务报告是准确的。如果报告作假，他们会被要求承担违法责任，这就排除了执行委员会之前能够说他们对于虚假报告不知情的情况。《萨班斯－奥克斯利法案》也明确要求上市公司提供匿名热线，以便员工及其他人可以进行举报。

法律规定，对于可疑的行为必须及时进行调查，在多数情况下这直接导致数字取证。在早期诉讼中，法庭规定计算机保存的证据对于公司欺骗的判定至关重要。拖延对错误行为的调查会被处以严重的罚款，另外法庭对于破坏包括电子信息在内的证据的人，会加重处罚。

H.4.3 数字取证专家的一天

数字取证专家这种职业的报酬很高，也很令人满意，但这也意味着需要花很多的时间和精力，查阅上百份的文件，寻找其中能够揭示秘密和事实的一切可能线索。此外，还要向律师、法官、陪审团和其他非电脑人士解释清楚证据及其含义。同时还需要保持冷静，因为"调解纠纷"通常意味着会有人感到悲伤或恐惧，这种情绪大多会以愤怒的形式表达出来。调查期间人们甚至可能会使用暴力，有些人甚至在他们的计算机中装上爆炸物去阻碍调查。

兰尼·莫罗是一名数字取证和数据挖掘专家，在美国最大的会计公司之一柏克德（BKD）的取证与评估服务部门工作。他具有多年丰富的调查取证经验，为很多客户解决了大量的案件，包括营利性的、非营利性的、民事诉讼和刑事诉讼的原告与被告的案件等。下面是他经手的两个案例。

第一个与 MySpace 有关。一名高中女生在 MySpace 上发出了她父亲猥亵她的帖子。吓坏了的朋友们把这个女生的遭遇告诉了自己的父母，这些父母又报告给了当局，然后他们开始着手调查。女生的父母非常伤心但积极地辩驳这个控告。调查过程中他们非常配合，把家用电脑和手机交给了兰尼，他开始查明真相。

- 他找到了这个女孩贴到 MySpace 上描述这件事情的文本的多个草稿。上面的日期显示这些草稿编写于所谓的强奸案发生前。
- 从女生的 Email 和聊天记录所做的进一步调查显示，她曾经因为没有得到父母允许就去参加了一个派对而被父母禁足，感到非常愤怒。在她的交流中，女孩透露了她的意图和报复计划。
- 最后，兰尼在手机短信和电子邮件中发现了这名女生的朋友保证要帮助她完成这件事，以及建议她去发虚假信息的细节。

果不其然，当压倒性的证据摆在她面前时，女生承认了她编造整件事情是为了报复她的父母。事后，她不得不去跟她的老师和同学解释她都做了什么以及为什么要这样做。那些帮助她完成这件事的朋友们也被指证，并且也要对自己的行为做出解释。

第二个案例是关于三名雇员因为他们的前雇主非法解雇他们而提起民事诉讼。他们被解雇的理由是他们的工作表现欠佳。当公司因此被起诉后，聘请了兰尼来调查这三名雇员工作表现是否欠佳，因而说明解雇是否合法。因为这三名雇员的工作大都使用电脑系统，所以兰尼和团队立即展开工作，他们的发现非常能够揭露事实：

- 兰尼及其团队用 EnCase 软件的时间线功能生成了每个雇员使用电脑情况的报告。报告显示，电脑什么时候被使用以及它被用来做了什么，精确到秒。分析显示在工作时间内有大量的空档，这表明这几个员工延长了休息时间。
- 此外，有文件显示其中一个雇员利用公司的上班时间和资源在干私活。后来证实她把公司的办公用品拿回家私用。
- 另一位抱怨者的电脑行为分析显示，她每天有 3 个小时的工作时间在上网，经常参加 eBay 拍卖，而且经常花整个早晨的时间给朋友和家人发 Email。

- 第三个人用大量的工作时间在网上赌博。

总而言之，在很长的一段时间内，这三名员工只用了大概 1/3 的时间在她们真正的工作上。为了掩盖行踪，她们把自己的工作委托给了其他同事，而这些同事认为这很正常。调查结束后，办公室的几名经理被解雇了，因为他们允许这样的事情发生，并且在调查过程中，其中一个经理还曾经与三个被解雇中的一个人有私情。通过对那位经理计算机的检查确认了他们之间的这种关系。

本模块小结

1. 定义计算机犯罪，列举三种来自组织内部的计算机犯罪以及三种来自组织外部的计算机犯罪。计算机犯罪是计算机在其中起重要作用的犯罪行为。来自组织外部的犯罪包括：
   - 计算机病毒
   - 拒绝服务型（DoS）攻击
   - 恶意软件机器人
   - 网页丑化
   - 特洛伊木马病毒

   来自组织内部的犯罪包括：
   - 欺诈
   - 盗用
   - 骚扰

2. 识别七类黑客并解释每类黑客的动机。黑客是计算机使用高手，他们利用自己的知识非法入侵别人的电脑。这七个类型分别是：
   - 寻求刺激的黑客，他们以侵入计算机为乐。
   - 白帽黑客，他们受雇于某家公司来寻找网络的脆弱之处。
   - 黑帽黑客，他们是数字世界的破坏分子，为了取乐到处搞破坏。
   - 骇客，被雇用的黑客，是从事电子企业间谍活动的人。
   - 黑客行为主义者，是怀有政治动机的黑客，利用互联网来发送某种政治信息。
   - 数字恐怖分子，是伺机危害民众或者破坏关键性计算机系统和信息的人。
   - 准黑客，想成为黑客可是不具备足够专业技术知识的人。

3. 定义数字取证并描述取证调查的两个阶段。数字取证是对用于法庭陈述的电子信息进行收集、鉴定、检查和分析。在任何一种计算机存储设备上都可能发现电子证据。计算机取证调查有如下两个阶段：收集、鉴定和保护电子证据，以及对这些发现进行分析
   - 实地访问计算机和其他可能有用的东西。
   - 创建所有存储介质的取证图像副本。
   - 通过生成 MD5 哈希值验证取证图像副本，只要存储介质上任何内容都没有发生变化，以后重新计算得到的值将完全相同。
   - 使用取证硬件可以读取存储介质上的内容，但不能在其上书写。
   - 使用取证软件可以找到删除和隐藏的信息，否则很难被发现。

   分析阶段包括：
   - 找到所有的信息，并推断这些信息的含义。
   - 根据被发现的信息推断犯罪场景。

4. 描述什么是反取证，并针对它的三种类型各举一个例子。反取证是用来掩饰或消除用户在计算机上的活动痕迹的工具总称。反取证工具分为以下三类：
   （1）设置配置：包括操作系统、浏览器以

及像 Word 和 Excel 这样的应用程序。例如 Shift+Delete 能够越过回收站直接删除。

（2）第三方工具：市面上可以执行特定任务的实用软件，例如加密软件。

（3）对取证专家寻找的数据进行删除或变更的反取证软件，例如能够改变文件创建日期和访问日期的软件。

5. 描述在企业中使用数字取证的两种方式。企业使用计算机取证来进行事前教育和事件响应。教育是向员工解释他们应该利用计算机资源做什么和不应该做什么，以及如何进行内部计算机取证调查。事件响应是指发现员工的不当行为，并保留证据以便采取行动。

问题思考

1. 计算机被用于进行犯罪或者错误行为的两种方式是什么？
2. 计算机犯罪的要素是什么？
3. 计算机病毒是什么样的软件？
4. 一个拒绝服务型攻击是如何进行的？
5. 病毒恶作剧会带来怎样的后果？
6. 求职者家族病毒和以前的蠕虫病毒有什么不同？
7. 什么是白帽黑客？
8. 骇客做什么？
9. 黑客分子和数字恐怖分子是否有不同？如果有，是什么？
10. 什么是数字取证？
11. 什么是反取证？
12. 什么是现场分析？

作业训练

1. 寻找数字取证软件。有很多网站提供数字取证软件。找到五个这样的软件，并根据这些软件回答下面的问题：
   - 这个软件有什么功能？列举它所具有的五项功能。
   - 这个软件是不是免费的？如果不是，需要多少钱？
   - 这个软件是否具有目标市场？如果有的话，它面向什么市场？（执法机关、家用还是其他地方？）
2. 塞多纳原则究竟是什么？图 H-14 提到了塞多纳原则。这些原则由律师、顾问、学者和法学家共同提出，用来解决反垄断诉讼、知识产权纠纷以及其他复杂的诉讼问题。

   撰写一个有关塞多纳原则的报告。做一些研究找出塞多纳原则提供的建议。以下是帮助你开始工作的第一个提示：

   根据联邦法 Fed.R. Civ. P. 34 或其他州法，电子数据和文档是可以披露的。组织必须妥善保存电子数据和文档。相关的诉讼可能会用到它们。

   在报告中，一定要对法律术语进行解释，例如上述提示中的"可以披露的"，以及第 14 条原则里的"损毁"。

3. 国际反数字犯罪公约。查清楚国际反数字犯罪公约的规定是什么，以及这些规定将对美国有何影响。我们所必须关心的一点是：一个国家的法律是否应该适用于所有国家？例如，一个网站在沙特阿拉伯是违法的，是不是就意味着它对所有的网民都是违法的？再如，德国法律规定了不能使用某些不受欢迎的语言，那么一个德国或者美国公民是否要因为建立了一个新纳粹主义的网站而被引渡审判？你怎么看？

4. 第四修正案是否适用于计算机研究和调查？美国审判计算机犯罪和知识产权案件的政府部门，在网上发布了一个指导数字取证专家的指南，其用意在于指导他们遵守搜索和查封电子信息的有关法律。这个指南可在 www.cybercrime.gov/searchmanual.htm 上得到，指南上有一块是关于"合理的隐私期望"，它共分为四个部分：一般原则、计算机存储设备的合理隐私期望、隐私和第三方财产的合理期望以及秘密搜索。阅读并总结这四部分的内容。

创建电子简历

学习目标

1. 描述电子简历的类型并说明它们分别适用于什么场景。
2. 讨论你在找工作时能够使用的网络策略。
3. 解释自我评价对写简历有什么作用。
4. 使用互联网来研究职业机会和潜在的雇主。
5. 开发有利于找工作的电子简历内容。
6. 记录有效的网站结构和设计组件。
7. 创建一个用于找工作的电子简历网站并将其放到互联网服务器上。

扩展模块 I 提供了创建电子简历的多种途径的导引。电子简历是你发布在网站上用于吸引潜在雇主的简历。本章还覆盖了其他一些重要话题，比如创建客观的陈述，使用有力的动词来描述你自己和取得的成绩。

可以在本书的网站上找到扩展学习模块 I：www.mhhe.com/haag。

扩展学习模块 J

运用 Microsoft Access 创建一个数据库

学习目标

1. 理解利用 Microsoft Access 的数据定义语言实现关系数据库结构的必要步骤。
2. 展示如何利用 Access 的数据操作子系统来输入或修改数据库信息，以及如何查询该信息。
3. 解释如何使用 Access 的应用程序生产子系统来产生报表和数据输入界面。

J.1 引言

几年前，你搜索 Monster.com 就可以发现上百个工作岗位都要求具备 Excel（即电子表格软件）的知识。今天，大多数公司都希望你会 Excel——这已经不再能帮助你找到一份工作，而成为获得面试机会的必要条件。

今天，掌握数据库管理系统软件的知识已经成为大多数人寻找工作时的竞争优势，而微软的 Access 就是其中最受欢迎的一款软件。

很多要求熟悉数据库管理系统软件的工作如下：

· 高级财务分析师	· 高级会计
· 物料控制专家	· 健康管理分析师
· 财产管理员	· 贷款审计员
· 监管事务专家	· 质量检验员
· 工资协调员	· 地区销售经理
· 索赔助理	· 产品需求分析师
· 薪酬经理	· 定量市场研究员
· 政策分析师	· 销售规划专业人员
· 服务团队领导人	· 市场经理

如果你仔细查看上面的清单，可以发现没有一项工作是专门针对 IT 的。相反，它们代表了在金融、物流、零售、健康管理、市场营销等领域的工作缺口。如果你阅读扩展模块 K，你会发现涉及的每个商业领域——会计、金融、酒店和旅游管理、管理、市场营销、生产运作管理、房地产和建筑管理，都将数据库管理作为一项取得成功所必需的 IT 技能。

这就是我们写这个模块的原因——掌握数据库管理系统软件的知识可以在你的专业领域帮助你。虽然它可能不会帮助你找到一份非常好的工作，但你的工作职责将很可能包含某些形式的信息管理。数据库管理系统软件可以帮助管理这些信息。

J.2　所罗门公司数据库

在第 3 章中，我们讨论了数据库在组织中扮演的重要角色。我们接着学习了扩展模块 C，在其中你可以学到如何设计关系型数据库的正确结构。该模块包含以下四个主要步骤：

（1）定义实体类和主键。

（2）定义实体类之间的关系。

（3）为每一个关系（术语"关系"和"表"通常指数据库环境下的文件）定义信息（字段）。

（4）使用数据定义语言创建你的数据库。

在扩展学习模块 C 中，你已经完成了上面前三个步骤。在本模块中，我们将借助微软 Access 软件帮助你完成第四步——使用数据定义语言创建数据库，微软 Access 软件是最受欢迎的个人数据库管理系统包（它是微软 Office 办公套件的一部分）。

我们也将向你展示如何使用微软 Access 的数据操作子系统，包括如何输入或修改信息、创建查询，如何使用应用程序生产子系统来创建报表和输入窗体。

在图 J-1 中，我们已经重新创建了在扩展学习模块 C 中定义的所罗门企业数据库结构。如果你学习那个模块已经有一段时间了，我们建议你在创建数据库之前复习一下。

混凝土类型（Concrete Type）关系

混凝土类型	类型描述
1	供民用地基和人行道使用
2	供商业建筑物地基和人行道使用
3	供斑点花纹涂装（同细砂砾一起）使用
4	供粘胶大理石（同有碎大理石一起）使用
5	供粘胶贝壳（同贝壳一起）使用

客户关系

客户编号	客户名称	客户电话	客户主要联系人
1234	Smelding Homes	3333333333	Bill Johnson
2345	Home Builders Superior	3334444444	Marcus Connolly
3456	Mark Akey	3335555555	Mark Akey
4567	Triple A Homes	3336666666	Janielle Smith
5678	Sheryl Williamson	3337777777	Sheryl Williamson
6789	Home Makers	3338888888	John Yu

员工关系

雇员ID	雇员姓	雇员名	雇用日期
123456789	Johnson	Emilio	2/1/1985
435296657	Evaraz	Antonio	3/3/1992
785934444	Robertson	John	6/1/1999
984568756	Smithson	Allison	4/1/1997

图 J-1　我们将要实现的数据库结构

供应商关系

供应商ID	供应商名称
412	Wesley Enterprises
444	Juniper Sand & Gravel
499	A&J Brothers
999	N/A

货车关系

货车号	货车类型	购买日期
111	Ford	6/17/1999
222	Ford	12/24/2001
333	Chevy	1/1/2002

订单关系

订单号	订单日期	客户号	交货地址	混凝土类型	数量	货车号	司机ID
100000	9/1/2004	1234	55 Smith Lane	1	8	111	123456789
100001	9/1/2004	3456	2122 E. Biscayne	1	3	222	785934444
100002	9/2/2004	1234	55 Smith Lane	5	6	222	435296657
100003	9/3/2004	4567	1333 Burr Ridge	2	4	333	435296657
100004	9/4/2004	4567	1333 Burr Ridge	2	8	222	785934444
100005	9/4/2004	5678	1222 Westminster	1	4	222	785934444
100006	9/5/2004	1234	222 East Hampton	1	4	111	123456789
100007	9/6/2004	2345	9 W. Palm Beach	2	5	333	785934444
100008	9/6/2004	6789	4532 Lane Circle	1	8	222	785934444
100009	9/7/2004	1234	987 Furlong	3	8	111	123456789
100010	9/9/2004	6789	4532 Lane Circle	2	7	222	435296657
100011	9/9/2004	4567	3500 Tomahawk	5	6	222	785934444

原材料关系

原材料ID	原材料名称	QOH	供应商ID
A	Water	9 999	999
B	Cement paste	400	412
C	Sand	1 200	444
D	Gravel	200	444
E	Marble	100	499
F	Shell	25	499

物料清单关系

混凝土类型	原材料ID	单位
1	B	1
1	C	2
1	A	1.5
2	B	1
2	C	2
2	A	1
3	B	1
3	C	2
3	A	1.5
3	D	3
4	B	1
4	C	2
4	A	1.5
4	E	2
5	B	1
5	C	2
5	A	1.5
5	F	2.5

图 J-1 （续）

J.2.1　创建所罗门企业数据库结构

正如我们过去所说的，创建了一个 Word 文档或 Excel 工作簿后就可以开始输入信息了，而向数据库输入信息则完全不同。你必须首先定义正确的数据库结构（查看扩展学习模块 C），然后在输入信息之前通过创建数据字典来创建数据库结构。数据字典包含数据库信息的逻辑结构。它包含每个关系（也叫表或文件）和每个关系所包含信息的描述。

为了使用 Microsoft Access 创建一个数据库，我们执行下面的步骤（见图 J-2）。我们假设你已经打开了 Microsoft Access。

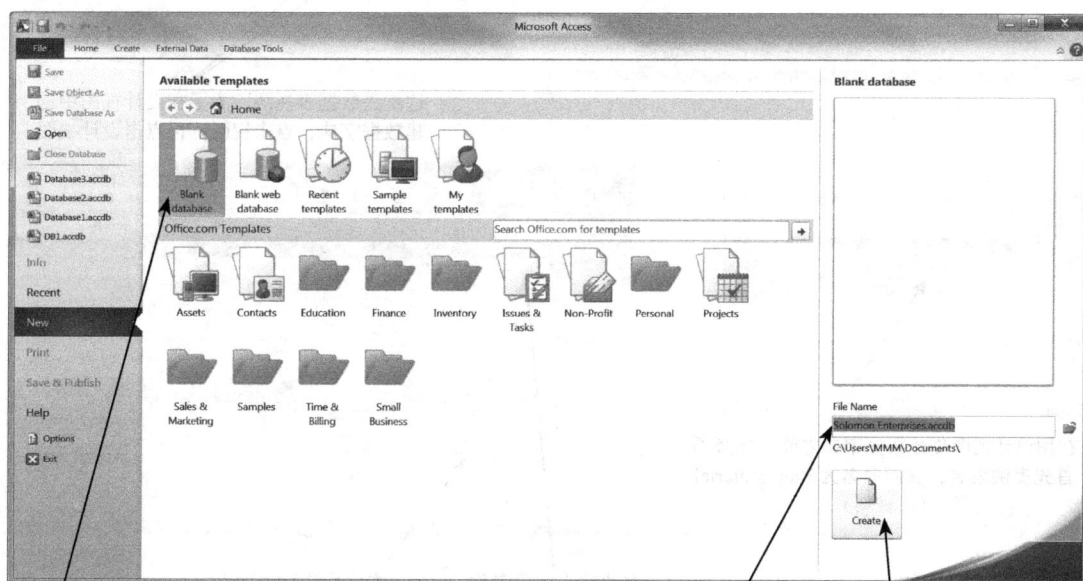

通过点击空数据库创建　　　　　　输入 Solomon Enterprises.accdb 作为　　点击创建
一个新的数据库　　　　　　　　　　数据库的名字

图 J-2　创建数据库的第一个步骤

（1）点击屏幕左上角处的**空数据库**。

（2）输入 Solomon Enterprises.accdb 作为数据库的名字。

（3）点击**创建**。

在本模块中，我们将包含许多步骤并通过屏幕截图（根据步骤编号）进行解释。

在我们完成这些步骤之后，我们看到图 J-3 中左上方的界面。现在我们已经使用 Solomon Enterprises.accdb 的名字创建了一个空白数据库。现在可以开始定义数据库结构了。

为一个关系创建数据字典有两种主要的方法：数据表视图、设计视图。它们的结果都一样。我们将用设计视图来完成这一任务。图 J-3 左上方的界面允许你使用数据表来创建一个关系。为了转换到设计视图，点击 Access 左上角的**视图**，然后点击**设计视图**（见图 J-3 中右上方的界面）。Access 将会询问文件的名字（见图 J-3 中左下方的界面），然后我们输入 Raw

Material（原材料）(点击**确定**)，这是我们要用到的第一个关系。然后，Access 会出现如图 J-3 中右下方所示的界面，这就是 Raw Material（原材料）关系的设计视图。

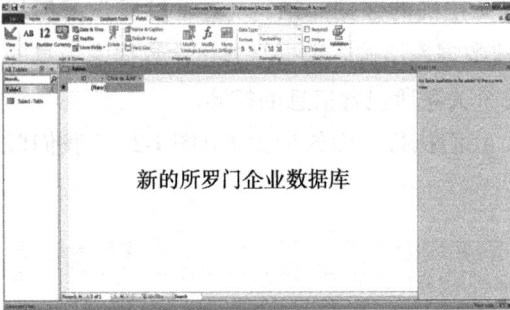

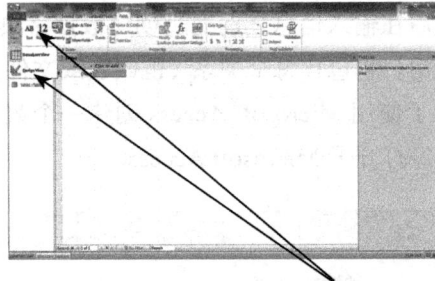

这就是数据表视图。为了在设计视图中创建数据字典，点击视图，再点击设计视图

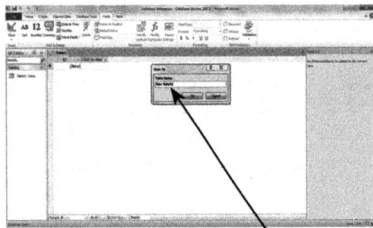

在用设计视图创建数据字典之前，你必须首先提供表名，我们命名为 Raw Material（原材料）

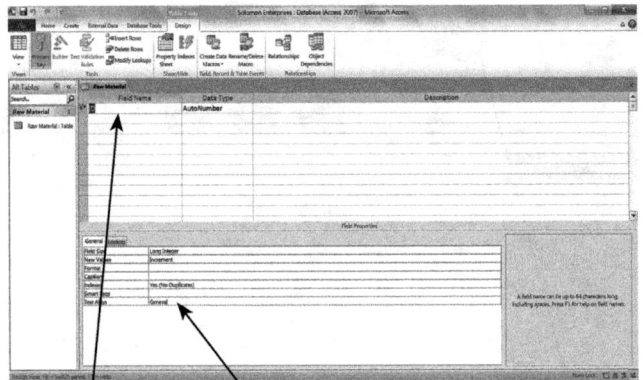

在此输入字段名称和数据类型　　在字段属性中输入其他的完整性约束

图 J-3　定义每个关系结构的第一个步骤

J.2.2　创建 Raw Material（原材料）关系结构

在图 J-3 中右下方的界面中，Access 允许我们为 Raw Material（原材料）关系输入字段名称、数据类型和说明（可选）。我们也可以在界面下方的"字段属性"中输入相关信息，这个区域显示了我们在界面上方选择的字段的各种属性。

输入了给定关系的所有信息后，就可以保存这个结构。然后重复这个过程，直到为数据库的每一个关系都创建了结构。我们将创建所罗门数据库中的三个关系结构。

首先，让我们在 Solomon Enterprises.accdb 中创建 Raw Material（原材料）关系的结构。Raw Material（原材料）关系有四个字段：Raw Material ID（原材料编号）、Raw Material Name（原材料名字）、QOH（现有数量）和 Supplier ID（供应商编号）。如图 J-3 中右下方的界面所示，Access 假设第一个字段名字是 ID，数据类型是自动编号（AutoNumber），这意味着第一条记录的编号会是 1，第二条记录的编号是 2，等等。如果你希望第一个字段采用这样的格式，你可以接受它，然后开始定义第二个字段。

　　但是，我们希望第一个字段的名字是 Raw Material ID（原材料编号），数据类型是文本类型（所有的数字和字母）。因此，我们点击第一行的"字段名称"列，删除 ID，输入 Raw Material ID（原材料编号）。然后移动到"数据类型"列（通过使用 Tab 键），点击下拉箭头，选择文本（Text）。这些操作的结果展示在图 J-4 中。现在，看一下屏幕上的字段属性，字段容量默认为 255 个字符，我们需要改为 1，因为 Raw Material ID（原材料编号）的范围是从 A 到 F。

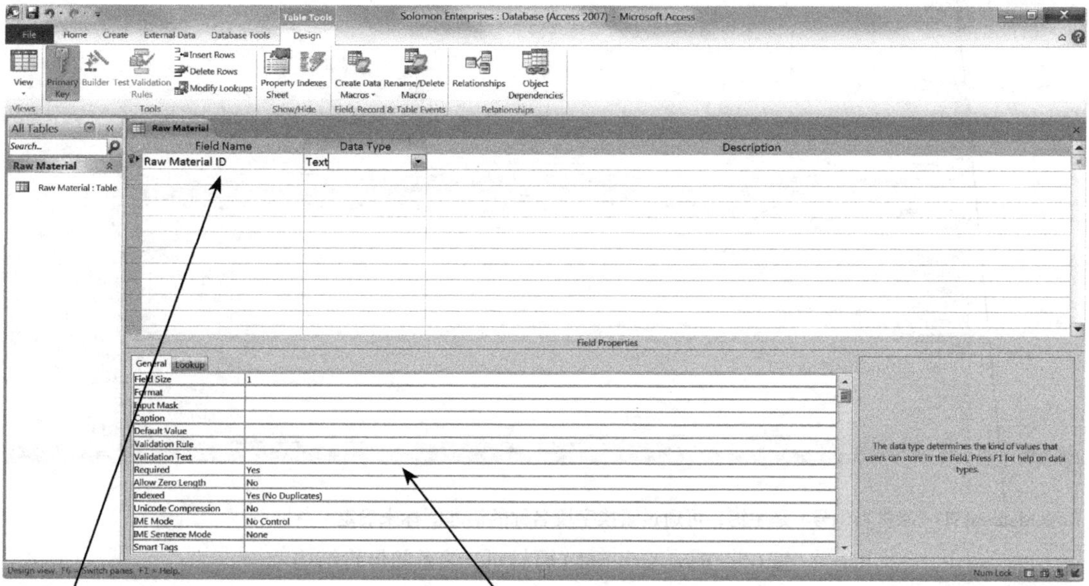

Raw Material ID（原材料编号）　　　　Raw Material ID（原材料编号）
　的数据类型为文本　　　　　　　　　　　有各种完整性约束

图 J-4　创建 Raw Material（原材料）关系结构

　　我们也把该字段的属性"必需"（Required）设为"是"，因为我们要求每一个原材料都有一个编号，这也是一个完整性约束的例子。完整性约束是一些确保信息质量的规则。我们也将属性"允许空字符串"（Allow Zero Length）修改为"否"，这就要求当新增一条记录时，必须填写 Raw Material ID（原材料编号）。在图 J-4 中可以看到这些修改的结果。

　　为了完成 Raw Material（原材料）关系结构的创建，我们点击字段名称列的第二行，然后依次为三个剩下的字段——Raw Material Name（原材料名字）、QOH（现有数量）和 Supplier ID（供应商编号）定义字段名称和数据类型。图 J-5 展示了 Raw Material（原材料）关系的最终结构。

　　当创建 QOH（现有数量）和 Supplier ID（供应商编号）的数据字典时，我们设置其数据类型为数值型，并且在字段属性框中设置"小数位数"（Decimal Places）为 0。对于供应商编号，我们也修改属性"必需"（Required）为"是"，因为我们想知道哪个供应商提供了对应的原材料。这些都是完整性约束的例子，Access 将会强制执行。

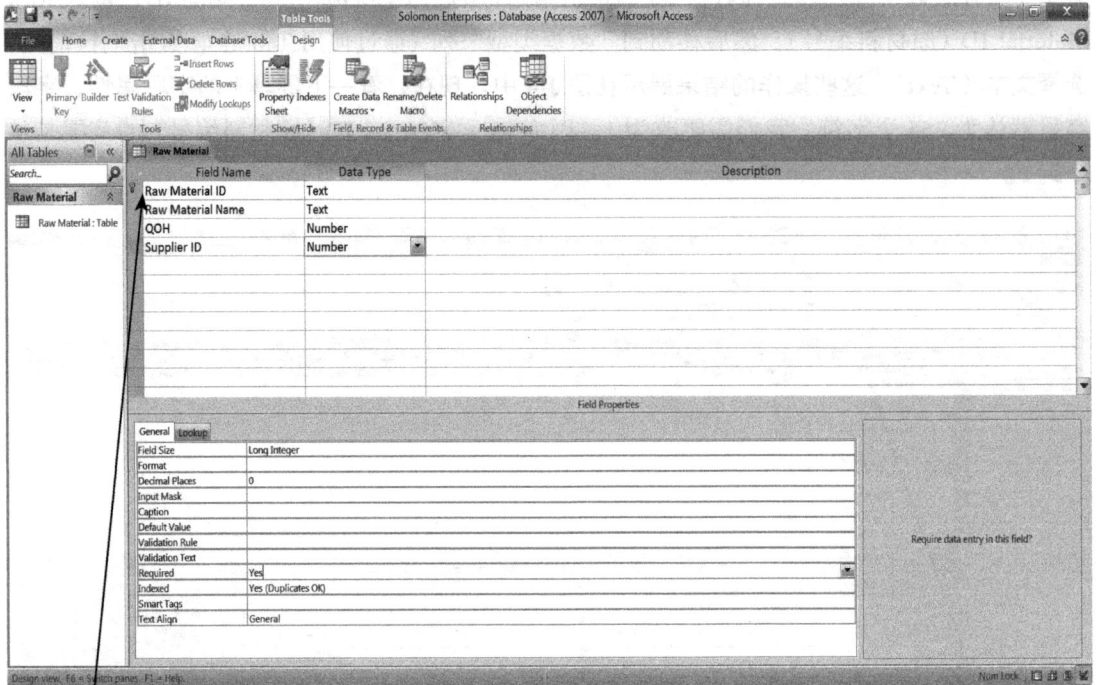

Raw Material ID（原材料编号）是主键，可通过紧挨字段名称的钥匙图标来确定

图 J-5　Raw Material（原材料）关系的最终结构

　　Access 默认将第一个字段设置为主键。一个主键是唯一标识每条记录的一个字段（或一个字段组）。在我们的例子中，第一个字段 Raw Material ID（原材料编号）就是主键。如果你需要改变这个，用鼠标点击拟设置为主键的字段，然后点击菜单栏的主键（Primary key）按钮。

　　点击屏幕左上角的保存按钮（磁盘图标）以保存结构（如果做出了修改，就需要保存）。

J.2.3　创建Concrete Type（混凝土类型）关系结构

　　为了创建剩余的关系结构，你只要简单地按照前几节介绍的那样做。现在让我们创建 Concrete Type（混凝土类型）关系结构。我们使用设计视图（完成上一任务后，你应该还打开着原材料关系的设计视图界面）来创建 Concrete Type（混凝土类型）关系，点击菜单栏的创建（Create），然后点击表（Table）按钮。

　　你会在数据表视图中再次看到一张未命名的空白表格。点击视图（View）按钮，选择设计视图（Design View），然后输入表的名字（在本例中是 Concrete Type），点击确定。你将会看到和图 J-3 中右下方界面类似的界面（我们用来创建 Raw Material 关系），不同的是，现在我们将用其来创建 Concrete Type（混凝土类型）关系。

在图 J-6 中，我们输入了 Concrete Type（混凝土类型）和 Type Description（类型说明）这两个字段的名称。同时，表的名字也是 Concrete Type（混凝土类型），只要不违背你的目标，这也是可以的。Concrete Type（混凝土类型）是一个数值字段（Number），而类型说明是一个文本字段。正如你通过字段名左侧的钥匙图标所观察到的，Concrete Type（混凝土类型）是主键。

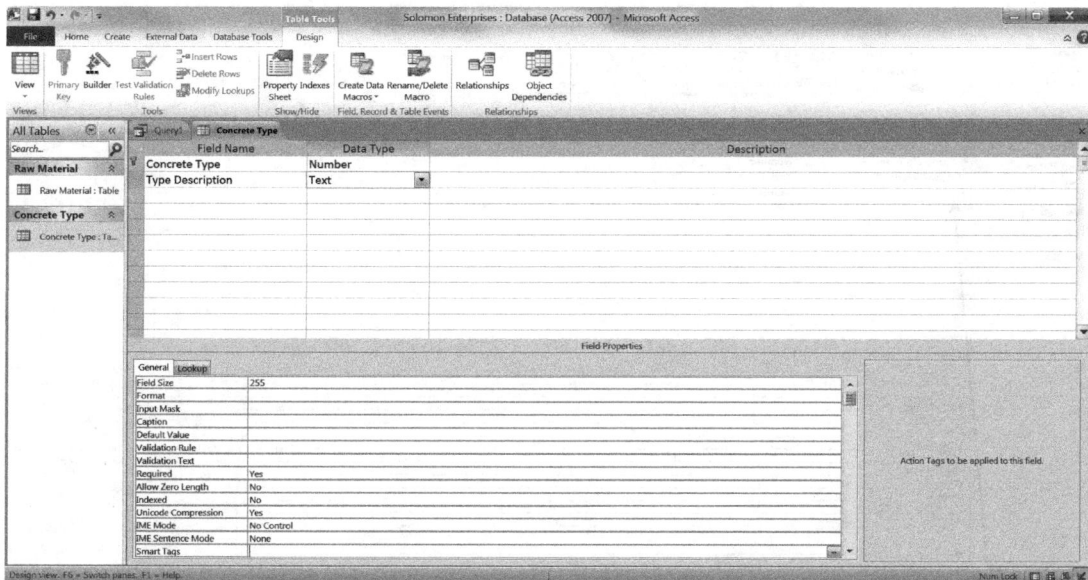

图 J-6　创建 Concrete Type（混凝土类型）关系结构

具体而言，我们对于每个字段的字段属性做了如下的一些修改：

Concrete Type（混凝土类型）

小数位数（Decimal Places）：5

必需（Required）：是

Type Description（类型描述）

必需（Required）：是

允许空字符串（Allow Zero Length）：否

我们通过修改这些字段属性来增强完整性约束，然后我们点击界面左上方的保存（Save）按钮来保存表的结构。

J.2.4　创建 BILL OF MATERIAL（物料清单）关系结构

我们要创建的最后一个关系是 BILL OF MATERIAL（物料清单）。在图 J-7 中，我们已经输入了字段名称和类型。

这个关系与其他关系有所不同，因为它有一个复合主键。一个复合主键由来自两个关系的主键构成。你通过创建一个关联关系（有时也称复合关系）来消除多对多联系。在扩展学习模块 C 中，我们创建了 BILL OF MATERIAL（物料清单）关系来消除 Concrete Type（混凝土类型）和 Raw Material（原材料）之间的多对多联系。所以，BILL OF MATERIAL（物料清单）的主键包含两个字段：来自 Concrete Type（混凝土类型）的混凝土类型和来自 Raw Material（原材料）的原材料编号。BILL OF MATERIAL（物料清单）的主键是一个复合主键。确保像之前的那些表一样准确地定义了混凝土类型和原材料编号。

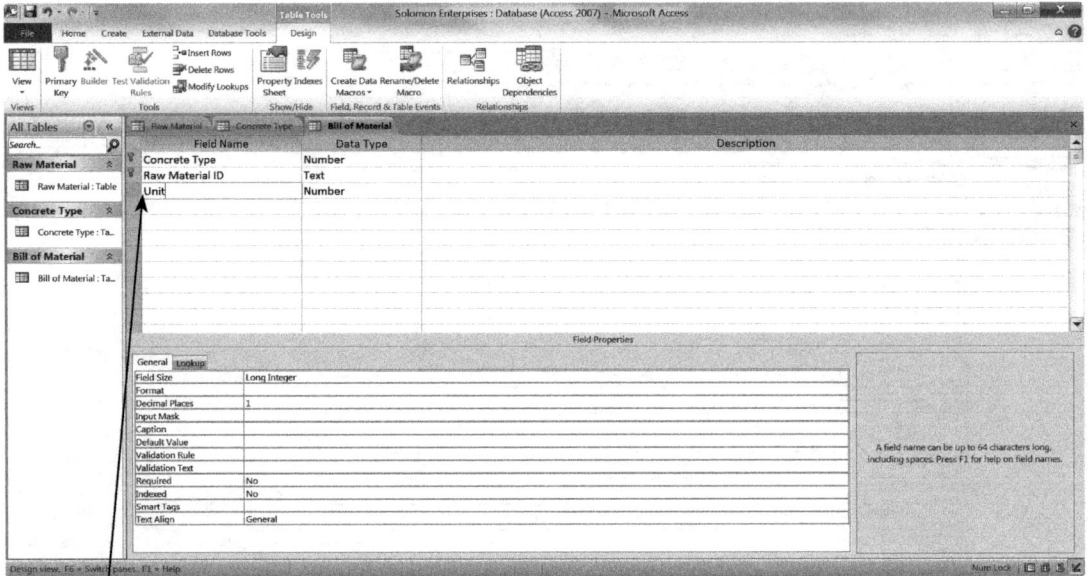

物料清单（BILL OF MATERIAL）关系是一个复合关系，意味着它的主键由两个字段组成（混凝土类型和原材料编号）

图 J-7　创建 BILL OF MATERIAL（物料清单）关系结构

通过以下步骤来识别共同构成主键的两个字段：

（1）通过输入字段名称和属性来定义关系的基本结构。

（2）将鼠标指针（pointer）移动到复合主键的第一个字段名称的左边（鼠标指针将会变为一个指向右边的箭头）。

（3）点击该行，并且不要松开鼠标。

（4）拖动指针，使复合主键的第二个字段也变为突出显示。

（5）松开鼠标。

（6）点击主键（Primary Key）按钮。

钥匙图标将会出现在两个选中字段的左边，表明它们共同组成了一个复合主键。

你现在需要为 Employee（员工）、Order（订单）、Supplier（供应商）、Truck（卡车）和 Customer（客户）创建关系结构。我们将这些任务留给你。然而，你可以用图 J-8 作为参考，该图提供了关系中每个字段的数据类型、键等属性的说明。

关系	说明
客户	Customer Number：主键，数字型，无小数，需要输入 Customer Name：文本，需要输入 Customer Phone：文本（你可以在区号周围添加括号或破折号），需要输入（可选） Customer Primary Contact：文本，需要输入(可选)
员工	Employee ID：主键，数字，无小数，需要输入 Employee Last Name：文本，需要输入（可选） Employee First Name：文本，需要输入（可选） Date of Hire：日期/时间，需要输入（可选）
供应商	Supplier ID：主键，数字，无小数，需要输入 Supplier Name：文本，需要输入（可选）
卡车	Truck Number：主键，数字，无小数，需要输入 Truck Type：文本，需要输入（可选） Date of Purchase：日期/时间，需要输入（可选）
订单	Order Number：主键，数字，无小数，需要输入 Order Date：日期/时间，需要输入 Customer Number：数字，无小数，需要输入 Delivery Address：文本，需要输入（可选） Concrete Type：数字，无小数，需要输入 Amount：数字，无小数，需要输入 Truck Number：数字，无小数，需要输入 Driver ID：数字，无小数，需要输入

图 J-8　余下关系的字段信息

J.3　定义所罗门企业数据的内部联系

到目前为止，我们已经创建了数据库的关系结构。换言之，我们明确定义了每个表中的字段名称和类型。正如读者所看到的，这个过程与创建一个字处理文档或工作簿有很大的不同。目前，我们还没有在数据库中输入任何信息。此外，我们还需要关注最后一个结构问题，即定义所有关系或文件如何相互关联。

回忆我们在第 3 章和扩展学习模块 C 中的讨论，可以通过定义外键创建不同表之间的联系。一个外键是一个文件（关系）的主键，同时又出现在另一个文件（关系）中。图 J-9 展示了外键和主键之间的逻辑联系。

需要指出的是，所有的外键和原表中的主键的字段名相同，除了 Employee ID（员工编号），该字段在订单关系中是 Driver ID（驾驶员编号）。

创建主键和外键之间的联系非常重要。通过建立联系，DBMS 可以强制执行完整性约束，禁止输入不一致的信息。例如，当定义 Raw Material（原材料）关系中的 Supplier ID（供应商编号，来自供应商关系）为外键时，DBMS 将不允许我们在原材料关系中输入一个在供应商关系中不存在的供应商编号。这是有商业意义的：你不能从一个不存在的供应商处获取原材料。

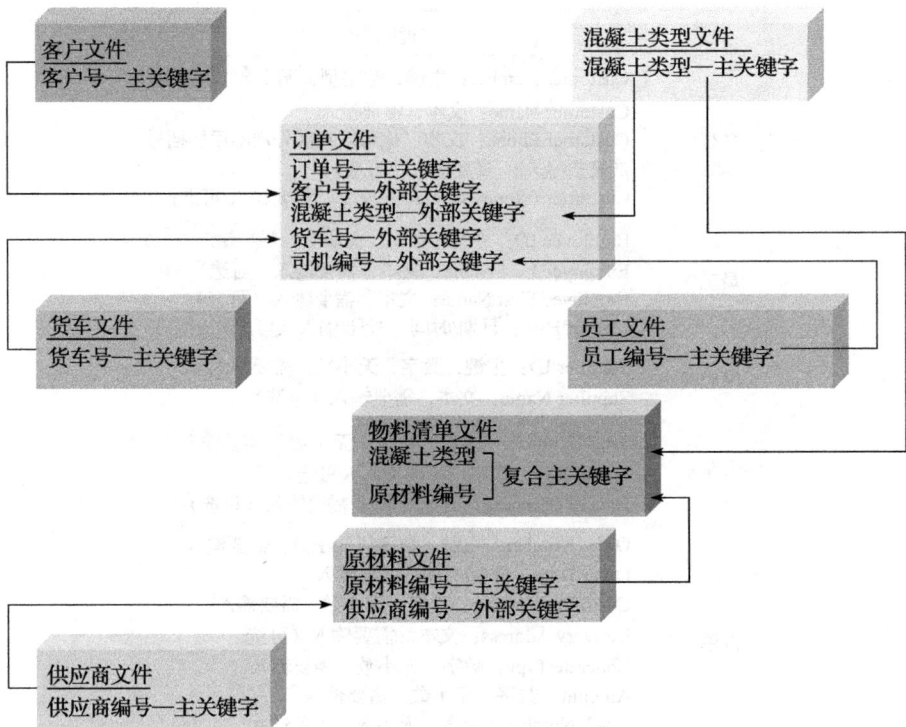

图 J-9   主键和外键的逻辑联系

　　在创建这些联系之前，你需要关闭所有已经打开的表。你可以简单地在标签上单击右键然后选择关闭。为了创建联系，你要告诉 Access 哪个字段是外键，点击菜单栏的数据库工具，然后点击关系按钮。你就可以看到图 J-10。注意这里列出了我们数据库中的所有关系。当你第一次开始这个过程时，背景中的画板是空白的。要确定联系，你就需要让每一张表都出现在画板上。只要突出显示每一个关系，然后点击添加，就可以让每一个关系都出现在画板上。当所有表都出现在画板上后，点击关闭按钮，显示表对话框就消失了，此时，你已经可以定义所有表之间是如何相互关联的。

　　为了定义表之间的相互联系（你必须严格遵循此步骤），点击并拖动每一个主键到其对应的外键，然后释放鼠标。一旦你拖动主键到其对应的外键，你将会看到编辑关系对话框（见图 J-11）。在这个对话框里，我们选中"实施参照完整性"，然后点击创建。

　　当拖动一个主键到一个外键时，Access 将假设该关系是一对多关系（1：M）。也就是说，一个主键将作为一个外键多次出现，而一个外键能且只能作为一个主键出现一次。如果按照相反的顺序来执行这个过程（拖动外键到主键上），则这个关系也将是反向的（M：1），而这并不是想要的结果。

　　你也需要选择强制实施参照完整性。这样，DBMS 将会确保当在一个关系中输入一个外键的时候，这个外键一定和另一个关系中的主键相对应。图 J-11 展示了我们把原材料关系的原材料编号拖到物料清单关系里的原材料编号时的编辑关系对话框界面。同样，我们也选择"实施参照完整性"并点击创建按钮，以得到其他各个表之间的连线。

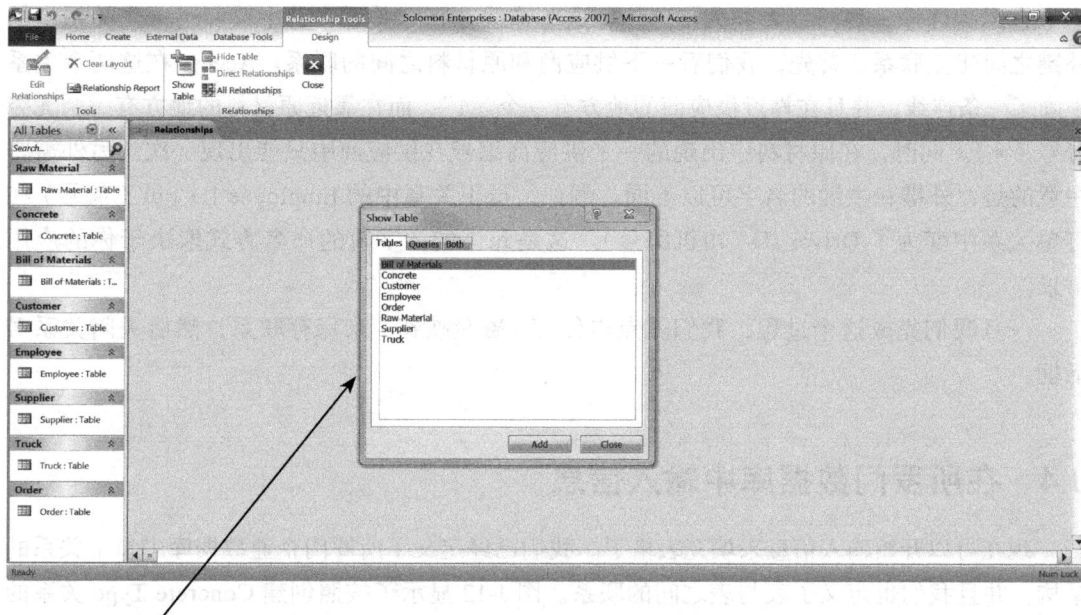

当你第一次开始该过程时，联系面板是空的。当你高亮显示每一个关系时，
在显示表对话框中点击添加按钮，关系就会在面板中出现

图 J-10　定义数据库中联系的第一步

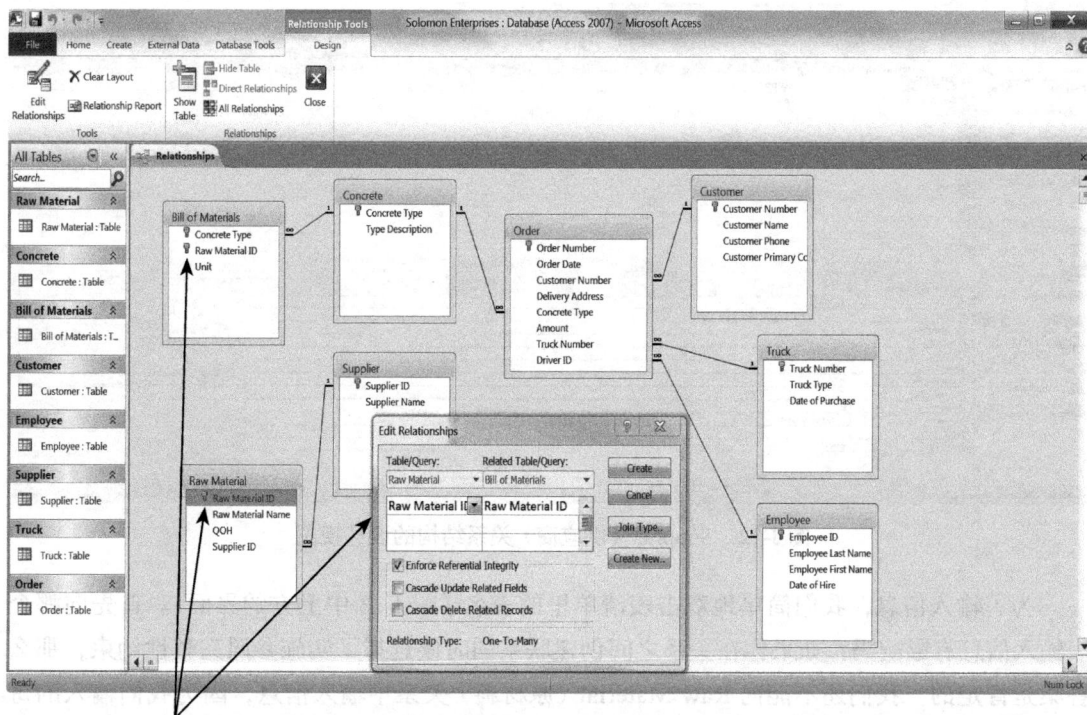

当把原材料关系中的原材料编号拖动到物料清单关系上时，会弹出"编辑关系"的对话框。一般来说，
应该开启"实施参照完整性"以防止数据库出现数据不一致。然后点击创建按钮得到连接线

图 J-11　为所罗门企业数据库定义联系

在图 J-11 中，你可以看到大量连线，这些连线在一个关系中的主键和另一个关系中的外键之间建立联系。首先，我们看一下供应商和原材料之间的联系。Access 在这两个关系中画了一条连线，并且在靠近供应商的地方有一个"1"，而在靠近原材料的地方有一个无穷符号（∞）。同时，在原材料中出现的一个供应商编号在供应商中只能出现一次。另外需要注意的是，外键和主键的名字可以不同。例如，员工关系中的 Employee ID（员工编号）在订单关系中变为了 Driver ID（司机编号）。这是允许的，字段的命名方式取决于你的应用背景。

一旦我们完成这个过程，我们就点击保存（磁盘按钮）来保存联系，然后关闭关系对话框。

J.4　在所罗门数据库中输入信息

现在可以开始输入信息来填充表格了。我们已经定义了所罗门企业数据库中每个关系的结构，并且我们也定义了表与表之间的联系。图 J-12 显示了按照创建 Concrete Type 关系的方法来创建 Supplier 关系的设计视图。

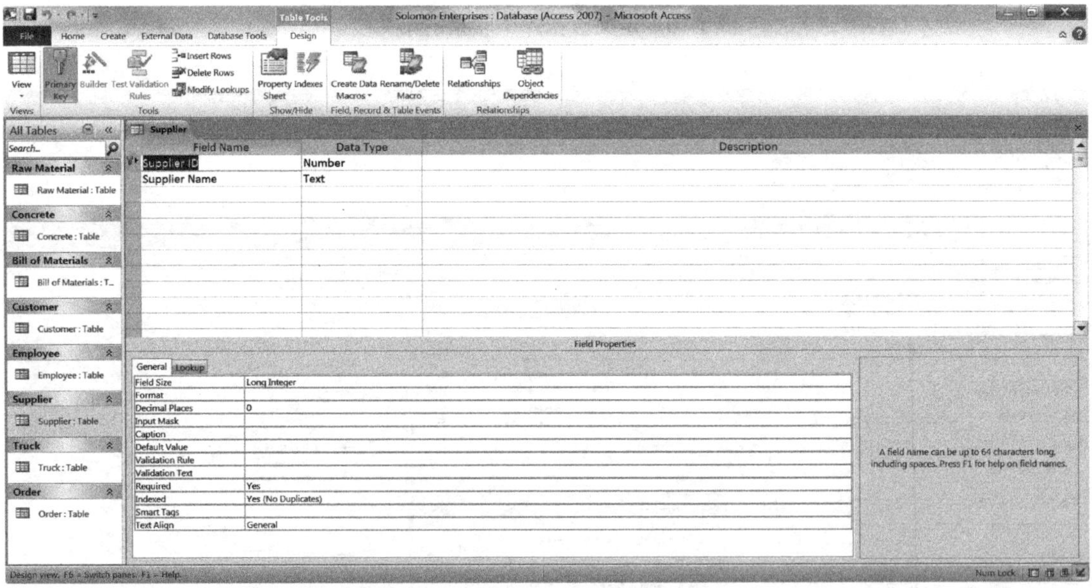

图 J-12　Supplier（供应商）关系结构的设计视图

为了输入信息，我们简单地双击表清单里的表名（图 J-13 中上方的界面）。首先向哪个表输入信息有影响吗？如果你在关系之间创建联系的时候选择了实施参照完整性约束，那么答案是肯定的。我们还不能向 Raw Material（原材料）关系中输入信息，因为我们输入的每行数据都需要填写 Supplier ID（供应商编号），而我们还没有在 Supplier（供应商）关系中输入 Supplier ID（供应商编号）信息。因此，如果在 Raw Material（原材料）关系中输入一个在 Supplier（供应商）关系中不存在的 Supplier ID（供应商编号），将会违反参照完整性约束，Access 将会显示一个错误信息并不允许执行下一步的操作。

在这些具有外键的关系中输入信息之前，首先需要在含有在其他表中定义为外键的主键的表中输入信息。因此，我们在向 Raw Material（原材料）、Bill of Material（物料清单）和 Order（订单）关系中输入信息之前，必须完成 Concrete Type（混凝土类型）、Customer（客户）、Employee（员工）、Supplier（供应商）以及 Truck（卡车）的信息输入。

在图 J-13 左下方的界面中，看到已经打开的 Supplier（供应商）关系，现在可以开始输入信息。在向每个字段输入合适的信息之后，使用 Tab 键移动光标到下一个字段或下一行。一旦完成所有信息的输入（图 J-13 右下方的界面），关闭 Supplier（供应商）表的标签页，Access 将自动保存输入的信息。然后，可以继续在其他表中输入信息。

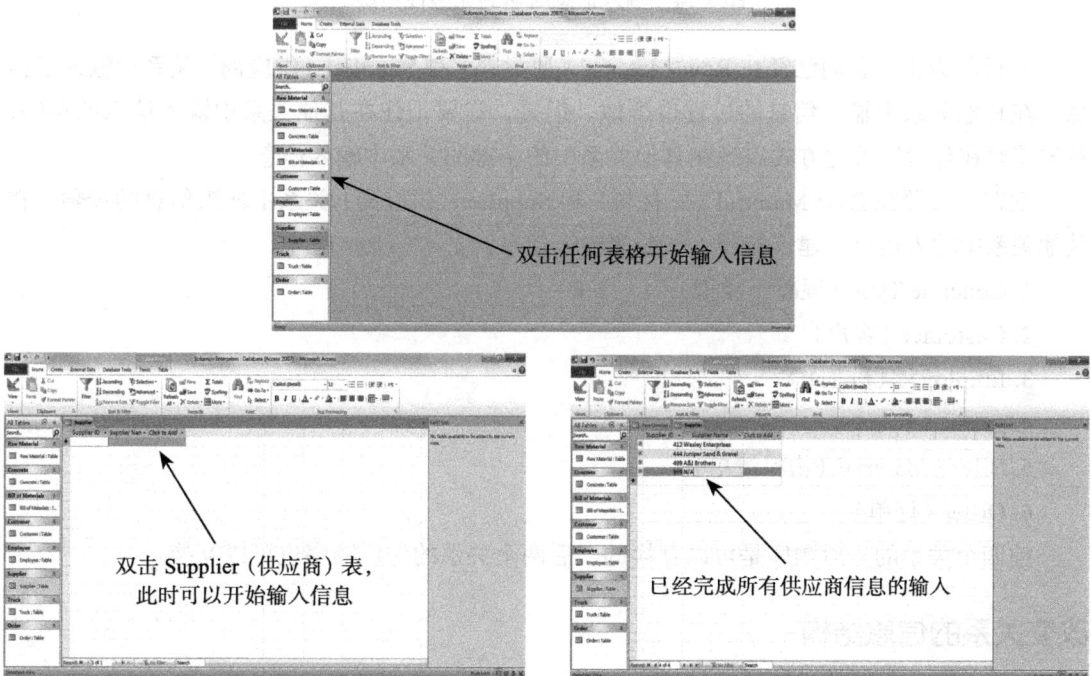

图 J-13　在 Supplier（供应商）关系中输入信息

接下来，将在 Raw Material（原材料）中输入信息，该表具有一个外键——Supplier ID（供应商编号）。图 J-14 左侧的界面中，我们已经输入了一些信息，然而，错误消息提示，我们输入了一个错误的 Supplier ID（输入了 445，而不是 444）。当我们建立 Raw Material（原材料）和 Supplier（供应商）之间的联系时，开启了实施参照完整性约束，所以 Access 将不允许在 Raw Material（原材料）关系中输入一个在 Supplier（供应商）关系中不存在的 Supplier ID（供应商编号）。这就是出现错误提示对话框的原因。如果我们点击确定，Access 将会让我们修复这个问题。如果我们不修复这个问题并且试图关闭这个窗口（图 J-14 中右侧的界面），Access 将会打开一个新的警告信息窗口，提示将不会保存错误的信息（尽管正确的信息将被保存）。

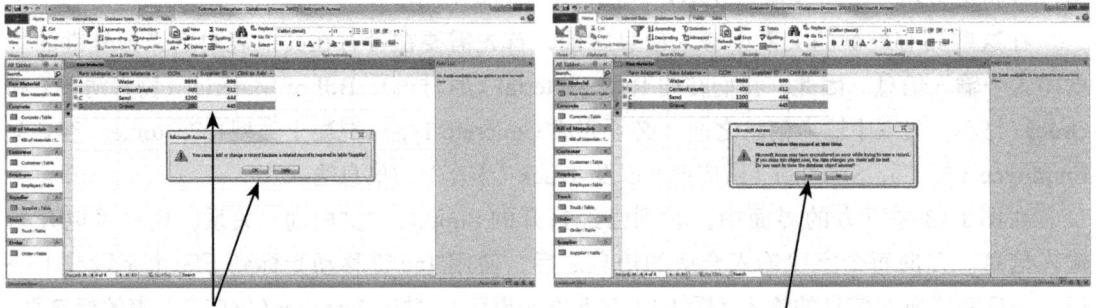

因为我们输入了在供应商关系中不存在的
供应商 ID，Access 将不允许继续下一步

如果试图关闭信息输入窗口，Access
将允许你改变信息或仅保存正确信息

图 J-14　输入信息时遇到完整性错误

　　到目前为止，我们已经在 Raw Material（原材料）和 Supplier（供应商）关系中输入了信息。在其他关系中输入信息的过程也类似。但是，需要记住在其他关系中输入信息的顺序，首先需要在包含以外键方式出现在其他关系中的主键的关系中输入信息。

　　现在，按照在 Raw Material（原材料）和 Supplier（供应商）关系中输入信息的步骤，在其他关系中输入信息。建议按照以下顺序输入信息：

　　1. Concrete Type（混凝土类型）

　　2. Customer（客户）

　　3. Employee（员工）

　　4. Truck（卡车）

　　5. Bill of Material（物料清单）

　　6. Order（订单）

　　前四个关系的先后顺序是可以互换的，后两个关系的先后顺序也可以互换。

改变关系的信息结构

　　很容易对任何关系的信息或结构进行修改。然而，当删除用于建立两张表之间联系的字段时，要特别小心。

　　在关系中添加、改变和删除记录则更为简单。如果要添加一条记录，只需要打开关系，然后在底部添加新的信息即可。回忆打开关系的方法——在 Access 界面左侧的表清单上双击表名。如果要修改字段的内容，点击对应的字段，然后修改。要删除一个记录，突出显示想要删除的那条记录（行），然后按下键盘上的删除键。

　　要改变关系的结构，需要打开关系的设计视图。首先双击表名打开表，Access 会展示该表的数据表视图（图 J-15 中左侧的界面）。为了打开设计视图界面，点击视图按钮，然后选择设计视图，Access 将展示表的设计视图，然后就可以修改关系的结构了（图 J-15 中右侧的界面）。

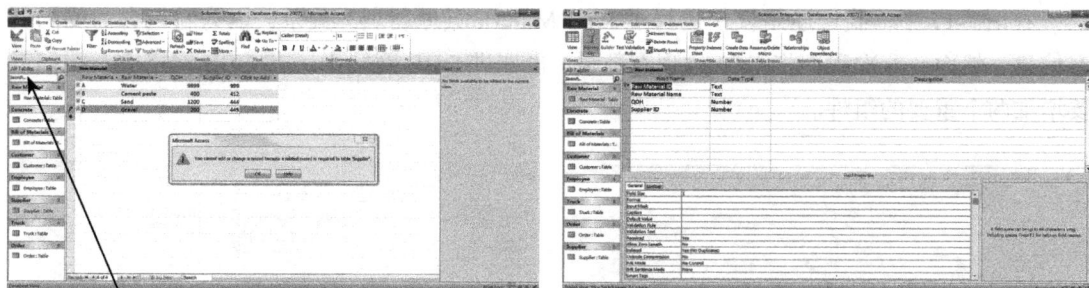

在数据表视图（Datasheet View）中，通过
点击视图（View），然后再点击设计视图
（Design View），可以修改关系的结构

在设计视图（Design View）中，可以修改表的结构

图 J-15　改变关系的结构

J.5　利用关系创建简单查询

创建查询的最简单方式是使用实例查询工具。实例查询（QBE）工具帮助你用图表的方式设计问题的答案。例如，我们想要看所有原材料的名字和相应的供应商 ID。所有的信息都保存在原材料关系中，由于仅仅涉及一个关系，所以这个查询相对简单。当然，实际上，所罗门数据库很小，查询并没有很大意义，因为可以直接打开原材料关系查看需要的信息。然而，本节的目的是介绍实例查询工具的使用。在下一节中，我们将会建立更加复杂的查询。但是，首先要考虑一个简单的查询。

建立一个仅仅使用原材料关系的简单查询，需要执行以下步骤（见图 J-16）：

（1）点击菜单栏的**创建**，然后点击**查询设计**按钮。

（2）在显示表对话框中，选择合适的表，点击**添加**，然后关闭显示表对话框。

（3）将希望出现在查询结果中的字段拖动到 QBE 网格中。

（4）点击**运行**按钮条（感叹号图标）。

如图 J-16 所示，按照上述过程选择 Raw Material（原材料）关系，将 Raw Material Name（原材料名称）和 Supplier ID（供应商编号）拖至 QBE 网格。点击运行按钮，Access 将会返回每一行的原材料和供应商编号。

如果想在随后继续使用这个查询，可以保存这个查询，并为该查询提供一个唯一的名字，例如原材料和供应商。这样，下次需要这种信息时，只要在数据表视图（显示信息的视图）里打开这个查询即可，而不是重新创建查询。

含有条件的简单查询（条件查询）

仅仅利用一个关系创建查询很容易。所以，我们在查询中增加一个要求。假设想要看来自哪些供应商的哪些原材料的数量超过 400 单位。这是一个条件查询，因为它将基于某些条件返回结果。这个条件查询需要在上述步骤的基础上增加一些额外的步骤。

在图 J-17 中，我们还是仅仅选择了 Raw Material（原材料）关系，因为它包含需要的所有信息。然而，这次我们将 QOH（现有数量）也拖进 QBE 网格中。在 QBE 网格中，我们需要增加两个重要的组件。

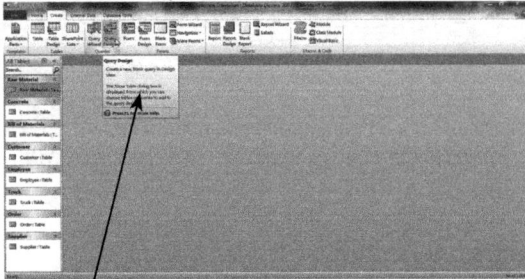

1. 点击创建（Create），再点击查询设计 (Query Design)

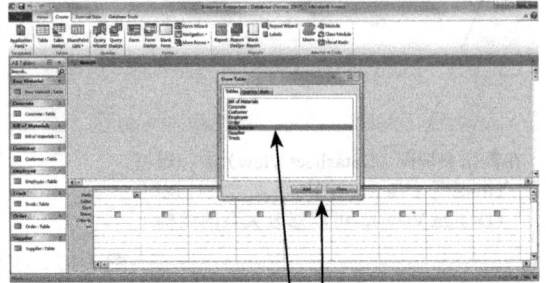

2. 选择合适的表，点击添加，然后关闭对话框

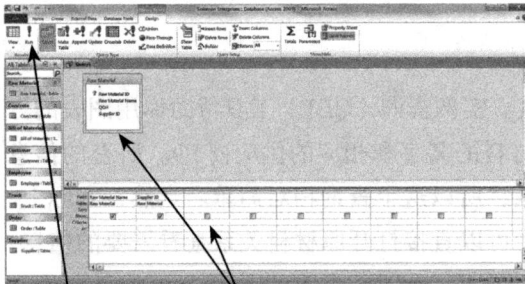

4. 点击运行查看查询结果

3. 将原材料关系的原材料名称和供应商 ID 拖到 QBE 网格中

查询结果

图 J-16 利用一个关系创建简单查询

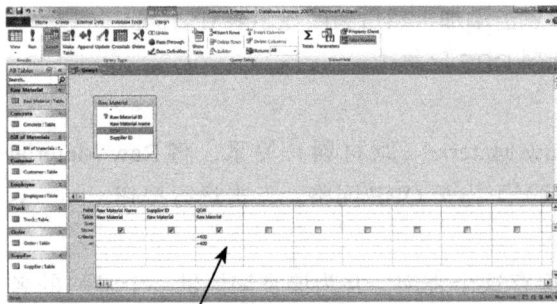

为了创建条件查询，将原材料表中的 QOH 添加 QBE 网格，并在条件区域设置 "=400" 或 ">400"

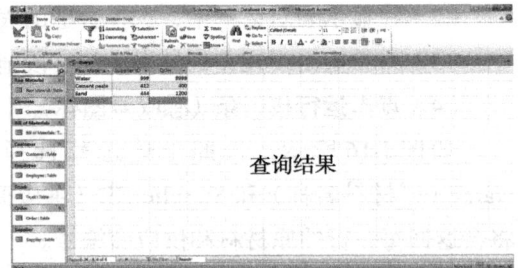

查询结果

图 J-17 利用一个关系建立条件查询

首先要取消对显示（Show）参数的选择。这样可以告诉 Access，我们需要使用现有数量作为查询的一部分，但是不希望它出现在查询结果中。然后，要在条件（Criteria）参数中输入 "=400"（没有引号），在右下方输入 ">400"（也不含引号）。这样可以告诉 Access，我们想要并且仅仅需要存量等于 400（"条件"行）或者大于 400（"或"行）的原材料信息。

如图 J-17 右方的界面所示，Access 仅显示了三种原材料的信息，它们就是所罗门公司存量不少于 400 的原材料。同时需要注意的是，查询结果并没有显示 QOH（现有数量）字段。

如果要查询碎石的供应商，需要将"碎石"（含或不含引号）输入到与 Raw Material Name(原材料名称) 对应的条件参数中，但是你必须确保拼写正确。字母是否大写无关紧要，但是正确的字母（包括数字和空格）出现在正确的位置上则至关重要。

J.6　利用多个关系创建高级查询

当需要从两个或多个不同的关系中查询信息时，该怎么办呢？ Access 可以处理这些问题。我们只需要告诉它从哪里获取信息，并确保这些表已经通过定义好的联系建立关联。比如，假设在一个查询中，我们想要显示 Raw Material ID(原材料编号)、Raw Material Name(原材料名称) 以及从所罗门公司从哪里获得这些材料，但要求显示 Supplier Name(供应商名字) 而不是 Supplier ID(供应商编号)。此时，我们需要 Raw Material(原材料) 关系和 Supplier(供应商) 关系，Access 将从原材料关系中获取供应商编号并将其与供应商关系中的供应商编号进行匹配，进而找到正确的供应商名字。

这个查询涉及两张表。但是 Access 可以在一个查询中处理来自多张表的信息，所以来看一个更加复杂的例子。假设所罗门的应收账款经理试图解决订单编号方面的问题。此时，经理想要知道下面的信息：

- 所有的订单号。
- 订单日期。
- 产品交货地址。
- 交货目的地联系人。
- 每次交货涉及的卡车。
- 驾驶交货卡车的司机。

首先，决定需要使用哪些关系。我们需要的字段保存在 Order（订单）、Customer（客户）、Employee（员工）和 Truck（卡车）关系中。所以，这些关系是我们将要使用的关系。

表	字　段
订单	订单编号 订单时间 交货地址
客户	客户主要联系人
员工	员工的姓
卡车	卡车类型

我们将遵循利用一个关系创建简单查询的相同步骤，并在生成复杂报表的时候做一些修改（见图 J-18）：

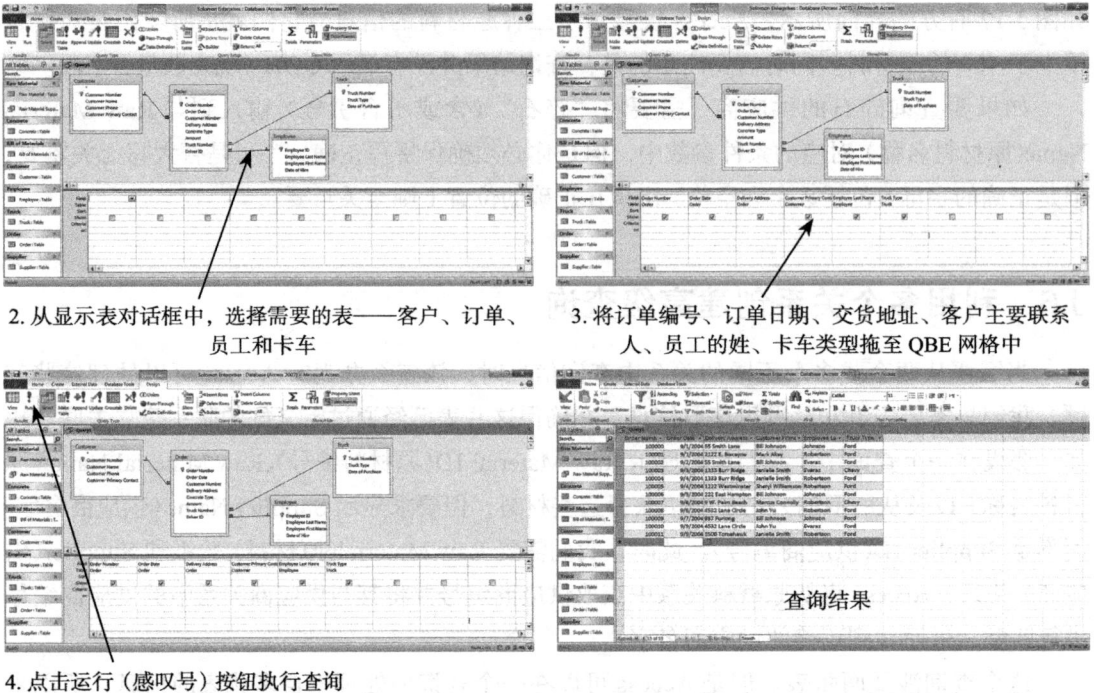

2.从显示表对话框中，选择需要的表——客户、订单、员工和卡车

3.将订单编号、订单日期、交货地址、客户主要联系人、员工的姓、卡车类型拖至 QBE 网格中

4.点击运行（感叹号）按钮执行查询

查询结果

图 J-18　利用多个关系创建高级查询

（1）点击菜单栏的**创建**，然后点击功能区的**查询设计**。

（2）在显示表的对话框中，选择对应的表（客户、订单、员工、卡车），每次选择后点击**添加**，最后关闭显示表对话框。在画板中，这些表通过主键和外键相互连接，每条连接线上靠近含主键的表的一端显示 1，靠近含外键的表的一端显示无穷符号（∞），这些符号代表了 1：M 的联系。

（3）按顺序从对应的关系中把对应的字段拖到 QBE 网格中。

（4）点击功能区的**运行**（感叹号图标）。

这就是建立高级查询的过程，并不比利用一个关系建立查询难多少。创建基于多表的查询的关键是确保这些表之间有正确的关联关系。正如我们之前所完成的三个查询例子，使用 QBE 工具创建查询并不难。你只需要简单地花一些时间来练习创建查询。所以，在学习创建报表之前，还是先花些时间创建一些查询。下面列出了一些你可以完成的查询。练习完成后，将你的结果与同学进行比较，以确保你们的查询都是正确的。

（1）显示所有客户的 Customer Number（客户编号）、Customer Name（客户名字）和 Customer Primary Contact（客户主要联系人）。

（2）显示所有订单的 Order Number（订单编号）、Delivery Address（交货地址）、Amount（数量）、Truck Number（卡车编号）。

（3）显示所有原料的 Raw Material ID（原材料编号）、Raw Material Name（原材料名称）、QOH（现有数量）。

（4）显示所有原材料的如下信息：Raw Material ID（原材料编号）、Raw Material Name（原材料名称）和 Supplier Name（供应商名称）。

（5）显示所有订单的如下信息：Order Number（订单编号）、Delivery Address（交货地址）、Amount（数量）、Driver ID（司机编号）。

（6）显示所有混凝土类型的如下信息：Concrete Type（混凝土类型）、Type Description（类型说明）、Raw Material ID（原材料编号）和 Unit（单位）。

（7）显示 Amount（数量）大于 4 的所有原材料的如下信息：Order Number（订单编号）、Order Date（订单日期）、Delivery Address（交货地址）、Truck Number（卡车编号）。

（8）显示使用 Truck Number（卡车编号）为 111 的所有订单的如下信息：Order Number（订单编号）、Order Date（订单日期）、Delivery Address（交货地址）。

J.7　生成简单报表

现在你已经知道如何创建数据库和查询，下面看看怎么使输出更加美观。数据表（或者查询）和报表之间的最根本区别在于报表是设计给人们看的，也就是说，它对信息有序地整理，以使其更为美观、易懂。输出内容包括表头和页脚，并且通常包含页码和日期。

我们以一个相当简单的例子开始。与表和查询的例子一样，可以使用设计视图或者对应的向导来创建报表。我们首先用报表向导创建一个简单的报表，然后再用设计视图创建一个更复杂的报表。

假如我们需要一个显示所有客户名字和电话的报表。这仅仅涉及一张表，因为我们需要的两个字段都在 Customer（客户）关系中。我们按照以下的步骤来创建这个报表（见图 J-19、图 J-20）：

（1）点击菜单栏的**创建**，然后点击**报表向导**按钮。

（2）选择表/查询：在这个界面中可以选择希望呈现在报表中的表或查询。我们选择在表/查询对话框中的**表：Customer**。

（3）选择字段：在这个界面中，可以在上一步选好的表或查询中选取需要的字段。所以，在**可用字段**下，我们选择 Customer Name（客户姓名）并且点击大于号（>），使其移到右边的"选定字段"列表中。接下来，我们选择 Customer Phone（客户电话）并且点击大于号（>），使其移到右边的"选定字段"列表中。然后，点击**下一步 >**。

（4）分组：这个界面可以对信息分组进行设置。这里我们接受默认设置，直接点击**下一步 >**。

（5）排序：这个界面可以对排序进行设置。我们选择不排序，所以直接点击**下一步 >**。

（6）报表的布局和方向：这个界面让你选择布局和页面方向。同样，我们接受默认设置，直接点击**下一步 >**。

（7）报表表头：我们可以在这个界面中输入报表的标题。所以，在标题框输入"客户报表"（没有双引号），点击**完成**。

（8）报表：报表按照在向导步骤中选择好的设置显示了所有客户及他们的电话号码（见

图 J-20）。

1. 点击创建，然后点击报表向导

2. 选择客户表

3. 点击每个字段进行选择，然后点击 >

4. 选择分组：我们在这个报表中不需要分组，点击 Next（继续）

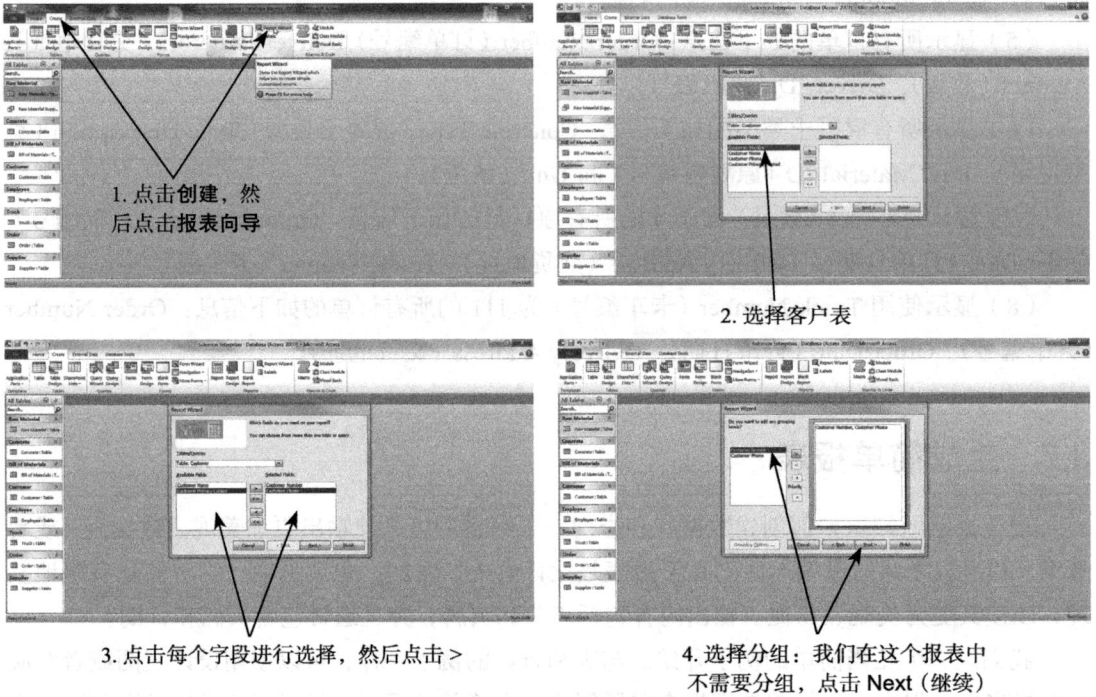

图 J-19　使用一个关系创建高级查询

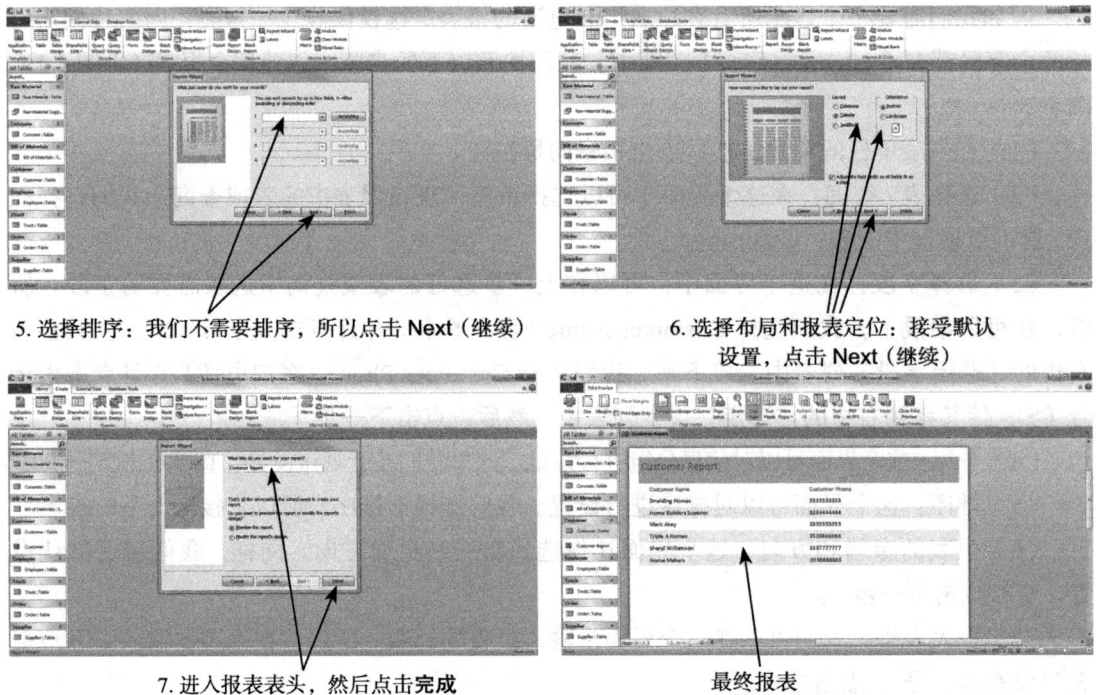

5. 选择排序：我们不需要排序，所以点击 Next（继续）

6. 选择布局和报表定位：接受默认设置，点击 Next（继续）

7. 进入报表表头，然后点击完成

最终报表

图 J-20　用一个关系创建一个报表

这份报表显示了我们需要的两个字段的信息，其输出格式是我们选择的更美观的样式，而不是简单地输出这两个字段的查询结果。

你可以选择使用**设计视图**或**布局视图**来修改报表。如果你需要改变报表的外观和给人的感觉，例如，希望重新调整字段的位置或字号时布局视图会更适合。相反，可以在**设计视图**中控制报表的任何方面。举个例子，可以增加文本框来显示运行报表的日期和时间。在这个报表里，我们使用相对简单的**布局视图**，在下一个报表中我们将会使用**设计视图**。

（1）点击**关闭打印预览**从而切换到其他视图（见图 J-21）。

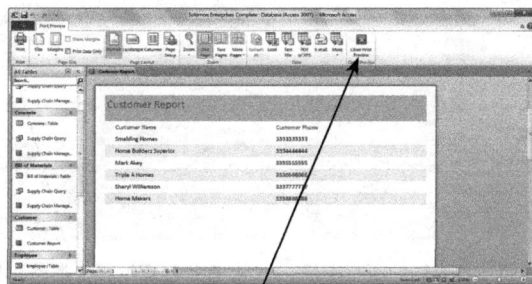

点击关闭打印预览

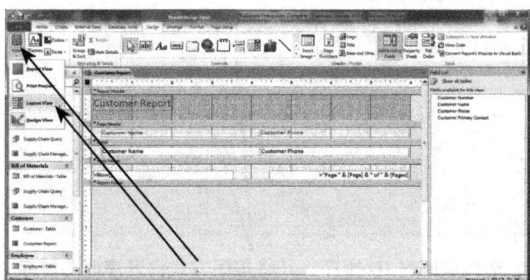

点击视图，选择布局视图

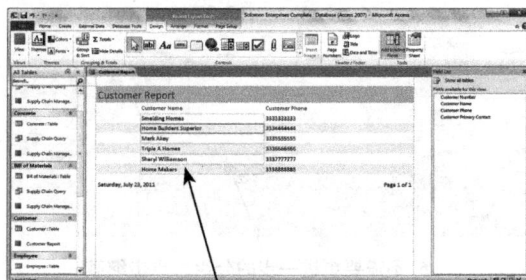

可以移动报表元素并修改报表的外观

图 J-21　在布局视图中修改报表的外观

（2）点击**视图**，选择**布局视图**。

（3）点击表头或某个数据条目，可以快速改变表头或数据的位置和字号。

J.8　生成含有分组、排序和汇总的报表

我们已经掌握了生成报表的基本步骤，下面来学习如何生成更复杂的报表。再来看扩展学习模型 C 中的供应链管理报表。该报表按照不同的混凝土类型分组显示原材料信息，包括每种原材料的单位。

我们将遵循制作客户报表的相同步骤，但是不再只是简单接受这些步骤中出现的默认选项。对于供应链管理报表，值得注意的第一件事就是此报表不止需要一张表。事实上，我们需要 Concrete Type（混凝土类型）关系中的 Concrete Type（混凝土类型）、Concrete Description（类型描述），Raw Material（原材料关系）中的 Raw Material ID（原材料编号

ID)、Raw Material Name（原材料名称），Bill of Material（材料清单）关系的 Unit（单位）字段，Supplier（供应商）关系中的 Supplier ID（供应商编号）、Supplier Name（供应商名称）。当然，我们可以依次选择每张表，然后从每张表中选取需要的字段。但是，我们先使用这些表构建一个查询，然后再把查询的结果转换成一份报表。这个过程与使用多个表创建高级查询的过程一样。我们将这个新查询命名为供应链查询。

一旦创建了查询，就可以制作这份报表了。步骤如下（见图 J-22 和图 J-23）：

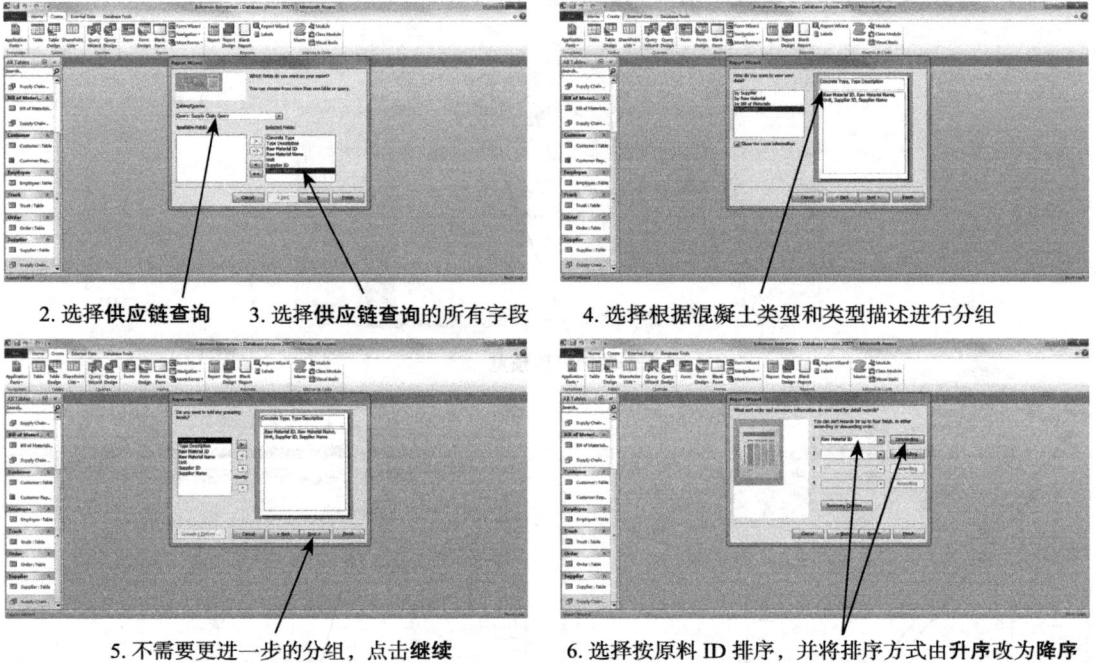

2. 选择**供应链查询**   3. 选择**供应链查询**的所有字段

4. 选择根据混凝土类型和类型描述进行分组

5. 不需要更进一步的分组，点击**继续**

6. 选择按原料 ID 排序，并将排序方式由**升序**改为**降序**

图 J-22　创建包括分组、排序、汇总的报表

（1）点击菜单栏的**创建**，然后点击 Report Wizard（报表向导）按钮。

（2）选择表 / 查询：在**表 / 查询**对话框中，选择**查询：供应链查询**。

（3）选择字段：在可用字段列表中，点击符号"＞＞"选择所有字段。

（4）顶级分组：在接下来的界面中，我们可以选择信息的顺序，也就是"分组信息"。在图 J-22 中的右上方界面中，你会注意到 Access 已经提前选择了一个分组，恰好完成了我们需要的分组（按混凝土类型及其描述），所以，我们接受默认选项并点击**下一步 >**。

（5）进一步分组：接下来的界面让你指定混凝土类型顶层分组中的下一级分组方式。由于我们不想要任何次级分组，直接点击**下一步 >**。

（6）排序：接下来可以对信息进行排序。这里指定原材料信息根据 Raw Material ID（原材料编号）的字母顺序排列。水是免费获得的，所以也就是最不重要的原材料，我们选择将它放在列表的最后。因此我们点击对话框 1，并用箭头按钮把 Raw Material ID（原材料编号）加入到对话框中。然后我们点击**升序**键，使其显示为**降序**。

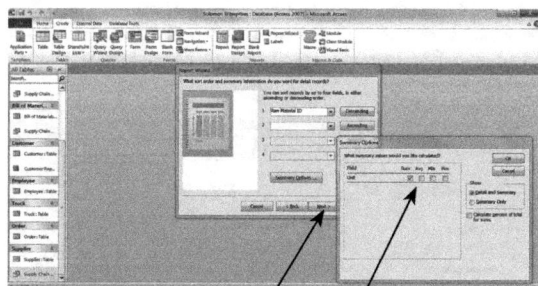

7. 点击**求和选项**，选中 Unit 的**求和**的复选框

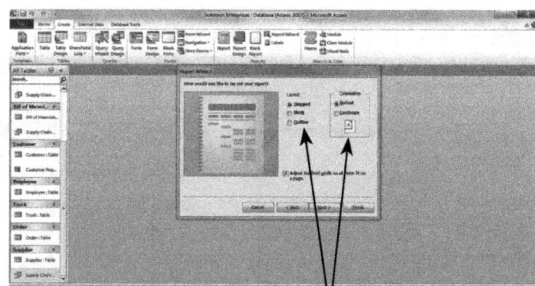

8. 选择需要的报表布局和页面方向

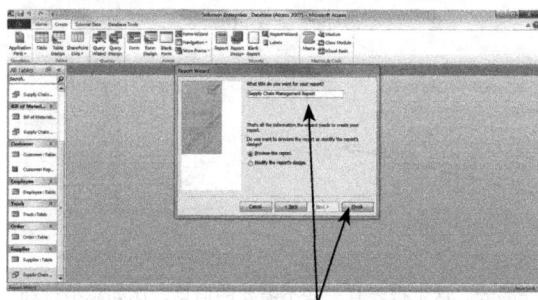

9. 输入报表表头，点击**完成**

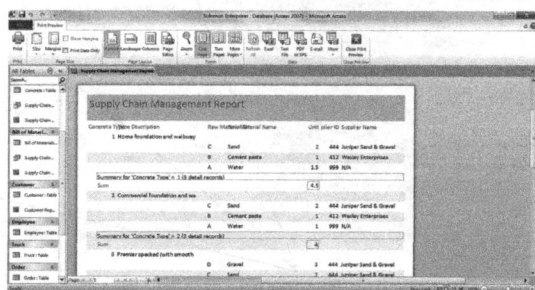

10. 根据**报表**向导生成的完整报表

图 J-23　创建包括分组、排序、汇总的报表

（7）总计：在上面的排序界面中也有**求和选项**的按钮。点击该按钮并选择对单位进行**求和**，并显示**细节和求和**。然后点击**确定**和**下一步**。

（8）报表的总体结构：这里我们接受默认的**布局方式——阶梯式**，页面方向为纵向。最后，点击**下一步** >。

（9）报表风格：可以从多种不同的风格中选择。我们选择**办公型**，然后点击**下一步** >。

（10）报表表头：这里我们输入"供应链管理报表"（没有引号）作为**表头**，然后点击**完成**。

（11）报表：报表显示了根据向导步骤设置得到的全部信息。

查看图 J-23，你会发现我们需要的所有信息都在这里，并且按照我们指定的方式进行分组和排序。问题是，显示的报表并不那么美观。仔细看图 J-24，注意每一列的列名。它们不完整，并且相互之间还有点重叠。混凝土的类型描述条目被截去了一段。"Sum"（总和）这个词距离数字也太远。一些供应商的名字也被截去了一部分。报表中还出现了不需要的 Grand Total（合计），因为在此场景下 Grand Total 没有什么意义。

我们可以通过报表的设计视图来解决这些问题，同时还可以对报表的显示进行其他改进。所以，当看到供应链管理报表界面时，右键点击供应链管理报表的标签，选择设计视图（见图 J-25）。设计视图界面把报表分成了以下几个部分：页面页眉、混凝土类型页眉（由报表生成过程的第七步指定）、主体、混凝土类型页脚（在步骤六中指定）、页面页脚和报表页脚。点击这些分区内的对话框，我们可以改变它们的文本、字体、颜色、字号和位置等。

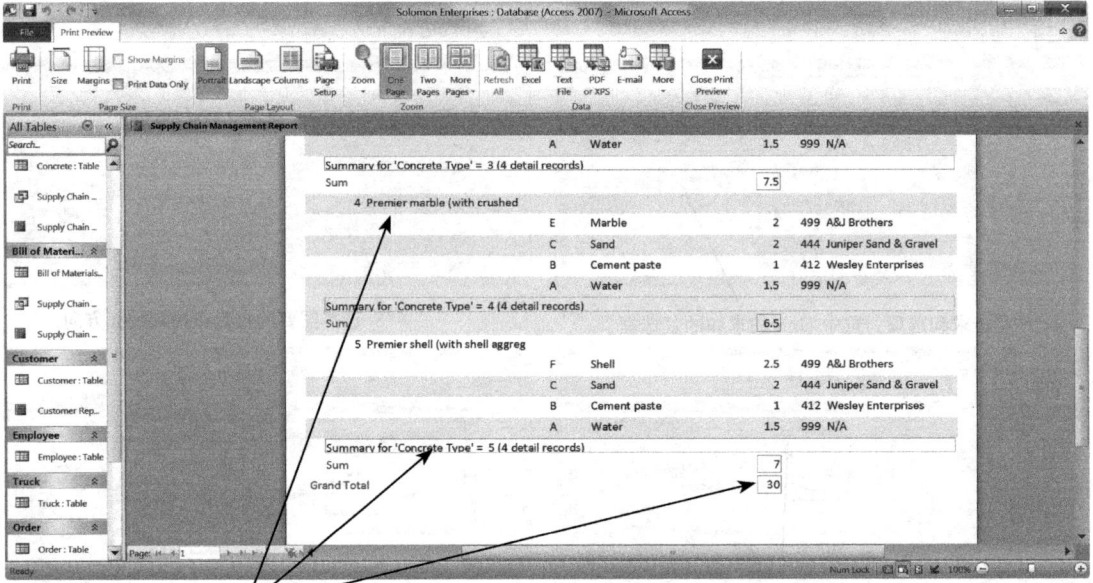

这个报表看起来并不好，因为混凝土类型的描述被截去了一部分。这个报表有一些不需要的信息，比如总结行和合计，它们在这个场景下没有意义

图 J-24　用报表向导生成供应链管理报表

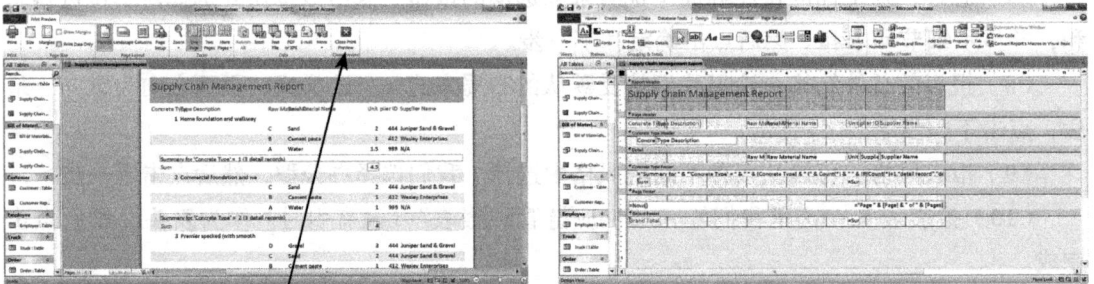

通过点击"Close Print Preview"来关闭报表的这个视图

这是设计视图中的报表。它显示了报表及其格式的分区情况。这个视图允许我们对报表进行修改

图 J-25　供应链管理报表的设计视图

1. 页面页眉

在图 J-26 中，你可以看到，我们将 Page Header（页面页眉）和 Concrete Type Header（混凝土类型页眉）间的分隔线下移了，从而使每个页眉有更大的空间。这样的话，单词就能跨越两行从而避免重叠。同时，我们拉开标题之间的距离，从而使它们在页面上分布得更均匀。我们将标题 Type Description（类型描述）改成 Concrete Type Description（混凝土类型描述），使其更易于理解。另外，我们设置页眉为居中格式，使其看起来更舒服。

为了看一下对报表所做调整的效果，我们点击视图，然后选择报表视图（见图 J-26）。我们来回切换设计视图和报表视图，以便检查所做调整的效果。

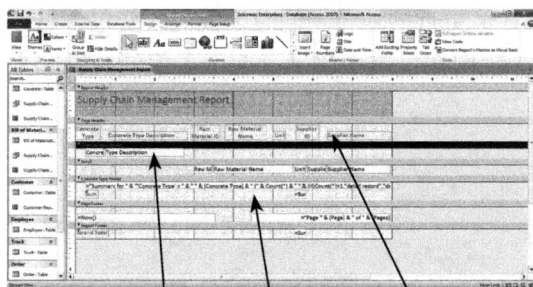

向下移动在页眉和混凝土类型标题之间的分割线，这样可以使页眉有更多的空间

增加混凝土类型描述的长度，使标题之间的空格更加均匀

改变标题的形状和大小，从而将某些标题放置在两行，并使每个都居中

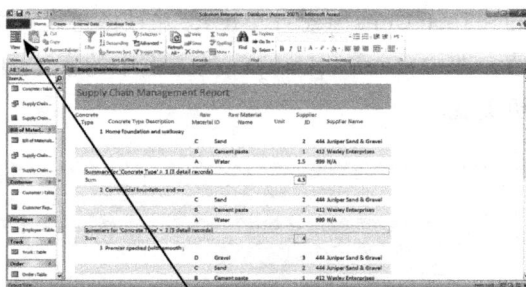

点击**视图**，再点击**报表视图**，查看设计视图中所做的调整

图 J-26　修改报表的页眉部分

2. 混凝土类型标题

在图 J-27 中，你可以看到我们对 Concrete Type Header（混凝土类型页眉）部分所做的调整。我们将 Concrete Type（混凝土类型）向左移动，并且缩小了文本框的大小，使其跟标题平行。同时，我们将 Type Description（类型描述）往右边移了少许。

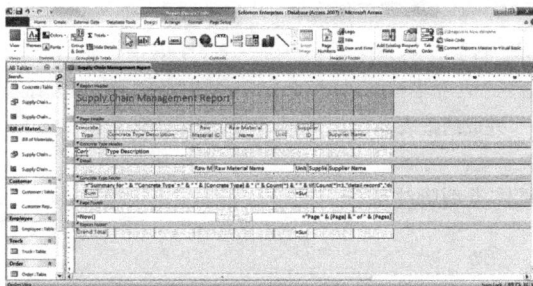

向左移动混凝土类型并减小方格的大小从而直接将其放在标题下。稍微向右移动描述

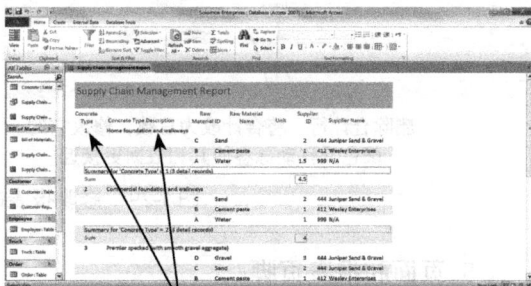

混凝土类型数据应该和混凝土类型描述数据在混凝土类型的标题下对齐

图 J-27　修改报表的混凝土类型页眉部分

3. 主体

在这一部分，我们所做的唯一改变就是使 Raw Material ID（原材料 ID）、Unit（单位）和 Supplier ID（供应商 ID）字段居中显示（见图 J-28）。我们按照在混凝土类型页眉部分设置混凝土类型的方式完成这里的设置。

4. 混凝土类型页脚

在设计视图中，报表的 Concrete Type Footer（混凝土类型页脚）部分的顶层方框内显示了报表总结行的内容，并且显示了混凝土类型和每种类型的记录条数。右键点击方框，选择删除即可将这些内容删除（见图 J-29）。我们将"Sum"（求和）标签框的内容改成红色字体

的 "Total Units"(总计单位),并且将它移到离总计值更近的地方。同时,我们改变包含总计值,即 "=Sum([Unit])" 的方框中的字体颜色。我们在报表中移动这两个方框使其看起来更美观。

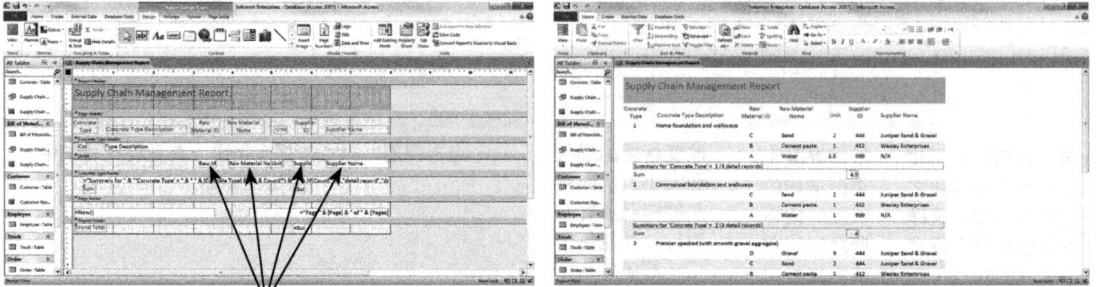

移动细节元素以使他们和各自的标题对齐   重新对齐的报表

图 J-28　修改报表的细节部分

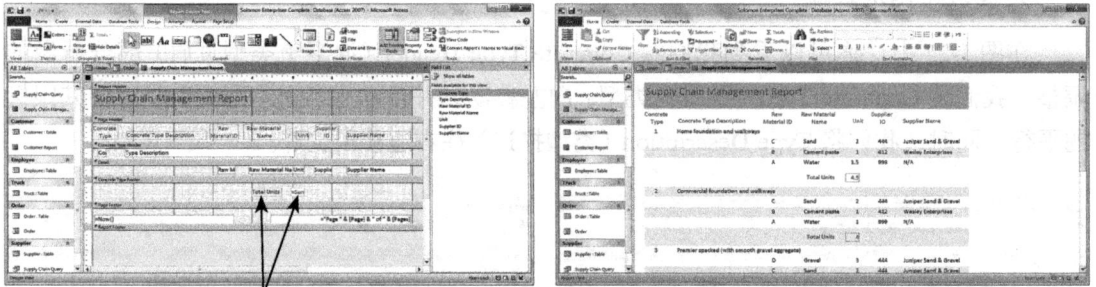

删除合计行。将合计改为总数,修改它的   完成的报表
颜色并移动标签使其和数据更接近

图 J-29　修改报表的具体类型脚注部分

5. 页面和报表页脚

在 Page Footer(页面页脚)部分,含有 "=Now()" 的方框是在报表的每页底部显示日期的指令。右边的方框记录下当前的页码和总页数。

在报表页脚部分的第一个方框将标签"合计"放在报表的最后,右边的方框将报表中的所有单位的合计值放在报表的最后。这在我们的场景中没有任何意义,所以我们将这两个合计方框删去。

图 J-29 显示了修改后的供应链管理报表。它更整洁,信息更直接,也更悦目。你可以在设计视图中对报表做更多的修改,可以加入总计、平均和其他许多选项。我们将这些留给读者自己去探索。

J.9　创建数据输入窗体

最后一个任务是设计输入窗体来简化新信息的输入任务。我们来为新订单创建一个输入窗体。它其实相当简单，步骤如下（见图 J-30）：

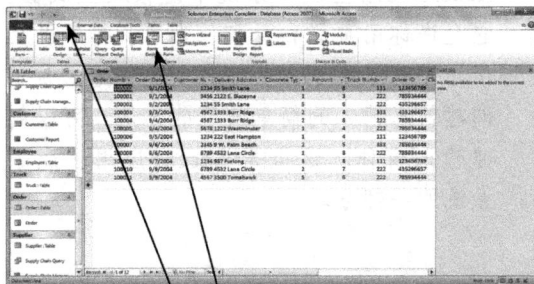

点击**创建**，再点击**窗体**，创建数据输入窗体　　　　　　　生成的数据输入窗体

图 J-30　创建输入窗体

（1）点击屏幕左边的订单表格；

（2）点击菜单栏的**创建**按钮，然后点击**窗体**按钮。

Access 将显示图 J-30 的输入窗体。这确实不太好看，但是可以使用。你可以用底部的箭头键在各条记录之间移动。当你到达最后一条记录时，你将会看到一个空的输入表格。

通过右击 Order（订单）标签页，然后选择设计视图，可以改变窗体的结构。这和利用设计视图创建报表的方式是一样的，拥有的功能也相似——你可以使字段区域更长或更短，改变文字颜色，添加和移除字段与标签等。

到此，我们对微软 Access 的简单介绍就要结束了。学习一个软件包并没有那么难。最难的部分是正确定义数据库的结构。事实上，相对而言，用 Access 来实现数据库的设计是容易的。如果希望成为数据库应用的设计者和使用者，我们再次推荐阅读扩展学习模块 C。"使用数据库"相对简单，而"设计数据库"则具有挑战性。

本模块小结

1. 理解利用 Microsoft Access 的数据定义语言实现关系数据库结构的必要步骤。使用数据定义语言实现数据库是设计数据库的第四步，也是最后一步。首先需要使用数据字典创建每张表的结构，并设置主键，定义每个字段的数据类型、长度以及其他属性。数据字典包含数据库信息的逻辑结构。主键是唯一识别每条记录的一个字段（某些情况下是一组字段）。一个复合主键由来自两个相互关联的关系中的主键字段组成。关联关系（或称为复合关系）是用来消除多对多联系的关系。

必须定义表与表之间的联系，包括外键。外键是一个文件（关系）中的主键，同时出现在了另一个文件（关系）中。必须考虑完整性约束，它是用于保证信息质量的规则。可以使用 Access 的实施参照完整性约束功能来避免非法信息作为外键输入，除非该信息已经作为主键存在于另一个表中。

2. 展示如何利用 Access 的数据操作子系统来输入或修改数据库信息，以及如何查询该信息。当定义好表和字段，建立了各个表之间的联系后，就可以在表中输入信息。然后就可以创建查询并使用多种方式查看信息，比如，针对信息提出不同的问题。最简单的方式是使用 Access 的 QBE 工具。实例查询工具用图表的方式设计问题的答案。

3. 解释如何使用 Access 的应用程序生产子系统来产生报表和数据输入界面。为了创建看起来比较专业的报表，你必须使用 Access 应用生成子系统中的报表生成器。它允许你用页眉和页脚、分组、排序以及信息汇总等展示一些信息。类似地，为了创建信息输入的简单易用的方法，可以创建输入窗体。这也是 Access 应用生成子系统的一部分。

作业训练

1. 输入新员工信息。所罗门公司需要输入一位新员工的信息。创建一个新的输入窗体，用于输入员工 ID、员工姓、员工名、雇用日期。设计窗体，使信息展现在砂岩背景的表格中。

2. 优质大理石混凝土的成分是什么？写一个查询，显示混凝土类型 4 中每种原材料的数量。打印混凝土类型的名称、ID、原材料的名称（而不是它的 ID），以及每种原材料的数量。

3. 库存报表。创建一个报表，显示所罗门企业的每种原材料的数量，不包括水（提示：原材料字段的值不等于水）。选择报表布局和页面方向。

4. 排序信息查询。查询的数据表视图允许对查询的信息进行排序。用 Order（订单）关系试试。从网站上下载所罗门企业数据库：www.mhhe.com/haag（选择 XML/J，文件的名称是 XLMJ_Solomon_Enterprises.accdb）。单击查询并在数据表视图中打开订单关系，把"员工姓"字段按照字母顺序排序。把光标放在希望排序字段的任何地方（在这种情况下，如员工姓），并单击升序按钮。该按钮中有一个"A"和"Z"，"A"在"Z"的上方，同时有一个向下的箭头。

5. 过滤查询信息。可以让 Access 显示一个数据项在同一列上的其他出现情况。使用问题 4 里面中的文件，可以从本书的网站上下载：www.mhhe.com/haag（选择 XLM / j. 文件的名称是 XLMJ_Solomon_Enterprises.accdb）。过滤信息，仅显示卡车类型是 Ford（福特）的记录。在 Truck Type（卡车类型）列，点击任何一个 Ford（福特）的出现，然后单击筛选器中的选择按钮（功能区中带有漏斗和闪电图形的按钮）。你会立刻只看到三条卡车类型是 Ford（福特）的记录。要返回到之前的状态，点击删除切换筛选按钮（功能区中只有漏斗图形的按钮）。如果再次点击这个按钮，它会重新应用过滤器。

运用 Microsoft Access 创建一个数据库

学习目标

1. 理解利用 Microsoft Access 的数据定义语言实现关系数据库结构的必要步骤。

2. 展示如何利用 Access 的数据操作子系统来输入或修改数据库信息，以及如何查询该信息。

3. 解释如何使用 Access 的应用程序生产子系统来产生报表和数据输入界面。

模块 J 提供了 Microsoft Access 的操作指导，介绍了如何利用 Microsoft Access 实现数据库，包括创建表、生成查询、建立简单报表、创建自定义报表以及创建输入窗体。

本模块讨论了如何使用 Office 2010 中的 Access 实现数据库。如果使用 Office 2007 版或更早的版本，可以在本书的网站找到对应模块，网址为 www.mhhe.com/haag。

企业中的职业岗位

学习目标

1. 确定你所感兴趣的职业领域和商业专业。
2. 提供你所在职业领域的典型职位名称和描述。
3. 列出并描述你在学校期间需要掌握的 IT 技能。

扩展学习模块 K 提供了一系列关于工作职位的介绍，包括会计、金融、酒店和旅游管理、信息技术、管理、营销、生产运作管理、房地产和建筑管理等方面，以及在每个领域获得成功需要掌握的 IT 技能。

可以在本书的网站上找到扩展学习模块 K：www.mhhe.com/haag。

利用 FrontPage 建立网站

学习目标

1. 描述使用 FrontPage 开发不同类型的网站。

2. 描述 FrontPage 中的不同导航方法。

3. 解释不同的 FrontPage 视图。

4. 使用 FrontPage 来描述和开发一个网站。

5. 使用 FrontPage 来描述和开发一个网页。

6. 描述使用 FrontPage 把图形插入网页中的方法。

7. 使用 FrontPage 创建不同类型的超链接并对其进行描述。

8. 使用 FrontPage 在一个网页中创建列表和表格。

9. 定义开发网页时使用主题的好处。

扩展学习模块 L 介绍使用微软网页制作软件 FrontPage 开发网站的操作手册。与扩展学习模块 F 一样，你将学习如何将列表、图片和链接等放在一起。你还可以学到很多东西，FrontPage 充分利用了目前许多令人激动的 Web 功能来帮助你提升创建网页的能力。

可以在本书的网站上找到扩展学习模块 L：www.mhhe.com/haag。

运用 VBA 在 Excel 中编程

|学|习|目|标|

1. 解释使用 Excel VBA 的价值。

2. 定义一个宏。

3. 使用子程序和函数程序构建一个简单的宏。

4. 描述一个对象。

5. 说明注释、变量和常量之间的区别。

6. 列出各种 VBA 的数据类型和操作符。

7. 使用 If-Then-Else、For-Next、Do-Until、Do-While 和 Select Case 结构描述及创建宏。

扩展学习模块 M 介绍了如何用 Excel 的 VBA（Visual Basic for Applications）来写宏（短小程序）。它包含了如何使用 VBE，如何使用宏录制，如何写程序、函数、if-then 结构和循环。

术 语 表

1-tier infrastructure　单层架构　最基础的系统布局方式，因为它只包含单台机器上的一层。

2-tier infrastructure　双层架构　客户机／服务器关系。

3-tier infrastructure　三层架构　当今网络应用上最常用的系统布局方式。

3D printer　3D 打印机　可以生成固态、三维物体的打印机。

3G　第三代移动通信技术　移动设备的第三代技术标准，它的下载速度通常从低于 1 Mbps（兆比特，millions of bits per second 的缩写）至大于 2 Mbps 不等。

4G　第四代移动通信技术　移动设备的第四代技术标准，比 3G 快 10 倍。

A

abandoned registrations　放弃注册人数　已经开始填写注册页面，但未完成时就放弃的客户数。

abandoned shopping carts　放弃购物车人数　已经开始使用购物车进行购物，但未付款就放弃的客户数。

abandon rate　放弃率　呼叫等待过程中放弃呼叫的呼叫者所占的百分比。

accuracy　准确度　常常采用与错误率或系统在每一千（或百万）次中所产生的错误数相反的方式进行计算。

ad hoc（nonrecurring）decision　临时决策或非重复决策　不经常做的决策（可能只是一次），甚至每次都可能根据不同的标准来决定最佳的解决方案。

ad-supported　依赖广告收入经营　通过销售广告空间来获得收入，有点像商业联盟计划。

adult sexting　成人色情短信　两个成年人之间发送色情短信。

adware　广告软件　一种自动播放广告的软件，在你从网上下载一些软件（通常是免费的）时自动安装在你的电脑上。

affiliate program　商业联盟计划　电子商务网站之间制定的协议，引导消费者从一个网站链接到另一个网站。

agent-based modeling　基于代理的建模　一种使用多智能代理模拟人类组织的方法，每个智能代理都遵循一系列的简单规则以适应变化的环境。

agent-based technology（software agent）　基于代理的技术（软件代理）　为你（或另一软件）服务的小软件，能执行分配给它的任务。

agile methodology　敏捷开发法　极限编程的一种形式，目标是通过及早、连续地交付有用的软件组件来达到客户满意。

analysis phase　分析阶段　系统开发生命周期中的一个环节，最终用户和 IT 专家共同工作，为拟建系统收集、分析和记录业务需求。

analytics　分析学　基于事实的决策科学。

anonymous Web browsing（AWB）service　匿名网络浏览服务　在你登录某个站点的时候隐藏你的用户信息。

anti-spyware software　反间谍软件　一种工具软件，可以检测和删除能够跟踪你所有的电子活动的间谍软件和其他有害软件。

anti-virus software　防病毒软件　检测、删除或隔离电脑病毒的软件。

application generation subsystem　应用程序生成子系统　是 DBMS 的一个子系统，包含很多常用的开发工具，能够帮助用户建立面向事务处理的应用程序。

application software　应用软件　帮助用户解决特定问题或完成特定任务的软件。

arithmetic logic unit(ALU)　算术逻辑单元（ALU）　CPU 的一个部件，完成所有的算术运算（如加法、减法）和逻辑运算（如排序和比较）。

artificial intelligence（AI） **人工智能（AI）** 让计算机模仿人类思维与行为的一门科学。

ASCII（American Standard Code for Information Interchange） **美国信息交换标准码** 一种编码系统，大部分个人计算机使用它来显示、处理和储存信息。

augmented reality **增强现实技术** 将真实世界信息和虚拟世界信息"无缝"集成的新技术。

automatic speech recognition（ASR） **自动语音识别（ASR）** 不但能识别语音单词，还能识别组成句子的词组的系统。

autonomous agent **自治代理** 一种软件代理，可以改变其完成被指派任务的方式。

average speed to answer（ASA） **平均接听速度（ASA）** 呼叫被员工接听所需的平均时间（通常以秒计）。

B

back office system **后台系统** 用于实现和支持客户订单。

backup **备份** 将计算机中存储的信息复制备用。

bandwidth **带宽** 通信媒介的容量，指通信媒介在固定时间内所能传输的信息量。

bar code scanner **条形码扫描器** 读取以竖条形式表示的信息，竖条的宽度和距离代表不同数字（经常用于零售中的 POS 机系统）。

basic formatting tag **基本格式标签** 用于定义文本格式的 HTML 标签。

benchmarking **标杆管理** 持续测量系统绩效的过程，将系统绩效与最佳系统绩效（标杆值）进行比较，从而确定改进系统绩效的步骤和程序。

benchmarks **标杆** 期望达到的目标值。

binary digit（bit） **二进制位** 计算机处理信息的最小单位。

biochip **生物芯片** 一种高科技芯片，当植入人体后能够完成一系列生理功能。

biometrics **生物测定** 利用生物特征，如指纹、视网膜的血管脉络、声音甚至呼吸，进行身份识别。

biometric scanner **生物扫描仪** 扫描一些人体的生理特征，比如指纹和视网膜，来达到保密安全目的。

biomimicry **仿生** 向生态系统学习，将它们的一些特征运用到人和组织情景中来。

black-hat hacker **黑帽黑客** 计算机或网络的蓄意破坏者。

bluetooth **蓝牙** 一种无线技术标准，在 30 英尺的范围内以短程无线电波的形式传输信息，常用于将手机或 PDA 连接到电脑。

bot **机器人病毒** 自动运行的计算机程序。

botnet **僵尸网络** 感染了恶意机器人病毒的计算机网络。

broadband **宽带** 能提供高速互联网服务的高带宽（高容量）电信通道。

broadband（home）router **宽带路由器** 一种设备，可在家里或小型办公室里将若干台计算机连接在一起共享一个 DSL 或电缆以访问互联网。

browser-safe colors **浏览器安全颜色** 能够在所有浏览器和计算机上正确显示的 215 种颜色。

business continuity plan **业务可持续计划** 一个关于组织如何从灾难中或者延伸的业务毁坏中逐步恢复的指导方针。

business intelligence（BI） **商务智能** 涉及企业的客户、竞争对手、合作伙伴、竞争环境和内部运作的综合信息，使企业有能力制定有效的、重要的和经常性的商业战略决策。

business requirement **业务需求** 一份详细的知识工作者需求清单，系统必须满足这些需求才会成功。

Business to Business（B2B）e-commerce **企业对企业的电子商务** 企业向其他企业销售产品和服务。

Business to Consumer（B2C）e-commerce **企业对消费者的电子商务** 企业向个人消费者销售产品和服务。

Business to Government（B2G）e-commerce **企业对政府的电子商务** 企业向政府部门销售

产品和服务。

buyer agent or shopping bot 采购者代理（购物机器人） Web 网站上的智能代理，可以帮助顾客找到所需的产品或服务。

buyer power 购买者议价能力 在波特五力模型中，当购买者有很多可供选择的供应商时，购买者议价能力就强，反之，购买者议价能力就弱。

byte 字节 包含 8 个比特，代表自然语言中的一个字符。

C

cable modem 电缆调制解调器 使用电视电缆连接互联网的设备。

call center metrics 呼叫中心指标 用来衡量呼叫中心是否成功的指标。

capacity planning 容量计划 决定未来 IT 基础设施对新设备和所要增加的网络容量的需求。

Cat 5（Category 5）cable Cat5 电缆 一种较好的电话双绞线电缆。

CAVE（cave automatic virtual environment）洞穴状自动虚拟环境（CAVE） 一个特殊的三维虚拟现实环境，在该环境中能够显示位于全世界任何地方的其他 CAVE 中的人和物的图像。

CD-R（compact disc—recordable）可刻录光盘（CD-R） 只能写入一次的光盘或激光盘。

CD-ROM（compact disc—read-only memory）只读光盘（CD-ROM） 不能修改信息的光盘或激光盘，具有 800MB 的存储容量。

CD-RW（compact disc—rewritable）可擦写光盘（CD-RW） 能够进行无限次保存、修改和删除信息操作的光盘或激光盘。

central processing unit（CPU）中央处理器（CPU） 解释并执行系统软件和应用软件的指令，协调所有硬件设备共同工作的硬件。

chief information officer（CIO）首席信息官 监督组织信息资源的负责人。

chief privacy officer（CPO）首席隐私官 负责确保信息的使用符合伦理道德，使得只有拥有权限的人才能访问特定的信息，例如财务报告和工资单。

chief security officer（CSO）首席安全官 负责信息安全性方面的技术工作，例如防火墙、内部网、外部网及防病毒软件的开发与使用。

chief technology officer（CTO）首席技术官 负责监管组织内部的基础 IT 架构和面向用户的技术（例如 CRM 系统）。

choice 选择 决策过程的第三步，确定处理问题或机会的计划方案。

class 类 包含信息和过程，是建立对象的模板。

clickstream 点击流 记录网上冲浪纪录，如所访问的站点、访问了多长时间、看了哪些广告以及买了什么。

click-through 点进次数 访问某个网站、点击一则广告并访问广告主网站的总人数。

client/server infrastructure（client/server network）客户机/服务器架构（客户机/服务器网络） 一种网络，其中有一台或多台计算机作为服务器向其他的计算机（称为客户机）提供服务。

cloud computing 云计算 一种技术模型，利用互联网将所有的资源（应用软件、处理能力、数据存储、支持设施和开发工具等）以服务集的方式提供给客户。

coaxial cable（coax）同轴电缆 由绝缘和金属外套管组成的同心电缆。

cold site 冷站点 一个独立的、没有任何计算机设备的地方，发生灾难后，知识工作者可以在那里立即开始工作。

collocation facility 辅助设施 指一家公司从另一家公司租用空间和通信设备。

communications medium 通信媒介 信息传输网络中的途径或物理通道。

communications protocol（protocol）通信协议 每台计算机在传送信息时所要遵循的一系列规则。

communications satellite 通信卫星 空间微波中继器。

communications software 通信软件 用于同

其他人联络的软件。

compact flash（CF）card　CF 卡　一种闪存卡，比 50 美分硬币稍大一些，容量可高达 6G。

competitive advantage　竞争优势　以一种优于竞争者的方式为客户提供产品或者服务。

competitive intelligence（CI）竞争智能　着眼于外部竞争环境的商务智能。

component-based development（CBD）基于组件的开发（CBD）　一种通用的系统开发方法，聚焦于构建小型的独立代码模块（组件），模块可以在组织内部的不同应用中重复使用。

composite primary key　复合主关键字　由来自两个相互关联的关系的主关键字组合而成的关键字。

computer crime　计算机犯罪　计算机在其中起着重要作用的犯罪行为。

computer network（network）计算机网络　两台或多台计算机连接在一起，彼此能够通信和共享信息、软件、外部设备或处理能力。

computer virus（virus）计算机病毒　带有恶意的、企图造成困扰或灾难的软件。

conditional formatting　条件格式　高亮显示某些单元格内的信息，这些信息满足你定义的某些标准。

connectivity software　连通性软件　使你能够使用计算机拨号上网或与另一台计算机连接。

constant　常量　不会改变的命名元素。

consumer to Business（C2B）e-commerce　消费者对企业的电子商务　个人向企业销售产品和服务。

consumer to Consumer（C2C）e-commerce　消费者对消费者的电子商务　一个个人消费者向其他个人消费者销售产品和服务。

Consumer to Government（C2G）e-commerce　消费者对政府的电子商务　个人向政府部门销售产品和服务。

control unit　控制单元　中央处理器的组成部分，负责指挥计算机如何工作、给 RAM 发送指令和需要的信息。

conversion rate　转换率　访问网站的潜在客户中真正购买了商品的客户所占的百分比。

Cookie　储存在用户本地终端的数据，由你访问的网站生成并存储在本地硬盘，它包括你的网站访问信息。

copyright　版权　对各种创意（包括歌曲、视频游戏和其他专有文档）的表现形式提供的法律保护。

cost-per-thousand（CPM）每千人成本（CPM）　1 美元的广告费所能带来的销售收入，常用于投入资金以出现在搜索引擎上的情况。

CPU cache　CPU 高速缓存　CPU 上的一种存储器，CPU 发出的指令先储存在这种存储器中，直到 CPU 准备好调用它们。

CPU clock　CPU 时钟　一片石英，以固定的频率跳动来响应一个电子指令。

CPU（machine）cycle　CPU 周期　包括读取、解码和执行指令，并在需要时将结果返回到内存中。

cracker　骇客　被雇用的黑客；从事电子企业间谍活动的人。

crash-proof software　防崩溃软件　当系统崩溃时能够帮助你保存信息的工具软件。

critical success factor（CSF）关键成功因素　对组织的成功起关键作用的因素。

CRM analytics　CRM 分析　分析 CRM 数据以改善其功能，如销售自动化、客户服务和支持等。

crossover　交叉　遗传算法中的一个过程，为了产生更好的结果而将几个好的结果组合在一起。

crowdsourcing　众包　企业为大众（而不是指定的付费员工）提供技术，使得他们能够创造、修改和监督产品或服务的开发。

CRT　阴极射线管（Cathode Ray Tube）显示器　一种电视形状的显示器。

CRUD（Create, Read, Update, Delete）创建、读取、更新及删除　系统可以对信息进行的 4 种主要操作。

customer relationship management（CRM）system　客户关系管理系统　从客户信息中深

入分析客户的需求、想法及消费行为，以便更好地为他们服务。

custom Filter function **自定义筛选功能** 允许你隐藏列表中不满足指定条件（不仅仅是"等于"条件）的所有行。

cyberterrorist **数字恐怖分子** 伺机危害民众或者破坏关键计算机系统和信息的人。

D

data **数据** 描述一种特定现象的、未经加工的事实。

data administration **数据管理** 组织职能之一，它负责对信息资源的组织、规划、检查和监督。

data administration subsystem **数据管理子系统** DBMS 的一个子系统，通过提供备份与恢复工具、安全管理工具、查询优化工具、并发控制和更新管理工具，帮助用户管理整个数据库环境。

database **数据库** 按照信息的逻辑结构进行组织和访问的信息集合。

database administration **数据库管理** 组织职能之一，聚焦于信息管理的技术和操作视角，信息存储在组织信息库（包括数据库、数据仓库与数据集市）中。

database management system（DBMS） **数据库管理系统（DBMS）** 帮助用户进行数据库的逻辑组织并访问和使用数据库中的信息。

data definition subsystem **数据定义子系统** DBMS 的一个子系统，帮助人们在数据库中建立并维护数据字典以及定义数据库中的文件结构。

data dictionary **数据字典** 包含数据库信息的逻辑结构。

data management **数据管理** DSS 的一个部分，存储和维护 DSS 需要的信息。

data manipulation subsystem **数据操作子系统** DBMS 的一个子系统，帮助用户增加、修改及删除数据库中的信息，并查询有价值的信息。

data mart **数据集市** 数据仓库的子集，它仅包含了数据仓库的部分信息。

data-mining agent **数据挖掘代理** 在数据仓库上运行以发掘信息的智能代理。

data-mining tool **数据挖掘工具** 在数据仓库中查询信息的软件工具。

data warehouse **数据仓库** 信息的逻辑集合，这些信息来自许多不同的业务数据库，并用于创建商务智能，以便支持企业的分析活动和决策任务。

DBMS engine **DBMS 引擎** 接收来自其他各个 DBMS 子系统的逻辑请求，将逻辑请求转换成其对应的物理形式，并实际访问存储在出处设备上的数据库和数据字典。

decision support system（DSS） **决策支持系统（DSS）** 一种高度灵活且具有良好交互性的信息系统，用于对非结构化问题的决策提供支持。

demand aggregation **需求聚合** 将多个买主的购买要求综合成一个大订单，从而获得商业折扣。

denial-of-service（DoS）attack **拒绝服务型攻击** 向某个服务器或网络发送大量的服务请求，使得它速度降低或崩溃。

design **设计** 决策制定过程中的第二个步骤，在此步骤中考虑解决问题、满足需求或利用机会的可能方法。

design phase **设计阶段** 系统开发生命周期中的一个环节，勾画拟建系统如何工作的技术蓝图。

desktop computer **台式计算机** 用于满足个人计算需要的最常见的一种计算机。

desktop publishing software **桌面排版软件** 扩充了文字处理软件的功能，加入设计和排版技术，以增强文件的版面与外观设计功能。

development phase **开发阶段** 系统开发生命周期中的一个环节，是指利用设计阶段所产生的详细设计文档，并将它们转化为实际系统的过程。

differentiation **差异化** （在波特的三种通用策略中）提供在市场中被认为是独一无二的产品或服务。

digital camera **数码相机** 用一系列 0、1 数字

流来捕获静态的图像和视频。

digital dashboard　数字仪表盘　在计算机屏幕上显示从多处收集来的关键信息，其显示格式根据知识工作者的需求进行调整。

digital forensics　数字取证　对用于法庭陈述的电子信息进行收集、鉴定、检查和分析。

digital still camera　数码静态照相机　以变化的分辨率来数字化地捕获静态图像。

digital Subscriber Line（DSL）数字用户线　一种使用电话线的高速互联网连接，允许用户在上网的同时还能打电话。

digital video camera　数码摄像机　以数字存储的方式捕获视频。

digital wallet　电子钱包　信息和软件的集合体，软件确保事务处理的安全性，信息包括支付信息（比如信用卡号和失效日期）与交货信息。

direct materials　直接物料　制造商生产时使用的原材料，或零售环境中摆放在货架上直接出售的物料。

disaster recovery cost curve　灾难恢复成本曲线　包括无法获得信息及技术给组织带来的成本以及组织从灾难中恢复所花费的成本。

disaster recovery plan　灾难恢复计划　在火灾或洪水等突发灾难事件发生时，恢复信息或恢复一个 IT 系统的详细工作流程。

disintermediation　去中介化　以互联网作为传输工具，从而越过分销渠道中的中介人员。

disk optimization software　磁盘优化软件　在硬盘上以最有效的方式组织信息的工具软件。

distributed agent　分布式代理　在多个不同的计算机系统上工作的软件代理。

distributed denial-of-service（DDoS）attack　分布式拒绝服务型攻击　从多台电脑向某个服务器或网络发送大量的服务请求，直至它速度降低或崩溃。

distributed infrastructure　分布式架构　通过网络分配 IT 系统的信息和处理能力。

distribution chain　分销链　产品或服务从生产者到达最终用户的渠道。

domain name　域名（网站地址的技术术语）标识网络上一台特定的计算机和整个网站的主页。

dot pitch　点距　两个颜色相似的像素中心之间的距离。

drone　僵尸　被病毒感染的计算机。

DS3　一种高速的商用网路，速度达 44.736 Mbps。

DVD-R or DVD + R（DVD—recordable）可记录式 DVD（DVD-R）　一种高存储容量的光盘或激光盘，只能执行一次写操作。

DVD-ROM　只读 DVD（DVD-ROM）　一种高存储容量的光盘或激光盘，不可更改其中存储的信息。

DVD-RW or DVD + RW　可擦写式 DVD（DVD-RW）　一种高存储容量的光盘或激光盘，可以对其进行多次的存储、修改和删除操作。

E

e-book reader（e-book device or e-reader）电子书阅读器　特别设计用来阅读电子书籍或期刊的便携式计算机。

effectiveness　有效性　指做正确的事。

efficiency　效率　以正确的方法做事（例如最短的时间、最低的成本、最少的错误等）。

e-gallery　电子画廊　展示能证明技艺的作品的电子化画廊。

electronic bill presentment and payment(EBPP)电子账单递送及支付系统　一种可以通过互联网发送账单（通常是向终端消费者）并且如果数额正确便可提供便捷方法进行支付（比如单击一个按键）的系统。

electronic check　电子支票　从你的支票账户或储蓄账户上向其他人或组织转账的一种机制。

electronic commerce（e-commerce）电子商务　由信息技术，特别是互联网技术推动和提升的商务活动。

electronic data interchange（EDI）电子数据交换　将包含在标准商务文档中（如发票和订单）的事务处理信息以标准的格式进行计算机到计

算机的直接传输。

electronic job market　电子就业市场　由使用互联网技术进行广告宣传并寻找潜在雇员的雇主组成。

electronic marketplace（e-marketplace）　电子市场　指一家企业提供的市场空间，其中有多个买方和卖方从事电子商务交易或其他电子商务活动。

electronic portfolio（e-portfolio）　电子档案袋　用于支持某一特定目的（如展示写作、摄影或工作技能）的网络文档集合。

E-mail（electronic mail）software　电子邮件软件　使你能够通过收发电子邮件与其他人进行电子化交流。

encapsulation　封装　隐藏信息。

encryption　加密　隐藏文件的内容，如果没有正确的解密密码将无法读取。

enterprise resource planning（ERP）system　企业资源计划系统　企业管理的软件系统，所支持的领域有：计划、制造、销售、市场营销、配送、会计、财务、人力资源管理、项目管理、库存管理、服务和维护、运输以及电子商务。

entity class　实体类　表示特定的人、地或物的概念，它代表了人们希望保存的信息，并且能用一个唯一的键（称为主键）来标识这些信息。

entity-relationship（E-R）diagram　实体—联系图　一种用于表示实体与实体之间联系的图示表达方法。

entry barrier　进入壁垒　在某一特定行业内，客户期望组织的产品或服务所应具有的特性，因此一个新进入市场的组织也必须要提供这种特性才能竞争和生存。

ethernet card　以太网卡　一种最普遍的网卡。

ethical（white-hat）hacker　道德（白帽）黑客　受公司雇用闯入其计算机系统，从而发现安全漏洞的计算机安全专家。

ethics　伦理道德　指导人的行为、行动和选择的一系列准则和规范。

expandability　可扩展性　指增加系统特性和功能的难易程度。

expansion bus　扩展总线　使信息在主板外围设备和CPU之间进行传输的一系列通路。

expansion card（board）　扩展卡　可以插进主板上扩展槽的一个电路板，通过它连接外围设备。

expansion slot　扩展槽　主板上用来插入扩展卡的一个狭长的槽。

expert system（knowledge-based system）　专家系统（基于知识的系统）　一个运用推理能力得到结论的人工智能系统。

external information　外部信息　描述组织外部环境的信息。

extraction，transformation，and loading（ETL）　抽取、转换、装载（ETL）　一个三步的流程，包括：①从信息源中抽取需要的数据；②将数据转换成标准的格式；③将转换后的数据装载进数据仓库中。

extranet　外部网　一个限定在组织内部和某些特定外部人员（如客户和供应商）使用的内部网。

extreme programming（XP）methodology　极限编程法　将一个项目拆分成许多很小的阶段，在当前阶段完成后，开发者才能继续下一个阶段。

F

F2b2C（Factory to business to Consumer）　工厂、商家、消费者之间的电子商务　一种电子商务模式，消费者通过网络交易直接向工厂定制产品的规格，工厂根据消费者提供的规格生产定制的个性化产品，并且直接送到消费者手中。

facial recognition software　面部识别软件　通过分析面部特征提供身份识别功能的软件。

fair use doctrine　合理使用原则　允许你在特定场合使用受版权保护的材料。

feature analysis　特征分析　获取人们对着话筒说的话，消除背景噪声，并将人们语音的数字信号转化成音节。

feature creep　功能蔓延　开发人员增加不属于最初需求的附加功能。

file transfer protocol（ftp） 文件传输协议（ftp） 允许我们从一台计算机向另一台计算机传输文件的通信协议。

filter function 筛选功能 过滤列表，允许你隐藏列表中所有不满足指定条件的所有行。

financial cybermediary 金融电子中介 一些基于互联网的公司，这种公司使人们很容易通过互联网向另一个人或组织付费。

financial EDI（financial electronic data inter-change） 金融电子数据交换 一种主要应用在 B2B 电子商务模式中的电子支付流程。

firewall 防火墙 保护计算机或网络不被入侵的硬件和 / 或软件。

firewire（IEEE 1394 or I-Link）port 火线（IEEE 1394 端口或 I-Link） 端口适合热插拔、即插即用的火线连接器，可以在一个单独的火线端口上以菊链的方式连接多达 63 个火线设备。

first call resolution（FCR） 首次呼叫解决率 不需要回电就能使问题得到解决的呼叫所占的百分比。

first-mover advantage 先行者优势 第一个进入市场者所具有的竞争优势，这也对获取市场份额产生了巨大的影响。

five forces model 五力模型 帮助企业判断一个行业的相对吸引力以及该行业竞争压力的模型。

flash memory card 闪存卡 它将许多高容量的存储单元压缩到一个小塑料片上。

flash memory device（jump drive, thumb drive） 闪存设备（跳跃驱动器或指形驱动器） 一种小到可以串在钥匙链上并可以直接插到电脑的 USB 端口上的存储设备。

flat-panel display 平板显示器 轻便而薄的显示器，比 CRT 占用的空间小很多。

focus 集中化 （在波特的三种一般策略中）关注于提供具有下列特点的产品和服务：①针对一个特定的市场或购买者群体；②针对产品线的某一部分；③针对某个特定地域的市场。

foreign key 外部关键字 简称外键，一个文件（关系）的主键，同时又出现在另一个文件（关系）中。

forensic image copy 取证图像副本 电子介质内容的一个准确复制或快照。

friendly fraud 相识者间的欺诈 一种身份盗用现象，盗用身份的人认识受害者。

front office system 前台系统 针对客户和销售渠道的系统。

frontPage 一种网页制作软件。

Ftp（file transfer protocol）server ftp 服务器 存储可以下载的文件集合的设备。

function procedure 函数过程 一种只返回单个值的 VBA 宏。

fuzzy logic 模糊逻辑 处理不精确的或主观信息的一种数学方法。

G

game controller 游戏控制器 用于游戏时更好地控制屏幕动作的一种设备。

gamepad 游戏手柄 一种多功能的输入设备，具有可编程按钮、摇杆和方向盘。

gaming wheel 游戏方向盘 虚拟驾驶时用的方向盘和脚踏板。

garbage-in garbage-out（GIGO） 无用输入无用输出（GIGO） 如果进入决策制定流程的信息很糟糕的话（无用输入），那么制定出的决策也不会太好（无用输出）。

gas plasma display 气体等离子体显示器 让电流通过两个玻璃板或塑料板之间的气体从而形成屏幕图像。

genetic algorithm 遗传算法 一种人工智能系统，它通过模仿进化过程中适者生存规律从而产生一个问题的逐步改进的解决方案。

geographic information system（GIS） 地理信息系统 用于分析空间信息的决策支持系统。

gigabyte（GB or Gig） 千兆字节 大约是 10 亿个字节。

gigahertz（GHz） 千兆赫兹 CPU 的处理频率是 10 亿赫兹。

glove 虚拟现实手套 一种输入设备，能够获取并记录手和手指的形状与运动以及运动的强度。

goal Seek　单变量求解　从目标反推计算某个未知值的工作。

good-enough technology economy　足够好的技术经济性　不去追求完美，而宁愿关注于获得"足够好"的结果。这通常使得他们可以通过用户反馈而逐步进化和改进。

Government to Business（G2B）e-commerce 政府对企业（G2B）的电子商务　政府向企业销售产品或服务。

Government to Consumer（G2C）e-commerce 政府对消费者的电子商务　政府和居民／消费者之间的商务活动，包括缴税、交通工具登记、提供信息和服务等。

Government to Government（G2G）e-commerce 政府对政府的电子商务　可以是：①在一个国家政府内部进行的电子商务活动；②在两个或多个国家的政府之间进行的电子商务活动，包括提供国际援助。

graphics software　制图软件　创建并编辑图片的软件。

H

hacker　黑客　计算机使用高手，他们利用自己的知识非法入侵别人的电脑。

hacktivist　黑客行为主义者　怀有政治动机的黑客，他们通过互联网发送某种政治信息。

haptic interface　触觉感应接口　运用技术将触觉增加到以前只有视觉和听觉的环境中去。

hard disk　硬盘　一种磁性存储设备，带有一个或多个薄盘片或磁片，信息将存放在盘片或磁片中。

hardware　硬件　组成计算机（通常也称为计算机系统）的物理设备。

hardware key logger　硬件按键记录器　一种硬件装置，可以截获从键盘传送到主板的每一次按键指令。

heading tag　标题标签　使得某些特定的信息（例如标题）在网站上突出显示的 HTML 标签。

Headset（head-mounted display）　虚拟现实头盔（头盔式显示器）　一种输入输出设备，能够获取和记录头部的运动，并且有一个可以覆盖人们整个视野的屏幕。

help desk　帮助台　对知识工作者的问题进行响应的人员。

hidden job market　隐性就业市场　没有做广告的工作职位的总称。

holographic device　全息照相装置　用真实的三维形式创建、捕获或显示图像的装置。

holographic storage device　全息存贮装置　在一种存储媒介上储存信息，这种存储媒介由具有许多面的、像 3-D 水晶一样的物质组成。

horizontal e-marketplace　横向电子市场　一种连接跨许多行业买方和卖方的电子市场，主要是 MRO 物资的交易。

horizontal market software　横向市场软件　适用于多种行业的通用应用软件。

hot site　热站点　一个独立并且装备齐全的地方，发生灾难后，可以立即运转并恢复公司业务。

hot swap　热插拔　操作系统的一种特性，允许你在电脑运行时拔出一个设备并插入一个新设备，而不需要事先关闭电脑。

HR analytics　人力资源分析　对人力资源或人才管理数据进行分析，以用于劳动力能力计划、培训、开发，及业绩评价。

HTML document　HTML 文档　一个包含网站内容和 HTML 格式命令的文件。

HTML tag　HTML 标签　定义网站信息的格式和表现形式。

hub　集线器　将计算机连接在一起的一种设备，它将网络传输的所有信息复制给其他所有计算机。

hypertext markup language（HTML）　超文本标记语言（HTML）　一种用于创建网站的语言。

hypertext transfer protocol（http）　超文本传输协议（http）　支持信息在万维网上传输的通信协议。

I

identity theft　身份盗用　为了欺诈的目的而盗用他人的身份。

image scanner　图像扫描仪　获取已经存在于纸上的图像、照片、文字和艺术作品。

implant chip　嵌入式芯片　存储个人重要信息（例如身份信息和医疗记录）并能够嵌入人体的微型电子芯片，它可以是基于 GPS 的，以便于进行跟踪。

implementation　实施　决策制定过程的最后一步，将计划投入实际运行。

implementation phase　实施阶段　系统开发生命周期的一个环节，将系统分发给所有的知识工作者，他们开始使用系统完成日常工作。

information　信息　在特定背景下具有特定含义的数据。

information agent　信息代理　搜索某种信息并获得结果的智能代理。

information decomposition　信息分解　拆分信息和程序，使它们更容易使用和理解。

information granularity　信息粒度　信息所包含细节的程度。

information-literate knowledge worker　精通信息的知识工作者　能够确定自己的信息需求，知道如何获得以及在哪里获得信息，理解信息的含义并能够在信息的基础上采取适当的行动以帮助组织取得最大利益的人。

information partnership　信息合作关系　是指两个或两个以上的企业通过整合它们的 IT 系统来进行协作，从而为顾客提供最优质的服务和产品。

information technology（IT）信息技术　以计算机为基础的各种工具，人们用它们来加工信息，并支持组织对信息和信息处理的需求。

information view　信息视图　包含了存储在系统中的所有信息。

infrared, IR, or IrDA（infrared data association）红外线或 IR 或 IrDA（红外数据连接）　使用红光来发送和接收信息。

infrastructure　架构　一个相关术语，意味着"结构之下的结构"。

infrastructure-as-a-service（IaaS）架构即服务　网络环境下需要的所有"额外"技术的交付模式（例如网络路由器、通讯服务器、防火墙，以及任何防范软件等），在这个模式下，用户按照使用付费，而不需要完全购买这些技术。

infrastructure-centric metric　以架构为核心的指标　针对技术的效率、速度和能力的典型度量方法。

inheritance　继承　能够在多个类之间定义超类和子类关系。

inkjet printer　喷墨打印机　将墨滴压出墨管以形成图像。

input device　输入设备　用于输入信息和指令的工具。

insourcing　内包　由组织内的 IT 专家来开发系统。

instance　实例　某个实体类的一次出现，它可以由主键来唯一描述。

integrated collaboration environment（ICE）集成协作环境　虚拟团队完成工作的环境。

integration testing　集成测试　检验独立的系统能否一起工作。

integrity constraint　完整性约束　保证信息质量的规则。

intellectual property　知识产权　以物理形式表现出来的、无形的创新工作。

intelligence　情报分析　决策制定过程的第一步，发现或认识问题、需求或机会（也称为决策制定的诊断阶段）。

intelligent agent　智能代理　具有人工智能（例如学习和推理）的软件代理，帮助或代表用户完成重复的、同计算机相关的工作的软件。

interface　界面　能访问程序的任何设备，包括键盘、鼠标和触摸屏。

inter-modal transportation　多式联运　使用多渠道的运输方式——铁路、公路、船舶等，将产品从原产地运输到目的地。

internal information　内部信息　主要描述一个

组织中特定业务的内容。

internet 互联网 一个连接全世界数百万人的巨大的计算机网络。

internet backbone 互联网骨干网 互联网上计算机组成的主要连接网络。

internet server computer 互联网服务器 互联网上提供信息和服务的计算机。

internet service provider（ISP）互联网服务提供商 为个人、组织和企业提供网络访问的公司。

interoperability 互操作性 两个或多个计算组件之间共享信息和其他资源的能力，即使这些计算组件由不同厂商制造。

Intersection relation（composite relation）关联关系（复合关系）一种用于消除多对多联系的关系。

intranet 内部网 一种组织内部的网络，它能够通过特殊的安全装置——防火墙（由软件、硬件或二者结合构成）防止来自外部的访问。

intrusion-detection software 侵入监测程序 查找网上非法访问或行动可疑的人的软件。

intrusion detection system（IDS）入侵监测系统 监视网络通信中的入侵企图并能及时报告的装置。

intrusion prevention system（IPS）入侵防御系统 一种侵入监测系统，它能够采取行动应对侵入意图，例如创建新的防火墙策略来屏蔽攻击源。

invisible backlog 未完成系统清单 指一个组织需要开发，但由于缺乏组织资源或受系统开发优先顺序限制等原因，不能得到及时开发的系统的清单。

IRC（Internet Relay Chat）server IRC（在线聊天）服务器 支持使用讨论组和聊天室。

IT culture IT 文化 影响组织内部 IT 功能的设置，且代表了组织内部开发、部署、使用 IT 的哲学方法。

J

joint application development（JAD）联合应用开发 知识工作者和 IT 专家在一起工作几天，定义或讨论系统的业务需求。

joystick 操纵杆 带有可编程按钮的竖杆，用来控制计算机上的动作。

just-in-time（JIT）准时制生产 在客户需要的时刻生产或提供产品或服务的生产模式。

K

keyboard 键盘 最常用的台式电脑和笔记本电脑输入设备。

key logger（key trapper）software 按键记录软件 安装在电脑上，用于记录按键和鼠标点击的程序。

key performance indicator（KPI）关键性能指标（KPI）绩效考核中用到的最关键和最重要的量化指标。

knowledge-based system（expert system）基于知识的系统（又叫专家系统）运用逻辑推理能力来进行决策的人工智能系统。

knowledge management（KM）system 知识管理系统 支持组织对知识（如 know-how）进行获取、组织以及分享的 IT 系统。

L

language processing 语言处理 通过将 ASR 中步骤 2 产生的音节同语言模式数据库进行比较来识别你所说的话。

laser printer 激光打印机 与复印机工作方式相同，使用静电处理技术来成像。

legacy information system（LIS）传统信息系统（LIS）象征着大规模、长期的商业投资，这种系统往往具有脆弱、运行速度慢以及不可扩展等特性。

link（hyperlink）链接（超链接）可以点击的文本或图片，通过点击它能够打开网络中其他网站或网页。

Linux 操作系统 为高级终端工作站和网络服务器提供丰富操作环境的开源操作系统。

liquid crystal display（LCD）液晶显示器（LCD）

让电流通过两层玻璃板或塑料板中的液晶材料来成像。

list　列表　按行、列来排列的信息集合，它的每一列展示特定类型的信息。

list definition table　列表定义表　对列表的每一列进行描述。

local area network（LAN）　局域网（LAN）　覆盖一栋建筑或多栋相邻建筑的网络，如一个学校或工厂。

location-based services（social locationing）基于位置的服务（社交位置服务）　使用移动设备和卫星定位系统来获取位置信息，提供与位置相关的服务，如商务和娱乐设施、查询朋友的位置信息以及接收与位置相关的特价商品信息。

location mashup　位置糅合　一种地理信息系统，能够显示特定的地理区域并根据用户需求叠加内容进行展示。

logical view　逻辑视图　关注知识工作者应当如何整理和访问信息以满足其特定的业务需要。

long Tail　长尾理论　指的是销售曲线的尾部，这一概念最早由《连线》杂志主编克里斯·安德森提出，并用来解释电子商务的盈利能力。

looping　循环　重复执行一个程序语句块或代码块。

loyalty program　顾客忠诚计划　奖励消费相对频繁的顾客。

M

Mac OS　苹果操作系统　苹果公司的操作系统。

Macro　宏　用户录入或编写的一系列命令。

Macro language　宏语言　一种编程语言，包含内部指令来模拟应用程序中的菜单和对话框功能。

mailing list　邮件列表　按照兴趣领域成立的讨论组。

mail server　邮件服务器　提供电子邮件服务和账户的服务器。

mainframe computer（mainframe）　大型商业服务器（大型机）　用来满足大型企业环境中几百个用户的计算需求的计算机。

maintenance phase　维护阶段　系统生命周期的一个阶段，主要工作是监控和支持新系统的运行，以确保它能一直满足企业需求。

maintenance，repair，and operations（MRO）materials（indirect materials）　维护、维修、运营（MRO）物料（间接物料）　运营一家现代化公司所必需的物料，但与公司主营业务无关。

malware　恶意软件　被设计用来危害用户的计算机或计算机安全的软件。

malware bot　恶意软件机器人病毒　用于欺骗、破坏、发动拒绝服务攻击或者其他恶意企图的机器人病毒。

management information systems（MIS）　管理信息系统　处理信息技术工具的规划、开发、管理和使用以帮助人们执行与信息处理和信息管理相关的一切任务。

marketing analytics　市场营销分析　分析与市场有关的信息，从而提高产品布局、营销组合以及顾客辨识和细分等营销工作的效率与效力。

marketing mix　营销组合　公司为达到其营销目标、吸引潜在客户而使用的一系列营销工具。

mashup　糅合　将来自多个出处的内容组合在一起。

mass customization　大规模定制　企业按照客户要求来定制产品或服务的能力。

massively multiplayer online role-playing game（MMORPG）　大型多人在线角色扮演游戏　一种游戏，允许成千上万的玩家在一个虚拟世界中进行游戏和互动。

M-commerce　移动商务　通过手机、掌上电脑或笔记本等无线设备操作的电子商务。

MD5 hash value　MD5 哈希值　按照特定算法生成的、由数字和字母组成的 32 位字符串，该值对于某个存储媒介在某个特定的时间是唯一的。

megabyte（MB or M or Meg）　兆字节　约为 100 万字节。

memory stick media card　记忆卡　索尼公司开发的一种细长的闪存卡，宽度与 1 美分相仿，最大容量为 512 兆字节。

message 消息 对象进行通信的手段。

metropolitan（municipal）area network（MAN） 城域网 一组连接起来的局域网，这些局域网虽然不直接相邻，但都在同一个城市或者大城市区域范围内。

microblogging 微博 用户分享网站链接、视频之类的简短信息。

microphone 麦克风 捕捉声音信号并转换为电子格式。

microsoft Windows Vista 微软 Windows Vista 微软的个人电脑操作系统，包括家庭基础版、家庭高级版、商业版和旗舰版等多个版本。

Microsoft Windows XP Home 微软 Windows XP 家庭版 微软 Vista 之前的版本，适用于家庭用户。

Microsoft Windows XP Professional（Windows XP Pro） WindowsXP 专业版 微软 Vista 之前的版本，功能较强，可以支持家庭用户和商业用户。

microwave transmission 微波传输 一种无线电传输方式。

minicomputer（mid-range computer） 小型机（中距离计算机） 用于同时满足中小型企业环境中多人的计算需求的计算机。

mobile agent 移动代理 能够将自己配置到不同的计算机系统上的软件代理。

mobile analytics 移动数据分析 对顾客和员工使用移动设备的相关数据进行分析。

mobile computing 移动计算 一个宽泛的术语，用来描述我们使用无线技术连接到位于中心位置的信息或应用软件的能力。

mobile CPU 移动版 CPU 笔记本电脑专用的 CPU，能够根据使用情况来改变速度进而改变电能消耗。

mobisode 手机剧集 裁剪的、大约一分钟长的电视节目视频，专为在手机的小屏幕上播放而设计。

model management 模型管理 决策支持系统的组成部分，包括 DSS 模型以及 DSS 模型管理系统。

monitoring-and-surveillance agent（predictive agent） 检测和监视代理 对一些感兴趣的实体（如网络或生产设备）进行持续的观察和报告的智能代理。

mouse 鼠标 人们常用的点击图标或按钮的设备。

multi-agent system 多代理系统 可以独立工作但又必须相互合作以完成指定任务的一组智能代理。

multi-channel service delivery 多渠道服务提供 公司提供多种方式让顾客与其进行互动。

multidimensional analysis（MDA）tool 多维分析工具 一种切片/切块的技术，它允许用户从不同的视角观察多维信息。

multifunction printer 多功能打印机 一种可以扫描、复制、传真以及打印的打印机。

multiMediaCard（MMC） 多媒体卡 一种与 SD 卡看起来一样的闪存卡（但是 SD 卡具有内置的复制保护功能），它比 25 美分的硬币大一点点，比信用卡厚一点点。

multimedia（HTML）résumé 多媒体简历 一种可以在网上展示的多媒体格式，便于招聘者很方便地进行查找。

multi-state CPU 多状态 CPU 处理用两种以上状态表示的信息，可能是十个不同的状态，每个状态表示 0 到 9 之间的一个数字。

multitasking 多任务处理 允许用户同时运行一种以上的软件。

multi-tenancy 多租户技术 多个用户可以同时使用软件的某一个实例。

mutation 变异 遗传算法的一个过程，随机地尝试各种组合并评估其结果的成功与失败。

N

nanotechnology 纳米技术 一门新兴学科，尝试在原子或亚原子级上控制事物以在同样小的量级上制造设备。

near field communication（NFC） **近场通信** 一种专门为移动电话设计的无线传输技术，支持移动商务以及其他电话功能。

nearshore outsourcing **近岸外包** 与邻国的公司签订外包合同。

network access point（NAP） **网络接入点** 互联网上多个连接的交叉点。

network hub **网络集线器** 将多台计算机连接到网络的设备。

network interface card（NIC） **网卡** 台式电脑的扩展卡或是用于笔记本的 PC 卡，它能够将电脑连入网络，并提供信息流入流出的接口。

network service provider（NSP） **网络服务提供商** 如 MCI 和 AT&T，拥有并维护在网络接入点处的路由计算机甚至是连接网络接入点之间的线路。

neural network（artificial neural network or ANN） **神经网络** 能发现并区分不同模式的人工智能系统。

nonrecurring（ad hoc）decision **非重复性决策** 人们不经常做出的决策（也许只有一次），甚至每次会使用不同的标准来确定最优方案。

nonstructured decision **非结构化决策** 可能存在多个"正确"的方案，但没有精确的方法能给出最优方案。

normalization **范式化** 确保关系型数据库的结构能以一系列二维表来实现的过程。

notebook computer **笔记本电脑** 一种小巧、便携并能依靠电池运行的多功能电脑。

n-tier infrastructure **N 层架构** 把网络的工作均衡地分配给多个服务器。

O

object **对象** 一个类的实例。

objective information **客观信息** 定量地描述已被人所知的事物。

object-oriented approach **面向对象方法** 将信息和程序集成到一个单一视图中的方法。

object-oriented database **面向对象数据库** 既能处理传统数据库中的信息，又能处理图形、示意图、视频、声音以及文本文件等复杂的数据类型。

object-oriented programming language **面向对象编程语言** 用于开发面向对象系统的编程语言。

offshore outsourcing **离岸外包** 与地理位置很远的公司签订外包合同。

online ad（banner ad） **在线广告或横幅广告** 出现在其他站点上的小广告。

online analytical processing（OLAP） **联机分析处理** 一种支持决策制定的信息处理方式。

online training **在线培训** 在互联网上或者通过 CD 或 DVD 进行的培训。

online transaction processing（OLTP） **联机事务处理** 包括收集和处理输入信息，并利用收集到的和经过处理后得到的信息更新已经存在的信息。

onshore outsourcing **在岸外包** 从同一国家的另外一家公司获取服务的过程。

open-source information **开源信息** 公开可用（广义上来说）、可以免费获取并可以被任何人更新的内容。

open-source software **开源软件** 源代码（软件是如何编写的）是公开且可以免费获取的软件。

operating system software **操作系统软件** 一种控制应用软件并管理硬件设备如何协作的系统软件。

operational database **业务数据库** 支持 OLTP 的数据库。

optical character reader **光电阅读机** 能够读取页面或者商品标签上的字符，常用于零售环境中的 POS 系统。

optical fiber **光纤** 用来传输光脉冲的玻璃或塑料制成的纤维，它极细且能弯曲。

optical mark reader **光标阅读机** 检查页面预定位置上是否存在指定的标记，常用于对错题和多选题的阅卷。

optical storage media **光学存储介质** 使用激光

进行信息的存储、删除以及修改的塑料光盘。

organic light emitting diode（OLED）**有机发光二极管** 使用多层有机材料发出可见光，从而消除对背光的需求。

output device **输出设备** 帮助用户看到、听到或理解所请求的信息处理结果的工具。

outsourcing **外包** 将特定的工作在特定的期限、规定的成本和服务等级条件下委托给第三方完成。

overall cost leadership **成本领先战略（在波特的三种一般战略中）** 指的是以低于其他竞争者的价格来提供同等质量甚至质量更好的产品或服务。

P

page exposures **页面曝光** 单个访问者接触到的平均页面数量。

parallel implementation **并行实施** 同时使用新老系统直至新系统能正确地工作。

parallel port **并行端口** 与并行连接器相匹配，并行连接器是一种大型的、扁平的连接器，是打印机电缆专用的连接器。

path-to-profitability（P2P）**盈利路径** 一份正式的商业计划，它概述了主要的商业问题，如客户定位（根据人口统计学特征、行业等）、营销策略、运营策略（例如生产、运输以及物流）以及利润表和资产负债表中的估计目标值。

pattern classification **模式分类** 将你的语音音节数字信号和存储在声学模型数据库中的音节序列进行匹配。

PC Card **PC 卡** 将外部设备连接到笔记本所使用的扩展卡。

PC Card slot **PC 卡插槽** 笔记本侧面或前面的开口，用户可以在这里使用 PC 卡来连接一个外部设备。

peer-to-peer collaboration software **P2P 协同软件** 允许用户实时通信，且无须通过中央服务器就能分享文件。

personal digital assistant（PDA）**个人数字助理** 一种小型掌上电脑，它能够帮你上网，还能执行一些简单的任务，如做笔记、日程表、约会日程安排和管理地址簿。

personal finance software **个人财务软件** 用于维护支票簿、编制预算、跟踪投资、监控信用卡收支情况以及进行电子支付的软件。

personal information management software（PIM）**个人信息管理软件** 用于创建和维护待办事项列表、预约、日历和通讯录。

personal productivity software **个人应用软件** 帮助用户执行个人任务，如写备忘录、画图、制作演示文稿，这些工作即使你没有电脑也能完成。

personal software-as-a-service（personal SaaS）**个人应用软件即服务** 一种个人应用软件（如微软办公软件）的交付模式，你不再需要一次性购买软件，只需要按照使用的次数来付费。

pharming **域欺骗** 将使用者引诱到伪造的网站上，也就是说，你输入银行的正确网址，但会被导引到伪造的网站，从而收集你的信息。

phased implementation **分段实施** 分阶段实施新系统（比如先是应收账款，再是应付账款），直到确定新系统正常工作，然后再实施新系统的剩余部分。

phishing（carding or brand spoofing）**网络钓鱼** 一种以身份盗用为目的的收集个人信息的技术，常常通过欺诈性电子邮件等方法。

physical view **物理视图** 解决信息如何在硬盘之类的存储设备上进行物理排列、存储和读取。

pilot implementation **试验性实施** 仅让一小组人使用新系统直到新系统能够正常工作，然后再让其他人也使用新系统。

pirated software **盗版软件** 未经许可的使用、复制、传播或销售受版权保护的软件。

pivot table **数据透视表** 允许用户对信息进行分组和总结。

pixels（picture elements）**像素** 组成屏幕上图像的点。

planning phase　**计划阶段**　系统生命周期的一个阶段，主要工作是制订一个切实可行的信息系统开发计划。

platform-as-a-service（PaaS）　**平台即服务**　一种类似于软件即服务（SaaS）的软件交付模式，但具有以下补充特征：①能够定制数据录入形式、界面以及报告；②能够使用软件开发工具增加新的模块（服务）和 / 或修改已有模块来改变软件的工作方式。

plotter　**绘图仪**　在一张纸的表面移动一支笔来形成输出。

plug and play　**即插即用**　一种操作特性，可以自动发现并安装可以插入计算机上的设备的驱动程序。

plunge implementation　**直接实施**　完全丢弃旧系统并立即使用新系统。

pointing device　**点操作设备**　用来操纵和选择显示屏上目标的一种设备。

pointing stick　**指点杆**　主要用在笔记本电脑上的橡皮状的定点设备。

polymorphism　**多态**　具有多种状态。

pop-under ad　**弹底式广告**　弹出式广告的一种形式，当你关闭正使用的浏览器窗口时才会看见它。

pop-up ad　**弹出式广告**　当人们浏览某网页时，网页会自动弹出一个有广告的小对话框。

port　**端口**　主机、显示器或键盘上的接口，用来实现在计算机系统上输入和输出信息和指令。

portable document format（PDF）　**便携式文档格式**　标准的电子出版物文件格式。

portable document format（PDF）résumé　**PDF 格式简历**　一种常用于电子邮件的标准化电子出版物文件格式。

prediction goal　**预测目标**　你希望预测分析模型解答的问题。

prediction indicator　**预测指标**　基于感兴趣实体的属性得到的具体可量化值。

predictive analytics　**预测式分析**　使用多种决策工具和技术，如神经网络、数据挖掘、决策树和贝叶斯网络来分析当前和历史数据，进而预测未来事件发生的概率。

presentation software　**演示软件**　帮助用户创建和编辑要显示在电子幻灯片上的信息。

primary key　**主关键字**　简称主键，数据库中的一个字段（在某些情况下是一组字段），它唯一地描述每条记录。

privacy　**隐私权**　当事人按照个人意愿不受干扰、独立控制个人财产以及未经允许不被他人查看的权利。

private cloud　**私有云**　在组织拥有的内部网络上创建和部署的云计算服务，只有该组织内部的员工和部门才能使用。

procedure　**过程**　操作或修改信息。

procedure view　**过程视图**　包含了系统内的所有过程。

program　**程序**　是一系列指令，当这些指令被执行的时候，系统会执行特定的任务。

programming language　**编程语言**　开发者编写程序所使用的工具。

project manager　**项目经理**　项目计划和管理方面的专家，他们定义和开发项目计划并跟踪计划以确保所有关键里程碑按时完成。

project milestone　**项目里程碑**　对应某些活动必须完成的关键日期。

project plan　**项目计划**　定义系统开发所涉及的谁在什么时间做什么的问题，这些问题包括所有需要完成的活动、项目的人员组成、需要什么资源、谁去完成哪些活动以及完成每项活动所需要的时间。

project scope document　**项目范围说明书**　项目范围的书面定义，通常只有一段话。

proof-of-concept prototype　**概念证明原型**　用于证明拟建设系统的技术可行性的原型。

prototype　**原型**　是一个拟建产品、服务或系统的演示或工作模型。

prototyping　**原型法**　建立模型的过程，该模型能展示拟开发产品、服务或系统的特征。

PS/2 port　**PS/2 端口**　与 PS/2 连接器匹配，通

常用在键盘和鼠标上。

public cloud　公有云　部署在互联网上可供任何人和任何公司使用的云服务。

public key encryption（PKE）　公钥加密　使用两个密钥的加密系统：一个是任何人都有的公钥，另一个是只有接收者才有的私钥。

push technology　推式技术　企业和组织根据你的个人信息，通过技术主动为你提供信息、服务和产品。

Q

query-and-reporting tool　查询与报表工具　与QBE工具、SQL以及典型数据库中的报表生成器类似。

query-by-example（QBE）tool　实例查询工具　帮助用户用图表的方式设计问题的答案。

R

random access memory（RAM）　随机存取存储器　一片临时存储区域，用于保存正在使用的信息以及CPU所需的系统和应用软件指令。

rapid application development methodology（RAD，rapid prototyping）　快速应用开发法（RAD或快速原型法）　强调用户广泛参与到一个系统原型的快速演化构建中，以加速系统开发过程。

recovery　恢复　当信息丢失时重新安装备份信息的过程。

recurring decision　重复性决策　重复发生的决策，经常带有周期性，如每周、每月、每季度或每年。

redacting　编造　将文件部分截断，进而防止其被恢复，通常用来保护机密信息。

relation　关系　描述关系模型（关系数据库模型）中的每个二维表或文件。

relational database　关系数据库　使用一系列具有逻辑关系的二维表或文件来存储数据库中的信息。

repeater　中继器　接受电波信号，加强信号并继续传输的设备。

report generator　报表生成器　帮助用户快速定义报表的格式以及报表包括的信息。

request for proposal（RFP）　招标书　一种详细描述拟建系统逻辑需求的正式文档，该文档可用于邀请外包企业（或称为"承包商"）参与拟建系统的投标。

requirement recovery document　需求恢复文档　一种内容非常详尽的文件，描述了关键与非关键IT系统和信息之间的区别；每个可能的威胁；每个灾难所能导致的最糟情况。

requirements definition document　需求定义文档　定义全部的业务需求并将它们按业务重要性排序的文档。

resolution of a printer　打印机的分辨率　打印机每英寸所产生的点数量（dpi）。

resolution of a screen　屏幕的分辨率　屏幕的像素数量。

response time　响应时间　对用户事件（比如查询报告、点击鼠标等）的平均响应时间。

résumé　简历　对个人工作资质的介绍。

reverse auction　逆向拍卖　一种交易过程，买方先发布自己的产品购买需求（包括数量、质量、规格和交货时间等信息），多个卖方可以展开竞标，不断地投出更低的价格，直至只剩下一家卖方为止。

RFID（radio frequency identification）　无线射频识别技术　使用标签或商标上的芯片存储信息，当标签或商标受到正确频率的无线电波辐射时，信息就被发送或写入。

risk assessment　风险评估　通过对信息资产进行估价、分析信息资产对组织的重要性以及信息资产面对威胁的敏感性来测算信息资产所处的风险水平。

rivalry among existing competitors　现有竞争者之间的竞争　在五力模型中，当一个市场的竞争非常激烈时，现有竞争者之间的竞争强，反之，现有竞争者之间的竞争弱。

rootkit　后门软件　一种恶意软件，赋予你计算机或网络管理员的权限，使你可以向操作系统隐藏个人的处理过程、文件和系统数据。

router　路由器　是指一个大型网络中各小子网之间进行通信传输的设备。

run-grow-transform（RGT）framework　运作—成长—变革框架　在多种商业战略中分配 IT 资金的方法。

S

sales force automation（SFA）system　销售自动化系统　自动跟踪销售过程的所有步骤的系统。

satellite modem　卫星调制解调器　一种可以让你通过卫星电视天线来连接互联网的调制解调器。

satisficing　满意解　做出合乎用户需求并使其满意的决策的过程，这个决策不一定最优。

scalability　可扩展性　描述系统面对不断增长需求的适应能力。

scannable（or ASCII）résumé　可扫描（或 ASCⅡ 码型）简历　是一种不带任何格式的纸质简历，当用计算机扫描后，它就转变为电子版形式。

scanner　扫描仪　用于将非电子格式的信息转化为电子格式。

scope creep　范围蔓延　出现在当项目范围超出最初的预想时。

screenagers　屏幕少年　用于代指当前青少年一代的术语，因为他们在屏幕前花费了过多的时间。

script bunny（script kiddie）准黑客　想成为黑客，但是不具备足够专业技术知识的人。

search engine　搜索引擎　帮助用户找到含有所需要信息或者服务的网站的网络工具。

search engine optimization（SEO）搜索引擎优化　通过利用搜索引擎能够检索到的标签和关键词来提供网站的知名度。

secure digital（SD）card　安全数字卡（SD 卡）　看起来与多媒体卡一样的闪存卡（但是 SD 卡有内置的拷贝保护），比一个 25 美分的硬币大一点点，比信用卡厚一点点。

secure electronic transaction（SET）安全电子交易协议　是一种安全的传输方法，它可以确保交易是合法和安全的。

secure sockets layer（SSL）安全套接层协议　在 Web 客户端和服务器之间建立一种安全的、私密的连接，将信息加密，然后在互联网上传送信息。

selection　选择　遗传算法中的一个过程，优先选择更好的结果。

selfsourcing（also called end-user development）自包（也称为终端用户开发）　在没有或者较少有 IT 专家的帮助下，最终用户（知识工作者）自行开发 IT 系统或支持 IT 系统的运行。

selling prototype　推广原型　用于向人们证明拟建系统的价值的原型。

service level agreement（SLA）服务等级协议　规定两个当事人责任的正式协议；在不同环境下，SLA 有不同含义。

service level specification（SLS）or service level objective（SLO）服务等级说明书或服务等级目标　关于服务等级协议的支持性文档，清晰地定义了评价服务等级协议成功与否的关键指标。

service-oriented architecture（SOA or SoA）面向服务架构　一种软件架构，该架构注重通过小型独立代码模块（称为"服务"）的开发、使用和重用来满足组织的所有应用软件需求。

sexting　色情短信　发送与性相关的消息或图片（主要在手机上）。

sign-off　签收　知识工作者的真实签名，代表他们认可了所有的业务需求。

skill words　技能词汇　组织用于描述工作技能的名词和形容词，它们被用于申请者简历中。

slack space　闲置空间　文件结尾和簇结尾之间的剩余磁盘空间。

smart card　智能卡　与信用卡大小相近的塑料卡片，卡上嵌入了一块可以存储和更新数字信息的芯片。

smartmedia（SM）card　智能媒体卡（SM 卡）

比 CF 卡稍长一些的闪存卡，厚度与信用卡一样，存储容量可达 512MB。

smartphone 智能手机 拥有一些附加功能的手机，包括相机、互联网连接、日志记录、GPS、数字音乐和视频播放等。

social engineering 社会工程 使你能够访问你无权访问的信息。

social media analytics 社交媒体分析 对客户和竞争对手的社交媒体使用数据进行分析，从而帮助组织更好地理解与客户的动态交互过程，以获得竞争优势。

social networking site 社交网站 在此网站上，你可以上传个人信息、创建好友关系网、分享照片和视频信息、与他人交流。

social network system 社会网络系统 将你与你认识的人相连接的 IT 系统。

software 软件 计算机硬件执行的、用来完成某个特定任务的一系列指令。

software-as-a-service（SaaS） 软件即服务 一种新的软件交付模式，你可以按使用次数支付应用软件的费用，而不必完全买下软件。

software suite 软件包 由同一个供应商开发的多个独立软件组成的套装软件，其价格比单买每个软件的总和要低。

spam 垃圾邮件 不请自来、其目的是推销产品和服务的电子邮件。

spam blocker software 垃圾邮件过滤软件 从收件箱中过滤掉垃圾邮件的一种工具软件。

spear phishing 鱼叉式网络钓鱼 针对某些特定目标的网络钓鱼攻击。

spoofing 网络哄骗 伪造回信地址，使电子邮件的发件人显示为真正发件人以外的其他人。

spreadsheet software 电子表格软件 主要用于处理数字（包括进行计算和生成图表）的软件。

spyware（sneakware，stealthware） 间谍软件 是一种恶意软件，它收集有关你和你的电脑的信息，并在未经允许的情况下发送给其他人。

steganography 隐写术 将信息隐藏在其他信息中。

storage area network（SAN） 存储区域网 一种建立特殊专用网络的架构，允许快速、可靠地访问多台服务器上的存储设备。

storage device 存储设备 用于储存信息的设备。

storyboard 故事板 一种可视化的展示方法，用于说明网页上不同对象的关系。

structured decision 结构化决策 一种决策类型，采用专门方法处理确定的信息，并总能得到正确的答案。

structured query language（SQL） 结构化查询语言 在许多数据库中使用的第 4 代标准查询语言。

structure tag 结构标签 一种 HTML 标签，该标签设定了必要的部分，并说明该文档确实是 HTML 文档。

stylus 触摸笔 用来在 PDA 或平板电脑上涂写、像笔一样的输入设备。

subjective information 主观信息 试图描述当前未知的事物。

sub procedure 子过程 对对象执行一些操作的计算机代码。

supercomputer 超级计算机 速度最快、能力最强而且最昂贵的一种计算机。

supplier power 供应商议价能力 在五力模型中，当购买者可选择的购买渠道很少时，供应商议价能力就强，反之则弱。

supply chain management（SCM） 供应链管理 跟踪企业业务流程和企业间的库存及信息。

supply chain management（SCM）system 供应链管理系统 一种支持供应链管理的 IT 系统，能够实现对不同业务流程以及不同公司的库存和信息的自动跟踪。

swarm（collective）intelligence 群体智慧 指许多简单个体的群体性行为，它们能够针对问题设计解决方案并通过相互合作产生全局模式。

switch 交换机 一种用于连接多个计算机的网络设备，它能将每台计算机发送的信息传输到指定的接收者，而不是整个网络上的所有计算机。

switching cost 转换成本 当消费者转换为使

用另一种产品或服务时需要支付的成本。

system availability　系统可用性　通常使用停机时间或者系统停止使得终端用户和消费者不可使用系统的平均时间的倒数进行衡量。

system bus　系统总线　使信息能够在主板上的基本部件之间（包括 CPU 和 RAM 之间）进行传输的通道。

systems development life cycle（SDLC）系统开发生命周期　一种结构化的、按部就班的信息系统开发方法。

system software　系统软件　负责处理技术管理任务并协调所有技术设备之间的交互。

system testing　系统测试　检测实现某个系统功能的单元代码段在集成到整个系统时能够正确运行。

T

T1　一种用于商业连接的高速商业网络，运行速度可达 1.544Mbps 以上。

tablet PC　平板电脑　一种轻巧的计算机，大小与笔记本电脑相似（甚至更小），包含一个触摸屏，同时具备笔记本电脑和台式电脑的操作功能。

TCP/IP（Transport control protocol/Internet protocol）传输控制协议 / 互联网协议　在互联网上传输信息的基本协议。

technical architecture　技术架构　定义系统运行所需的硬件、软件和通信设备。

technology-literate knowledge worker　精通技术的知识工作者　了解如何、何时应用技术的人。

telecommunications device　远程通信设备　用于与网络中的其他人或计算机进行信息传输的工具。

telephone modem（modem）电话调制解调器　一种将计算机与电话线相连接从而使得能够访问其他电脑或网络的设备。

Terabyte（TB）兆兆字节　大约 1 万亿字节。

test conditions　测试条件　对系统必须完成的每一步骤及其结果的详细描述。

testing phase　测试阶段　系统开发生命周期的

一个环节，主要工作是验证系统能够正常运行并满足系统分析阶段定义的所有业务需求。

text analytics　文本分析　利用统计、人工智能和语言学技术将文本信息（如调查、电子邮件、博客和社交媒体）转为结构化信息。

threat of new entrants　新进入者的威胁　在五力模型中，如果新竞争者很容易进入一个市场，则新进入行业者的威胁就大，反之，就小。

threat of substitute products or services　替代产品或服务的威胁　在五力模型中，当一个产品或服务有许多其他可替代产品或服务时，替代产品或服务的威胁大，反之，就小。

thrill-seeker hacker　寻求刺激的黑客　以侵入计算机为乐的黑客。

throughput　吞吐量　在给定时间内能够通过系统的信息量。

tiered infrastructure（layer infrastructure）阶梯式架构（分层架构）　IT 系统被分割成不同的层，每一层执行一种特定功能。

time service factor（TSF）时间服务因子　在特定服务时间段内（比如 30 秒或 90 秒），回答的呼叫所占的百分比。

top-level domain（TLD）顶级域名　网址中的扩展名，能够体现该组织的类型。

total hits　总点击量　网站的总访问数，同一客户可以多次访问。

touchpad　触摸板　一种通过手指移动来控制鼠标的设备（常用于笔记本电脑）。

trackball　轨迹球　与机械鼠标相似，但顶部有一个圆球。

traditional technology approach　传统技术方法　这种方法针对任何计算机系统都有两个主要视角：信息与过程，同时它保持这两个主要视角的独立性。

Transaction speed　业务处理速度　系统处理业务的速度。

Trojan horse software　特洛伊木马软件　隐藏在你所需要软件中的一种有害软件。

Trojan horse virus　特洛伊木马病毒　隐藏在软

件中的病毒，通常以附件或下载的形式出现。

twisted-pair cable　**双绞线**　一束用于传输声音或数据通信的铜线，现有若干种类。

Twitter jockey　**推特骑手**　使用 Twitter 来与客户、赞助商和商业伙伴等进行交流的人。

U

U3 Smart drive　**U3 智能驱动**　看起来像也的确是一个 USB 闪盘，但是它可以在任意计算机上存储、加载和运行软件。

ubiquitous computing　**普适计算**　在任何时间、组织内部和外部的任何地点都可以进行计算和得到技术支持，可以访问所有需要的信息，联络所有的商业伙伴。

unallocated space　**未分配空间**　一些可用于存储信息的簇，这些簇还没有接收文件或只包含了被标识为"被删除"的文件的一部分或全部。

uniform resource locator（URL）**统一资源定位器**　网站上的特定网页或者文件的地址。

uninstaller software　**卸载软件**　一种工具软件，用来删除硬盘上你不再需要的软件。

unique visitors　**独立访客数量**　在给定时间里，访问网站的不重复人数。

unit testing　**单元测试**　测试系统的独立单元或代码段。

USB（universal serial bus）port　**USB 端口（通用串行总线端口）**　小型的即插即用、热插拔型 USB 连接端口，通过使用 USB 集线器，你可以仅利用电脑上的一个 USB 端口就连接多达 127 个设备。

user acceptance testing（UAT）**用户可接受性测试**　检验系统是否满足业务需求并使知识工作者能够正确开展工作。

user agent（personal agent）**用户代理（个人代理）**　代表用户采取行动的智能代理。

user documentation　**用户说明书**　说明如何使用系统的文档。

user interface management　**用户界面管理**　决策支持系统的组件之一，使用户能够与决策支

持系统交互。

utility software　**工具软件**　为操作系统提供附加功能的软件。

V

value-added network（VAN）**增值网**　一种 B2B 服务，能够根据信息格式和传输方式的不同采用不同标准为多个组织提供信息共享的中介服务。

variable　**变量**　代表了某一个信息。

vertical e-marketplace　**纵向电子市场**　一种连接特定行业（比如石油和天然气、纺织品以及零售业）的买方和卖方的电子市场。

vertical market software　**纵向市场软件**　只适用于某一特殊行业的应用软件。

view　**视图**　允许用户查看数据库文件的内容，对其进行必要的修改，完成简单的分类，查找具体信息。

viewable image size（VIS）**可视图像尺寸**　显示器上图像的尺寸大小。

viral marketing　**病毒式营销**　B2C 公司鼓励消费者去怂恿他们的朋友来购买自己的产品或服务。

virtual good　**虚拟商品**　非实物的商品。

virtual private network（VPN）**虚拟专用网**　利用加密技术来保证两个节点之间网络数据传输的保密性。

virtual reality　**虚拟现实**　使你身临其境的计算机三维空间模拟。

virus（computer virus）**病毒（计算机病毒）**　为了制造麻烦或破坏的恶意软件。

visual Basic Editor（VBE）**VB 代码编码器**　一种可以编写和编辑 Visual Basic 宏的独立应用程序。

VoIP（Voice over Internet Protocol）**网络电话**　允许你利用互联网进行语音通信，从而避免向电信公司缴纳长途电话费。

W

walker　**步行者**　一种输入设备，能够捕捉和记

录你走路或转弯时的脚部运动。

waterfall methodology　瀑布式开发法　一种基于活动的连续过程，在瀑布式开发法中，SDLC（系统开发生命周期）从计划到实施的每一个环节都是紧跟着另一个环节的。

Web2.0　被称为第二代网络，主要专注于在线协作、用户成为内容的创造者和修改者、动态定制的信息推送、许多其他以网络为基础的服务。

Web 3.0　聚焦于语义的第三代网络。

Web analytics　网络分析　对于与互联网相关的数据进行分析，聚焦于优化网页的使用。

Web authoring software　网络制作软件　用于设计与开发网站和网页的软件。

Web browser software　网络浏览器软件　用于网上冲浪的软件。

Webcam　网络摄像头　捕获数字视频用于上传到网络上。

Web-centric metric　以网络为中心的指标　用于测评网站和电子商务是否成功的指标。

Web log　网络日志　包含网站的每个访问用户的信息，通常存储在网站服务器上。

Web page　网页　一个网站的组成部分，每个网页涉及某个特定的主题。

Web portal　网站门户　能够提供众多服务的网站，包括搜索引擎、免费电子邮件、聊天室、留言板和众多网站链接等服务。

Web server　网站服务器　为网上冲浪者提供信息和服务。

Web site　网站　万维网上的一个我们可以访问、收集信息甚至可以购物的特定位置。

Web site address　网站地址　简称网址，标识万维网上一个特定网站的唯一名称。

Web space　网络空间　用来放置网站的存储空间。

whaling　捕鲸式攻击　一种网络钓鱼形式，目标往往是高端商务人士、政府领导人或其他具有高知名度的人士。

white-hat(ethical)hacker　白帽黑客（道德黑客）　计算机安全专业人员，他们受公司雇用侵入公司计算机系统，从而发现计算机系统中存在的漏洞。

wide area network（WAN）广域网　是一组服务于非直接邻近区域或建筑的连通网络。

Wi-Fi（wireless fidelity or IEEE 802.11a,b,or g）无线宽带　以无线电波形式在远至300英尺的距离内传输信息的一个标准。

Wiki　维基　一个允许访问者对网页内容进行创建、编辑、改变和删除操作的开源信息网站。

wired communications media　有线通信媒介　指在一个封闭、连通的通道中传输信息。

wireless access point（WAP）无线访问点　允许计算机利用无线电波访问网络的设备。

wireless communications media　无线通信媒介　通过无线方式传输信息。

word processing software　文字处理软件　用于创建文档、信函、备忘录和其他基本文档的软件。

workshop training　工作坊培训　由一位教师指导、在教室中进行的培训。

world Wide Web（Web）万维网　互联网上以多媒体为基础的信息、服务和网站的集合。

worm　蠕虫　一种可以自行复制和传播的病毒，它不仅可以在文件之间传播，还可以通过电子邮件或其他互联网信息在电脑之间传播。

X

xD-Picture（xD）card　尖端数字–图像卡　一种新型闪存卡，形状像矩形塑料块，比一个便士小但厚薄相同且边缘微微弯曲。

Z

Zombie　僵尸　被病毒感染的计算机。

参 考 文 献

CHAPTER 1

1. "Declining Room Revenue," *The Denver Post*, September 12, 2010, p. K2.

2. "Declining Room Revenue," *Chicago Tribune*, at http://www.chicago-tribune.com/business/yourmoney/sns-graphics-hotel-services-gx,0,5876978.graphic, accessed March 17, 2011.

3. "Sexcerpts," *Rocky Mountain News*, March 25, 2006, p. 2E.

4. Fisch, Karl, Scott McLeod, and Jeff Bronan, "Did You Know?" You-Tube, at http://www.youtube.com/watch?v=cL9Wu2kWwSY, accessed March 18, 2011.

5. Petrecca, Laura, "More College Grads Use Social Media to Find Jobs," *USA Today*, April 5, 2011, at http://www.usatoday.com/tech/news/2011-04-04-social-media-in-job-searches.htm#, accessed May 4, 2011.

6. Kallman, Ernest, and John Grillo, *Ethical Decision Making and Information Technology* (San Francisco: McGraw-Hill, 1993).

7. Mullaney, Tim, "HBO Go Off to a Flying Start with 1 Million Downloads," *USA Today*, May 2011, at http://content.usatoday.com/communities/technologylive/post/2011/05/hbo-go-off-to-a-flying-start-with-1-million-downloads/1, accessed May 2, 2011.

8. Porter, Michael, "How Competitive Forces Shape Strategy," *Harvard Business Review*, March/April 1979.

9. Horovitz, Bruce, "Marketers Use Social Media for Valentine Promotions," *USA Today*, February 6, 2011, at http://www.usatoday.com/money/advertising/2011-02-11-vdsocial/11_ST_N.htm#, accessed March 1, 2011.

10. Carroll, Paul, and Chunka Mui, "Where Innovation Is Sorely Needed," *Technology Review*, February 1, 2011, at http://www.technologyreview.com/business/32245, accessed June 1, 2011.

11. Gomolski, Barb, "Best Practices in IT Cost Management," The Gartner Group, presentation DTS-Gartner 2008 Technology Day, January 9, 2008.

12. Rosen, Jeffrey, "The Web Means the End of Forgetting," *The New York Times*, July 21, 2010, at http://www.nytimes.com/2010/07/25/magazine/25privacy-t2.html, accessed December 11, 2010.

13. Rossiter, Joe, "More Families Choose to Have Funerals Webcast," *USA Today*, March 25, 2011, at http://www.usatoday.com/tech/news/2011-03-24-funeral-webcasts_N.htm#, accessed April 2, 2011.

14. Stoller, Gary, "After Soldiers' Video Goes Viral, More Bags Will Fly Free," *USA Today*, June 2011, at http://travel.usatoday.com/flights/story/2011/06/After-soldiers-video-goes-viral-more-bags-will-fly-free/48212264/1, accessed June 17, 2011.

15. Thanawala, Sudhin, "Man Gets Stolen Laptop Back after Tracking It," *USA Today*, June 2, 2011, at http://www.usatoday.com/tech/news/2011-06-02-stolen-laptop-tracking-software_n.htm#, accessed June 4, 2011.

16. McCarthy, Michael, "Rashard Mendenhall Fired by Champion over Osama Bin Laden Tweets," *USA Today*, May 7, 2011, at http://content.usatoday.com/communities/gameon/post/2011/05/rashard-mendenhall-fired-by-champion-over-osama-bin-laden-comments/1, accessed May 19, 2011.

17. Dobner, Jennifer, "Utah Man Used Facebook during Standoff," *USA Today*, June 22, 2011, at http://www.usatoday.com/tech/news/2011-06-22-facebook-standoff_n.htm#, accessed June 24, 2011.

18. Snider, Mike, "Senate Panel Grills Apple, Google on Tracking Technology," *USA Today*, May 11, 2011, at http://www.usatoday.com/tech/news/2011-05-10-mobile-location-tracking_n.htm#, accessed May 24, 2011.

19. Acohido, Byron, "Jobs, Apple Issue Complex Denial of iPhone Tracking," *USA Today*, April 27, 2011, at http://www.usatoday.com/tech/news/2011-04-27-apple-iphone-tracking_n.htm#, accessed May 24, 2011.

20. Acohido, Byron, "More Confusion Swirls around Google, Apple Tracking," *USA Today*, April 27, 2011, at http://www.usatoday.com/tech/news/2011-04-25-iphone-tracking.htm#, accessed May 24, 2011.

CHAPTER 2

1. Marshall, Ken, "Move to Online Causes Death of Travel Agency Jobs," Cleveland.com, October 14, 2009, at http://www.cleveland.com/pdgraphics/index.ssf/2009/10/move_to_online_causes_decline.html, accessed July 5, 2011.

2. "Configuring a 500 Percent ROI for Dell," i2 White Paper, www.i2.com/customer/hightech_consumer.cfm, accessed May 5, 2004.

3. "Frito Lay—Zero Emission Trucks," Share Green, Food & Beverage Case Studies, August 31, 2010, at http://www.sharegreen.ca/?p=3444, accessed July 6, 2011.

4. "Websmart," *BusinessWeek*, November 24, 2003, p. 96.

5. Koudal, Peter et al., "General Motors: Building a Digital Loyal Network through Demand and Supply Chain Integration," Stanford Graduate School of Business, Case GS-29, March 17, 2003.

6. "American Red Cross and Salesforce.com Meet the Magnitude of Need Created by Disasters," Salesforce.com Customer Success Stories, at http://www.salesforce.com/showcase/stories/american_redcross.jsp, accessed July 7, 2011.

7. "President Bush's Proposed FY06 Budget Represents Growth in IT Spending for Federal Government," February 8, 2005, www.bitpipe.com, accessed May 19, 2005.

8. "ERP Outsourcing Picks Up and Takes Off," www.outsourcing.com, accessed May 19, 2005.

9. Rashid, Mohammad et al., "The Evolution of ERP Systems: A Historical

Perspective," www.ideagroup.com, accessed May 11, 2004.

10. Morrison, Scott, and Geoffrey Fowler, "eBay Pushes into Amazon Turf," *The Wall Street Journal*," March 29, 2011, at http://online.wsj.com/article/SB1000142405274870447190457622853293560375 2.html, accessed July 7, 2011.

11. Facebook, Facebook Statistics, at http://www.facebook.com/press/info.php?statistics, accessed July 6, 2011.

12. Molina, Brett, "Twitter: Serving 200 Million Tweets Daily," *USA Today*, July 4, 2011, at http://content.usatoday.com/communities/technologylive/post/2011/07/twitter-now-serving-200-million-tweets-daily/1, accessed July 6, 2011.

13. "Top 7 Social Media Sites from Mar 10 [2010] to Mar 11 [2011]," StatCounter, at http://gs.statcounter.com/#social_media-ww-monthly-201003-201103, accessed July 6, 2011.

14. Parr, Ben, "LinkedIn Surpasses 100 Million Users," *USA Today*, March 22, 2011, at http://content.usatoday.com/communities/technologylive/post/2011/03/linkedin-surpasses-100-million-users, accessed May 26, 2011.

15. Claburn, Thomas, "PepsiCo Debuts Social Vending Machine," *InformationWeek*, April 29, 2011, at http://www.informationweek.com/news/internet/retail/229402472, accessed May 2, 2011.

16. "World of Warcraft Subscriber Base Currently at 11.4 Million," Curse.com, May 9, 2011, at http://www.curse.com/articles/world-of-warcraft-news/956087.aspx, accessed July 7, 2011.

17. "Zynga," AppData, at http://www.appdata.com/devs/10-zynga, accessed July 7, 2011.

18. Horovitz, Bruce, "Retailers Turn to Facebook to Sell Their Wares," *USA Today*, May 10, 2011, at http://www.usatoday.com/money/industries/retail/2011-05-10-retailers-turn-to-facebook_n.htm#, accessed May 22, 2011.

19. Weier, Mary Hayes, "Collaboration and the New Product Imperative,"

InformationWeek, July 21, 2008, pp. 26–32.

20. Greengard, Samuel, "How to Win with Social Media," *Baseline*, March/April 2011, pp. 16–21.

21. Strauss, Steve, "Measuring the ROI of Your Social Media Efforts," *USA Today*, March 13, 2011, at http://www.usatoday.com/money/smallbusiness/columnist/strauss/2011-03-13-small-business-and-social-media_N.htm, accessed July 7, 2011.

CHAPTER 3

1. Crooks, Ross, "Music Retail: The Rise of Digital," Mint.com, November 2, 2009, at http://www.mint.com/blog/trends/music-retail-the-rise-of-digital/, accessed July 9, 2011.

2. "2010 Year-End Shipment Statistics," Recording Industry Association of America, at http://76.74.24.142/548C3F4C-6B6D-F702-384C-D25E2AB93610.pdf, accessed July 5, 2011.

3. "Driven by Data: The Importance of Building a Culture of Fact-Based Decision-Making," SAS, 2009, at http://www.sas.com/resources/whitepaper/wp_9867.pdf, accessed July 8, 2011.

4. "A New Model of Business Intelligence," Oracle, 2010, at http://www.infoworld.com/t/business-intelligenceanalytics/wp/new-model-business-intelligence-444, accessed July 8, 2011.

5. Watterson, Karen, "A Data Miner's Tools," *BYTE*, October 1995, pp. 170–72.

6. "Amway China Improves Replenishment Time by 20 Percent, Customer Satisfaction Soars to 97 Percent with SAS," SAS Institute Customer Success Stories, at http://www.sas.com/success/amwaychina.html, accessed July 11, 2011.

7. Cash, James, "Gaining Customer Loyalty," *InformationWeek*, April 10, 1995, p. 88.

8. Segall, Laurie, "Bloomberg Opens NYV Data to Entrepreneurs," CNNMoney.com, April 5, 2011, at http://money.cnn.com/2011/04/05/technology/bigapps_nyc/index.htm, accessed May 23, 2011.

9. Maselli, Jennifer, "Insurers Look to CRM for Profits," *InformationWeek*, May 6, 2002, www.informationweek.com/story/IWK20022050250007, accessed March 1, 2005.

10. "Laurentian Bank Creates Online Scoring Models for Dealer Financing," Customer Success Story from SAS Corporation, www.sas.com/success/laurentian.html, accessed April 21, 2005.

11. Corda Technologies, at http://centerview.corda.com/corda/dashboards/HumanCapitalManagement/main.dashxml#cordaDash=9, accessed July 11, 2011.

12. Kling, Julia, "OLAP Gains Fans among Data-Hungry Firms," *Computerworld*, January 8, 1996, pp. 43, 48.

13. Hutheesing, Nikhil, "Surfing with Sega," *Forbes*, November 4, 1996, pp. 350–51.

14. LaPlante, Alice, "Big Things Come in Smaller Packages," *Computerworld*, June 24, 1996, pp. DW/6–7.

15. "Information to Reporting to Smarter Operations: Performance Management at Dr. Pepper Snapple Group," IBM Customer Success Stories, at http://public.dhe.ibm.com/software/data/sw-library/cognos/pdfs/casestudies/cs_pm_at_dr_pepper_snapple_group.pdf, accessed July 12, 2011.

16. Copeland, Larry, "High-Tech Apps Help Drivers Evade Police," *USA Today*, March 21, 2011, at http://www.usatoday.com/news/nation/2011-03-21-1Ascofflaw21_ST_N.htm, accessed April 12, 2011.

17. Copeland, Larry, "Four Senators Target DUI Checkpoint Apps," *USA Today*, March 23, 2011, at http://www.usatoday.com/news/nation/2011-03-23-speedtrap23_ST_N.htm, accessed April 12, 2011.

18. Copeland, Larry, "Apple to Stop Accepting DUI Checkpoint Apps," *USA Today*, June 9, 2011, at http://www.usatoday.com/tech/news/2011-06-09-apple-DUI-checkpoints-app_n.htm#, accessed July 2, 2011.

19. Guth, Robert, "Glaxo Tries a Linux Approach," *The Wall Street*

Journal, May 26, 2010, at http://online.wsj.com/article/SB1000142405274870334190457526658340384488.html, accessed July 12, 2011.

CHAPTER 4

1. Allen, I. Elaine, and Jeff Seaman, *Learning on Demand,* Babson Survey Research Group, The Sloan Consortium, January 2010.

2. Gambon, Jill, "A Database That 'Ads' Up," *InformationWeek,* August 7, 1995.

3. Simon, Herbert, *The New Science of Management Decisions,* rev. ed. (Englewood Cliffs, NJ: Prentice Hall, 1977).

4. Brewin, Bob, "IT Goes on a Mission: GPS/GIS Effort Helps Pinpoint Shuttle Debris," *Computerworld,* February 10, 2003, pp. 1, 6.

5. Siegel, Eric, "Driven with Business Expertise, Analytics Produces Actionable Predications," DestinationCRM.com, March 29, 2004, at http://www.destinationcrm.com/Articles/WebExclusives/Viewpoints/Driven-with-Business-Expertise-Analytics-Produces-Actionable-Predictions-44224.aspx?CategoryID=259, accessed July 22, 2011.

6. Nash, Kim, "Using Predictive Analytics to Tap More Profitable Customers," *CIO,* January 25, 2010, at http://www.cio.com/article/523013/Using_Predictive_Analytics_to_Tap_More_Profitable_Customers, accessed July 25, 2011.

7. Stodder, David, "Customer Insights," *InformationWeek,* February 1, 2010, pp. 35–38.

8. Grimes, Seth, "Text-Analytics Demand Approaches $1 Billion," *InformationWeek,* May 12, 2011, at http://informationweek.com/news/software/bi/229500096, accessed July 22, 2011.

9. Kay, Alexx, "Artificial Neural Networks," *Computerworld,* February 12, 2001.

10. Perry, William, "What Is Neural Network Software?" *Journal of Systems Management,* September 1994.

11. Port, Otis, "Diagnoses That Cast a Wider Net," *BusinessWeek,* May 22, 1995.

12. Baxt, William G., and Joyce Skora, "Prospective Validation of Artificial Neural Network Trained to Identify Acute Myocardial Infarction," *The Lancet,* January 6, 1997.

13. "Detecting Fakes at a Stroke," *New Scientist,* October 20, 2006.

14. Sisco, Paul, "'Authentic' Project Uses Digital Technology to Foil Forgers," *Voice of America News,* January 5, 2007.

15. Chicago Appraisers Association Web site, April 24, 2009.

16. Scanlon, Jessie, "Brand Management a la Affinnova," *BusinessWeek Online,* accessed May 11, 2009.

17. Williams, Sam, "Unnatural Selection," *Technology Review,* February 2005.

18. "M&S Uses Genetic IT to Create Best Displays," *Computer Weekly,* February 2004.

19. Totty, Patrick, "Pinpoint Members with New Data-Mining Tools," *Credit Union Magazine,* April 2002.

20. Wolinsky, Howard, "Advisa Helps Companies Get More from Their Data: Helps Managers to Understand Market," *Chicago Sun-Times,* December 20, 2000.

21. Anthes, Gary H., "Agents of Change," *Computerworld,* January 27, 2003.

22. Bonabeau, Eric, "Swarm Intelligence," O'Reilly Emerging Technology Conference, April 22–25, 2003, Santa Clara, California.

23. Ibid.

24. Kavilanz, Parija, "What's Hot for the Holidays? Google Knows," CNNMoney, October 19, 2010, at http://money.cnn.com/2010/09/16/technology/google_searches_predict_hot_holiday_trends/index.htm, accessed July 25, 2011.

25. Whiting, Rick, "Businesses Mine Data to Predict What Happens Next," *InformationWeek,* May 29, 2006, at www.informationweek.com/shared/printableArticleSrc.jhtml?articleID5188500520, accessed April 27, 2007.

26. Ferris, Nancy, "Report: IT Helps New York City's Public Hospitals Achieve Excellence," *Government Health IT,* October 17, 2008.

27. Lamont, Judith, "Decision Support Systems Prove Vital to Healthcare," *KM World,* February 2007.

CHAPTER 5

1. Yarow, Jay, and Kamelia Angelova, "Internet Advertising Ready to Take More Money Away from Newspapers," *Business Insider,* January 5, 2010, at http://www.businessinsider.com/chart-of-the-day-time-spent-vs-ad-spend-2010-1, accessed July 17, 2011.

2. The Lockheed Martin Corporation, "About Us," http://www.lockheedmartin.com/wms/findPage.do?dsp=fec&ci=4&sc=400, accessed April 22, 2007.

3. "Pourquoi Paypal est promu a un bel avenir? The C2B Revolution: Consumer Empowerment," August 27, 2005, http://c2b.typepad.com/, accessed April 22, 2007.

4. "The Top Five Hundred Sites on the Web," Alexa: The Web Information Company, at http://www.alexa.com/topsites, accessed July 20,1011.

5. Segall, Laurie, "Facebook's $600 Million Virtual Economy," CNNMoney, April 28, 2011, at http://money.cnn.com/2011/04/28/technology/facebook_credits/index.htm?iid=EAL, accessed July 19, 2011.

6. Baig, Edward, "Google Wallet App Lets You Tap to Pay with Smartphone," *USA Today,* May 26, 2011, at http://www.usatoday.com/tech/news/2011-05-26-google-payments_n.htm#, accessed July 15, 2011.

7. Goldman, David, "Google Wallet Lets You Pay with Your Phone," CNNMoney, May 26, 2011, at http://money.cnn.com/2011/05/26/technology/google_wallet/index.htm?, accessed July 16, 2011.

8. Anderson, Chris, "The Long Tail," *Wired Magazine,* October 2004, http://www.wired.com/wired/archive/12.10/tail.html, accesses April 24, 2007.

9. Anderson, Chris, *The Long Tail* (New York: Hyperion, 2006).

10. Tapsott, Don, and Anthony Williams, "Innovation in the Age of Mass Collaboration," *Bloomberg*

BusinessWeek, February 1, 2007, at http://www.business-week.com/innovate/content/feb2007/id20070201_774736.htm?chan=innovation_special+report+--+the+businessweek+wikinomics+series_the+business-week+wikinomics+series, accessed July 20, 2011.

11. Copeland, Michael, "Box Office Boffo for Brainiacs:" The Netflix Prize, CNNMoney, September 21, 2009, at http://tech.fortune.cnn.com/2009/09/21/box-office-boffo-for-brainiacs-the-netflix-prize/, accessed July 20, 2011.

12. Reisinger, Don, "Virtual Goods Revenue to Hit $7.3 Billion this Year," CNet, November 15, 2010, at http://news.cnet.com/8301-13506_3-20022780-17.html, accessed July 20, 2011.

13. Lehdonvirta, Vili, and Mirko Ernkvist, "Knowledge Map of the Virtual Economy," *InfoDev,* April 2011, at http://www.infodev.org/en/Publication.1076.html, accessed July 20, 2011.

14. Petrecca, Laura, "Crowdfunding and Peer-to-Peer Lending Help Small Businesses," *USA Today,* May 6, 2011, at http://www.usatoday.com/money/smallbusiness/2011-05-06-creative-financing-for-small-businesses_n.htm, accessed July 4, 2011.

15. Hoffman, Martin, "VW Revs Its B2B Engine," *Optimize,* March 2004, pp. 22–30.

16. Hansen, Meike-Uta, "Volkswagen Drives Supply-Chain Innovation," *Optimize,* April 2005, www.optimizemag.com/showArticle.jhtml;jesssionid=AWFTOBGTAWLIQQSNDBCSKHSCJUMEKJVN?articleID=159904448, accessed May 29, 2005.

17. Molina, Brett, "Survey: Smart-phone Purchases on the Rise," *USA Today,* June 30, 2011, at http://content.usatoday.com/communities/technologylive/post/2011/06/survey-smartphone-purchases-on-the-rise/1, accessed July 20, 2011.

18. Bustillo, Miguel, and Ann Zimmerman, "Phone-Wielding Shoppers Strike Fear into Retailers," *The Wall Street Journal,* December 15, 2010, at http://online.wsj.com/article/SB10001424052748704694004576019691769574496.html, accessed July 20, 2011.

19. Jansen, Jim, *Online Product Research,* Pew Internet Project, September 29, 2010, at http://pewinternet.org/Reports/2010/Online-Product-Research.aspx, accessed July 20, 2011.

CHAPTER 6

1. "Kodak Film Sales," Photo.net, October 4, 2010, at http://photo.net/film-and-processing-forum/00XQGG, accessed July 1, 2011.

2. Hafner, Katie, "Film Drop-Off Sites Fading Fast as Digital Cameras Dominate," *The New York Times,* October 9, 2007, at http://query.nytimes.com/gst/fullpage.html?res=9D0CE4DF103CF93AA35753C1A9619C8B63, accessed July 1, 2011.

3. Dobbib, Ben, "How Much Longer Can Photographic Film Hold On?" *USA Today,* June 4, 2011, at http://www.usatoday.com/money/industries/manufacturing/2011-06-04-film-camera-digital_n.htm, accessed July 1, 2011.

4. Hoover, J. Nicholas, "In Pursuit of New Efficiencies, Honda Drives Green IT Effort," *InformationWeek,* December 8, 2008, p. 19.

5. Roth, Sabine, "Profile of CAS Software AG," March 29, 2005, www.cas.de/English/Home.asp, accessed June 9, 2005.

6. Barnes, Cecily, "More Programmers Going 'Extreme,'" April 9, 2001, www.news.com, accessed June 1, 2005.

7. "Who Are We," www.agilealliance.org, accessed June 2, 2005.

8. Lohr, Steve, "Change the World, and Win Fabulous Prizes," *The New York Times,* May 21, 2011, at http://www.nytimes.com/2011/05/22/technology/22unboxed.html, accessed July 2, 2011.

9. Clendaniel, Morgan, "Recyclebank Crowdsources Its Business Plan to an Elite Group of Social Entrepreneurs," *Fast Company,* June 27, 2011, at http://www.fastcompany.com/1762971/recyclebank-purpose-startingbloc-business-plan, accessed July 2, 2011.

10. "Industry Associations," connexions.net/IndustryAssoc.asp, accessed June 1, 2005.

11. "Outsourcing's Next Wave," *Fortune,* July 15, 2004, www.fortune.com, accessed June 2, 2005.

12. Cohen, Peter, "Twelve Technical and Business Trends Shaping the Year Ahead," May 6, 2004, www.babsoninsight.com, accessed June 2, 2005.

13. Burk, Jeff, "Why We Picked China for Outsourcing," *InformationWeek,* September 20, 2008, http://www.informationweek.com/news/global-cio/outsourcing/showArticle.jhtml?articleID=210602255, accessed February 19, 2009.

14. "Statistics Related to Offshore Outsourcing," May 2005, www.rttsweb.com, accessed June 1, 2005.

15. Asay, Matt, "The Rise of the 'Good Enough' Technology Economy," *CNET,* August 28, 2007, at http://news.cnet.com/8301-13505_3-9768204-16.html, accessed July 3, 2011.

16. Vuong, Andy, "LCD and Plasma TVs Fail Much Sooner as Manufacturers Cut Costs," *The Denver Post,* October 24, 1010, at http://www.denverpost.com/search/ci_16412838, accessed May 26, 2011.

17. Malik, Om, "What Works: The Economics of Good Enough," *GigaOM,* May 31, 2011, at http://gigaom.com/2011/05/31/economics-of-good-enough/, accessed July 4, 2011.

18. Baker, Stephen, "Why 'Good Enough' Is Good Enough," *Bloomberg BusinessWeek,* September 3, 2007, at http://www.businessweek.com/magazine/content/07_36/b4048048.htm, accessed July 2, 2011.

19. Singolda, Adam, "The Economy of Good Enough," *MediaPost,* May 11, 2011, at http://www.mediapost.com/publications/?fa=Articles.showArticle&art_aid=150332, accessed July 3, 2011.

20. "Average Length of Time Wireless Customers Keep Their Mobile Phones Increases Notably," J.D.

Power & Associates, September 23, 2010, at http://businesscenter.jdpower.com/news/pressrelease.aspx?ID=2010185, accessed July 4, 2011.

21. Parker, Penny, "Flagstaff Puts Wines on iPads," *The Denver Post,* February 8, 2011, p. 5B.

22. Canfield, Clark, "iPads Take Place Next to Crayons in Kindergarten," *USA Today,* April 13, 2011, at http://www.usatoday.com/tech/news/2011-04-13-ipads-kindergarten.htm#, accessed July 1, 2011.

23. Graham, Jefferson, "Alaska Airlines Replaces Pilot Manuals with iPads," *USA Today,* June 6, 2008, at http://www.usatoday.com/tech/news/2011-06-08-ipad-apple-manuals-airline_n.htm#, accessed July 1, 2011.

24. Horovitz, Bruce, "iPads Replacing Restaurant Menus, Staff," *USA Today,* February 16, 2011, at http://www.usatoday.com/money/industries/food/2011-02-16-ipadcafe16_ST_N.htm#, accessed May 13, 2011.

25. Levin, Alan, "iPads Fuel Flight of Paperless Planes," *USA Today,* March 18, 2011, at http://www.usatoday.com/travel/flights/2011-03-18-ipads-planes_N.htm, accessed July 1, 2011.

26. Martin, Scott, "Tablets Take PC Evolution to the Next Level," *USA Today,* March 21, 2011, at http://www.usatoday.com/tech/news/2011-03-21-ipad-vs-pc.htm#, accessed May 30, 2011.

CHAPTER 7

1. "Payment Trend Projections," *Financial Services Technology,* at http://www.usfst.com/media/article-images/article-image/FSTUS/issue-12/Payment_Trends_-_Chart_1.jpg, accessed July 13, 2011.

2. "Company Profile," www.delmonte.com, accessed May 16, 2005.

3. "Industry Implementations," www.dmreview.com, accessed May 16, 2005.

4. Hoover, J. Nicholas, "GE Puts the Cloud Model to the Test," *InformationWeek,* April 13, 2009, pp. 32–33.

5. Facebook Statistics, at http://www.facebook.com/press/info.php?statistics, accessed July 5, 2011.

6. Fowler, Geoffrey, and Scott Morrison, "Facebook Shares Server Designs," *The Wall Street Journal,* April 8, 2011, at http://online.wsj.com/article/SB10001424052748704013604576248953972500040.html, accessed July 14, 2011.

7. "The State of the Data Center," *InformationWeek,* December 18/25, 2006, p. 9.

8. Murphy, Chris, and Antone Gonsalves, "Elmo's at It Again," *InformationWeek,* December 18/25, 2006, p.21.

9. Marks, Howard, "Practical Disaster Recovery," *InformationWeek,* December 22/29, 2008, pp. 37–38.

10. Baig, Edward, "Amazon Service Lets You Store Your Music in the Clouds," *USA Today,* March 29, 2011, at http://www.usatoday.com/tech/columnist/edwardbaig/2011-03-29-amazon-cloud-based-storage.htm#, accessed July 2, 2011.

11. Graham, Jefferson, "Jobs Unveils Apple's iCloud," *USA Today,* June 6, 2011, at http://www.usatoday.com/tech/news/2011-06-06-apple-icloud_n.htm#, accessed July 2, 2011.

12. Windows Live, Microsoft.com, at http://explore.live.com/, accessed July 15, 2011.

13. "Denver Health Improves Caregiver Workflow and Saves $5.7M," ThinIdentity Corporation, http://www.thinidentity.com/helpers/uploads/ti_denverhealth_cs.pdf, accessed June 9, 2009.

CHAPTER 8

1. "Robotic Surgery in Urology," "Istanbul Center for Robotic Surgery," at http://www.istanbulrobotikcerrahi.com/robotic-surgery-in-urology.asp, accessed July 18, 2011.

2. Pliagas, Linda, "Learning IT Right from Wrong," *InfoWorld,* October 2, 2000.

3. Sweet, David, "$1.7B in Lost Work? That's March Madness," msnbc.com, March 19, 2008, at http://www.msnbc.msn.com/id/23708504/ns/business-sports_biz/t/b-lost-work-thats-march-madness/#, accessed July 30, 2011.

4. Horovitz, Bruce, "Marketers Surround March Madness with Social Media," *USA Today,* March 17, 2011, at http://www.usatoday.com/money/advertising/2011-03-17-Coke-Dove-ATT-NCAA-march-Madness.htm#, accessed July 30, 2011.

5. Fogliasso, Christine, and Donald Baack, "The Personal Impact of Ethical Decisions: A Social Penetration Theory Model," Second Annual Conference on Business Ethics Sponsored by the Vincentian Universities in the United States, New York, 1995.

6. Jones. T. M., "Ethical Decision-Making by Individuals in Organizations: An Issue-Contingent Model," *Academy of Management Review,* 1991.

7. Baase, Sara, *The Gift of Fire: Social, Legal and Ethical Issues in Computing* (Upper Saddle River, NJ: Prentice Hall, 1997).

8. Moores, Trevor, "Software Piracy: A View from Hong Kong," *Communications of the ACM,* December 2000.

9. *Eighth Annual BSA Global Software 2010 Piracy Study,* Business Software Alliance, May 2011, at http://portal.bsa.org/globalpiracy2010/downloads/study_pdf/2010_BSA_Piracy_Study-Standard.pdf, accessed July 30, 2011.

10. Rittenhouse, David, "Privacy and Security on Your PC," *ExtremeTech,* May 28, 2002, www.extremetech.com, accessed May 31, 2005.

11. O'Dell, Jolie, "How Much Does Identity Theft Cost?" *Mashable,* January 29, 2011, at http://mashable.com/2011/01/29/identity-theft-infographic/, accessed July 30, 2011.

12. Singletary, Michelle, "Identity-Theft Statistics Look Better, But You Still Don't Want to Be One," *The Washington Post,* February 9, 2011, at http://www.washingtonpost.com/wp-dyn/content/article/2011/02/09/AR2011020906064.html, accessed July 30, 2011.

13. "Data Breaches," Identity Theft Resource Center, at http://www.idtheftcenter.org/artman2/publish/lib_survey/ITRC_2008_Breach_List.shtml, accessed July 30, 2011.

14. Rashid, Fahmida, "Epsilon Data Breach to Cost Billions in Worst-Case Scenario," *eWeek*, May 3, 2011, at http://www.eweek.com/c/a/Security/Epsilon-Data-Breach-to-Cost-Billions-in-WorstCase-Scenario-459480/, accessed July 30, 2011.

15. Acohido, Byron, "Data Thieves Target E-Mail Addresses," *USA Today*, April 12, 2011, at http://www.usatoday.com/money/industries/technology/2011-04-12-epsilon-email-hackers-pfishing.htm#, accessed July 30, 2011.

16. Acohido, Byron, "Wave of Phishing Could Follow Epsilon Hack," *USA Today*, April 5, 2011, at http://www.usatoday.com/tech/news/2011-04-04-epsilon-hacking-poses-phishing-threat.htm#, accessed July 30, 2011.

17. *About Identity Theft*, The Federal Trade Commission, at www.ftc.gov/bcp/edu/microsites/idtheft/consumers/about-identity-theft.html, accessed October 3, 2011.

18. Vaught, Bobby, Raymond Taylor, and Steven Vaught, "The Attitudes of Managers regarding the Electronic Monitoring of Employee Behavior: Procedural and Ethical Considerations," *American Business Review*, January 2000.

19. Parker, Laura, "Medical-Privacy Law Creates Wide Confusion," *USA Today*, October 17–19, 2003.

20. Medford, Cassimir, "Know Who I Am," *PC Magazine*, February 7, 2000.

21. Naples, Mark, "Privacy and Cookies," *Target Marketing*, April 2002.

22. Reed, Brad, "Storm Worm, Other Botnets, Kept Spam Levels High in 2007; Spam Accounted for an Average of 80% of All E-Mail Traffic in 2007, Commontouch Reports," *Network World*, January 9, 2008.

23. Commontouch.com, accessed May 25, 2009.

24. Graven, Matthew P., "Leave Me Alone," *PC Magazine*, January 16, 2001.

25. Baase, *The Gift of Fire*.

26. Rittenhouse, "Privacy and Security on Your PC."

27. Soat, John, "IT Confidential," *InformationWeek*, June 3, 2002, p. 98.

28. Salkever, Alex, "A Dark Side to the FBI's Magic Lantern," *BusinessWeek Online*, November 27, 2001, www.businessweek.com, accessed May 24, 2005.

29. *Report to the Nations on Occupational Fraud and Abuse: 2010 Global Fraud Study*, Association of Certified Fraud Examiners, 2010, at http://www.acfe.com/rttn/rttn-2010.pdf, accessed July 31, 2011.

30. Messmer, Ellen, "Corporate Data Breach Average Cost Hits $7.2 Million," *Network World*, March 8, 2011, at http://www.networkworld.com/news/2011/030811-ponemon-data-breach.html, accessed July 31, 2011.

31. "Europe Plans to Jail Hackers," April 23, 2002, zdnet.com/2100-11105-889332.html, accessed May 31, 2005.

32. Meyer, Lisa, "Security You Can Live With," *Fortune*, Winter 2002.

33. "Fast Times," *Fortune*, Summer 2000.

34. Acohido, Byron, "Personal Mobile Devices Create Security Headaches for Biz," *USA Today*, May 30, 2011, at http://www.usatoday.com/tech/products/2011-05-30-mobile-devices-in-the-workplace_n.htm#, accessed July 31, 2011.

35. Acohido, Byron, "Companies Begin to Set Policies for Mobile Devices," *USA Today*, June 23, 2011, at http://content.usatoday.com/communities/technologylive/post/2011/06/companies-begin-to-set-policies-for-mobile-devices/1, accessed July 31, 2011.

36. Radcliff, Deborah, "Beyond Passwords," *Computerworld*, January 21, 2002.

37. "Texting: Sexting Statistics," Blogging by WordPress, at http://blog.amersol.edu.pe/texting/sexting-statistics/, accessed July 31, 2011.

38. Shorman, Jonathan, "Adult Sexting Tied to Power, 'Unlimited Partners,'" *USA Today*, June 2011, at http://yourlife.usatoday.com/sex-relationships/story/2011/06/Adult-sexting-tied-to-power-unlimited-partners/48208854/1, accessed July 31, 2011.

39. Camia, Catalina, "Pressure Builds on Rep. Weiner to Quit over Scandal," *USA Today*, June 7, 2011, at http://content.usatoday.com/communities/onpolitics/post/2011/06/anthony-weiner-resign-congress-/1, accessed July 31, 2011.

40. Molina, Brett, "Sony Launches 'Welcome Back' Program for PSN Users," *USA Today*, June 2011, at http://content.usatoday.com/communities/gamehunters/post/2011/06/sony-launches-welcome-back-program-for-psn-users/1, accessed July 31, 2011.

41. Snider, Mike, and Brett Molina, "Reputation of PlayStation, Sony Takes a Brand Hit," *USA Today*, May 10, 2011, at http://www.usatoday.com/tech/gaming/2011-05-09-playstation-reputation-takes-pounding_n.htm#, accessed July 31, 2011.

42. Molina, Brett, "First Class-Action Suit Filed over PlayStation Network Breach," *USA Today*, April 28, 2011, at http://content.usatoday.com/communities/gamehunters/post/2011/04/first-class-action-suit-filed-over-playstation-network-breach/1, accessed July 31, 2011.

43. Snider, Mike, "Sony: Credit Card Data at Risk in PlayStation Hack," *USA Today*, April 27, 2011, at http://www.usatoday.com/tech/gaming/2011-04-26-sony-playstation_n.htm#, accessed July 31, 2011.

44. Molina, Brett, and Mike Snider, "Experts: PlayStation Breach One of Largest Ever," *USA Today*, April 28, 2011, at http://www.usatoday.com/tech/gaming/2011-04-27-playstation-hack_n.htm#, accessed July 31, 2011.

45. Molina, Brett, "Sony: PlayStation Network Down 'At Least a Few More Days,'" *USA Today*, May

10, 2011, at http://content.usatoday.com/communities/gamehunters/post/2011/05/sony-playstation-network-down-at-least-a-few-more-days/1, accessed July 31, 2011.

CHAPTER 9

1. Mallenbaum, Carly, "Postal Service Lists 3,700 Branches for Possible Closing," *USA Today,* July 27, 2011, at http://www.usatoday.com/money/economy/2011-07-27-usps-post-office-closing-list_n.htm, accessed July 27, 2011.

2. "Envisioning America's Future Postal Service," United States Postal Service, Supporting Documents: Charts and Graphs: BCG Selected Slides, at http://www.usps.com/ strategicplanning/_pdf/BCG_Selected_Slides.pdf, accessed July 17, 2011.

3. Barr, Meghan, "Girl Scout Cookies Go High-Tech: Smartphone Sales," *USA Today,* March 25, 2011, at http://www.usatoday.com/tech/news/2011-03-25-girl-scouts-smartphone_N.htm#, accessed July 28, 2011.

4. "YouTube Pressroom Statistics," YouTube.com, July 28, 2011, at http://www.youtube.com/t/press, accessed July 28, 2011.

5. Adams, Nina, "Lessons from the Virtual World," *Training,* June 1995, pp. 45–47.

6. Flynn, Laurie, "VR and Virtual Spaces Find a Niche in Real Medicine," *New York Times,* June 5, 1995, p. C3.

7. Baig, Edward, "Sprint Unveils Glasses-Free 3-D Smartphone," *USA Today,* March 22, 2011, at http://content.usatoday.com/communities/technologylive/post/2011/03/sprint-unveils-galsses-free-3-d-smartphone, accessed July 28, 2011.

8. Ackerman, Evan, "Edible RFI Tags Track Your Food from Beginning to End," DVICE, May 30, 2011, at http://dvice.com/archives/2011/05/edible-rfid-tag.php, accessed July 28, 2011.

9. Emspak, Jesse, "Chips for Dinner: Edible RFID Tags Describe Your Food," *NewScientist,* June 10, 2011, at http://www.newscientist.com/blogs/onepercent/2011/06/chips-for-dinner-edible-rfid-t.html, accessed July 28, 2011.

10. Corcoran, Elizabeth, "The Next Small Thing," *Forbes,* July 23, 2001, pp. 96–106.

11. Center to Integrate Nanotechnologies, United States Department of Energy, http://cint.lanl.gov, accessed June 1, 2005.

12. Saltzman, Marc, "Put Yourself in the Movies with 'Yoostar 2,'" *USA Today,* March 20, 2011, at http://www.usatoday.com/tech/columnist/marcsaltzman/2011-03-20-yoostar_N.htm#, accessed July 28, 2011.

13. Smith, Aaron, *Smartphone Adoption and Usage,* July 1, 2011, Pew Research Center, Washington, D.C.

14. Washington, Jesse, "Digital Divide," *The Denver Post,* January 9, 2011, p. 3K.

15. *Lions on the Move: The Progress and Potential of African Economies,* June 2010, McKinsey Global Institute, Washington, DC.

EXTENDED LEARNING MODULE H

1. Broad, William J., John Markoff, and David E. Sanger, "Israeli Test on Worm Call Crucial in Iran Nuclear Delay," *New York Times,* January 15, 2011, http://www.nytimes.com/2011/01/16/world/middleeast/16stuxnet.html?pagewanted=all, accessed August 26, 2011.

2. Luhn, Robert, "Eliminate Viruses," *PC World,* July 2002.

3. Landolt, Sara Cox, "Why the Sky Isn't Falling," *Credit Union Management,* October 2000.

4. Hayes, Frank, "Botnet Threat," *Computerworld,* November 6, 2006.

5. Gage, Deborah, "How to Survive a Bot Attack," *Baseline,* January 2007.

6. "Hackers Attack *USA Today* Web Site," *Morning Sun* (Pittsburg, KS), July 13, 2002.

7. Clark, Richard A., and Robert K. Knake, *Cyber War: The Next Threat to National Security and What to Do About It* (Ecco, 2010).

8. Hulme, George, "Vulnerabilities Beckon Some with a License to Hack," *InformationWeek,* October 23, 2000.

9. Gorman, Siobhan, "Electricity Grid in U.S. Penetrated by Spies," *The Wall Street Journal,* April 8, 2009.

10. *USA Today,* http://www.usatoday.com/news/nation/2011-07-30-police-fbi-digital-detectives_n.htm, accessed August 27, 2011.

11. CNN.com, http://www.cnn.com/2004/TECH/04/04/mobile.terror, accessed August 27, 2011.

12. Torpey, Dan, Vince Walden, and Mike Sherrod, "Breaking the Status Quo in E-Mail Review," *Fraud Magazine,* May/June 2010, pp. 1–5.

EXTENDED LEARNING MODULE K (at www.mhhe .com/haag)

1. "Accounting: Salaries," *Careers-In-Accounting,* at http://www.careers-in-accounting.com/acsal.htm, accessed July 26, 2011.

2. "Salary Snapshot for Accountant Jobs," *PayScale,* July 22, 2011, at http://www.payscale.com/research/US/Job=Accountant/Salary, accessed July 26, 2011.

3. "Finance Salaries Top Expectation," *AllBusinessSchools,* at http://www.allbusinessschools.com/business-careers/finance/finance-salary, accessed July 27, 2011.

4. "Salary by Company Size for Finance Manager Jobs," *PayScale,* July 26, 2011, at http://www.payscale.com/research/US/Job=Finance_Manager/Salary/by_Company_Size, accessed July 27, 2011.

5. *World Travel & Tourism Council Progress and Priorities 2009-10,* World Travel & Tourism Council, 2011, at http://www.wttc.org/bin/pdf/original_pdf_file/pandp_final2_low_res.pdf, accessed July 27, 2011.

6. Nyheim, Peter, and Daniel Connolly, *Technology Strategies for the Hospitality Industry,* 2d ed. (Boston: Prentice Hall, 2012).

7. HVS Executive Search, *HCE Data Services 2010 North American Hospitality Compensation Exchange Hotel/*

Casino Property Report (New York: HVS International, 2010).

8. "Salary for Industry: Information Technology (IT) Services," *PayScale*, July 21, 2011, at http://www.payscale.com/research/US/Industry=Information_Technology_%28IT%29_Services/Salary, accessed July 27, 2011.

9. *2011 IT Skills and Salary Survey Report,* Global Knowledge Training, 2011, at http://images.globalknowledge.com/wwwimages/pdfs/2011_SalaryReport.pdf, accessed July 27, 2011.

10. "Occupational Employment and Wages News Release," Bureau of Labor Statistics, May 2010, at http://www.bls.gov/news.release/ocwage.htm, accessed July 27, 2011.

11. "Marketing Salaries," *Simply Hired,* July 27, 2011, at http://www.simplyhired.com/a/salary/search/q-marketing, accessed July 27, 2011.

12. "Advertising, Marketing, Promotions, Public Relations, and Sales Managers," *Occupational Outlook Handbook,* 2010-2011 Edition, Bureau of Labor Statistics, at http://www.bls.gov/oco/ocos020.htm, accessed July 27, 2011.

13. "Salary by Company Size for General/Operations Manager Jobs," *PayScale,* July 25, 2011, at http://www.payscale.com/research/US/Job=General_%2f_Operations_Manager/Salary/by_Company_Size, accessed July 27, 2011.

14. "Salary by Employer Name for Skill: Operations Management," *Pay-Scale,* July 20, 2011, at http://www.payscale.com/research/US/Skill=Operations_Management/Salary/by_Employer, accessed July 27, 2011.

15. *Emerging Trends in Real Estate 2011,* Urban Land Institute and PricewaterhouseCoopers, October 2010, at http://www.pwc.com/us/en/asset-management/real-estate/assets/emerging-trends-real-estate-2011.pdf, accessed July 27, 2011.

16. "2010 Real Estate Compensation Survey," CEL & Associates, at http://www.celassociates.com/CompCurrentSummary.cfm, accessed July 27, 2011.